노화심리학

Psychology of Aging

정명숙 저

학지사

머리말

전 세계적으로 고령인구가 증가하는 추세이다. 우리나라도 전반적 생활조건 개선 및 의료 기술의 발달에 따라 평균 수명이 연장되면서 고령인구가 급속히 증가하고 있다. 2000년도에 65세 이상 인구 비율이 7%를 웃돌면서 고령화사회로 진입한 이래, 곧 다가올 2025년도에는 노인인구 비율이 전체 인구의 20%에 달하는 초고령사회에 도달할 것으로 예상되고 있다. 불과 몇 년 후면 인구 5명 중 1명이 노인인 시대가 도래하는 것이다. 인구의 고령화가 이렇듯 초고속으로 진행되면서 이제 우리에게는 '얼마나 오래 사는가'보다는 '어떻게 하면 노후를 건강하고 행복하게 보낼 수 있을 것인가'가 더욱 중요한 관심사로 떠오르게 되었다.

100세 시대라고 한다. 수명이 길어진 만큼 인생 후반의 삶을 어떻게 살아야 할지에 대한 고민도 더 깊어지게 되었다. 전 생애 발달 관점에 따르면 노년기 삶의 모습은 젊은 시절부터 이어져 온 삶의 귀결이다. 그렇다면 젊을 때부터 충분한 지식과 정보를 바탕으로 노화를 최대한 늦추고 예방할 수 있는 생활양식을 꾸준히 지속하는 것이 노년을 맞아서 건강하고 행복한 삶을 누릴 수 있는 최선의 방법일 것이다. 노화 과정에 대한 지식은 나이 든 사람들에 대한 이해의 깊이와 폭을 더해 주고 노인에 대한 부정적 고정관념이나 세대 차로 인한 갈등을 최소화해 줌으로써 구성원 모두가 더불어 조화롭게 살아가는 사회를 만들어 나가는 데에도 도움이 될 수 있을 것이다.

최근 우리 사회는 고령인구가 급속히 증가하면서 중·노년층은 물론이고 성인기 진입 전후의 젊은이들까지도 성인발달과 노화 과정에 관한 지식에 뜨거운 관심을 보이고 있다. 전공분야가 무엇인지에 관계없이 스스로 건강하고 행복한 삶을 살아가고 또 다른 사람들도 그렇게 살 수 있도록 돕기 위해서는 그러한 지식을 갖추는 것이 필요하다는 점을 분명하게 인식하고 있기 때문일 것이다. 이러한 수요에 발맞추어 많은 대학과 사회교육기관들은 심리학, 사회복지학, 간호학, 교육학 등 다양한 전공분야에서 노화와 관련한 강좌를 개설하고 있다. 그러나 강좌를 성공적으로 이끌어 가는 데 필요한 교재를 선택하는 데에는 상당한 제한이 따른다. 외국 저서를 번역한 교재가 몇몇 발간되어 있으나 우리나라 자료를 전혀 반영하지 못하고 있다는 한계가 있다. 근래 들어 노화에 대한 우리 사회의 관심을 반영하듯 노화를 주제로 하는 국내 저서들이 상당수 발간되고 있으나 대학 수준의 강의교재라기보다는 노년에 대한 이해와 자기단련을 돕는 데 그치는 경우가 많다.

이 책은 대학에서 20여 년 간 노화와 관련한 강의를 해 오던 필자가 스스로 노화를 겪는 과정에서 노화라는 주제에 더욱 몰입하게 되면서 수년간 노력을 들여 이루어 낸 결과물이다. 대학 수준의 강의를 위한 교재로서 국내외 유수의 학술지들에 실린 주요 연구들의 결과를 최대한 꼼꼼하게 정리하여 제공하는 동시에 읽기 쉽고 이해하기 쉬운 책을 쓰는 것이 목표였으나, 최선의 노력에도 불구하고 집필 과정에서 현실과 이상의 현격한 차이를 깨닫기를 수차례 반복하였다. 하지만 시작을 했으니 결국 마무리도 해야 하기에 크게 부족함을 알면서도 세상에 내놓게 되었다. 앞으로 힘닿는 만큼 더 보완하고 다듬어 나가겠다는 약속을 드린다.

이 책에서는 성인기 동안 무엇이, 언제, 어떻게 변화하며 그러한 변화가 왜 일어나는지를 다룬다. 또 어떻게 하면 노화 과정을 최대한 늦출 수 있는지, 나이가 들면서 일어나는 그러한 변화에 어떻게 대처하고 적응하며 살아가는 것이 '잘 사는' 삶이고 최적의 노화를 이루어 내는 삶인지 알아보고 있다. 어떤 연령도 노화에 현명하게 대처하고 적응하는 삶을 시작하기에 결코 빠르거나 늦지 않다. 이 책을 통해 독자들이 인생의 고비마다 성숙을 향해 나아가는 삶을 설계하고 성인기와 노후를 풍요롭게 보낼 수 있는 지혜와 자신감을 얻을 수 있게 되기를 소망한다.

2021년
지은이 씀

차례

제1장

전 생애 발달

1. 성인기 발달의 추세
2. 전 생애 발달과 사회역사적 규범의 영향
3. 성인발달과 노화의 원리
4. 연령의 의미
5. 노화와 관련한 고정관념
6. 노인인구의 변화 추이

제1장 전 생애 발달

우리는 생애 초반 20여 년간 성장하고, 이후 70~80여 년에 이르는 성인기와 노년기 동안 노화한다(Bromley, 1985). 이렇듯 우리 생애에서 노화에 보내는 시간이 상대적으로 더 길다는 사실에도 불구하고 발달심리학자들은 불과 얼마 전까지만 해도 생애 초반의 성장과 변화에 주로 관심을 기울이고 그 이후의 오랜 세월에 대해서는 거의 방기해 왔다. 여기에는 성인기에 일어나는 변화가 어린 시절의 발달에 비해 무시해도 좋을 정도로 미미하다는 생각이 한몫을 하였다. 그러나 지난 수십 년간의 연구는 성인기에도 부정적 변화와 긍정적 변화를 포함하여 많은 변화가 일어난다는 것을 보여 준다.

이 책에서는 성인기 동안 무엇이, 언제, 어떻게 변화하며 그러한 변화가 왜 일어나는지 알아본다. 또 노화 과정을 늦출 수 있는 방법에 어떤 것들이 있는지, 우리가 일상생활에서 어떤 활동들을 할 때 생애 후반부까지 최대한의 기능을 유지하면서 살아갈 수 있는지 알아보기로 한다. 어떤 연령도 이러한 적응을 시작하기에 결코 빠르거나 늦지 않다. 이 책을 통해 독자들이 성인기와 노후를 풍요롭게 보낼 수 있는 지혜와 자신감을 얻을 수 있게 되기를 기대한다.

제1장에서는 전 생애 발달 관점에서 본 성인발달과 노화의 원리, '연령'의 의미와 정의 그리고 노화에 대해 사람들이 흔히 가지고 있는 고정관념에 대해 알아보고, 근래 들어 급증세를 보이고 있는 노인인구의 변화 추이를 살펴보기로 한다.

1. 성인기 발달의 추세

인간은 출생에서 죽음에 이르기까지 끊임없이 변화하고 발달한다. 미숙한 상태로 태어나서 장시간에 걸쳐 성숙에 이르는데, 이 과정은 성숙을 향해 가는 성장 과정과 퇴화를 향해 가는 노화 과정으로 이루어진다. 생애 초기에는 성장이 주를 이루는 긍정적 변화가 많이 일어나지만, 생애 후기에는 퇴화가 주를 이루는 부정적 변화가 많이 일어난다.

'발달'은 성장과 성숙뿐 아니라 노화와 감퇴도 모두 포함하는 개념이다. 임신에서 죽음에 이르기까지 전 생애에 걸쳐 일어나는 신체적 · 심리적 · 사회적 측면의 모든 변화를 일컫는 것으로, 이러한 변화는 긍정적일 수도 있고 부정적일 수도 있다. 나이가 들면서 신체적 · 생리적으로는 퇴보할지라도 정서적 · 사회적으로는 더 성숙해질 수도 있다.

인간의 발달은 다양한(생물학적, 심리적, 사회문화적) 차원들이 변증법적으로 상호작용하면서 끊임없이 변화하는 과정을 거쳐 이루어진다(Riegel, 1976). 각 차원마다 변화하는 속도가 다를 뿐 아니라 여러 차원에서 항상 동일한 수준의 발달이 이루어지는 것도 아니기 때문에 모순과 갈등이 일어나게 된다. 이때 한 차원의 발달이 다른 차원을 자극해서 새로운 변화와 도약을 초래할 수 있다. 예를 들어, 신체적 노화가 정신적 성숙을 자극할 수 있는 것이다. Riegel은 또 생애 전반부의 발달은 다음 단계로 갈 때마다 기능이 더 우수해지는 '위계적 단계'를 거쳐 진행되는 반면에, 생애 후반부의 발달은 각 시기가 나름의 특징을 가지고 서로 연결되어 있는 계열적 과정으로 간주할 수 있다고 보았다.

발달을 다루는 이론들은 발달의 기본 추세(trend)에 관한 가정에서 서로 간에 차이가 있다. **발달 추세 모델**은 증가, 안정, 또는 감퇴의 세 유형으로 나뉜다. 아동발달에 관한 이론들은 대부분의 변인에 대해 증가(increment) 모델을 사용한다. 즉, 아동기의 지능은 연령에 따라 증가하고, 마찬가지로 사회적 기술과 생물학적 기능도 나이가 들수록 증가한다. 그러나 성인발달을 기술하는 데에는 감퇴(decrement) 모델이 더 보편적으로 사용된다. 나이가 들면 생물학적 기능이 점차 감퇴하며, 일부 심리학자들에 따르면 기본 인지능력도 감퇴한다. 그러나 성격차원 같은 다른 변인들은 성인기 동안 상당히 안정적인 것으로 간주된다(McCrae & Costa, 1997; Schaie, 1996a).

감퇴 모델들은 비가역적 감퇴 모델과 감퇴 보상(decrement with compensation) 모델의 두 유형으로 구분된다(Schaie & Willis, 2002). 전자는 주로 생물학적 기능의 감퇴를 기술하고, 후자는 이러한 기능 감퇴를 사회적 경험이 조절함으로써 생물학적 기능이 안정되거나 심지어 향상되는 결과를 가져오는 경우를 나타낸다. 가령, 시력은 흔히 감퇴 보상 모델을 따른다. 즉, 나이가 들면서 생물학적 시력은 감퇴하지만 이런 감퇴는 안경 같은 사회적 개입에 의해 보상될 수 있다.

성인기의 발달은 단계적이고 비연속적으로 진행되는가 아니면 연속적으로 이루어지는가? 성인기에 이루어지는 발달적 변화의 기본성격은 무엇인가? 비연속적 단계 모델의 극단적 예로는 애벌레가 나비로 변하는 것을 들 수 있다. 젊은 성인을 애벌레에 비유한다면 중년 성인은 이 애벌레가 성장하여 나비가 된 것이라 할 수 있다.

연속적 발달 모델을 선호하는 심리학자들은 단계 모델이 발달시기들을 몇 개의 큰 범주로 묶음으로써 많은 정보를 상실하게 된다고 주장한다. 범주로 묶는 과정에서 단계 내에서 일어나는 엄청난 변화를 가려 버리게 되어 발달 과정의 전체 그림을 왜곡할 수 있다는 것이다. 이는 단계 모델을 채용할 때 반드시 치러야만 하는 대가이다. 그러나 단계 모델은 중요한 이론적 측면들에서 차이가 있는 발달시기들을 확연하게 대비시켜 준다는 장점이 있다. 가령 사춘기, 폐경, 또는 은퇴 이후의 삶은 그 이전의 삶과는 질적으로 분명한 차이가 있다.

2. 전 생애 발달과 사회역사적 규범의 영향

전 생애에 걸친 발달적 변화에는 규범적 변화와 비규범적 변화가 있다. 규범적 변화는 특정 사회집단에 속하는 사람들 대부분에게 일어날 것으로 예상되는 변화를 가리키고, 비규범적 변화는 각 개인의 삶에 특유하게 일어나는 변화를 가리킨다. Baltes(1979)는 이 두 개념을 결합하여 연령규범의 영향, 역사규범의 영향 그리고 비규범적 영향이라는 세 가지 영향력을 상정하고 이들이 상호작용하여 전 생애 발달을 조형해 간다고 제안하였다(Baltes, 1979; Marsiske, Lang, Baltes, & Baltes, 1995).

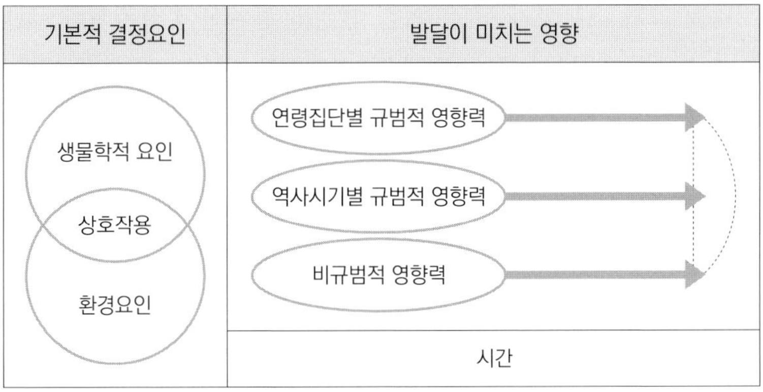

[그림 1-1] 전 생애 발달의 성격을 조형하는 세 가지 영향력의 상호작용

출처: Baltes (1979).

1) 연령규범의 영향

연령규범의 영향(normative age-graded influences)은 발달심리학자들이 전통적으로 연구해 온 변인들로서 생활연령과 높은 상관이 있다. 초경, 사춘기, 폐경 등의 생물학적 요인들과 학교 입학, 결혼, 은퇴와 같이 연령과 관련된 규범의 습득 및 사회화 요인들로 구성되어 있다. 사람들은 연령규범의 영향을 받아 자신이 속한 문화와 역사적 시기가 생애의 특정 연령이나 시점에 부과하는 특정 경험을 선택한다. 즉, 사람들은 이 영향력에 따라 20대 초반에 대학을 졸업하고, 조금 지나 결혼을 하고, 20~30대에 가정을 꾸리고, 60대에 은퇴하고, 중년기나 노년기에 조부모가 된다. 사람들 대부분이 그렇게 생활하고, 그런 일들이 발생할 때 특이하다고 생각하지 않는다.

개인의 삶에서 연령규범에 부응하는 사건들이 일어나는 것은 해당 사회가 구성원들에게 특정 연령대에 속하는 사람들의 삶이 어떻게 구성되는 것이 바람직한가에 대한 기대를 갖게 만들기 때문이다. 65세에 퇴직하겠다는 결정을 하는 것은 직장을 언제 그만두는 것이 적절하고 바람직한가에 관한 규범을 염두에 둔 반응이라 할 수 있다. 사람들이 대부분 18세에 고등학교를 졸업하는 것은 우리 사회의 교육제도가 아이들은 6세에 초등학교에 입학하여 초·중·고 12년의 과정을 거치도록 하고 있기 때문이다. 그러나 생물학적 요인들도 특정 사건이 일어나는 최적 시점이 언제인가에 영향을 미친다. 예를 들어, 부모가 되는 시기는 여성의 생식능력이 정점에 달하는 20~40세 사이로 제한되어 있다. 또 어떤 규범적 사건은 그다음 사건이 일어날 패턴을 설정한다. 가령, 어떤 성인이 30세에 부모가 된다면 그가 조부모가 될 수 있는 연령의 하한선이 설정된다. 자녀도 연령규범의 영향을 따른다면 그 부모는 55~65세 사이에 조부모가 될 것이다. 이같이 연령규범의 영향은 환경요인이나 사회요인을 반영하기도 하지만 개인의 생애와도 관련이 있다.

2) 역사규범의 영향

연령규범의 영향과는 대조적으로 개인의 삶을 넘어서 사회 전체의 변화와 관련이 있는 영향력을 **역사규범의 영향**(normative history-graded influences)이라고 한다. 이는 특정 문화 또는 지정학적 단위 내에 있는 모든 사람에게 일어나는 사건들을 가리킨다. 역사규범의 영향은 가령 전쟁, 경제 불황, 정치적 혼란과 같은 환경적 사건일 수도 있고 환경오염, 영양실조, 대규모 전염병과 같은 생물학적 사건일 수도 있다. 생물학적 사건과 환경적 사건들은 상호 간에 영향을 주고받는 경우가 많다. 이런 영향이 한 세대에만 해당할 경우 '코호트' 효과라 부르고, 제한된 시기에 일어나되 전체 인구에 영향을 미치는 경우 '측정시기' 효과라 한다. 예를 들어, 한자교육 폐지와 같은 교육제도 변화는 해당 세대에만 주로 영향을 미친 사건이므로 코호트 효과라 할 수 있다. 그러나 1988년 올림픽 유치나 1997년의 IMF 사태는 당시 우리 사회 구성원 대부분에게 영향을 미쳤으므로 측정시기 효과라 할 수 있다.

이런 사건들은 사람들의 삶에 즉각적으로 영향을 미칠 수도 있지만 직장, 가정, 개인의 삶의 질에 수년간 지속적으로 영향을 미칠 수도 있다. 가령, IMF는 당시 우리 사회 전반에 영향을 미쳤을 뿐 아니라 그 후유증이 지금까지도 계속되고 있다(예: 이호준, 2019). 역사적 사건들은 개인에게 직접 영향을 미치지 않는 경우라도 사회적 의식, 불안, 또는 민감성을 자극하는 변화 등을 통해 간접적으로 영향을 미치기도 한다. 베트남 전쟁이 발발했을 때 당시 고등학생이나 대학생이었던 미국인들의 삶의 경로는 전쟁에 직접 참전하지 않았다 할지라도 이 전쟁으로부터 많은 영향을 받았다. 지구 온난화, 미국의 9.11 테러 사건, 일본의 원전사고 등 역사적 사건들은 해당 국가 사람들은 물론이고 전 세계 많은 사람의 삶에 광범위하게 영향을 미쳤다.

3) 비규범적 영향

우리 삶의 과정이 앞서 논의한 두 유형의 규범적 변화에만 영향을 받는다면, 동일 문화권에서 살아가고 있는 동일 연령대의 사람들이 어떤 발달궤적을 밟아 나갈지를 예측하기가 비교적 쉬울 것이다. 그러나 각 개인의 삶은 그런 변화 외에도 우연의 일치로 인해 일어나는 무작위적 요인들, 이전의 결정들이 이후의 사건에 미치는 영향, 다른 사람들과의 관계 등에 의해 영향을 받는다. 발달 문헌에는 이러한 **비규범적 영향**(nonnormative influences)에 대한 기술이 없다. 이런 요인들의 발생은 예측할 방법이 없기 때문이다. 발달학자들은 이러한 현상이 일어날 때 관찰할 수 없고 예측할 수 없는 생활사건들이 개인에게 미치는 영향에 관해 사후 일반화를 도출해 볼 수 있을 뿐이다.

비규범적 영향의 예는 수없이 많다. 복권 당첨같이 운이 좋아서 일어나는 일들도 있고, 교통사고, 화재, 사고에 의한 친지 사망과 같이 부정적인 영향력도 있다. 이런 영향력들은 그때까지 아무 문제도 없던 개인의 삶을 한순간에 송두리째 망가뜨릴 수도 있고, 직장에서 해고되거나 노화와 관계없는 만성 질병에 걸리거나 이혼을 하는 것과 같이 일정 시기 동안 점진적으로 전개될 수도 있다.

비규범적 영향은 특정인의 삶에 중요하게 작용하지만, 누구나 경험하는 것은 아니다. 한 연령에서 규범적으로 일어나는 사건을 특정 개인이 그와는 다른 연령에서 경험했다면 이 경험도 '비규범적'이다. 사건 자체는 규범적이지만 그 사건이 사람들이 흔히 경험하지 않는 연령에 일어났기 때문이다. 노년기에 처음 결혼을 하고, 30세에 조부모가 되고, 60세에 직장에 들어가고, 18세에 운동선수가 은퇴하는 것 등이 모두 그러한 경우이다.

4) 영향력 간의 상호작용

이 세 가지 영향력은 상호작용하기도 한다. 이혼을 예로 들어보자. 최근 들어 이혼 사례가 증가하고 그에 따라 이혼에 대한 사회규범도 상당히 많이 변화했지만, 이혼은 아직도 비규범적 사건으로 간주된다. 결혼한 부부의 규준(과 소망)은 결혼을 유지하는 것이기 때문이다. 또 이혼은 매우 개인적 사건이기는 하지만 더 큰 사회적 힘의 영향을 받아 이뤄지기도 한다. 어떤 사회문화적 변화가 일어났을 때 그 변화가 부부의 어느 한쪽이 결혼생활의 문제 영역들에 민감해지게 만듦으로써 종국에는 그 관계를 끝내게 만드는 동력으로 작용할 수 있다. 가령, 아내는 자신의 취업을 반대하는 남편이 독립을 제한한다고 생각하는 반면에, 남편은 아내가 다른 취업여성들처럼 더 독립적이기를 바랄 수 있다. 관계의 한쪽 당사자가 사회적 이슈에 얼마나 민감하게 반응하느냐가 자녀를 포함한 관련 당사자 모두의 삶의 과정을 영구히 변화시키는 결정으로 이어질 수 있다.

세 가지 영향력의 상대적 중요성은 생애시점에 따라 달라질 수 있다. 가령, 연령규범의 영향은 아동기에 특히 중요하고 노년기에 다시 한 번 중요성을 띨 수 있다. 그러나 역사규범의 영향과 비규범적 영향은 성인 초기와 중기에 매우 중요하게 작용할 수 있다. 아동발달 연구자들이 연령규범의 영향에 집중하고 성인기 연구자들이 역사규범의 영향 및 개별화된 비규범적 경험을 강조하는 것은 바로 이 때문일 것이다(Baltes, 1979; Baltes & Willis, 1978; Marsiske et al., 1995).

3. 성인발달과 노화의 원리

성인발달과 노화는 다음의 네 가지 원리에 따라 이루어진다(Whitbourne & Whitbourne,

2014). 즉, ① 발달은 전 생애에 걸쳐 연속적으로 이루어지고, ② 나이가 든 사람들은 노년기까지 죽지 않고 살아남을 수 있는 특별한 자질을 지니고 있는 사람들이며, ③ 나이가 들수록 개인 간에 다양성이 증가하고, ④ 정상 노화, 이상 노화와 최적 노화는 구분될 필요가 있다는 것이다.

1) 발달은 전 생애에 걸친 연속적 변화이다

성인발달과 노화의 첫 번째 원리는 **연속성 원리**로서 발달은 전 생애에 걸쳐 연속적으로 이루어진다는 것이다. 이 원리에 따르면 성인 후기에 일어나는 변화는 어린 시절에 일어났던 변화를 토대로 하여 이루어진다. 이 원리는 실제적 함의뿐만 아니라 이론적 함의를 갖는다. 노화이론들은 노년기의 변화가 이전의 발달 내력을 배경으로 하여 일어난다고 본다. 예를 들어, 노년기에 심혈관계 같은 특정 기관에 일어나는 변화는 그 기관의 기능이 지금까지 어떠했는지에 달려 있다.

노화의 연속성 원리는 각 개인이 자기 자신에 대해 느끼는 방식과 다른 사람들이 그에 대해 느끼는 방식에 대해 실제적 함의를 갖는다. 우리는 특정 연령에 도달했다고 해서 자신이 이전과는 다른 사람이 되었다고 느끼지 않는다. 노인들은 나이가 들면서 신체는 변화했어도 '마음속'은 하나도 변하지 않았고 여전히 예전과 똑같이 느낀다고 말하고는 한다. 성인기를 지나면서 나이를 더 먹었을 뿐이지 자신이 예전이나 똑같은 사람이라고 생각하고, 나이 때문에 특정한 방식으로 취급받는 것을 싫어한다(누군가가 대학생 여러분을 각자의 성향이나 특성과는 관계없이 나이가 같다는 이유만으로 다른 모든 대학생과 한 묶음으로 묶어 동일하게 취급한다면 어떤 느낌이 들 것인지 생각해 보라). 그러나 우리가 자신이 아닌 타인을 지각하는 방식에는 나이에 따라 변화하는 외모가 큰 역할을 한다. 중년 성인이나 노인을 대할 때면 성격특성이나 능력보다는 외모에서 추정할 수 있는 나이가 더 눈에 들어온다.

생각상자 1-1.

평소 나이가 들었다고 느끼지 않다가 거울을 볼 때면 새삼 자신이 나이 든 것을 알게 된다고 말하는 사람을 본 적이 있는가?

2) 나이 든 사람은 살아남은 생존자이다

성인발달과 노화의 두 번째 원리인 **생존자 원리**는 나이가 든 사람들은 그때까지 죽지 않고 살아남을 수 있게 해 준 특별한 자질을 지닌 사람들이라는 것이다. 생존해 있어야만 나이가 들 수 있고 나이가 들려면 생존해 있어야 한다는 것은, 너무나 당연하면서도 한편으로 매우 심오한 의미가 있는 말이다. 나이 든 사람들은 지금껏 살아오면서 다른 사람들을 도중에 탈락(사망)하게 만든 수없이 많은 위험을 이겨 낸 사람들이다. 교통사고, 전쟁, 자연재해나 인위적 재난을 당하지 않은 사람들이고, 약물 과다복용이나 알코올남용 같은 위험행동을 하지 않은 사람들이다. 그로 인해 죽음을 피할 수 있었다는 사실은 그들이 좋은 유전자를 타고났고, 현명한 생활방식을 선택했으며, 불운을 피해 갈 수 있었음을 의미한다.

나이가 들기 위해 무엇이 필요한가를 생각해 보면 노년기까지 살아남은 사람들이 정말로 특별한 어떤 특성들을 지니고 있다는 것을 알 수 있다. 이 점은 우리가 노화에 관한 과학적 자료를 어떻게 이해할 것인가에 대해 암시하는 바가 있다. 즉, 모든 노인은 다른 사람들의 삶을 앗아간 조건들을 이겨 낸 사람들이라는 것이다. 사람들은 인생 후반으로 갈수록 신체기능, 건강, 지능, 심지어 성격과 같은 중요한 특성들에서 더욱 엄선되는 경향이 있다. 결과적으로 나이 든 사람들이 젊은 사람들보다 더 선별되고 더 우수한 집단이라는 점을 인정해야 할 것이다. 나이 든 사람들은 생명을 위협할 수 있는 무수한 조건들을 이겨 냈지만, 젊은 사람들은 그러한 조건들을 아직 겪지 않았다!!

이 원리를 잘 보여 줄 수 있는 구체적인 예로 신중함이라는 특성을 생각해 보자. 심리학과 노화에 관한 연구의 결과는 나이 든 사람들이 젊은 사람들보다 위험을 감수하는 일이 적다는 것을 분명하게 보여 준다. 나이 든 사람들은 또 범죄행동에 가담하는 일도 많지 않은 경향이 있다. 왜 그럴까? 한 가지 가능성은 사람들은 나이가 들면서 행동을 조절하고 통제하는 법을 배운다는 것이다. 또 다른 가능성은 높은 위험을 감수하는 사람들은 위험행동으로 인해 이미 사망했기 때문에 이 세상에 존재하지 않는다는 것이다. 범죄자들은 범죄행동을 하다가 투옥되거나 살해당했기 때문에 연구 집단에 들어 있을 수 없다. Schoenhofen과 동료들(2006)은 110세를 넘은 장수노인(supercentenarian) 32명의 특성을 살펴본 결과 이들이 전형적인 노인인구에 비해 월등히 좋은 건강상태와 신체기능을 유지하고 있다는 것을 발견하였다. 이 결과는 이들이 인구를 대표하는 표준적인 사람들이 아니라는 것을 보여 준다. 나이 든 사람들일수록 진정으로 선별된 사람들임을 알 수 있다.

3) 나이가 들수록 개인 간 다양성이 증가한다

사람들은 노화 과정을 겪으면서 점차 개성이 사라지고 서로 비슷해진다고 오랫동안 가정되어 왔다. 성인발달과 노화의 세 번째 원리인 **개인차 원리**는 이 관점에 반론을 제기한다. 사람들은 나이가 들면서 더 비슷해지는 것이 아니라 오히려 점점 더 달라진다는 것이다. Nelson과 Dannefer(1992)는 이 주장을 지지하는 결과를 제시하였다. Dannefer는 많은 노화 연구를 조사하고 노인들과 젊은 성인들의 점수 변동성을 여러 척도에서 비교하였는데, 나이가 들수록 서로 간에 변동성이 훨씬 더 크게 나타난다는 결과를 얻었다. 생애 후반으로 갈수록 개인 간 다양성이 더 증가한다는 것이다.

연령에 따른 이러한 다양성 증가는 성인기의 경험이 발달 양상을 결정하는 데 중요한 역할을 하기 때문으로 볼 수 있다. 다시 말해, 나이가 들수록 서로 간에 더욱 차이가 커지는 것은 살아갈수록 더 많은 선택지가 주어지고 사람들은 그때마다 각자 다른 선택을 하기 때문이다. 대학을 갈 수도 있고 가지 않을 수도 있으며, 공군에 지원할 수도 있고 해병대에 지원할 수도 있으며, 은퇴 후에는 지금껏 살던 서울에서 계속 살 수도 있고 귀농할 수도 있으며, 결혼을 할 수도 있고 독신생활을 고수할 수도 있으며, 자녀를 가질 수도 있고 가지지 않을 수도 있으며, 그 결과 손주가 있을 수도 있고 없을 수도 있다.

당시에는 전혀 그럴 것 같지 않아 보이던 사소한 결정이 인생 후반의 삶에 영향을 미칠 수도 있다. 예를 들어, 어떤 대학생은 폭우가 쏟아지는 어느 날 밤에 영화를 보러 가다가 교통사고로 다리를 다치는 바람에 얼마 후 친구들과 함께 가기로 계획하였던 유럽 배낭여행을 가지 못했다. 그런데 그렇게 해서 집에 머무르는 동안 공부를 열심히 해서 기말시험에서 좋은 성적을 받음으로써 평소 원하던 대학원에 입학할 수 있었다. 이런 단순한 예에서도 매우 다양한 삶의 경로를 생각해 볼 수 있다는 사실은 우리 삶에서 일어나는 사건들의 순열(조합)이 무수하다는 것을 보여 준다. 이와 마찬가지로 개인의 경력도 시간이 갈수록 점점 더 개인 특유의 방향으로 움직여 나아간다.

개인차는 두 유형으로 나누어 볼 수 있다. 먼저 **개인 간 차이**(interindividual difference)는 사람들 간에 나타나는 차이를 말한다. 사람들은 나이가 들어가면서 같은 연령층의 사람들보다는 다른 연령층의 사람들과 더 비슷할 정도로 상호 간에 크게 차이가 날 수 있다. 연령에 따라 전형적 감퇴를 보인다고 생각되는 척도에서도 그러하다. [그림 1-2]에 제시되어 있는 산포도는 생애 후반에 감퇴하는 것으로 알려진 뇌 부위들의 용적이 70대와 80대 노인들에게도 20대 젊은이들과 유사한 정도로 남아 있거나 심지어 노인이 젊은 이보다 뇌 용적이 더 큰 경우도 있다는 것을 보여 준다. 이와 같은 극단적 변동성은 발달의 개인차 원리를 나타낸다.

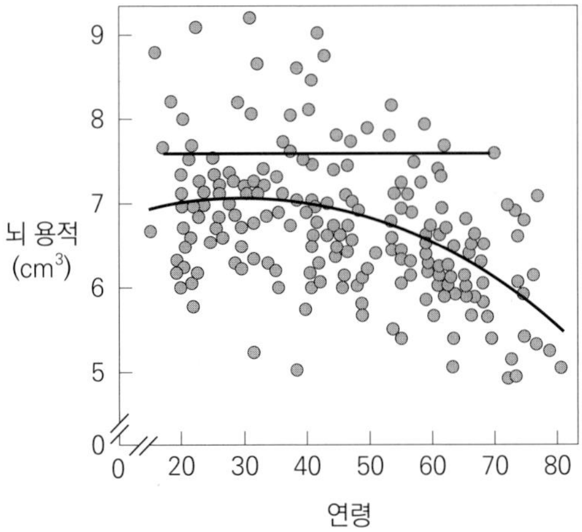

[그림 1-2] 해마를 구성하는 뉴런 용적의 연령에 따른 변화

직선은 70대 노인이 20대 젊은이와 유사한 정도의 뇌 용적을 가지고 있을 수 있다는 것을 보여 준다.
출처: Hedden & Gabrieli (2004).

개인차 원리의 또 다른 면은 **개인 내 차이**(intra-individual difference)와 관련이 있다. 이 원리는 발달의 **다중방향성**(multidirectionality)을 보여 준다(Baltes & Graf, 1996). 한 개인의 모든 체계가 동일한 속도로 발달하는 것은 아니다. 또 연령에 따라 어떤 기능은 긍정적으로 변화하지만 어떤 기능은 부정적으로 변화한다. 지능과 같은 동일 기능에서도 한 영역은 발전하고 다른 영역은 쇠퇴하며 또 다른 영역은 정체를 보이기도 한다.

개인차 원리에서 볼 때 중요하고 흥미로운 한 가지 결과는 노인이 젊은 성인보다 더 뛰어난 수행을 보일 수도 있다는 것이다. 대학생들은 자기보다 나이가 두세 배 더 많은 사람보다는 자기 또래가 더 빨리 뛸 수 있고, 더 무거운 것을 들어 올릴 수 있으며, 십자말 풀이도 더 빨리할 수 있다고 생각할 것이다. 그러나 운동을 꾸준히 하고 활동적으로 생활하는 중년 성인이나 노인들은 주로 앉아서 생활하고 운동을 하지 않는 젊은이들보다 더 빠르고 더 강하고 정신적으로도 더 민첩할 수 있다. 나이가 든다고 해서 모든 기능이 무조건 다 하강할 이유는 없다는 것이다.

4) '정상' 노화는 질병과 다르다

성인발달과 노화의 네 번째 원리는 **정상 노화**, **이상 노화**와 **최적 노화**를 구분할 필요가 있다는 것이다. 정상 노화에 따른 변화는 사람마다 속도는 각기 다를지라도 누구에게나 일어나며, 이는 질병으로 인한 변화와는 다르다. 이상 노화는 질병으로 인한 변화가 일어남을 의미하며 누구에게나 일어나는 것은 아니다. '성공적 노화'라고도 불리는 최적 노화는 나이가 들면서 일어날 수 있는 부정적 변화를 예방전략과 보상전략에 의해 피해 가는 경우를 말한다.

정상 노화는 유기체에 내장되어 있는 것으로 **일차 노화**(primary aging)라고도 하며 연령과 관련된 보편적, 내재적, 점진적 변화를 가리킨다. 이와 대비되는 **이차 노화**(secondary aging)는 질병으로 인한 변화를 가리키는 데 사용된다(Aldwin & Gilmer, 1999). 예를 들어, 피부의 주름살은 일차 노화이고 노년기에 피부암이 생기는 것은 이차 노화라 할 수 있다. 나이가 들면서 평생에 걸쳐 일어나는 정상적 변화는 생명유지 기능을 중단시킴으로써 사망에 이르게 만드는 질병과 구분할 필요가 있다. 많은 사람은 성인 후기까지 건강하게 살아가며, 죽음이 임박해서야 생명을 종결시키는 질병에 걸린다. 삶의 종말에는 많은 영역의 기능들이 급속히 상실되는데 이를 **삼차 노화**(tertiary aging)라 한다(Gerstorf, Ram, Lindenberger, & Smith, 2013).

정상 노화와 질병의 구분은 과학적 이유뿐 아니라 실제적 이유로도 중요하다. 중년 성인과 노인의 건강을 돌보는 일을 하는 건강 관련 전문가들은 노인에게 질병이 생겼을 때 이를 정상 노화 과정으로 여기거나 그냥 '나이를 먹는' 것으로 치부해 버리지 말고 질병을 제대로 파악하고 치료하도록 해야 한다. 예를 들어, 60세 노인이 우울 증상을 보일 때 그러한 증상이 나이가 들면 자연히 나타나는 특징이 아니라는 것을 심리학자가 인식해야만 그 노인은 제대로 된 치료를 받을 수 있을 것이다. 나이가 든다고 해서 낮은 자존감, 과도한 죄책감, 식욕 변화, 활동에 대한 흥미 상실 등의 우울 증상이 필연적으로 나타나는 것은 아니다. 심리학자가 이러한 증상들이 정상 노화 과정의 일부분이라고 잘못 생각한다면 우울 증상을 보이는 노인을 치료하여 고통을 완화해 주기 위해 적절한 조치를 취하지 않을 것이다.

〈표 1-1〉 성인발달과 노화의 네 가지 원리

원리	의미
연속성 원리	사람들은 전 생애에 걸쳐 계속 변화하지만, 그럼에도 불구하고 여전히 '동일인'이라는 사실에는 변함이 없다.
생존자 원리	나이 든 사람들은 생존할 수 있게 해 주는 특별한 자질을 지닌 우수한 집단이다.
개인차 원리	각기 다른 연령집단에 속한 사람들뿐만 아니라 같은 연령집단에 속하는 사람들 간에도 차이가 있다.
정상 노화는 질병과 다르다	타고난 노화 과정은 질병으로 인한 노화 과정과는 차이가 있다.

출처: Whitbourne & Whitbourne (2014), p. 3에서 수정 인용.

4. 연령의 의미

노화 연구에서는 연령이 주요 관심변수이다. 연령은 흔히 **생활연령**(chronological age)의 의미로 사용되는데, 생활연령은 태어난 날짜와 현재 날짜 간의 차이로서 보통 햇수로 측정한다. 생활연령은 국가정책에 반영하기 위한 인구지표를 구하거나 국가 간 통계자료를 비교할 때 가장 널리 사용되고 있는 기준이다. 그러나 생활연령은 과학적 지표로서는 문제가 있다. 우리 몸 안에서 일어나는 사건들과 상관없이 외부세계에서 일어나는 사건들에 근거한 숫자일 뿐이기 때문이다.

생활연령은 시간과 마찬가지로 순전히 인간이 만들어 낸 것에 불과하다. 과학자들은 시간이라 불리는 차원을 초, 분, 일, 주, 년을 단위로 하여 분할하기로 결정하였으나 이 숫자들은 임의적인 것일 뿐이다. 인체는 이 단위들로 '시간을 기록'하지 않는다. 또 일부 생물학적 기능은 내적 시계에 따라 작용하는 듯 보이기도 하지만, 이런 기능들이 노화 과정 또는 오랜 기간 일어나는 변화와 어떤 상관이 있는 것인지도 확실하지 않다. 현재의 증거로 보자면 생활연령(또는 시간)이 신체기능과 관련해 무엇인가를 '의미'한다고 말하기는 어려워 보인다.

1) '성인'의 정의

사람들은 '성인' 또는 '어른'이라는 용어를 '성숙'과 관련하여 생각하는 경향이 있다. 즉,

성인은 일정 수준의 신체적 · 심리적 · 사회적 성숙에 도달했다고 보는 것이다. 그러나 '성숙'에 이르는 지점을 수량화해서 나타내기는 쉽지 않다.

신체적 성숙만을 성숙의 기준으로 삼을 수는 없다. 그런 경우 15세, 심지어 13세 아동이라도 완전한 신체 성장을 이루었다면 성인으로 간주해야 할 것이기 때문이다. 일부 연구자들은 사회의 기대나 특권과 연관이 있는 생활연령에 도달하는 시점을 성인기로 넘어가는 기준연령으로 보는 것이 바람직하다는 견해를 내놓았다(예: Whitbourne & Whitbourne, 2014). 즉, 투표, 음주, 운전, 결혼을 할 수 있는 법적 권리를 가지게 될 때 성인기에 도달했다고 볼 수 있다는 것이다. 그러나 어떤 경우든지 성인기에 들어선 초기 몇 년간은 성인으로서 온전한 책임을 다하지 못하는 과도기로서 Arnett(2000)는 이 시기를 '성인 진입기(emerging adulthood)'라 불렀다. 대개는 대학을 졸업하고 취업을 하거나 가족을 건사할 필요에 직면하게 되는 때에 성인으로서 책임을 온전히 지게 될 것이다.

2) 연령에 따른 65세 이상 인구의 구분

보통 65세를 노년에 진입하는 시점으로 본다. 우리나라의 「노인복지법」(2019)에서도 65세 이상을 노인으로 규정하고 있다. 그러나 65세를 바라보는 사람들과 85세에 가까워지는 사람들은 삶에서 매우 다른 쟁점과 도전들을 맞이한다. 이 쟁점과 도전들은 신체기능과 건강에 관한 것이 대부분이지만, 경제적 제약 및 사회적 기회의 차이와 관련된 것들도 있다. 따라서 65세 이상 노년기를 초기노인(young-old, 65~74세), 노인(old-old, 75~84세), 고령노인(oldest-old, 85세 이상)으로 구분하기도 한다.

사람들은 65세가 되는 날에 마치 마술처럼 한 시기에서 다음 시기로 옮겨 가지는 않는다. 하지만 그로부터 한두 해 사이에 일어나는 변화들은 기능에 상당한 변화를 가져오는 것으로 생각된다. 초기노인과 노인은 약간의 지원을 받으면 지역사회에서 어느 정도 독립적인 생활이 가능하지만, 고령노인은 대부분 질병이 있거나 무기력한 상태여서 상당한 지원이 있어야만 생활이 가능한 경우가 많다.

최근에는 고령까지 생존하는 사람들이 점점 더 많아짐에 따라 65세 이상의 고령자를 이같이 세 연령범주로 구분하는 것도 여전히 충분하지 못하다는 인식이 생겨나고 있다. 100세를 넘은 **백세인**(centenarian)과 110세 넘어서까지 장수하는 **백십세인**(supercentenarian)을 고령자의 연령 구분 범주에 추가하기도 한다(Whitbourne, 2002).

3) 대안적 연령지표: 기능 연령

생활연령의 대안으로 특정 기능에 기초한 연령지표들이 제안되고 있다. 이 시스템을 사용하면 여러 척도나 검사에서 받은 점수를 근거로 개인마다 한 가지 이상의 '연령'을 가질 수 있다. 이런 대안적 연령지표들은 현재 사용되고 있는 생활연령 체계에 비해 개인의 특징을 더 정확하게 규정할 수 있다는 장점이 있다. 우리는 다른 사람의 나이에 관해 이야기할 때 비공식적으로 이 지표들을 사용하는 경우가 많은데, 가령 누군가가 "자기 나이보다 젊어 보인다."고 말하고는 한다.

생물학적 연령(biological age)은 신체 기관들의 기능에 기초를 두고 있다. 각자가 여러 생물학적 척도에서 도달한 수행 수준을 연령규준과 비교해 볼 수 있다. 예를 들어, 50세인 사람이 25~30세인 사람들과 혈압지수가 동일하다면 그 사람은 그 척도로 볼 때 생물학적 연령이 젊은 것이다.

지능, 기억, 학습능력 등 심리학적 기능의 질을 나타내는 **심리학적 연령**(psychological age)도 동일한 논리에 따라 계산할 수 있다. 사람들은 일상생활 기능에 중요한 면들인 인지과제들을 수행하는 능력에 따라 분류될 수 있다. 그런 수행은 노화 과정에 영향을 받는 것으로 알려져 있으므로 심리학적 연령의 지표는 사람들이 환경의 인지적 요구에 부응하는 능력을 정확하게 나타내 줄 것이다.

사회적 연령(social age)은 어떤 사람이 가족, 직장, 지역사회에서 어떤 사회적 역할을 담당하느냐를 보여 주는 연령이다. 이 연령은 인생에서 특정 역할을 담당하는 위치에 도달하는 평균연령과 현재 위치를 비교하여 판단하며(Freund, 1997), 이때의 위치는 문화적 규범에 의해 결정된다. 예를 들어, 조부모인 사람이 부모인 사람보다 사회적 연령은 더 높지만 생활연령은 더 낮을 수도 있다. 이와 비슷하게, 은퇴한 사람은 아직 직장에 다니는 사람에 비해 사회적 연령이 더 높지만, 생활연령은 이 둘이 뒤바뀌었을 수도 있다.

앞서 언급했듯이 이런 대안적 연령지표들은 현재 사용되고 있는 생활연령 체계보다 개인의 특징을 더 정확하게 나타낸다는 장점이 있지만, 정확성을 유지하기 위해서는 자주 조정을 해야 한다는 단점이 있다. 예를 들어, 혈압에 기초한 생물학적 연령지표는 건강 전문가가 특정 척도에서 '늙음'에 대한 정의를 바꾼다면 조정되어야 할 것이다. 사회적 연령의 경우, 한 사회 내에도 다양한 하위문화가 있다는 사실은 개인이 어느 집단에 소속했느냐에 따라 사회적 연령을 일일이 별도로 규정해야 한다는 것을 의미한다. 게다가 사람들은 사회가 아니라 자기 자신이 적절하다고 믿는 바에 따라 삶의 중요한 결정들을 한다는 점에서 사회적 연령이라는 개념은 점점 더 부적절해지고 있다. 결국 생활연령은 여러 가지 결함이 있음에도 불구하고 대개의 경우 다른 지표들보다 사용하기가 더 편리한 지표라 할 수 있다.

생각상자 1-2.

대안적 연령지표들이 실제적 의미에서 생활연령을 대체할 수 있으려면 어떻게 사용되어야 할까?

4) 개인적 노화와 사회적 노화

시간의 흐름에 따라 행동 변화를 초래하는 원인들은 개인에 내재하는 과정들과 외부 세계의 사건들로 나눠 볼 수 있다. 개인 내부의 변화를 **개인적 노화**(personal aging) 또는 좀 더 공식적으로는 개체발생학적 변화라 한다.

그러나 사람들은 사회적 맥락 내에 존재하기 때문에 시간의 흐름에 따라 사회가 변화하면 그러한 변화가 그 사회에 속한 개인들에게 변화를 초래할 수 있다. 시간에 따른 사회의 변화는 **사회적 노화**(social aging) 과정을 담당한다. 사회적 노화란 사람들이 역사적 변화와 더불어 또는 그러한 변화의 결과로 변화하는 것을 말한다. 외재적 요인들은 개인을 직접 변화시킬 수도 있고, 개인적 노화와 상호작용하여 변화를 초래할 수도 있다. 예를 들어, 사람들은 평생에 걸쳐 건강관리 및 관련 교육을 받음으로써 건강에 나쁜 습관을 버리는 등의 예방전략을 취함으로써 개인적 노화의 속도를 늦출 수 있다.

5. 노화와 관련한 고정관념

과학의 주요 목적 중 하나는 연구 현상을 둘러싼 오해를 불식시키는 것이다. 보통 사람들이 노화와 노인에 대해 가지고 있는 고정관념도 그러한 오해의 일종이라 할 수 있다. 그러한 고정관념이 반드시 옳지 못한 것은 아니고 과학적 연구의 뒷받침을 받는 경우도 전혀 없는 것은 아니지만, 왜곡된 경우가 상당히 많다. 잘못된 고정관념이 사회정책이나 인간관계에 영향을 미치게 된다면 위험한 결과를 초래할 수 있다. 예를 들어, 노인과 정신질환에 관한 믿음(예: 노인이 정신문제를 보이면 '노망'이 난 것이라는 생각)은 우울

증같이 치료 가능한 질환을 앓고 있는 노인들이 제대로 치료를 받지 못하게 만들 수 있다.

노화에 관한 통상적 믿음들은 과학적 근거 없이 형성된다. 이 믿음들은 때로 옳은 것으로 밝혀지고, 때로는 부분적으로 옳기도 하지만, 상당수는 거의 또는 전혀 옳지 못한 것으로 판명된다. 〈표 1-2〉에 제시된 고정관념의 옳고 그름을 판단해 보고 각자가 그동안 얼마나 옳은 신념을 가지고 있었는지 평가해 보자.

〈표 1-2〉에서도 볼 수 있듯이 노화 과정에 관한 믿음들은 주로 노인에 대한 부정적 고정관념로 이루어져 있다. '전형적' 노인들은 보통 성에 관심이 없거나 성생활을 할 수 없고, 노인성 치매로 가는 길목에 있으며, 보수적이고 완고하다는 것 등이다. 실제로 사람들은 노인이 쉽게 피곤해하고 까다롭고 수동적이고 힘이 없으며 타인에게 의존적이라는 고정관념을 가지고 있다. 아이들은 노인이 긍정적 성격특질을 가지고 있다고 해도 신체능력은 부족하다고 지각하는데, 만약 아이들이 성격특질보다 신체능력이 더 중요하다고 생각한다면 이들에게 노인은 젊은 성인보다 바람직하지 못한 존재로 여겨질 것이다(Hummert, Garstka, Shaner, & Strahm, 1994).

노인에 대한 부정적 고정관념은 정확하지 않거나 과장되어 있는 경우가 많다. 그럼에도 불구하고 이런 고정관념은 나이 든 사람 자신뿐만 아니라 그들과 상호작용하는 젊은 사람들의 행동에도 영향을 미친다. 젊은 성인들이 나이 드는 것을 부정적으로 여긴다면 머리를 염색하고 10대처럼 옷을 입는 등 젊음을 유지하기 위해 애쓸 것이다. 노인에 대한 부정적인 생각은 노인 당사자들에게는 더욱 부정적인 영향을 끼칠 수 있다. 사람들이 노인은 잘 잊어버리고 무심하고 무능하다고 인식한다면, 당사자인 노인들은 그러한 고정관념이 마치 사실인 양 받아들이게 되고 그 결과 사람들과의 상호작용을 피하고 새로운 기술을 배우기를 거부하게 된다. 심각하기는 해도 충분히 치료될 수 있는 신체 증상들을 노화 과정에 불가피하게 뒤따르는 것이라 여겨 치료를 받지 않고서 넘겨 버릴 수도 있다(Pasupathi, Carstensen, & Tsai, 1995).

생각상자 1-3.

많은 사람이 노인은 보수적이고 완고하다거나 기억력이 좋지 않고 신체능력 쇠퇴로 인해 타인에게 의존적이라는 부정적 고정관념을 가지고 있다. 만화, 광고, 대중잡지 기사, TV쇼, 음악 등에서 이러한 고정관념을 보여 주는 예를 찾아보고, 이 책에서 논의된 관련 연구들과 비교해 보자. 노인에 관한 많은 신화와 고정관념이 얼마나 잘못된 것인지 확인할 수 있을 것이다.

〈표 1-2〉 노화와 노인에 대한 고정관념

• 젊고 열정적인 사람들은 나이 든 사람들보다 더 창의적이다.	△
• 여성들은 대부분이 폐경기 동안 심한 신체 증상을 경험한다.	×
• 모든 남성은 '중년기 위기'를 겪는다.	×
• 65세를 넘은 사람들은 대부분 경제적으로 불안정하다.	×
• 75세를 넘은 사람들은 대부분 요양원이나 시설에서 생활한다.	×
• 65세를 넘은 사람이 위대한 예술작품을 생산하거나 과학적 발명을 하는 일은 없다.	×
• 노인과 젊은이를 비교해 보면 젊은이가 나이 들었을 때 어떤 상태일지를 알 수 있다.	△
• 현대사회의 핵가족은 친척들과 접촉을 하지 않는다.	×
• 어머니들은 자녀 중 막내가 집을 떠날 때 많이 힘들어한다.	×
• 나이 든 부모는 성인자녀에게 어린애처럼 의존하게 됨으로써 성인자녀와 역할을 바꾸는 경우가 많다.	△
• 노인의 재혼은 대부분 성공하지 못한다.	×
• 여성은 폐경하고 난 후에는 성에 관심이 없다.	×
• 나이 든 사람들은 성에 관심이 없다.	×
• 발기부전은 대개 심리적 문제가 원인이지만, 노인에게는 불가피하게 발생하는 일이다.	△
• 남성이 여성보다 성에 관심이 더 많다.	×
• 사람들은 대부분이 평생 하나의 직업을 갖는다.	×
• 일은 나이 든 사람들이 스스로 중요한 사람이라 생각하게 만드는 중요한 요인이다.	○
• 은퇴로 인해 받는 충격이 종종 신체건강 및 정신건강의 감퇴를 초래한다.	×
• 성격은 성인기 동안 비교적 안정적이다.	○
• 사람들은 노년기에 더 보수적이고 융통성이 없어진다.	△
• 노인은 젊은이보다 무슨 일이든 하고자 하는 동기를 갖기가 더 어렵다.	△
• 노인은 쉽게 동요하지 않는다.	△
• 젊은 성인이 노인보다 성취동기가 더 높다.	×
• 노인이 활기찬 생활을 유지하기 위해서는 계속 활동을 해야 한다.	○
• 노인은 활동 영역과 친구 관계를 줄이고 싶어 한다.	×
• 나이가 들면 새로운 것을 배우지 못한다.	×
• 노년기에 나타나는 최악의 지적 문제는 기억감퇴이다.	△
• 노년기에는 오래된 과거의 기억은 선명하고 뚜렷하지만, 최근에 일어난 일들에 대한 기억은 희미하다.	△
• 지능은 20세에서 30세 사이에 정점에 다다르고 그 이후로 점차 감퇴한다.	×
• 나이가 들면 지혜가 생긴다.	△
• 젊은 시절에 능력이 출중했던 사람일수록 나이가 들면 능력이 더 빨리 감퇴한다.	×
• 여성이 남성보다 오래 사는 이유는 남성만큼 열심히 일하지 않기 때문이다.	×
• 인간은 조만간 150세 또는 200세까지 살 수 있을 것이다.	×
• 나이 든 환자들에게는 수술이 별로 효과가 없다.	×
• 65세를 넘어선 사람들은 대부분 건강이 좋지 않다.	△
• "걱정이 병"이 될 수도 있다.	△
• 일을 아무리 많이 한다 해도 일 때문에 사람이 죽지는 않는다.	×
• 나이 든 사람들은 대부분이 조만간 치매에 걸린다.	×
• 심리치료는 치매노인들에게는 도움이 되지 않는다.	△
• 여성은 남성보다 정신장애에 더 취약하다.	×
• 미혼자들이 기혼자들보다 정신장애를 일으키기가 더 쉽다.	△
• 죽음을 앞둔 사람들은 대부분이 그 사실을 부인하고자 한다.	○

출처: Schaie & Willis (2002), pp. 16–17에서 수정 인용.

○=옳음, △=부분적으로 옳음, ×=옳지 못함

연령편견 또는 **연령차별**(ageism)은 오로지 나이 때문에 노인을 차별하는 것을 말한다(Butler, Lewis, & Sunderland, 1991). 다시 말해, 개인이나 집단을 생물학적 연령에 근거하여 경시하고 폄하하는 신념, 태도, 사회제도 및 행위를 가리킨다. 여러 연령집단에 대한 고정관념 및 선입견이 연령편견의 요소들이다. 직업세계에서 작용하는 연령편견은 인종이나 성별에 의한 차별과 마찬가지로 업무능력을 직접 평가하지 않고 나이만 보고 무능하다고 판단하고 거부하는 것이다. 일부 사회학자들은 전 세계적으로 노인인구가 증가하고 베이비붐 세대가 노년기에 이르면서 노인의 지위 및 그와 관련된 대중의 인식이 크게 개선될 것이라 주장한다(예: Gergen & Gergen, 2000). 그러나 그러한 인식의 개선은 중년기에 경제적 부를 이룬 소수 노인에게만 해당할 것이라는 비판도 있다(Holstein, 2000).

노화에 관한 부정적 고정관념은 심리학 연구자들에게도 영향을 미쳐서 종종 옳지 못한 부정적 고정관념을 지지하는 방향으로 연구를 설계하고 결과를 해석하게 되기도 한다(Schaie, 1988a, 1993). 노화에 관한 속설은 노인에 대해 부정적 고정관념을 갖게 만들고 이런 부정적 고정관념이 노인에 대해 편견을 갖게 만듦으로써 노인을 사회활동으로부터 배제하는 결과를 초래할 수도 있다.

6. 노인인구의 변화 추이

21세기에는 전 세계적으로 고령인구가 증가하는 추세이다. 2006년에는 전 세계 고령인구가 4억 8천만여 명이었는데 2030년에는 거의 두 배인 약 10억 명으로 증가하고 2050년에는 약 15억 명에 이를 것으로 예측된다(서울대학교병원, 2008).

세계 인구 동향을 보면 지금부터 2050년 사이에 아시아와 남아메리카 등 개발도상국가의 65세 이상 인구가 특히 크게 증가하여 2025년 이후에는 전 세계 노인의 3/4가량이 이 지역에 거주하게 될 것으로 전망된다. 싱가포르는 2050년까지 65세 이상 인구의 증가율이 372%에 달할 것으로 보여 최고의 노인인구 증가율을 기록할 것으로 예측된다(Kinsella & Veloff, 2001).

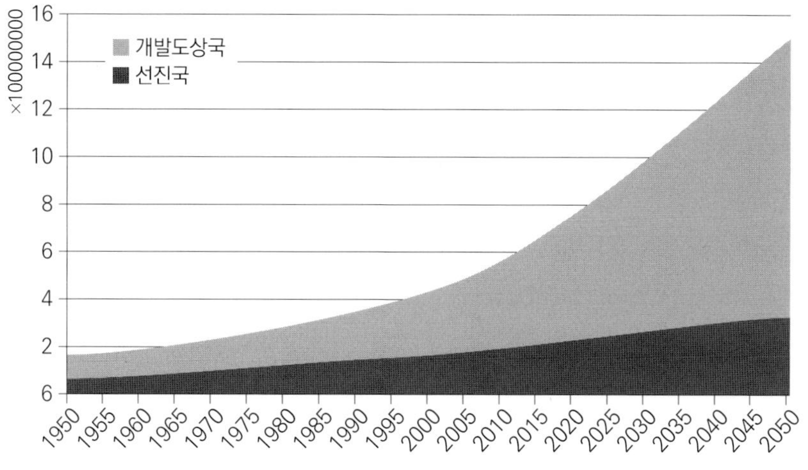

[그림 1-3] 세계 노인인구의 변화 추이

출처: Kinsella & Veloff (2001).

우리나라는 낮은 출산율과 빨라진 고령화로 인해 2050년이면 인구 10명 중 4명(38.2%) 정도가 65세 이상 노인이 될 것으로 전망된다. 통계청이 발표한 장래인구추계를 보면 우리나라는 지난 2000년 65세 이상 인구 비율이 7.2%에 이르면서 서구와 일본에 뒤이어 고령화사회에 진입하였고, 2018년에는 노인인구 비율이 전체 인구의 14.3%로 고령사회에 진입하였다.[1)] 18년 만에 고령화사회에서 고령사회로 진입한 것으로, 이는 프랑스의 115년, 스웨덴의 85년, 미국의 71년, 일본의 24년에 비해 유례없이 빠른 속도이다([그림 1-4] 참조). 지금과 같은 추세가 지속된다고 할 때 우리나라는 2025년에 노인인구 비율이 전체 인구의 20.3%에 달해 초고령사회에 도달할 것이 예상된다(통계청, 2020; 〈표 1-3〉 참조).

1) 고령화사회는 노인인구가 전체 인구의 7%를 넘어선 사회이고, 고령사회는 14%, 초고령사회는 20%를 넘어선 사회를 말한다.

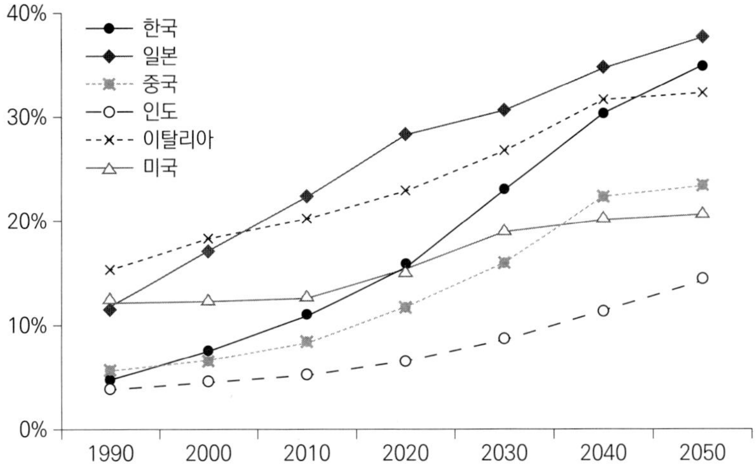

[그림 1-4] 노인인구 증가율의 국가 간 비교

출처: 서울대학교병원(2008).

우리나라 전체 인구는 2010년 4천887만 명이던 것이 2033년 5천180만 명으로 정점에 도달한 이후 점차 감소하기 시작하여 2067년에는 3천929만 명에 이르기까지 감소할 것으로 전망된다(통계청 2020 추계인구). 출생아 수는 2005년 43만 명에서 2050년에는 22만 명으로 격감하는 반면에, 고령자 수는 같은 기간 436만 7천 명에서 1천615만 6천 명으로 3.7배 급증할 것으로 추산된다.

통계청 자료에 따르면, 1960년에서 2050년에 이르기까지 전체 인구 대비 65세 이상 노인의 비율만이 아니라 70세 이상, 80세 이상 노인의 비율도 급격히 증가할 것이 예상된다. 2050년에 우리나라는 70세 이상 노인이 인구의 31.7%, 80세 이상 노인도 무려 15.6%에 이르는 사회가 도래하게 될 것이다.

[그림 1-5]는 연령과 성별에 따른 인구의 비율을 나타낸 인구피라미드를 보여 준다. 30~50세가 두터운 항아리형에서 점차 60세 이상이 더 두터워지는 역삼각형 구조로 변화하고 있음을 볼 수 있다.

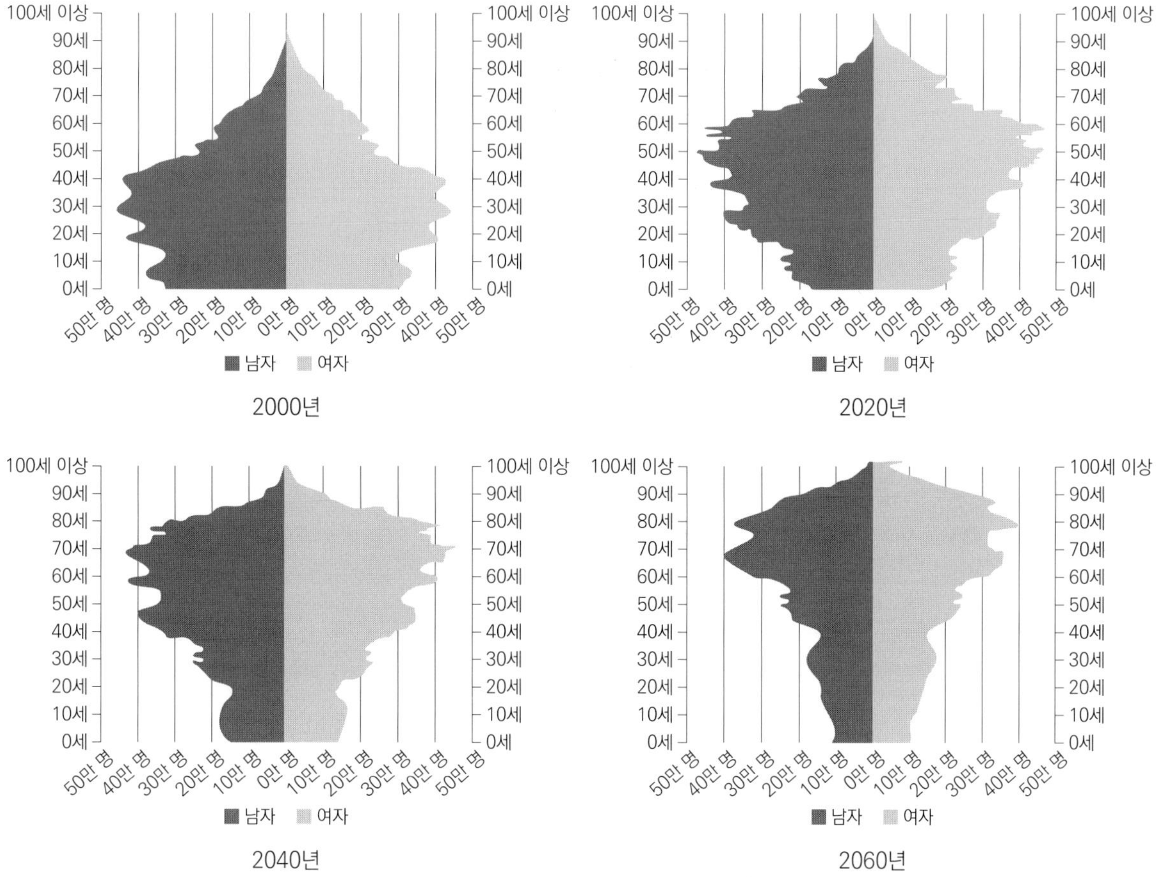

[그림 1-5] 2000~2060년까지 우리나라 인구구조의 변화

출처: 통계청 2020 통계지리정보서비스 인구피라미드.

우리나라 사람들의 평균 수명은 1990년에 남자 67.3세, 여자 75.5세이던 것이 2015년 기준으로 남자 79.0세, 여자 85.2세로 증가함으로써 25년 사이에 약 10년이 증가하였다. 2065년에는 평균 수명이 남자 88.4세, 여자 91.6세에 이를 것으로 전망된다(통계청 장래인구추계).

평균 수명 증가로 인해 노인인구는 계속 늘어나는 반면에, 출산율 저하로 인해 생산가능인구는 계속 줄어들고 있다. 2020년에서 2065년까지의 연령별 인구 구성비를 비교해 보면(〈표 1-3〉) 65세 이상 고령인구는 15.7%에서 46.1%로 증가하지만, 유소년인구는 12.2%에서 8.0%로 감소하고 15~64세의 생산가능인구는 72.1%에서 46.0%로 감소할 전망이다.

〈표 1-3〉 노인인구 비율의 연령집단별 변화 추이

연도	유소년인구	생산가능인구(%)			고령인구(%)		
	0~14세	15~24세	25~49세	50~64세	65세 이상	70세 이상	80세 이상
2020	12.2	11.3	36.9	23.9	15.7	10.6	3.6
2025	10.7	9.2	35.1	24.9	20.3	13.1	4.7
2030	9.6	8.7	32.5	24.2	25.0	17.1	5.7
2035	9.6	7.8	29.7	23.5	29.5	21.4	7.3
2040	9.8	6.4	28.1	21.9	33.9	25.4	10.2
2045	9.4	6.5	25.1	22.1	37.0	29.3	13.1
2050	8.9	7.1	22.0	22.1	39.8	31.7	15.6
2055	8.4	7.1	21.4	21.7	41.4	34.1	17.9
2060	8.0	6.8	21.4	21.7	41.4	34.1	17.9
2065	8.0	6.7	21.0	18.3	46.1	37.5	20.6

출처: 통계청 2020 주요 연령계층별 추계인구.

베이비붐 세대의 노화도 우리나라 인구의 고령화에 큰 몫을 하게 될 전망이다. 베이비붐 세대는 한국전쟁이 끝난 직후 출산율이 이전보다 크게 높아지던 시기인 1955~1963년 사이에 태어난 세대로, 이들이 중년기와 노년기로 이동하면서 고령인구의 증가는 더욱 가속화될 전망이다. 약 714만 명에 달하는 베이비붐 세대는 2010년 기준으로 전체 인구의 14.6%를 차지하는 거대 인구집단이다(삼성경제연구소, 2010). 급격한 경제성장과 IMF 외환위기, 최근의 글로벌 금융위기를 경험한 세대로서 지금까지 사회의 중심에서 활동해 왔으나 이 세대의 선두집단에 해당하는 1955년생이 만 55세가 되는 2010년부터 본격적인 은퇴가 시작되었다. 평균 수명의 연장에 따라 이들은 80세, 90세, 100세까지도 생존할 것이 예상되며, 따라서 최고령자의 수는 앞으로 계속 증가할 것이다.

인구의 급속한 고령화는 경제활동인구인 청장년층의 노인부양 부담을 가중시키고 사회경제적 활력을 급속히 감퇴시키는 등 심각한 부작용을 초래할 것이다. 도시화 · 산업화에 따른 핵가족화와 여성인력의 사회진출, 출산율 저하, 이혼율 증가 등으로 인해 노인에 대한 가족지지 기반이 현저히 약화됨에 따라 부양자녀 없이 노부부만 함께 살거나 혼자 사는 노인의 수가 증가하고 있다.

노인인구가 급증하면서 노년부양비와 노령화지수 등 인구 고령화를 보여 주는 여러

지표도 급속히 증가하고 있다(〈표 1-4〉 참조). **노년부양비**(old age dependency ratio)는 생산가능인구(15~64세) 100명에 대한 고령인구(65세 이상)의 비를 가리킨다.[2] 통계청 자료에 따르면 2015년 17.5명에서 2036년 50명을 넘고, 2065년 88.6명으로 2015년 대비 5.1배 증가할 전망이다. 즉, 2015년에는 생산가능인구 5.7명이 노인 1명을 부양하면 되었지만, 2065년에는 생산가능인구 1.1명이 노인 1명을 부양해야 하는 상황이 된다는 것이다.

노령화지수(aged-child ratio)는 유소년인구(0~14세) 100명당 고령인구(65세 이상)의 비를 가리킨다.[3] 노령화지수는 1990년에 20명이던 것이 2017년부터 100명을 넘고 2065년에는 442.3명에 이르기까지 폭발적으로 증가할 전망이다.

〈표 1-4〉 인구구성비, 노년부양비와 노령화지수의 변화 추이

		2010	2020	2030	2040	2050	2060	2065
인구 구성비 (%)	0~14세	16.1	12.2	9.6	9.8	8.9	8.0	8.0
	15~64세	73.1	72.1	65.4	56.3	51.3	48.0	45.9
	65세 이상	10.8	15.7	25.0	33.9	39.8	43.9	46.1
총부양비		36.9	38.6	53.0	77.5	95.0	108.2	117.8
유소년부양비		22.0	16.9	14.7	17.4	17.4	16.7	17.4
노년부양비		14.8	21.7	38.2	60.1	77.6	91.4	100.4
노령화지수		67.2	129.0	259.6	345.7	447.2	546.1	576.6
중위연령(세)		37.9	43.7	49.5	54.4	57.9	61.3	62.2
평균연령(세)		37.9	42.8	47.65.5	51.4	54.4	56.4	56.9

출처: 통계청 2020 장래인구추계 주요인구지표.

인구 고령화를 보여 주는 이런 수치들은 미래의 노년에게 어떤 의미를 갖는가? 무엇보다도 미래의 노인들은 요즘 노인들보다 함께 어울릴 친구와 동료들이 더 많을 것이다. 특히 남성들은 노년이 될 때까지 생존할 확률이 현재 노인들보다 훨씬 더 높다. 나이 든 고객의 수가 점점 더 많아질 것이라는 점에서 노화와 관련된 직종에 종사하고자 하는 젊은 사람들에게는 매우 희망적인 상황이다. 앞으로는 연예계와 대중매체들이 고령인구에

2) 노년부양비 = 고령인구(65세 이상)÷생산가능인구(15~64세)×100

3) 노령화지수 = (65세 이상 인구/0~14세 인구)×100

점차 적응함에 따라 생활방식에도 여러 면에서 변화가 있을 것으로 예상된다. 예를 들어, 사람들은 나이 든 가수와 배우들에게 익숙해지고, 10대 아이돌 스타 일색이던 TV 프로그램은 연예인들과 함께 나이 들어가는 시청자들의 욕구에 발맞춰 노익장 스타들의 활약상을 앞다퉈 내보낼 것이다. 1970년대를 풍미했던 통기타 가수들이 60대 중후반의 나이에 젊은 시절을 회고하는 TV 프로그램에 출연하여 웬만한 아이돌 스타 못지않은 선풍적 인기몰이를 하고, 출연자 중 막내가 70대인 노익장 배우('꽃할배')들이 외국여행을 하면서 겪는 에피소드들을 다루는 프로그램이 상당한 인기를 끄는 등 그런 징후는 이미 시작되었다.

수명이 연장되면서 중년기와 노년기가 길어지고 그에 따라 성인기의 생활양식에도 변화가 요구되고 있다. 사회 전반에서 인생 후반의 삶의 질에 관한 관심이 고조되고 있다. 평균 수명 80세를 바라보는 시점에서 '얼마나 오래 사는가'보다는 '어떻게 하면 아름답고 풍요로운 노후를 보낼 수 있을 것인가'가 더 중요한 관심사로 대두하였다. 노인인구 증가로 인해 발생하는 각종 노인 문제를 예방하고 해결하기 위한 학문적 · 정책적 대처방안 마련이 필요한 시점이다. 사회학자, 심리학자, 경제학자, 생물학자, 유전학자, 영양학자 등 다양한 전문가들의 학제 간 연구가 필요하다.

생각상자 1-4.

여러분이 65세가 되었을 때 이 세상은 어떤 모습을 하고 있을까?

제 2 장

노화이론

1. 개인과 환경의 상호작용 모델
2. 생물학적 노화이론
3. 심리학적 노화이론
4. 사회문화적 노화이론
5. 결어

제2장
노화이론

노인심리학은 발달심리학의 일부분으로 노년기의 발달에 초점을 둔 학문 분야이다. 그러나 발달심리학은 오랫동안 아동발달이나 아동심리학과 동의어로 사용되어 왔다. 최근 들어 **전 생애 관점**(life span perspective)이 부각되고 성인기의 발달과 노화에 관한 연구가 활발해지면서 발달심리학 분야는 아동기와 청년기뿐 아니라 그 이후 시기의 발달까지 포괄하고 통합하는 방향으로 확장되었다. 1960년대부터 한 개인이 "요람에서 무덤까지" 겪어 나가는 변화를 설명하는 모델들이 등장하기 시작하고 성인기에 대한 지식과 관심이 증가함에 따라 변화를 더 폭넓게 바라보는 전 생애 관점이 대두한 것이다.

발달심리학은 이렇듯 관심의 초점을 생애 초기에서 중기와 후기로 이동했을 뿐 아니라 이제는 사회와 **맥락**의 영향력도 통합하고 있다. 지금은 어느 정도 빛이 바랜 '천성 대 육성(nature–nurture)' 논쟁이 이러한 변화의 동력으로 작용하였다. 발달은 유전적으로 물려받은 것인가(천성), 아니면 양육과 사회의 영향을 받는 것인가(육성)? 발달심리학은 전 생애에 걸친 변화를 이 두 요인의 함수로 여기기 시작하였고, 이런 변화와 더불어 발달심리학이 아니라 **발달과학**이라는 용어가 사용되기도 하였다(Magnusson, 1996).

발달과학이라는 용어의 등장은 다음의 두 가지 의미를 갖는다(Whitbourne & Whitbourne, 2014). 첫째, 시간에 따른 변화를 이해하기 위해서는 다양한 영향요인들을 살펴볼 필요가 있다. 다시 말해, 한 개인에게 일어나는 변화 과정을 연구할 때 인지나 성격과 같은 심리학 영역들에서 전통적으로 생물학이나 보건학에 속하는 것으로 간주되는 기능영역으로까지 확장해야 한다는 것이다. 둘째, 개인 바로 주변의 환경만 보아서는 시간에 따른 변화를 이해하기에 충분하지 못하다는 것이다. 개인의 발달에서 사회적 맥락이 어떤 역할을 하는지를 연구해야 할 뿐 아니라 개인을 더 큰 지역사회 및 사회의 일부분으로 볼 필요가 있다는 것이다. 결론적으로, '발달과학' 연구자들은 생물학에서 사회적 맥락에 이르기까지 다양한 과정들을 살펴보고, 각 수준에서의 변화를 분석하고 그 수준들 간의 역동적 상호작용을 이해하고자 한다.

이 분야의 연구자들은 또 연구의 초점을 발달과학 쪽으로 재정립하면서 연령에 따른 변화를 평면적으로 기술하는 데서 벗어나 발달의 기제나 기저 과정을 설명하고자 박차를 가하고 있다. Gesell 같은 초창기 아동심리학자들은 개인에게 주요 사건들이 일어나는 연령을 확정하고자 하는 기술적(descriptive) 접근방식을 택했다. 그러나 근래의 발달과학자들은 발달의 기저에 어떤 원리가 작용하는지를 알아내는 데 역점을 둔다. '무엇'이 발달하는가를 밝히는 데 그치지 않고 '왜' 발달하는가도 밝히고자 하는 것이다.

이 장에서는 지금까지 성인기의 발달과 노화를 설명하기 위해 제기된 여러 이론적 관점들에 대해 살펴보기로 한다. 연령에 따른 노화 현상을 설명하는 이론들은 각각 생물학적 · 심리학적 · 사회문화적 영향요인 중 어느 한 요인의 역할을 특히 강조한다(Bengtson, Gans, Putney, & Silverstein, 2009; Schaie & Willis, 2002; Whitbourne & Whitbourne, 2014). 이들 세 유형에 속하는 이론들을 살펴보기에 앞서, 발달 과정에서 유전과 환경의 상대적 영향력을 다루는 세 가지 모델(유기체 모델, 기계 모델, 상호작용 모델)에 대해 알아보기로 한다.

생각상자 2-1.

성인기와 노년기의 발달을 이해하는 데 전 생애 관점이 필요한 이유는 무엇일까?

1. 개인과 환경의 상호작용 모델

전통적 발달심리학에서는 아동기의 성장이 기본적으로 '천성(nature)'의 결과로 이루어진다고 생각한다. 발달심리학의 초창기인 20세기 초반의 학자들(예: Gesell)은 출생 이후에 일어나는 변화를 정확하고 완벽하게 기술하는 데 목표를 두었다. 그들은 이러한 변화가 타고난 소질이 성숙의 과정에 따라 차례로 펼쳐지는 것이라고 여겼다. 환경(특히 부모)의 역할은 이러한 변화의 과정을 이해하고 이 과정이 원활하게 이루어지도록 알맞은 성장조건을 제공하는 것이라고 보았다. 식물이 싹을 틔우고 잘 자라나도록 물을 주고 햇빛이 비치게 해 주는 것과 같다고 본 것이다.

그러나 오래지 않아 아동심리학자들 사이에 '육성(nurture)' 관점이 출현하기 시작하였다. 이 관점의 극단에는 미국 행동주의의 창시자인 John B. Watson이 있다. 그는 아이의 미래가 전적으로 부모가 제공하는 환경에 의해 만들어질 수 있다고 주장하였다. Watson은 생후 얼마 되지 않은 어린아이들을 자기에게 맡겨 키우게 해 준다면 그 아이들의 조상이나 타고난 성향 등과 관계없이 주문받은 대로의 인간형을 만들어 낼 수 있다고 호언장담하기까지 하였다.

> 나에게 12명의 건강하고 잘생긴 아이들을 주고 내가 특별히 마련한 공간에서 그들을 키울 수 있도록 해 주시오. 그러면 그중에서 아무나 무작위로 골라서 그 아이를 선조들의 재능, 기호, 성향, 능력, 직업, 인종과 관계없이 어떤 유형의 전문가로도 훈련할 수 있다는 것을 보장합니다. 의사, 변호사, 상인, 보스, 심지어 거지나 도둑으로도 훈련할 수가 있습니다(Watson, 1930, p. 104).

천성-육성 논쟁은 아동발달에 관한 많은 고전적 연구를 촉발했으며, 이 연구들은 발달이 유전과 환경 중에 어느 한 가지만으로 이루어지는 것은 아니라는 증거를 내놓았다. 유전과 환경의 역할을 각각 지지하는 증거들이 속속 보고되었다. 이 분야의 연구자들은 유전요인과 환경요인이 상호작용하여 생애 초기의 발달 과정에 영향을 미친다는 것을 점차 깨닫게 되었다. 더욱이 이 상호작용은 유전 몇 %와 환경 몇 %로 말할 수 있는 것이 아니라는 것도 (그런 자료들이 보고되고 있는 것이 사실이기는 하지만) 분명해졌다.

1) 유전과 환경의 상호작용

적소선택(niche-picking) 개념이 도입되면서(Scarr & McCartney, 1983) 유전과 환경의 상호작용은 능동적이고 역동적이라는 생각이 굳건하게 자리 잡기 시작하였다. 적소선택 개념에 따르면 유전과 환경은 아동의 삶의 방향에 공동으로 영향을 미친다. 이 과정이 어떻게 작용하는지는 다음의 예로 설명할 수 있다(Whitbourne, 2008). 춤에 타고난 재능이 있는 4세 소녀가 있다고 하자. 강력한 '춤' 유전자를 가지고 있는 이 소녀는 유연성이 뛰어나고 균형과 리듬 감각이 탁월하다. 어느 날 소녀의 부모는 어린 딸을 발레공연에 데리고 갔다. 소녀는 무용수들의 몸짓에 홀딱 반해서 정신없이 공연을 관람한 후 부모에게 자기도 발레를 배우게 해 달라고 졸랐다. 소녀는 발레공연을 보고 춤이라는 '적소'를 선택했고 그 이후 발레를 배우면서 자신의 재능을 마음껏 발휘하였다. 즉, 소녀의 '춤' 유전자가 자신이 재능을 발휘할 수 있는 바로 그 활동에 소녀가 관심을 가지게 만든 것이다.

아동발달 분야의 연구자와 이론가들이 유전자와 환경의 상호작용을 주장하고 있을 무렵, 아동발달에 성인기를 통합하려는 움직임이 나타나기 시작하였다. 중년기를 주로 연구해 오던 평생학습 분야의 교육자들이 이러한 통합 움직임에 동참하였다. 노화 과정을 연구하는 **노년학**(gerontology) 분야의 연구자들도 노년기 이전에 이루어지는 발달과 관련한 일반적 쟁점들에 관심을 보였다. 이같이 여러 연령집단에 관한 연구 관심이 수렴되면서 통합적인 전 생애 관점이 진화하기 시작하였다.

아동심리학이 전 생애 발달로 확장되고 이를 중심으로 철학적 · 이론적 논의가 이루어지면서 유전-환경 논쟁을 바탕으로 하는 여러 모델이 모습을 드러내었다(〈표 2-1〉). **유기체 모델**(organismic model)은 '천성'이 발달의 기본 동력이라는 생각에 기초하고 있다. 이 모델에서는 아동기와 그 이후의 성장이 유전적 성향의 발현에 의한 것이라고 본다. 이는 발달단계 이론들의 토대가 되는 모델로서, 전 생애에 걸친 변화가 연속적으로 이루어지는 것이 아니라 도약을 통해 일어난다고 상정한다.

〈표 2-1〉 개인과 환경의 상호작용에 관한 모델

	유기체 모델	기계 모델	상호작용 모델
변화의 성격	질적	양적	다중방향 다중차원
유기체의 기여	능동적	수동적	능동적
발달의 주요 동력	생물학적-내생적 성숙에 따른 변화	환경에 있는 외부자극	환경과의 상호관계

출처: Lerner (1995).

기계 모델(mechanistic model)은 유기체 모델과 달리, '육성'이 발달의 기본 동력이라는 전제를 바탕에 깔고 있다. 이 모델에서는 새로운 학습 기회를 제공하는 경험을 통해 성장이 이루어진다고 가정한다. 이런 경험은 점진적으로 축적되는 것이므로 상호 간에 분명하게 구분되는 단계와 같은 것은 없다고 본다. 이 모델에 따르면 발달은 연령이 증가하고 경험이 축적됨에 따라 연속적으로 서서히 이루어진다.

상호작용 모델(interactionist model)은 발달과학 분야를 대표하는 관점이다. 이 모델은 유전과 환경이 복잡하게 상호작용하여 개인의 발달에 영향을 미치며, 개인은 환경과의 상호관계를 통해 자신의 발달에 능동적으로 관여한다고 본다. 이 모델은 발달의 **다중방**

향성을 강조한다. 발달은 여러 경로를 통해 이루어지기 때문에 일련의 단계에 따라 일률적으로 기술할 수가 없다는 것이다. 이 모델은 또 발달에는 여러 과정이 있다는 **다중차원성**을 강조한다. 마지막으로 상호작용 모델은 발달에 **가소성**이 있다고 가정한다. 발달 경로는 개인과 환경 간에 이루어지는 상호작용의 성격에 따라 변화할 수 있다는 것이다. 다중차원성, 다중방향성, 가소성 등은 성인기와 노년기의 발달 과정에 매우 중요한 개념이다. 사실 발달은 평생에 걸쳐 여러 차원에서 동시에 진행될 수 있으며, 가소성 개념은 개인이 자신의 행동을 통해 노화 과정을 보상하고 수정할 수 있다는 생각과 잘 맞아떨어진다.

모든 발달이론은 이 세 가지 모델 중 어느 하나에 속한다. 발달이 개체발생적 변화의 결과라고 제안하는 이론들은 유기체 모델에 속한다. 발달이 환경의 영향력에 따라 진행된다고 제안하는 학습이론은 기계 모델의 범위에 들어간다. 발달이 유전과 환경의 공동 영향력이 빚어낸 결과라고 보는 이론들은 상호작용 모델의 범주에 속한다. 최근에는 생물심리사회적(biopsychosocial) 관점과 같이 생물요인, 심리요인, 사회문화요인들이 복잡하게 상호작용하면서 발달에 공동으로 영향을 미친다고 보는 상호작용 모델이 발달 분야에서 주도적 위치를 장악하고 있다(Whitbourne & Whitbourne, 2014).

2) 발달의 상호성

상호작용 모델은 연령에 따른 발달이 경험의 산물이라는 중요한 전제를 깔고 있다. 그러나 사람들은 자신에게 일어나는 일들을 능동적으로 해석하거나 특정한 행동을 취함으로써 자신이 하게 될 경험을 스스로 조성하기도 한다. 즉, 사람들은 자신의 삶에서 일어나는 사건들로부터 영향을 받을 뿐 아니라 그 사건들에 영향을 미치기도 한다(Bronfenbrenner & Ceci, 1994).

발달의 이러한 **상호성**(reciprocity)이 여러분의 삶에 어떻게 영향을 미치는지 살펴보자. 여러분은 과거에 일어난 사건들에 영향을 받아 일련의 행동을 하였고, 그 결과로 이 순간 이 자리에 있게 되었을 것이다. 여러분이 대학생이라면 어쩌면 고등학교 때의 단짝 친구를 따라 또는 이 대학에 재직하는 교수의 명성을 듣고 이 대학에 왔을 수 있다. 그냥 성적에 맞춰 진학하려다 보니 우연히 오게 되었을 수도 있고, 그래서 과연 제대로 온 것인지 아직 확신하지 못하고 있을 수도 있다. 어떤 경우든지 여러분이 지금 이 자리에 있게 된 것은 이전에 있었던 사건들로부터 어떤 방식으로든 영향을 받았기 때문이다. 이것이 발달의 상호성이 갖는 일면이다.

발달의 상호성이 갖는 또 다른 면은 여러분 자신이 환경에 미치는 영향에 초점을 맞춘다. 여러분은 현재의 환경에 영향을 미침으로써 앞으로의 삶에서 일어날 사건들에 영향을 미칠 수 있다. 예를 들어, 여러분은 이 대학의 학생이라는 사실 자체로 인해 주변 사람들에게 영향을 미치고 있다. 여러분은 주변 사람들과의 관계를 통해 그들의 삶을 영원히 바꿔 놓을 수도 있다. 여러분은 또 대학에도 영향을 미치고 있을 수 있다. 대학은 여러분의 재학 여부에 따라 여러분에게 일어날 사건들을 조정하고 변경할 것이다. 여러분이 학교의 명성을 드높일 수 있을 만큼 특별히 뛰어난 재능을 가지고 있지는 못하다 할지라도 여러분이 학교에서 하는 활동은 무엇이든지 학교를 일정 정도 변화시킬 것이다. 가령, 수업시간에 질문을 하는 것으로 교수의 연구를 자극하고 그 연구가 궁극적으로 새로운 지식을 창출해 낸다면 여러분은 대학의 학문적 역량을 끌어올리는 데 기여한 것이다.

이같이 우리는 환경의 영향을 수동적으로 받기만 하는 것은 아니다. 우리의 선택과 행동이 우리가 속한 환경에 흔적을 남긴다. 환경의 변화는 다시 우리를 변화시키고 우리가 또다시 환경에 영향을 미치게 만든다. 발달이 상호적 성격을 갖는다고 제안하는 관점에서는 이러한 나선형의 발달 과정이 현재진행형이며 예측 불가능한 것이라고 본다.

2. 생물학적 노화이론

이상에서 논의한 발달모델들을 토대로 성인발달과 노화에 관한 이론적 접근들을 더 깊이 있게 살펴보기로 한다. 먼저 유전과 생물학이 노화를 어떻게 설명하고 있는지 살펴보기로 한다.

생애 후반의 생물학적 변화는 유아기 · 아동기 · 청년기에 일어나는 변화와 마찬가지로, 유전적으로 결정된 사건들 또는 유기체 내부의 변화가 초래한 생리적 기능의 변화에 기반을 두고 있다. 그러나 앞서 언급한 대로 발달의 상호작용 모델은 환경요인이 생물학적 또는 유전적 성향의 발현에 영향을 미친다고 예측한다. 상호성 원리에 의하면 행동은 타고난 생물학적 프로그램과 상호작용한다. 그 결과 신체기능과 인지기능의 변화는 그 성격과 출현시점에서 개인차가 크게 나타난다. 궁극적으로 수명을 제한하는 것은 신체 노화이지만, 노화 과정과 관련된 많은 변화는 행동 조처를 통해 출현시점이 일정 정도 변경될 수 있다. 그러나 시간의 흐름을 막을 수는 없다. 신체의 생물학적 시계는 쉴 새없이 세월을 기록한다.

생물학자들은 노화 과정에 관한 많은 이론적 관점들을 제공하였다. 이 이론들은 계획된 노화이론과 우연적 노화 또는 무작위오류 이론의 두 범주로 나뉜다(Bengtson et al., 2009; Whitbourne & Whitbourne, 2014). 각 이론은 두 범주의 어느 한쪽을 강조하거나 두 범주를 통합하고자 시도한다.

과학발달의 초창기에는 많은 이론이 출현하지만, 연구가 진전되면 한둘을 남기고 전부 자취를 감춘다. 노화에 관한 생물학적 이론이 많다는 것은 이 분야가 아직 초창기라는 신호이다(Whitbourne, 2008).

생각상자 2-2.

인간 세계에 노화와 죽음이 없다면 어떤 일이 일어날까?

노화 현상은 왜 일어나는가? 생물체는 왜 늙어 가고 결국 죽음에 이르는가? 생물학적 노화가 일어나지 않거나 적어도 지금보다는 느린 속도로 일어난다면 무슨 일이 일어날까? 미래에는 과학의 발달로 인해 동일인이 여러 신체를 가지고 살아갈 수도 있다(사이보그 인간). 공상과학 소설에는 종종 그런 세계들이 등장한다. 그러나 그런 세계에 대해 상상해 보면 영원한 생명에는 숱한 문제가 뒤따른다는 것을 금방 알 수 있다. 인구폭발, 자원 결핍, (수십 년이 아니라 수백 년, 수천 년에 걸친) 세대 간 갈등은 몇 가지 예에 불과하다. 이러한 문제를 피하기 위해서는 출산율이 제자리걸음을 해야 할 것이다. 나이 든 세대가 사망하고 새로운 세대에 자리를 내줌으로써 활력을 유지해 나가는 현재 세계와 달리, 노화가 없는 사회에서는 필연적으로 사회 정체(停滯)의 문제가 제기될 것이다.

1) 계획된 노화이론

계획된 노화이론(programmed aging theories)은 어떤 유기체든지 태어날 때부터 노화와 죽음을 둘 다 내장하고(built-in) 있다는 전제에서 출발한다. 성숙과 노화는 유전적으로 예정된 수순으로서, 성숙에 이르게 하는 '발달 유전자'뿐 아니라 그 이후의 시간을 재는 '노화 유전자'가 있다고 보는 것이다. 종(種)에 따른 수명 차이는 오랫동안 이 가정을 지지하는 근거로 사용되어 왔다. 종에 따라 수명이 다르다는 사실은 수명이 유기체의 유전적 구성의 일부임을 시사한다. 예를 들어, 나비는 수명이 12주, 코끼리거북은 180년, 포유동물 중에서 수명이 가장 긴 인간은 그 중간지점인 120년이다.

18세기 영국의 수학자 Benjamin Gompertz는 연령과 사망률의 관계를 나타내는 **곰페르츠 함수**를 창안하였다. 그는 사망률 자료에 미적분학을 적용함으로써 사망률이 연령에 따라 기하급수적으로 증가하며 이것을 로그함수로 나타내면 직선이 된다는 것을 보여 주었다. 동물의 종마다 곰페르츠 함수가 다르다. 최단명 종과 최장수 종의 곰페르츠 함수는 상당히 차이가 있는데, 이것은 수명이 종 고유의 타고난 특질이라는 생각을 지지한다.

유전학 분야가 엄청난 발전을 거듭하고 있음을 생각할 때, 수명이 유전에 의해 결정된다는 유전이론을 지지하는 이런 연구 결과는 매우 흥미롭다. '노화' 유전자를 찾아내고 통제할 수 있다면 노화의 본질 자체를 바꿔 놓기까지 할 수 있을 것이기 때문이다. 그러나 하나 또는 몇몇 유전자가 출생에서 사망까지의 노화 과정을 통제한다고 하는 생각이 과연 타당하다고 볼 수 있을 것인가?

더 설득력 있는 유전이론은 성적 성숙에 이르기까지 살아남는 종을 진화가 선택한다는 것이다. 종족 보존의 임무를 다한 유기체는 더 이상 쓸 만한 유전정보가 없으므로 마치 태엽이 다 풀린 시계처럼 멈춰 서게 된다는 것이다. 이 이론을 지지하는 연구자들은 '노년'이란 야생동물의 세계에서는 찾아볼 수 없는 '자연스럽지 못한' 현상이라고 지적한다. 야생동물들은 평균 수명이 동물원 동물의 절반 정도밖에 되지 않는다. 이렇듯 대부분의 동물에게는 '노년기'가 없기 때문에 노년기를 위한 유전부호는 필요하지 않다는 것이다(Finch, 1998). Hayflick(1994)은 생식이 끝나고 나면 '좋은 유전자가 나빠지고(good genes gone bad)' 이렇게 나빠진 유전자들은 유기체를 파괴하는 임무에 착수한다고 주장하였다. 인간이 생애 초기 발달에 긍정적인 효과가 있었던 바로 그 유전자들로 인해 생애 후기에 다양한 질병에 취약해진다는 생각을 천착하는 연구들이 계속되고 있다(Caruso et al., 2000).

노화에 대한 가장 설득력 있는 유전학적 설명은 나이가 들면 유전자에 결함이 생겨서 세포가 생식력을 상실한다는 **복제노화**(replicative senescence)의 원리에 근거하고 있다. 인간의 세포는 대략 50회까지 분열하고 증식할 수 있다(Hayflick, 1994). 세포분열 횟수가 이렇게 제한되어 있는 이유는 염색체 끝부분에 있는 **텔로미어**(telomere)에 의해 설명할 수 있다. 텔로미어는 유전정보는 담고 있지 않으나 염색체가 끝부분이 망가져서 다른 염색체와 뒤섞이지 않도록 보호해 주는 구실을 하는데, 세포가 분열할 때마다 길이가 짧아진다. 세포가 분열을 거듭하다 보면 인접 염색체들이 들러붙게 되어 세포 순환이 중단되고 결국 사망에 이르게 된다(Shin, Hong, Solomon, & Lee, 2006). 인간의 사망률이 텔로미어의 길이와 관계가 있다는 증거는 텔로미어가 노화의 이유를 알려 주는 열쇠의 역할을 할 것임을 보여 준다(Cluett & Melzer, 2009).

텔로미어의 길이는 사회적 요인과도 관련이 있다. 영국의 연구자들은 여자쌍둥이 1,500여 쌍의 혈액을 분석한 결과 사회경제계층이 낮은 여성들이 텔로미어 길이가 더 짧다는 것을 발견하였다(Cherkas et al., 2008). 육체노동을 하는 쌍둥이들과 고급직업에 종사하는 쌍둥이들 간에는 (텔로미어에 의해 측정한) 생물학적 연령에서 7년의 차이가 있는 것으로 나타났다. 연구자들은 육체노동자들이 일상의 활동에서 스스로 통제력을 갖지 못함으로써 받게 되는 스트레스가 이 차이를 가져온다고 보았다. 신체질량지수, 흡연, 운동 부족도 텔로미어의 길이에 영향을 주는 것으로 밝혀졌다. 후속 연구는 동일 집단에서 생활습관 요인의 중요성을 입증하였다. 즉, 연령, 사회경제계층, 흡연, 신체질량지수를 통제한 후에도 신체 활동량이 많은 사람이 그렇지 못한 사람들에 비해 텔로미어 길이가 더 길었다(Cherkas et al., 2008).

텔로미어 길이의 감소는 신체의 많은 세포에 영향을 미치지만, 모든 세포가 다 그런 것은 아니다. 예를 들어, 종양세포는 무한히 증식한다. 종양세포의 무한증식이 초래하는 위험을 생각할 때 복제노화는 암을 막아 주는 역할을 한다고 볼 수 있다. 텔로미어 이론에 근거하여 수명을 연장하기 위해서는 암세포의 증식 위험을 차단하면서 신체 세포들이 더 오래 증식할 수 있는 방법을 찾아내야 할 것이다(Geserick & Blasco, 2006).

생각상자 2-3.

유전학이 노화를 통제할 수 있거나 또는 통제해야 한다고 생각하는가?

2) 무작위오류이론

무작위오류이론 또는 우연적 노화이론은 노화란 시간이 흐르면서 우리 몸에 계획되지 않은 변화가 일어나는 것이라고 가정한다. **마모이론**(wear & tear theory)에 따르면, 우리의 신체는 매일 사용되고 오용되다 보면 마치 오래된 낡은 자동차처럼 날이 갈수록 점점 더 많은 부위가 고장이 나고 결국에는 작동을 완전히 멈추게 된다. 반면에, 계획된 노화이론은 어떤 자동차든지 영구히 쓸 수 있도록 만들어진 것이 아니라 세월이 흐르면서 기능이 체계적으로 쇠퇴하도록 만들어졌다고 본다.

교차결합이론(cross-linking theory)은 노화가 콜라겐에 유해한 변화를 일으킨다고 제안한다. 우리 몸을 구성하는 단백질의 1/4가량을 차지하는 콜라겐은 피부를 떠받치고 힘줄을 강화하고 신체의 연약한 조직들을 뼈대와 연결하는 등의 일을 한다. 콜라겐 분자는 나선형으로 감겨 있는 세 개의 아미노산 사슬들로 이루어져 있다. 교차결합 단백질은 마치 사다리의 가로대처럼 콜라겐 분자 가닥들을 수평으로 이어 주는 구실을 하는데, 나이가 들면서 한 사다리의 가로대가 다른 사다리의 가로대에 연결되는 교차결합이 빈번해지면서 콜라겐 분자들이 점점 더 딱딱해지고 크기도 줄어든다. 피부에 이런 변화가 일어난다면 피부가 딱딱해지고 쭈그러지게 된다. 근육이나 동맥 같은 신체 내부조직에 교차결합이 일어나면 정상조직이 딱딱해지면서 근육과 동맥이 점차 유연성을 잃게 되고, 경우에 따라서는 심각한 문제를 일으킬 수 있다. 가령, 심장근육이 딱딱해지면 그만큼 심장이 활동을 더 많이 해야 하므로 심장발작이 일어날 위험성이 커진다. 그러나 교차결합 과정이 노화의 일차적 원인일 가능성은 거의 없다.

활성산소이론(free radical theory)은 산화스트레스이론으로도 알려져 있으며, 세포분자가 산소에 반응해서 만들어지는 유리기(遊離基, free radical)라는 불안정한 합성물질의 작용에 초점을 둔다(Sohal, 2002). 유리기는 다른 분자에 들러붙는 성질이 있는데, 유리기가 들러붙은 분자는 기능을 잃는다. 활성산소이론에서 노화란 유리기가 오랜 세월 축적되어 나타난 결과라고 본다.

그러나 이 이론이 노화 과정에 대한 설명으로 어느 정도 효용성이 있는지에 대해서는 의문이 제기되고 있다. 항산화제는 주요 성분인 과산화물 디스무타아제(SOD)가 유리기 형성을 방지함으로써 노화를 막아 준다고 알려져 있다. 블루베리, 딸기, 호두같이 비타민 E와 C가 많이 함유된 음식이 항산화 효과가 있다는 말을 많이 들어보았을 것이다. 그러나 인지기능 향상에 약간의 효과가 있는 것 말고는 이런 음식들의 섭취가 노화 지연에 효과가 있다는 증거는 충분하지 못하다(Park, Tedesco, & Johnson, 2009).

칼로리 제한 가설은 활성산소이론의 한 갈래로서 칼로리 섭취 제한이 수명 연장의 열쇠라고 본다(Walford, Mock, Verdery, & MacCallum, 2002). 칼로리 제한은 유리기 형성을 감소시켜서 이로운 효과를 내는 것으로 생각된다. 인간을 대상으로 한 통제된 연구는 없지만, 쥐의 칼로리 제한을 살펴본 실험연구가 수년간 축적되면서 칼로리 제한의 중요성을 지지하는 증거가 속속 나오기 시작하고 있다(Lefevre et al., 2009).

관련 연구들은 적포도주에 다량 함유되어 있는 성분인 레스베라트롤(resveratrol)의 효과와 관련해 활성산소이론을 지지하는 결과를 얻었다. 실험실에서 고칼로리 식사에 레스베라트롤을 추가 섭취한 쥐는 일반 식사를 한 쥐와 생존율이 거의 비슷하였고, 이 두 집단 모두 고칼로리 식사를 한 쥐보다 생존율이 더 높았다(Pearson et al., 2008). 운동은

레스베라트롤의 수명연장 효과를 더욱 증가시킨다(Murase, Haramizu, Ota, & Hase, 2009). 적포도주가 장수와 관련이 있다는 것은 분명하게 밝혀져 있지만, 원인이 무엇인지에 대해서는 의견이 다양하다. 적포도주가 효과가 있는 것은 유리기와 관련한 기제 때문이 아니라 적포도주에 들어 있는 프로시아니딘(procyanidin)이라는 타닌산이 동맥에 이로운 성분이기 때문이라고 주장하기도 한다(Whitbourne, 2008).

자가면역이론은 면역계 기능 이상이 노화를 초래한다고 제안한다. 나이가 들면 면역계의 기능 방식에 점점 더 오류가 많아진다. 즉, 면역계는 박테리아와 바이러스의 침입에 맞서 싸울 수 있는 능력을 상실할 뿐 아니라 자신의 신체 세포와 침입유기체의 세포를 구별하지 못하는 인식오류를 범하기 시작한다. 자가면역이 일어나 인체가 자기 세포를 공격하면 신체조직이 손상을 입는다. 자가면역은 관절염이나 암같이 노인에게 많이 나타나는 질병에서 핵심이 되는 부분이다(Larbi, Fulop, & Pawelec, 2008).

노화가 무작위오류에 의한 것이라고 보는 이론들은 평생 동안 생겨나는 돌연변이가 인체 세포의 기능부전을 가져온다는 주장에 근거한다. 오류이론의 한 변형인 **오류파국이론**(error catastrophe theory)에 따르면 나이가 들면서 축적되는 오류는 사실상 생명 유지에 필수적인 역할을 한다. 하지만 이런 오류가 기하급수적으로 축적되다 보면 결국 세포분자의 기능에 이상을 가져온다고 본다. 오랫동안 여기저기 금이 가다가 어느 순간 갑자기 무너져 내리는 다리처럼 세포의 손상도 오랜 세월 축적되어 조직과 기관에 광범위한 기능부전을 가져올 수 있다는 것이다. 오류의 원천은 미토콘드리아 DNA인 것으로 생각되고 있다(Kukat & Trifunovic, 2009). 이 DNA에 돌연변이가 있는 쥐는 탈모, 근육 손실 등 노화의 징후가 가속화된다.

3. 심리학적 노화이론

심리학적 모델들은 환경에 대한 개인의 적응능력이 발달 과정을 통해 어떻게 펼쳐지는가 하는 관점에서 발달을 설명하고자 한다. 이 접근에서는 자기 이해, 삶의 난관에 적응하는 능력, 세상을 바라보는 안목과 사회적 관계 등에 일어나는 변화에 각별한 관심을 기울인다.

대부분의 심리학적 노화이론들은 전 생애 발달 관점을 취하고 있다. 여기서는 Erikson의 심리사회적 발달이론, Piaget의 인지발달이론, 이 두 이론의 핵심요소들을 통합한 Whitbourne의 정체성 과정 이론(Whitbourne, Sneed, & Skultety, 2002; Whitbourne & Whitbourne, 2014), 그리고 Baltes와 동료들의 선택적 최적화와 보상 모델을 차례대로 살펴보기로 한다.

1) 심리사회적 발달이론

Erik Erikson(1963)의 심리사회적 발달이론은 아마도 전 생애 발달이론 중에서 가장 유명한 이론일 것이다. 이 이론은 여덟 단계에 걸친 자아의 발달에 초점을 둔다. 사람들은 발달의 각 단계에서 단계마다 고유한 쟁점들이 개인의 자아에 도전을 제기하는 위기를 맞는다.

Erikson의 **심리사회적 발달이론**은 사람들이 각자의 생애에서 생물, 심리, 사회적 힘들 간의 복잡한 상호작용에 유난히 민감하거나 취약한 일련의 전환기를 거쳐 간다고 제안한다. 예를 들어, 젊은 성인은 친밀감 대 고립감 단계에서 성적 관계를 할 생물학적 능력, 다른 성인과 진지한 정서적 관계를 맺을 심리적 능력, 그리고 배우자를 찾아서 '정착'할 사회적 능력을 갖추고 있을 것으로 기대된다. '위기'는 파국이나 재앙의 의미가 아니라, 각 심리사회적 단계가 특정한 심리사회적 쟁점의 긍정적 또는 부정적 해결에 더 가까이 다가가는 시기라는 의미를 갖는다. 이것이 Erikson 이론의 각 단계를 우호적 속성 대 비우호적 속성으로 기술하는 이유이다. 이 속성들은 위기가 결국 어떻게 해결되느냐에 따라 자아의 특성으로 발달한다. 개인은 각 단계의 성과에 따라 삶의 변화하는 요구에 더 잘 적응할 수 있게 되거나 그렇지 못하게 된다.

Erikson 이론의 또 한 가지 중요한 측면은 **후성적 원리**(epigenetic principle)이다. 각 단계는 이전 단계를 토대로 미리 정해진 순서에 따라 전개되어 나간다는 것이다. 이 단계들은 인간에게 기본구조물로 내장되어 있으며, 전 생애에 걸친 생물학적 발달 프로그램과 동일한 방식으로 설정되어 있다.

Erikson은 유려하고 설득력 있는 문장력을 발휘하여 출생에서 사망까지의 발달을 체계적 관점으로 묶어 냄으로써 많은 연구자와 발달이론가들에게 영감을 주었다. 다음 [그림 2-1]은 이 이론의 핵심인 연령과 단계의 매트릭스를 보여 준다. 이 매트릭스는 얼핏 보기에는 발달이 아동기에서 노년기까지 일련의 단계를 거쳐 진행되는 것처럼 보일 수도 있다. 그러나 더 자세히 들여다보면, 대각선 방향으로 진행되는 발달이 가장 분명하기는 하지만 그것만이 자아발달의 유일한 가능성은 아님을 알 수 있다. 매트릭스 포맷은 대각선을 벗어난 곳에서 발달이 일어날 수도 있다는 것을 시사한다. 그리하여 각 단계의 고유한 쟁점(예: 신뢰 대 불신)들이 성인기 내내 중요한 관심사로 공존할 수 있으며, 어떤 사건이 발생하여 특정 단계 고유의 쟁점이 재출현하도록 자극하면 그 쟁점은 연령에 관계없이 현재 단계에서 우위를 차지할 수 있다.

단계	1	2	3	4	5	6	7	8
성인 후기								자아통합 대 절망감
성인 중기							생산성 대 침체감	
성인 초기						친밀감 대 고립감		
청년기					정체성 확립 대 혼미			
아동 중기				근면성 대 열등감				
아동 초기			주도성 대 죄책감					
걸음마기		자율성 대 수치심						
유아기	기본적 신뢰 대 불신							

[그림 2-1] Erikson의 심리사회적 이론의 발달단계

출처: Erikson (1963) 수정 인용.

예를 들어, 도심 보도를 걷고 있다가 강도를 당한 80세 여성이 있다고 하자. 이 여성은 온몸을 구타당하고 지갑을 빼기는 사건을 겪고서 몇 주 동안 엄청난 충격에서 헤어나지 못했으며 사람에 대한 의심과 두려움이 심해져서 집 밖에 나서지도 못하게 된 상태이다. Erikson의 용어를 빌리면, 이 여성은 신뢰–불신이라는 쟁점을 재차 겪으면서 자신의 환경이 안전하다는 느낌을 다시 습득해야 한다. 마찬가지로 성인 후기에 신체가 노화하면서 기동성에 한계가 있음을 경험하기 시작하면 자율성이 또다시 쟁점으로 떠오를 수도 있다.

매트릭스 개념의 또 다른 시사점은 정해진 시기 이전에 위기가 경험될 수도 있다는 것이다. 예를 들어, 유방암 진단을 받은 35세 여성은 보통은 훨씬 더 나이 많은 사람이 겪는 심리사회적 위기인 자아통합 대 절망이라는 쟁점에 직면하게 될 수 있다. 위기 단계

들은 특정 쟁점들이 가장 눈에 띄기 쉬운 '결정적 시기' 또는 '민감한 시기'라고 보는 것이 최선이다. 그러한 위기들이 특정한 연령에만 나타나는 것은 아니다.

Erikson 이론의 8단계 중에서 성인기와 직접적 관련이 있는 첫 번째 단계는 **정체성 확립 대 혼미**이다. 이 단계는 청년기에 처음 나타나지만, 성인기 내내 중요성을 유지할 뿐 아니라 이후에 나타나는 심리사회적 위기들에 대처하기 위한 초석의 역할을 한다(Erikson, 1959; Whitbourne & Connolly, 1999). 확고한 정체성을 성취한 사람은 장래에 대한 목적의식이 뚜렷하고 자신의 삶이 과거와 연속선상에 있음을 감지하고 있다. 반면에, 정체성 혼미에 빠져 있는 사람은 삶에 방향성이 없고, 삶의 목적이 불분명하며, 자기개념도 뚜렷하지 않다.

성인 초기에 나타나는 단계는 **친밀감 대 고립감**이다. 친밀감 성취는 평생을 함께하기로 한 사람과 서로 만족하는 친밀한 관계를 수립하는 것을 말한다. 완벽하게 친밀한 관계(친밀한 관계의 결정판)는 두 사람의 정체성이 교차하되 완전히 겹치지는 않고 각 배우자가 분리감을 유지하는 관계이다. 이와 정반대 편에는 배우자와 진정한 상호관계를 수립하지 못한 채 고립감에 빠져 있는 관계가 있다. 이론적으로 볼 때 강한 정체감이 없는 사람은 고립감에 빠지기 쉽다. 먼저 자기 자신이 안정적이어야 다른 사람과 가까운 관계를 수립할 수 있기 때문이다.

친밀감 대 고립감이라는 심리사회적 위기를 성공적으로 해소하고 난 후에는 다음 세대를 보살피려는 동기가 나타난다. **생산성 대 침체감** 단계는 생산성과 창의성이라는 심리사회적 쟁점들에 초점을 맞춘다. 생산성에 도달하는 가장 보편적인 경로는 부모가 되는 것이다. 그렇게 하여 다음 세대를 보호하는 일에 직접적으로 관여하게 된다. 물론 부모라는 것이 생산성을 확보해 주는 보증수표는 아니다. 생산성의 핵심요소는 다음 세대에 대한 관심과 배려이다. 자녀가 없는 사람들도 젊은 사람들을 가르치고 지도하고 감독하는 활동을 통해 생산성이 발달할 수 있다. 미래 세대가 누릴 수 있는 가치를 창출해 내는 직업도 생산성을 촉진할 수 있다. 생산성의 주된 특징은 젊은 세대에게 일어날 일들에 관심을 가지고 이 세상이 그들에게 더 살기 좋은 곳이 되도록 해 주려는 욕구이다. 반면에, 젊은 사람들이 아니라 자기 자신이나 자기 연령집단의 사람들에게만 관심과 에너지를 쏟을 때는 침체감에 빠지게 된다. 침체감에 빠져 있는 사람들은 젊은 세대에 관심이 없거나 심지어 그들을 거부하기도 한다.

사람들은 성인 후기로 갈수록 노화와 죽음에 관한 심리사회적 쟁점에 직면하게 되고, **자아통합 대 절망감**의 단계에 진입하기 시작한다. 강한 자아통합감을 확립한 노인들은 지금까지 살아온 세월을 뒤돌아보며 그 세월을 수용할 수 있다. 과거의 잘못이나 개인적 결함을 인정하는 것이 고통스러운 일이기는 하지만 자기 삶의 부정적인 면까지도 직시하고 받아들일 수 있다. 자아통합에 도달한 사람들은 과거와 현재의 자기를 수용하면서 삶이 필연적으로 종말에 이른다는 사실도 수용할 수 있게 된다. 젊은 사람들로서는 사람이 죽음을 앞두고 어떻게 행복할 수 있는지 또는 적어도 어떻게 엄청난 충격에 빠지지 않을 수 있는지 상상하기가 어려울 것이다. 그러나 Erikson에 따르면 과거와 현재의 수용은 삶의 종말을 수용할 수 있도록 해 준다. 반면에, 죽음은 피할 수 없는 것이고 죽음이 목전에 다가와 과거의 잘못을 바로잡을 시간이 없다는 인식을 하게 되면 절망감에 빠지게 된다. 절망 상태에 빠진 사람은 삶에 불만을 느끼며, 죽는다는 생각에 낙담 지경에 이를 정도로 불행하다. 이 사람은 매일의 삶이 고통으로 가득할지라도 과거의 잘못을 바로잡을 수 있기 전에 자신의 삶이 끝날 것이라는 생각에 훨씬 더 큰 두려움을 느낀다.

Erikson 이론이 등장한 1900년대 중반의 발달이론들은 인간의 성격이 아동기 또는 늦어도 청소년기까지는 완전히 형성된다고 보았다. 발달을 전 생애 관점에서 조망한 Erikson 이론은 당시 성행하던 성격이론들의 틀에서 크게 벗어나는 것이었다. 정체성, 친밀감, 생산성, 자아통합 등은 성인기 발달에서 현재 중요하게 다루어지고 있는 주제들이다.

2) 인지발달이론

Piaget의 인지발달이론에서 주요 개념인 동화와 조절은 사람들이 자신의 경험과 상호작용하는 두 가지 기본 방식이다. **동화**(assimilation)는 사람들이 새로운 경험을 도식이라는 기존의 정신구조에 의해 해석하는 과정이다. Piaget 이론에서 말하는 동화는 어떤 사람이 새로운 문화에 동화되었다고 할 때와 같은 보편적인 의미가 아니라 오히려 그와는 거의 정반대되는 의미를 갖는 용어로서, 자신의 경험을 자신이 현재 가지고 있는 도식 또는 현재 자신이 세상을 바라보는 방식에 맞추려고 하는 상황을 가리킨다. 예를 들어보자. 여러분이 새에 대해 아는 바가 없어서 작은 새들은 몽땅 '참새'라 부르고 큰 새는 모조리 '까마귀'라 부른다면, 인근지역에 있는 십여 종의 새들을 참새와 까마귀라는 두 범주로 꿰어 맞추고 있는 것이다. Piaget에 따르면 사람들은 자신의 개념이나 도식을 개선해 줄 경험을 하기 전에는 이런 식으로 동화를 한다. 그러나 여러분이 열정적인 야생조류관찰자와 함께 산책을 하면서 그로부터 참새, 되새 및 박새(모두 작은 새)의 차이에 대해 듣게 된다면 여러분은 기왕에 가지고 있던 분류체계를 수정할 것이다. Piaget의 용어를 빌리면, 여러분은 기존에 가지고 있던 도식을 변화시키는 **조절**(accommodation)을 하는 것이다.

Piaget 이론에서 아동은 동화와 조절을 오가는 과정에서 세상에 더 잘 적응할 수 있게 된다. 아동은 자신의 경험을 일관성 있는 틀을 통해 해석할 수 있지만(동화), 이 틀이 경험을 조직하는 데 도움이 되지 못한다는 것을 알게 될 때 이 틀을 변화시킬 수 있다(조절). 이런 이상적 상태를 **평형**(equilibrium)이라 하고, 이러한 균형을 이루어 내는 과정을 평형화(equilibration)라 한다.

Piaget 이론은 아동기의 인지발달에 초점을 두고 있다. 그러나 Whitbourne은 그의 이론에 중요한 개념과 용어들은 더 일반적인 심리학적 기능을 다루는 전 생애 모델에도 그대로 적용될 수 있다고 보았다(Whitbourne, Sneed, & Skultety, 2002). 그는 Erikson 이론에 Piaget 이론을 통합하여 성인기의 심리사회적 발달, 특히 사람들이 노화 과정에 반응하는 방식을 예측하는 정체성 과정 이론을 내놓았다.

3) 정체성 과정 이론

Whitbourne은 **정체성 과정 이론**(identity process theory)에서 사람들이 자신에 대한 도식들로 구성된 정체성을 바탕으로 자신의 경험을 받아들이고 해석한다고 가정한다. 개인의 정체성에는 신체기능, 인지능력, 성격특성, 사회적 역할에 대한 자신의 견해가 포함된다. Whitbourne에 따르면 사람들은 자기 자신을 긍정적인 시각에서 보려는 편향성이 있다. 심리적으로 건강한 성인들은 자신이 신체적·정신적으로 유능하고, 다른 사람들이 자신을 좋아하며, 자신이 정직하고 다른 사람들의 복지에 관심을 가지는 등 윤리원칙을 고수하는 사람이라고 생각하는 경향이 있다는 것이다.

(1) 정체성 동화, 정체성 조절 및 정체성 균형

정체성 동화(identity assimilation)란 사람들이 새로운 경험을 할 때 이 경험을 자신이 유능하고 사랑스러우며 윤리적이라고 하는 기존의 정체성에 의해 해석하려는 경향성을 가리킨다. 이러한 정체성 동화는 사람들에게 자신이 잘 살고 있으며 행복하다고 느끼게 해준다는 장점이 있다. 우리는 정체성 동화를 함으로써 자신이 완벽하지 못하고 모자라는 점이 있음에도 불구하고 여전히 괜찮은 사람이라고 생각할 수 있다. 그러나 정체성 동화는 긍정적인 관점에 상반되는 경험을 했을 때 이 경험에 대한 해석을 왜곡시킬 수도 있다. 예를 들어, 시험에 실패했을 때 정체성 동화를 사용한다면 자신의 능력에 의문을 제기하기보다는 시험이나 교수를 탓하게 되고 그렇게 되면 자아존중감이 하락할 일도 없게 된다.

정체성 동화는 자신에 대한 긍정적 관점을 지킬 수 있게 해 주지만, 여러 번 실패가 거듭되어도 이것을 자기평가에 통합하기를 거부하고 행동을 변화시키지 않으면 결국은 부정적인 결과를 맞게 된다. 현실과 자기개념 간에 괴리가 있다면 이를 해소할 필요가 있다. 학점이 계속 낮으면 영원히 교수나 시험만 탓하고 있을 수는 없다. 어느 시점에서는 자신이 공부를 열심히 하지 않았다거나 생각만큼 똑똑하지가 못하다는 등 자신의 한계에 맞닥뜨려야 한다. 이런 깨달음이 오면 **정체성 조절**(identity accommodation) 과정이 일어난다.

새로운 경험을 하게 되면서 정체성에 변화를 일으키는 것을 가리켜 정체성 조절이라 한다. 정체성 조절 과정은 궁극적으로 자기개념에 변화를 가져온다. 흔히 사람들은 자신을 실제보다 더 긍정적으로 보려는 긍정성 편향(positive bias)이 있기 때문에 정체성 조절은 대개의 경우 자신의 취약 부분을 인정하는 것이 된다. 예를 들어, 시험에 거듭 실패하면 더 열심히 공부하지 않으면 안 되겠다고 생각하거나 자기 능력에 맞는 과목으로 변경하기로 결정하게 된다.

정체성 조절이 항상 부정적인 것은 아니다. 예를 들어, 힘든 일을 당했을 때 정체성 조절을 통해 잘 헤쳐 나올 수 있었던 사람은 자신에게 있는 줄 미처 몰랐던 내적 힘이 있었음을 깨닫게 된다. 그러나 정체성 동화와 마찬가지로 정체성 조절도 이에 지나치게 의존할 경우에는 문제가 생길 수 있다. 자신을 정의할 때 다른 사람이 나를 어떻게 대하는가와 같은 경험에 전적으로 의존하는 사람들은 애인에게 차인다거나 하는 부정적인 경험을 하면 엄청난 충격을 받을 수 있다.

[그림 2-2]는 우리가 연령에 따른 변화에 반응하는 방식에 정체성이 어떤 영향을 미칠 수 있는지를 보여 준다. 우리는 일상의 경험을 기존의 정체성에 따라 해석하는 경향이 있는데, 자신에게 건강문제나 인지능력 저하와 같이 연령에 따른 변화가 일어났음을 알아채게 될 때 '역치' 경험을 하며 이때 세 가지 정체성 과정 중 한 가지를 사용하게 된다. 즉, 스스로에 대한 사고방식을 바꿀 잠재력을 가진 역치 경험을 할 때 자신에 대한 관점을 변경하는 정체성 조절을 하거나, 자기개념을 안정되게 유지하되 필요한 만큼 약간의 조절을 하여 정체성 균형을 꾀하거나, 또는 자기개념에 영향을 미칠 변화를 받아들이지 않고 기존의 정체성을 유지하는 정체성 동화를 한다.

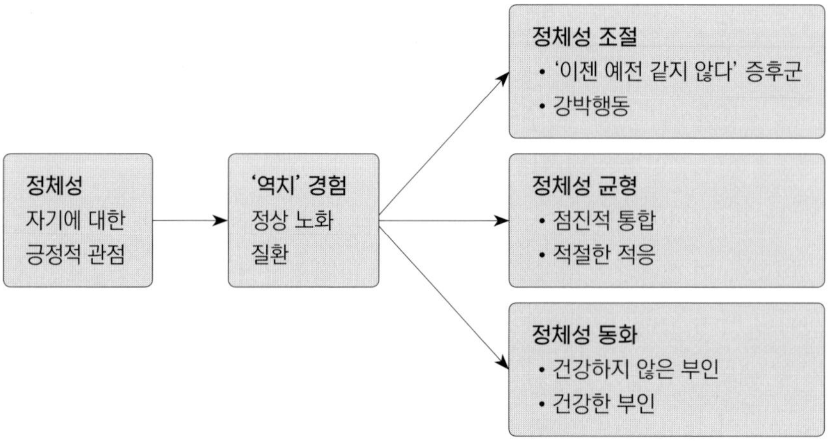

[그림 2-2] Whitbourne의 정체성 과정 이론

출처: Whitbourne & Whitbourne (2014).

우선 **정체성 조절**을 할 때는 역치 경험을 하게 만든 변화로 인해 자신의 정체성을 재규정할 정도로 그 변화를 매우 심각하게 받아들인다. 예를 들어, 힘든 운동을 한 후 숨이 차거나 약간 통증을 느낀다면 자신은 이제 한창때가 지났고 젊음을 잃었다고 생각하는 것이다. 또는 질병을 중심으로 새로운 정체성을 형성하고, 질병이 가져올 결과에 대해 걱정하면서 싸워서 이겨 내는 데 열중할 수도 있다.

나이가 들면 어떤 사람의 이름이나 전화번호같이 잘 알던 정보가 생각나지 않을 때가 많다. 다중역치 모델의 견지에서 보자면 기억 역치를 넘어서는 시점(senior moment)을 맞이한 것이다. 그러나 스스로 나이가 들었다, 늙었다, 예전 같지가 않다고 느끼고 자신을 그런 식으로 규정하게 되면 그러한 자기규정이 자기실현적 예언(self-fulfilling prophecy)의 역할을 할 수도 있다.

연령에 따른 변화를 겪을 때 정체성 조절을 과용하는 것은 부적응적인 반응방식이다. 운명을 바꾸기 위해 자신이 할 수 있는 일은 아무것도 없다고 느끼거나, 질병이 자신의 남은 삶을 좌지우지하게 내버려 둘 수 있기 때문이다. 이와 마찬가지로 **정체성 동화**의 과용도 문제를 일으킨다. 건강하지 못한 부인을 하는 사람들은 몸에 해로운 음식을 끊지 않고 운동하기를 거부하고 흡연과 같은 유해한 행동을 계속하는 등 최적의 기능을 유지하게 해 줄 수 있는 예방조치를 취하지 못할 수 있다. 그러나 부인이 항상 나쁜 것만은 아니다. 건강한 부인을 하는 사람들은 연령에 따른 변화를 겪고 있다는 사실이 궁극적으로 의미하는 바에 대해 깊이 생각하지는 않되, 건강을 지켜줄 예방적 행동을 수행함으로써 그 장점을 누린다.

정체성 균형(identity balance)은 연령 관련 변화 또는 건강 악화에 반응하는 가장 긍정적인 방식이다. 정체성 균형을 사용하는 사람들은 나이가 들고 있다는 사실을 인정하지만, 운명론적 태도를 취하지는 않는다. 건강을 유지할 방도를 다하지만 이미 나타난 제한이나 질환에 사로잡히거나 집착하지는 않는다. 그와 동시에 자신이 항상 젊을 것이라는 환상에 젖어서 살지도 않는다.

정체성 균형은 물론이고 심지어 건강한 부인(denial)도 사람들이 나이가 들어가면서 노화를 방지하기 위해 적극적으로 '용불용설(use it or lose it)' 접근을 취하게 한다는 장점이 있다. 활동을 계속하면 근력 손실에서 기억 손실에 이르는 부정적 변화를 막을 수 있다. 반면에, 노화 과정을 가속화하는 '나쁜 습관들'도 많다. 그런 부정적 행동으로는 비만과 흡연, 과일과 채소를 적게 먹고 몸을 많이 움직이지 않는 것 등이 있다. 용불용설 접근을 적극 활용하고 나쁜 습관들을 최대한 버림으로써 노화 과정에 적응하는 것이 가장 이상적이다. 건강을 지켜서 최대한의 기능을 유지할 수 있다면 정체성 동화와 조절의 부담 둘 다를 덜 수 있을 것이다.

Piaget 이론에서처럼 성인기의 정체성 동화와 조절 사이에도 균형 또는 역동적 평형이 있다. Piaget는 새로운 경험을 하게 될 때 동화를 하는 것은 자연스러운 경향이라고 제안하였다. 사람들은 과거에 효과가 있었던 방법을 사용해서 주변 상황을 이해하고자 하기 때문이다. 그러나 적응을 최대한 잘하기 위해서는 상황이 변화를 요구할 때에는 조절을 할 수 있어야 할 것이다.

생각상자 2-4.

자신의 삶에서 또는 책이나 영화에서 정체성 동화와 정체성 조절의 예를 찾아볼 수 있는가?

(2) 다중역치 모델

성인기 동안 진행되는 신체적 · 인지적 변화에는 끊임없이 정체성 과정이 동원된다. 이러한 변화는 일련의 '다중역치'를 거쳐 일어난다고 볼 수 있다(Whitbourne & Collins, 1998). 성인기 변화에 관한 **다중역치 모델**(multiple threshold model)은 노화의 인정과 수용이 성인기 동안 단계적으로 일어난다고 제안한다. 사람들은 신체 기관에 따라 각기 다른 시기에 자신이 "늙었다." "이젠 예전 같지 않다."고 느끼게 된다는 것이다. 연령과 관련하여 일어나는 새로운 변화는 모두 하나의 역치를 넘게 할 잠재력을 보유하고 있다. 사람들은 자신의 정체성에 특히 중요하다고 생각되는 영역(들)을 특히 신경 써서 관찰할 것이다. 자신이 크게 중요하게 여기지 않는 영역이라면 비교적 수월하게 역치를 넘어설 수 있다. 가령, 사람에 따라 흰머리가 생기는 것에는 엄청 신경을 쓰지만, 근육 강도가 떨어지는 것에는 별로 신경을 쓰지 않을 수도 있고 그 반대일 수도 있다. 역치를 넘어선다는 말은 해당 영역의 기능에 노화가 일어났음을 인식한다는 것이다. 이 시점에 도달하면 적응을 하기 위해 정체성 동화에서 조절로 이동하고, 그 과정에서 새로운 균형 상태에 도달한다.

4) 선택적 최적화와 보상 모델

사람들은 나이가 들면서 자원이 점차 제한되면 우선순위를 변경함으로써 노화에 따른 변화에 적응한다. Baltes와 동료들이 내놓은 **선택적 최적화와 보상**(selective optimization with compensation: SOC) 모델에 따르면, 사람들은 자신이 중요하게 생각하는 능력들은 최대한 유지하고 보존하기 위해 노력하지만 그렇지 않은 능력들에 대해서는 그런 노력을 하지 않는다(Baltes & Baltes, 1990). 나이가 들수록 신체자원과 인지자원이 손실됨에 따라 시간과 노력을 어떻게 활용하고 배분할 것인지에 대한 결정이 중요해진다. 훈련을 하면 감소된 능력을 더 높은 수준으로 받쳐 올리는 데 필요한 기술과 인센티브를 얻을 수 있지만, 대개는 일부 능력을 취사선택하여 보존하는 쪽으로 결정을 하는 경향이 있다.

SOC 모델은 사람들이 성인기의 어느 시점이 되면 어느 한 영역에서 성공을 성취하기 위해 온 힘을 쏟으면서 다른 영역에 들이는 노력은 의도적으로 줄이기 시작한다고 본다. 온 힘을 쏟기로 선택한 영역들은 더 중요할 뿐 아니라 성공할 확률도 더 높은 영역인 경우가 대부분이다. 시간과 건강의 제약도 이러한 선택에 영향을 미치는 요인이 될 수 있다. 에어로빅을 즐기던 사람이 이 운동이 무릎에 부담을 준다고 생각한다면 에어로빅보다는 요가에 시간을 더 들이는 것으로 보상을 할 수 있다. 지적 능력과 관련해서도 이와 비슷한 과정이 작용할 수 있다. 나이가 들면 낱말게임이나 퍼즐을 하는 데 노력을 더 많이 들이고 컴퓨터게임같이 공간기술이나 속도가 중요한 취미활동에는 시간을 적게 들이게 된다. 시력이 나빠져서 독서를 하기 힘들어지면 오디오북으로 변경함으로써 나빠진 시력을 보상할 수 있다.

SOC 모델은 다중역치 모델의 개념들과 잘 부합하는 것으로 보인다. 사람들은 여러 기능 중 자신의 정체성에 더 중요한 것들을 선택하고 강화해 나갈 수 있다. 정신능력을 중요하게 생각하는 사람이라면 정신능력이 저하했을 때 삶의 초점을 완전히 다른 쪽으로 바꾸기보다는 자신이 아직도 할 수 있는 다른 지적 활동을 찾아냄으로써 정신능력의 변화를 보상할 수 있다. 연령에 따른 변화에 압도당하지 않고 무리 없이 조절을 할 수 있는 사람들은 처음에는 힘이 들겠지만, 조절을 하고 나면 결국에는 행복감을 되찾을 수 있을 것이다.

SOC 모델은 사람들이 손실에 적응하는 방식을 강조한다는 점에서 노화를 부정적으로 바라보는 관점을 제시하는 것으로 보일지도 모른다. 하지만 성인기에는 이득보다 손실이 훨씬 더 큰 경우가 많다는 사실로 볼 때 현실적 관점을 제공하는 것으로 볼 수도 있다(Heckhausen, 1997). 사람들은 목표를 재조정함으로써 이러한 변화에 적응하고 그 과정에서 행복감을 유지할 수 있다(Frazier, Barreto, & Newman, 2012).

4. 사회문화적 노화이론

1) 생태학적 관점

Bronfenbrenner(1979; Bronfenbrenner & Ceci, 1994)가 제안한 **생태학적 관점**(ecological perspective)에 따르면 환경에는 여러 수준이 있고 이 여러 수준의 환경이 개인의 발달 과정과 상호작용한다. 인간의 발달은 이 여러 수준의 환경에서 일어나는 일들에 영향을 받는다고 본다. [그림 2-3]은 생태학적 관점에서 말하는 다섯 가지 수준의 환경 또는 '체계'를 보여 준다. 이 모델의 가운데에는 미시체계가 있고, 바깥쪽으로 가면서 중간체계와 외체계가 자리하고 있으며, 가장 바깥쪽에는 거시체계가 있다. 이 모델에는 또 시간의 흐름에 따라 이 체계들이 변화하는 양상과 관련된 시간체계가 있다. Bronfenbrenner에 따르면 각각의 체계는 서로 다른 방식으로 발달에 영향을 미친다.

사람들은 미시체계 장면에서 가족, 또래, 직장동료들과 매일 상호작용을 하며, 이 체계로부터 가장 직접적인 영향을 받는다. 외체계는 자주 보지 않는 확대가족이나 직장과 지역사회센터 같은 기관들을 포함한다. 정규적으로 밀접한 관계를 맺는 것은 아니지만 이 체계도 우리의 삶에 중요한 영향을 미친다. 거시체계는 국가 경제에서 법과 사회적 규범에 이르기까지 더 광범위한 사회제도를 가리킨다. 거시체계는 외체계를 통해 개인에게 간접적으로 영향을 미친다. 중간체계는 둘 이상의 미시체계들 간에 일어나는 상호작용을 가리킨다. 예를 들어, 직장의 동료관계에서 있었던 문제가 가정의 불화로 이어질 수도 있다.

[그림 2-3] Bronfenbrenner의 생태학적 관점

출처: Whitbourne & Whitbourne (2014).

Bronfenbrenner 모델을 적용한 사례의 하나로 네덜란드 암스테르담에서 실시된 종단적 노화 연구를 들 수 있다(Koster, Bosma, Kempen, Penninx, Beekman, Deeg, & van Eijk, 2006). 이 연구는 9년간 2,600여 명의 노인들을 대상으로 우울증 발병률을 추적 조사하였는데, 교육 수준과 소득 수준이 우울증이 발병할 확률과 관계가 있다는 결과를 얻었다. 흔히 우울은 개인의 심리 수준에서 일어나는 질환이라 생각하지만, 이 연구는 우울 증상들이 사회적 맥락과 체계적인 관계가 있음을 보여 주었다. [그림 2-4]는 이 연구의 결과를 요약한 것이다.

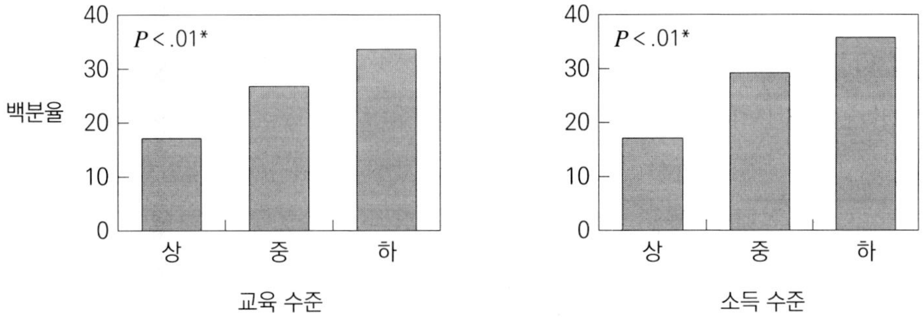

[그림 2-4] 사회적 맥락(교육 수준, 소득 수준)에 따른 노인의 우울증 발병률

출처: Koster et al. (2006).

「Whitehall II 연구」도 여러 연구를 통해 사회적 요인이 신체건강 상태에 중요한 영향을 미친다는 증거를 제시하였다(Kouvonen et al., 2011). 흔히 신체건강은 개인 각자의 생물학적 수준에서 결정되는 것으로 생각하지만, 이 연구는 사회적 관계와 사회적 역할이 신체건강에 매우 중요한 구실을 한다는 것을 보여 주었다. 이 연구의 주요 결과는 자신이 맺고 있는 친밀한 관계에 부정적 특성이 있다고 보고한 참가자들이 비만에 이를 가능성이 매우 크다는 것이었다. 가장 가까운 관계로부터 얻는 사회적 지지는 신체기능이나 스스로 평가한 건강 수준과 같은 요인들을 통제한 후에도 신체활동 수준의 유지와 관련이 있었다. 즉, 이 연구는 개인의 건강이 미시체계와 관련이 있다는 것을 보여 주었다.

생각상자 2-5.

생태학적 관점에서 말하는 체계들이 발달에 어떤 영향을 미치는지, 우리의 삶에서 어떤 작용을 하는지를 구체적인 예를 들어 설명하시오.

2) 생애경로 관점

생애경로 관점(life course perspective)은 연령에 관한 규범, 역할, 태도가 개인 각자의 삶에 영향력을 행사한다고 제안한다(Settersten, 2006). 이 관점은 사회의 구조가 그 사회에서 살아가는 사람들의 적응이나 행복과 관련이 있다고 본다. 사회노년학자들은 연령이 개인의 적응에 영향을 미치는 기본구조라고 보고 이에 초점을 맞춘다. 연령뿐만 아니라 사회계층, 가족 내 역할, 직업도 생애경로를 연구하는 노년학자들이 관심을 가지는 분야이다.

성인기의 연령규범은 **사회적 시계**와 관련이 있다. 사회적 시계란 가정과 직장에서 일어나는 주요 생활사건들이 인생의 어느 시점 또는 연령에서 일어나야 하는가에 대한 규범적 기대를 가리킨다(Hagestad & Neugarten, 1985). 부모 됨과 같은 사건들은 생물학적 성숙을 전제로 하지만, 다른 생활사건들의 발생 시점은 사회가 설정한 달력에 근거한다. 그러한 사건들은 사회적 시계와 관련하여 '적절한 시기(on-time)'에 일어나느냐 그렇지 않으냐에 따라 평가된다. 개인의 삶에서 어떤 일들이 적절한 시기를 벗어나서 일어날 경우 그 개인은 많은 스트레스를 받게 되고, 동일 연령집단에 대한 규범적 처방을 따르기를 기대하는 주변 사람들로부터 비난을 받게 될 수 있다. 기대되는 삶의 변화를 가져올 사건들이 전혀 일어나지 않는 것도 실제 일어난 사건들만큼이나 개인의 삶에 영향을 미칠 수 있다.

그러나 요즘에는 사람들이 점차 자신만의 사회적 시계를 설정하고 있는 추세이다. 우주비행사 존 글렌은 77세에 우주왕복선 탐사 팀에 합류하여 9일 동안 임무를 수행하였다. 그가 그 나이에 우주비행사가 되기 위한 힘든 체력요건을 통과했다는 것은 사람들이 '달력'에 굳이 제한을 받을 필요가 없다는 것을 보여 준다.

연령은 사회적 시계와 관련이 있을 뿐 아니라 사회적 역할, 얻을 수 있는 자원, 다른 사람들로부터 대우받는 방식들과도 관련이 있다. **활동이론**(activity theory)은 노인들이 사회적 역할을 계속 수행할 수 있을 때 가장 행복하며 그렇게 하지 못하게 막는 것은 그들의 행복을 앗아가는 것이라고 여긴다(Cavan, Burgess, Havighurst, & Goldhamer, 1949). 이 이론에 따르면 노인들은 직장, 가정, 지역사회에 참여할 기회를 최대한 많이 가질 필요가 있다. 이와는 대조적으로 **유리이론**(disengagement theory)은 노인이 사회적 역할에 더 이상 관여하지 않고 물러나는 것이 자연스러운 과정이라고 보았다(Cummings & Henry, 1961). 사회는 은퇴 등을 통해 생애 후반의 개인에 대한 지원과 관심을 철회하며, 이와 동시에 개인은 사회적 활동을 중단하고 퇴각을 선택한다. 이 관점에서 보자면, 나이가 들면 사회로부터 물러나는 것이 불가피하고 바람직하며 성공적 노화는 개인과 사회의 상호 철수 과정이다.

유리이론은 1960년대 초반에 처음 제안되었을 때 많은 논란을 불러일으켰다. 그러나 모든 노인이 젊었을 때처럼 일과 가정과 지역사회에서 계속 활동하기를 바라지는 않을 것이다. **연속이론**(continuity theory)이 내놓은 해답은 유리나 활동이 노인에게 이로운지 그렇지 않은지는 노인 각자의 성격에 달려 있다는 것이다(Atchley, 1989). 어떤 노인들은 나이가 들어서는 활발한 활동을 하고 싶어 하지 않는 반면에, 다른 노인들은 활동을 많이 하지 않으면 비참하게 느낀다. 즉, 본인의 의사에 반해 사회적 역할로부터 배제될 때 삶에 대한 만족감이 낮아지는 것이다. 연속이론은 은퇴건 활동이건 자발적인 것이 아니고 강요되는 경우에만 노인들의 적응과 자아존중감을 낮추게 될 것임을 시사한다.

최근 들어 생애경로 관점의 일각에서는 환경조건의 유불리가 빚어내는 개인 삶의 불평등에 초점을 맞추고 있다. **불평등 축적 이론**(cumulative inequality theory)은 개인마다 각자에게 유리하게 또는 불리하게 작용하는 환경조건들이 생애경로에서 축적되고 이것이 그 개인의 삶에 중요한 영향을 미친다고 본다(Ferraro, Shippee, & Schafer, 2009). 이 이론은 객관적 조건 자체보다는 조건의 유불리에 대한 개인의 지각이 적응에 더 중요하게 작용한다는 점을 강조한다. Hendricks와 Hatch(2009), Settersten과 Trauten(2009)은 사회계층의 높고 낮음이 개인 각자가 어떤 생애경로를 거쳐 어떤 결과를 맞게 될 것인지를 결정하며, 따라서 사회계층이 사회 내 괴리를 만들어 내는 가장 강력한 요인으로 작용한다고 주장하였다.

3) 노화 과정에서 연령편견의 작용

유리이론에 대한 논의는 제1장에서 언급하였던 **연령편견**(ageism)이라는 관련 쟁점을 제기한다. '연령편견'이라는 용어는 이론상으로는 노인들뿐만 아니라 10대에게도 적용될 수 있다. 가령, 10대 청소년은 충동적이고 반항적이라는 고정관념이 존재한다. 그러나 연령편견은 여러 실제적 목적에 따라 흔히 65세 이상 혹은 더러 50세 이상의 노인에 대한 부정적 고정관념을 가리키는 용어로 주로 사용된다. 이러한 연령편견은 노화 과정에서 사회적 요인으로 작용할 수 있다.

노인에 대한 편견은 특히 황금만능주의나 기능주의가 최고의 가치로 인정받는 사회적 분위기에 편승해 더욱 심화하고 있다. 유리이론은 나이 든 사람들을 퇴물로 취급하여 구석에 조용히 있게 만드는 연령편견을 정당화하는 데 사용될 수 있다. 더욱이 이 이론은 노인들이 전부 사회로부터 철수하고 싶어 한다고 언명함으로써 노인들이 동일한 성격을 갖고 있다는 고정관념을 만들어 낸다.

연령편견은 다른 고정관념들과 마찬가지로, 사람들을 외부특성에 근거하여 과잉 일반화한다는 부정적 특징을 가지고 있다. 대개 연령편견은 노인들을 싸잡아서 노쇠, 병약, 무능, 경직되고 시대에 뒤떨어진 사고방식, 가난, 성에 관한 관심 결여, 건강과 기능 저하 등의 부정적 관점에서 본다. 노인에 대한 편견이나 부정적 고정관념이 장기화할 경우 노인을 다른 연령집단과는 별개의 존재로 인식하고 삶의 많은 부분에서 배제하는 결과를 초래할 수 있다. 그 결과 노인 스스로가 자신을 사회에서 소외된 존재로 인식하고 자기효능감, 기억력, 일상생활 수행능력, 삶의 의지 등이 저하될 수 있다. 이는 자기실현적 예언의 한 예로 볼 수 있다. 건강 전문가들이 이러한 편견이나 부정적 고정관념을 가질 경우 노인의 병리적 변화를 정상 노화로 인식하여 치료의 필요성을 간과하거나 병리적 상태를 악화시킬 수 있다.

〈표 2-2〉 노인에 대한 고정관념과 실제

고정관념	실제
누구나 65세를 넘으면 늙었다고 할 수 있다.	연령은 단지 숫자에 불과하다. 노인들은 연령보다는 건강이나 기능 수준에 의거하여 늙었다고 생각한다.
75세 이상 노인들이 갖는 요구는 다 같다.	노인들은 연령이 증가함에 따라 더욱 다양해지고 개인차가 커지기 때문에 각자의 요구도 독특해진다.
나이가 들수록 장애가 많아진다.	나이가 들어감에 따라 기능장애의 가능성이 증가하지만, 이는 나이보다는 질병이나 약물의 부작용이 가져오는 결과이다.
노인들은 새로운 기술을 익힐 수 없다.	노인은 새로운 기술을 습득할 수 있는 능력이 있다. 그러나 그 속도는 나이가 들어감에 따라 점차 느려진다.
노인들에게 우울은 정상적인 것이다.	노인의 1/3은 우울 증상을 나타내지만, 우울은 치료 가능한 상태로 어느 연령에서든지 발생할 수 있다.
노인이 되면 성 활동이 감소한다.	성 활동 감소는 주로 사회적 원인이 있거나 지병이나 약물로 인한 부작용으로 나타난다.

출처: 서순림 외(2006), p. 29 수정 인용.

연령편견이 나타나는 이유는 여러 가지가 있을 수 있다. 그중 하나는 노화에 대한 부정적 태도가 나이 든 사람들이 죽음의 불가피성을 일깨워 주기 때문에 생겨난다는 것이다(Martens, Greenberg, Schimel, & Landau, 2004). **공포관리이론**(terror management theory)에 따르면 우리는 삶의 유한성에 대해 생각하기를 두려워한다. 유한성을 인식할 때 불안감이 생기고 자기존중감이 위협받는다고 느끼기 때문이다. 따라서 젊은 사람들이 무의식적으로 나이 든 사람들로부터 최대한 거리를 두고 싶어 하는 것은 자신을 보호하기 위한 방어기제를 작동시키는 것이라고 본다. 연령편견이 다른 편견들과 다른 점은 그러한 고정관념을 가진 사람들이 나이가 들면서 결국은 자기 자신이 그러한 부정적 신념의 대상이 된다는 것이다. 젊은 사람들 가운데서도 동년배 집단과 강하게 동일시하는 사람들일수록 연령편견이 내포된 태도를 보이기가 쉽다. 동년배 집단과 그다지 동일시하지 않는 젊은 성인들은 노인들에 대해 더 긍정적인 태도를 보인다(Packer & Chasteen, 2006).

반면에, **현대화 가설**(modernization hypothesis)은 노인의 지위가 특정 사회의 산업발달 정도와 역상관이 있다고 제안한다. 이 가설에 따르면 서구사회는 도시화와 산업화가 진행되면서 노인의 사회적 가치를 낮게 평가하게 되었다(Cowgill & Holmes, 1972). 그러나 이 가설은 지나치게 단순하다는 비판이 제기되었다(Luborsky & McMullen, 1999). 예를 들어, 미국의 경우 요즘보다 기대수명이 더 짧고 전체 인구에서 노인인구가 차지하는 비율이 더 낮던 때에도 나이 든 사람들에 대한 태도가 항상 긍정적인 것은 아니었다(Achenbaum, 1978). 더욱이 노인에 대한 부정적 태도는 산업화 이전 사회에서도 발견된다. 이와는 반대로, 일부 산업화된 사회에서는 노인들을 존경하고 존중하는 경향이 있으며 그들의 건강과 경제적 안정을 보장해 주는 제도를 운영하고 있다. 요컨대 특정 사회에서 노인이 갖는 지위는 어느 한 가지 요인이 아니라 여러 복잡한 요인들에 의해 결정되는 것이다.

원인이 무엇이든지 노인들은 연령편견에 대처해야 하며 그밖에 다른 많은 편견에도 대처해야 한다. **다중위험 가설**(multiple jeopardy hypothesis)은 노인 중에서도 빈곤한 노인이나 여성 노인의 경우 연령편견 이외의 다른 여러 편견에도 시달린다고 본다(Ferraro & Farmer, 1996). 여성이나 노동계급 사람들에 대해 갖는 편견이 연령과 상호작용함으로써 이런 집단에 속한 노인들은 특히 더 심한 차별을 받을 위험에 처한다는 것이다.

그러나 다중위험 가설에는 여러 대안이 존재한다. 하나는 나이가 들면서 연령이 다른 어떤 편견보다 우위를 점하게 되기 때문에 노인들은 누구나 연령편견이라는 동일한 고정관념의 피해자가 된다는 것이다. 연령이 모든 연령대의 사람들을 평등하게 만든다는 **연령 평등화**(age-as-leveler) 견해이다. 따라서 노동계급 또는 여성이라고 해서 동일한 연령의 다른 사람들보다 더 크게 불이익을 받을 일은 이제 없다고 제안한다. 두 번째 대안은 **예방접종 가설**이다. 나이 든 소수집단과 여성들은 오랜 세월에 걸쳐 차별과 고정관념에 시달리다 보니 연령편견에 면역이 생겼다는 것이다. 이 가설에 따르면, 젊을 때 많은 혜택을 누려온 부유한 남성은 노년이 되었을 때 오랜 세월 차별을 받아온 가난한 여성에 비해 연령편견의 고정관념에 대처하기가 더 어려울 수 있다.

연령편견에 대한 이러한 견해들은 노인들의 건강과 행복을 가늠하는 데 있어 점차 그 중요성을 더해 가고 있다. 흥미로운 사실은 연령편견이건 다중위험이건 그 어떤 것도 행복감에 해로운 영향을 미치지는 않는 것으로 보인다는 것이다(제14장 참조). 그러나 건강관리를 제대로 받지 못하고 노화에 대한 사회의 부정적 견해에 거듭 노출되다 보면 신체 건강에 문제가 생겨서 상당히 우려할 만한 문제로 발전할 수 있다.

5. 결어

생물학자들은 인간과 다른 모든 동물이 노화와 관련된 변화를 겪고 궁극적으로 죽음에 이르게 되는 이유가 무엇인지 알아내고자 많은 노력을 기울였다. 현재로는 유전이론들이 궁극적 답변에 더 가까운 것으로 보이지만, 다른 이론들도 아직 완전히 배제할 수는 없는 상황이다. 여러 이론이 결합할 때 노화를 더 잘 설명할 가능성이 크다. 또는 하나의 이론이 노화의 모든 현상을 다 잘 설명하기보다는 특정 이론이 특정 신체 기관의 특정 변화를 가장 잘 설명할 가능성이 크다. 가령, 교차결합이론은 신체 연결조직의 변화를 잘 설명해 줄 수 있다.

생물학적 요인은 사회과학으로부터 도출된 노화 과정에 관한 관점들에서도 중요한 역할을 한다는 데 주목할 필요가 있다. 성인기 발달은 천성-육성(nature-nurture) 간의 복잡한 상호작용이라는 중요한 특징을 가지고 있는 것으로 보이는데, 생물학적 요인은 천성 부분에 해당한다. 천성과 육성의 복잡성을 이해하는 데에는 생물학적, 심리학적, 사회적 요인을 각각 다루는 세 유형의 모델이 모두 필요하다.

제 3 장

노화 연구 방법

1. 일반적 연구 설계
2. 노화 연구를 위한 설계
3. 연구의 유형
4. 노화 연구에서 측정의 문제

제 3 장

노화 연구 방법

성인기의 발달과 노화를 다루는 노화심리학은 심리학의 한 분야로서 다른 심리학 분야들과 기본 연구 방법이 동일하다. 즉, 다른 분야들과 마찬가지로 실험연구, 상관연구, 조사연구를 많이 하며, 적절한 통제집단의 선정, 결과의 일반화, 통계적 왜곡 문제 등에 각별한 관심을 기울인다. 그러나 노화를 다루는 심리학 분야는 심리학의 다른 분야들과는 달리, 어느 한 시점에서 나타나는 현상이 아니라 시간에 따른 변화를 측정해야 한다는 어려움을 갖는다. 또 연구대상이 고령자일 경우 특별한 방법론적 문제에 직면한다.

성인기의 노화 양상은 시간 경과와 밀접한 관련이 있으므로 노화를 다루는 연구를 설계할 때에는 반드시 연령과 시간의 관계를 염두에 두어야 한다. 시간 경과에 따라 일어나는 변화의 본질을 밝히기 위해서는 그런 연구가 반드시 필요하다. 노화가 사람들에게 어떤 영향을 미치는지를 확실하게 말할 수 있기 위해서는 그 근거가 될 경험적 자료를 수집해야 한다. 이 장에서는 연구자들이 성인기와 노년기의 발달 과정을 밝혀내는 데 필요한 정보를 얻기 위해 어떤 전략을 사용하는지 알아보기로 한다.

1. 일반적 연구 설계

1) 실험설계

행동과학자들은 특정 변수의 점수가 왜 어떤 사람들은 높고 어떤 사람들은 낮은지 그 이유를 알아내고자 한다. **변수**(variable)란 말 그대로 개인에 따라 달라지는 특성이다. 이와 같이 사람들이 서로 간에 차이를 보이는 변수를 **종속변수**라 한다. **독립변수**는 종속변수 점수의 차이를 초래하거나 설명해 주는 변수이다. 발달심리학자들은 연령을 독립변수로 취급하고는 하지만, 사실 연령은 실험자가 그 값을 통제할 수 없기 때문에 엄밀한 의미에서는 독립변수라 할 수 없다.

실험설계는 독립변수를 조작하고 종속변수 점수를 측정하는 것이다. 응답자들은 실험집단과 통제집단에 무작위로 배정된다. 이들은 독립변수의 각기 다른 수준에 노출되므로 종속변수 점수에서 차이를 보일 것으로 가정된다. 연령은 독립변수가 아니므로 노화가 특정 종속변수 점수를 초래했다고 말할 수는 없다. 그러나 여러 연령집단이 독립변수의 각기 다른 수준에 각기 다른 반응을 했는지 여부를 알아볼 수는 있다. 그런 상황을 변수들 간의 상호작용이라 부른다. 어떤 조작이 나이 든 집단과 젊은 집단에 각기 다른 결과를 가져왔다면 처치가 연령과 관계가 있다고 추론할 수 있다. 예를 들어, 어떤 실험에서 두 연령의 성인집단에게 기억검사와 관련하여 특별한 지시를 하였다고 하자. 그러한 지시가 젊은 성인들보다 노인들의 수행에 더 크게 도움이 되었다면, 사람들이 그 지시에서 사용한 조작에 민감하게 반응하는 정도가 연령에 따라 달랐다고 추론할 수 있다.

집단의 특성을 실험적으로 조작할 수 없는 경우에는 **준실험설계**(quasi-experimental design)를 하게 된다. 준실험설계에서는 미리 결정된 특성들에 대해 여러 집단을 비교한다. 미리 결정된 특성들이 종속변수의 차이를 초래했다는 결론을 내릴 수는 없지만, 집단들 간에 어떤 차이가 나타나는지 기술할 수는 있다. 다른 설명들을 배제할 수 있다면, 또 연령에 기초한 차이를 반복해서 입증할 수 있다면, 이 경우 노화가 집단 간 점수 차이와 일정한 관계가 있다고 신중하게 추론할 수 있다. 연구자가 관심을 갖는 변수에 연령이 어떤 '효과'를 미치는지에 대해 제대로 된 결론을 도출하기 위해서는 탄탄한 이론을 근거로 하여 대안적 설명을 신중하게 배제하는 것이 필요하다.

2) 상관설계

상관설계는 준실험설계를 사용하여 집단 차이를 기술하는 접근법의 대안이다. 상관설계 연구에서는 변수들 간의 관계를 있는 그대로 관찰한다. 연구자가 참여자들을 집단으로 나누거나 변수들을 조작하지 않는다.

(1) 단순상관설계

출생연도나 측정시점 등의 분류에 기초한 집단 간 비교는 노년학 분야의 많은 문제를 연구하는 데 유용하게 쓰인다. 그러나 이 접근법이 가장 효율적이지도 않을 뿐 아니라 가장 많은 정보를 주지도 않는 경우들이 있다. 사람들이 수행 수준에 차이를 보이는 이유를 '설명'하고자 하는 경우가 그러하다.

예를 들어, 어떤 사람들이 다른 사람들보다 반응속도가 빠른 이유가 무엇인지 알아내려 한다고 하자. 연령차가 이 차이를 '설명'할 수 있다고 생각한다면 연구자는 여러 연령 집단의 사람들을 비교하는 횡단연구를 설계하고 그들이 반응속도에서 차이가 있는지 알아볼 것이다. 실험기법 모델에 기초한(앞서 설명한 이유로 이것은 엄밀한 의미에서는 실험설계가 아니지만) 이런 접근은 분명하고 직관적으로 의미가 있다. 그러나 연령은 연속변수이므로 성별 같은 범주변수와 달리 자연스러운 절단점이 없고, 따라서 사람들을 연령에 따라 집단으로 분류하는 횡단연구의 경우 그 과정에서 정보를 일정 부분 잃게 된다는 문제를 갖는다. 가령, 42세 집단과 45세 집단 간에 차이가 있을 수도 있는데 두 집단을 뭉뚱그려 40대로 분류할 경우 그 차이가 가려지는 것이다.

노화 연구에서 상관설계를 사용할 때의 한 가지 장점은 연령을 연속변수로 취급함으로써 사람들을 집단으로 묶어야 하는 데서 오는 정보 손실이 없다는 것이다. 노화와 반응속도의 관계에 관한 연구를 예로 든다면, 연령값도 반응속도값과 마찬가지로 등식에 바로 대입할 수 있다.

상관설계에서는 두 변수 또는 그 이상의 변수들 사이의 관계를 관찰하고, 상관(r)이라는 통계수치를 산출한다. 상관값은 +1.0에서 −1.0까지의 범위에 있다. 상관값이 0보다 크다면 해당되는 두 변수 간에 정적 관계가 있으며 한 변수의 값이 증가하면 다른 변수의 값도 증가한다는 것을 의미한다. 상관값이 0보다 작다면 두 변수 간에 부적 관계가 있고 한 변수의 값이 증가할 때 다른 변수의 값은 감소한다는 것을 의미한다. 상관값이 0일 때에는 두 변수 간에 전혀 상관이 없음을 의미한다.

상관설계에 기초한 연구들은 자료의 분석에 사용되는 통계방법뿐 아니라 연구하고자 하는 변수의 성격에 관한 가정에서도 실험연구들과 차이가 있다. 실험설계에서는 종속변수 점수의 집단 간 차이가 독립변수의 차이에서 비롯되었다고 가정함으로써 종속변수의 변량을 설명한다. 연구자는 독립변수의 값을 조작함으로써 사람들이 종속변수에서 차이를 보이게 만든다. 상관연구의 경우에는 연구자가 무엇이 무엇을 초래한다는 가정을 하지 않는다. '독립'변수나 '종속'변수가 없다. 두 변수 간의 상관은 두 변수가 관계가 있다는 것을 의미할 뿐, 계란과 닭 중 어느 것이 먼저냐 하는 질문에 대답하기 어려운 것과 마찬가지로 연구자는 두 변수 중 무엇이 먼저인지를 말할 수 없다.

연령과 반응속도의 관계에 대한 예를 다시 생각해 보자. 이 두 변수는 정적 관계에 있는(연령이 증가할수록 반응시간이 증가하는) 것으로 나타날 가능성이 상당히 크다. 이런 경우

연구자는 연령이 반응시간 증가의 원인이 되었다는(반응시간 증가를 초래했다는) 결론을 내리고 싶을 것이다. 그러나 연령이 실험적으로 조작되지 않았기 때문에 이 결론은 타당하지 않다. 상관연구에서는 독립변수나 종속변수가 없기 때문에 변수 A가 변수 B를 설명할 가능성은 변수 B가 변수 A를 설명할 가능성과 동등하다. 여러분은 "반응시간 증가가 연령 증가를 초래할 수는 없으므로 그 반대가 사실이어야 한다!"라고 생각할지도 모른다. 그러나 실험을 한 것이 아닌 이상 반응시간 증가가 노화를 초래했다는 말도 안 되는 가능성도 배제해 버릴 수 없다. 이 점을 더 분명히 하기 위해 다른 예를 생각해 보자. A형 행동이라는 성격특성은 심장혈관 질환과 상관이 있다. 즉, 경쟁적이고 밀어붙이고 참을성 없고 적대적이기도 한 A형 성격인 사람들은 심장질환에 걸릴 가능성이 크다. 그렇다면 성격유형이 심장질환을 일으키는가 아니면 심장질환이 성격문제를 일으키는가? 전자가 더 논리적인 것으로 여겨지겠지만, 상관설계이므로 어떤 가능성도 배제할 수는 없다.

상관이 있는 두 변수 중 어느 것이든 다른 변수의 '원인'이 될 가능성이 있다. 또는 연구에서 측정하지 않은 제3의 변수가, 관찰한 두 변수의 관계를 설명해 줄 수도 있다. 연령과 반응속도의 관계라면 '기능하는 뇌세포의 수'가 그러한 제3의 변수일지도 모른다. 연령은 뇌세포의 수와 관계가 있고, 뇌세포 수는 반응속도와 관계가 있을 수 있다. 뇌세포 수의 영향력을 통제하게 되면 연령과 반응속도 간의 상관이 완전히 사라질 수도 있다. 이와 유사하게, A형 행동과 심장질환의 상관도 흡연과 같이 측정하지 않은 제3변수에 의해 전적으로 설명될 수도 있다. 특정 성격유형인 사람들은 흡연할 가능성이 더 높고 흡연이 심장질환과 관계가 있는지도 모른다. 측정되지 않은 이 변수가 다른 두 변수의 관계를 초래했을 가능성이 있다.

심리학을 배우는 학생들이라면 "상관은 인과관계와 같지 않다."는 말을 아마도 귀에 못이 박힐 정도로 들었거나 듣게 될 것이다. 전형적인 상관연구의 자료를 조사할 때에는 이 점을 항상 염두에 두고, 측정되지 않은 변수들과 관련된 경쟁가설들을 살펴볼 필요가 있다. 노년학에서는 연령과 관련된 주장들이 매우 설득력이 있어 보이기 때문에 상관을 인과관계로 해석하는 함정에 빠지기가 특히 쉽다. 그러나 흥미롭게도 제3의 변수를 찾을 필요성은 여러 연령집단을 비교하는 준실험연구들에서 살펴본 문제들과 그리 다를 것이 없다. 이런 경우들에는 중요한 배경변수들(교육, 건강상태, 환경자극)의 세대 차이가 연령 그 자체보다 연령집단 간의 차이를 더 잘 설명할 수 있다. 그런 연구들 특히 횡단설계연구들에서는 연령과의 혼입변수들(confounding variables)이 연령집단 간의 수행 차이를 설명해 줄 가능성에도 각별히 주의를 기울여야 한다.

상관연구는 원인과 결과를 결정할 수 없다는 제한점에도 불구하고 많은 정보를 줄 수 있다. 상관값은 관계의 강도를 알려 준다. 또 상관연구에서는 한꺼번에 많은 수의 변수들을 다루는 것이 가능하다. 더욱이 지난 20여 년간 구조방정식모형 등 고급 상관기법들이 개발되면서 연구자들은 전통적 상관기법이 갖는 인과성의 문제를 비껴갈 수 있게 되었다.

생각상자 3-1.

두 개의 변수가 제3변수의 영향으로 인해 상관이 있는 것으로 나타나는 예를 생각해 낼 수 있는가?

(2) 다변량 상관설계

다변량 상관설계(multivariate correlational design)는 두 변수 간의 관계를 결정하는 단순상관설계와는 대조적으로 여러 변수 간의 복잡한 상호관계를 분석할 수 있게 해 준다. 두 개의 변수를 사용한 연구에서는 제3(또는 제4)의 중요한 변수를 간과할 수 있지만, 다변량 설계를 사용하면 중요할지도 모르는 많은 변수의 효과를 동시에 평가할 수 있다.

다변량 상관기법은 또한 한 무리의 변수들이 다른 변수의 점수를 '예측'하는 데 사용되는 모델들을 검증할 수 있게 해 준다. **다중회귀분석**에서 예측변수는 실험에서 사용되는 독립변수와 동등하고, 예측되는 변수는 종속변수와 동등한 것으로 간주된다. 실험자가 독립변수를 조작하지 않는다는 점에서 여전히 상관설계이지만, 관련 통계값들은 연구자가 원인-결과 관계에 관해 추론하고 검증할 수 있게 해 준다.

다중회귀분석의 변형으로 **로지스틱 회귀분석**이 있는데, 이는 특정 개인이 진위(예-아니요) 변수에서 점수를 받을 확률을 검증하는 방법이다. 어떤 사람이 몇 가지 위험요인 중 어느 하나를 가지고 있는지 여부에 따라 심혈관질환 진단을 받을 확률을 검증하는 경우를 예로 들 수 있다.

다변량 상관설계는 연령과 관계가 있을 것으로 예측되는 여러 변수와 연령 간의 관계에 관한 복잡한 모델들을 검증할 수 있다. 예를 들어, 노인의 교육 수준이 건강상태라는 제3의 변수 때문에 생활만족에 영향을 미친다는 가설을 세운다면 이 가설은 **매개** 효과를 분석함으로써 검증할 수 있다. 즉, 교육 수준과 생활만족 간 상관의 크기가 건강상태를 포함했을 때보다 포함하지 않았을 때 더 작다면, 건강이 매개변수 역할을 한다는 결론을 내릴 수 있다. 두 개의 변수가 다른 하나의 변수에 공동으로 영향을 미치는지 알아보고자 한다면 조절 효과를 분석해 볼 수 있다. 예를 들어, 노인의 연령과 교육 수준은 둘 다

생활만족과 상관관계가 있을 수 있다.

경로분석에서는 여러 변수를 하나의 모델로 설명할 수 있는지 알아보기 위해 이들 변수 간에 있을 수 있는 모든 상관관계를 검증한다. 교육 수준과 연령이 결합하여 건강에 영향을 미치고(매개) 이어서 생활만족에도 영향을 미치는지를 알아봄으로써 이 두 변수가 둘 다 생활만족에 영향을 미치는지(조절) 검증할 수 있다.

구조방정식 모델(structural equation modeling: SEM)은 연구자가 실제로 측정한 변수들로 구성한 **잠재변수**들 간의 관계를 검증한다. 경로분석과 마찬가지로 여러 변수 간에 설정된 일련의 관계들을 검증하지만, 어떤 변수들은 직접 측정되고 또 다른 변수들은 잠재변수로 구성된다. 노인들이 이동성 제약을 겪을 위험이 얼마나 큰지 알아보기 위한 연구를 예로 들어보자(Dai, Ware, & Giuliani, 2012). 이 연구에서 타원형은 실제로 측정된 변인들로부터 구성한 잠재변수이다. [그림 3-1]에서 볼 수 있듯이 유연성은 등 긁기와 앉은 자세로 물건잡기 검사에 대한 점수로 잠재변수를 구성하였다. 균형감각은 한 다리로 서 있을 때, 두 다리로 서 있을 때 그리고 한 바퀴 도는 동안 균형을 유지할 수 있는 능력을 측정한 점수들로 잠재변수를 구성하였다. 예측변수인 이동성 손상은 낙상 경험을 묻는 질문지에 대한 답변과 의자에서 일어나서 마룻바닥의 표시를 따라 걷고 다시 의자로 돌아오는 속도로 잠재변수를 구성하였다. 이 연구의 결과는 유연성과 균형감각이 둘 다 노인의 이동성 손상을 예측한다는 것을 보여 주었다. 특히 균형감각은 낙상 위험을 예측해 주는 가장 중요한 요인인 것으로 나타났다.

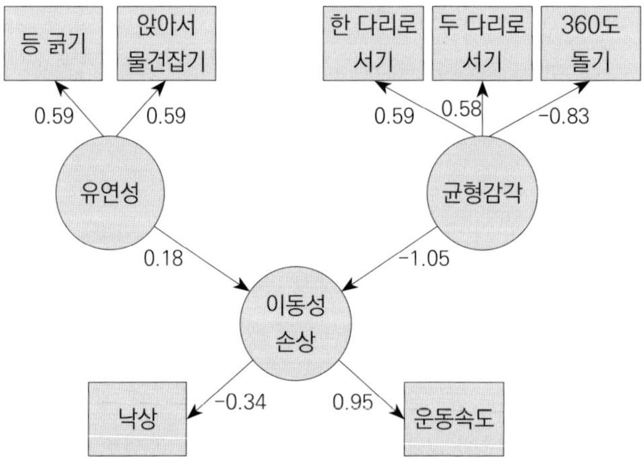

[그림 3-1] 노인의 유연성과 균형감각이 이동성을 예측한다는 것을 보여 주는 구조방정식 분석 사례

출처: Dai, Ware, & Giuliani (2012)에서 수정 인용.

구조방정식 모델은 한 시점에서 수집된 변수들 간의 관계를 평가하는 데 사용된다. 그러나 종단연구에서처럼 시간의 흐름에 따라 점수가 변화하는 양상을 살펴보고자 할 때는 **위계적 선형 모델**(hierarchical linear modeling: HLM)이 많이 사용된다. HLM은 집단 간 평균점수를 비교하기보다는 시간의 흐름에 따른 개인의 변화 양상을 연구하는 데 많이 쓰인다. 종단연구에서는 참여자마다 시간 경과에 따른 변화 양상이 각기 다를 수 있기 때문에 이런 연구가 중요하다. 누구는 점수가 증가하고, 누구는 감소하며, 또 누구는 전혀 변화를 보이지 않을 수도 있다. 전체 평균점수를 봐서는 이런 개인적 변이를 포착하지 못한다. HLM으로 특정 변수들이 다른 변수들보다 어떤 사람들에게 더 크게 영향을 미치는지 여부를 연구할 수 있을 뿐 아니라 이런 개인적 변화 양상을 통계적으로 연구할 수 있다.

2. 노화 연구를 위한 설계

1) 연령, 코호트, 측정시점

발달 연구에서는 노화의 효과와 시간의 효과를 분리하는 것이 중요한 문제인데, 이 과정에서 사용되는 세 가지 변수가 연령, 코호트 그리고 측정시점이다.

연령은 보통 햇수로 나타내는 생활연령으로 측정한다. 연령이 증가할수록 생활한 햇수가 더 많아진다. 그러나 연령은 개인의 내적 특성을 직접 측정하는 것이 아니라 시간이 어느 정도 경과했는지를 객관적으로 측정하는 것이다. 시간의 경과는 개인 내부에서 일어나는 변화와 직접적인 관련이 있을 수도 있지만 없을 수도 있다. 따라서 발달 연구에서는 편의상 연령을 변수로 사용하기는 하지만 연령은 발달 현상을 나타내는 지표로서 불완전할 수밖에 없다.

사회적 노화는 코호트와 측정시점이라는 두 요인으로 표현할 수 있다. **코호트**(cohort)는 출생연도에 의해 결정되며, 성인발달과 노화를 다루는 연구에서 개인이 출생한 대략적 시대를 나타내는 데 사용된다. 코호트는 동일한 사회적 영향을 받으며 생활하는 사람들을 가리킨다는 점에서 좀 더 친숙한 용어인 세대와 유사하다. 예를 들어, 1930년대 코호트에 속하는 우리나라 사람들은 젊을 때 한국 전쟁을 겪었고, 이 역사적 시기에 특유한 경험을 공유한다.

측정시점은 자료를 측정하는 연도 또는 시기이다. 자료가 수집되는 시점에서 사회와 역사가 개인에게 미치는 영향력을 나타내기에 편리한 방법이다. 특정 시기에 측정되는 특정 연령대의 사람들은 반드시 동일한 코호트에 속한다는 점에서 코호트와도 관련이 있다.

측정시점은 현재 환경조건의 지표를 나타내기 위한 것이다. 가령, 요즘 성인들은 개인용 컴퓨터가 흔치 않았던 1980년대의 성인들보다 컴퓨터 사용에 더 능숙하다. 그렇다면 성인들의 컴퓨터 사용능력이 중요하게 작용하는 발달측정치는 연구가 수행되는 연도에 크게 영향을 받을 것이다. 측정시점과 코호트는 상호 간에 내재적 관련성이 있으므로 이러한 사회적 · 역사적 맥락의 지표들을 분리하기는 쉽지 않다.

〈표 3-1〉 연령, 코호트, 측정시점

용어	정의	지표
연령	생활연령, 햇수로 측정	개인 내의 변화
코호트	출생연도	역사와 관련한 영향
측정시점	검사시점	검사받는 개인에게 미치는 현재의 영향

성인발달과 노화를 다루는 연구들은 역사적 또는 사회적 맥락의 효과를 연구하기보다는 여러 연령대의 사람들을 연령 변수에 따라 비교하는 단순한 설계를 많이 사용한다. 이런 기술연구 설계에는 동일한 사람들을 여러 측정시점에서 비교하는 **종단설계**와 동일한 측정시점에 서로 다른 사람들을 비교하는 **횡단설계**가 있다. 이 두 설계를 사용한 연구는 각각 장점과 단점이 있다(〈표 3-2〉 참조). 연구를 시작하기 전에 각 설계의 장단점을 계량해 볼 필요가 있다.

생각상자 3-2.

코호트, 측정시점, 연령을 완전히 분리할 수 없는 이유는 무엇일까?

〈표 3-2〉 종단설계와 횡단설계의 특징

	장점	단점	교정 절차
종단설계	• 연령에 따른 변화, 즉 '발달'을 측정한다.	• 노화의 영향을 역사적 변화와 분리할 수 없다. • 연구를 완료하는 데 시간이 많이 걸린다. • 비용이 많이 든다. • 연구자들은 출판할 수 있는 결과를 내놓기 어렵다. • 응답자의 선택적 탈락 현상이 나타날 수 있다. • 검사들에 대한 연습 효과가 수행 향상을 가져올 수 있다. • 원래의 검사가 구식이 될 수 있다.	• 행정자원을 응답자 관리에 배정한다. • 연습 효과를 피하기 위해 동형 검사를 사용한다. • 오래된 척도의 점수들을 새로운 이론적 틀을 적용하여 다시 채점한다. • 여러 시기에 수행된 여러 연구의 자료를 조사한다.
횡단설계	• 신속히 수행할 수 있고, 비용이 적게 든다. • 최근 이론들을 검증할 수 있다.	• 시간 경과에 따른 변화가 아니라 연령집단 간의 차이를 측정한다. • 연구의 결과가 노화에 따른 차이가 아니라 코호트 차이를 나타낼 수 있다. • 연구에서 사용하는 과제들이 모든 코호트에 동등하지 않을 수 있다. • 노인들은 선별된 집단이라는 점에서 생존자 문제가 있다. • 적절한 연령범위를 결정하기가 어렵다.	• 표본 선정에 세심한 주의를 기울임으로써 코호트의 차이를 통제한다. • 여러 연령집단을 비교하기 전에 이들을 대상으로 검사절차를 타당화한다. • 연구의 결과를 확정적인 것이 아니고 잠정적인 것으로 간주한다. • 더 고급기법을 사용하여 연구를 반복 검증한다.

출처: Whitbourne (2008).

2) 횡단설계

횡단연구에서는 연령을 기초로 선발된 사람들의 수행을 어느 한 시점에서 비교한다. 연령차를 기술하는 것이 목표이다. 그러나 연령집단 간의 수행 차이를 노화 과정과 관련된 변화의 결과라고 가정한다. 이 가정의 타당성을 확보하기 위해서는 연령 효과를 가리거나 과장되게 만드는 코호트 차이를 통제해야 한다. 교육 수준이나 사회계층 같은 중요한 요인들에서 서로 유사한 표본들을 선정함으로써 이런 통제를 할 수 있다. 횡단설계는 종단연구와 마찬가지로 어느 한 역사적 시기에만 적용될 수 있는 결과를 산출한다는 문제가 있다. 즉, 횡단연구에서 얻은 연령차는 연구에서 비교한 코호트들에만 해당한다. 1950년에 출생하여 1990년에 검사를 받은 사람들(40세)이 1970년에 출생하여 1990년에 검사받은 사람들(20세)보다 특정 속성에서 더 높은 점수를 받은 경우, 이 결과는 연령의 차이가 아니라 환경요인의 차이 때문일 수 있다. 10년 전인 1980년에 20세와 40세가 된 사람들을 비교한 연구에서는 이러한 결과가 나타나지 않을 수 있다. 예를 들어, 일반적으로는 젊은 성인들이 중년 성인들보다 덜 보수적이지만, 1960년대에 살았던 중년 성인들은 1980년대에 성장한 젊은 성인들보다 덜 보수적일 수 있다. 연령집단들 간의 차이는 그 연구를 다른 역사적 시대에 수행할 경우 똑같은 양상으로 나타나지 않을 수 있다.

젊은 성인, 중년 성인과 노인의 뇌가 백질의 양에서 차이가 있음을 보여 주는 연구(Brickman et al., 2006)의 결과도 코호트 차이로 인해 횡단연구에서 어떤 문제가 생겨날 수 있는지를 보여 준다. 백질의 양이 많을수록 뇌 기능이 더 좋은 것이므로, 백질의 양이 적은 노인들이 젊은 연령집단보다 기능이 떨어지는 것은 분명하다. 하지만 이 연구에 참여한 세 연령집단은 연령차 외에 교육에서도 차이가 있었다. 즉, 노인집단이 교육을 가장 적게 받았다. 이런 코호트 차이 때문에 세 연령집단의 백질에 영향을 미친 요인이 연령인지 또는 교육인지를 확실히 알아낼 도리가 없다.

횡단연구에는 더 실제적인 문제들도 있다. 하나는 생존자 문제이다. 종단연구에서처럼 연구 참여자가 도중에 사망하는 일은 없겠지만, 그들이 검사받는 시점에 각각 60대, 70대, 80대라는 사실은 이미 사망한 동년배 집단과 비교할 때 더 오래 살아남은 사람들임을 의미한다. 따라서 그들은 더 건강하거나 더 운이 좋은 사람들이라 할 수 있다. 또는 더 신중하고, 어쩌면 더 똑똑하며, 젊을 때 죽음을 맞게 만들 수도 있었을 수많은 질병을 피하게 해 준 강고한 유전자를 가지고 태어난 사람들일 것이다. 그 결과, 횡단연구에 참여한 노인들은 젊은 성인들과는 차이가 있을 것이다. 두 집단은 서로 다른 두 모집단(조만간 사망하게 될 사람들까지 포함하고 있는 젊은 성인집단과 나이 들기까지 생존한 사람들만으로 구성된 노인집단)에서 추출되었기 때문이다. 또 젊은 성인들이 대학생 모집단에서만 추출되었다면 그들이 자기 코호트를 대표한다고 할 수 없을 것이다.

두 번째 실제적 문제는 표본으로 선정된 연령과 관련이 있다. 연구자들은 표본의 연령 폭을 어떻게 결정하는가? 대학에 재학 중인 젊은 성인들을 표본으로 한다면 연령 범위는 18~22세이고 최대 25세일 것이다. 이 경우 4~7년 정도의 폭인데, 나이 든 연령집단은 그렇게 좁게 규정되는 일이 거의 없다. 노인들은 실험실에 오게 하기가 어려운 까닭에 대부분의 연구자들은 자신이 원하는 것보다 더 넓은 연령 범위를 받아들일 수밖에 없다. 연구에 따라서는 연령 범위가 20년에서 30년에 이르기도 한다. 어떤 연구에서는 '나이 든' 집단이 50세 또는 60세 이상 연령인 모든 응답자를 포함하는 것으로 규정한다.

적절한 연령 범위와 관련된 문제는 표본을 선정할 때 성인의 연령 범위를 어떻게 구분하느냐 하는 것이다. 횡단연구에서 연령을 10년 단위로 나누고 성인기 동안의 연령차를 연속적으로 조사하는 것이 더 바람직한가? 아니면 사람들을 성인기 연령의 두 극단에서 비교하는 것이 더 나은가? 어떤 연구자들은 젊은 성인, 중년 성인, 노인의 세 집단을 사용한다. 세 집단을 사용하면 심리기능을 측정하는 척도에서 점수들을 연결하는 점들이 적절하다는 자신감을 좀 더 강하게 가질 수 있을 것이다.

횡단연구를 하는 연구자들은 연령집단에 따라 응답자들이 검사재료에 어떤 반응을 보일 것인지에 대해서도 고려해야 한다. 기억연구를 예로 들면, 노인들은 어떤 기억척도가 너무 어렵다고 느끼거나 심지어 겁을 내기까지 할 수도 있다. 젊은 성인들은 현재 재학 중이거나 최근에 학교를 졸업했기 때문에 노인들보다 검사 상황을 훨씬 더 편안하게 느낀다. 노인들 중에도 특히 기억력 감퇴에 민감한 노인들은 검사 상황에 대해 느끼는 불안만으로도 수행이 낮아질 수 있다.

여러 코호트를 대상으로 성격 및 사회적 태도 척도 등을 사용할 경우에는 과제 동등성의 문제에도 신경을 써야 한다. 세대가 다른 사람들 또는 교육배경이나 문화배경이 다른 사람들에게는 동일한 문항이 매우 다른 의미를 가질 수 있다. 성격과 정신건강에 관한 연구에서 흔히 나타나는 한 가지 문제는 가령 우울척도가 노인이 아니라 젊은 성인표본에 맞춰 제작되었을 수 있다는 것이다. 그런 척도에서 우울증과 관련된 수면패턴 변화와 같은 신체 변화에 관한 문항들은 사실상 정상적인 연령 차이를 반영할 것이다. 노인들은 우울증이 더 심해서가 아니라 오직 수면패턴의 변화 때문에 우울증 척도에서 더 높은 점수를 받는다는 것이다. 따라서 연구에서 사용한 척도에서 연령집단들 간에 차이가 있다는 결론을 내리기 위해서는 여러 연령의 표본들을 대상으로 그 척도를 타당화할 필요가 있다.

횡단연구의 장점은 종단연구에 비해 비교적 신속하게 실시할 수 있고 비용이 적게 든다는 것이다. 또 다른 장점은 어떤 분야이든지 최신 도구와 기법을 사용할 수 있다는 것이다. 새로운 도구가 출시되면 그 도구를 횡단적으로 즉각 검증해 볼 수 있다. 횡단연구에서는 30~40년 전에 유행했던 낙후된 도구들에 얽매이지 않는다.

횡단연구가 갖는 최고의 장점은 여러 연령집단들 간의 차이를 기술해 준다는 점일 것이다. 횡단연구에서 연령 이외의 다른 차이들을 효과적으로 통제할수록 관찰된 연령차가 연구 참여자들의 배경 차이나 생활경험 차이의 결과가 아닐 가능성이 더 높아진다. 횡단연구의 결과는 연령이 연구자가 관심을 갖는 기능에 미치는 효과를 잠정적으로 기술해 줄 뿐이므로 반복 검증될 필요가 있으며, 궁극적으로는 종단연구를 통해 확증될 필요가 있다.

3) 종단설계

종단연구의 목표는 시간 경과에 따라 사람들에게 어떤 일이 일어나는지를 조사하는 것이다. 이런 연구에서는 사람들이 나이가 들어가는 과정을 관찰하고 연구하기 때문에 연구에 참여한 사람들이 시간 경과에 따라 변화했다는 확신을 가질 수 있다.

그러나 종단설계는 이론적 관점에서 볼 때 시간에 따라 개인이 보이는 변화가 노화의 결과인지 아니면 그 개인이 겪은 환경의 변화가 초래한 결과인지 확실히 알 수가 없다는 단점이 있다. 그 개인이 다른 환경에 있었다면 무슨 일이 일어났을 것인지를 알아보기 위해 환경을 바꿔 볼 수는 없다. 종단연구에서는 개인적 시간과 역사적 시간이 불가피하게 일치할 수밖에 없다.

그 외에 종단연구는 실제적 문제도 여럿 가지고 있다. 가장 분명한 문제는 연구를 수행하는 데 시간이 많이 걸린다는 것이다. 종단연구가 성인발달과 노화의 연구로서 가치가 있으려면 최소 10년 또는 그 이상의 기간을 잡아야 한다. 이 경우 인내심뿐 아니라 충분한 연구비 조달이 필요하다. 게다가 종단연구가 마무리될 때까지 수년간 연구 결과를 내놓지 못하므로 직업상 연구물을 출판해야 하는 연구자들에게는 문제가 될 수도 있다. 연구가 오래 지속되는 경우 중간에 연구자가 바뀔 수도 있다.

종단연구의 참여자들이 시간이 가면서 연구에 참여하지 못하게 되는 **피험자 탈락**(subject attrition) 현상이 나타날 수도 있다. 원래의 표본에서 일부 참여자가 빠지면 많은 실제적 · 이론적 문제가 발생한다. 우선 피험자 수가 줄어들면 통계분석을 하기가 점점 더 어려워진다. 설사 전체 표본크기는 충분하다 해도, 가령 여성 참여자가 상대적으로 많이 탈락하게 되면 여성표본 수가 너무 적어져서 원래 보고자 했던 성별에 따른 차이를 정교하게 분석하지 못하게 될 수도 있다.

피험자 탈락이 생기면 표본으로부터 전체 모집단에 대해 추론하고자 할 때 문제가 발생하기도 한다. 사람들은 건강 악화, 사망, 동기결여, 이사 등 다양한 이유로 연구에서 탈락한다. 연구에 계속 참여하는 사람들은 이 모든 또는 일부 요인에서 탈락자들과는 차이가 있다. 따라서 계속 참여하는 사람들로부터 도출된 결론은 일반 모집단에 적용되지 않을 수도 있다.

종단연구에서 피험자의 일부가 탈락할 경우 측정시점 1과 2(또는 그 이후 시점)에 각기 다른 유형의 사람들이 참여하는 결과를 초래함으로써 자료가 편파적이 될 수도 있다. 시점 1에는 탈락자와 계속참여자가 둘 다 있지만 시점 2에는 계속참여자만 남아 있다면 시점 1보다는 2에서 점수가 더 높게 나타날 가능성이 다분하다. 시점 2에는 더 건강하고 더 똑똑하고 더 동기가 강한 사람들만이 남았을 것이기 때문이다. 건강이 좋지 않고 동기가 약한 사람들이 연구에서 중도탈락을 했을 뿐이고 계속참여자들은 전혀 변화가 없었음에도 불구하고 연구자는 참여자들이 시점 1과 2 사이에 '향상'되었다는 잘못된 결론을 내릴 수 있다.

선택적 탈락 문제에 대처하는 방법으로 여러 가지가 있다. 대규모 종단연구의 경우라면 연구지원기관이 (매년 생일이나 명절에 카드를 보내거나, 연구의 진전 상황을 알려 주는 뉴스레터나 이메일 등을 보내고 직접 전화를 거는 등) 연구대상을 '보살피는' 일에 행정자원을 배정함으로써 선택적 탈락 문제를 최대한 방지할 수 있다. 종단연구는 또 연구 참여자들이 방문할 수 있는 웹사이트를 운영하는 경우가 많은데, 이런 노력들은 참여자들의 동기를 북돋워 줄 뿐 아니라 참여자가 이사했거나 질병이나 사망 등으로 연구에 참여할 수 없게 되었다는 사실을 연구팀이 쉽게 알아낼 수 있게 해 준다.

선택적 탈락 문제를 해결하는 또 다른 방법은 여러 코호트를 5년 또는 10년 동안 추적하는 모의 종단설계를 하는 것이다. 예를 들어, 한 연구에서 30대, 40대, 50대 사람들을 10년 동안 추적하고, 두 번째 연구는 50대, 60대, 70대 사람들을 연구한다. 이 두 연구의 결과를 합하면 30대에서 70대까지의 모의 종단설계가 산출된다. 이런 식으로 연결되는 연구들을 분석할 수 있는 고급통계기법들이 나와 있다.

종단연구의 또 다른 문제점은 연습 효과이다. 계속참여자들은 검사를 최소 한 번은 연습할 기회를 갖는다. 검사가 지능검사라면 검사와 검사 사이에 답을 학습할 수도 있다. 성격 연구에서는 특정 반응을 하면 성격결함이 있다고 인정하는 것이 되지 않을까 의심하거나 그런 사실을 알아낼 수도 있다. 그런 경우 다음 검사에서는 그런 문제를 가지고 있음을 인정하려 하지 않을 것이다. 동형검사를 사용하면 이런 문제를 피해 갈 수 있다.

검사 자체와 관련한 또 다른 문제는 연구에서 사용했던 검사가 구식이 되는 경우이다.

이 문제를 피해 갈 수 있는 한 가지 방법은 연구변수에 관한 최근의 관점을 반영하여 검사 점수를 재분석하거나 재척도화하는 것이다. 버클리 대학교 인간발달연구소의 연구자들은 유아기에서 노년기까지 동일표본을 추적한 성격발달 연구에서 바로 이 전략을 사용하였다. 이전 측정치들을 새로운 이론적·경험적 틀을 사용하여 새로 채점함으로써 자료를 파기하지 않고 시간 경과에 따른 분석을 할 수 있었다.

이런 문제점들에도 불구하고 종단연구는 성인기와 노년기의 심리학적 변화에 관해 가치 있는 자료를 더해 줄 수 있다. 더욱이 관련 변수들에 관한 여러 연구로부터 자료가 축적됨에 따라 특정 연구가 갖는 제한점을 극복할 수 있다.

4) 계열설계

이상에서 살펴본 바와 같이 완벽한 노화 연구를 수행하기는 불가능하다. 연령은 조작될 수 없다는 점에서 결코 진정한 독립변수가 될 수 없다. 게다가 연령은 시간과 연결되어 있기 때문에 개인적 노화는 사회적 노화와 분리되기 어렵다. 이런 문제점들을 상당 부분 완화시켜 줄 수 있는 방법으로 계열설계가 있다. **계열설계**(sequential design)는 연령, 코호트, 측정시점 변수들을 각각 달리 조합하는 것으로, 10년 기간 동안 횡단연구를 두 번(두 계열) 실시하는 것과 같이 연구들을 순차적으로 실시한다. 이 설계들은 계열적 성격을 갖기 때문에 한 표본을 대상으로 일정 기간 동안 실시하거나(종단연구) 여러 연령 집단을 대상으로 한 번 실시하는(횡단연구) 기술설계보다 더 뛰어나다.

(1) Schaie의 '가장 효율적인 설계'

Schaie는 1965년의 기념비적 논문에서 연령, 코호트, 측정시점 변수들을 체계적으로 조작하는 설계 세 종류를 한데 묶은 **가장 효율적인 설계**(the most efficient design)를 제안하였다. 이 설계는 횡단계열과 종단계열을 체계적으로 조합한 것이다. 이 설계에서는 우선 몇몇 연령집단으로 횡단연구를 시작한다. 몇 년 후 이 피험자들을 재검사하면 종단자료가 수집되는데, 이와 동시에 새로운 피험자들을 검사하는 횡단연구를 한다. 이와 같이 이전 피험자들을 재검사하고(종단자료를 추가하고) 새 피험자들을 검사하는(횡단자료를 추가하는) 과정을 예컨대 10년마다 되풀이할 수 있다.

예를 들어, 2000년도에 30세에서 60세까지의 네 연령집단에게 IQ 검사를 하는 횡단연구를 한다고 하자([그림 3-2] 참조). 2010년에 이 네 집단을 재검사한다. 이 자료는 10년

이 지나는 동안 이들의 평균 IQ 점수에 어떤 변화가 있었는지 보여 줄 것이다. 이와 동시에 첫 검사 때와 동일한 두 번째 횡단연구를 하기 위해 30세 피험자집단을 추가하여 IQ 검사를 실시한다. 두 번째 횡단연구는 첫 번째와 동일한 결과를 산출해야 할 것이다. 그렇지 않다면 그 결과는 지능발달의 본질에 대한 흥미로운 단서를 제공하게 될 것이다. 2020년에는 첫 번째 표본을 세 번째로 검사해서 종단자료를 추가하고, 2010년에 새로 검사했던 피험자들을 재검사해서 새로운 종단자료를 추가한다. 끝으로 새 피험자들을 모집해서 세 번째 횡단연구를 실시한다. 이렇게 해서 많은 자료를 생산해 내게 될 것이다.

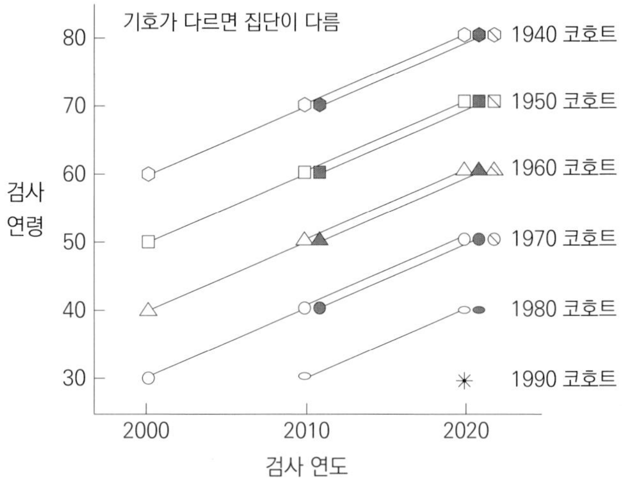

[그림 3-2] Schaie의 '가장 효율적인 설계'

출처: Schaie (1965).

(2) 계열연구 결과의 분석

Schaie에 따르면, 가장 효율적인 설계를 사용하여 수집한 자료는 다음의 세 가지 방식으로 분석할 수 있다.

첫째, 연령과 코호트의 상호작용 효과를 보는 **코호트계열분석**(cohort-sequential analysis)으로, 발달심리학자들이 가장 많이 관심을 기울이는 방식이다(Schaie, 1996b). 이 분석에서는 둘 이상의 코호트 각각에 대해 둘 이상의 연령대에서 관찰한다. 앞에서 든 가상의 예에서 60세와 70세 두 집단의 IQ 점수 변화 여부를 살펴본다고 하자. 1980년에 60세였고 재검사 때 70세였던 사람들(1920년 코호트)과 1990년에 60세였고 2000년에 70세였던 사람들(1930년 코호트)을 비교했을 때 이 두 집단의 IQ는 나이가 들면서 증가하는가, 감소하는가, 또는 변함이 없는가? IQ가 연령에 따라 비가역적으로 감퇴한다면 두 코호트의 감퇴 양상이 비슷해야 할 것이다. 전통적 종단연구에서는 단일 코호트에서만 자료를 수집하므로 그 코호트에서 관찰된 변화가 다른 코호트로 일반화될 수 있는지 여부를 알 수가 없다. [그림 3-2]에서처럼 한 코호트가 다른 코호트보다 60세와 70세 둘 다에서 IQ가 더 높지만, 두 코호트의 IQ 변화 양상은 비슷할 수도 있다. 그러나 한 코호트는 IQ 점수가 증가하지만 다른 코호트는 감소할 수도 있고, 한 코호트의 IQ 점수 증가 속도가 다른 코호트에 비해 더 느릴 수도 있다.

둘째, **교차계열분석**(cross-sequential analysis)이다. 앞서 말한 안정성 모델에 부합하는 자료를 분석할 때 특히 적합하다. 이 분석에서는 둘 이상의 코호트를 둘 이상의 측정시점에서 비교한다. 연령 효과는 없다고 예상하며, 코호트 효과와 측정시점 효과의 유무와 크기를 알아보는 데 주된 관심이 있다. 두 측정시점 사이에 일어난 어떤 사건 또는 사회문화적 변화가 여러 코호트에 미치는 영향의 크기를 비교해 보고자 할 때 이러한 분석이 도움이 된다. 예를 들어, 미국에서 1970년대에 절정에 달한 성 혁명이 당시 20대였던 코호트와 40대였던 코호트에 미친 영향을 비교해 볼 수 있다. 만약 측정시점 효과가 거의 없을 것으로 가정할 만한 근거가 충분하다면 교차계열분석은 연령에 따른 변화를 추정하는 데 사용될 수 있다.

셋째, 코호트계열분석에서는 연령과 코호트의 상호작용을 보고, 교차계열분석에서는 측정시점과 코호트의 상호작용을 본다면, **시간계열분석**(time-sequential analysis)에서는 측정시점과 연령의 상호작용을 본다. 이 분석에서는 둘 이상의 연령집단을 둘 이상의 측정시점에 비교한다. 가령, 세대차 연구라면 1970년도와 1990년도에 20대와 50대의 태도를 각각 비교한다. 두 연령집단의 차이가 20년 사이에 줄어든다는 결과를 얻을 수도 있고, 두 집단 모두 더 진보적인 태도를 갖게 되었지만 두 집단의 태도 차이는 여전히 크게 남아 있다는 결과를 얻을 수도 있다. 이 분석은 감퇴 보상 모델을 검증하기에도 적합하다. 새로운 보상방법(예를 들어, 기억감퇴에 영향을 미치는 약물)을 도입했을 때 측정시점 1보다 2에서 연령차가 더 작다는 것을 시간계열분석을 통해 보여 줄 수 있다.

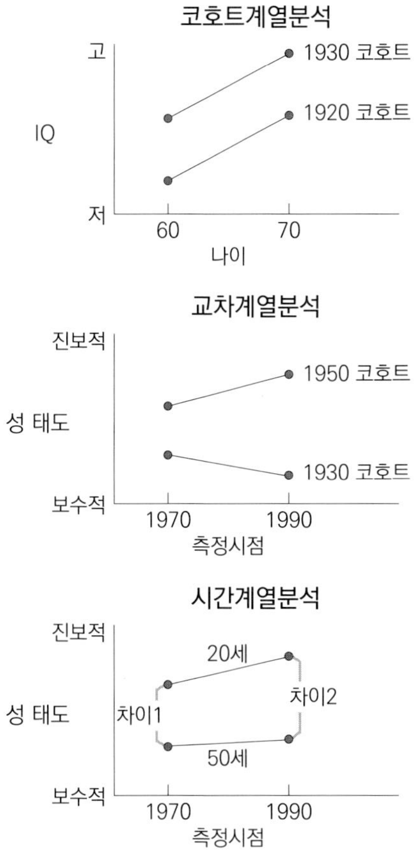

[그림 3-3] 계열연구 결과의 분석

출처: Schaie & Willis (2002).

실제 연구를 보면 계열설계의 장점이 분명하게 드러난다. Whitbourne과 동료들(Whitbourne, Zuschlag, Elliot, & Waterman, 1992)은 「로체스터 대학 성인 종단연구」의 참가자들을 4회에 걸쳐 추적 검사하였다. 1960년대 중반에 대학생 표본을 대상으로 연구를 시작하였고, 1970년대 후반에 (30대 초반이 된) 이 표본을 추적 연구하면서 새로운 대학생집단을 추가하였으며, 이들 전부를 약 11년 후에 다시 추적 연구하였다. 코호트는 전부 셋이었는데, 가장 나이 든 코호트는 20세부터 54세까지 검사하였다. [그림 3-4]는 Erikson의 근면성 대 열등감(4단계) 척도의 점수를 보여 준다. 세 코호트의 점수를 비교해 보면, 1966년에 처음 검사한 코호트 1이 다른 두 코호트(2와 3)와 비교해 20세와 31세 사이에 점수가 더 크게 증가했음을 알 수 있다. 따라서 만약 이 연령 범위에서 처음 코호트만 검사했다면 연구의 결론은 크게 달라졌을 것이다. 이 연구는 하나 이상의 코호트를 여러 번 검사하는 계열연구 자료가 한 번만 검사하는 전통적 종단연구 자료에 비해 어떤 장점을 갖는지 여실히 보여 준다.

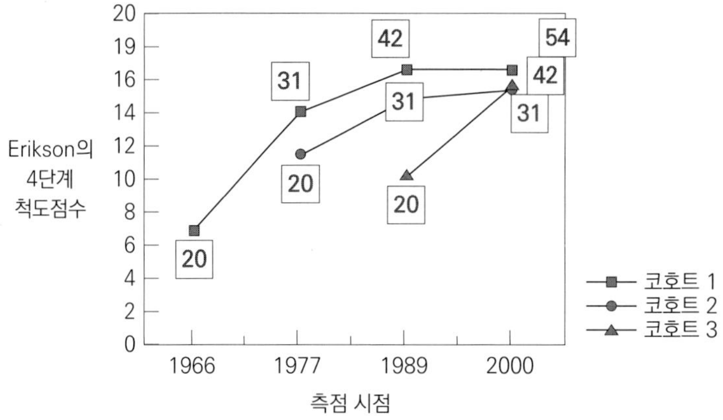

[그림 3-4] 심리사회적 발달에 관한 계열연구의 결과

출처: Whitbourne (2008).

3. 연구의 유형

노화에 관한 자료는 다양한 자료수집 전략이나 연구방법을 통해 얻을 수 있다. 각각 장단점이 있으므로 연구 분야, 표본의 성격, 가용자원, 원하는 용도에 따라 각 방법의 장단점들을 신중히 고려해야 할 것이다. 노화 연구에서 많이 사용되는 자료수집 방법들을 정리해 보면 다음과 같다(Whitbourne & Whitbourne, 2014).

1) 실험실 연구

성인기의 노화 과정과 관련한 신체 변화 및 인지 변화에 관한 정보는 표준절차를 사용하여 참여자들을 체계적으로 검사하는 **실험실 연구**(laboratory studies)에서 주로 얻는다. 각 참여자에게 동일한 도구와 동일한 자료기록절차를 사용하여 동일한 처치를 하기 때문에 가장 객관적인 자료수집 방법이라 할 수 있다. 예를 들어, 기억연구에서는 참여자들에게 회상해야 할 항목들을 컴퓨터 화면에 차례로 제시하고, 일정 시간이 지난 후에 가능한 대로 많은 항목을 회상하게 하여 기억 수준을 측정한다.

실험실 연구의 장점은 자료를 객관적이고 체계적인 방식으로 기록함으로써 연구 결과가 다른 변수들이 아니라 연구변수들로부터 초래되었음을 확신할 수 있게 해 준다는 것이다. 예를 들어, 기억연구에서 기억항목들을 제시할 때 참여자들이 연구자의 목소리 억양, 시각자극의 질 또는 항목을 제시하는 시간의 길이 등에 영향을 받지 않을 방식을 사용한다.

실험실 연구의 단점은 대부분이 성인의 실제 생활경험과는 거리가 멀다는 것이다. 나이 든 사람들은 일상생활에서 접해 보지 않았던 낯선 도구들을 사용하여 실험실에서 검사받는 것을 부자연스럽게 느끼고 불편해할 수 있으며, 그 결과 그들의 일상생활 수행능력이 과소평가될 수 있다.

2) 질적 연구

질적 연구(qualitative studies)는 연구자들이 관심을 갖는 현상을 개방적 방식으로 연구하고자 할 때 사용할 수 있는 연구방법이다. 가령, 인간관계 같은 사회적 요인이 성인기의 발달에 미치는 영향을 연구하려면 여러 영향요인 가운데 어떤 요인들이 적절한지를 포착해낼 수 있게 해 주는 기법을 사용해야 할 것이다. 질적 연구는 양적 연구가 갖는 제한과 가정을 벗어나서 그와 같이 여러 요인이 작용하는 복잡한 관계를 연구할 수 있게 해 준다.

질적 방법을 사용하면 관습적 방법들을 사용하기가 적절하지 않은 영역의 연구도 가능하다. 또 사람마다 차이가 상당히 클 뿐만 아니라 수치로 전환하기 어려운 생애사(life history) 정보를 분석하는 데에도 사용할 수 있다. 연구자들이 자신의 생각을 검증할 수 있도록 대안적 방법을 제공해 주며, 연구문제의 성격에 맞추어 적용할 수 있는 융통성도 갖추고 있다.

3) 기록물 연구

기록물 연구(archival research)는 기존의 기록물 자원 가운데 노화와 관련이 있는 자료를 담고 있는 자원을 사용한다. 이 자원은 정부자료일 수도 있고 어떤 기관, 학교, 또는 고용주가 보관하고 있는 기록일 수도 있다. 신문이나 잡지의 기사들도 여기 포함된다.

기록물 연구의 장점은 정보를 쉽게 얻을 수 있다는 것이다. 특히 최근에는 인구조사

자료와 같은 웹기반 자료들이 많아지면서 정보 취득이 더욱 용이하게 되었다. 자료파일을 인터넷에서 직접 내려받을 수 있고, 읽기 쉽고 찾기 쉬운 PDF 파일을 통해 출판물들에 접근할 수 있다.

기록물 연구의 단점은 연구자들이 자료의 형태를 통제할 수 없는 경우가 있다는 것이다. 예를 들어, 연구자는 특정 직업에 관한 정보에 관심이 있지만 정부자료는 그런 정보 없이 연령별로만 취업기록을 수록하고 있을 수 있다. 또 다른 단점은 자료가 체계적으로 수집되거나 기록되어 있지 않을 수 있다는 것이다. 예를 들어, 신문이나 학교기록은 정보가 편향되거나 불완전할 수 있다.

4) 조사연구

조사연구(survey)는 표본에서 모집단으로 일반화될 수 있는 정보를 얻기 위한 것이다. 보통 짧고 간단한 평정척도를 사용하여 손쉽게 실시한다. 때로는 노화가 건강행동, 건강위험 및 증상과 어떤 관계가 있는지를 심층적으로 파악하기 위한 집중적 조사연구를 실시하기도 한다. 앞서 기록물 자료의 출처로 언급된 인구조사 자료는 조사연구 기법에 의해 수집된다. 그러나 인구조사는 오랜 기간에 걸쳐 조사가 실시되고 많은 사람을 대상으로 하는 광범위한 역사기록이라는 점에서 기록물 자료로 간주된다.

조사연구는 실험실이나 다른 장소에서 실시되는 연구에 비해 훨씬 더 많은 사람의 행동을 이해할 수 있는 자료를 제공해 준다는 장점이 있다. 전화로 할 수도 있고, 웹브라우저에 의한 실시도 점차 확대되고 있다. 숙련된 면접자가 면접조사를 할 경우 조사하는 행동에 대해 포괄적 정보를 얻을 수 있는 동시에, 쉽게 부호화하고 분석할 수 있는 지식을 얻을 수 있다. 그러나 조사연구에 참여하는 응답자들은 연구자에게 좋은 인상을 주고자 편향된 답변을 하는 경향이 있다. 그렇게 되면 그 자료를 모집단에 일반화할 수 있다 할지라도 자료의 질은 제한적이기 십상이다.

5) 역학연구

정부나 기금지원기관들은 종종 전체 인구에서 특정 질환이 발병하는 비율에 관한 자료를 수집한다. **역학연구**(epidemiological studies)는 질환 등 건강 관련 사건이 어떻게 분포되어 있고 어떤 요인에 의해 발생하는지 연구하고 그 결과를 질병과 다른 건강문제를 통제하는 데 적용하기 위한 목적으로 실시된다(World Health Organization, 2013).

역학연구는 모집단을 대표하는 표본집단에 특정 질환에 관해 묻는 질문지를 실시하는 조사연구 기법을 사용하는 경우가 많다. 또 인터뷰를 통해 자료를 수집하기도 하고, 유전자와 게놈의 분석을 통해 자료를 수집하는 경우도 점차 늘어나고 있다.

역학연구의 결과는 두 가지 유형의 추정치를 제공해 준다. **유병률**(prevalence) 통계는 특정 시기에 한 번이라도 증상이 있었던 사람들의 비율에 대한 추정치를 제공해 준다. **발병률**(incidence) 통계는 특정 시기에 처음으로 증상을 일으킨 사람들의 비율 추정치를 제공해 준다. 예를 들어, 특정 질환의 평생 유병률은 출생 후 어떤 시기에든 그 질환을 겪었던 인구의 비율을 의미한다. 1년 발병률은 지정된 1년의 기간 동안 특정 질환의 증상을 보인 인구의 비율을 의미한다.

6) 사례연구

때로 연구하고자 하는 변수들의 값을 직접 측정할 수 없고 관찰을 해야만 하는 경우들이 있다. **사례연구**(case reports)는 한 개인을 매우 자세하게 연구하는 기법으로 면접, 심리검사, 관찰, 기록자료, 심지어 일기까지도 자료에 포함할 수 있다. 매우 드문 현상을 연구하고자 할 때 특히 유용한 방법이다. 예를 들어, 이미 알려진 증후군과는 다른 증상 패턴을 보이는 개인을 대상으로 사례연구를 함으로써 새로운 질병을 확인해 낼 수 있다. 사례연구는 또 새로운 연구영역을 개척할 때에도 매우 가치가 있는데, 사례연구의 결과에 따라 실험설계나 상관기법을 사용하는 연구를 더 큰 규모로 수행하게 될 수도 있다.

사례연구는 개인의 삶이 시간의 경과에 따라 어떻게 변화해 나가는지를 통찰할 수 있게 해 준다는 이점이 있지만, 연구자의 임상적 판단에 크게 의존한다. 따라서 사례연구가 객관적 사실과 연구자의 주관적 분석이 균형을 이루는 가치 있는 정보를 제공하기 위해서는 연구자의 전문성 확보가 반드시 필요하다.

7) 초점집단

초점집단(focus group)은 형식을 강조하지 않는 연구방법으로, 응답자들이 모이는 자리를 마련하고, 미리 정해진 중요한 주제들을 중심으로 대화를 진행하도록 한다. 초점집단이 끝날 무렵에는 후속 연구에서 살펴볼 구체적인 연구문제들이 확인될 것이다. 예를 들어, 65세 이상 노인들이 상담자나 치료자를 만난 경험에 관해 이야기를 나누는 초점집단을 활용하면 그들이 정신건강서비스 제공자들에 대해 어떤 태도를 갖는지 알아볼 수 있다.

초점집단의 장점은 연구를 체계적으로 수행하기 전에 그 분야 연구에서 중요한 논점들을 파악해 볼 수 있다는 것이다. 특정 주제를 다루는 기존 연구가 거의 없을 때 특히 유용한 방법이다. 이 방법의 단점은 별로 체계적이지 않고, 자료를 분석하기가 쉽지 않으며, 체계적인 해석을 하기도 용이하지 않다는 것이다.

8) 일지 작성

일지 작성(daily diaries)은 행복, 지각된 스트레스, 친구와의 상호작용과 같은 변수들이 매일 어떤 변화를 보이는지 알아보고자 할 때 사용된다. 연구 참여자들에게 매일 동일한 시간대에 평가점수를 기록하도록 요청하거나 전화를 걸어 기록을 작성하라는 메시지를 전달하기도 한다. 이런 연구들은 보통 몇 주 또는 몇 개월간 지속된다.

일정 시간 내에 여러 차례 자료를 수집함으로써 매일의 기능이나 상태에 영향을 미칠 것으로 생각되는 조건들에 발생하는 변화를 소소한 부분까지 추적할 수 있다. 더욱이 이렇게 여러 시점에서 측정한 자료들은 단일 시점에서 측정한 자료보다 훨씬 더 광범위한 정보를 제공해 줄 수 있다.

9) 관찰법

관찰법(observational methods)을 사용하는 연구자들은 흔히 행동을 녹화하거나 관찰하여 기록함으로써 자료를 수집한다. 참여관찰의 경우에는 응답자가 하는 활동에 연구자가 직접 참여한다. 예를 들어, 양로원 직원의 행동에 관해 알고자 하는 경우라면 연구자가 양로원에서 직원들과 함께 며칠간 생활하면서 관찰을 한다. 연구자의 주관적 경험도 '자료'의 일부가 된다. 행동을 기록할 때에는 관찰할 행동을 정확하게 정의하고(예: 특정 행위의 수) 기록을 할 시간을 세밀하게 정하는 등 정교하게 절차를 수립해야 한다.

관찰법은 특정 개입이 원래 의도했던 효과를 갖는지 여부를 알아보는 데 사용될 수도 있다. 알츠하이머병이 있는 사람들의 공격행동을 감소시키는 방법을 검증하는 연구라면 개입을 하기 전후에 행동을 기록하여 개입의 효과를 관찰한 후, 기저선 조건으로 되돌아가서 개입이 없으면 공격행동이 다시 증가하는지 알아봄으로써 개입의 효율성을 확인할 수 있다.

10) 메타분석

메타분석(meta-analysis)은 독립적으로 수행된 연구들의 결과를 통합할 수 있게 해 주는 통계절차로서, 비슷한 현상을 살펴본 연구들의 결과를 비교해 볼 수 있게 해 준다는 장점이 있다. 예를 들어, 특정 심리치료의 효과를 알아본 많은 연구가 있을 때 치료유형, 동일한 종속변수 사용, 표본집단의 성별분포 등과 같은 기준을 설정하여 이들 연구 중에서 어떤 연구들을 메타분석에 포함할지 결정한다. 그런 다음 치료 효과가 어느 정도인지를 보여 주는 '효과 크기(effect size)'를 계산하는데, 이 효과 크기를 이용하여 분석에 포함된 연구들에서 관찰된 결과의 통계적 유의도를 추정한다.

메타분석은 노화 연구에도 유익하게 사용될 수 있다. 연령에 따른 차이나 변화를 살펴본 많은 연구들을 단일 통계치에 의해 비교해 볼 수 있기 때문이다. 이 단일 통계치는 메타분석 연구에 포함된 모든 연구를 통합하는 추정치를 제공해 준다.

메타분석은 독립적으로 수행된 연구들을 비교해 볼 통계적 기반이 없던 때 사용되었던 기법들에 비해 훨씬 뛰어난 연구기법이다. 아직 많이 사용되고 있지는 않지만 비슷한 문제를 검토하는 연구들이 축적되면서 이 기법은 점차 보편화될 것이고, 성인기 동안 특정변수(들)이 어떻게 변화하는지를 더욱 정확하게 알려 줄 수 있게 될 것이다.

4. 노화 연구에서 측정의 문제

연구 설계를 아무리 잘한다 해도 자료수집에 사용되는 방법에 결함이 있다면 가치 있는 결과를 산출할 수 없을 것이다. 노화 연구에서는 자료를 수집하는 도구의 질에 각별히 관심을 기울여야 한다. 노화에 관한 연구에서는 능력이나 교육배경 등에서 차이가 있는 사람들을 대상으로 동일한 도구를 사용해야 하기 때문에 도구의 질이 특히 문제가 되기 때문이다. 노화 연구에서 사용한 척도가 연령집단 간에 동등하다는 것을 확신할 수 있는 방법에 대해 알아보기로 한다.

1) 신뢰도와 타당도

측정과 관련한 첫 번째 쟁점은 **신뢰도** 문제이다. 어떤 도구를 사용할 때마다 일관성 있는 결과가 산출된다면 그 도구는 신뢰도가 높은 것이다. 요리에 들어갈 재료의 양을 측정하는 계량스푼을 생각해 보면 신뢰도의 중요성을 알 수 있다. 신뢰할 수 없는 계량스푼이라면 그 스푼을 사용할 때마다 음식에 들어가는 재료의 양이 달라지고 그로 인해 최종 결과물의 질은 매번 달라질 것이다. 심리검사 또한 실시할 때마다 매번 동일한 점수가 나와야 한다. 적어도 각 개인이 자리하는 위치가 비슷해야 한다.

신뢰도는 검사-재검사 신뢰도에 의해 평가할 수 있다. 다시 말해, 검사를 두 번 실시하고 응답자들이 그 두 번의 검사에서 비슷한 점수를 받는지를 알아보는 것이다. 신뢰도는 측정치의 내적 일관성에 의해서도 평가할 수 있다. 내적 일관성은 응답자들이 유사한 항목들에 유사한 답변을 하는 정도를 나타낸다.

검사를 평가하는 데 사용되는 두 번째 기준은 **타당도**이다. 타당도는 어떤 검사가 원래 측정하기로 되어 있는 바를 실제로 측정하는지에 대한 것이다. 지능검사는 시력이 아니라 지능을 측정해야 한다. 계량스푼의 예를 다시 보면, 만약 테이블스푼이 티스푼으로 표기되어 있다면 그 스푼은 측정하기로 되어 있는 바를 측정하지 않을 것이고 최종 결과물의 상태는 분명히 엉망일 것이다. 문제는 테이블스푼의 경우에는 타당성을 평가하기가 상당히 쉽지만 심리검사들은 그렇지 않다는 점이다. 사실 타당도는 신뢰도보다 규정하기가 훨씬 더 힘든 개념이다.

때로 젊은 성인들을 대상으로 신뢰도와 타당도가 수립된 측정치들이 여러 연령층의 성인표본을 대상으로 적용가능성에 대한 검증절차 없이 부적절하게 사용되는 경우가 있다. 가령, 어떤 척도의 A형은 심리측정학적인 면에서 대학생들에게 적절하지만 B형만이 노인들에게 적절한 신뢰도와 타당도를 갖추었다면 한 연구에서 연령집단마다 서로 다른 유형의 검사를 사용해야 하는 문제가 발생할 것이다. 따라서 연구에서 가치 있고 의미 있는 결론을 도출하기 위해서는 측정과 관련한 쟁점에 주의 깊게 관심을 기울일 필요가 있다.

2) 직접 관찰과 잠재변수

성인기 연구의 한 가지 문제는 동일 검사가 여러 연령집단에서 동일 변수(construct)를 측정하는 타당한 검사임이 보장되기 어렵다는 점이다. 예를 들어, 일찍이 웩슬러 지능검사를 사용한 연구들은 하위검사의 하나인 숫자폭 검사가 성인 초기에는 일반능력요인과 관련이 있지만 노년기에는 기억요인과 관련이 있다는 것을 보여 주었다(Cohen,

1957). 눈으로 관찰할 수 있는 변수와 그로부터 추론해야 하는 변수의 관계가 연령과 시간이 달라져도 변함이 없다는 것이 확인되지 않는다면 연령에 따른 수행 수준 변화는 사과와 귤을 비교한 데서 비롯되었다고 볼 수 있을 것이다(Schaie & Willis, 2002).

이 관계는 흔히 확인적 요인분석 기법에 의해 검증한다. 이 기법에서는 관찰된 변수와 추론된 변수의 상관이 여러 연령집단에서 동일하다는 것을 가정하는 모델을 설정하고 이 모델과 특정 자료의 부합 정도를 추정한다. 회귀계수의 차이가 우연수준보다 적으면(참일 확률이 5% 이내이면) 여러 연령집단의 측정치가 동등하다는 것을 받아들일 수 있다. 동등성 모델이 입증되지 않으면 더 약한 모델을 검증한다.

3) 연구 결과의 일반화

노화 연구의 결과를 일반화하고자 한다면 모집단은 시간이 지나면 바뀐다는 사실, 또 연령이 다른 집단은 서로 다른 모집단에 속한 사람들로 이루어져 있다는 사실을 염두에 두어야 한다. 코호트별로 교육 수준, 소득 수준, 이동성 등에 현격한 차이가 있고, 이러한 차이는 심리학자들이 연구하는 모든 행동에 영향을 미친다. 따라서 여러 연령집단이 이런 특징들에서 일치하는 연구라면 각 연령집단이 자기 코호트를 대표하는 정도가 필히 왜곡되었을 것으로 볼 수 있다(Schaie & Willis, 2002).

질병이 있는 노인들로부터 얻은 결과를 지역사회에 거주하는 건강한 노인들에게 일반화할 때에도 문제가 있다. 젊은 집단과 나이 든 집단의 질병 발생률을 일치시키기는 불가능한 일이지만, 그럼에도 불구하고 노화 연구에서는 질병이 행동에 영향을 미친다는 사실에 각별히 신경을 써야 한다. 연구 참여자들의 인구학적 및 건강상태 특성을 파악해 두면 연구의 결과를 그 연구의 대상과는 다른 특성을 지닌 모집단에 적용하는 것이 어느 정도 적절한지 판단해 볼 수 있다.

제 4 장

신체와 감각의 노화

1. 외모

2. 운동기능

3. 주요 신체 기관

4. 신체 통제 기관

5. 대뇌와 신경계

6. 감각

제4장

신체와 감각의 노화

연령에 따른 신체 변화는 심리과정 및 사회적 맥락과 상호작용한다. 신체 변화가 행동에 영향을 미치고, 행동은 다시 신체 변화에 수정을 가할 수 있다. 게다가 신체에 일어나는 변화는 사회계층이나 성별과 같은 사회적 요인에 따라서도 달라진다. 사회적 요인은 또 우리가 신체에 일어나는 변화를 해석하는 방식에도 영향을 미친다.

이 장에서는 중년기와 노년기를 거치면서 신체 각 부위 및 감각기관에 일어나는 변화와 현재 나이와 관계없이 누구나 지금 당장 시작할 수 있고 궁극적으로 성공적 노화를 달성하는 데 도움을 줄 수 있는 노화 지연 및 예방 조치에 대해 알아보기로 한다.

1. 외모

외모는 나이를 추측할 때 흔히 가장 먼저 사용되는 단서이다. 우리는 경험을 통해 어떤 나이에는 어떤 외모를 지니게 되는지를 학습하며, 이런 경험에 기초하여 나이를 추측하고는 한다. 물론 실제보다 나이가 더 들어 보이거나 영원한 젊음의 비결을 가지고 있는 듯이 나이에 비해 한참 젊어 보이는 사람들도 종종 있다. 동양에서는 예로부터 노화에 긍정적인 의미를 많이 부여하는 편이었다. 그러나 최근에는 세계화 및 서구화의 영향으로 인해 노화에 대한 부정적인 태도가 강화되면서 외모의 변화가 일상적인 활동에 방해가 되는 것이 아니라 할지라도 노화의 징후에 매우 민감하게 반응하는 경우가 많다. 젊어 보이기 위해 성형과 같은 인위적 방법을 무리하게 동원하기도 한다.

주름살, 흰머리, 복부비만과 같이 나이가 들면서 나타나는 외모의 변화는 신체 내부의 변화를 나타내기에 좋은 지표는 아니지만, 사람들은 노화를 이런 외적 징후와 연관하여 생각하는 경향이 있다. 이 절에서는 피부, 모발과 체격이 연령에 따라 어떻게 변화해 나가는지 살펴보기로 한다.

1) 피부

피부가 처지고 주름살이 생기는 현상이 외관상 뚜렷이 드러나는 것은 나이가 상당히 들고 난 후이지만 사실 그런 현상은 20~30대부터 시작된다. 피부는 나이가 들면서 주름살이 점점 더 많아지고 깊어진다. 또 탄력성이 떨어지고 점점 반투명해지면서 정맥과 뼈가 비쳐 보이게 된다. 나이가 들면 피지선도 활발히 활동하지 않게 되면서 피부 표면이 윤기가 없어지고 점차 건조해지며 문지름이나 쓸림으로 인해 손상을 입기 쉬운 상태가 된다.

피하지방층에도 변화가 일어난다. 젊은 성인들은 피하지방이 피부를 받쳐 주어 피부가 비쳐 보이지 않고 팔다리와 얼굴의 곡선이 매끈하지만, 중년기에는 지방층이 얇아지기 시작하여 피부 바깥쪽 표피와 진피를 잘 받쳐 주지 못한다. 지방층이 얇아진다고 해서 지방의 양이 줄어드는 것은 아니고 몸체에 지방침전물로 쌓인다.

피부의 또 다른 변화는 소위 '검버섯'이라는 변색부위가 생기는 것이다. 검버섯은 얼굴, 손, 팔의 피부가 햇빛에 노출될 때 생기기 쉽다. 색소침착 돌출부위(점)와 미세혈관 융기(혈관종)가 생기면서 피부 변색이 일어나기도 한다. 피부의 미세혈관과 동맥은 나이가 들면서 확장되는데, 피하지방 손실로 인해 더 두드러져 보인다. 혈관이 울퉁불퉁 불규칙해지면서 다리 피부에 정맥류성 정맥이 나타난다. 피부의 일부인 손톱과 발톱도 나이가 들면 성장이 느려지고 색깔도 노르스름하게 변색된다. 특히 발톱은 굴곡이 생기고 두꺼워지기 쉬우며 갈고리처럼 휘어지기도 한다.

피부의 이러한 변화에 영향을 받아 나이가 들면 얼굴에도 변화가 일어난다. 얼굴은 두개골 뼈가 소실되면서 모양이 변하는데, 코와 귀의 연골이 변화하면서 길어 보이게 된다. 눈도 나이에 따라 변화하여 얼굴 모습에 영향을 미친다. 많은 중년 성인들이 근시나 노안으로 인해 안경을 착용하며, 지방과 검은 색소의 침착으로 인해 눈 주변 부위가 처지게 된다. 긍정적인 면을 찾아본다면, 나이가 들수록 얼굴이 붉어지거나 그 밖에 피부 민감성으로 인한 문제는 점차 없어진다.

치아는 표면의 상아질이 손실되고 커피, 차, 음식, 담배 등으로 인해 변색된다. 나이가 들면 현존 자연치아의 수도 줄어든다(이하나, 2014). 2015년 제6기 국민건강영양조사에 따르면, 상실치아 수는 60~69세는 6.23개, 70~79세는 10.08개, 80세 이상은 13.67개로 나이가 들수록 점점 많아졌다. 치아 상실은 교육 수준과 관련이 있는데, 교육 수준이 낮을수록 상실치아 수가 더 많다(전미진, 류소연, 2016). 치아 상실은 발음과 외모에 영향을 주어 대인관계 및 원활한 사회생활을 제한하고 그 결과 사회적 소외감과 고립감을 촉진할 수 있다. 젊은 세대로 갈수록 교육 수준이 높아지고 있으므로 장차 노인세대에서 치아 상실로 인한 문제는 감소할 것으로 전망된다.

피부의 노화 속도는 개인의 생활방식으로부터 영향을 받는다. 그중에서도 특히 중요한 요인은 피부가 장시간 자외선에 노출될 때 일어나는 **광노화**(photoaging)이다(오경동, 김효철, 2011). 피부 손상을 방지하려면 가능하면 강렬한 햇빛에 직접 노출되지 않도록 하고, 그것이 불가능하다면 자외선 차단제(SPF 15 이상)와 보호용 의류를 착용할 필요가 있다(Porter, 2009). 흡연으로 인한 독소 흡입을 피하는 것도 피부 노화 방지에 도움이 된다(Rexbye, Petersen, Johansens, Klitkou, Jeune, & Christensen, 2006).

피부 노화에 대한 이해가 증진되면서 젊어 보이게 해 주는 화장품들이 많이 출시되고 있다. 그러나 노화를 지연시키는 기초화장품을 사기 위해 돈을 많이 들일 필요는 없다. 보습제를 매일 꾸준히 사용하면 노출된 피부 부위가 약해지거나 민감하고 건조해지는 것을 방지해 줄 수 있다. 레티놀(비타민 A)은 피부의 콜라겐 배열이 보존되도록 하여 주름살이 생기는 것을 막아 주는 성분이지만, 화학적으로 불안정하므로 피부가 붉어지는 것과 같은 부작용을 일으킨다는 단점이 있다.

성형외과 의사나 피부과 전문의를 찾아가서 보톡스나 레스틸렌(하이알루론산) 주사를 맞는 방법도 있다. 보톡스 치료는 소량의 보톡스(신경독소)를 눈 주변이나 이마 중앙 같은 관심 부위에 주사하여 근육을 마비시킴으로써 주변 피부를 이완시키고 일시적으로 주름살이 눈에 덜 띄게 해 주는 방법이다. 하이알루론산은 인체의 결합물질들 사이에 있는 천연물질로서 피부를 탄력 있게 만들어 주고 완충작용과 윤활작용을 한다. 하이알루론산을 연부 조직에 주입하면 일시적으로 주름살과 늘어진 피부를 완화시켜 준다. 그 밖에도 과잉피부를 제거하는 주름제거술, 인공충전재 주입, 레이저 보수 처치, 피부박리술 등 노화가 얼굴에 미치는 영향을 상쇄하기 위한 여러 가지 치료법이 있다. 젊은 외모를 가능하면 오래 유지하고 싶다는 인간의 욕망이 사라지지 않는 한 이러한 치료법들은 앞으로 계속 발전할 것이다.

2) 모발

나이가 들면 흰머리가 생기고 머리카락이 점점 더 가늘어진다. 모발 색깔이 변화하는 것은 회색이 축적되기 때문이 아니라 멜라닌 생산이 중단되면서 남아 있는 모발이 색소를 점점 더 많이 상실하기 때문이다. 모발의 회색 색조는 흰(무색) 모발과 남아 있는 유색 모발이 혼합되어 나타나는 결과이다. 모발 색깔이 바뀌는 속도는 사람에 따라 크게 차이가 있다.

모발이 가늘어지는 것은 남성의 경우에 더 뚜렷하기는 하지만 남녀 모두에게 일어난다. 모발이 빠지는 것은 모낭에서 모발을 생산하는 발아(發芽) 센터가 파괴되기 때문이다. 나이가 들면 모낭은 경모(硬毛)라는 두껍고 긴 유색 모발 생산을 중단하고 연모(軟毛)라는 가늘고 짧은 무색 모발을 생산하는데 결국에는 그 모발마저도 모낭 밖으로 돌출하지 않게 되고 모낭의 수 자체도 줄어든다. 성인 남성 95%와 성인 여성 20%가 모발 손실을 겪는다. 모발 손실의 가장 흔한 형태는 **동정생식 탈모증**(androgenetic alopecia)으로 남성형과 여성형이 있다. 염색, 가발, 탈모방지약물, 외과수술(신체에서 가장 털이 잘 자라는 부위에서 떼어 낸 조직을 모발이 없는 부위에 이식) 등의 방법이 사용되고 있지만, 그 어떤 방법도 시간을 거스르지는 못한다.

모발 손실을 피하기 위해서는 빗질을 부드럽게 하고, 지나친 드라이열을 피하며, 샴푸 후에 컨디셔너로 헹구어 주는 것이 좋다. 피부 보호와 마찬가지로 지나친 직사광선을 피하도록 한다(정옥분, 2008).

3) 체격

성인기 동안 신체는 크기와 모양이 끊임없이 변한다. 흔히 20대 초반이면 성장이 완료된다고 생각하지만, 사실 키와 몸무게는 성인기 내내 크게 변화한다. 좋든 나쁘든 50~60대가 되면 성숙에 처음 도달했던 20대 때와는 체격이 많이 달라진다.

나이가 들면서 키가 작아지는 것은 성인기 동안 척추골이 소실되면서 척추가 붕괴하고 짧아지기 때문이다(Pfirmann, Metzdorf, Elfering, Hodler, & Boos, 2006). 몸무게도 변화하는데, 이 과정은 **제지방량**(fat-free mass: FFM)과 **체질량지수**(body mass index: BMI)라는 두 가지 척도로 수량화할 수 있다. FFM은 지방 없는 근육조직의 양을 나타내는 지수이고, BMI는 체중(kg)을 키의 제곱(m²)으로 나눈 값으로 지방량을 추정하는 데 사용된다. 예를 들어, 키 160㎝이고 몸무게 60㎏인 사람은 BMI가 $60 \div (1.6 \times 1.6) = 23.4$이다. BMI가 20 미만이면 저체중, 20~24이면 정상체중, 25~29이면 경도비만, 30 이상이면 비만으로 본다. 이 기준은 16세 이상의 모든 남성과 여성에게 적용된다. 여성은 18세, 남성은 20세에 성인 체중이 완성되는데 그 이후의 체중 증가는 체지방 증가로 인한 것이다. 또 50세 이후에는 체중이 증가하지 않아도 근육이 감소하면서 체지방의 비율이 증가한다.

체중은 20대에서 50대 중반까지 증가하다가 그 이후로는 감소하여 거꾸로 된 U자 형태의 변화를 보인다. 성인 중기의 체중 증가는 대부분이 BMI 증가에 의한 것으로(임화재, 2016), 주로 허리와 엉덩이 주변의 체지방 축적('중년층 복부비만')으로 나타난다. 성인 후기의 체중 감소는 이렇게 축적된 지방의 감소 때문이 아니라 뼈의 밀도와 FFM의 감소에 따른 것이다(김정은, 2013). FFM 손실은 나이 든 사람들이 치아 상실 등의 문제로 저작 능력이 저하되면서 식사의 양이 줄고 질이 나빠지거나(박지은 외, 2013), 배고픔을 관장하는 호르몬의 변화로 인해 **노년식욕부진**(anorexia of aging)을 겪게 되면서 적정량의 음식을 섭취하지 않는 데서 비롯된다(Di Francesco et al., 2007).

체중을 줄이는 가장 효과적인 방법은 정기적으로 운동을 하는 것이다. 운동은 좌식생활로 인해 발생하는 체질량지수 증가를 막아 주는 효과가 있다. 유산소 운동은 근육에 긴장감을 유지해 주고 복부에 축적된 지방을 줄여 주는 효과를 발휘한다. 역도와 같은 저항성 운동은 키가 작아지게 만드는 뼈 손실을 벌충하도록 도와줄 수 있다. 좌식생활을 하는 성인이 일주일에 서너 번씩, 하루에 30~60분가량 활발한 걷기, 조깅, 또는 자전거 타기를 하면 2~3개월 이내에 좋은 결과를 얻을 수 있다. 하루에 15~90분 정도 여가활동을 활발히 하는 것도 노화로 인한 체지방 축적을 줄이는 데 도움이 된다(Raguso et al., 2006).

운동을 통해 체격이 변화하면 그와 더불어 정체성이 긍정적인 방향으로 변화하는 효과도 누릴 수 있다. McAuley 등(2002)은 노인들이 자기 신체에 대해 다른 사람들이 어떻게 생각할지 두려워하는 정도를 '사회적 체격 불안' 척도를 사용하여 측정하였는데, 이 연구에 참여한 노인들은 6개월간의 운동 훈련을 통해 체력이 필요한 과제를 완수할 수 있다는 자신감이 향상되었을 때 사회적 체격 불안이 크게 감소하였다. 이 결과는 노인들이 노화에 따른 건강 쇠퇴와 외모 변화를 겪을 때 조절적 접근을 하기보다는 운동을 통해 외모의 변화를 꾀함으로써 안정적이고 수용적인 자아상을 갖는 것이 바람직하다는 것을 보여 준다.

생각상자 4-1.

나의 체질량지수는 얼마나 될까?

2. 운동기능

근육, 뼈, 관절 등은 보통 40대부터, 상해를 입은 경우는 그보다 더 일찍 기능이 감퇴하며 그 결과 보행속도가 점차 느려진다(Shumway-Cook et al., 2007).

1) 뼈

뼈는 낡은 세포를 파괴하고 새로운 세포로 대체하는 리모델링 과정을 통해 끊임없이 스스로 재구성하는 살아 있는 조직이다. 성인기에는 뼈의 재생속도보다 파괴속도가 빨라지고 칼슘배열의 다공성이 커지면서 골 무기질 함량이 떨어진다. 이런 변화를 가져오는 리모델링 과정은 뼈세포에 작용하는 단백질 유사물질의 통제를 받는다(Cao et al., 2005). 이 물질은 특히 노인의 경우 성호르몬인 에스트로겐과 테스토스테론의 영향을 받는다(Khosla et al., 2006). 따라서 성호르몬이 감소할 때 골 손실량이 증가한다. 여성이 남성보다 골 손실량이 더 많다. 성인기의 골 손실량은 남성은 매년 0.5%, 여성은 매년 1%이다(Emaus et al., 2006). 우리나라 60세 이상 노인의 10% 정도만 정상적인 골밀도를 유지하고 있고, 남성 노인의 85.5%, 여성 노인의 91.7%는 골감소증 또는 골다공증을 보인다(김기랑, 김경희, 이은경, 이상선, 2000; 최미자, 2003).

성인기에는 뼈에 가해지는 스트레스가 미소균열을 일으키면서 뼈가 더욱 약해진다. 또 콜라겐이 감소하면서 뼈의 유연성이 떨어짐에 따라 압력이 가해지면 골절되기 쉽다(Seeman & Delmas, 2006). 엉덩이 바로 아래 있는 대퇴골 상단이 특히 문제가 심각한데, 대퇴골은 걸을 때 물리적 힘을 많이 받지 않으므로 유난히 가늘어지는 경향이 있다(Mayhew et al., 2005).

골 손실은 다른 여러 원인으로 인해 다양한 속도로 일어난다. 성인기의 골 무기질 함량 감소의 70%가량은 유전적 요인에 의해 설명되는 것으로 추정된다(Ferrari & Rizzoli, 2005). 일반적으로 체중이 많이 나가는 사람일수록 골 무기질 함량이 더 높고 성인기에 손실되는 양도 더 적다. 특히 몸무게를 지탱하고 이동에 관여하는 팔다리가 그러하다. 그러나 중요한 것은 체중이 아니라 근육량으로, 지방량이 많을수록 골 무기질 함량이 더 많이 감소한다(Hsu et al., 2006). 흔히 시골에 사는 사람들이 도시 사람들보다 골밀도가 더 높은 것은 신체활동이 더 많기 때문일 것이다(Pongchaiyakul et al., 2005).

골 손실량은 적어도 50~60대까지는 별로 문제가 되지 않지만, 그보다 훨씬 이전부터 손실 속도를 늦출 수 있는 방법이 있다. 운동, 특히 역기로 하는 저항성 운동은 골 손실 과정을 늦출 수 있다. 충분한 단백질 섭취, 폐경 이전의 칼슘 섭취 증강과 비타민 D 복용도 골 손실 속도를 늦출 수 있다. 적정량의 마그네슘 복용도 골 손실 위험을 낮춘다. 흡연, 지나친 음주, 부실한 식사는 골 손실 위험을 악화시킨다. 환경요인도 골 손실 과정에 영향을 미치는데, 계절 구분이 분명한 기후에서 사는 사람들은 조기에 골 손실이 일어나기 쉬운 것으로 보인다. 예를 들어, 노르웨이 사람들은 전 세계에서 골절률이 가장 높다(Forsno et al., 2005).

2) 근육

나이가 들면 근육의 수와 부피가 감소함에 따라 근력이 저하되는 **근감소증**이 나타난다. 근감소증은 신체기능 장해, 삶의 질 저하, 사망위험을 가져온다. 2010년 유럽 전문가 집단인 EWGSOP(European Working Group on Sarcopenia in Older People)는 근감소증을 '근육량과 근육의 진행성 · 전신성 감소가 특징인 증후군'으로 정의하고, 근육량 저하, 근력 저하(악력: 남자 30kg 미만, 여자 20kg 미만), 신체기능 저하(보행속도 0.8m/초 이하)로 구성된 임상적 진단 절차를 제안하였다. 이 절차에 따르면 65세 이상 고령자에게 근육량 저하와 함께 근력 또는 신체기능 저하가 나타나면 근감소증으로 진단한다.

근감소증 유병률은 나이가 들어감에 따라 증가한다(조규영, 배은정, 김윤희, 2019). 국민건강영양조사(2008~2011년)를 보면 근감소증 유병률은 20~39세 18.8%, 40~64세 29.5%, 65세 이상 42.8%로 나이가 들수록 급격히 증가한다. 여러 나라 노인들을 조사한 연구에서도 근감소증 유병률이 연구마다 차이를 보이기는 하지만(2.5~42.2%) 나이가 들면서 증가한다는 결과가 보고되었다(안수정, 추상희, 정혜정, 2016). 근감소증 유병률은 남성보다 여성이 더 높은데(Samper-Ternent, Reyes-Ortiz, Ottenbacher, & Cano, 2016), 이는 여성이 남성보다 제지방량이 더 적기 때문으로 생각된다.

근육 감소는 근력 저하, 체력 약화, 활동성 감소로 이어져 운동기능 저하와 골밀도 감소를 유발하며, 이것이 보행능력 장애와 균형기능 저하의 원인으로 작용하여 노인의 자립생활에 큰 장애가 될 수 있고 결과적으로 삶의 질도 떨어뜨릴 수 있다. 또 근감소증은 당뇨, 비만, 고혈압, 대사증후군 등의 만성 퇴행성 질환으로 진행될 수 있다는 점에서 노인을 사망에 이르게 하는 잠재적 위험요인이다(Nair, 2005).

나이가 들면서 근섬유, 특히 속도와 강도에 관여하는 빠른 연축[1]근섬유의 수와 크기가 감소한다(Karakelides & Sreekumaran Nair, 2005). 초기에는 결합조직이, 나중에는 지방이 근육을 대체한다. 골격근 섬유는 매년 1~2%씩 감소하여 50세와 80세 사이에 30% 정도 감소한다(Kosek et al., 2006). 골격근 감소 정도는 성별에 따라 차이가 있으며, 남성이 여성보다 감소세가 더 뚜렷하다. 골격근보다 근력이 더 큰 폭으로 감소하는데, 상지근력보다 하지근력이, 여성보다 남성이 근력이 더 크게 감소한다(이온, 2015).

최대 내력에 의해 측정하는 근력은 20~30대에 정점에 이르고, 40~50대까지 정체 상태를 유지하며, 그 이후로는 10년마다 12~15%로 급속히 감소한다(Kostka, 2005). 근력 감소를 가져오는 것은 근육량 감소만이 아니라 근육이 수축하도록 신호를 보내는 신경계의 문제도 있다(Klass, Baudry, & Duchateau, 2006). 힘줄의 경직도 근력 감소에 영향을 미칠 수 있다(Narici & Maganaris, 2006). 반면에, 정적 수축력으로 측정하는 근지구력은 성인기 내내 그대로 유지된다(Lavender & Nosaka, 2007). 걸으면서 속도를 늦추거나 계단을 내려갈 때 작용하는 편심력도 연령의 영향을 별로 받지 않으며, 남녀 모두 70~80대까지 보존된다(Horstmann et al., 1999).

근육을 강화하는 운동은 성인기의 골격근 손실을 막아 줄 수 있는 최고의 예방조치이다(Hunter, McCarthy, & Bamman, 2004). 저항성 운동이 유산소 운동보다 근육 강화에 더 효과적이다(박상갑 외, 2010). 저항성 운동을 하면 근력이 향상될 뿐 아니라 신경계 능력까지 개선되어 노화로 인한 낙상 예방 및 자립생활 향상으로 이어질 수 있다(Gary et al., 2004; Hayes et al., 2013). 노인들도 저항성 운동을 통해 빠른 연축근섬유의 수와 크기가 젊은 사람들 수준으로 향상될 수 있는데, 저항성 운동은 100세를 넘은 사람들에게도 도움이 될 수 있다(Kosek et al., 2006). 다만, 운동의 효과를 보기 위해서는 매주 3회 이상, 적어도 8~12주간 지속해야 한다. 하지만 저항성 운동은 부상 위험이 상대적으로 크고 운동의 즐거움도 적은 편이다. 이런 점을 고려하여 노인들이 즐겁게 참여할 수 있는 복합운동 프로그램이 개발되고 있다(박상갑 외, 2010; Kemmler et al., 2010).

신체활동 감소만이 아니라 영양 불균형이 근감소증의 주요 영향요인으로 지목되고 있다. 단백질 및 아미노산 등을 충분히 섭취하는 것이 노인의 근육량 유지에 필수적이다(Morais et al., 2006). 단백질을 권장량 미만으로 섭취하는 노인에게 근감소증 발생률이

---

1) 1회의 자극으로 근육이 오그라들었다가 이완되어 다시 본래의 상태로 되돌아가는 과정.

높은 것으로 나타난다(Houston, Nicklas, & Zizza, 2009). 그러나 국민건강영양조사에서 보고된 2018년도 건강 식생활 실천율 추이를 보면, 우리나라 65세 이상 노인 중 건강 식생활을 실천하는 비율은 30.1%에 불과하다. 30~49세의 45.2%와 50~64세의 44.2%에 비해서도 낮은 것으로 보고되어 노인의 영양관리 중요성이 강조되고 있다. 특히 65세 이상 남성노인(28.2%)은 여성노인(31.5%)보다 더욱 낮았다.

생각상자 4-2.

젊은 시절에 운동을 하는 미래의 노인세대는 요즘 노인들과 비교해서 외모가 어떻게 보일까?

운동은 노화 예방에 어떤 역할을 하는가

운동, 특히 속도가 중요한 운동에서 최상의 실력을 발휘할 수 있는 절정기는 10대나 20대이다. 장거리 달리기와 같이 지구력이 필요한 운동은 절정기가 좀 늦지만, 이 경우에도 절정기는 20대이다. 나이가 들면 운동능력이 저하되는 것이 사실이다. 그러나 젊어서부터 운동을 시작해서 꾸준히 지속한다면 그렇지 않은 사람들에 비해 더 오랫동안 좋은 신체건강 상태를 유지할 수 있다.

20세에서 90세 사이의 운동선수와 일반인 남성들을 대상으로 한 연구(Kusy, Krol-Zielinska, Domaszewska et al., 2012)는 지구력이 필요한 운동(사이클, 트라이애슬론, 마라톤)을 하는 선수들이 속도와 힘이 필요한 운동(단거리달리기, 높이뛰기, 던지기)을 하는 선수들보다 산소흡입량이 더 많고, 이 두 유형의 운동을 하는 선수들이 한 주에 150분 이상 격렬한 운동을 하지 않는 일반인들에 비해 산소흡입량이 더 많다는 결과를 보고하였다([그림 4-1]). 산소흡입량은 [그림 4-1]에서 볼 수 있듯이 세 가지 기준을 사용하여 측정하였다. 세 집단 모두 나이가 들면서 산소흡입량이 줄어들었으나 세 집단 간의 차이는 나이가 들어도 그대로 유지되었다. 80대 운동선수 일부는 20대 일반인보다 산소흡입량이 더 많은 경우도 있었다.

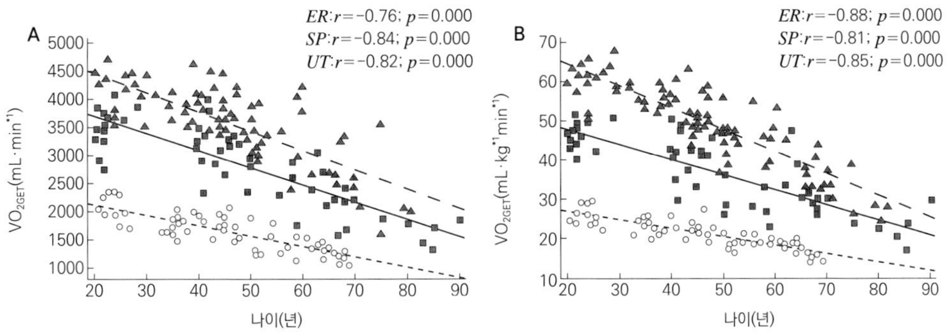

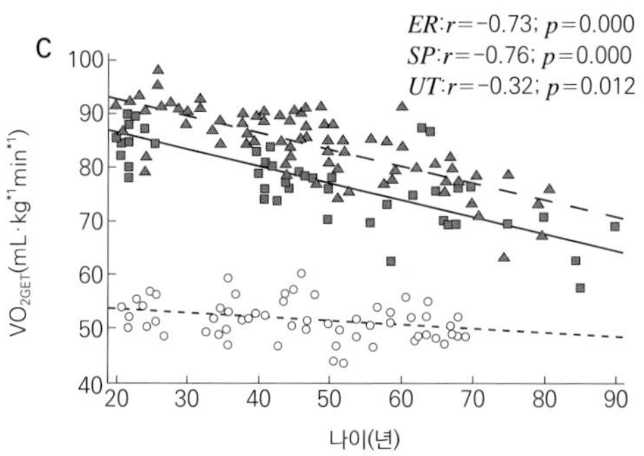

[그림 4-1] 지구력 훈련 운동선수(ER, 세모, 파선), 속도-힘 운동선수(SP, 검은 네모, 실선), 훈련받지 않은 일반인(UT, 원, 점선)의 연령과 산소흡입량의 관계

출처: Kusy, Krol-Zielinska, Domaszewska et al. (2012).

3) 관절

성인 대부분이 40대 이전에는 자신이 '삐걱거린다'는 것을 느끼지 못하지만, 골격의 성숙이 완료되기 이전부터 관절에는 이미 해로운 작용이 진행되고 있으며 이런 변화는 성인기 내내 계속된다(Ding et al., 2005). 20~30대가 되면 관절을 보호하는 동맥 연골이 퇴화하기 시작하고 그에 따라 연골 아래에 있는 뼈가 차츰 닳게 된다. 성인기 동안 연골이 돌출 성장하기 시작하면서 뼈의 원활한 움직임을 방해함에 따라 관절 문제는 더욱 악화한다. 관절 캡슐의 섬유가 자라 휘어지지 않게 되면 유연성은 더욱 나빠진다.

관절은 근육과 달리 계속 사용하는 것이 퇴화 방지에 도움이 되지 않는다. 오히려 스트레스를 줄수록 유연성이 떨어지고 통증이 더 심해진다. 관절 기능이 향상되게 하려면 관절을 지탱하는 근육을 강화하는 운동을 하는 것이 도움이 된다. 근육강화 운동은 손상된 힘줄, 인대, 동맥 표면에 스트레스를 덜 주면서 관절을 사용하도록 돕는 효과가 있다(Boling, et al., 2006). 역기를 이용하는 **저항력 훈련**은 근력의 향상을 가져올 뿐 아니라 근육이 더 효과적으로 작용하게 해 줌으로써 힘줄의 유연성도 증가시켜 줄 수 있다(Reeves, Narici, & Maganaris, 2006). 이미 관절이 손상된 중년 성인들은 뻣뻣해진 관절의 가동범위, 즉 **관절운동범위**를 확장해 주는 유연성 훈련을 하는 것이 도움이 될 수 있다(Oken et al., 2006). 두 종류의 운동 모두 관절의 순환을 자극하여 혈액공급을 증강함으로써 힘줄, 인대 및 운동부위 표면의 수선 과정을 촉진한다. 체중 증가는 관절의 통증과 강직을 초래하므로 관절 기능을 돕기 위한 운동 프로그램은 체지방을 줄이는 데에도 초점을 둔다.

젊을 때부터 예방 조치를 하면 중년 이후의 관절 손상 발생을 최대한 막을 수 있다. 운동할 때 적절한 신발을 착용하는 것이 매우 중요하다. 직장에서 손목을 반복적으로 움직이는 일을 한다면 가급적 인체공학적으로 설계된 부대용품들을 사용하는 것이 좋다.

3. 주요 신체 기관

궁극적으로 생존을 결정하는 것은 심장, 신장, 허파같이 생명을 유지하는 신체 기관의 기능이다. 인접해 있는 모든 신체 기관이 연령에 따라 변화하는 비율은 매년 0.5%인 것으로 추정된다(Bortz, 2005). 하지만 노화가 이들 신체 기관의 기능에 끼치는 영향력을 줄이거나 상쇄할 수 있는 여러 가지 조치가 있다.

1) 심혈관계

중년기에 들어서면 심혈관계, 즉 심장과 신체 곳곳에 혈액을 순환시키는 동맥이 노화하기 시작한다. 심장에서 노화와 가장 관련이 깊은 부위는 산소를 품은 혈액을 펌프질하여 동맥으로 내보내는 좌심실로, 나이가 들면서 효율이 점점 더 떨어진다. 80세 노인은 심실벽이 정상보다 25% 이상 두꺼워질 뿐 아니라 심장근육 내의 엘라스틴이 감소하고 콜라겐이 증가한다. 동맥벽에 콜레스테롤, 세포폐기물, 칼슘, 섬유소(혈액 내 응고물질)로 이루어진 플라크가 계속 축적됨에 따라 심혈관계의 기능은 더욱 떨어진다. 이러한 변화로 인해 심근 수축력이 감소하고 그 결과로 심보유량과 심박출량이 줄어들면(Nikitin et al., 2006) 동맥은 좌심실에서 내보내는 혈액의 흐름을 제대로 조절하지 못하게 된다(Otsuki et al., 2006).

심혈관의 효율성은 혈액을 통해 전달할 수 있는 산소 총량인 **유산소능력**(aerobic capacity)과 심장이 1분당 내보내는 혈액량인 **심박출량**으로 측정한다. 이 두 지표 모두 25세 이후로 10년마다 10%의 비율로 꾸준히 감퇴하여 65세 노인은 젊은 성인보다 심혈관 효율성이 평균 40%가량 낮다. 심혈관의 효율성은 남성이 여성보다 더 크게 감퇴한다(Hollenberg et al., 2006). 산소 소비량이 최대인 시점의 심박동수인 **최대심박동수**도 성인기 동안 선형적으로 감소한다.

운동선수들도 나이가 들면 유산소능력(심폐지구력)이 감퇴하지만, 고강도 훈련을 계속한 선수들은 선수가 아닌 일반사람들보다 유산소능력을 더 오래 유지한다(Tanaka & Seals, 2003). 성인기 동안 계속 운동을 한다 해도 생물학적 시계를 멈추지는 못하지만, 운동은 기능용량, 생활방식, 체질량 조절을 도움으로써 이 시계를 늦출 수는 있다. 이러한 긍정적인 건강습관들은 심혈관 기능과 일상생활의 질에도 상당히 큰 영향을 미칠 수 있다(Christensen et al., 2006).

운동이 최고의 효과를 발휘하려면 심장박동이 최대역량의 60~75%까지 올라가도록 자극해야 하며, 이런 훈련을 매주 서너 번씩 해야 한다. 그러나 지금껏 주로 좌식생활을 해 온 노인들에게는 중간강도 또는 저강도 운동도 긍정적인 영향을 미칠 수 있다. 유산소 운동으로는 걷기, 조깅, 자전거 타기, 수영, 줄넘기, 롤러스케이트 타기 등이 권장된다. 또 노년기에는 체력 저하로 인해 무리한 운동이 건강상 위협이 될 수도 있으므로 한국 전통 춤과 같이 음률과 리듬이 포함된 춤이 관절이 약한 중노년층에 매우 적합한 운동으로 간주되고 있다(김선영, 2006).

운동은 지질대사를 개선해 주므로 혈압개선 효과가 있다. 운동은 말단조직에서 간으로 지질을 운반하는 책임을 맡고 있는 **고밀도 지단백질**[2)]을 증가시킨다. 고밀도 지단백질(HDL)은 많은 것이 좋고 저밀도 지단백질(LDL)은 적은 것이 좋다. 적당량의 운동은 근력을 강화하는 효과가 있을 뿐 아니라 콜레스테롤 대사에도 이로운 영향을 미친다(Knight et al., 1999). 반대로, 흡연은 콜레스테롤에 해로운 영향을 미침으로써 혈액에 다른 해로운 유형의 지방을 축적할 뿐 아니라 HDL을 감소시키고 LDL을 증가시킨다(Kuzuya et al., 2006).

요약하면, 나이가 들면 해로운 변화가 많이 일어나지만 모든 변화가 무조건 다 부정적인 것은 아니다. 더욱이 이러한 변화를 예방하거나 보상할 수 있는 방법도 여러 가지가 있다. 운동은 신체 노화 과정의 속도를 늦출 수 있는 가장 좋은 방법의 하나이다.

2) 호흡기계

호흡기관의 기능은 몸 안으로 산소를 들여오고 몸 밖으로 이산화탄소를 내보내는 것

---

2) 콜레스테롤이 거의 없고 콜레스테롤 에스테르가 없는 지질단백.

이다. 나이가 들면 호흡기 근육이 흉벽을 확장하고 수축하는 능력이 점차 떨어질 뿐 아니라 호흡을 하는 동안 폐 조직 자체가 확장하고 수축하는 기능도 떨어진다(Sprung, Gajic, & Warner, 2006). 그 결과로 폐 기능은 40세 이후로 점차 감퇴한다(Ishida et al., 2000).

운동은 흉벽을 강화하여 호흡기 근육의 펌프역량 손실을 보상해 줌으로써 호흡기관에 긍정적인 영향을 미친다. 운동하지 않는 사람들은 운동하는 사람들에 비해 호흡기 기능이 훨씬 좋지 못하다(Jakes et al., 2002). 그러나 유산소 운동을 한다 해도 폐 조직 자체의 변화를 방지할 수는 없다. 노화가 허파에 미치는 영향을 최소화하는 것이 최선인데, 이에는 두 가지 방법이 있다. 하나는 흡연을 하지 않는 것이다. 성인 후기로 가면서 흡연자는 비흡연자에 비해 폐에 있는 공기를 밖으로 내보내는 날숨의 용적이 더 많이 손상된다(Morgan & Reger, 2000). 흡연하는 동안 신체세포에 생긴 유해한 변화는 금연한 후에도 적어도 수십 년 동안 사라지지 않는다. 또 다른 하나는 체질량지수를 낮게 유지하는 것이다. 적어도 남성의 경우 체지방과 제지방량은 호흡기관의 기능 향상과 관련이 있다(Wannamethee, Shaper, & Whincup, 2005).

3) 비뇨기계

신장은 혈액이 통과할 때 대사 폐기물을 걸러 내는 미세한 필터의 작용을 하는 수백만 개의 네프론 또는 신원(腎元) 세포로 이루어져 있다. 이 폐기물은 방광에서 혈액의 초과 수분과 결합하여 요도를 통해 소변으로 배출된다.

노화는 네프론 손실과 이에 따른 신장 기능 감퇴를 초래하는가? 질병에 걸리거나 너무 덥거나 너무 힘이 드는 등 스트레스를 받게 되면 신장이 정상적으로 기능하기가 어려워지는데 노인들은 특히 더 그러한 것이 사실이다(Fuiano et al., 2001). 그러나 네프론은 정상 노화 과정에서는 손상을 입지 않는다.

네프론을 손상시키는 주요 위험요인 중 하나는 흡연이다. 다른 위험요인들도 가지고 있는 노인에게 흡연은 심각한 신장질환을 초래할 수 있다(Stengel et al., 2000). 또 노인은 몸 밖으로 화학물질을 배출해 내는 속도가 더 느린 경향이 있으므로, 부주의로 인한 약물과용을 피하기 위해서는 약물 복용량을 주의 깊게 확인할 필요가 있다(Wyatt, Kim, & Winston, 2006).

나이가 들면 방광의 탄성조직이 변화하여 소변을 효과적으로 보전하고 있거나 내보내지 못하게 된다. 용변 욕구에 대한 지각도 변화한다(Pfisterer et al., 2006). 남성들은 방광 본연의 변화로 인해 소변 배출 속도가 느려지며, 전립선 비대증이 생기면 방광이 압력을 받아 자주 요의(尿意)를 느끼게 될 수 있다.

요실금은 강하고 갑작스러운 요의를 느끼면서 소변이 마려우면 참을 수 없는 증상이다. 65세 이상 노인의 30%가량이 요실금으로 고생하며, 너싱홈에 거주하는 노인들은 요실금 비율이 50%에 육박한다(Erdem & Chu, 2006). **과민성 방광**은 요실금 증상을 포함할 수도 있지만 주된 증상은 빈뇨이다. 65세 이상 노인의 25%가 과민성 방광으로 고생한다(Wagg et al., 2006). 과민성 방광은 상당히 스트레스를 주는 질환이지만, 다행히도 노인 대부분이 이런 증상을 겪지 않는다.

과민성 방광이나 요실금 증상이 있는 노인들은 이런 문제들과 관련하여 우울 증상, 수면장애, 성기능장애 등의 심리적 문제를 겪을 수 있다. 방광에 문제가 있는 노인들의 경우 사고가 생길지도 모른다는 우려와 당혹감이 고통을 배가한다. 노년기에 낙상과 골절상이 더 많아지는 것도 방광 문제와 관련이 있다.

사람들은 흔히 방광 문제를 정상 노화 과정의 일부로 보는 경향이 있다. 그로 인해 치료를 받으면 나아질 수 있는 사람들조차 의사에게 그 증상을 말하지 않음으로써 치료를 받을 기회를 놓치곤 한다(Tyagi et al., 2006). 방광 문제가 있는 사람들을 돕기 위한 약물이 점차 많이 개발되고 있다. 과민성 방광과 요실금 증상을 효과적으로 통제하는 행동기법들도 많다(Subak et al., 2002).

4) 소화기계

나이가 들면 속쓰림(위산역류), 가스, 더부룩함(복부팽창), 장 이상 등 소화기관에 문제가 많은 것으로 알려져 있다. 그러나 놀랍게도 노인 대부분은 소화력이 크게 떨어지지 않는다. 식도는 나이가 들어도 생리적 변화가 거의 없으며(Achem & Devault, 2005), 건강이 양호한 경우에는 위와 소화관을 구성하는 나머지 기관들도 큰 변화를 보이지 않는다(Bharucha & Camilleri, 2001).

노인들은 타액 분비와 위산 분비가 적어지고 음식물을 소화하는 데 시간이 더 많이 걸린다. 간의 용적과 간을 통과하는 순환 혈액의 양도 감소한다. 그러나 이런 변화는 사람에 따라 엄청난 차이가 있을 뿐 아니라, 전반적 건강 상태에 따라서도 상당한 차이를 보인다(Drozdowski & Thomson, 2006).

중년기와 노년기에는 생활습관이 바뀔 수 있는데 이러한 생활습관 요인들이 전반적 소화건강에 영향을 미친다. 예를 들어, 나이가 들면 대개는 가족이 단출해지고, 재정자원이 감소하며, 이동성과 인지능력이 감퇴함으로 인해 요리하기가 어려워질 수 있다. 이 모든 요인은 음식물을 섭취하고자 하는 동기를 깎아내릴 수 있다.

많은 광고가 40~50대 이후로 건강보조식품, 소화제, 완하제의 필요성을 역설하는데 그런 광고들은 사람들이 나이가 들면 소화력에 변화가 생길 것이라고 예상하게 만듦으로써 결국 실제로 그러한 변화를 겪게 만들 수 있다(자기실현적 예언).

4. 신체 통제 기관

지금까지 살펴본 기관들은 각각 일상생활에서 중요한 역할을 담당하지만, 이들의 작용을 감독하는 것은 내분비기관과 면역기관의 몫이다. 내분비기관과 면역기관은 신체가 에너지를 이용하는 방법에서부터 수면습관과 성생활에 이르기까지 다양한 통제 과정에서 중요한 역할을 한다.

1) 내분비계

내분비기관은 신체의 다른 기관('대상'기관)들의 활동을 조절하는 분비선(腺)들을 가리킨다. **호르몬**은 내분비기관이 만들어 내는 화학 전령사들이다. 연령에 따른 내분비기관의 변화는 여러 수준에서 일어날 수 있다. 나이가 들면서 내분비선 자체가 특정 호르몬을 더 많이 또는 더 적게 분비할 수 있고, 내분비계가 대상으로 하는 기관들이 호르몬 자극에 각기 다른 반응을 할 수도 있다. 내분비기관은 스트레스 수준과 신체질환에 매우 민감한데, 정상 노화에 따른 것으로 보이는 변화가 실제로는 질병의 영향과 같은 다른 요인들에서 비롯된 것일 수도 있다.

(1) 성장호르몬

성장호르몬은 어릴 때는 뼈와 근육의 성장을 자극하지만, 생애 전반에 걸쳐서 단백질, 지방질과 탄수화물의 대사에 영향을 미친다. 이와 관련된 호르몬인 인슐린유사 성장인자(IGF-1)가 간에서 생산되고, 이는 근육세포를 자극하여 크기와 수를 증가시킨다.

성장호르몬은 20대 이후에 10년마다 14.4%씩 감소하며 그 결과 60대가 되면 20대의 50% 이하로, 70세에는 20% 이하로 감소한다(여에스더, 2002). 성장호르몬 생산은 밤에 잠자는 동안 일정 시간마다 규칙적으로 정점에 이르는데, 노인은 젊은 사람에 비해 이 정점이 높지 않다(Russell-Aulet et al., 2001). 성장호르몬은 또 운동하는 동안에 분비가 왕성해지지만 60세 이상이 되면 이러한 반응이 둔화한다(Weltman et al., 2006).

나이가 들면서 성장호르몬과 IGF-1이 감소하면 골밀도 감소, 지방량 증가, 허리둘레 증가, 피부의 두께 감소와 건조, 근력과 운동력의 감소 등의 신체 변화가 일어나고 일반적 신체 능력이 저하됨으로써 삶의 질마저 떨어지게 된다(박주영, 민현주, 이복환, 2010; Lombardi et al., 2005). 특히 폐경 후의 여성은 에스트로겐 결핍으로 인해 성장호르몬의 감소가 더욱 가속화되며, 이는 골량 감소로 인한 골다공증 및 골절의 위험도를 높임으로써 심각한 건강문제를 초래할 수 있다(최홍준 외, 2005).

성장호르몬이 노화의 영향을 받는 많은 기초 과정에 중요한 역할을 한다는 점을 고려할 때 성장호르몬 보충요법은 노화 과정을 중단시킬 수 있는 마법의 묘약으로 여겨지기도 한다. 남성에게 테스토스테론과 함께 성장호르몬을 소량 투여하면 근육량이 늘어나고 지방량이 줄어들며 유산소능력이 전반적으로 향상되는 등의 긍정적인 효과가 있는 것으로 밝혀졌다(Giannoulis et al., 2006). 그러나 이 접근법은 실제적 효과뿐 아니라 안전성에 대해서도 많은 의문이 제기되고 있다. 이 요법은 엄청나게 비용이 많이 들고(매년 미화 1만 달러에서 25만 달러) 장점보다는 부정적 효과가 더 많다(Perls et al., 2005). 성장호르몬 투여는 관절통, 심장확대, 당뇨, 고혈압, 심부전을 초래할 수 있다.

(2) 코르티솔

부신이 생산하는 호르몬인 코르티솔은 스트레스를 받는 동안 근육에 에너지를 제공하기 때문에 '스트레스 호르몬'이라 불린다. 코르티솔이 증가하면 근육에 에너지가 제공되면서 인체에 활력이 생긴다. 그러나 노인들의 경우 코르티솔 증가는 기억과 그 밖의 인지기능에 부정적 영향을 미칠 수 있다(Li et al., 2006). 노인들에게 흔히 나타나는 수면장애도 노인들의 코르티솔 수준이 높다는 사실과 관계가 있다(Prinz, Bailey, & Woods, 2000). **글루코코르티코이드 폭포가설**(glucocorticoid cascade hypothesis)에 따르면, 노인들에게 코르티솔이 위험 수준까지 높아지는 이유는 내분비계가 노화에 따른 근육조직 손실을 만회하기 위해 인체에 동력을 공급하려 하기 때문이다.

노화에 따른 코르티솔 변화 양상에는 개인차가 있다. 건강한 노인들을 대상으로 3~6년 동안 매년 코르티솔 수준을 측정한 종단연구에서 어떤 노인들은 코르티솔 수준이 증가하였고, 어떤 노인들은 감소하였으며, 또 다른 노인들은 변화가 없었다(Lupien et al., 1996). 흥미롭게도 이 연구에서는 불안과 코르티솔 수준 간에 정적 상관이 있는 것으로 나타났는데, 이는 코르티솔 수준의 차이가 개인의 성격 차이와 관련이 있을지도 모른다는 것을 시사한다. 횡단연구에서는 적어도 중년 남성의 경우 비만이 코르티솔 수준과 정적 상관이 있는 것으로 나타났다(Field et al., 1994). 물론 비만이 코르티솔 수준 증가의 원인인지 또는 결과인지를 결정하기는 불가능하다. 그럼에도 성격이나 비만이 코르티솔 수준과 관련이 있다는 이 결과들은 글루코코르티코이드 폭포가설의 타당성에 대해 의구심을 불러일으킨다.

(3) 갑상선 호르몬

갑상선 호르몬은 **기초대사율**을 조절한다. 기초대사율은 중년기부터 느려지기 시작하는데 이는 나이가 들면 칼로리 섭취량이 일정함에도 불구하고 체중이 증가하는 현상을 설명해 준다. 중년 성인들이 체중 감량을 하기 어려운 것은 신진대사가 예전보다 느려지기 때문이다. 신진대사 속도의 변화는 성인기의 갑상선 호르몬 감소와 관련이 있다(Weissel, 2006). 60대에는 하위임상 수준의 갑상선 기능 저하증이 15~18%까지 높아지기도 한다(Diez & Iglesias, 2004).

(4) 멜라토닌

멜라토닌 호르몬은 수면 주기 조절에 부분적으로 관여한다. **24시간 주기 리듬**(circadian rhythm)도 이 호르몬의 영향을 받는다. 중년기와 노년기에 24시간 주기 리듬에 상당한 변화가 생기는 것은 나이가 들면서 멜라토닌 생산이 감소한다는 사실과 관련이 있는 것으로 생각된다(Mahlberg et al., 2006).

멜라토닌을 보충하면 노화가 뇌와 면역계에 미치는 영향과 연령에 따른 질병 발생률을 감소시킬 수 있다는 결과들이 보고되었다. 예를 들어, 여성에게 멜라토닌을 보충해 주면 뇌하수체와 갑상선의 기능이 향상되고(Bellipanni et al., 2001) 수면장애 발생률이 감소하는 것으로 밝혀졌다(Gubin et al., 2006). 따라서 멜라토닌 보충이 문제의 논리적 해결책인 것처럼 보인다. 그러나 시판되고 있는 보충제들의 약효가 아직 충분히 입증되지 않았고, 부작용도 완전히 밝혀지지 않았다. 졸림, 두통, (혈압이 높은 사람들에게는 상당히 위험한) 혈관수축 등의 부작용이 나타날 수 있다. 멜라토닌 보충제는 복용시간을 제대로 맞추지 못하면 오히려 수면주기를 방해할 수도 있다. 끝으로 처방전 없이 팔리는 약의 복용량은 인체에서 정상적으로 발견되는 멜라토닌 양의 40배에 달하기도 하는데, 다량의 멜라토닌을 장기간 복용했을 때 어떤 효과가 있는지에 대해 밝혀진 바가 없다.

(5) DHEA

DHEA는 부신이 생산하는 남성 스테로이드(안드로겐)로서, 성호르몬인 안드로겐과 테스토스테론의 전구물질이다. 다른 성 스테로이드의 생산과 IGF−1의 가용성을 촉진하고 중추신경계의 기능에 긍정적 영향을 미치는 등 여러 기능이 있는 것으로 생각되고 있다.

DHEA는 성인기 동안 상당량 감소하는데, 20대에서 80대 사이에 60%까지 감소한다(Feldman et al., 2002). 이러한 **부신피질호르몬 부족** 현상은 여성보다 남성에게 더 많이 나타난다. 하지만 남성이 여성보다 워낙 기저선이 높기 때문에 성인 후기 내내 남성이 여성보다 DHEA 수준이 더 높다. DHEA 수준이 지나치게 낮으면 심혈관질환, 암, 면역체계 역기능, 비만이 생길 수 있다(von Muhlen et al., 2007).

DHEA가 노화에 어떤 역할을 하는지에 대해 분명한 답은 없지만, DHEA 투약요법은 항노화 산업에서 성장호르몬과 멜라토닌만큼이나 각광을 받고 있다. 그러나 DHEA 투약요법은 성장호르몬 요법과 마찬가지로 건강에 위험을 초래할 수 있는데, 특히 간에 문제를 일으키거나 전립선암과 유방암이 증가할 위험이 있다(Arnold et al., 2005). 운동은 성인 후기의 DHEA 손실을 보상하는 데 도움이 될 수 있으므로 DHEA 투약요법의 긍정적 효과를 대체할 수 있다(Ravaglia et al., 2001).

2) 성호르몬

(1) 여성의 갱년기

갱년기는 중년기에 생식능력이 점진적으로 감소하는 시기를 가리킨다. 여성의 경우 3~4년에 걸친 폐경 이행기 동안 갱년기 증상을 겪는다. 월경이 1년간 없으면 폐경으로 진단한다. 폐경이 되는 평균연령은 50세이지만 개인에 따라 상당한 차이가 있다. 몸이 말랐거나 영양섭취가 충분하지 않거나 흡연하는 여성은 폐경을 더 일찍 맞는다.

폐경 이행기 동안 난소여포에서는 주된 여성호르몬인 에스트로겐의 생산이 줄어든다. 또 다른 여성호르몬인 프로게스테론은 배란이 될 때 생산되므로 이 시기에 프로게스테론의 생산도 줄어든다. 에스트로겐 수준 저하는 폐경이 되기 10~15년 전부터, 즉 30대 중반 무렵에 시작된다. 40대 중반에는 난소의 기능이 떨어지고 호르몬 생산도 감소되기 시작한다. 결국 50대 초·중반이면 월경 주기가 완전히 끝난다.

갱년기는 진행 속도가 여성마다 다르지만(사춘기도 그러하듯이) 몇 가지 증상이 특징적으로 나타난다. 가장 두드러지는 증상은 **일과성 전신 열감**(hot flashes)이다. 갑작스레 강한 열감과 땀이 나는 증상으로 몇 초에서 30분까지 지속될 수 있다. 이는 에스트로겐 수준이 떨어져서 생기는 현상으로 에스트로겐이 감소하면 내분비계가 뇌의 체온조절센터에 영향을 미치는 다른 호르몬들을 다량 분비하기 때문이다. 피로, 두통, 식은땀, 불면 등도 에스트로겐 수준이 변동하면서 나타나는 결과로 생각된다. 갱년기 여성들은 또 과민성, 기분변동, 우울, 기억감퇴, 집중곤란 등의 심리적 증상을 겪는다고 보고한다. 그러나 이런 증상들이 갱년기에 나타나는 생리적 변화와 관계가 있다는 증거는 아직 충분하지 못하다.

갱년기에는 호르몬 변화와 더불어 생식기관도 변화한다. 에스트로겐 수준이 낮기 때문에 질과 그 주변의 신경 및 선(腺)에 공급되는 혈액도 감소한다. 조직이 더 얇아지고 건조해지며, 성교 전후에 질을 윤활하게 하는 분비물의 생산력도 떨어진다. 그 결과 성교 중에 불편감을 느낄 수 있다. 또한 요로감염증이나 스트레스성 요실금 같은 비뇨기 문제가 생기기 쉬워진다.

갱년기의 에스트로겐 수준 저하는 다른 신체 기관에도 영향을 미친다. 갱년기 여성들은 뼈가 약해지고 혈압이 높아지며 심혈관질환이 많이 발생한다. 이런 질병들을 막아 주는 역할을 하던 에스트로겐이라는 보호막이 사라지기 때문이다. 혈액의 콜레스테롤 수준도 변화하며, 이에 따라 갱년기 이후의 여성들은 죽상동맥경화증 및 관련 질환들에 걸릴 위험이 더 높아진다.

에스트로겐 대체요법은 에스트로겐 손실이 폐경 여성들에게 미치는 부정적 영향을 상쇄하려는 목적으로 1940년대에 도입되었고, 이후 암 발생 위험을 낮추기 위해 에스트로겐에 프로게스틴 호르몬을 결합하였다. 이 두 호르몬을 투여하는 것을 **호르몬 대체요법**(hormone replacement therapy: HRT)이라 한다.

HRT가 인체에 미치는 영향을 다룬 초기 연구들은 이 요법을 지지하는 결과를 보고하였다. 즉, HRT는 피부의 톤과 외양, 뼈의 무기질 밀도, 면역기능, 모발 굵기, 수면, 낙상, 기억, 기분에 긍정적 영향을 미치는 것으로 나타났다. 따라서 2002년 중반까지는 갱년기 여성들에게 HRT 처방을 하는 것이 올바른 결정이라는 확신이 널리 퍼져 있었다. 그러나 2002년 여름에 HRT의 상대적 위험과 혜택에 관한 국제적 연구가 출간되면서 모든 게 바뀌었다. 여성건강계획(Women's Health Initiative: WHI)이 50~79세 사이의 폐경 후 여성 161,809명을 대상으로 시행한 이 연구는 HRT를 받고 있는 여성들의 5년 후 유방암 건수가 증가하는 것을 관찰하였다. 이 여성들은 심근경색 위험도 더 높았다. 그리하여 연구는 중단되었고 연구자들은 의사들이 폐경 후 여성들에게 HRT를 처방하기보다는 골 소실이나 수면장애와 같이 에스트로겐 손실과 관련된 특정 질환을 표적으로 하는 약을 투여해야 한다고 제안하였다(Rossow et al., 2002).

HRT의 효과에 의문을 제기하는 두 번째 주요 결과는 미국 여성 16,000여 명에게 실시된 삶의 질 관련 연구에서 제시되었다. 이 연구는 HRT가 전반적 건강, 활력, 정신건강, 우울 증상, 또는 성적 만족에 영향을 미치지 않는다는 것을 보여 주었다. 1년 후 삶의 질이 약간 향상되기는 했으나, 임상적으로 의미가 없었을 뿐 아니라 3년의 연구기간 동안 지속되지도 않았다(Hays et al., 2003).

HRT의 위험과 혜택에 관한 연구는 계속되었고, 관련 연구 모두가 유방암이나 난소암 위험이 증가한다는 결과를 내놓지는 않았다(Zhang et al., 2006). HRT의 실시 시점이 중요하며, 갱년기가 시작되고 몇 년이 지난 이후가 아니라 갱년기가 시작되는 바로 그 시점에 에스트로겐을 투여한다면 효과가 있을 수 있다는 지적이 제기되었다(Grodstein et al., 2006; Sherwin, 2006). WHI 연구에서는 폐경을 일찍 맞이한 여성들을 연구대상에서 제외하였기 때문에 갱년기가 시작될 때 HRT의 효과 여부를 연구할 수 없었다는 문제점이 있다는 지적도 있다(Henderson, 2006). 또 에스트로겐과 프로게스틴에는 여러 유형이 있고 복용량에도 상당한 차이가 있는데, 이 모두가 HRT의 효과를 알아본 연구들의 결과에 영향을 줄 수 있다는 주장도 제기되었다(Turgeon et al., 2006). 일부 연구자들은 WHI 연구와 그 유명세로 인해 갱년기 증상을 겪고 있는 많은 여성이 치료를 받지 않고 있다는 사실에 우려를 표명하고 있다(Ness et al., 2006).

어쨌든 지금까지의 연구들은 서로 상충하는 결과를 보고하고 있고 그로 인해 많은 여성이 HRT를 사용하기를 꺼린다. 그런 여성들에게는 HRT 대신에 사용할 수 있는 몇 가지 대안이 있다. 운동, 금연, 콜레스테롤이 낮은 음식을 섭취하는 것이다. 아마도 가장 즐거운 방법은 하루 술 한 잔일 것이다.

(2) 남성의 갱년기

남성은 여성과 비교해 갱년기에 성 기능 손실이 상대적으로 많지 않지만, 남성들도 남성호르몬인 테스토스테론이 감소하면서 **남성 갱년기**를 겪는다. 이 테스토스테론은

40세 이후 매년 1%씩 감소하며, 이런 결과는 횡단연구와 종단연구 모두에서 관찰되었다(Feldman et al., 2002).

남성호르몬이 감소하면 근육량 감소, 체지방 증가, 골 무기질 함량 감소, 적혈구세포 수 감소 등 신체 구성과 생리에 많은 변화가 일어난다(Heaton & Morales, 2001; Longcope et al., 2000). 남성호르몬 감소는 인지기능 감퇴와 우울 증상 증가와도 관련이 있다(Almeida, Waterreus, Spry et al., 2004). 그러나 성인기의 테스토스테론 수준은 개인차가 상당히 크다. 75세 이상 남성의 25%가량은 젊은 남성들의 상위 15%에 해당하는 수준의 테스토스테론을 가지고 있다(Vermeulen et al., 1999). 이러한 차이는 노인들의 콜레스테롤 수준, 체지방 비율, 흡연, 심혈관질환이 발생하게 만드는 행동경향성의 차이에서 비롯될 수 있다(Zmuda et al., 1997).

오랫동안 남성 노인에게 테스토스테론을 보충하는 것은 불필요하고 위험한 일이라고 여겨져 왔다. 그러나 최근 들어 테스토스테론 보충요법은 의학적 선별을 거쳐 치료한다는 조건 아래, 예전보다는 의학계의 지지를 더 많이 받고 있다(Schulman & Lunenfeld, 2002; Tenover, 2000). 테스토스테론 보충은 골밀도의 유지 또는 향상, 근력 향상, 체지방 비율 저하, 성욕과 성 기능 증진 등의 혜택을 가져다준다. 테스토스테론을 보충하면 기분이 더 좋아진다는 증거들도 나오고 있다(Seidman, 2006). 또 테스토스테론 수준이 높을수록 HDL 수준이 더 높고, 혈압이 더 낮으며, 혈액 내에 죽상동맥경화증을 일으키는 물질이 더 적은 등 심혈관질환 발생 위험이 더 낮다는 결과도 보고되었다(van den Beld et al., 2003).

3) 면역계

면역계는 스트레스, 감염, 그밖에 삶의 질을 위협하는 여러 요인과 싸워 물리치는 능력을 조절한다. 면역계는 이런 식으로 인체를 보호하는 역할 외에 신경계와도 밀접한 관련이 있으며, 따라서 행동, 사고, 정서와도 관련이 깊다(Glaser, 2005). 스트레스와 부정적 정서는 면역기능에 유해한 영향을 미치며, 이는 다시 조직 손상과 질병에 대한 취약성을 초래할 수 있는 것으로 생각된다.

면역기능은 나이가 들면서 광범위하게 감퇴하는데 이를 **면역노화**(immune senescence)라 한다. 면역세포에는 흉선에서 만들어지는 'T 세포'와 뼈와 골수에서 만들어지는 'B 세포'라는 두 가지 기본유형이 있고 둘 다 항원이라는 체내침입자들을 파괴하는 일을 한다. 면역노화가 일어나면 이 세포들이 제대로 발달하지 않을 뿐 아니라 침입자를 파괴하는 임무를 효과적으로 수행하지 못한다(Min et al., 2005).

면역계는 신체 및 심리 과정들과 많은 상호작용을 한다. 적당한 운동은 면역기능을 증진한다(Strasser et al., 2006). 식이요법으로 아연과 비타민 E 첨가물을 섭취하면 면역반응이 개선된다(Chandra, 2004). 단백질을 적게 섭취하면 면역기능이 떨어진다(Ahluwalia, 2004). 현재로는 적정 수준의 식사와 꾸준한 운동이 면역계 노화로 인한 부정적 효과를 방지하는 최상의 방법이다.

5. 대뇌와 신경계

신경계는 행동을 통제한다. 중추신경계는 우리가 환경에서 일어나는 일들을 점검하고 어떤 반응을 할 것인지 대비할 수 있게 해 주며, 생각을 하고 그 생각을 실행할 수 있게 해 주며, 다른 신체 기관들과 연관성을 지속할 수 있게 해 준다. 자율신경계는 불수의적 행동, 스트레스에 대한 반응 그리고 삶을 지탱하는 다른 신체 기관들의 활동을 통제한다.

1) 중추신경계

성인기의 신경계 기능에 관한 초기 연구는 성인기에는 뉴런이 복제를 하지 않으므로 뇌 조직이 점진적으로 손실되며 이런 손실이 30세부터 뚜렷하게 드러난다는 가설에 기초를 두고 있었다. **뉴런감소 모델**(neuronal fallout model)은 이 가설에 입각한 노화 모델이다. 그러나 MRI와 같은 뇌영상기법을 사용한 최근 연구들은 일차 노화에 따른 뉴런 상실이 한때 생각했던 것처럼 그리 심하지 않을 뿐 아니라, 뇌의 구조와 기능은 질병이 없을 경우 나이가 들어도 대부분 그대로 유지되며 정신적 자극이 뉴런 손실을 보상할 수도 있다는 것을 보여 주었다.

근래에는 이같이 일부 뉴런이 사망해도 나머지는 계속 발달한다는 **가소성 모델**을 지지하는 연구 결과들이 발표되고 있다. 이 연구들에 따르면 성인기에 일어나는 뇌와 신경계의 변화가 모두 쇠퇴인 것만은 아니다. 뉴런들은 나이가 들어서도 새로운 연결을 형성하고, 역치와 반응률을 변화시키며, 주변에 있는 손상된 뉴런의 기능을 대신하기도 한다(Beers, 2004). 또 필요하지 않은 뉴런들을 없애는 **가지치기**를 통해 시스템을 더 정밀하게 만들고 남아 있는 뉴런의 기능이 향상되게 만든다(Woodruff-Pak, 1997). 그 결과 나이가 들수록 뉴런의 수가 감소할지라도 그러한 상실이 기능의 퇴화로 이어지지는 않는다.

최근에는 성인기에 새로운 뉴런이 성장하는 **신경발생**(neurogenesis)이 이루어지기도 한다는 것이 확인되면서 성숙한 뉴런은 분화하거나 복제되지 않는다는 오래된 믿음도 깨졌다. 성인기에도 뇌회(dentate gyrus) 부위에서 쉽게 복제되고 다양한 종류의 세포로 성숙할 수 있는 미분화세포인 **줄기세포**를 포함하여 신경발생이 이루어진다는 것이다(Eriksson, Perfilieva, Bjork-Eriksson, et al., 1998). 뇌회는 해마의 일부로서 새로운 기억의 형성에 중요한 역할을 한다. 더욱이 복잡한 언어 및 단어 처리에 관여하는 뇌 부위는 중년기까지도 완전한 성숙에 이르지 않는 것으로 밝혀지고 있다(Bartzokis et al., 2001).

그러나 노인들에게 새로운 뉴런이 생성될지라도 그 비율은 나이가 들수록 감소하며, 아마도 그로 인해 인지기능도 감퇴하는 것이 아닐까 생각된다. 연구자들은 더 늦은 나이까지 줄기세포 생산을 늘리고 세포 생성 비율을 높일 수 있는 방법을 찾고 있다. 지금까지는 신체 운동과 인지적 자극의 조합이 나이 든 동물의 세포 생성을 촉진하는 것으로 밝혀졌다(Klempin & Kempermann, 2007).

대뇌 뉴런의 세포체는 **회백질**(gray matter)을 구성하고 수초는 **백질**(white matter)의 주요 성분이다. 최근에는 백질이 절연물질에 불과한 것이 아니라 회백질만큼 발달에 중요한 역할을 한다는 것이 확인되었다. 뉴런을 따라 정보가 처리되는 것을 돕는 수초(myelin)는 출생 직전에 형성되기 시작하는데(Sherin & Bartzokis, 2011), 회백질보다는 백질의 발달시기가 전 생애에 걸친 인지·행동·정서적 능력의 변화와 더 잘 들어맞는다는 것이다. 수초는 아동기 이후로 꾸준히 증가하여 중년기에 최고조에 이르고 노년기에 들어서며 급속히 감소한다. 따라서 노화에 따른 인지 속도 저하는 회백질의 뉴런 상실보다는 백질의 수초 감소에서 비롯될 가능성이 있다(Sherin & Bartzokis, 2011). 더욱이 인간과 다른 포유류의 뇌를 구분하는 가장 중요한 차이를 만들어 내는 것은 바로 백질이라는 결과도 보고되었다(Schoenemann, Sheehan, & Glotzer, 2005). 그리하여 과학자들은 의식, 언어, 기억, 억제적 통제와 같은 인간 사고과정의 기저에 수초가 있다고 제안하기에 이르렀다(Salthouse, 2000). 뇌손상, 고혈압, 당뇨, 높은 콜레스테롤, 약물중독 등이 있으면 수초의 감소 속도가 빨라질 수 있다(Bjorklund, 2015).

2) 수면

연령과 관계없이 누구나 하루에 7~9시간의 수면을 취할 필요가 있다(Ancoli-Israel & Cooke, 2005). 그러나 그 이상의 수면은 사망위험을 높인다(Kripke et al., 2002). 수면과 관련된 행동 변화와 수면장애는 중년 성인과 노인들의 정신적 및 신체적 안녕에 영향을 미칠 수 있다(Moore et al., 2002). 이런 변화는 생리학뿐 아니라 생활방식과 관계가 있다. 스트레스를 받으면 잠을 이루기 어렵다. 직업과 관련하여 스트레스가 많은 중년 성인들은 수면장애로 고생한다. 음주도 노인의 수면패턴에 부정적 영향을 미치는 요인이다(Brower & Hall, 2001).

수면패턴의 변화는 노화에 따른 호르몬 분비량의 변화와 더불어 성인 후기에 서서히 나타난다. 노인들은 실제 잠자는 시간에 비해 침대에 머무는 시간이 더 길다. 잠들기까지 시간이 오래 걸리고, 밤중에 자주 잠이 깨며, 일어나기 전에 침대에 오래 누워 있고, 깊이 잠들지 않고 자다 깨다 하는 경향이 있다. EEG 수면패턴을 보면 연령에 따른 차이가 나타나는데, 나이가 들면 1단계 수면이 많아지고 4단계 수면과 REM(빠른 안구운동) 수면은 크게 감소한다(Kamel & Gammack, 2006). 이런 변화는 건강상태가 좋은 노인들에게도 나타난다.

나이가 들면 밤늦게 일하는 것을 선호하던 사람이 아침을 선호하는 쪽으로 변화하는 경우가 많다. 그 결과 65세 이상 노인들은 '아침형' 인간인 경향이 있고 젊은 사람들은 대부분이 '저녁형' 인간이다. 이러한 선호 변화는 성인기 동안 수면과 각성에 영향을 미치는 호르몬이 점진적으로 변화하기 때문이라고 볼 수 있다(Benloucif et al., 2006).

연령에 따라 24시간 주기 리듬이 변화한다는 사실은 노인들의 인지기능이 최적 상태가 아닌 시간대에 연구를 하면 그로 인해 노인이 젊은 사람들보다 수행 수준이 낮게 나올 수 있을 것임을 시사한다(Rowe et al., 2006). 따라서 노인의 인지를 연구할 때에는 이같이 노인에게 불리한 체계적 편향이 작용하지 않도록 신경을 써야 할 것이다. 흥미롭게도 좌식생활을 하는 노인들보다 신체활동을 규칙적으로 하는 노인들의 경우 검사시간대가 기억수행에 영향을 더 적게 미치는 것으로 나타난다(Bugg, DeLosh, & Clegg, 2006).

중년과 노년에는 **수면성 무호흡**이 많이 나타난다. 수면성 무호흡은 코를 크게 골고 나서 침묵이 뒤따를 때 실제로 공기 흐름이 차단되어 호흡이 중단되는 현상이다. 기도가 막히면서 뇌의 호흡 통제센터에서 산소 부족을 감지하면 잠자던 사람이 깨어나게 된다. 하룻밤에 그런 에피소드가 100회 정도 발생하면 심장은 그때마다 펌프질을 열심히 해서 더 많은 혈액을 순환시킴으로써 산소 부족을 만회해야 한다. 그 결과 혈압이 낮에도 높을 뿐 아니라 밤이면 주기적으로 치솟게 되어 시간이 갈수록 심근경색과 뇌졸중의 위험이 증가한다. 게다가 낮에 계속 졸리다 보니 일상적 활동을 하는 데에도 어려움이 있다.

수면패턴의 변화는 노화 과정에서 정상적으로 나타나는 특징이지만 심한 수면장애는 그렇지 않다. 운동은 깨져 버린 24시간 주기 리듬을 재설정하는 데 도움이 된다(Van Someren et al., 1997). 어긋난 생물학적 주기를 '재설정'하기 위해서는 수면 전문가의 도움을 받아 광선치료 같은 혁신적 방법을 사용할 수도 있고 수면 습관을 개선할 수도 있다(Klerman et al., 2001).

노년기의 수면을 방해하는 요인

- 좌식생활
- 우울, 불안, 사별 등 심리장애
- 관절염, 골다공증, 암, 만성 폐질환, 울혈성 심부전, 소화기장애 등의 신체질환
- 파킨슨병이나 알츠하이머병
- 방광의 노화로 인해 밤중에 요의를 자주 느낌
- 폐경기의 전신 열감(熱感)이 밤중에 호흡곤란을 일으킴
- 잠자는 동안 주기적으로 다리를 움직이는 간대성(間代性) 근경련

수면을 방해하는 이 모든 요인이 낮에 졸림과 피로를 가져오고, 그리하여 낮에 잠을 자면 밤에 잠이 안 올 가능성이 커진다. 따라서 낮잠 자는 패턴이 수립되면 수면장애의 악순환이 시작된다.

3) 체온조절

나이가 들면 기초대사율이 떨어지고 체온조절 반응이 변화하기 때문에 이상고온 또는 이상저온과 같이 기후변화가 극심할 경우 고체온증 또는 저체온증에 빠질 위험이 크다. **체온이상**(dysthermia)으로 인한 질병이나 사망은 대부분이 65세 이상 노인들에게 일어나고, 나이가 들수록 그 비율이 높아진다.

노인이 고온과 폭염에 장시간 노출되면 근기능이 감소하고 근손상이 초래되며(박석, 이천호, 백승옥, 신용업, 김정석, 조영웅, 이영준, 2010), 심혈관계에 많은 스트레스를 받아 심

폐 체력 및 면역기능이 저하되면 건강 유지에 문제가 생긴다(박석, 이영준, 이종우, 라경환, 백승옥, 하민수, 이천호, 2010). 더욱이 노인들은 청장년층보다 고혈압, 뇌졸중 등 만성적 심혈관계 질환이나 호흡기질환 등을 상대적으로 많이 앓고 있어 생리학적으로 폭염 환경에 더 취약하다(기상연구소, 2006). 노인들은 또 바깥기온이 매우 낮을 때 체온을 일정 수준으로 유지하는 능력이 손상되어 있어서(DeGroot & Kenney, 2007) 저체온증으로 인한 사망률이 상당히 높은 것으로 보고되고 있다(Fallico et al., 2005).

6. 감각

성인기에는 신경계의 여러 부위에 다양한 변화가 일어나서 감각과 지각에 영향을 미친다. 이런 변화는 뇌에 도달하여 처리될 입력의 질을 떨어뜨린다.

1) 시각

성인기, 특히 생애 후기에 가까워지면서 눈에 띄는 가장 중요한 변화는 시각의 변화이다. 시각 변화의 하나로 시력감퇴가 있다. 빛의 전달과 시각에 영향을 미치는 안구 바깥 부위(각막, 수정체, 근육 등)는 35~45세 사이에 변화하기 시작하고, 망막과 신경계는 55~65세 사이에 뚜렷한 변화를 보이기 시작한다(Kline & Schieber, 1985). 85세 노인의 시력은 40대 성인의 80%에 못 미친다. 노인들은 조명이 어두운 환경에서는 멀리서 세부를 관찰하기가 매우 어렵다. 그러나 조명을 밝게 한다고 해서 더 잘 볼 수 있게 되는 것은 아니다. 40세 이후로는 눈부신 빛에 민감해지기 때문에 빛을 더 밝게 하면 시력이 오히려 손상되는 결과를 초래할 수 있다. 노년기의 시력감퇴는 정서와 행동에 부정적 영향을 미치며 노인들의 행동반경을 축소시킬 수 있다(Wahl, 1998).

(1) 노안

중년 성인들에게 가장 크게 영향을 미치는 변화는 **노안**(presbyopia)이다. 노안은 눈의 초점을 맞춰 주는 기능을 하는 수정체가 나이가 들면서 두꺼워지고 단단해지는 것이 원인이다(Strenk, Strenk, & Koretz, 2005). 눈의 수정체는 피부, 모발, 손톱처럼 상피조직으로 이루어져 있으며, 이런 종류의 다른 신체 부위와 마찬가지로 평생 성장한다. 그러나 수

정체는 피부 등과는 달리 잉여세포들을 떨어내지 못하기 때문에 나이가 들수록 점점 더 조밀해지면서 유연성이 떨어진다. 그 결과 가까이 있는 물체나 작은 글자를 볼 수 있도록 모양을 조절하는 능력이 점차 감소하여 50세 무렵에는 거의 100%가 노안이 생긴다. 노안은 안경이나 콘택트렌즈를 착용하는 것 외에는 달리 치료법이 없다. 그러나 노안이 진행되는 과정을 늦출 수는 있다. 예를 들어, 흡연은 수정체의 노화를 촉진한다(Kessel, Jorgensen, Glumer, & Larsen, 2006).

(2) 백내장

나이가 들면 정상 노화와 관련된 시각 변화가 나타날 뿐 아니라 질병에 걸리기도 더 쉬워진다. 65세 이상 노인의 절반가량은 시각 손상을 경험한 적이 있다고 보고한다. 가장 흔한 손상은 **백내장**이다. 백내장이 있으면 물체의 상이 망막에 뚜렷하게 맺히지 않기 때문에 시각이 흐려지거나 왜곡된다. 2007년도 국민건강영양조사에 따르면, 백내장 유병률은 30~64세에 1.2%이다가 65세를 넘으면 11.9%로 증가하는 등 나이가 들수록 유병률이 급격히 상승한다(박상신 외, 2012).

백내장은 수정체의 섬유소가 변화하면서 나타나는데, 원인이 무엇인지는 분명하게 밝혀진 바가 없다. 유전, 과거에 생겼던 상처, 당뇨 등으로 인해 생길 수 있다. 흡연도 백내장 발병의 위험요인이다(Mukesh et al., 2006). 탄수화물을 많이 섭취하면 백내장 발병 확률이 높아진다는 증거가 있다(Chiu, Milton, Gensler, & Taylor, 2006). 이와는 반대로, 종합비타민을 복용하면 백내장 발병을 늦출 수 있다(Milton, Sperduto, Clemons, & Ferris, 2006).

백내장은 수년에 걸쳐 서서히 발생한다. 백내장이 있으면 어두운 데서 잘 보이지 않을 뿐 아니라 밝은 데서도 눈부심 때문에 잘 보이지 않게 된다. 밝은 빛은 주변에 후광이 둘러싸고 있는 것 같이 보인다. 이런 손상은 일상생활에 상당한 제약을 가하며 삶의 많은 부분을 변화시킬 수 있다. 예전처럼 읽고 걷고 TV를 시청하고 얼굴을 알아보고 일과 취미와 여가활동을 하기가 어렵다. 결과적으로 백내장이 있는 사람들은 독립적으로 생활하기가 힘들어지며 운전하거나 밤에 외출하기가 점점 더 어려워진다.

백내장은 상당히 흔하고 시각에 광범위한 영향을 미치지만, 노인의 삶을 크게 변화시키지는 않는다. 백내장 치료는 수술 절차의 진보에 힘입어 장족의 발전을 하였다. 국소 마취로 한 시간 이내에 수술을 마칠 수 있으며, 보통 하루에서 일주일 이내에 시력을 회복한다.

(3) 노인성 황반변성

성인 후기에는 **노인성 황반변성**도 많이 나타난다. 노인성 황반변성은 노인인구의 시력 저하를 유발하는 주된 원인으로서, 심한 경우 실명을 초래하기도 한다(O'Neill, Jamison, McCulloch, & Smith, 2001). 망막 중앙부의 황반에 위치한 광수용기가 파괴되면 환자의 시각 중앙부에 검거나 비어 있는 공간이 생긴다. 흔히 망막의 이 부위가 독서, 운전 및 시력이 필요한 활동에 사용되기 때문에 이 질병으로 인해 나타나는 황반수용기의 선택적 손상은 특히 심각하다.

우리나라 만 40세 이상 인구의 노인성 황반변성 유병률은 11.8%(남 12.1%, 여 11.5%)인데 나이가 들수록 높아지는 경향이 있다(한국보건사회연구원, 2009). 남성은 노인성 황반변성 유병률이 40대에 3.5%이다가 70세를 넘으면 26.0%로 치솟으며, 여성도 40대에 3.6%에서 70세 이상이면 25.2%로 급격히 증가한다.

이 장애는 치료법이 없다. 그러나 식사가 예방에 도움이 될 수 있는데, 오메가-3 지방산이 많이 함유된 음식물을 섭취하면 노인성 황반변성에 걸릴 위험이 적어진다(Johnson & Schaefer, 2006). 흡연은 위험요인으로 작용한다(Chakravarthy et al., 2007). 빛에 노출되는 것도 위험요인이므로 보호렌즈를 착용하는 것이 예방에 도움이 된다(de Jong, 2006).

(4) 녹내장

녹내장은 실명을 초래하는 질환이다. 안압 상승이나 기타 여러 원인으로 인한 진행성 질환으로서, 통증 없이 서서히 진행되고 증상이 없으므로 병이 상당한 수준으로 진전되기 전에는 알지 못하는 경우가 많다. 궁극적으로 주변 시각 상실을 초래하며 시간이 지나면서 나머지 시력도 완전히 상실하게 된다. 드물기는 하지만 시력이 뿌옇게 되거나, 측면시력을 상실하거나, 빛 주변에 유색 동그라미가 지각되거나, 눈이 아프거나 붉어지는 경험을 하는 등의 증상들이 갑자기 나타나기도 한다. 녹내장은 30~64세에는 유병률이 0.1%이다가 65세 이상에는 0.9%로 증가하는데, 다른 시각 질환과 마찬가지로 나이가 많을수록 유병률이 증가한다(박상신 외, 2012).

근시, 당뇨 또는 녹내장 가족력이 있는 사람들은 녹내장에 걸릴 위험성이 상당히 높다. 관절염(Perruccio, Badley, & Trope, 2007)과 비만(Cheung & Wong, 2007)도 녹내장의 위험요인이다. 녹내장에는 여러 유형이 있는데, 통제는 할 수 있어도 치료가 되지 않는 경우가 있고, 수술에 의해 성공적으로 치료할 수 있는 경우도 있다.

2) 청각

노년기에 흔히 발생하는 노인성 난청에 대한 관심이 높다(이정학, 1996). 장애인 실태조사에 의하면 2017년 기준 전국 추정 청각장애인 28만여 명 가운데 60세 이상 노인이 22만여 명으로 78.7%에 이른다. 같은 수치가 2005년도 기준으로는 66.6%였던 것으로 볼 때 이 수치는 인구의 고령화 추세에 따라 앞으로 더욱 증가할 것으로 예상된다.

청력 손실은 노인에게 가장 발병률이 높은 만성질환 가운데 하나로(구호림, 김진숙, 2010), 나이가 많을수록 심해지는 경향이 있다. 청각장애는 노년기에 여러 분야에 부정적인 영향을 미치지만, 무엇보다도 노인들의 의사소통능력을 떨어뜨린다(Murphy, Daneman, & Schneider, 2006). 청각장애노인은 의사소통의 어려움 때문에 건청노인에 비해 생활만족도가 상당히 낮다(강창욱, 이준우, 2006). 또 가족에게 더 의존적이며 건강상태에 대한 인식도 부정적이다(김성희, 고선정, 2004).

그러나 우리나라 난청자 중 보청기 사용률은 전체의 7.5%로 매우 낮은 수준이다(한국보건사회연구원, 2009). 보청기 착용이 사회적 낙인으로 이어지는 것을 꺼리는 것이 이유의 일부인 것으로 파악된다. 최근에는 다른 사람들이 볼 수 없도록 작게 만들어진 보청기가 개발됨으로써 노화로 인한 청력 손실을 눈에 띄지 않는 장치로 교정할 수 있게 되었다. 이러한 보청기를 착용하면 사회적 낙인을 피할 수 있다는 장점이 있다.

노인성 난청은 청력 손상에서 가장 흔한 유형이다. 달팽이관이나 달팽이관에서 뇌로 이어지는 청각신경에 퇴행성 변화가 일어나면서 고음을 잘 듣지 못한다. 유전적 요인이 작용하기는 하지만 환경적 요인들도 여럿 작용하는 것으로 알려져 있다. 흡연자들이 비흡연자들에 비해 노인성 난청을 일으킬 확률이 68%나 더 높다(Helzner et al., 2005). 당뇨병, 심장병, 고혈압, 아스피린이나 항생제 같은 약물 사용 등 다양한 건강문제도 노인성 난청이 발생할 위험을 높일 수 있다. 가장 흔한 위험요인은 큰 소리에 노출되는 것(예: 작업장의 소음, 오토바이, 록 콘서트)이다. 근래에는 청소년과 성인 진입기에 있는 사람들이 하루 중 많은 시간 동안 스마트폰으로 음악 등을 매우 높은 볼륨으로 듣고 있어 앞으로 청력 손상의 발생 빈도가 증가할 것으로 예상된다. 교육과 자기감독이 최선의 예방책일 것이다.

청력 손상 문제가 생기면 보조기구들을 사용할 수 있다. 디지털 기술을 활용한 마이크와 피드백 제어장치 등이 있는데 이런 장치들은 소리를 확대함으로써 손상된 청력체계가 소리를 더 잘 들을 수 있게 해 준다. 청력 손상이 좀 더 심각한 경우 음파가 섬모세포를 우회해서 청신경에 직접 전달될 수 있게 해 주는 와우관 이식을 고려해 볼 수도 있다.

노인들에게 비교적 흔한 또 다른 청력장애는 **이명**(耳鳴, tinnitus)이다. 외부에 실제로는 아무 소리도 나지 않는데 머릿속이나 귓속에서 울리는 소음이 들리는 현상이다. 아스피린, 항생제, 소염제 등을 복용할 때 일시적으로 나타날 수 있다. 외상으로 인해 두개골뼈에 변화가 일어나거나 귀지가 쌓여서 생기기도 한다.

노인과 대화하는 효과적인 방법

노인성 난청이 있는 노인들과 원활하게 대화하기 위해서는 다음과 같이 다양한 전략을 사용하는 것이 바람직하다.

- 노인이 상대방의 얼굴을 볼 수 있도록 조명이 잘된 곳에서 마주 보고 말을 한다.
- TV나 라디오 등의 배경 소음을 없앰으로써 다른 소리가 대화를 방해하지 않도록 한다. 레스토랑이나 사교모임에서는 사람이 북적대지 않고 시끄럽지 않은 장소에서 얘기하는 것이 좋다.
- 큰 소리로 말하기보다는 낮고 분명한 목소리로 얘기하고 발음을 분명하게 한다.
- 음식을 먹거나 껌을 씹으면서 얘기하지 않는다.
- 대화할 때 맥락을 제공하는 것이 도움이 된다.
- 노인을 어린애 취급하면서 말하지 않는다.
- 노인이 말을 잘 알아듣지 못한다고 해서 좌절하거나 화내지 말고, 말하는 중간에 끼어들지 않으며, 긍정적이고 참을성 있는 태도를 유지한다.

3) 후각과 미각

우리가 음식 맛을 즐길 수 있는 것은 미각을 담당하는 맛봉오리와 후각을 담당하는 냄새수용기의 작용 때문이다. 냄새와 맛은 화학적 감각체계에 속한다. 미각수용기와 후각수용기는 우리 주변에 있는 물질들이 배출하는 분자들이 코, 입, 또는 목의 특별한 세포들을 자극할 때 촉발된다. 후각수용기는 끊임없이 대체됨에도 불구하고 나이가 들면 후각상피 영역이 줄어들면서 전체 수가 감소한다. 출생 시에는 후각상피가 비강 상부의 넓은 영역을 차지하고 있지만, 20대와 30대에는 그 영역이 눈에 띄게 줄어들기 시작한다.

우리나라 후각장애 유병률은 전체 인구의 5.6%이지만, 나이가 많아질수록 증가하는 경향을 보인다(한국보건사회연구원, 2009; 〈표 4-1〉 참조). 60세 이상 노인의 경우에는 유병률이 10%를 넘어서는 것으로 나타나, 노인 10명 가운데 한 명 이상이 후각에 문제가 있다는 것을 알 수 있다.

〈표 4-1〉 연령별 후각장애 유병률(%)

연령집단	전체	남자	여자
12~18세	2.7	3.9	1.5
19~29세	2.8	3.5	2.0
30~39세	2.8	2.9	2.7
40~49세	4.6	4.0	5.2
50~59세	8.4	6.8	10.0
60~69세	11.0	9.9	12.0
70세 이상	13.7	13.7	13.7

출처: 한국보건사회연구원(2009).

후각수용기는 노화뿐만 아니라 질병, 상해, 독소로 인해 손실된다. 사실 이러한 환경독소가 노화 과정으로 인한 변화보다 더 큰 역할을 한다. 맛과 냄새를 방해하는 또 다른 원천은 흡연이다. 금연을 하면 결국에는 냄새감각이 돌아오지만 거기까지는 수년이 걸릴 수도 있다(흡연 햇수만큼 시간이 걸린다). 또 나이가 들면서 자연치아를 잃고 의치를 하게 되면 맛봉오리의 수용기 세포가 차단됨으로써 맛에 대한 민감성을 상실하게 된다.

인지적 변화도 냄새에 대한 민감성 상실과 관련이 있다(Wang et al., 2002). 사실 인지기능이 가장 많이 손상된 노인들이 냄새를 맡는 능력을 상실하는 경우가 가장 많다. 노인들을 3년간 추적한 종단연구에서는 인지기능이 가장 일찍 감퇴한 사람들이 다양한 향기를 명명하는 능력이 가장 빨리 감퇴함을 발견하였다(Wilson, Arnold, Tang, & Bennett, 2006).

냄새와 맛의 손상 정도가 심한 사람들은 의학적 평가를 거쳐 치료를 받으면 어느 정도는 향상될 수 있다(Forde, Cantau, Delahunty, & Elsner, 2002). 치료를 받지 않는 노인들도 음식의 선택 폭을 넓히고, 즐거운 환경에서 식사하고, 함께 식사할 친구를 찾는 것과 같이 음식의 맛을 즐기기 위한 여러 전략을 사용하면 더 나은 삶을 누릴 수 있다.

4) 체성감각과 균형

우리는 촉감, 체온, 몸의 위치에 관한 정보를 전달하는 체성감각계가 작용하여 주변의 이곳저곳을 안전하게 돌아다닐 수 있다. 자기수용체(自己受容體, proprioceptor)는 똑바로 서 있을 때 팔다리가 있는 위치에 관한 정보를 제공함으로써 우리가 몸의 위치를 파악할 수 있게 해 준다. 움직일 때는 팔다리에 있는 수용기가 제공하는 정보에 운동감각을 적용함으로써 몸의 위치를 파악한다.

(1) 촉각

성인기 동안 노화가 진행되면서 촉감을 구별하는 능력이 점차 떨어진다. 피부에 압력이 주어진 두 지점을 구분하는 능력이나 자극이 주어진 지점을 탐지하는 능력 등에서 연령차가 나타난다. 이 능력은 20세에서 80세까지 매년 1%씩 감소하는 것으로 추정되고 있다. 그러나 감퇴 속도는 신체 부위에 따라 다르다. 손과 발은 입술이나 혀와 같이 신체 중심부에 위치한 영역들에 견주어 노화가 특히 급속하게 진행된다. 이런 손실로 인해 성인들은 물건을 잡고 균형을 유지하고 섬세한 수작업을 하는 능력이 감퇴하게 되며, 심지어 말하는 능력이 감퇴할 수도 있다(Wickremaratchi & Llewelyn, 2006).

(2) 통증

노인들은 젊은 사람들보다 통증에 덜 민감한가? 노인들이 통증에 면역이 생겼다거나 통증을 느끼지 않는다는 증거는 없다. 전체 노인의 30% 정도가 만성적으로 요통에 시달린다. 성인기 동안 양성 요통은 점차 감소하지만, 후반으로 갈수록 더 심각하고 장애를 가져오는 요통은 증가한다(Dionne, Dunn, & Croft, 2006). 노인 대부분이 만성통증에도 불구하고 일상적 기능을 유지할 수 있지만, 통증으로 인해 일상 활동에 많은 어려움을 겪고 있다는 것도 분명한 사실이다(Hartvigsen, Frederiksen, & Christensen, 2006).

통증은 개인의 일상생활에 제약을 가할 뿐 아니라 인지수행을 방해할 수도 있다. 노인 300여 명을 대상으로 한 연구는 만성 요통을 앓는 노인들이 그렇지 않은 노인들에 비해 기억 및 공간능력 검사에서 수행이 더 낮다는 것을 보여 주었다(Weiner, Rudy, Morrow, Slaboda, & Lieber, 2006). 이 결과는 그 자체로도 흥미롭지만, 만성통증을 통제하지 않고 노인의 인지수행을 살펴본 연구들을 평가할 때 반드시 염두에 두어야 할 것이다.

심리적 요인들도 노인들의 통증 경험과 상호작용할 수 있다. 노인이 중년 성인에 비해 양성 통증 증상을 적게 보이는 것은 노인들이 뼈, 관절, 근육의 변화와 관련된 통증을 매일 겪으면서 그러한 통증에 익숙해져 있기 때문일 수 있다. 코호트 요인이 연령의 변화와 상호작용해서 통증을 호소하는 확률을 낮췄을 수도 있다. 통증 경험은 참을성 많은 성격특질과도 관련이 있다(Yong, 2006). 노인들은 통증을 느끼고 있다는 것을 남들에게 알리고 싶어 하지 않을 뿐 아니라 어쩌면 자기 자신도 인정하고 싶어 하지 않는 것인지도 모른다.

(3) 균형

균형은 체성감각계, 시각계, 전정계로부터 오는 구심성 정보가 중추신경계에서 통합되어 안구와 사지운동의 반사적 조절을 유발함으로써 조절된다(임길병, 나영무, 이홍재, 주성주, 2003). 특히 체성감각은 균형조절을 위한 감각정보 중에서 가장 중요한데, 기립자세를 유지하는 데 필요한 정보의 60~75%를 담당한다(Fitzpatrick, Burke, & Gandevia, 1996).

노년기에는 균형을 통제하는 전정(前庭)기관의 변화로 인해 점차 **균형감각**을 상실한다(Jang, Hwang, Shin, Bae, & Kim, 2006; Moffat, Elkins, & Resnick, 2006). 전정기관의 역기능과 관련하여 가장 많이 나타나는 두 가지 증상은 어지럼증과 현기증이다. 전정계는 신경계의 다른 부분들과 밀접한 관련이 있기 때문에 전정에 장애가 생기면 두통, 목과 등의 통증, 소음과 밝은 빛에 대한 과도한 민감성과 같은 증상이 나타날 수 있다. 피로, 집중력 상실, 걸음걸이의 불안정성, 대화곤란 등의 문제가 나타날 수도 있고 멀미가 나기도 쉽다. 이런 변화들은 정상 노화의 일부가 아닌 질병과 함께 나타날 수도 있고, 전정수용기의 정상 노화로 인해 나타날 수도 있다.

전정기관의 역기능으로 인한 균형감각 상실은 노인 낙상의 주요 요인으로 작용한다(Dickin, Brown, & Doan, 2006). 많은 노인이 고혈압으로 인해 혈압강하제를 복용하는데, 혈압조절에 사용되는 약물인 이뇨제나 베타차단제 등도 어지러움을 유발하여 노인의 낙상을 유발할 위험이 있다(Sirkin & Rosner, 2009). 혈압약을 복용 중인 노인들은 낙상 고위험집단으로서 낙상 예방을 위해 각별한 주의가 필요하다(장군자, 전은영, 권병현, 2010).

낙상은 고령인구가 증가하는 현대사회에서 중요한 건강문제 중의 하나이다. 통계청 2017년도 자료에 따르면, 우리나라 65세 이상 노인의 15.9%가 낙상을 경험하였고 지난 1년간 평균 낙상횟수는 2.1회였다. 낙상이 노인에게 특히 문제가 되는 이유는 고령노인이 골절, 뇌손상 등 낙상으로 인해 신체손상 및 기능장애를 겪게 되면 젊은 사람들에 비해 회복이 쉽지 않고 손상의 합병증이 심해 사망에까지 이를 수 있기 때문이다(Stevens, Ryan, & Kresnow, 2006). 낙상으로 인해 손상을 입지 않았다 해도 이미 낙상한 경험이 있는 사람들은 낙상할 위험이 있는 불안정한 상황에 다시 처했을 때 아무래도 더 불안해하기 쉽고 그로 인해 자세가 더욱 불안정해진다(Brown et al., 2002). 낙상 경험이 없는 노인들도 흔히 낙상공포를 보이는 것으로 보고되고 있다(Scheffer et al., 2008).

낙상공포는 넘어질까 두려워하는 심리적 불안상태이다(송경애, 문정순, 강성실, 최정현, 2001). '낙상공포'가 있거나 낙상을 피하기 어려울지도 모른다는 '낮은 자기효능감'을 가진 노인들은 외출을 자제하거나 집 안에 머물러 있는 등 스스로 활동을 제한하게 된다. 이러한 활동 제한은 근 위축과 체력 약화를 초래하여 궁극적으로 낙상 위험을 더욱 높이게 된다(안숙희, 김현리, 소희영, 송라윤, 2009; 유은정, 전태원, 박현, 2008; 이온, 남현석, 공성아, 김재우, 김성수, 강현주, 김연수, 2010). 낙상공포 그 자체가 낙상의 위험요인이 되는 악순환이 시작되면서 삶의 질이 크게 떨어질 수 있다.

운동 중재는 낙상 예방에 상당한 효과가 있다(김창범, 신준용, 2007; 이용희, 2009; 최기영, 김선엽, 2019; 최정현, 유인영, 2007; Skelton & Beyer, 2003). 보조를 받아 보행연습을 하고(Hanke & Tiberio, 2006) 다리근육을 강화하면(Takahashi, Takahashi, Nakadaira, & Yamamoto, 2006) 낙상 위험을 줄일 수 있다. 요가 프로그램(강선영, 2010), 율동운동 프로그램(박양선, 김의환, 김태완, 이용식, 임영태, 2010), 균형운동 프로그램(이경진, 송창호, 신승호, 이승원, 2010), 감각운동훈련(최종환, 2010), 태극권(Taylor-Piliae, Haskell, Stotts, & Froelicher, 2006) 등 균형감각을 증진하는 다양한 운동 프로그램도 낙상 위험을 줄이는 예방 효과가 있는 것으로 보고되었다.

경증 치매노인에게 한국무용 동작을 활용한 기무(氣舞)요법 프로그램을 실시하면 균형능력을 개선하는 효과가 있다(안병주, 정승혜, 2010). 거동이 불편하여 균형운동을 실시할 수 없는 노인의 경우에는 대중적으로 이미 상용화된 중재방법인 저주파치료 경피신경자극(transcutaneous electrical nerve stimulation)을 사용하여 균형감각 개선을 꾀할 수 있다(이승원 외, 2007; 이승원, 이완희, 2010).

낙상을 방지하기 위해서는 균형 결함을 가져올 수 있는 영역들의 감각 손실을 교정하는 것도 중요하다. 첫째, 시력교정용 안경을 착용할 필요가 있다. 시력은 환경을 돌아다니는 데 중요한 단서들을 제공해 주기 때문이다. 시력을 교정하지 않은 노인들은 낙상하기가 더 쉽다(Vitale, Cotch, & Sperduto, 2006). 둘째, 전정 문제가 있는 노인들은 지팡이같이 균형을 잡는 데 도움이 되는 보장구를 마련하고 사용법을 배울 필요가 있다. 욕조에서는 샤워의자나 욕조의자를 사용하고, 목욕탕에서 면도하고 몸단장을 할 때나 부엌에서 일할 때 앉아서 하는 버릇을 들이면 균형을 잡으려고 애쓸 필요가 없어 낙상 위험이 줄어든다. 집에 전화기를 여러 대 설치하는 것도 좋은 방법이다. 다른 방에 있는 전화를 받으려고 뛰다가 넘어질 일이 없을 것이기 때문이다. 최근에는 노인들의 낙상으로 인한 고관절 골절을 예방하기 위한 낙상충격 보호패드 개발도 진행되고 있다(박정현, 정희경, 이정란, 2018).

이러한 실제적 보완책 외에도 노인들은 양탄자에서 타일마루로 이동할 때와 같이 바닥면이 바뀔 때 조심할 필요가 있다는 것을 인식하고 있어야 한다. 친숙하지 못한 환경에 있을 때는 이런 식의 적응이 특히 중요하다. 또 누워 있다가 일어날 때는 1~2분 기다렸다 일어나는 습관을 갖는 것이 좋다. 계단을 오르내릴 때는 난간을 잡도록 하고, 난간이 없으면 벽을 짚어서 균형을 잡는 것도 좋은 방법이다.

가정에서 낙상이 발생할 위험성이 높은 곳은 욕실, 현관, 부엌, 침실, 거실, 계단 순이다(Park, 2004). 낙상을 방지하기 위해서는 욕실에 미끄럼방지 설비를 하고 현관, 부엌, 침실 등의 조명을 조절하며 문턱을 없애는 것도 고려할 필요가 있다(장군자 외, 2010).

생각상자 4-3.

여러분은 한 발을 들고 다른 한 발로 1분 동안 균형을 잡고 서 있을 수 있는가? 그렇게 할 수 없다면 균형감각이 향상되도록 연습을 해야 할 것이다.

제 5 장

노년기의 만성질환과 치매

1. 심혈관계 질환
2. 근골격계 장애
3. 당뇨병
4. 암
5. 치매

제5장

노년기의 만성질환과 치매

제1장에서 지적했듯이 만성질환은 이차 노화에 해당하는 것으로서 노화 과정에 본질적인 부분이 아니며, 따라서 일차 노화와 구분할 필요가 있다. 만성질환은 지속적인 관리가 필요하며 만성질환을 앓고 있으면 일상생활에 적응하는 데 많은 제약이 따르기 때문에 삶의 질이 크게 떨어질 수 있다. 만성질환은 또 정신장애의 혼입변인으로 작용하며, 특히 노인이 정신장애를 앓고 있을 때 이를 진단하고 치료하기 어렵게 만드는 요인으로 작용할 수도 있다.

우리나라는 평균 수명 증가에 따른 인구 노령화와 더불어 사회경제적 수준의 향상 및 서구적 생활양식의 확산으로 인해 심혈관계 질환이나 당뇨병 등의 대사질환이 증가하고 있다. 2017년 한국의료패널 기초분석보고서에 따르면 65세 이상 노인은 더 젊은 연령집단에 비해 만성질환 유병률이 크게 높다(한국보건사회연구원, 2019).

〈표 5-1〉 성인기 질환 개수별 주요 만성질환 유병률(%)

연령	질환 개수			
	0개	1개	2개	3개 이상
30세 이상	59.3	17.9	12.1	10.7
65세 이상	12.0	24.6	28.3	34.2
65~69세	15.7	19.6	23.1	41.7
70~74세	11.2	17.0	21.8	50.0
75~79세	6.5	13.6	21.2	58.7
80~84세	4.5	14.5	19.5	61.5
85세 이상	7.0	13.0	25.1	54.9

출처: 한국보건사회연구원(2019). 2017년 한국의료패널 기초분석보고서(II).

〈표 5-1〉에서 볼 수 있듯이 나이가 들수록 앓고 있는 만성질환의 개수가 많아진다. 주관적 건강 인지율(평소에 본인의 건강이 '매우 좋음' 또는 '좋음'이라고 생각하는 비율)도 65세 이상 노인(22.3%)이 더 젊은 층(32.4%)에 비해 낮은 것으로 나타난다(보건복지부, 질병관리본부, 2018).

이 장에서는 고혈압, 암, 당뇨와 같이 노년기에 많이 나타나는 주요 만성질환들을 살펴보고, 신경학적 손상으로 인해 인지적 퇴화를 보이는 치매에 대해서도 알아보기로 한다. 이런 질병들은 상당히 심각한 결과를 초래할 수 있지만, 성인 초기부터 적절한 예방전략을 취한다면 좋은 결과를 가져올 수 있다.

1. 심혈관계 질환

신체 기관이 정상적으로 기능하기 위해서는 혈액순환이 잘 되는 게 필수적이다. 심장과 동맥에 문제를 일으키고 혈액순환을 방해하는 심혈관계 질환은 건강과 일상생활에 광범위하게 지장을 초래할 수 있다.

1) 심혈관계 질환의 종류

노화가 진행되면서 동맥벽에 지방과 다른 물질들이 축적되면 혈액순환장애를 초래한다. 이런 침착물이 동맥 직경이 크게 좁아질 정도로 많이 쌓이는 것을 **죽상동맥경화증**이라 한다. 동맥경화증은 동맥이 두꺼워지고 단단해지는 것으로 정상 노화에서도 어느 정도는 일어난다. 많은 사람이 죽상동맥경화증이 있어도 건강상 큰 문제없이 생활한다. 그러나 동맥에 플라크가 많이 쌓이면 혈액의 흐름이 부분적으로 또는 완전히 막히게 되고 해당 동맥이 혈액을 공급해 주던 기관이나 조직은 혈액 부족으로 인해 심각한 손상을 입게 된다. 심장근육에 혈액을 공급하던 동맥에 이런 일이 일어나는 경우를 **관상동맥질환**이라 한다. 심장근육 일부에 혈액 공급이 크게 감소하거나 차단될 때 **심근경색**이 일어난다.

고혈압은 혈압이 만성적으로 높은 상태를 가리킨다. 고혈압으로 인한 동맥 손상이 죽상경화증을 일으키는 것으로 생각된다. 혈압이 항상 높다는 사실은 혈액이 동맥벽에 끊임없이 압력을 가한다는 것을 의미한다. 결국에는 동맥벽, 특히 압력이 가장 강하게 작용하는 대동맥의 벽에 약한 부위가 생기고 염증이 발생하게 된다. 동맥벽에 손상이 생기면 플라크를 형성하는 물질이 축적되기 쉬워진다. 게다가 고혈압이 있으면 심장이 펌프질을 더 강하게 해야 하므로 심장이 과도한 부담을 받게 되고, 그 결과 고혈압이 있는 사람들은 좌심방이 비대해지기 쉽다. 순환계에 이런 손상이 생기면 고혈압이 그리 심하지 않은 사람들도 심혈관계 질환으로 인해 사망할 확률이 높아지는 것으로 추정된다 (Bowman, Sesso, & Gaziano, 2006).

통계청 자료에 따르면, 우리나라 30세 이상 성인의 고혈압 유병률은 2007년 기준 24.5%에서 2017년 26.9%로 증가하였다. 그러나 성별에 따른 증가 양상을 보면 남성은 26.8%에서 32.3%로 증가한 반면에, 여자는 21.7%에서 21.3%로 약간 감소한 것으로 나타나서 고혈압 유병률의 전반적 증가는 남성의 유병률 증가에 주로 기인한 것을 알 수 있다. 고혈압 유병률은 또 나이가 들수록 증가하는 경향을 보인다. 〈표 5-2〉에서 볼 수 있듯이 우리나라 30세 이상 성인들의 고혈압 유병률은 나이가 많아질수록 급속히 증가하여 60대를 넘어선 사람들은 절반가량이 고혈압을 앓고 있는 것으로 나타난다.

〈표 5-2〉 연령과 성별에 따른 고혈압 유병률(%)

연령	남	여	계
30~39세	17.1	5.8	11.7
40~49세	29.1	11.9	20.6
50~59세	40.2	29.1	34.7
60~69세	47.5	44.6	46.0
70세 이상	65.1	73.7	70.2

출처: 보건복지부, 질병관리본부(2018). 국민건강통계.

울혈성 심부전(또는 **심부전**)은 심장이 각 신체 기관들에 필요한 만큼 혈액을 제대로 공급해 주지 못하는 상태이다. 심장에서 혈액이 흘러 나가는 속도가 점점 더 느려지다가 급기야 정맥을 통해 혈액이 되돌아오기도 하는데 그 결과 조직에 울혈이 생긴다. 관상동맥질환, 과거의 심근경색으로 인한 손상조직, 고혈압, 심장판막질환, 심장근육질환, 심장염증 혹은 출생 시의 심장결함 등이 원인으로 작용한다. 이런 상태가 되면 조금만 움직여도 숨이 차고 쉽게 지친다. 몸에 물이 차올라서 다리가 붓는 부종이 생기며, 신장에 문제가 생기고 허파에 물이 차오르기도 한다.

'뇌혈관질환'은 뇌의 혈액순환장애를 가리킨다. 뇌의 혈액순환에 문제가 생기면 뇌로 가는 동맥이 파열되거나 혈전으로 인해 막히는 뇌졸중을 일으킬 수 있다. 혈액이 공급되지 못하는 영역이 넓을수록 그 영역이 담당하는 신체기능과 정신기능이 더 크게 손상된다. 미니 뇌졸중이라 부르는 **일과성 뇌허혈 발작**(transient ischemic attack: TIA)도 뇌동맥에 생긴 혈전으로 인한 것이다. TIA는 뇌졸중과 원인이 동일하지만, 뇌졸중과는 달리 동맥의 막힘이 일시적이다. 혈액을 공급받지 못했던 조직이 곧 회복되기는 하지만 TIA가 다시 발생할 가능성이 크다. 그뿐만 아니라 TIA가 있었던 사람들은 그렇지 않은 사람들에 비해 나중에 뇌졸중을 일으킬 위험이 더 크다.

생각상자 5-1.

주변에 심장질환을 앓고 있는 사람이 있는가? 이 질병이 그들의 삶에 어떤 영향을 미치는 것으로 보이는가?

2) 행동적 위험요인

생활습관과 심장질환의 관계는 생물의학 분야에서 가장 많이 연구되는 주제이다. 이런 연구들은 심장질환을 일으키는 유전적 소인은 통제할 수 없다 할지라도 행동적 위험요인들은 개인 스스로 통제할 수 있다는 것을 보여 준다. 어릴 때부터 좋은 생활습관을 갖는 것이 심장질환 예방에 도움이 된다.

운동 부족, 흡연, 비만, 음주라는 네 가지 위험요인을 피하는 생활습관이 심장질환 발병 위험을 감소시키는 것으로 알려져 있다. 이 네 가지 요인이 어떻게 심장질환 위험을 높이거나 낮추는지 살펴보기로 한다.

(1) 운동 부족

가만히 앉아서 생활하는 습관은 심장질환의 첫 번째 위험요인이다. 안타깝게도 심장질환에 걸릴 위험성이 가장 높은 노인들(75세 이상)은 대부분이 운동을 가장 적게 한다. 미국에서는 65~74세 노인의 36%와 75세 이상 노인 16%만이 여가활동을 활발히 하는 것으로 보고되고 있다(National Health Interview Survey, 2009). 여가활동과 심장질환의 관계는 분명하게 확립되어 있다(Yung et al., 2009). 격렬하지 않은 운동을 하는 사람들은

24%, 격렬한 운동을 정기적으로 하는 사람들의 경우 47%까지 심근경색 위험이 감소하는 것으로 추정된다(Lovasi et al., 2007).

(2) 흡연

심장질환의 두 번째 위험요인은 흡연이다. 흡연은 동맥에 손상을 주어 플라크가 쌓이기 쉽게 만듦으로써 심장질환 위험을 높이는 것으로 생각된다. 우리나라 20세 이상 성인의 21.1%가 현재 흡연자이다. 현재 흡연율과 매일 흡연율이 남녀 모두 나이가 들수록 감소하는 추세를 보인다. 가령, 현재 흡연율은 64세까지는 23.8%이지만 65세 이상이 되면 8.2%로 크게 감소한다(〈표 5-3〉). 그러나 노년기의 흡연율 감소는 노인들이 흡연할 확률이 낮기 때문이기도 하지만 비흡연자일수록 노년기까지 생존할 가능성이 더 크기 때문이기도 하다.

〈표 5-3〉 2018년도 현재 흡연율과 매일 흡연율

	현재 흡연율			매일 흡연율		
	남	여	전체	남	여	전체
19~29세	34.9	10.9	23.8	29.3	8.3	19.5
30~39세	39.9	8.3	24.7	35.5	5.0	20.9
40~49세	44.1	8.7	26.7	39.6	6.2	23.2
50~59세	40.6	5.0	22.8	36.6	3.5	20.0
60~69세	26.7	3.6	14.9	24.5	3.2	13.6
70세 이상	14.7	1.1	6.6	12.6	0.8	5.6
19~64세	39.0	7.8	23.8	34.6	5.5	20.5
65세 이상	17.4	1.3	8.2	15.3	1.1	7.2

주: 현재 흡연율: 평생 담배 5갑(100개비) 이상 피웠고 현재 담배를 피우는 백분율
매일 흡연율: 평생 담배 5갑(100개비) 이상 피웠고 현재 매일 담배를 피우는 백분율
출처: 질병관리청(2018). 국민건강영양조사.

(3) 비만

심장질환의 세 번째 위험요인은 체중이다. 체중(kg)을 키의 제곱(m^2)으로 나눈 값인 체질량지수(BMI)는 지방의 양을 추정하는 비만측정법이지만, 심혈관질환과 더 나아가서는 전반적 건강상태 예측에도 사용할 수 있다. 높은 BMI는 당뇨병이나 고혈압과 같은 다양

한 만성질환과 관계가 있다. 가령, BMI가 26인 사람은 21인 사람에 비해 당뇨병에 걸릴 가능성이 여성의 경우에는 8배, 남성의 경우에는 4배에 달하고 담석증 및 고혈압이 발생할 확률도 2~3배나 높아진다고 알려져 있다. 서유럽과 북미에서 수행된 57개 종단연구는 높은 BMI와 혈관질환으로 인한 사망률 사이에 인과관계가 있다는 것을 보여 주었다(Whitlock et al., 2009). 높은 BMI는 시간 경과에 따른 건강 하락과도 관계가 있다. 50대 성인 8,000여 명을 대상으로 한 종단연구는 BMI가 높은(30~35) 사람들은 건강 관련 삶의 질이 저하될 가능성이 크다는 것을 보여 주었다. 높은 BMI는 실제 건강과 주관적 건강에 영향을 미칠 뿐 아니라 운동성 감소와도 관계가 있다(Damush et al., 2002).

BMI가 높으면 성인 중기와 후기에 심장질환이 발생할 위험이 증가하기 쉽지만, 아동기와 성인 초기의 BMI 수준과 심혈관성 질환의 발생 위험이 반드시 비례하는 것은 아니다. 영국의 한 대규모 종단연구는 젊은 시절의 BMI와 이후의 심혈관성 질환이나 뇌졸중 발생 간에 관계가 없음을 보여 주었다(Lawlor et al., 2006). 이 결과는 아동기나 10대에 과체중이거나 비만이라 할지라도 이후에 이러한 질병이 발생할 위험을 낮추기 위해 지금 예방행동을 할 수 있다는 것을 의미한다는 점에서 상당히 고무적이다.

심혈관성 질환의 발생률은 나트륨, 단일 불포화지방산, 고도 불포화지방산과 콜레스테롤을 다량 섭취하고 섬유소를 소량 섭취할 때 높아진다. 이런 위험요인들을 결합한 것이 **대사증후군**이라는 개념이다. 대사증후군은 고도 복부비만, 비정상적 혈중 콜레스테롤('좋은' 콜레스테롤 HDL은 적고 '나쁜' 콜레스테롤 LDL은 많음), 고혈압, 인슐린 저항, 혈중 지방 성분(트리글리세리드) 과다, 혈중 C반응성 단백질(염증의 징후) 과다, 관상동맥 플라크의 존재 등을 포괄한다.

(4) 음주

음주도 심혈관계 질환의 위험요인으로 작용한다. 술을 얼마만큼 마시면 괜찮고 얼마만큼 마시면 나쁜가 하는 문제는 찬반 양쪽에서 증거가 축적되면서 논란이 되어 왔다. 음주의 효과와 다이어트의 효과를 분리하기는 어렵다(Barbaste et al., 2002). 그러나 적당량의 알코올 섭취(하루에 알코올 60g, 맥주 2병 또는 포도주 2잔 이상)는 적어도 여성들의 경우(Djousse, Lee, Buring, & Gaziano, 2009) 심혈관성 질환이 발생하지 않도록 보호해 주는 효과가 있는 것으로 보인다(Chen & Hardy, 2009). 더욱이 음주와 대사증후군의 관계에는 성차가 있으며, 음주는 여성보다 남성에게 부정적 효과가 더 크다(Buja et al., 2009).

3) 심혈관계 질환의 예방

스타틴(statin) 같은 약물을 복용하면 혈중 유해 콜레스테롤 수준을 낮게 유지해 줌으로써 심장질환 위험을 크게 감소시킬 수 있다(Davignon & Leiter, 2005). 그러나 심장질환을 예방할 수 있는 가장 간단하고 돈도 많이 들지 않는 방법은 식사조절과 운동이다. 과일과 채소를 충분히 섭취하면 심혈관계 질환이 감소하고 결과적으로 사망률이 크게 감소한다(Bazzano, 2006). 또 최소한으로 조리한 과일, 채소, 견과류, 씨앗, 곡물, 올리브오일 등을 다량으로 섭취하고, 붉은 육류와 유가공식품은 소량만 섭취하며, 포도주를 적당량 마시는 '지중해식 식사'가 건강에 이로운 것으로 알려져 있다(Serra-Majem, Roman, & Estruch, 2006). 또 운동은 심장질환 발생률의 감소를 목표로 하는 모든 예방 프로그램에서 핵심요소이다(Marcus et al., 2006).

예방법이 있다고 해서 모든 문제가 해결되는 것은 아니다. 사람들이 식사조절이나 운동 프로그램과 같은 예방조치를 실천하고자 하는 동기를 가져야 하고 또 그 동기를 지속하는 것이 중요하다. 동기 문제는 노인을 대상으로 하는 예방 및 치료 조치에서 특히 중요한 역할을 한다(Siegler et al., 2002).

고혈압을 예방하려면

1. 체중을 조절한다.

몸이 비대하면 몸 전체로 보내야 하는 혈액이 많아지고 그만큼 심장이 힘을 들여 펌프질을 해야 한다. 다른 치료와 병행하여 체중조절을 하면 혈압조절이 훨씬 더 잘된다. 체중을 5kg 줄이면 수축기 혈압은 10mmHg, 이완기 혈압은 5mmHg 정도 낮아진다.

2. 음식을 싱겁게 먹는다.

우리나라 사람들의 평균 소금 섭취량은 하루 15g가량인데 고혈압의 예방과 치료를 위해서는 10g 이하로 줄이는 것이 좋다.

〈소금 섭취를 줄이기 위한 방법〉

- 탕, 국 등을 먹을 때는 건더기 위주로 먹고 국물을 먹는 것은 삼간다.
- 조림보다는 굽는 방법을 이용하면 식품 자체의 향이 살아 있어 싱거워도 더 맛있게 식사할 수 있다.
- 소금을 줄이는 대신 식초, 후추, 겨자, 고추냉이(와사비) 등의 향료나 레몬즙, 유자청, 마늘 등 향이 강한 과일이나 채소 등을 조리에 이용한다.

- 가공식품과 패스트푸드에는 소금이 많이 첨가되어 있으므로 이용을 자제한다.
- 간장, 된장, 고추장뿐만 아니라 케첩 등 대부분 소스에는 소금이 포함되어 있으므로 사용량을 줄인다.
- 김치를 싱겁게 담아 먹도록 하고, 하루 한두 끼는 김치 없이 싱거운 겉절이, 도라지무침, 오이무침 등 다른 채소반찬으로 식사한다.

3. 담배를 끊는다.

흡연은 심혈관질환의 가장 강력한 위험인자이므로 반드시 금연해야 한다. 흡연은 그 자체로 혈압을 올리는데, 보통 담배 한 개비를 피우면 15분간 혈압이 5~10mmHg 정도 오른 상태로 유지되다가 다시 본인의 평소 혈압으로 돌아온다. 혈압이 높은 사람은 담배를 꼭 끊어야 한다.

4. 규칙적인 운동을 한다.

걷기, 조깅, 수영, 자전거 타기 등의 유산소 운동을 규칙적으로 지속하면 혈압을 어느 정도 낮출 수 있다. 비교적 낮은 강도로 하루 30~60분씩, 1주일에 4~5일 정도 하는 것이 좋다. 그러나 역기와 같은 중량운동, 빨리 달리기와 같이 일시에 많은 힘을 쓰는 운동, 다이빙처럼 머리를 낮추는 운동은 오히려 혈압을 올릴 수 있으므로 금해야 한다. 또 운동을 무리하게 한 번에 몰아서 하는 것도 몸에 해롭다.

5. 스트레스를 적절히 조절한다.

스트레스가 혈압을 올릴 수 있으므로 자신에게 맞는 스트레스 해소 방법을 찾아야 한다. 수면을 충분히 취하고, 하루의 계획을 여유 있게 짜서 과로를 피하는 것이 좋다.

6. 약을 꾸준히 복용해야 한다.

생활습관 교정만으로 혈압이 조절되지 않으면 약물을 복용해야 한다. 간혹 약으로 혈압이 조절되면 약을 끊는 경우가 있는데, 이는 아주 잘못된 것이다. 뇌졸중, 심장질환, 신장질환 등 합병증을 예방하기 위해서는 고혈압 치료를 평생 해야 한다는 사실을 명심한다.

2. 근골격계 장애

중년기와 노년기에 많이 나타나는 근골격계 장애로 관절염과 골다공증이 있다. 이들 장애는 상당히 흔한데, 심각하지는 않으나 생활에 불편을 주는 제약에서부터 심각한 장애에 이르기까지 개인의 삶에 다양한 영향을 미친다.

1) 골관절염

관절염은 관절과 주변 조직에 나타나는 질환을 가리킨다. 관절과 연결부위의 통증, 부종, 강직감, 관절운동범위 감소 등의 증상이 나타난다. 관절통은 관절 내의 깊고 둔한 통증으로, 처음에는 통증이 가끔 생기다가 점차 진행될수록 지속적으로 쑤시는 통증으로 변한다. 가장 흔한 형태는 **골관절염**으로 이는 히프, 무릎, 목, 어깨, 손의 작은 관절 등에 발생하는 퇴행성 질환이다. 특정 직업이나 스포츠에서 관절을 과도하게 반복 사용함으로써 관절연골이 마모되고 관절 주변의 연조직이 손상되어 생긴다. 체중 부하를 많이 받는 관절에 심한 통증과 운동장애가 나타나고 심하면 관절에 변형을 초래한다. 비만은 골관절염의 또 다른 위험요인이다(박명화 외, 2008).

골관절염 치료에는 통증 관리가 중요하다. 주로 투약을 하는데 아스피린, 아세트아미노펜, 이부프로펜, 비(非)스테로이드성 소염제를 많이 사용한다. 비스테로이드성 소염제는 궤양 등의 위장 문제를 일으킬 수 있다. 부종과 염증을 줄이기 위해 코르티코스테로이드를 관절에 직접 주사할 수도 있다. 그러나 이 약들은 만성적으로 사용할 경우 뼈와 연골을 파괴하는 작용을 할 수 있으므로 가능하면 적게 사용해야 한다. 진통소염제는 증상을 완화할 뿐이고 치료를 하지는 않는다. 관절 부위에 소실된 윤활액 대신 합성물질이나 화학물질을 주사하는 등 더 적극적인 치료 방법도 개발되었다. 문제 부위를 통째로 인공관절로 교체하는 방법도 흔히 쓰이는데, 극단적인 조치 같지만 매우 만족스러운 결과를 가져오는 것으로 판명되었다.

관절염을 예방하려면

- 체중이 많이 나가면 관절에 부담을 주므로 표준체중을 유지하도록 한다.
- 운동을 규칙적으로 꾸준히 한다. 무리한 운동은 관절에 부담이 될 수 있으므로 본인의 능력에 알맞게 운동해야 한다.
- 평소에 바른 자세를 유지하고 무리한 동작을 반복하지 않도록 한다. 관절 부위를 다치지 않도록 과도한 활동을 자제하고 적절한 휴식을 취하도록 한다.
- 워킹 슈즈, 스포츠 슈즈 등 발에 충격이 많이 가지 않게 해 주는 편안한 신발을 신도록 한다.

생각상자 5-2.

주변에 관절염을 앓고 있는 사람이 있는가? 관절염은 그 사람의 삶에 어떤 영향을 미치고 있는가?

2) 골다공증

세계보건기구(WHO)는 골다공증을 "골량 감소 및 미세구조 이상을 특징으로 하는 전신적인 골격계 질환으로 뼈가 약해져서 부러지기 쉬운 상태가 되는 질환"으로 정의하고 있다. 고령화사회가 되고 노령인구가 늘어나면서 골다공증 유병률이 증가하는 추세이다. 제4장에서 보았듯이 나이가 들면 뼈의 재흡수와 성장이 불균형을 이루면서 골 무기질 함량이 감소한다. 골밀도 측정 결과 평균보다 2.5 표준편차 이상 낮으면 **골다공증**(osteoporosis)으로 정의한다.

골다공증 유병률은 2017년도 기준 남자 1.6%, 여자 21.5%로 여자가 남자보다 훨씬 높다. 또 남녀 모두 나이가 많을수록 골다공증 유병률이 더 높아진다(한국보건사회연구원, 2009). 65세 이상 여성은 1/3가량이 골다공증과 관계된 척추 골절이나 고관절 골절을 경험하며, 80세에 이르면 50%가 척추 골절을, 30%가 고관절 골절을 경험한다. 골다공증으로 인한 골절은 활동 제한을 초래하며, 고관절 골절의 경우 사망률이 평균 20%(12~35%)에 달하므로 골다공증으로 인한 골절이 발생하기 전에 진단과 치료를 하는 것이 중요하다(대한골대사학회 지침위원회, 2008).

여성이 남성보다 골다공증이 더 많은 이유는 골 부피가 적기 때문이다. 특히 에스트로겐 생산이 급격히 저하하는 폐경기에는 골조직 감소 속도가 남성의 거의 2배에 이르러서 골다공증이 생길 위험이 더욱 커진다. 70세가 되면 여성은 총 골조직의 약 30%가 감소하는 반면에, 남성은 약 15%가 감소한다. 골격이 작고 저체중인 여성이 골격이 크고 체중이 많이 나가는 여성보다 골다공증이 생길 위험이 더 높다(Whitbourne, 2008).

음주와 흡연을 하면 골다공증 발생 위험이 증가한다. 이와는 반대로, 유제품, 녹색 채소, 두부, 연어 및 (오렌지주스, 빵, 시리얼 등의) 칼슘강화 식품을 통해 적정량의 칼슘을 섭취하면 위험이 감소한다(심장질환 예방을 위해 권장하는 식이요법과 유사하다). 비타민 D 역시 칼슘흡수와 뼈 건강에 중요한 역할을 하고 골다공증을 예방하는 작용을 하는데, 햇볕을 쬐거나(자외선차단 크림을 바른 상태로) 식품보충제를 통해 섭취할 수 있다. 운동과 신체활동도 골다공증 위험을 감소시키는 중요한 요인들이다.

골다공증의 예방과 치료는 영양보충제와 중량을 싣는 저항성 운동 프로그램을 통해 골 강도를 복원하는 데 역점을 둔다. 골 소실을 늦추거나 중단시키고, 골밀도를 강화하고, 골절 위험을 줄이기 위해 약을 처방하기도 한다. 골밀도를 증가시키는 알렌드로네이트(alendronate)나 혈중칼슘 농도를 조절하는 호르몬인 칼시토닌(calcitonin) 등의 약물은 각각 나름의 장점이 있지만 심각한 부작용이 있을 수도 있으므로 환자 각자에게 알맞은 방법을 신중하게 선택하여 사용할 필요가 있다. 예를 들어, 치과 문제가 있는 환자의 경우 이런 약이 턱뼈 소실을 가중시킬 수도 있다.

3. 당뇨병

당뇨병은 제1형(인슐린 의존성 당뇨병)과 제2형(인슐린 비의존성 당뇨병)으로 분류한다. 제1형은 인슐린 호르몬이 부족해서 생기는 질환으로 주로 40대 이하의 젊은 연령층에서 발병한다. 외부에서 공급하는 인슐린이 없이는 혈당을 조절하기 힘들며 생존에 위협을 받는다. 제2형 당뇨병은 주로 40세 이상의 연령층에서 발병하며 진행속도가 느리고 제1형 당뇨병과 비교할 때 임상 증상이 뚜렷하지 않은 경우가 많다.

65세 이상 인구의 상당수는 성인기에 시작되는 질병인 제2형 당뇨병을 앓고 있다. 제1형은 췌장의 인슐린 분비 능력이 쇠퇴하거나 완전히 상실되어 혈당조절을 위해서는 외인성 인슐린 투여를 해야 하지만, 제2형의 경우 인슐린 분비에 결함이 있기는 하지만 정상 수준으로 인슐린을 분비할 능력을 가지고 있으며 인슐린이 생명에 지장을 주지는 않는다. 다만 대개는 분비된 인슐린이 혈당수치를 효과적으로 조절하지 못해 식이, 운동, 약물과 같은 치료가 필요하다. 제2형 당뇨병은 모든 신체 기관에 영향을 미치는 장기적 합병증을 일으킬 수 있고 실명, 심장질환, 뇌졸중, 신장병, 팔다리 절단의 필요성, 신경계 손상 등을 초래한다(박명화 외, 2008).

1) 유병률과 위험요인

세계보건기구에 따르면, 전 세계적으로 당뇨병을 앓고 있는 사람의 수는 2000년에 1억 5천만 명에서 2025년에는 3억 명으로 두 배 이상 증가할 것으로 예상된다. 사례 증가량은 개발도상국에서는 200%, 선진국에서는 45%에 달하게 될 것으로 추정된다. 2000년도에 전 세계에서 90만 명이 당뇨병으로 사망하였다(World Health Organization, 2002).

2018년 기준 우리나라의 당뇨병 유병률은 60대 이후 20%를 넘어 비교적 높은 편이다(〈표 5-4〉). 그러나 조절률은 전체 유병자의 30%에 미치지 못해(30~40대 22.8%, 50대 24.3%, 60대 29.6%) 다른 만성질환에 비해 낮은 수준이다(보건복지부, 2018).

〈표 5-4〉 연령별 당뇨병 유병률(%)

연령	남	여	계
30~39세	2.7	2.2	2.5
40~49세	11.7	3.3	7.5
50~59세	16.2	9.8	13.0
60~69세	24.6	16.3	20.3
70세 이상	27.7	25.7	26.5

출처: 보건복지부(2018).

당뇨병의 주요 위험요인은 비만과 좌식생활양식이다. 당뇨병 증가는 앞서 심장질환의 위험요인으로 지목된 BMI의 상승 때문이라고 생각되고 있다. 이 분야의 연구자들은 노인들이 대사증후군을 겪을 가능성이 점차 커지고 있으며, 대사증후군이 비만, 인슐린 저항, 고지방질, 고혈압 등과 결합할 경우 심혈관질환과 신장질환에 걸릴 위험이 커진다고 경고한다(Bechtold et al., 2006).

2) 예방과 치료

당뇨와 비만은 분명한 관계가 있으므로, 제2형 당뇨병을 예방하는 가장 중요한 수단은 포도당 섭취, 혈압 및 혈중지질의 조절이다. 적당량의 알코올 섭취는 보호 효과가 있는 것으로 보인다(Nakanishi, Suzuki, & Tatara, 2003).

제2형 당뇨병이 있으면 혈당 수준을 관리하기 위해 혈액검사를 자주 하는 것도 필요하다. 혈당을 적정 수준으로 유지하는 것이 관건이다. 혈당 수준을 낮추기 위해 약이나 인슐린을 경구 복용하는 것이 필요한 경우도 있다. 당뇨병 환자들은 약 복용과 식사조절 외에도 체중을 관리하고 혈압과 혈중지질을 낮추기 위해 운동 계획을 세우는 것이 권장된다.

4. 암

암은 100가지 이상의 다른 질병들을 총칭하는 용어이다. 각각 고유한 증상, 특성, 치료법이 있고, 개인의 삶과 건강에 미치는 영향에도 서로 간에 차이가 있다. 우리나라의 2017년 암 유병률은 3.8%(남 4.5%, 여 3.2%)이었다. 종류별로 보면 위암(14.1%)이 유병률이 가장 높고 그다음이 대장암(13%)과 유방암(11.5%) 순이었다. 다른 질환들과 마찬가지로 암으로 인한 사망률도 나이가 들수록 급격히 증가한다(〈표 5-5〉).

〈표 5-5〉 연령과 성별에 따른 암으로 인한 사망률(10만 명당)

연령	남	여	계
30~34세	146.7	363.4	249.7
35~39세	425.9	1192.8	782.2
40~44세	649.5	1752.1	1192.8
45~49세	883.0	2205.0	1536.2
50~54세	1392.4	2650.7	2010.8
55~59세	2295.9	2830.1	2563.3
60~64세	3642.3	3103.0	3368.1
65~69세	5360.3	3258.4	4268.7
70~74세	7044.9	3440.4	5080.8
75~79세	8388.8	3770.2	5681.2
80~84세	8591.4	3550.6	5331.9
85세 이상	7237.7	2828.2	3957.7

출처: 보건복지부 2017년도 암등록통계.

1) 위험요인

암은 대부분이 나이가 많을수록 더 많이 발생한다. 나이 많은 사람일수록 환경 내의 유해독소(발암물질)에 더 많이 노출되었을 가능성이 크기 때문이다. 생활습관도 중요한 역할을 한다. 성인기의 암 발생 위험과 가장 관련이 깊은 요인 세 가지는 흡연, 식사조절 실패, 햇볕 노출이다(Whitbourne, 2008).

흡연은 건강을 해칠 위험이 매우 큰 요인이다. 담배 연기는 입, 목, 식도, 후두, 방광, 신장, 자궁경관, 췌장과 위에 암을 일으키는 위험요인이다. 폐암은 대부분이 흡연에 기인한 것으로 알려져 있다. 폐암에 걸릴 위험은 담배를 끊는 즉시 감소하기 시작한다. 폐암에 걸렸던 사람이 금연을 하면 흡연을 계속하는 폐암 환자에 비해 폐암에 재차 걸릴 확률이 더 낮다. 간접흡연도 직접흡연과 유사한 정도로 폐암에 위험요인으로 작용한다.

식습관도 암을 유발하는 위험요인이다. 식습관의 중요성은 미국 성인을 대상으로 이들에게 암이 발병하기 전에 실시한 예기적(prospective) 연구에 잘 드러나 있다(Calle et al., 2003). 연구 기간인 1982~1998년 사이에 90만여 명 가운데 5만 7천여 명이 암으로 사망하였는데, 암 사망률은 BMI 수준이 높은 사람들이 평균 수준인 사람들보다 남성은 52%, 여성은 62%가 더 높았다. 높은 BMI와 관련이 있는 암은 식도암, 결장암과 직장암, 간암, 담낭암, 췌장암, 신장암이었다. BMI가 높을수록 남성은 전립선암으로, 여성은 유방암, 방광암, 자궁경관암, 난소암으로 사망할 위험이 증가하는 추세를 보였다. 이 연구는 BMI 수준을 낮게 유지하는 것이 암 발생 위험을 낮추는 중요한 예방조치라는 것을 보여 준다.

BMI뿐만 아니라 특정 음식을 섭취하는 것도 암 예방에 도움을 주는 것으로 보인다. 위암은 말리거나 훈제한 음식이나 소금이나 식초에 절여서 보존하는 음식을 먹는 국가(일본, 한국, 동유럽 일부 국가, 라틴 아메리카 등)에서 더 흔하다. 반면에 신선한 음식, 특히 싱싱한 과일과 채소는 위암 예방에 도움이 된다. 이와 비슷하게 과일과 채소를 적게 먹고 지방을 많이 섭취하며 섬유소가 풍부한 음식을 적게 먹는 사람들에게 대장암이 생길 위험이 더 크다. 뉴질랜드와 미국은 육류 소비량이 가장 많은 나라인데 다른 나라들보다 대장암 발생률이 더 높다.

피부암은 자외선 노출과 직접적인 관련이 있다. 자외선 방사가 강한 남아프리카와 호주에 피부암 발생률이 가장 높다. 태양등이나 인공일광욕 장치에서 나오는 인공자외선도 제조업자들의 안전성 주장과는 달리 피부암을 일으킬 수 있다.

이와 같은 세 가지 위험요인 외에도 암에 대한 취약성을 높이는 것으로 알려진 요인들이 있다. 농약 등의 환경적 독성물질, 전자기장, 차량 배기가스, 물과 음식에 들어 있는 오염물질이 유방암 발병에 어떤 역할을 하는지가 연구되고 있으며, 작업장의 석면과 라돈(방사성 가스) 같은 발암물질은 폐암의 발생 위험을 높인다. 용접, 전기도금, 건전지 제작에 사용되는 금속인 카드뮴에 노출되면 전립선암 위험이 증가할 수 있고, 도시와 직장 환경의 매연과 먼지는 위암과 결장암의 위험을 높인다.

생활습관도 암 발병 위험을 증가시킬 수 있다. 음주량, 낙태나 유산 등 여러 개인내력 요인들이 유방암의 원인으로 물망에 올라 있다. 자궁경부암의 경우 개인내력의 효과가 더 강력한데, 18세 이전에 성교를 시작했거나 성적 파트너가 많은 여성에게 발생률이 더 높다는 증거가 있다. 남성의 경우 정관절제수술이 전립선암 위험을 높이는지 알아보는 연구가 진행 중이다.

끝으로 호르몬이 특정 암 발생에 중요한 역할을 하는 것으로 생각된다. 전립선암의 원인은 밝혀지지 않았지만, 전립선에 있는 암세포의 성장은 정상세포와 마찬가지로 남성호르몬, 특히 테스토스테론이 촉발하는 것으로 알려져 있다. 같은 맥락에서 에스트로겐은 여성의 자궁암 발생 확률을 높이는 것으로 생각된다. 여성의 자궁암과 체중의 관계는 체지방량이 많은 여성이 에스트로겐을 더 많이 생산하고, 자궁암 위험을 높이는 것은 지방이 아니라 에스트로겐이라는 사실에 기인한다. 이와 비슷하게 당뇨와 고혈압이 자궁암 위험을 높인다는 결과는 이런 질환들이 에스트로겐 수준이 높은 과체중 여성에게 발생하기 쉽다는 사실과 관련이 있을 것이다.

생각상자 5-3.

암 발생 위험을 낮추는 방법에는 어떤 것들이 있을까?

2) 예방과 치료

암을 치료하는 가장 좋은 방법은 예방이다. 자주 검사해서 조기에 암을 발견해 내는 것이 치료의 일차적 단계이다. 우리나라에서는 암의 조기발견을 위해 국가건강검진을 통해 만 40세 이상 남녀는 2년마다 위암검사를 받고, 간암 발병 고위험군에 해당하는 대상자는 간 초음파검사와 혈액검사를 1년 2회 받도록 하고 있으며, 만 40세 이상 여성은 유방암검사, 만 20세 이상이면 자궁경부암검사, 유방 촬영, 자궁경부 세포검사를 2년 주기로 받도록 하고 있다. 또 만 54~74세 남녀 중 폐암 발생 고위험군(30갑년 이상 흡연력을 가진 현재 흡연 중인 사람)은 2년 주기로 폐암 검진을 받도록 하고 있다.

2019년부터는 폐암이 암 사망률 1위인 점을 감안하여 기존 국가 5대 암인 위, 대장, 유방, 자궁경부암에 폐암을 추가하여 6대 국가 암으로 검진을 확대하였다. 폐암 생존율은 보통 26% 정도인데 조기발견 시 생존율이 2배로 높아져 약 64%로 증가한다.

암의 치료법으로는 종양을 전부 제거할 수 있는 경우에는 수술이 가장 널리 사용된다. 방사선요법은 고열의 X선으로 암세포에 손상을 입혀 성장을 억제한다. 화학요법은 암세포를 죽이는 약물을 사용한다. 환자들은 암이 신체 다른 부위로 전이되었을 때 화학요법을 받기를 선호한다. 생물학적 요법은 생체반응변경자(biological response modifier)라는 물질을 사용하여 인체의 면역계가 질병과 싸우는 방식을 개선하는 치료법으로, 전이된 암을 치료할 때 화학요법과 함께 사용한다.

5. 치매

최근 들어 우리나라는 평균 수명 연장과 출생률 저하로 인해 노인인구가 크게 증가하면서 치매를 앓는 노인의 수도 크게 증가하고 있다. 특히 우리나라의 인구 고령화는 세계에서 유례를 찾아볼 수 없을 정도로 급속히 진행되고 있기에 치매노인의 증가 속도도 그만큼 가파를 것으로 예상된다. 치매는 '가족병'이라 부를 정도로 치매노인과 함께 생활하는 가족들이 심각한 심리적, 신체적, 경제적 부담으로 고통받게 되므로 치매노인과 가족을 지원할 수 있도록 사회적 차원에서 방안을 마련할 필요가 있다.

치매는 뇌의 만성 또는 진행성 질환으로 인한 인지기능 손상이 주된 증상으로 『DSM』에서는 **신경인지장애**(neurocognitive disorders)로 분류하고 있다. 임상전문가들은 신경인지장애를 주요 신경인지장애와 경도인지장애(mild cognitive impairment)로 구분한다. 경도인지장애는 일상생활을 수행하는 능력을 유지하고 있기는 하지만 동일 연령대에 비해 인지기능이 떨어져 있는 상태로, 알츠하이머병으로 이어질 위험성이 매우 크다.

치매는 주로 노년기에 발병하며 심장병, 암, 뇌졸중에 이어 4대 주요 사망원인으로 지목되고 있다. 치매는 심혈관성 장애와 마찬가지로 신경계에 손상을 주는 여러 가지 질병에 의해 일어날 수 있으며, 뇌를 포함한 중추신경계에 구조적 혹은 기능적 이상을 초래하는 모든 질환이 치매를 유발할 수 있다. 치매를 유발하는 것으로 알려진 질환은 70여 가지에 이르지만 매우 드문 질환들을 제외한다면 〈표 5-6〉과 같이 정리할 수 있다(서울대학교병원, 2008).

〈표 5-6〉 치매를 유발하는 질환

퇴행성 뇌질환	알츠하이머병, 픽병, 루이체병, 파킨슨병, 진행성 핵상마비 등
뇌혈관질환	뇌경색, 뇌출혈 등
결핍성 질환	베르니케뇌증, 비타민 B12 결핍증 등
대사성 질환	저산소증, 갑상선기능저하, 간성뇌병증, 요독증, 윌슨병 등
중독성 질환	알코올중독, 일산화탄소중독, 약물중독, 중금속중독 등
감염성 질환	신경매독, 크로이츠펠트야콥병, 후천성면역결핍증 등
수두증	정상압수두증 등
뇌종양	뇌수막종 등
뇌외상	뇌좌상 등

치매는 가역성과 비가역성으로 구분할 수 있다. 원인이 되는 질환을 치료하면 호전될 수 있는 경우를 **가역성 치매**라 하고 그렇지 않은 경우를 **비가역성 치매**라 한다. 〈표 5-7〉에서 볼 수 있듯이 전체 치매 중 절반가량을 차지하는 알츠하이머 치매가 가장 흔한 유형이며, 그다음이 혈관성 치매로 30%가량을 차지한다(보건복지부, 2008). 다수의 치매는 조기에 발견하여 적절히 치료하면 진행을 지연시키거나 증상을 호전시킬 수 있으며, 일부 치매는 예방도 가능하다.

〈표 5-7〉 치매의 종류

치매의 종류		주요 위험요인	치료 · 예방	비율
비가역성 치매	퇴행성 뇌질환에 의한 치매: 알츠하이머병, 전측두엽치매, 루이소체치매 등	• 고령 • 가족력 • 저학력 • 우울증 • 성별(여성) • 두부 손상력, 흡연 등	• 초기에 진단을 받으면 인지기능개선제를 통하여 질병의 진행 지연 가능 • 중기 이후는 정신행동증상에 대한 대증적 치료 병행	40~50%

반가역성 치매	혈관성 치매	• 고혈압 • 심장병 • 당뇨병 • 동맥경화 • 고지혈증 • 흡연 등	• 알츠하이머병 다음으로 많은 치매 • 위험요인들을 관리하면 예방 가능 • 항혈소판제제, 항응고제, 인지기능개선제 등의 치료제 사용	30~40%
가역성 치매	대사성 치매, 뇌종양에 의한 치매, 영양결핍에 의한 치매 등	• 갑상선기능저하증 • 경막하출혈 • 정상압 뇌수종 • 양성 뇌종양 • 비타민 B12 결핍 등	• 원인 문제를 해결하면 치료 가능	10~15%

1) 유병률

치매 유병률의 증가는 전 세계에서 나타나는 현상이다. Ferri와 동료들(2005)의 델파이 조사는 전 세계에서 매년 460만 명의 새로운 치매환자가 발생한다고 보고하였다. 특히 아시아의 개발도상국들은 치매의 화약고라 할 수 있는데 2005년에 전 세계의 치매환자 약 25%에 해당하는 600만 명이 이 지역에서 살고 있었고 2040년에는 전 세계의 치매환자 71%가 이 지역 거주자일 것으로 추정하였다.

우리나라 65세 이상 노인 인구 중 치매환자 수는 2018년 기준으로 약 75만 명이고 유병률은 10.15%이다. 즉, 우리나라 노인 10명 중 1명가량이 치매를 앓고 있다. 이 중에서 여성은 약 48만 명으로 62%를 차지해 남성에 비해 유병률이 더 높다. 노인 치매환자의 수와 유병률은 앞으로 점차 증가하여([그림 5-1]), 2018년 75만 명(10.15%)이던 것이 2024년 1백만(10.37%), 2039년에 2백만(12.30%), 2050년에는 3백만 명(16.09%)을 넘을 것으로 추정된다(보건복지부 · 중앙치매센터, 2020).

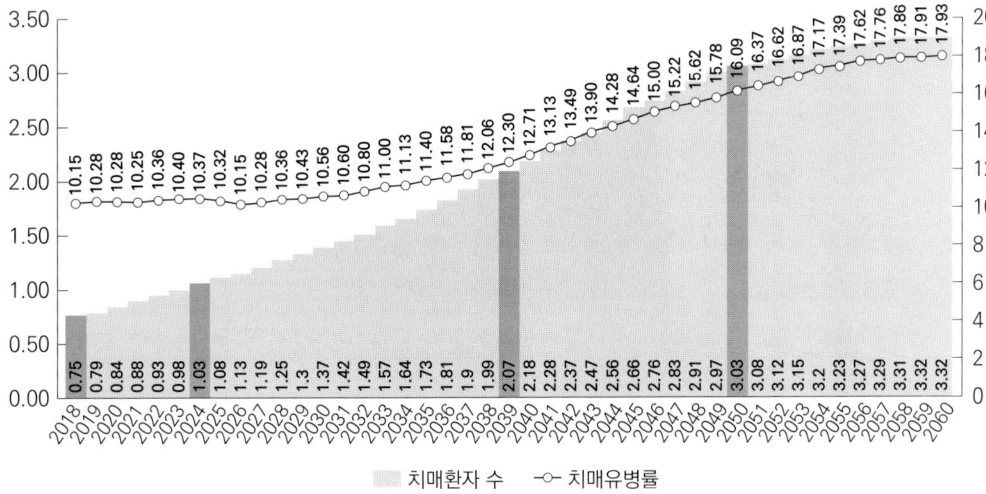

[그림 5-1] 65세 이상 치매환자의 수 및 유병률 추이(2018~2060) (단위: 백만 명, %)

출처: 보건복지부, 중앙치매센터(2020).

우리나라 65세 이상 노인 인구 중 경도인지장애 환자는 2018년 기준으로 약 170만 명이고 유병률은 22.58%로, 경도인지장애는 노인 5명 중 1명꼴로 발생하는 것으로 추정된다. 치매와 마찬가지로 경도인지장애 환자의 수와 유병률도 점차 증가하여 2022년에 200만, 2032년에는 300만을 넘는 노인들이 경도인지장애를 겪게 될 것으로 예측된다(보건복지부 · 중앙치매센터, 2020). 경도인지장애는 손상된 인지영역의 종류와 수에 따라 기억상실성 단일영역형과 다중영역형, 비기억상실성 단일영역형과 다중영역형의 네 가지로 분류한다. 기억상실성(단일, 38.64%; 다중, 35.63%)이 비기억상실성보다 훨씬 더 흔하게 발생하고, 비기억상실성 중에서도 단일형(23.45%)이 다중형(2.27%)보다 더 흔하게 발생한다.

치매 유병률은 연령에 따라 확연하게 증가하는 양상을 보인다. 보건복지부 · 중앙치매센터(2020)에서 발표한 2018년도 자료는 특히 75~79세 구간에서부터 유병률이 급등하는 것을 보여 준다. 또한 2008년도 자료와 비교해 보면 10년 사이에 전 연령대에서 치매 유병률이 높아졌음을 알 수 있다(〈표 5-8〉). 치매의 유형별 유병률은 알츠하이머가 74.5%로 단연 가장 많다. 중증도별로는 경도가 41.40%로 가장 많고, 중등도가 25.70%로 그 뒤를 잇고 있다(〈표 5-9〉).

〈표 5-8〉 60세 이상 노인의 연령별 치매 유병률(%)

연령	2008년[1)]	2018년[2)]
60~64세	-	2.76
65~69세	3.64	4.34
70~74세	5.19	9.30
75~79세	11.33	25.07
80~84세	17.80	27.74
85세 이상	30.49	33.54

출처: 1) 서울대학교병원(2008).
2) 보건복지부, 중앙치매센터(2020).

〈표 5-9〉 60세 이상 노인의 치매유형·중증도별 치매 유병률(%)

치매유형			중증도			
알츠하이머	혈관성	기타	최경도	경도	중등도	중증
74.5	8.81	16.67	17.40	41.40	25.70	15.50

출처: 보건복지부, 중앙치매센터(2020) 수정 인용.

치매로 인한 사망률은 전체 사망률의 19%를 차지한다. 〈표 5-10〉에서 볼 수 있듯이 치매사망률도 치매유형에 관계없이 연령에 따라 증가한다(통계청, 2019).

〈표 5-10〉 연령별 및 유형별 치매 사망률(2018)

(단위: 인구 10만 명당 명)

	알츠하이머형	혈관성 치매	기타	전체
50~59세	0.3	0.1	0.2	0.7
60~69세	2.5	0.7	1.6	4.8
70~79세	23.3	4.0	12.0	39.4
80~89세	210.5	23.6	97.9	331.9
90세 이상	1,103.2	69.1	505.2	1677.5
전체	12.0	1.3	5.7	19.0

출처: 통계청(2019) 사망원인통계.

치매 유병률이 증가하면서 치매부양 부담도 증가하고 있다. 치매부양 부담은 **치매부양비** 또는 **치매의존비**로 나타낼 수 있는데, 우리나라의 2018년도 치매부양비는 2.0명, 치매의존비는 49.6명이다(보건복지부 · 중앙치매센터, 2017). 생산가능인구 100명이 돌봐야 하는 치매노인이 2.0명이고 치매노인 1명을 돌봐야 하는 생산가능인구는 49.6명이라는 의미이다. 치매부양 부담은 앞으로 점차 증가하여 2030년에는 치매부양비가 4.0명이고 치매의존비는 24.9명, 2060년에는 치매부양비가 16.2명이고 치매의존비가 6.2명이 될 것으로 예측된다. 즉, 2060년에는 생산가능인구 6.2명이 치매노인 1명을 돌봐야 할 것이라는 예측이다.

〈표 5-11〉 치매부양비 및 치매의존비 추계(2018~2065)

(단위: 천 명, 명)

연도	15~64세 생산가능인구	65세 이상 추정치매환자 수	치매부양비[1]	치매의존비[2]
2018	37,211	750,488	2.0	49.6
2019	37,590	788,035	2.1	47.7
2020	37,358	832,795	2.2	44.9
2025	35,853	1,077,610	3.0	33.3
2030	33,947	1,360,864	4.0	24.9
2035	31,453	1,724,027	5.5	18.2
2040	28,649	2,173,089	7.6	13.2
2045	26,578	2,659,048	10.0	10.0
2050	24,487	3,023,404	12.3	8.1
2055	22,770	3,228,406	14.2	7.1
2060	20,578	3,325,602	16.2	6.2
2065	18,503	3,303,415	17.9	5.6

산출: 1) 치매부양비 = 65세 이상 치매환자/15~64세 생산가능인구×100
2) 치매의존비 = 15~64세 생산가능인구/65세 이상 치매환자

출처: 1) 2018년: 주민등록연앙인구(통계청, 2019)
2) 2019~2065년: 장래인구추계(통계청, 2019)

2) 증상

(1) 심리 증상

치매는 정상적으로 생활해 오던 사람이 다양한 원인의 뇌손상 혹은 뇌의 질병으로 인해 후천적으로 기억력, 언어능력, 판단력 등 여러 영역의 인지기능이 떨어져서 일상생활에 상당한 지장이 나타나는 상태를 가리킨다. 치매의 증상은 시간이 흐르면서 점차 심해진다. 초기에 나타나는 대표적인 증상은 기억력 장애이다. 그러나 나이가 들면서 전화번호가 잘 기억나지 않는다거나 메모해 두지 않았던 친구와의 약속을 잊어버렸다고 해서 치매가 시작된 것은 아니다. 보통 '건망증'이라 불리는 기억력 감퇴는 정상 노화 과정에 따라 나타나는 매우 흔한 증상이므로 치매 초기 환자들이 보이는 기억력 장애와는 구별해야 한다. 건망증의 경우에는 사건이나 경험의 내용 중 일부를 잘 기억하지 못하지만, 치매환자는 그런 사건이나 경험이 존재했다는 사실 자체를 기억하지 못하는 경우가 많다. 건망증은 잊어버린 사실을 스스로 알고 누군가 힌트를 주면 그것을 금방 기억해내지만 치매환자는 그런 경우가 거의 없다. 또 치매는 건망증과 달리 진행성 장애이기 때문에 기억력 장애가 점점 악화되어 직무수행이나 가정생활에 지장을 주게 된다. 따라서 기억력 장애가 계속 조금씩 악화된다면 건망증보다는 치매가 아닌지 의심해 볼 필요가 있다.

건망증이 생긴다고 해서 일상생활에 지장이 초래되지는 않는다. 그런데 치매는 뇌의 질병이나 손상이 원인이기 때문에 경험한 것을 전부 잊어버리거나, 기억장애가 점차 심해지면서 판단력도 저하될 뿐만 아니라 잊어버린 사실 자체도 모르게 되고 결국은 일상생활에 지장을 받게 된다는 차이가 있다.

치매는 단순히 기억력만의 장애가 아니고 지남력이나 언어능력을 비롯한 인지기능 전반의 장애이며 점차 성격 변화와 망상 등을 비롯한 정신병적 증상을 보이는 경우도 적지 않다. 따라서 기억력 장애와 함께 이런 증상들이 나타난다면 치매일 가능성이 크다. 돈이 없어졌다며 뚜렷한 근거 없이 가족을 의심하거나, 예전에는 혼자서 잘 다니던 곳에서 길을 잃기도 하고, 계절을 분간하지 못하기도 하며, 적절한 어휘를 생각해내지 못해 의사표현이 점차 명확하지 않게 된다. 치매 말기에는 기초적인 일상적 기능을 수행하는 능력까지 상실한다. 병의 진행 속도는 사람에 따라 다르지만, 능력이 상실되는 패턴은 단계별로 상당히 일정하게 나타난다. 생존 기간은 60~70대에는 진단을 받은 후 7~10년이고, 90대에 진단을 받으면 3년으로 감소한다(Brookmeyer et al., 2002).

(2) 생물학적 변화

알츠하이머병 환자의 뇌에는 생물학적 변화가 나타나는데, 가장 두드러지게 나타나는 변화는 죽은 뉴런이 누적된 폐기물처럼 보이는 **아밀로이드 플라크**(amyloid plaques)의 형성이다. 단백질 조각들이 특정한 방식으로 뭉쳐서 불용성 퇴적물을 이룬 것을 아밀로이드라 하는데 아밀로이드 중에서 42개의 아미노산이 하나의 가닥을 이룬 형상을 하고 있는 **베타 아밀로이드 42**가 알츠하이머병과 가장 관련이 깊다.

베타 아밀로이드는 정상 뇌에서 발견되는 **아밀로이드 전구 단백질**(amyloid precursor protein: **APP**)로부터 만들어진다. 이때 만들어진 APP는 일부가 뉴런에 들어 있고 나머지 더 큰 부분은 바깥에 남아 있다. 건강한 노화에서는 **세크레타아제**라는 효소가 뉴런 바깥에 있는 APP 부분을 잘라낸다. 알츠하이머에서는 이 과정에 문제가 생겨서 APP가 엉뚱한 부분에서 절단되고 그 결과 베타 아밀로이드 42가 만들어진다. 잘린 조각들은 한데 뭉쳐서 인체가 처리하거나 재활용할 수 없는 비정상적인 퇴적물이 된다.

베타 아밀로이드는 불용성 플라크를 만들어 내는 경향이 있을 뿐 아니라 뉴런을 파괴할 잠재력도 가지고 있는 것으로 보인다. **카스파제**(Caspase) 이론은 베타 아밀로이드가 뉴런을 파괴하는 효소인 카스파제라는 물질을 자극한다고 제안한다. 이러한 뉴런 파괴는 **예정세포사** 또는 **아포토시스**(apoptosis)[1]로 불리는데, 알츠하이머병에서 궁극적으로 나타나는 인지기능 상실을 초래한다(Galvan et al., 2006).

두 번째 주요 변화는 뉴런 내에 신경섬유가 비정상적으로 엉켜 있는 **신경섬유농축체**(neurofibrillary tangles)가 많이 생긴다는 것이다. 신경섬유농축체는 **타우**(tau)라는 단백질로 이루어져 있는데, 이 단백질은 축색을 받쳐 주는 구조인 미세소관의 안정성을 지켜 주는 역할을 하는 것으로 보인다. 미세소관은 마치 기차 철로처럼 세포체에서 축색 끝까지 영양분을 전달해 주는 역할을 하고, 타우 단백질은 철로의 침목 같은 역할을 한다. 알츠하이머병 환자의 뇌에서는 타우가 화학적 변화를 일으켜 미세소관들을 분리하고 지탱하는 능력을 상실함으로써 미세소관들이 마치 두 가닥의 실이 감겨들듯이 나선형으로 꼬인다. 이렇게 뉴런 내 전달체계가 붕괴하면 뉴런 간의 의사소통에 문제가 생기고 결국 뉴런이 사망한다.

---

1) 세포가 죽는 방식에는 크게 두 가지가 있는데, 세포의 괴사나 병적인 죽음인 네크로시스(necrosis)와 유전자에 의해 제어되는 자발적인 죽음인 아포토시스이다. 네크로시스는 화상과 타박, 독극물 등의 자극에 의해 일어나는 세포의 죽음으로, 말하자면 세포의 '사고사'라고 할

신경섬유농축체도 플라크처럼 질병 초기에 만들어지는 것으로 보이며, 행동 증상이 나타나기 한참 전에 만들어지는 것으로 생각된다. 알츠하이머병의 가장 초기에는 학습된 정보를 기억하는 데 중요한 역할을 하는 해마와 그 주변의 피질 영역이 손상되는 것으로 보인다(Reitz, Honig, Vonsattel, Tang, & Nayeux, 2009).

알츠하이머병의 유래

알츠하이머병(Alzheimer's disease)은 전체 치매의 절반가량을 차지하는 가장 흔한 유형이다. 뇌의 주요 부위에 점진적이고 비가역적인 손상이 일어나는 신경인지장애의 일종이다. 노인인구의 비율이 증가하면서 알츠하이머병의 발병률도 증가함에 따라 전 세계적으로 중요한 건강문제로 대두하였다.

알츠하이머병은 오랜 기간 노인성 치매, 초로성 치매, 알츠하이머형 노인성 치매, 기질성 뇌질환 등 여러 가지 명칭으로 불렸다. 그러나 1906년에 독일 신경학자 Alois Alzheimer (1864~1915)가 뇌 조직의 변화와 관찰 가능한 증상을 최초로 연결하며 이 병을 확인한 이후로 그의 이름을 따서 알츠하이머병으로 불리게 되었다.

Alzheimer는 Auguste D.라는 50대 여성 환자를 치료하고 있었는데 이 환자는 혼란과 기억상실이 점차 심해지는 진행성 정신퇴화를 겪고 있었다. Alzheimer는 당시의 최신 스테이닝(staining) 기법을 이용하여 이 여성의 대뇌피질에 있는 신경세포들이 특이한 해체 상태임을 발견하고, 1907년에 이런 미시적 변화가 치매의 원인일 것이라고 추론하는 의학논문을 발표하였다. 이후 많은 치매환자의 사후부검에서 동일한 이상이 발견됨에 따라 당대 최고의 정신과 의사였던 Emil Kraepelin(1856~1926)은 이 질환에 친구인 Alzheimer의 이름을 붙여 주었다.

3) 원인

알츠하이머병은 플라크와 신경섬유농축체가 특히 기억과 기타 주요 인지기능을 담당하는 부위에 형성되는 것과 관련이 있음이 확실하다. 그러나 뇌에 플라크와 신경섬유농

수 있다. 네크로시스는 오랜 시간에 걸쳐 무질서하게 일어나는 데 반해, 아포토시스는 단시간 내에 질서 있게 일어난다. 아포토시스 또는 예정세포사는 발생 과정에서 몸의 형태를 만드는 일을 담당하고, 성체에서는 정상적인 세포를 갱신하거나 이상이 생긴 세포를 제거하는 일을 담당한다.

축체가 있다고 해서 반드시 인지기능 저하 증상이 나타나는 것은 아니므로 생물학적 요인뿐만 아니라 환경요인도 이 병의 원인으로 작용한다는 것을 알 수 있다(Styczynska et al., 2008). 병이 진전됨에 따라 불가피하게 기능 손실이 나타나지만, 사람에 따라 신체 및 인지 증상에 상당한 개인차를 보인다(Burton et al., 2006).

연구자들 대부분은 알츠하이머병의 특징인 세포 사망이 유전적 이상에 의한 것이라는 이론을 지지한다(Tanzi & Bertram, 2008). 유전이론은 일부 가족들이 40~50대의 비교적 젊은 나이에 알츠하이머병에 걸리기 쉽다는 것이 발견된 이후로 부각되기 시작하였다. 이런 사례를 **조기 발병형 가족성 알츠하이머병**이라 부르는데, 과학자들은 해당 환자들의 DNA를 연구함으로써 엄청난 양의 정보를 얻을 수 있었다. 지금까지 발견된 4개의 유전자는 조기 발병형 알츠하이머병 전체의 절반가량을 설명해 주는 것으로 생각되는데, 이 유전자들은 베타 아밀로이드 단백질이 지나치게 많이 생성되게 만든다. 이후의 유전자 분석 연구는 알츠하이머병이 더 흔히 나타나는 연령대인 60~65세에 시작되는 **후기 발병형 가족성 알츠하이머병**과 관련된 또 다른 유전자를 찾아냈는데, 19번 염색체에 위치하는 **ApoE**(apolipoprotein E) 유전자이다. 이 유전자는 인체 곳곳에 콜레스테롤을 전달하는 역할을 하지만, 베타 아밀로이드에 부착되어 플라크를 형성하는 데에도 일조하는 것으로 생각된다. 그러나 알츠하이머병 전체 사례의 5%만이 가족성이고 나머지는 유전으로 계승되지 않는다(Harman, 2006).

가족성 알츠하이머병과 연관된 것으로 밝혀진 첫 번째 유전적 결함은 21번 염색체의 **APP 유전자**에 있다. APP 유전자는 베타 아밀로이드를 만들어 내는 단백질인 APP의 생산을 통제하는 것으로 보인다.

조기 발병형 가족성 알츠하이머 사례들은 대부분이 **프레세닐린 유전자(PS1과 PS2)**의 결함과 관련이 있다. 이 유전자는 APP가 베타 아밀로이드를 더 많이 생산하게 하고 그 결과로 신경섬유농축체와 아밀로이드 플라크를 증가시킨다(Zhang et al., 2009). 항염제를 장기 복용하면 알츠하이머 발병률이 낮아진다는 연구 결과는 뇌의 신경세포염증이 알츠하이머병의 진행에 관여하는 또 하나의 기제일 가능성을 시사한다(Imbimbo et al., 2012).

4) 위험요인과 보호요인

치매의 대표적 위험요인은 가족력이다. 부모나 형제 중 한 사람이 알츠하이머라면 자신도 알츠하이머일 확률이 15~19%가량으로 일반 인구에 비해 높다. 스트레스는 치매의 직접적 원인은 아닐지라도, 정도가 심하면 불안과 우울증을 유발하고 집중력과 기억력의 감퇴를 초래할 수 있어 치매환자에게는 급격한 환경 변화와 같은 스트레스를 받지 않게 해 주는 것이 필요하다. 노인이 스트레스를 받은 후에 기억장애를 보인다면 치매 조기진단을 받아보는 것이 좋다. 노년기에 흔히 나타나는 대사성 질환이나 혈관성 질환들도 치매의 위험요인이다. 평소 이와 같은 신체질환을 철저히 관리하는 것이 치매를 예방하는 데 중요하다.

알츠하이머병에 걸리지 않도록 보호해 줄 수 있는 환경요인으로 높은 교육 수준과 평생에 걸친 지속적 정신활동이 있다. 노트르담 성당의 수녀들을 대상으로 실시된 종단연구는 이 연구에 참여한 많은 수녀가 사후 부검에서 뇌에 플라크와 신경섬유농축체가 발견되었지만, 생전에 인지기능 결함 증상을 보이지 않았다고 보고하였다. 더 최근의 연구는 뇌의 이러한 변화에도 불구하고 성인 초기의 많은 정신활동이 노년기 들어 수녀들의 인지기능이 감퇴하지 않도록 보호해 주었다는 것을 발견하였다(Iacono et al., 2009).

넓은 사회연결망(social network)은 더 일반적으로 작용하는 보호요인으로, 뇌의 병리가 심한 사람들조차도 알츠하이머병에 걸릴 위험을 감소시켜 주는 것으로 생각된다(Bennett et al., 2006). 운동도 알츠하이머 발병 이전에 나타나는 인지적 변화를 막아 주는 보호요인이며 특히 중간 강도 이상의 운동이 도움이 되는 것으로 보인다(Geda et al., 2010). 신체운동뿐만 아니라 여러 감각을 자극하는 형태의 운동도 인지능력 저하를 늦추는 데 도움이 되며, 신경인지장애 환자들에게 적용하면 좋은 결과를 볼 수 있다(Briones, 2006).

성인 초기의 알코올 섭취 제한은 성인 후기에 신경인지장애를 일으키지 않도록 예방해 주는 역할을 한다(Peters et al., 2008). 높은 티록신 수준도 알츠하이머 발병 위험을 낮출 수 있다(de Jong et al., 2009). 끝으로 식이요법이 알츠하이머병과 관련이 있다. 지중해식 식이요법을 따르는 사람들은 ApoE4 유전자형, BMI, 연령, 성별, 흡연 등의 요인을 통제한 후에도 알츠하이머병에 걸릴 위험이 낮다는 결과가 보고되었다(Lopez-Miranda et al., 2009).

5) 진단과 치료

치매의 진단은 기억 손실의 점진적 악화, 실어증(언어능력 상실), 행위불능증(통합된 신체활동을 수행하는 능력 상실), 인지불능증(친숙한 대상을 재인하는 능력 상실), 집행기능장애

(계획하고 조직하는 능력 상실) 중 어느 한 영역이나 여러 영역에서 현저하고 점진적인 감퇴가 있을 때 내려진다(American Psychiatric Association, 2013).

치매의 진단은 배제의 과정을 통해 이루어진다. 치매를 확진할 수 있게 해 주는 단일한 진단검사나 임상 지표가 없기 때문이다. 즉, 다른 진단들을 배제할 수 있으므로 알츠하이머병일 가능성이 가장 크다고 진단하는 것이다. 진단 기법의 발달에도 불구하고 아직은 사후 부검만이 베타 아밀로이드 플라크와 신경섬유농축체의 존재를 직접 확인함으로써 알츠하이머병을 확진할 수 있게 해 주는 유일한 방법이다. 따라서 치매를 진단하기 위해서는 철저한 병력 청취와 이학적 검사, 신경학적 검사 및 정신상태검사, 신경심리학적 검사(신경인지기능 검사), 혈액 및 요검사와 심전도검사, CT와 MRI 등을 포괄적으로 시행하고 그 결과를 종합 · 분석한다(서울대학교병원, 2008).

1980년대 중반에 의학적 및 신경심리학적 선별검사, 행동평정, 정신상태 평가 등이 개발되면서 질병의 후기 단계에 85~90%의 정확한 진단이 가능해졌다(McKhann et al., 1984). 그러나 뇌 영상 기법의 발달로 장애의 초기와 중기에 신뢰할 만한 진단을 할 가능성이 점차 높아지고 있다(Xiong, Yang, Gong, & Zhanng, 2010). 치료방법이 향상되면 초기 진단을 통해 뇌의 퇴화를 늦추거나 차단하는 등의 개입을 할 수 있게 될 것이다.

치매는 기본적으로 뇌의 장애이므로 약물치료가 우선이다. 콜린성 약물, 펩타이드성 약물, 항산화제와 비타민, 항아밀로이드제 등으로 증상이 더 악화되는 것을 막을 수 있다. 비인지장애 및 행동증상을 치료하기 위해서는 사고장애나 공격행동 치료제인 항정신병 약물(할로페리돌, 클로자핀, 리스페리돈)을 사용한다. 우울증이 동반될 경우 삼환계 항우울제가 효과적이다.

그러나 현재 사용되고 있는 약물들은 기억 손실을 일시적으로 완화해 줄 뿐이고 병의 진행을 늦추지는 못한다(Salloway, 2008). 치매의 원인을 확인하는 연구가 괄목할 만한 진전을 보임에 따라 치료약이 개발될 수 있을 것이라는 희망이 높아지고 있다. 언젠가는, 어쩌면 이른 시일 내에 치매를 치료할 수 있는 약물이 개발될 것이다. 그러나 현재로는 치매를 직접적으로 치료할 수 있는 약물은 존재하지 않는다. 따라서 적절한 치료약이 개발될 때까지는 치매환자가 최대한 오래 기능을 유지하면서 일상생활을 해나갈 수 있도록 정신건강 전문가들이 도움을 줄 필요가 있다.

약물치료 외에 인지재활훈련과 같은 비약물적 치료법도 치매환자의 인지증상이나 행동증상의 경감에 도움이 된다. 환자 개개인의 목표, 수준, 사회 및 가족 환경 등에 맞추어 다양한 인지재활 방법이 사용될 수 있다(이우경, 2016). 인지재활훈련은 기억훈련, 주의 및 집중 훈련, 스트레스관리, 가족개입 등의 치료 모듈로 구성할 수 있다. 인지재활 훈련은 심각한 신경인지장애에는 효과가 없으므로 주로 경도인지장애에 적용한다. 그밖에 인지회상치료, 미술치료, 음악치료 등도 심리사회적 서비스의 일환으로 적용되고 있지만 증상이 심할 경우 효과가 미미하다.

생각상자 5-4.

알츠하이머병의 발병 위험 정도를 예측할 수 있는 검사가 개발된다면, 여러분은 그 검사를 받고 결과를 알아볼 의사가 있는가?

6) 치매 조기진단과 관리의 중요성

치매환자는 다른 병에 걸린 환자와 달리 본인의 병에 대한 자각이 전혀 없고 증상이 심해지면 의사소통도 전혀 할 수 없다. 따라서 환자를 돌보는 가족은 환자로부터 어떤 협조도 얻을 수 없으며, 모든 부담을 자신이 온전히 안고 갈 수밖에 없다는 점에서 치매는 가족병이라 불리기도 한다. 이로 인해서 치매환자를 돌보던 가족이 극단적인 선택을 한 안타까운 사례가 간혹 뉴스에 보도되기도 한다.

치매란 사람이 어리석게 되고 폭력적이 되며 주위에 피해를 주는 질병이라는 부정적 인식으로 인해 본인이나 가족의 치매질환을 숨기는 경우도 많다. 치매에 대한 이러한 부정적 인식을 불식하고자 일본에서는 2004년에 미치고 어리석다는 의미를 지닌 치매(痴呆, 미치고 어리석을 痴; 어리석을 呆)라는 명칭을 '인지증'으로 변경하기도 하였다.

2018년 말 기준 우리나라 60세 이상 추정 치매환자 수는 77만 1203명이지만, 치매안심통합관리시스템(ANSYS) 등록 치매환자 수는 34만 3857명으로 등록률이 44.6%에 그쳤다. 치매 추정 노인의 절반 이상이 진단조차 받지 못하거나 의료기관에서 정기적으로 치료를 받지 못하고 단순보호 또는 방치상태에 있음을 알 수 있다(보건복지부 · 중앙치매센터, 2020).

치매환자의 등록률이 낮은 데에는 치매가 노인이면 당연히 겪게 되는 노화현상이므로 치료가 불가능하다고 여기거나 살날이 얼마 남지 않은 노인이므로 치료할 가치가 없다고 여기는 인식이 한몫했을 가능성이 있다. 실제로 65세 이상 노인 가운데 '나이가 들면 누구나 치매가 걸린다'고 잘못 알고 있는 경우가 40.5%이고, '치매는 치료가 불가능하다'

고 잘못 알고 있는 경우가 60.5%나 된다(서울대학교병원, 2008). 그러나 치매는 조기에 발견해서 치료하고 관리하면, 개인적인 차이는 있겠지만, 진행을 지연시킬 수 있으며 자립적인 생활을 할 수도 있고 자립생활의 기간을 오래 유지할 수도 있다. 그렇게 될 때 치매환자를 돌보는 가족은 돌봄 시간을 크게 줄일 수 있으며 그 시간을 다른 데 투자하거나 자신을 위한 시간으로 쓰는 여유를 가질 수 있다.

조기발견과 조기치료를 통해 치매 발병을 5년 정도 지연시킬 경우 그렇지 못한 경우에 비해 20년 후의 치매환자 비율은 57% 수준으로 낮아질 수 있다(John, Dear, & Burgess, 2005). 또 치매를 조기에 발견하여 치료한다면 비용도 크게 절감할 수 있다. 〈표 5-12〉에는 치매 중증도에 따른 관리비용이 제시되어 있는데, 경도치매에 비해 중증치매를 관리하는 데 드는 비용이 두 배가량이라는 것을 알 수 있다. 이런 결과들은 조기발견과 조기치료를 통해 유병률을 낮추고 치매가 중증이 되지 않도록 방지하는 것이 환자와 가족의 삶의 질을 높일 뿐만 아니라 사회경제적 비용도 크게 절감할 수 있다는 것을 보여준다.

〈표 5-12〉 치매 중증도별 치매환자 1인당 연간 관리비용

(단위: 만 원)

중증도	2010년 기준 관리비용	총 관리비용의 중증도별 상대가중치[1)]	2018년 관리비용[2)]
최경도	1,351	0.730	1,491
경도	1,584	0.856	1,748
증등도	2,341	1.265	2,583
중증	2,902	1.568	3,202

산출: 1) 총 관리비용의 중증도별 상대가중치 = 2010년 기준 관리비용/1,851만원

2) 2018년 관리비용 = 총 관리비용의 증증도별 상대가중치×2,042원

출처: 보건복지부, 분당서울대병원(2011)의 치매노인실태조사를 바탕으로 중앙치매센터 재산출.

치매는 이처럼 조기발견 및 치료 · 관리가 중요한데, 치매노인을 돌보는 간병인들조차 절반가량은 자신이 돌보는 환자가 치매라고 생각하지 않는 것으로 조사되었다(보건복지가족부, 2008). 이는 치매환자들이 적절한 보호와 의료서비스를 받지 못하고 있다는 것을 의미한다.

치매의 조기발견을 위해 우리나라에서는 만 60세 이상이면 누구나 거주지 보건소 내

에 있는 치매안심센터에 방문하여 무료로 연1회 치매 조기검진을 받아볼 수 있게 하고 있다. 이 조기검진은 세 단계로 나누어진다. 처음에는 인지저하를 알아보는 판별검사를 하고, 여기서 인지저하가 나타나면 두 번째 단계에서 전문의가 신경인지검사를 통해 치매 여부를 판단하며, 여기서 치매 진단을 받으면 협력병원으로 연계하여 치매의 원인을 알아내기 위한 감별진단을 시행한다. 2019년 국민건강보험공단 건강검진 수검대상자 중 검진을 받은 수검자 비율은 62.6%이고 그중에서 인지저하를 보인 비율은 검진자의 12.5%인 것으로 조사되었다(보건복지부, 중앙치매센터, 2020).

7) 치매노인의 가족과 보호자

(1) 보호자의 역할

보호자는 치매 증상을 관리할 때 환자가 가능하면 오랫동안 독립성을 유지할 수 있도록 환자의 능력을 최대화해 주는 행동기법을 사용할 필요가 있다. 이러한 행동기법은 환자의 독립성을 유지함으로써 보호자의 부담을 줄이는 데 목표가 있다. 예를 들어, 옷 입는 과정에서 단계별로 단서를 주면서 지도해 주고 이 단계들을 완수하면 칭찬과 관심이라는 긍정적 보상을 준다. 또 다른 행동기법은 모델링인데, 보호자가 바람직한 행동(예: 컵에 물 따르기)을 시범으로 보여 주고 환자가 보고 따라 할 수 있게 하는 방법이다. 이 경우에도 환자가 학습(더 정확하게는 재학습)한 행동을 유지하게 하려면 정적 강화를 주는 것이 도움이 된다. 이렇게 하면 보호자가 할 일이 좀 줄어들고, 환자도 이런 과제들을 남한테 완전히 내맡기기보다는 능동적으로 수행하는 데서 인지적 자극을 받게 된다.

보호자는 또 환자의 바람직하지 못한 행동(배회하거나 공격적 행동을 하는 등)을 없애거나 그러한 행동의 빈도를 줄이는 행동전략을 사용할 수도 있다. 이 전략을 사용할 때 때로는 문제행동을 무시해야 할 경우도 있는데, 문제행동에 관심이라는 강화를 주지 않으면 환자가 앞으로 그 행동을 할 가능성이 줄어들 것이기 때문이다. 그러나 배회(wandering) 같은 행동에 대해서는 더 적극적인 전략이 필요할 수도 있다. 배회하지 않는 행동에 정적 강화를 줄 수도 있겠으나 이것만으로는 충분하지 않을 수 있고 문과 복도 등에 보호장치를 설치하는 등 추가적인 예방조치를 취할 필요가 있을 것이다.

보호자는 환자가 가능하면 정해진 일과에 따라 생활하도록 해야 한다. 이렇게 일상생활의 활동들을 규칙적인 루틴에 따라 구조화하면 환자에게 매일 어떤 시간에 어떤 행동을 해야 하는지에 대한 단서를 제공해 줄 수 있다.

보호자는 환자가 어떤 상황(예: 목욕, 자동차 탑승)에서 특히 문제행동을 보이는지 파악하는 것이 중요하다. 상황의 어떤 측면이 환자가 그런 행동을 하게 만드는지 알아내고 그에 맞춰 상황을 수정함으로써 문제를 해결할 수 있기 때문이다. 예를 들어, 목욕할 때 문제가 발생하면 환자가 사람들 앞에서 옷을 벗는 데 대한 경계심을 갖지 않도록 수건 대신 목욕가운을 주는 것과 같은 간단한 변화를 통해 문제가 해결될 수도 있다.

보호자들은 또 치매가 어떤 식으로 진행되는지에 대해 알아둘 필요가 있다. 요양원의 중증 치매환자 300여 명을 대상으로 한 연구는 치료 담당자들이 치매의 경과와 예후를 충분히 이해하고 있는 경우에는 급식 튜브와 같은 인위적 개입이 거의 사용되지 않았다고 보고하였다(Mitchell et al., 2009).

(2) 보호자 지원 서비스

치매는 환자 자신만이 아니라 가족에게도 크게 영향을 끼친다. 치매환자를 돌보는 보호자(caregiver) 역할은 보통 가족이 담당하는데, 환자의 끊임없는 요구에 대응하는 과정에서 심각한 심리적 · 신체적 어려움을 겪게 된다. 보호자들이 환자의 일상을 관리하면서 겪는 스트레스를 **보호자 부담**(caregiver burden)이라 부른다. 병이 진행됨에 따라 보호자는 환자가 밥 먹고 옷 입고 화장실에 가는 등의 기초적인 신변처리까지 도와주어야 한다. 그러다 보면 시간이 흐를수록 보호자 자신의 건강에도 문제가 생기고 그로 인해 환자를 집에서 돌보기가 점점 더 어려워질 수 있다.

치매환자의 보호자들은 보통 사람들보다 건강문제, 우울증, 스트레스 등을 더 많이 겪는다. 예를 들어, 아픈 배우자를 돌보는 아내들에 비해 치매 부모를 돌보는 딸들에게 심혈관계 질환 발병률이 훨씬 더 높은 것으로 나타난다(King et al., 2002). 23개 연구를 종합한 자료를 보면 치매환자의 보호자는 보통 사람들보다 면역항체 반응이 15% 정도 낮고 스트레스 호르몬은 23% 더 높다(Vitaliano et al., 2003). 293개 연구를 종합한 또 다른 자료는 만성적 스트레스가 면역체계 손상을 초래한다는 것을 보여 주고 있다(Segerstrom & Miller, 2004). 또한 치매환자 보호자의 상당수(75%)는 우울 증상을 경험하며 삶의 만족도도 낮다(김수영 외, 2004). 치매노인 보호자의 부양스트레스는 자살생각으로 이어질 수도 있는데(김원경, 2014), 보호자의 32.6%가 부양스트레스로 인해 최근 1년간 자살생각을 한 적이 있다는 결과가 보고되기도 하였다(정화철, 2017).

보호자가 환자를 돌보면서 받는 스트레스를 줄이기 위한 중재 기법들이 사용되고 있는데 보호자에게 제공되는 이러한 중재는 보호자들이 일상생활에서 느끼는 부담과 좌절감을 줄이는 데 도움이 될 뿐만 아니라 궁극적으로는 환자에게도 도움이 된다(Callahan et al., 2006).

치매환자의 가족, 특히 보호자의 건강 악화는 노인학대로 이어질 수도 있다. 이들을 지원하기 위한 지역사회 서비스가 필요한 이유이다. 우리나라에서는 「치매관리법」에 의거하여 전국에 설립된 치매안심센터를 통해 치매환자의 보호자가 겪는 돌봄 부담을 경감하기 위한 각종 서비스를 제공하고 있다. 치매환자 돌봄 정보 및 치매지원서비스 등을 안내하기도 하고, 치매 및 환자돌봄에 대한 치매환자 가족의 이해와 돌봄역량을 증진하기 위해 가족교실을 운영하기도 하며, 치매환자 가족이 정기적 자조모임을 통해 정서 및 정보교류를 할 수 있도록 지원하거나 힐링 프로그램, 치매가족 카페를 운영하기도 한다. 미국에서는 알츠하이머협회(Alzheimer's Association) 같은 국가기관의 지부들이 치매환자의 가족과 보호자들을 지원하는 다양한 지역사회 서비스를 제공하고 있다. 보호자들은 이러한 서비스를 통해 보호자 역할이 초래하는 정서적 스트레스에 대처하는 방법뿐만 아니라 환자의 독립성을 증진하고 문제행동을 감소시키는 방법을 배울 수 있다.

치매환자의 보호자들이 스스로 자신의 건강을 돌보기 위해 노력하는 것도 중요하다. 미국노화연구소(National Institute of Aging, 2009)는 보호자들이 자신을 돌보기 위해 염두에 두어야 할 사항들을 다음과 같이 제시하였다.

- 필요할 때 도움을 청한다.
- 보호자 지원 단체에 가입한다.
- 매일 일정한 휴식 시간을 가진다.
- 친구를 만나는 데 시간을 할애한다.
- 취미생활을 한다.
- 건강한 음식을 먹는다.
- 최대한 운동을 많이 한다.
- 정기검진을 받는다.
- 자신의 건강, 법과 재정 관련 정보를 최신 내용으로 업데이트한다.

생각상자 5-5.

임상전문가들이 치매처럼 보이는 장애들을 진단할 때 오류를 피하려면 어떻게 해야 할까?

8) 치매 예방을 위하여

최상의 치료는 예방이고 치매도 예외가 아니다. OECD 주요 국가들은 2001년부터 국가치매관리계획을 수립하여 치매의 예방과 치료에 많은 노력을 기울이고 있다. 우리나라에서도 치매환자가 급속히 증가하고 치매로 인한 사회경제적 비용 문제가 심각해지면서 국가 차원의 대응이 이루어지고 있다. 2008년에 국가치매관리종합계획을 수립하였고, 2011년에 「치매관리법」을 제정하였으며, 2014년 7월에는 노인장기요양보험 요양등급에 치매특별등급을 포함시키는 등 치매관리사업을 확대하고 있다. 2017년 9월에는 치매국가책임제 시행과 함께 전국 각 지역 보건소 내에 치매안심센터를 설치하여 치매조기검진, 치매예방관리, 치매환자쉼터, 치매지원서비스, 치매가족 및 보호자 지원, 치매인식 개선 및 교육홍보, 치매안심마을 등의 사업을 운영하고 있다. 또 치매 치료관리비 지원사업을 운영하고 있으며, 전국 광역지자체 단위의 국공립 대학병원 중심으로 17개의 광역 치매센터를 설치하여 운영하고 있다(보건복지부, 2020).

국민이 치매에 대한 올바른 정보와 인식을 바탕으로 치매를 효과적으로 예방하고 관리할 수 있도록 보건복지가족부는 2008년 치매 예방 10대 수칙을 발표하였다. 이 수칙은 손을 적극적으로 사용하기, 금연하기, 과도한 음주 피하기, 건강한 식습관 갖기, 치매가 의심되면 보건소에 찾아가기, 치매 치료는 가능한 한 빨리 시작하고 꾸준히 하기 등 생활 속에서 실천할 수 있는 사항 10가지로 구성되어 있다(〈표 5-13〉).

〈표 5-13〉 치매의 예방 및 관리

1. 손을 바쁘게 움직이자.
   손은 가장 효율적으로 뇌를 자극할 수 있는 장치이다. 손놀림이 많은 동작이나 놀이를 자주 하자.
2. 머리를 쓰자.
   활발한 두뇌활동은 치매 발병과 진행을 늦추고 증상을 호전시킨다. 두뇌가 활발히 움직이도록 기억하고 배우는 습관을 갖자.
3. 담배는 당신의 뇌도 태운다.
   흡연은 만병의 근원으로 뇌 건강에 해롭다. 담배를 피우면 안 피우는 경우와 비교해 치매에 걸릴 위험이 상당히 크다.

4. 과도한 음주는 당신의 뇌를 삼킨다.
   과도한 음주는 뇌세포를 파괴해 기억력을 감퇴시키고, 치매의 원인인 고혈압, 당뇨병 등의 발생 위험을 높인다.
5. 건강한 식습관이 건강한 뇌를 만든다.
   짜고 매운 음식은 치매의 원인이 되는 고혈압, 당뇨병 등의 발생 위험을 높인다. 현대인의 입맛은 짜고 매운 음식에 길들어 있으므로 조금 싱겁게 먹는 습관을 갖도록 하자.
   신선한 채소와 과일, 특히 호두, 잣 등 견과류는 뇌 기능에 좋으므로 이러한 식품을 적당히 섭취하자.
6. 몸을 움직여야 뇌도 건강하다.
   적절한 운동은 신체적 · 정신적 건강에 좋다. 적절한 운동은 치매의 원인이 되는 고혈압, 당뇨병, 고지혈증 등을 예방하고 증상을 호전시킨다. 일주일에 2회 이상, 30분이 넘게 땀이 날 정도로 운동을 하자.
7. 사람들과 만나고 어울리자.
   우울증이 있으면 치매에 걸릴 위험이 매우 커진다. 봉사활동이나 취미활동 등에 적극적으로 참여하고, 혼자 있지 말고 사람들과 어울려 우울증과 외로움을 피하자.
8. 치매가 의심되면 보건소에 가자.
   60세 이상 노인은 보건소에서 무료로 치매 조기검진을 받을 수 있다. 치매가 의심되면 가까운 보건소에 가서 상담을 받자. 전국의 보건소에서는 치매상담센터를 설치하여 치매노인 등에 대해 상담과 필요한 각종 지원을 하고 있다.
9. 치매에 걸리면 가능하면 빨리 치료를 시작하자.
   치매 초기에는 치료 가능성이 크고 중증으로 가는 것을 방지할 수 있다. 따라서 치매는 가능하면 빨리 발견하여 치료하는 것이 중요하다.
10. 치매 치료 · 관리는 꾸준히 하자.
   치매 치료의 효과가 금방 눈에 보이지 않는다고 할지라도 치료 · 관리를 안 하고 방치하면 뇌가 망가져 돌이킬 수 없다. 꾸준히 관리하자.

출처: 보건복지가족부(2008).

2014년에는 국가치매관리위원회가 치매예방 10대 수칙을 대신할 '치매예방수칙 3 · 3 · 3'을 마련하였고 지자체 보건소와 노인복지관 등을 통해 보급하고 있다. 이 수칙은 사람들이 일상에서 좀 더 쉽게 실천할 수 있는 예방법으로서 3가지를 즐기고, 3가지를 참고, 3가지를 챙기라는 3권(勸) · 3금(禁) · 3행(行)을 제시하였다.

- 3권(勸): 일주일에 3번 이상 걷기, 부지런히 읽고 쓰기, 생선과 채소 골고루 먹기
- 3금(禁): 술 적게 마시기, 금연하기, 머리 다치지 않도록 조심하기
- 3행(行): 정기적으로 건강검진 받기, 가족 · 친구들과 자주 소통하기, 매년 치매 조기 검진받기

국가치매관리위원회는 이 수칙과 함께 치매 예방 운동법도 발표하였는데, 운동하기 어려운 60대 이상 노인에게 도움을 줄 수 있도록 손과 안면근육을 사용해 뇌신경을 자극하고 인지기능을 활성화하는 뇌신경 체조와 가벼운 체조인 치매 예방 체조로 구성되어 있다. 이 위원회는 또 젊을 때부터 치매 위험을 줄일 수 있도록 세대별 치매 예방 액션플랜도 제시하였다.

- 청년기: 하루에 세 끼를 꼭 챙겨 먹고, 평생 취미로 할 운동을 한 가지 배우며, 머리를 다치지 않게 조심한다.
- 장년기: 고혈압 등 생활습관병을 꾸준히 예방 · 관리하고 우울증이 의심되면 적극적으로 치료받는다.
- 노년기: 매일 치매 예방 체조를 하고 해마다 치매 조기검진을 받는다.

우리나라는 치매에 대한 우리 사회의 부정적 인식을 개선하고 치매 공감대를 형성하기 위하여 2008년부터 9월 21일을 법정기념일 '치매 극복의 날'로 지정하여 다양한 행사를 매년 진행하고 있다. 9월 21일은 국제 알츠하이머 협회에서 세계 알츠하이머의 날로 지정한 날이기도 하다.

제 6 장

주의와 기억의 노화

1. 처리속도와 주의

2. 기억

3. 기억의 노화에 영향을 미치는 요인

4. 노년기의 기억력 증진을 위하여

제 6 장

주의와 기억의 노화

학습, 기억, 문제해결 및 지식습득과 같은 인지능력은 자기 자신과 세상을 이해하고 그에 적응하는 데 기본이 되는 능력이다. 이 장과 다음 장에서는 노년기의 인지기능에 대해 알아보기로 한다. **인지**(cognition)는 성인발달과 노화 분야에서 중요한 위치를 차지하는 주제다. 연령에 따른 인지능력의 변화는 이론적 · 과학적 관심사일 뿐 아니라 직장 일에서 운전과 여가활동에 이르기까지 일상생활의 대다수 상황에서 실제적인 영향력을 갖기 때문이다.

중년 성인들은 기억력 감퇴 등 나이 든 징후가 분명히 드러나는('senior moment'라 불리는) 시점을 맞닥뜨리게 되는 것에 대해 뿌리 깊은 불안을 느끼고 있다. 그러한 불안은 과연 어느 정도 근거가 있는 것일까? 나이가 들면 정보처리속도와 기억력이 일정 정도 떨어지는 것이 사실이다. 그러나 연령에 따른 변화가 무조건 부정적인 것만은 아니다. 게다가 기억의 변화를 보상할 수 있는 방법도 여럿 있다.

이 장에서는 정보처리의 초기 과정인 주의와 그 이후의 기억이 연령에 따라 어떤 변화를 보이는지, 이러한 변화에 어떤 요인들이 영향을 미치는지 그리고 기억증진에 도움이 되는 방법에 어떤 것들이 있는지 알아보기로 한다.

1. 처리속도와 주의

우리는 어떻게 학습하고 기억하고 생각하는가? 정보처리 접근에서는 인간이 자극을 처리하는 방식을 컴퓨터의 작동방식에 빗대어 설명한다. 경험에서 비롯된 '데이터'가 다양한 감각 경로를 거쳐 뇌로 들어와서 일련의 분석단계를 거친다고 본다. 뇌는 컴퓨터처럼 정보를 저장하거나 아니면 즉시 사용할 수 있도록 준비한다. 성인기의 정보처리에 관한 연구들은 노화가 진행되면서 정보처리의 어떤 영역(예: 주의, 작업기억, 장기기억)에 변화가 나타나는지, 이러한 변화는 어떻게 설명될 수 있으며 실생활에 어떤 시사점을 갖는지 밝히기 위해 노력하고 있다.

모든 기억은 보고 듣고 손으로 느끼는 것과 같은 감각자극에서 출발한다. 정보처리의 첫 단계인 **감각기억**은 관찰 가능한 환경 속에 존재하는 거의 모든 정보를 매우 빠른 속도로 받아들인다. 감각기억에는 매우 짧은 순간 동안이지만 많은 정보가 머무르는 데 반해, 그다음 단계인 **작업기억**은 한 번에 적은 양의 정보만을 처리할 수 있다. 작업기억은 용량이 제한되어 있기 때문이다. 즉, 우리는 감각기억에 들어온 대량의 정보 가운데 일부 정보에만 선택적으로 주의를 기울이며 이 정보들만이 작업기억으로 넘어간다. 여러분은 100원짜리 또는 50원짜리 동전의 한쪽 면에 어떤 문양이 있는지 분명하게 기억하는가? (답: 이순신 장군, 벼) 동전에 새겨진 문양에 대한 정보가 기억나지 않는다면 그 이유는 여러분이 지금까지 동전을 수없이 많이 보았고 동전의 문양에 대한 정보를 감각기억에서 반복적으로 처리했으나 그 정보에 제대로 주의를 기울이지는 않았기 때문이다. 전형적으로 감각기억은 연령에 따른 차이를 보이지 않는다(Poon & Fozard, 1978). 그러나 감각기억에 적용되는 **주의** 과정은 뚜렷한 연령차를 보인다.

1) 처리속도

처리속도는 감각기억이나 주의 같은 정보처리의 초기 과정이 얼마나 효율적으로 빠르게 진행되고 완료되는지를 나타낸다. 나이가 들수록 감각기관으로부터 들어오는 정보를 분석하고 이를 바탕으로 결정을 내리고 반응을 준비하는 데 시간이 더 많이 걸린다. **역행차폐**(backward masking) 기법을 사용한 연구를 예로 들어 보자. 이들 연구에서는 참가자들에게 목표자극을 매우 짧은 시간 보여 준 다음 곧바로 차폐하고 방금 본 자극이 무엇이었는지 물어본다. 목표자극과 차폐 사이의 간격을 여러 가지로 변화시켜서 각각의 경우에 차폐가 목표자극의 처리를 어느 정도 방해하는지를 평가한다. 이런 연구들은 노인들이 차폐의 방해를 받지 않고 목표자극을 정확하게 알아볼 수 있기 위해서는 젊은 성인들보다 목표자극과 차폐 사이의 시간 간격이 더 길어야 한다는 것을 발견하였다(Kline & Schieber, 1985).

처리속도를 측정하는 데에는 보통 반응시간 과제를 사용한다. 이 과제를 사용하는 연구에서는 피험자에게 컴퓨터 스크린에 제시되는 자극들을 지켜보다가 목표자극이 나타나면 반응을 하라고 지시하고, 각 반응에 걸리는 시간을 측정한다. 반응의 유형으로는 단순반응, 선택반응 그리고 복합반응이 있다.

단순반응은 전구에 불이 들어오면 최대한 빨리 버튼을 누르는 것과 같이 하나의 자극에 대해 보이는 반응이다. 단순반응시간은 결정시간과 운동시간으로 나뉘는데, 결정시간은 자극 개시로부터 옳은 반응을 시작하기까지 소요되는 시간이고 운동시간은 반응을 완결하는 데 필요한 시간이다. 결정시간은 연령에 따라 뚜렷하게 차이가 있으나 운동시간은 연령차가 그다지 크지 않은 경향이 있다.

자극이 하나 이상 주어지고 각 자극에 대해 다른 반응을 하는 것이 **선택반응**이다. 가령 빨간 전구가 켜지면 왼쪽 버튼을, 파란 전구가 켜지면 오른쪽 버튼을 누르는 것이다. 이 과제를 잘하려면 자극들을 정확하게 구분하는 것이 중요한데, 여러 연구의 결과는 노인이 젊은 성인보다 선택반응을 하는 데 시간이 더 많이 걸린다는 것을 보여 준다(예: Salthouse & Somberg, 1982; Strayer, Wickens, & Braune, 1987).

복합반응은 언제 어떤 반응을 해야 할지를 결정하는 것으로, 말 그대로 가장 난이도가 높다. 적절한 예로 자동차 운전을 들 수 있다. 운전을 하는 동안에는 자극의 수가 매우 많고 그에 따라 반응의 범위도 매우 넓다. 가령, 고속도로에서 운전하고 있는데 오른쪽에서 다른 차가 추월하려 한다고 상상해 보자. 브레이크를 밟을까? 뒤차와의 차간거리가 충분한가? 앞차와의 차간거리나 각 차의 주행속도로 볼 때 오히려 액셀을 밟아서 앞서 나가는 것이 더 안전할까? 마침 왼쪽 차선이 비어 있고 곧 좌회전을 해야 하니 이참에 차선 변경을 하는 게 더 나을까? 복합반응 과제를 사용하는 연구들은 과제가 어려울수록 연령차가 더 크게 나타난다는 것을 보여 준다(Cerella, Poon, & Williams, 1980). 다시 말해, 노인은 상황이 복잡해질수록 신속하게 반응하기가 더 어려워진다.

젊은 성인은 노인보다 반응속도가 얼마나 더 빠르며, 어떤 상황에서 더 빠른가? 실험실 연구에서 다루는 반응시간 차이는 수백 msec 정도에 불과하며, 이는 일상생활에서라면 알아채기도 어려운 정도이다. 하지만 노화와 반응속도의 관계를 천착하고 있는 연구자에게는 이 정도의 차이도 중요한 의미를 갖는다. 반응속도는 나이가 들면서 변동성이 점차 증가하지만, 결국에는 조금씩 느려지는 부정적인 방향으로 진행된다(Deary & Der, 2005). 이 분야의 실험실 연구들을 보면, 나이 많은 사람은 정보가 애매하고 불확실할수록 반응속도가 더 느려진다(Gottsdanker, 1982; Stelmach, Goggin, & Garcia-Colera, 1987). 연령에 따른 반응시간 차이는 정보가 불확실할수록 더욱 커진다는 것이다. 따라서 나이 든 사람들은 운전 중 예기치 못한 돌발사태가 발생하는 것과 같이 분명한 정보가 미리 제시되지 않는 긴급상황에 처할 때 반응이 더 느려지고, 그 결과 교통사고를 당할 위험이 한층 더 커질 수 있다.

연령에 따라 반응시간이 증가하는 패턴은 **Brinley 플롯**에서 분명하게 볼 수 있다([그림 6-1]). Brinley 플롯은 젊은 성인의 반응시간을 X축에, 노인의 반응시간을 Y축에 각각 표기한 그림으로서 이 두 집단의 반응시간을 비교해 볼 수 있게 해 준다. [그림 6-1]에서 점선은 노인과 젊은 성인의 수행이 똑같다고 가정한 경우의 반응시간이고 실선은 실제 반응시간을 나타낸다. 반응시간에 연령차가 없다면 두 집단의 반응시간 증가량이 일치할 것이다. 그러나 [그림 6-1]에서 볼 수 있듯이 쉬운 과제는 노인도 젊은 성인만큼 빨리 끝마칠 수 있으나(500ms), 젊은 성인들도 상당한 시간(1,000ms)이 걸려야 해결할 수 있는 어려운 과제라면 노인들은 시간이 훨씬 더 많이 걸린다(1,500~2,000ms).

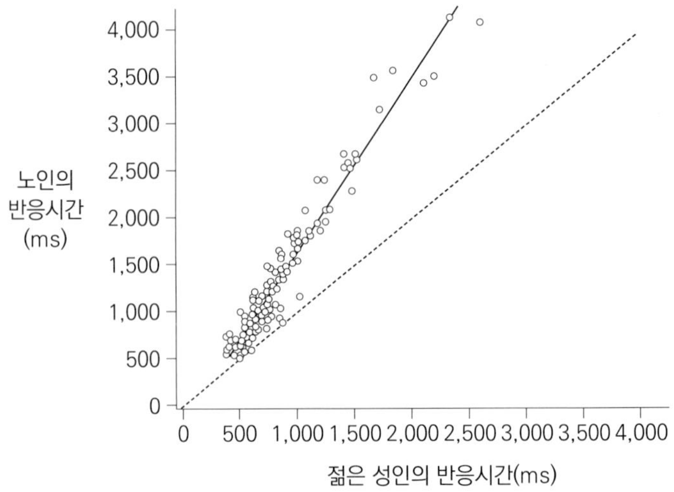

[그림 6-1] Brinley 플롯

출처: Sliwinski & Hall (1998).

나이가 들면서 반응속도가 느려지는 이유는 무엇인가? **전반적 속도저하 가설**(general slowing hypothesis)에 따르면 나이가 들수록 반응하는 데 시간이 더 걸리는 것은 신경계의 정보처리속도가 전반적으로 느려지기 때문이다(Salthouse, 1996). 나이가 듦에 따라 중추신경 과정이 느려지고, 그 결과 과제가 복잡해질수록 처리자원이 점점 한계에 도달하게 되어 처리속도의 연령차가 더욱 커지게 된다는 것이다[연령-복잡성 가설(age-complexity hypothesis)].

전반적 속도저하 가설은 성인기의 반응시간에 관한 연구들이 내놓은 방대한 자료와 일치한다. 이 가설은 반응시간의 연령차를 초래하는 원인으로 정보처리의 특정 단계나 요소를 지목하지는 않는다. 다만 노인들이 젊은 성인들보다 더 느리다는 점을 지적한다.

2) 주의

주의는 경험의 어느 한 부분에 집중하고 다른 부분들은 무시하는 능력, 상황의 요구에 따라 초점을 변경할 수 있는 능력, 여러 출처의 정보를 통합할 수 있는 능력 등을 포함한다. 우리가 어떤 정보에 기억이나 문제해결 등에 필요한 인지적 조작을 할 수 있으려면 일단 그 정보에 주의를 기울여야 한다.

주의력 결핍 장애가 있는 사람들은 주의의 문제로 인해 새로운 정보를 학습하거나 한 번에 한 가지 이상의 과제를 수행하기가 어렵다. 정상 노화 과정에서도 이와 유사한 주의력 결핍이 나타날 수 있는데, 노인들이 짧은 시간 내에 복잡한 과제를 해야 할 때 특히 주의의 문제가 발생하기 쉽다.

노화와 주의의 관계를 살펴본 연구들은 나이가 들수록 주의 과정을 사용하는 능률이 떨어진다는 것을 보여 준다. 이 연구들은 흔히 **시각검색 과제**를 사용하는데, 이는 주의를 흩뜨리는 방해자극들 중에서 목표자극을 발견해 내는 과제로서 대개는 자극판을 제시하고 그중에서 특정 문자를 찾아내게 한다. **단순 시각검색**에서는 목표자극이 방해자극과 한 가지 특징에서만 차이가 있다. 예를 들어, 목표자극은 빨간 원이고 방해자극은 모두 파란 원이다. 피험자들은 여러 시행을 거치면서 매우 빠른 속도로 높은 수준의 수행에 도달한다. 즉, 방해자극의 수와 관계없이 목표자극을 매우 손쉽게 찾아낸다. **결합 시각검색**에서는 목표자극이 방해자극과 두 가지 이상의 특징에서 차이가 있다. 예를 들어, 목표자극이 빨간 원일 때 방해자극은 빨간 사각형과 파란 원이다.

단순 시각검색은 병렬처리에 의존한다. 즉, 전체 자극판을 한꺼번에 보고 목표자극이 갖는 한 가지 특징을 찾는다. 단순 시각검색 과제에서 노인은 젊은 성인과 비슷한 수준의 수행을 보이며 두 집단 모두 목표자극을 신속하고 정확하게 찾아낸다(Whiting, Madden, Pierce, & Allen, 2005). 결합 시각검색은 정보를 순차적으로 처리해야 하므로 시간이 더 오래 걸린다. 노인과 젊은 성인 모두 단순 시각검색보다 결합 시각검색 과제에서 수행 수준이 더 낮지만, 노인들이 두 과제의 수행 수준에서 차이가 더 크게 나타난다(Madden, Pierce, & Allen, 1996).

그러나 노인들은 실생활에서 다양한 결정을 해 본 경험이 있으므로 실험실보다는 일상생활 장면에서 과제 해결에 필요한 정보를 더 잘 검색할 수 있다. 검색 과제를 할 때 일상생활에서처럼 맥락을 제공하면 노인들이 젊은 성인들보다 배경단서를 더 효율적으로 활용하였다(Neider & Kramer, 2011). 더욱이 노인들도 연습을 하면 매우 어려운 결합 검색도 할 수 있었다(Neider, Boot, & Kramer, 2010).

주의 연구에서 많이 다루는 또 하나의 주요 주제는 여러 자극을 동시에 처리하는 '멀티태스킹'이다. 일상생활에서는 두 가지 이상의 일을 동시에 해야 할 경우가 많다. 강의를 들으면서 노트 필기를 하고, 운전하면서 옆 사람과 대화를 하기도 한다. 멀티태스킹을 하면 거의 누구나 수행의 질이 떨어지지만, 나이가 들수록 멀티태스킹으로 인한 수행의 질 저하가 더욱 심해진다(Kramer & Madden, 2008).

주의의 연령차는 과제가 복잡할수록 크게 나타난다(Salthouse, Fristoe, Lineweaver, & Coon, 1995). 과제가 비교적 쉬울 때는 성인 대부분이 여러 과제를 동시에 수행할 수 있다. 과제가 어려울 때는 노인뿐만 아니라 젊은 성인들도 한꺼번에 여러 과제를 해내기가 어렵지만, 노인이 타격을 더 크게 받는다. 연령에 따른 주의력 감퇴는 과제의 복잡성에 좌우된다. 즉, 여러 개의 복잡한 과제를 동시에 수행해야 할 때만 연령에 따른 차이가 나타난다(Plude & Doussard-Roosevelt, 1990). 단순한 과제에서는 연령차가 없거나 적다.

주의의 연령차를 알아보는 데에는 **주의지속**(sustained attention) 과제도 많이 사용된다. 이는 연구에 참여한 사람들이 연속으로 제시되는 자극들 중에서 목표자극을 발견하면 반응하는 과제이다. 이 과제를 할 때는 비디오게임을 할 때와 유사하게 끊임없이 변화하는 자극을 지속적으로 살펴보아야 한다. 어떤 조건에서는 목표자극이 나타나기 직전에 그 자극이 어디에 나타날 것인지 단서를 제공해 주기도 한다. 노인들은 이러한 주의지속 과제에서 젊은 성인들보다 수행 수준이 더 낮다(Dennis, Daselaar, & Cabeza, 2007).

그렇지만 주의와 노화에 관한 연구들은 나이가 든다고 해서 모든 능력이 감소하지는 않는다는 것을 보여 주었다. 예를 들어, 노인들은 대부분이 시각정보를 처리하는 속도가 느리지만, 특정 시각자극이 제시되었던 위치정보의 경우에는 오히려 젊은 성인들보다 더 잘 기억하기도 한다(Kramer et al., 2006). 또 건강한 노인들은 연습을 통해 젊은 성인들과는 다른 뇌 부위를 활성화함으로써 스트룹(Stroop) 과제의 수행 수준을 젊은 성인과 유사한 수준으로까지 높일 수 있다(Schulte et al., 2009). 이러한 결과는 나이가 들어도 뇌가 여전히 가소성을 가지고 있다는 것을 보여 준다.

3) 주의의 연령차에 대한 설명

주의의 연령차는 어떻게 설명할 수 있는가? 두 가지 설명이 가능하다. 첫째, **주의자원 이론**은 주의가 인지자원을 분배하는 과정이라고 본다. 어떤 자극에 주의를 기울일 때 우리는 그 자극에 일정 수준의 정신적 조작을 한다. 이 이론에 따르면, 노인들의 주의력이 감퇴하는 것은 다양한 과제에서 인지적 조작을 하는 데 사용할 수 있는 에너지를 젊은 성인들보다 적게 가지고 있기 때문이다(Blanchet, Belleville, & Peretz, 2006). 따라서 주의를 거의 요구하지 않는 과제는 노화의 영향을 받지 않지만, 많은 주의를 요구하는 과제에서는 노인들의 수행 수준이 낮을 수밖에 없다고 본다. 그러나 이 이론을 지지하는 경험적 연구는 찾아보기 어렵다(Glisky, 2007).

둘째, **억제결손 가설**(inhibitory deficit hypothesis)은 나이가 들수록 부적절한 정보를 억제하거나 걸러 내기가 어려워진다고 제안한다(Butler & Zacks, 2006). 주의의 주요 특징 중 하나는 자극의 어느 한 요소에 집중하고 나머지는 무시하는 능력인데, 노인들은 주의 과제를 할 때 관련이 없거나 부적절한 정보를 머릿속에서 떨쳐 내지 못하기 때문에 수행 수준이 낮다는 것이다.

억제결손 가설은 심리학적 기법이나 전기생리학적 기법을 사용한 많은 연구로부터 광범위하게 지지를 받았다. 예를 들어, 뇌가 자극을 받으면 보이는 전기활동 반응인 **사건 관련 전위**(event-related potentials: ERPs)를 측정한 연구들은 노인들이 과제를 할 때 주의를 흩뜨리는 방해자극을 잘 차단하지 못한다는 것을 보여 준다. 노인들의 이러한 반응패턴은 이들이 부적절한 정보의 억제를 담당하는 뇌 영역인 전전두피질에 결함이 있음을 시사한다(West & Schwarb, 2006). 젊은 성인들과 노인들에게 무작위 순서로 제시되는 일련의 자극을 관찰하게 하고 EEG 패턴을 측정한 연구에서 노인들은 젊은 성인들에 비해 부적절한 정보를 잘 억제하지 못했고, 그 결과 전두피질의 활동이 증가하였으며 기억수행이 저조하였다(Gazzaley et al., 2008).

억제결손 가설은 중년기와 노년기에는 주의를 흩뜨려 놓는 자극이 최소한으로 존재해야 효율적으로 주의를 기울일 수 있음을 암시한다. 자신이 수행을 얼마나 잘할지에 대한 염려도 주의를 흩뜨리는 방해자극이 될 수 있다. 어떤 컴퓨터 프로그래머가 자신이 예전처럼 자료검색을 빠르게 할 수 없어서 해고당하지 않을까 불안해한다고 가정해 보자. 그런데 이런 걱정을 하는 사람들은 걱정을 하느라 과제에 집중하기가 어려워지고 그러다 보면 정말로 직장을 잃게 되기 쉽다. 이와 유사하게 인지능력의 노화를 걱정하는 사람들은 자신이 '이제 한물갔다는' 생각(정체성 조절)을 할 가능성이 크고, 그 결과 그렇지 않은 사람들에 비해 인지능력이 더 크게 하락하기 쉽다.

그러나 노인들이 주의억제를 전혀 하지 못하는 것은 아니다. 주의억제 연구에서 많이 사용되는 과제인 스트룹 검사는 가령 파란색으로 인쇄된 '노랑'이라는 글자의 색깔을 명명하는 과제인데, 연습을 충분히 하면 노인들도 젊은 성인들만큼 이 검사에서 수행이 향상될 수 있다는 것이 밝혀졌다(Davidson, Zacks, & Williams, 2003). 즉, 어떤 유형의 주의는 연령에 관계없이 증진될 수 있다는 것이다. 덧붙이자면, 스트룹 검사에서 나타나는 연령차는 주의억제의 결손만이 아니라 색채지각의 노화로 일정 부분 설명할 수 있다(Ben-David & Schneider, 2009). 예를 들어, 채도를 낮춘 색깔을 사용한 스트룹 검사에서는 노인과 젊은 성인 간에 수행 차이가 나타나지 않았다(Ben-David & Schneider, 2012).

생각상자 6-1.

노년기의 주의력 문제는 일상생활의 과제들을 수행하는 능력에 어떤 영향을 미치는가?

4) 연습 효과

경험과 훈련은 주의의 연령차를 줄이거나 없앨 수 있다. 즉, 노인이라도 경험과 연습을 통해 주의가 증진될 수 있다. 실제로 한 연구는 노인들과 젊은 성인들 간의 연령차가 훈련을 많이(500~1000번 이상) 받게 했을 때 완전히 사라질 수 있다는 것을 보여 주었다(Rogers, Bertus, & Gilbert, 1994). 실험실 과제에서는 수행이 낮았던 노인들도 항공관제와 같이 직장에서 매일 맞닥뜨리는 상황을 모사하는 과제에서는 설사 그 과제가 복잡한 것이라 할지라도 수행 수준이 높은 것으로 나타났다(Nunes & Kramer, 2009). 교육 수준이 높고 언어 경험이 풍부하면 독서를 할 때 방해자극의 영향을 덜 받을 수 있다는 것을 보여 준 연구도 있다(McGinnis, 2012).

정보는 자동으로 처리되는 경우도 있고, 노력을 들여야만 처리할 수 있는(즉, 경험과 연습을 통해 학습해야 하는) 경우도 있다(Plude & Doussard-Roosevelt, 1990). 오랜 경험과 연습으로 자동화된 처리 과정은 거의 주의를 기울일 필요가 없다. 예를 들어, 자동차 운전을 수년간 해 온 사람들은 운전할 때 스스로 자각하지 못하는 상태에서 액셀을 밟는 강도를 조절한다. 반면에, 운전을 처음 배우는 사람이라면 자신이 처리하고 있는 정보(예:

액셀을 얼마나 세게 밟아야 하는가)를 일일이 자각해야 한다. 이와 마찬가지로 외국어 단어 학습 같은 기억 과제를 제대로 하기 위해서는 노력을 들여야 하며 주의 용량을 총동원해야 한다. 자동 처리는 주의를 최소한으로 요구하므로 연령 효과가 나타나지 않는다. 반면에, 노력이 필요한 처리는 최대한의 주의를 요구한다. 연령차는 바로 이같이 노력을 들여야 하는 처리에서 나타난다.

운전과 노화

연령에 따른 정보처리속도의 변화는 일상생활의 많은 부분에 영향을 미치는데, 그중 한 부분이 운전일 것이다. 자동차 보급이 일반화되고 고령화사회로 접어들면서 65세를 넘은 고령 운전자들이 크게 늘고 있다. 우리나라의 65세 이상 운전면허 소지자는 2001년 36만여 명에서 2015년 229만여 명으로 7배가량 증가하였다(도로교통공단, 2016). 2001년 이후로 전체 운전면허소지자는 3.1% 증가한 데 반해, 65세 이상 고령 운전면허소지자는 14.1% 증가하였다. 전체 운전면허소지자 중 65세 이상 운전면허소지자의 비율도 2001년 1.8%에서 2015년 7.6%로 증가 추세에 있다(도로교통공단, 2016).

고령 운전자의 수가 많아지면서 고령 운전자와 관련된 교통사고도 증가하고 있다. 최근 10년간 고령 운전자 교통사고는 사고 건수(10.7%), 사망자 수(4.7%), 부상자 수(10.4%)가 모두 증가 추세를 보였으며, 2018년도 고령 운전자 사고 건수는 전년 대비 12.3% 증가하였다(도로교통공단, 2019). 경찰청 통계도 유사한 추세를 보였는데, 2002~2012년 사이에 고령 운전자 교통사고 발생 건수는 1.6%에서 6.8%로 증가하였고 사망자 수는 3.6%에서 13.3%로 증가하였다.

2001년에서 2015년까지 발생한 교통사고 통계를 보면, 전체 인구와 노인인구 모두 사망자 수가 감소 추세를 보였으나, 고령 운전자의 교통사고 사망률은 더 젊은 연령대의 운전자들에 비해 월등히 더 높았다. 전체 인구의 사망률은 10만 명당 17.1명에서 9.1명으로 감소하였으나, 노인인구는 10만 명당 44.2명에서 27.4명으로 감소하였다. 더욱이 같은 기간 동안 전체 인구의 부상자 수는 38만여 명에서 35만여 명으로 감소하였으나, 노인인구에서는 부상자 수가 17,033명에서 38,582명으로 오히려 2배 이상 증가한 것으로 나타났다(도로교통공단, 2019).

고령 운전자는 다른 연령층의 운전자들에 비해 교통사고 피해 정도도 더 심각한 것으로 나타난다. 도로교통공단(2019)에 따르면, 2014~2018년 사이에 교통사고로 인한 중상해 사상자는 65세 이상 고령 운전자가 21.4%를 차지해 가장 많았고 다음으로 50대, 40대 순이었다. 사망자는 65세 이상이 40.7%로 다른 연령대에 비해 월등히 더 많았다.

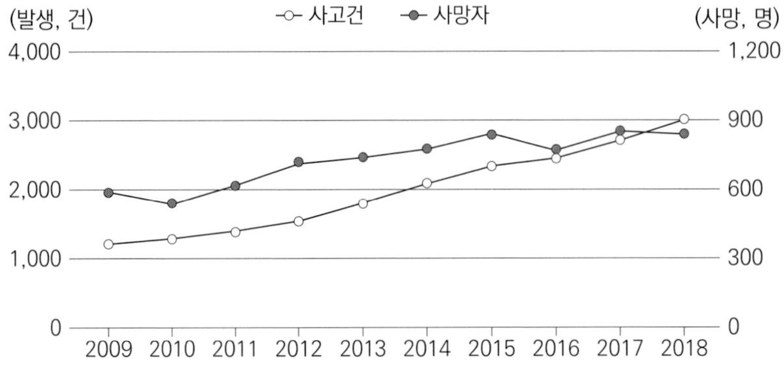

[그림 6-2] 고령 운전자 사고 건수 및 사망자 추세

출처: 도로교통공단(2019).

고령 운전자가 젊은 운전자에 비해 교통사고 발생 위험이 상대적으로 높은 것은 시력과 청력, 반응시간, 운동기능 등이 감퇴하고 속도추정능력, 거리판단능력 등이 떨어지기 때문이다(김동기, 김은미, 2010). 나이가 들면 눈부심이 많아지고 어두운 데서 보기 어려워지는 등 시각체계의 여러 변화로 인해 접근 차량, 교통신호 및 표지판 확인에 문제가 발생할 수 있으며, 청력도 손상되어 접근 차량의 소리를 구별하기도 어려워질 수 있다.

더욱이 운전할 때에는 인지적 판단을 신속히 해야 할 경우가 많은데 노인들은 그렇게 하기가 어렵다. 반응하는 데 많은 시간이 걸리기 때문에 시시각각 변화하는 맥락을 평가하여 그에 적절한 반응을 하기가 대단히 어려운 것이다. 실제로 노인 운전자에 의한 교통사고는 조명시설 등 교통 안전물 설치가 열악한 도시 외곽지역인 지방도에서 빈번하게 발생하며, 가장 많이 발생하는 시간대가 18~20시 사이로 햇빛이 사라지고 어둠이 드리우는 일몰시간대라는 결과가 보고되었다(김경범, 2014).

심장질환, 뇌혈관질환, 당뇨병, 관절염 등 노인들에게 흔히 나타나는 만성질환도 교통사고율을 높이는 원인이 될 수 있다(장성만, 2010). 노인 운전자가 다른 연령층에 비해 약물을 복용할 가능성이 더 크고 약물의 부작용에 더 취약하다는 사실도 고령 운전자의 높은 교통사고율에 일조한다. 65~84세 노인이 벤조디아제핀계 약물을 복용하는 경우 그렇지 않은 경우보다 교통사고가 50% 이상 높고, 삼환계 항우울제를 사용하는 경우 그렇지 않은 경우보다 사고위험이 2배가 더 높은 것으로 밝혀졌다(Ray, Fought, & Decker, 1992).

그러나 노인에게 이동 가능성 확보는 매우 절실한 문제이다. 노화에 따라 활동능력이 저하되는데 이동수단마저 불편하거나 갖추지 못한다면 외부활동과 사회적 접촉 등이 단절되고 말 것이다. 대중교통수단이 여의치 않은 곳에 사는 노인들은 바깥세상과의 연결이 끊어지게 되어 사회적으로 고립되기 쉽다. 이동수단 제한은 노화를 더욱 촉진하게 되고 노인이 행복한 삶을 영위하는 데 방해가 되는 요소가 될 것이다. 활동장애가 있는 노인들도 이동을 가능하게 하는 교통수단은 노후생활 만족과 밀접한 관계가 있다. 노인의 운전면허 취소는 자존심에 상처를 입히며 스스로 쓸모없는 존재라는 인식을 하게 만들 것이다.

이런 문제에도 불구하고, 상당수의 고령 운전자들은 인지 · 지각 능력의 변화를 보상할 수 있는 방향으로 행동과 태도를 적응하는 것처럼 보인다(Vance et al., 2006). 가령, 비가 오면 운전을 하지 않거나, 막히는 길은 피해 가는 등 안전운행을 한다. 실제로 고령 운전자의 교통사고는 신호 위반이나 과속 등 의도된 행동의 결과가 아니라 위험을 지각하고 반응하는 시간이 지연되는 것과 같이 노화에 따른 운전적성 저하와 관련이 있다(김인석, 2008; 장성만, 2010).

고령 운전자들은 연습과 경험을 통해 반응하는 데 걸리는 시간을 줄일 수 있다. 연습은 어느 연령대에서든 정신운동속도를 향상시킨다(Berg, Hertzog, & Hunt, 1982; Plude & Hoyer, 1981; Salthouse & Somberg, 1982). 꾸준한 신체운동도 반응을 빨리 하게 만드는 데 도움이 된다. 노인도 규칙적으로 운동을 하면 늘 앉아 있는 사람에 비해 반응시간이 빨라진다(Baylor & Spirduso, 1988). 또 고령 운전자는 축적된 경험을 토대로 긴급상황에서 어떤 반응을 해야 위기를 벗어날 수 있으며 앞으로 어떤 일이 일어날 것인지 등을 손쉽게 예측할 수 있으므로 느린 반응을 보상할 수 있다(Cavanaugh, 2001).

수명이 길어지면서 고령 운전자의 수가 증가하고 있다. 현재 우리나라에서는 65세 이상 운전자는 5년마다 정기적으로 적성검사를 받게 하고 공단에서 사회교육을 시행하는 것 이외에는 뚜렷한 제도를 찾아보기 힘들고, 노인이 운전하는 차량에 실버마크를 부착하도록 하는 캠페인이 안전대책의 거의 전부라 할 수 있다. 고령 운전자의 교통사고율을 낮출 방안을 마련하는 것이 시급한 과제로 부상하고 있다. 최근 들어 다음과 같은 방안들이 제시되고 있다(성수영, 김상운, 2020). 첫째, 제도적 측면에서는 정부기관 내 노인 교통정책 전담부서를 설치하고 노인운전면허 제도를 강화하여 체계적인 관리를 할 필요가 있다. 둘째, 환경적 측면에서는 교통약자를 위한 보행시간 및 횡단보도 통행환경을 개선할 필요가 있다. 마지막으로, 인적 측면에서는 교통안전 전문가를 양성하여 노인 교통안전교육의 실효성을 확보하고, 노인 운전면허소지자 안전교육 강화 및 체험식 교통안전시설을 확충하여 노인들이 실시간으로 변화하는 교통상황에 대처할 수 있는 능력을 배양하도록 할 필요가 있다.

2. 기억

사람들이 노화와 관련하여 가장 두려워하는 변화 중 하나는 기억력 감퇴이다. 노화가 기억에 미치는 영향을 다룬 연구들의 결과는 노화 과정이 기억의 많은 측면에 실제로 부정적 영향을 미친다는 것을 보여 준다. 그러나 주의와 마찬가지로 기억도 모든 측면이 노화에 똑같은 방식으로 영향을 받는 것이 아니고 모든 사람이 노화 과정에 똑같은 방식으로 영향을 받는 것도 아니다.

1) 작업기억과 노화

앞서 언급했듯이 감각기억에 들어온 많은 정보 가운데 우리가 주의를 기울이는 일부 정보만이 작업기억으로 넘어간다. 우리는 새로운 정보를 학습하거나 이미 학습한 정보를 마음속에 떠올리고자 할 때 **작업기억**을 사용한다. 작업기억은 연구 참가자가 기억해야 할 정보를 의식적으로 암송하지 못하게 만드는 과제를 하게 함으로써 측정한다. 가장 많이 쓰이는 작업기억 검사는 항목들이 순차적으로 제시되는 목록에서 'n번째' 앞에 있던 항목이 무엇인지 알아맞히는 'n항목 후진(n back)' 검사이다. 더 앞쪽에 있는 항목일수록 작업기억에 남아 있을 가능성이 더 낮기 때문에 기억하기가 더 어렵다.

작업기억은 음운고리, 시공간 스케치판, 일화완충기, 중앙집행기라는 네 개의 요소로 이루어져 있다(Baddeley, 2003). 음운고리에는 청각정보가 저장되어 있다. 건물의 주소를 머릿속으로 외우면서 그 건물을 찾을 때와 같이 자료를 '머릿속'으로 반복해서 암송할 때 사용한다. 시공간 스케치판에는 시각정보가 저장되어 있다. 예컨대, 집에서 제일 가까운 편의점까지 가는 최단거리 경로를 생각해 낼 때 사용한다. 일화완충기(episodic buffer)는 장기기억에 이미 들어 있는 정보를 작업기억에 일시적으로 가져오는 역할을 한다. 중앙집행기는 이 모든 요소를 아우르며 특정 과제에 인지자원을 어떻게 분배할지를 결정한다.

작업기억의 요소들은 특정 피질영역과 연관이 있는 것으로 보인다. 뇌 영상 연구들은 노화가 작업기억에 어떤 영향을 미치는지를 밝히기 위해 사람들이 기억 과제를 하는 동안 뇌의 각 영역이 어떤 활동을 하며 이 영역들이 네트워크상에서 어떤 방식으로 상호 소통하는지 알아보았으며, 몇 가지 흥미로운 결과들을 보고하였다. 이들 연구에 의하면 뇌가 휴식상태일 때에는 **기본신경망**(default network)이 활성화된다. 기본신경망은 해마, 전전두피질의 일부, 두정엽, 측두엽, (시각화에 관여하는) 대상피질 등으로 구성된다. 작업기억이 작동하는 동안에는 기본신경망이 비활성화되고 다른 영역이 활성화된다(Buckner, Andrews-Hanna, & Schacter, 2008).

나이 든 사람들은 젊은 사람들에 비해 뇌의 기본신경망이 원활하게 활성화되지 못한다(Andrews-Hanna et al., 2007). 또 기억 과제를 하는 동안 기본신경망을 비활성화하기도 더 어렵다(Hafkemeijer, van der Grond, & Rombouts, 2012). 그 결과 노인들은 젊은 성인들보다 기억 활동에 더 적은 자원을 배정할 수밖에 없게 된다.

그러나 작업기억 과제를 하는 동안 기본신경망을 비활성화하는 능력이 정상 노화 과정에서는 그대로 보존된다는 것을 보여 주는 증거도 제시되었다. 건강한 노인 32명을 대상으로 8년간 뇌 활성화 패턴을 측정한 종단연구는 이 기간 동안 뇌 활성화 패턴이 아무런 변화도 보이지 않았다고 보고하였다(Beason-Held, Kraut, & Resnick, 2009). 더욱이 고기능 노인들의 경우에는 기본신경망을 활용하여 작업기억 과제의 수행을 증진하기도 하였다(Sala-Llonch et al., 2012).

생각상자 6-2.

작업기억이 인지에 중요한 이유는 무엇일까?

2) 장기기억과 노화

장기기억은 몇 분에서 평생에 이르기까지 일정 기간 정보를 담아 두는 저장소이다. 최근 정보(30분 전에 휴대전화를 어디에 두었는지)에서 수년 전 정보(네 살 때 생일파티에서 일어났던 일)까지 담고 있다. 장기기억은 부호화, 저장, 인출의 과정을 모두 포함한다. 즉, 우리는 어떤 정보를 처음 학습할 때 그 정보를 부호화하고 장기저장고에 넣어 두었다가 이후 그 정보가 필요할 때 인출해서 사용한다.

장기기억에는 여러 유형이 있는데, 유형별로 연령에 따른 감퇴 여부에는 차이가 있다. 〈표 6-1〉에는 장기기억 가운데 연령에 따라 감퇴하는 능력과 그렇지 않은 능력이 구분되어 제시되어 있다.

〈표 6-1〉 노년기의 기억력 감퇴

감퇴하는 기억	감퇴하지 않는 기억
일화기억	의미기억
출처기억	절차기억
허위기억	섬광기억
설단현상(특히 이름)	암묵기억
미래기억	자서전 기억

(1) 일화기억과 의미기억

일화기억은 일상생활에서 일어나는 사건 또는 '일화(에피소드)'에 대한 장기기억이다. 일화기억은 성인들이 일상생활에서 하는 활동들을 많이 포함하고 있다는 점에서 기억발달에서 가장 많이 연구되어 온 주제이다. 나이가 들면 정보의 부호화와 인출이라는 일화기억의 두 가지 측면이 모두 감퇴한다(Old & Naveh-Benjamin, 2008a). 일화기억이 유지되기 위해서는 전두피질, 측두엽, 두정엽 그리고 시상을 포함하는 하위피질 영역 간 연결이 온전해야 한다. 나이가 들면서 뇌가 백질 과집중(white matter hyperintensity)이라는 형태로 손상될 경우 이 영역들이 관여하는 기억에도 문제가 생길 수 있다(Lockhart et al., 2012).

그러나 작업기억에 관여하는 뇌 영역들이 정상 노화 과정에서 이러한 구조적 변화를 일으킨다 해도 이는 전전두피질의 활성화 증강에 의해 보완될 수 있다(Park & Reuter-Lorenz, 2009). 뇌의 가소성에 바탕을 두고 있는 **발판이론**(scaffolding theory)에 따르면, 노인들은 손상된 뇌 영역의 기능을 대신해 줄 대안의 신경회로를 확보할 수 있다. 나이가 들면서 작업기억이 퇴보하게 된다 해도 보상 메커니즘을 작동시킴으로써 이러한 퇴보를 우회할 수 있다는 것이다.

의미기억은 언어의 이해나 세상에 대한 일반적 지식으로서, 단어의 의미나 상대방의 말을 알아듣는 것 등을 가리킨다. 의미기억은 일화기억과 달리 노화 과정의 부정적 영향을 크게 받지 않는다(Wiggs, Weisberg, & Martin, 2006). 노인들도 단어의 의미와 사실정보들을 젊은 성인과 비슷한 수준으로 많이 기억할 수 있다.

(2) 원격기억과 자서전 기억

오래된 과거에 있었던 사건을 기억하는 것을 **원격기억**(remote memory)이라 한다. 일반적으로 원격기억에 저장되고 난 후 오래 접근되지 않은 정보는 시간이 흐르면서 점점 더 인출하기가 어려워진다. 나이 든 사람들은 최근에 접한 정보보다는 수년 전 과거의 정보를 더 잘 기억할 수 있다고 믿는 사람들이 꽤 있지만, 원격기억에 관한 연구들의 결과는 이런 믿음을 지지하지 않는다(Piolino et al., 2002). 예를 들어, 노인들에게 TV쇼에 나온 사건들을 회상하게 한 연구는 연구에 참여한 노인들이 최근 프로그램의 내용을 오래된 과거에 시청했던 프로그램의 내용보다 더 잘 기억한다고 보고하였다(Squire, 1989).

원격기억의 예외에 해당하는 것이 개인의 과거에 있었던 사건이나 정보를 기억하는 **자서전 기억**이다. 노인들은 중요한 목표의 달성과 같이 자신의 삶에서 매우 중요한 사건들은 오래전 일이라도 분명하게 기억한다(Cohen, 1998). 또 노인들은 어린 시절에 있었던 일들은 많이 망각하지만, 청소년기에서 성인 입문기에 이르는 10~30세 사이에 있었던 일들은 매우 생생하게 기억하고는 한다(Rubin, Rahhal, & Poon, 1998). 이런 현상을 **회고 절정**(reminiscence bump)이라 하는데, 회고 절정은 그 시기에 있었던 행복한 일에 대한 기억에서 특히 강하게 나타난다(Gluck & Bluck, 2007). 이런 기억이 오랜 시간이 지나도 보존되는 것은 자신의 정체성 수립과 유지에 중요한 역할을 하기 때문이라고 생각된다(McLean, 2008; Piolino et al., 2006). 개인적으로 중요하지 않은 내용에 대한 기억은 시간이 흐르면서 점차 희미해진다.

(3) 암묵기억과 절차기억

암묵기억은 의도하지 않은 상태에서 습득된 정보를 기억하는 것을 가리키며, 노화 과정의 영향을 받지 않는 것으로 보인다(Old & Naveh-Benjamin, 2008b). 흔히 암묵기억검사에서는 단어목록을 제시하고 그 목록에 들어 있는 단어들을 범주로 분류하라는 지시를 하는데, 추후 이 단어들에 대한 기억검사가 있을 것임은 말해 주지 않는다. 암묵기억은 어떤 사물, 주제, 또는 상황을 떠올리게 하는 정보를 제시하는 점화에 의해 검사할 수도 있다. 예를 들어, 'apple'이라는 단어가 들어 있는 목록을 제시한다. 그 이후 'a__p__'와 같이 단어의 부분을 보여 주고 공란을 채워 단어를 완성하게 했을 때 ample이 아니라 apple로 완성한다면 암묵기억이 작용했음이 증명된 것으로 간주한다.

절차기억은 악기 연주, 수영, 바느질, 자전거 타기 등의 활동을 어떻게 수행하는지에 관한 지식이다. 절차기억도 암묵기억의 일종으로 이 역시 연령에 따른 감퇴를 보이지 않는다. 충분한 학습과 훈련을 거친 운동 기술들은 그러한 행위가 신체적으로 가능하기만 하다면 나이가 들어서도 계속 유지할 수 있는 것으로 보인다. 한 연구에서는 18~95세 사이의 성인 500명을 대상으로 이들이 손가락을 사용해서 작은 금속제 나사를 막대 위로 가능한 한 빨리 미끄러뜨리는 소근육운동 과제를 얼마나 잘 학습하는지 검사하였다. 이 연구에서 노인들은 5번의 학습시행을 한 후 수행이 크게 향상되었을 뿐 아니라 2년 후까지도 과제에 대한 기억을 그대로 유지하였고 수행 수준이 조금도 떨어지지 않았다(Smith et al., 2005).

인간만이 이러한 능력을 가지고 있는 것은 아니다. 다양한 연령의 붉은털원숭이를 대상으로 한 연구도 동일한 결과를 보고하였다(Walton, Scheib, McLean, Zhang, & Grondin, 2008). 절차기억은 이처럼 나이가 들어서도 잘 보존되기 때문에 바둑, 독서, 요리, 원예, 타이핑 등 다양한 영역에서 속도와 작업기억의 손실을 보상할 수 있다(Mireles & Charness, 2002).

(4) 출처기억

어떤 정보를 보거나 들었던 출처를 기억하는 것은 그 정보 자체를 기억하는 것만큼이나 중요하다. **출처기억**은 정보를 어디서 또는 어떤 식으로 습득했는지에 대한 기억이다. 콘서트 티켓을 주겠다고 말한 것이 누구인지 기억하거나 일회용 면도기 할인쿠폰을 어디서 봤는지 기억하는 것을 예로 들 수 있다. 출처기억은 노화의 영향을 크게 받는다. 나이 든 사람들은 정보를 습득한 출처를 정확하게 기억하기가 매우 어려운 것으로 보인다(Thomas & Bulevich, 2006). 어떤 사람한테 들었던 이야기를 그 사람이 아닌 다른 사람한테서 들었다고 생각하거나 그런 이야기를 전혀 듣지 못했다고 잘못 기억할 수 있다. 실제로 일어나지 않았던 일을 일어났던 것으로 잘못 기억하기도 쉽다(Dodson, Bawa, & Slotnick, 2007).

이러한 허위기억을 측정하는 데 사용되는 기법으로 Deese-Roediger-McDermott(DRM) 패러다임이 있다. 이 패러다임에서는 피험자들에게 가령 과일 범주에 속하는 단어들(예: '사과', '배', '포도')로 구성된 목록을 주고 기억하게 하는데, 이 목록에 범주 명칭('과일')은 들어 있지 않다. 이후 목록에 없는 단어들, 목록에 들어 있는 단어들 그리고 범주명칭 단어가 목록에 있었는지를 물어본다. 목록의 단어들은 과일 범주에 속하는 단어들이었고 따라서 이 단어들을 학습할 때 '과일'이 점화되었기 때문에 대다수 사람들은 '과일'이라는 단어가 원래 목록에 들어 있었다고 (잘못) 생각한다. 이 효과를 비껴갈 수 있는 사람은 많지 않다. 하지만 젊은 사람들은 미리 경고를 받으면 허위기억을 심으려는 조작을 나이 든 사람들보다 좀 더 쉽게 피할 수 있다.

섬광기억(flashbulb memory)은 노화에 따른 출처기억 감퇴가 나타나지 않는 예외의 경우이다. 섬광기억은 오래전 과거에 일어났던 사건 중에서 유난히 중요하고 두드러지는 사건에 대한 기억을 가리킨다. 2001년 9월 11일 미국에서 발생한 테러공격 뉴스에 대한 기억을 평가한 연구는 나이 든 사람들도 젊은 사람들만큼 출처를 정확하게 기억할 수 있다는 것을 보여 주었다(Davidson, Cook, & Glisky, 2006).

(5) 미래기억

기억의 노화와 관련해서 다루어야 할 또 하나의 중요한 분야는 미래에 수행해야 할 일을 기억하는 능력, 즉 **미래기억**(prospective memory)이다. 이런 유형의 기억에서는 티켓을 사겠다고 약속한 친구를 어디서 만날지 전화하는 것과 같이 어떤 행위를 하려는 의도를 기억해야 한다.

나이가 들수록 미래기억을 하기가 훨씬 더 힘들어진다. 예를 들어, 나이 든 사람들은 쇼핑해야 할 목록을 기억하는 과제에서 젊은 성인들보다 수행이 더 낮았다(Farrimond, Knight, & Titov, 2006). 즉, 노인들이 젊은 성인들에 비해 쇼핑목록에 있었던 품목 중에서 빠뜨리고 구입하지 못한 품목이 더 많았다. 사실 나이 든 사람들은 이 방에서 저 방으로 갈 때 무엇 때문에 그 방에 왔는지 기억할 수 없었다는 식의 정신없음(absent-minded) 현상을 일상생활에서 많이 호소한다. 나이가 들면서 미래기억에 발생하는 문제는 일상생활의 불편을 넘어 좀 더 심각한 문제로 나아갈 수도 있다. 예를 들어, 나이가 들면 이런 저런 약을 복용하게 되는 경우가 많은데, 미래기억의 감퇴는 정해진 시간에 또는 식사와 함께 약을 먹는 것을 잊어버리는 경우와 같이 건강에 위험을 초래할 수 있다.

미래기억을 사건기반(event-based) 기억과 시간기반(time-based) 기억으로 구분하기도 한다(Einstein & McDaniel, 1990). 사건기반 기억은 저녁식사 후 친구네 집에 가기로 한 약속을 지키는 것과 같이 미래에 특정 활동을 해야 한다는 사실을 기억하는 것이다. 시간기반 기억은 친구를 7시에 만나는 것과 같이 미래의 특정 시간에 무엇을 하기로 한 것을 기억하는 것이다. 나이가 들면 사건기반 기억보다는 시간기반 기억을 훨씬 더 망각하기 쉽다. 젊은 집단(18~21세)과 나이 든 집단(61~78세)을 대상으로 이 두 종류의 기억을 검사한 연구에서는 나이 든 사람들이 젊은이들보다 시간기반 기억만이 취약한 것으로 나타났다(Einstein et al., 1995).

노인들은 계획을 미리 세워야 하고 따라서 전두엽을 많이 사용해야 하는 과제일수록 미래기억을 하기가 더욱 힘들어지는 것으로 보인다(McDaniel & Einstein, 2011). 다행히도 노인들이 자신의 미래기억에 문제가 있다는 것을 인식한다면 노트, 달력, 전화 등 기억을 상기시켜 주는 도구를 이용할 수 있으며, 이런 도구들은 노년기에 막 접어든 연령대의 사람들(young-old)에게 효과가 있다고 보고되었다(Schnitzspahn & Kliegel, 2009).

대체로 나이가 들수록 미래기억에 문제가 생기지만, 미래기억은 생활이 분주하고 할 일이 많은 경우 더욱 크게 감퇴할 수 있다. 일상생활에서 중년 성인과 노인 환자들이 약 먹는 시간을 얼마나 잘 기억하는지 살펴본 연구는 노인보다는 오히려 중년 성인이 약 먹는 시간을 더 잘 지키지 못한다는 결과를 얻었는데, 이는 바쁜 생활양식 때문임이 밝혀졌다(Hertzog, Hultsch, & Dixon, 1999). 미래기억을 증진하려면 나이가 들수록 생활을 단순화할 필요가 있음을 알 수 있다. 시간기반 과제를 사건기반 과제로 전환하는 방법도 유용하다. 예를 들어, 저녁 9시에 약을 먹어야 한다면 9시 뉴스를 시작할 때 약을 먹기로 계획할 수 있다. 아침마다 약을 먹어야 한다면 아침식사 전에 약을 먹기로 정해 둘 수 있다.

(6) 설단현상

설단현상(tip-of-the-tongue phenomenon) 또는 **인출유도 망각**(retrieval-induced forgetting)도 노인들이 자주 호소하는 기억 문제의 하나이다. 이미 알고 있던 정보를 기억해 낼 수 없을 때 경험하게 되는 현상이다. 우리는 사람, 장소, 영화 제목 등을 기억하려 할 때 종종 설단현상을 경험한다. 우리나라에서 1970년대에 결성되어 '하얀 손수건' '웨딩케이크' 등의 팝 가요를 부르며 인기를 구가했던 듀엣그룹과 그 멤버들의 이름은 무엇인가? (답: 트윈폴리오, 송창식과 윤형주)

노인들은 실험실에서도, 일상생활 장면에서도 젊은 성인들보다 설단현상을 더 많이 경험한다. 젊은 성인들은 추상적 단어를 인출하고자 할 때 간혹 이런 현상을 경험하고는 하지만, 노인들은 특히 사람 이름을 기억하려 할 때 설단현상을 경험하는 경우가 많다(Shafto, Burke, Stamatakis, Tam, & Tyler, 2007). 기억하고자 하는 이름이 다른 사람의 이름과 발음이 비슷하다면 설단현상을 경험할 가능성이 더욱 커진다(O'Hanlon, Kemper, & Wilcox, 2005). 뇌 영상 연구의 결과는 음운 산출에 사용되는 뇌 영역이 노화에 따라 뉴런이 손실된다는 것을 보여 줌으로써 노인들이 왜 설단현상이라는 인출 실패를 경험하는지 설명해 준다(Shafto, Stamatakis, Tam, & Tyler, 2009).

3. 기억의 노화에 영향을 미치는 요인

지금까지 살펴본 연구 결과를 종합해 보면 기억, 적어도 일부 유형의 기억은 나이가 듦에 따라 분명히 감퇴한다. 어떤 유형의 기억이 언제 그리고 얼마나 감퇴하느냐가 문제일 뿐이다. 그러나 자신이 기억을 얼마나 잘한다고 생각하는가가 연령 못지않게 기억에 중요한 역할을 할 수 있음을 보여 주는 연구 결과도 있다(Whitbourne & Whitbourne, 2014). 이 절에서는 정체성, 자기효능감, 고정관념 위협과 통제신념이 기억에 어떤 영향을 미치는지, 또 정서가 기억력 감퇴와 어떤 관련이 있는지 알아보기로 한다.

1) 정체성, 자기효능감, 고정관념 위협 및 통제신념

자신의 인지능력에 대한 믿음이 노화에 대한 사회의 부정적 고정관념에 좌지우지되고, 그 결과 **정체성 조절**을 과도하게 하는 사람들은 정체성 동화를 통해 자신의 정체성을 끌어올릴 수 있는 사람들에 비해 연령에 따른 기억력 감퇴가 더욱 심할 것이라고 예측된다. 스스로 이제는 한창때가 지났고 한물갔다고 생각하는 사람들은 살면서 지금까지 있었던 망각 사례들을 하나하나 고통스럽게 의식하는 경향이 있고, 그러다 보면 미래의 기억수행을 더더욱 비관적으로 전망하게 된다. 실제로 중년 성인들은 노화에 따른 자신의 기억력 변화에 매우 민감하며(Whitbourne & Collins, 1998), 이러한 민감성이 실제 수행에도 영향을 미친다(Whitbourne & Whitbourne, 2014).

자신의 기억에 대한 자신감, 자신이 기억 과제를 성공적으로 완수할 수 있다고 느끼는 정도를 가리켜 **기억 자기효능감**이라 한다. 기억 자기효능감이 높을수록 능력을 최대로 발휘할 가능성이 커진다. 사람들 대부분은 나이가 들면서 점차 자신의 기억에 대해 자신감을 잃게 된다(West, Thorn, & Bagwell, 2003). 노화와 기억에 관한 '암묵적 이론' 즉 기억력은 인생 후반이 되면 불가피하게 감퇴할 수밖에 없다고 하는 생각에 영향을 받는 것이다(McDonald-Miszczak, Hertzog, & Hultsch, 1995).

네덜란드에서 55세 이상의 건강한 지역사회 표본 1,800여 명을 대상으로 수행된 6년 종단연구는 기억 자기효능감의 효력을 보여 준다(Valentijn et al., 2006). 기억 자기효능감이 낮은 사람들일수록 연구가 진행되는 동안 실제 기억수행이 더 낮은 것으로 나타났다. 낮은 자기효능감이 낮은 기억수행을 초래했는지 아니면 기억에 실제로 부정적 변화가 일어난 것인지는 밝히지 못했다. 그러나 다른 연구들은 기억 자기효능감이 낮은 것이 자기실현적 예언의 역할을 했을 것이라고 제안한다.

고정관념 위협(stereotype threat)은 자기가 속한 집단에 대한 부정적 고정관념과 일치하는 방식으로 수행을 하는 경향을 가리킨다(Steele, Spencer, Aronson, & Zanna, 2002). 이 개념은 노인들이 나이가 들수록 기억이 감퇴한다고 믿으면 이 믿음이 기억 과제 수행을 떨어뜨리게 된다는 생각을 지지한다. 고정관념 위협은 노인들이 나이가 들면 기억력이 저하된다는 고정관념을 받아들임으로써 기억검사에서 실제로 낮은 점수를 받게 되는 것을 의미한다. 노인들은 정체성 동화를 통해 이러한 문제를 상당 부분 극복할 수 있지만(Whitbourne & Sneed, 2002), 이들이 노화와 기억에 관한 사회의 부정적 관점으로부터 아무런 영향도 받지 않기는 매우 어렵다(Cuddy, Norton, & Fiske, 2005).

고정관념 위협과 노화의 관계를 연구하는 연구자들은 노인들이 자신을 노화에 관한 부정적 이미지와 동일시할 때 자기효능감이 낮아지고, 그 결과 기억수행이 낮아진다고 제안한다. 자기효능감이 낮아짐으로써 기억을 증진할 수 있는 효과적인 기억전략을 활용할 수 없게 된다는 것이다(Hess, Auman, Colcombe, & Rahhal, 2003). 그러나 정체성 과정 이론의 틀에서 보면 사람들이 고정관념 위협에 반응하는 방식에는 여러 가지가 있다. 다양한 연령대의 성인들을 대상으로 한 연구에서 가장 나이 많은 참가자들(80대 노인)이 고정관념 위협이라는 무의식적인 부정적 태도의 영향을 가장 적게 받는 것으로 나타났다(Hess & Hinson, 2006). 이 노인들은 나이가 들면 기억 손실이 불가피하다는 믿음이 끼치는 해로운 효과를 정체성 동화에 의해 피해 간 것이라고 볼 수 있다.

기억에 관한 믿음이 기억수행에 미치는 영향을 평가하기는 매우 어렵다. 기억검사가 있을 것임을 알아채기만 해도 노인들의 고정관념 위협이 활성화되어 결국 수행이 저하될 수 있기 때문이다. 여러 연령대 성인들의 기억을 전형적 지시 조건과 비전형적 지시 조건에서 비교한 연구는 전형적 지시 조건에서만 연령차가 나타난다는 결과를 보고하였다(Rahhal et al., 2001). 고정관념 위협이 언제부터 기억수행에 영향을 미치기 시작하는지는 분명하지 않다. 중년 성인들이 노인들보다 연령에 따른 기억수행 저하를 오히려 더 많이 염려한다는 증거가 있다(O'Brien & Hummert, 2006).

기억통제 가능성(memory controllability)은 노화 과정이 기억에 미치는 효과에 관한 신념을 가리킨다. 연령에 따른 기억감퇴의 불가피성을 어느 정도 믿는가 하는 것이다(Lachman, 2006). 정체성 조절을 과도하게 하는 노인들은 나이가 들면서 기억통제력이 감퇴한다는 믿음을 고수하게 되기 쉽다(Jones, Whitbourne, Whitbourne, & Skultety, 2009). 자신에게 기억을 통제할 힘이 없다고 생각하면 기억검사 점수가 실제로 낮을 가능성이 크다(Riggs, Lachman, & Wingfield, 1997). 반면에, 자신의 기억을 통제할 수 있다고 믿는 사람들은 기억검사에서 실제로 높은 점수를 받을 수 있게 해 주는 전략을 사용할 가능성이 크다(Lachman & Andreoletti, 2006).

2) 정서와 기억

정서가 기억을 방해할 수 있다는 데 이의를 제기할 사람은 많지 않을 것이다. 슬픔에 젖어 있는 사람은 자신의 인지능력을 최대한 발휘하기가 어려울 수밖에 없다. 나이 든 여성들을 대상으로 남편이 사망하기 이전에 연구를 시작하여 남편 사망 후까지 연구를 계속한「암스테르담 노화 종단 연구」는 그러한 사실을 실제로 입증하였다. 이 연구에 참여한 여성들은 배우자 사별이 우울 증상에 미치는 영향을 통제한 후에도 사별하지 않은 여성들에 비해 6년의 연구 기간 동안 기억 손실이 훨씬 더 컸던 것으로 나타났다(Aartsen et al., 2005).

노인들도 본인에게 의미 있거나 본인이 정서적으로 깊이 개입된 사건들은 잘 기억하는 경향이 있다. 한 연구는 여러 연령집단의 사람들에게 검사받기 전 며칠 동안 일어난 일들을 기억하게 하였다. 나이 든 사람들은 별로 중요하지 않은 사소한 일들에 대해서는 젊은 사람들에 비해 잘 기억하지 못했으나, 중요한 일들은 젊은 사람들과 비슷한 수준으로 기억하는 것으로 나타났다(Sinnott, 1986). 이렇듯 나이 든 사람들도 자신이 관심을 갖고 정서적으로 개입된 중요한 일들은 잊지 않고 잘 기억한다.

정서와 기억의 관계를 보여 주는 극단적 예로 앞서 언급했던 섬광기억이 있다. 정서적 각성을 크게 불러일으킨 사건을 선명하게 기억하는 섬광기억은 아주 세부적인 내용까지 마치 사진 찍듯이 기록되어 수십 년이 지나도 사라지지 않는다. 앞에서도 보았듯이 9.11 테러에 관한 뉴스를 들었던 섬광기억을 다룬 미국 연구는 노인도 젊은 성인만큼 그 뉴스를 들었던 장면을 또렷하게 기억한다는 것을 밝혀내었다(Davidson, Cook, & Glisky, 2006). 노무현 대통령 서거와 북한의 2차 핵실험 사건에 대한 섬광기억을 조사한 우리나라 연구에서도 60세 이상 노인들이 20대 젊은이들과 비슷한 정도의 섬광기억을 보이는 것으로 나타났다(박명숙, 박창호, 2010). 이들 연구의 결과는 강력한 정서 경험이 노화에 의해 감퇴한 기억 역량을 보완했을 가능성을 시사한다.

노인들은 자신이 기억을 잘하지 못할 것이라는 불안수준이 높으며, 이러한 불안이 실제의 기억수행을 방해할 수도 있다(Andreoletti, Veratti, & Lachman, 2006). 조은경(1999)은 불안한 사람들이 불안과 관련된 자극에만 온통 주의를 쏟기 때문에 그만큼 다른 자극에 주의를 기울일 수가 없어서 학습이나 기억에 방해를 받게 된다고 설명한다.

노인들이 우울증에 빠져 있는 경우에도 기억 손실이 가속화된다. 우울한 사람들은 자신의 건망증이나 기억력 감퇴를 지나치게 과장하고 지적 능력을 평가절하하며, 따라서 기억력 향상을 위한 노력을 하지 않고 포기하거나 체념하는 경향이 있기 때문이다(Belsky, 1999).

4. 노년기의 기억력 증진을 위하여

노인들도 사회적 맥락이 주어지는 일상생활에서는 기억 과제들을 비교적 잘 수행한다. 더욱이 IQ, 교육 수준, 직업, 활동 수준 같은 **인지적 비축**(cognitive reserve) 요인들은 나이가 들어도 환경의 변화에 융통성 있게 적응하고 인지기능을 유지하도록 도움을 줄 수 있다(Buckner, 2004). 기억 연습, 다중언어 보유, 의미기억 활용, 부정적 고정관념 제거 등도 기억력 증진과 관련이 있다. 신체운동이 근육을 강화해 주듯이 반복적 연습이 기억을 강화해 줄 수 있다. 다중언어는 노화로 인한 인지기능 저하를 막아 주는 보호요인의 구실을 한다. 의미기억은 앞서 지적했듯이 나이가 들어도 상대적으로 손상이 덜 되므로 의미정보를 활용하면 일화기억의 향상에 도움이 될 수 있다(Naveh-Benjamin, Craik, Guez, & Kreuger, 2005). 끝으로 노화가 기억력을 저해한다는 부정적 고정관념을 가지고 있으면 실제로 기억 과제에서 최적 수준의 수행을 보이지 못할 가능성이 크므로 나이가 들면 기억력이 떨어진다는 고정관념을 버리는 것이 기억력 유지에 도움이 될 수 있다.

1) 건강증진 행동과 기억

제5장에서 보았듯이 나이가 들면서 건강을 유지하고 질병 발생 위험을 낮추기 위해서는 운동을 꾸준히 하고 담배를 피우지 않으며 체중을 적정 수준으로 조절하고 음주를 하지 않는 생활습관을 유지하는 것이 중요하다. 운동이나 금연같이 건강증진에 도움이 되는 행동들은 기억력 감퇴 속도를 늦추는 데에도 중요한 역할을 하는 것으로 알려져 있다. 건강과 중추신경계 기능의 관계로 볼 때 노년기의 기억이 이러한 행동들과 관련이 있다는 것은 전혀 놀라운 일이 아니다. 그렇다면 구체적으로 어떤 행동들이 건강에 영향을 미치고 그 결과 기억에도 영향을 미치게 되는가? 기억력 증진과 관련된 주요 행동으로 금연, 식사조절, 운동, 스트레스 관리를 들 수 있다.

(1) 금연

흡연은 심장과 같은 주요 신체 기관들에 유해한 영향을 미칠 뿐 아니라 뇌에도 유해한 변화를 일으켜 기억력 감퇴를 초래한다는 결과들이 보고되었다. 스코틀랜드에서 수행된 한 종단연구는 64~66세 흡연자들의 기억 점수가 이들이 아동기에 받았던 기억검사의 점수와 비교해 훨씬 더 낮아진 것을 발견하였다(Starr et al., 2007). 이 연구의 특징은 종단설계로 인해 시간에 따른 점수의 변화를 관찰할 수 있었을 뿐 아니라 어릴 때의 지능점수를 통제할 수 있었다는 것이다.

(2) 식사조절

특정 음식이나 영양소의 섭취가 건강은 물론이고 기억에도 영향을 미친다. 기억과 관련이 있는 첫 번째 음식은 생선이다. 연어나 참치 같이 오메가-3 지방산이 다량 함유되어 있는 생선들은 인지기능 개선과 관련이 있는 것으로 알려져 있다. 「시카고 건강과 노화 연구」는 3,700여 명의 참가자들을 6년 동안 추적하면서 이들의 음식물 섭취 패턴과 기억력의 관계를 알아보았다. 참가자의 20%가량이 주당 2회 이상 생선을 먹고 있었는데, 매주 한 번 이상 생선을 먹는 사람들은 인지능력 감퇴 비율이 매년 10~13%까지 감소하는 것으로 나타났다(Morris, Evans, Tangney, Bienias, & Wilson, 2005). 900명가량의 노인들을 대상으로 영국에서 실시된 후속 연구는 사회경제적 지위가 높은 사람들이 일상 식사에서 생선을 섭취할 가능성이 높다는 점에서 생선섭취와 인지수행 간의 관계에 사회경제적 지위가 영향을 미친다는 결과를 보고하였다(Dangour et al., 2009).

비타민 B12, B6, 엽산 등도 나이 든 사람들의 기억수행 향상과 관련이 있는 것으로 밝혀졌다(Smith & Refsum, 2009). 비타민 D도 인지기능과 관련이 있는 것으로 생각된다(Wilkins et al., 2006). 과일과 채소, 적포도주와 다크초콜릿에 이르기까지 다양한 식품에서 발견되는 플라보노이드도 인지기능에 이로운 영향을 미칠 수 있다. 프랑스에서 10년간 수행된 종단연구는 다량의 플라보노이드 섭취가 노화에 따른 기억감퇴 정도를 감소시킬 수 있다는 것을 보여 주었다(Letenneur et al., 2007).

그러나 육류를 통해 주로 섭취되는 아미노산의 일종인 호모시스테인은 오히려 인지기능을 떨어뜨리는 작용을 하는 것으로 보고되었다(van den Kommer et al., 2008). 천연 기억 '치료제'로 알려진 은행잎 추출물(Ginkgo biloba)도 효과가 없다는 결과가 보고되었다. 70대에서 90대 사이의 노인 3천 명을 대상으로 대규모의 이중은폐 무선화 실험설계를 적용한 연구에서 연구 참여자들은 은행잎 추출물을 6년간 매일 2회 복용했으나 인지기능이 유의미한 향상을 보이지 않았다(Snitz et al., 2009).

(3) 운동

제4장에서 보았듯이 유산소 운동은 인지 활동에 관여하는 뇌 영역을 확장할 수 있다. 유산소능력이 뛰어난 노인들은 신체건강뿐만 아니라 정신건강도 더 좋은 것으로 밝혀

졌다(Newson & Kemps, 2006). 운동과 인지의 관계를 살펴본 많은 연구가 우리가 심장박동 수를 높이는 활동을 할 때마다 주의, 기억, 정보처리 등의 인지기능이 증진된다는 것을 반복적으로 입증하고 있다(Erickson et al., 2009; Marks, Katz, & Smith, 2009). 중간 정도 이상의 근력강화 훈련은 정보처리(Chang & Etnier, 2009)와 집행기능(Liu-Ambrose et al., 2010)을 증진하는 데 도움이 된다. 노인들이 역도를 이용한 근력운동을 하면 기억수행이 향상될 수 있다는 결과도 보고되었다(Lachman et al., 2006). 이 연구의 참가자들은 집에서 운동하였고 굳이 체육관에 나가지 않고서도 운동의 효과를 볼 수 있었다.

운동이 기억에 미치는 긍정적 영향을 누리기 위해서는 노년기에 운동을 지속해서 꾸준히 하는 것이 중요하다. 노인들을 대상으로 근력을 강화하기 위한 중재프로그램의 효과를 알아본 연구는 중재기간 동안 운동 자기효능감과 통제신념이 높았던 노인들이 중재 후에도 운동을 지속할 확률이 더 높다는 것을 보여 주었다(Lachman, Neuport, Bertrand, & Jette, 2006).

운동은 대사활동을 통해서도 인지에 영향을 미칠 수 있다. 대사활동 저하는 노인들의 인지능력에 부정적인 영향을 미칠 수 있다. 제5장에서 보았듯이 대사증후군이 있는 사람들은 보통 사람들에 비해 알츠하이머병에 걸릴 위험성이 더 높다. 대사증후군의 한 요소로 당뇨병 전 단계로 알려진 내당능장애(impaired glucose tolerance)는 노화 과정에서 인지기능의 감퇴를 초래하는 위험요인으로 작용할 수 있다(Di Bonito et al., 2007). 고지방 식사가 이 과정에 중요한 역할을 하는 것으로 보인다(Devore et al., 2009). 제2형 당뇨병이 있는 노인들은 집행기능이 감퇴할 뿐만 아니라 정신운동속도도 느려지기 쉽다(Yeung, Fischer, & Dixon, 2009).

대사활동은 인슐린 조절에 관여하는 세 가지 성장호르몬 중 하나로서 뉴런을 보호하는 효과가 있는 IGF-1(insulin growth factor-1)을 통해 정신운동속도 저하와 기억에 영향을 미칠 수 있다. 미국의 한 조사연구는 12만 명 이상의 중년기 여성들에게서 혈액표본을 채취하고 이들 가운데 몇 년 후에 70세를 넘어선 여성 590명을 대상으로 인지기능에 관한 전화면접을 실시하였다. 여러 혼입변인(교육, 흡연, 알코올 사용, BMI 등)을 통제했을 때 IGF-1 수준이 낮은 여성들이 이 수준이 높은 여성들보다 인지기능 감퇴 속도가 더 느린 것으로 나타났다(Okereke et al., 2007).

(4) 스트레스 관리

제5장에서 보았듯이 스트레스 관리 행동도 건강증진 행동의 하나이다. 스트레스는 건

강과 정서에 해를 끼치는 만큼 인지기능에도 부정적 영향을 미칠 것이라 볼 수 있다. 업무과다, 인간관계에 대한 걱정 등 다른 일에 신경을 쓰느라 중요한 일을 잊어버린 경험이 누구에게나 있을 것이다. 노인을 대상으로 한 연구들은 스트레스가 기억수행을 떨어뜨릴 수 있다는 주장에 힘을 실어준다. 한 연구는 노인 300여 명에게 인간관계에서 받는 스트레스와 기억실패에 대해 매일 일기형식으로 쓰게 했는데, 오늘의 스트레스가 내일의 기억실패를 예측한다는 결과를 얻었다(Neupert, Almeida, Mroczek, & Spiro, 2006).

우울과 같은 정서의 간섭현상도 귀중한 인지자원을 고갈시킴으로써 노인의 수행을 떨어뜨릴 수 있다(Meijer, van Boxtel, Van Gerven, van Hooren, & Jolles, 2009). 「암스테르담 노화 종단 연구」에 참여한 여성들 가운데 연구 기간에 배우자를 사별한 여성들은 처음부터 기억점수가 낮았으나 이 차이를 통제한 후에도 배우자 사별을 겪지 않은 여성들에 비해 연구 기간 내에 기억 손실을 더 크게 보였다(Aartsen et al., 2005).

기억수행과 스트레스의 관계를 직접 살펴본 연구들은 일상의 스트레스 경험이 노인들의 작업기억 결손을 일부나마 설명할 수 있다는 생각을 지지하는 증거를 내놓았다(Sliwinski et al., 2006). 이 연구에서는 정신상태가 온전한 지역사회 거주 노인들과 젊은 성인들의 작업기억을 n항목 후진 과제로 비교하였다. 면접에서 몇 가지 질문(예: "누군가와 다툼이나 언쟁이 있었습니까?", "가까운 친구나 친척에게 일어난 일이 당신에게 스트레스를 주었습니까?")을 통해 일상생활에서 받는 스트레스의 양을 측정하였다. 여섯 차례의 검사를 통해 스트레스와 기억의 관계에서 연령집단 간에 차이가 있는지 또 개인 내 변동성이 있는지를 알아보았다. 젊은 성인들은 인간관계 스트레스를 측정하는 질문들에 '그렇다'는 답변을 더 많이 하였다. 예를 들어, 젊은 성인들은 특정 스트레스를 겪었던 날들 중 26%가 언쟁을 한 날이라고 대답하였으나 노인들은 언쟁을 한 날이 5%에 불과했다. 그러나 두 집단 모두 스트레스를 겪은 날에는 2항목 후진 작업기억 과제에서 수행이 크게 저하하였다. 즉, 스트레스는 나이와 관계없이 기억을 훼손할 수 있다.

스트레스가 기억수행을 떨어뜨리는 이유는 무엇일까? Sliwinski 등(2006)은 사람들이 스트레스를 받으면 기억 과제에 충당할 수 있었을 주의자원을 스트레스에 골몰하느라 다 써 버리기 때문이라고 주장하였다. 스트레스와 기억의 관계에 연령차가 없다는 결과는 주의를 빼앗아가는 스트레스가 없다면 노인과 젊은 성인 모두 기억수행이 더 효율적일 수 있다는 것을 보여 준다.

(5) 수면

젊은 성인의 장기기억은 서파(徐波) 수면 또는 NREM 수면과 강한 관련이 있다는 결과가 보고되었다. 학습을 하고 검사를 받기 이전에 일정 시간 수면을 취한 사람들은 같은 시간 동안 깨어 있었던 사람들에 비해 기억수행이 더 높았다(Diekelmann, Biggel, Rasch, & Born, 2012). 그러나 이 연구에 참여한 중년 성인이나 노인들은 수면이 가져다주는 이러한 혜택을 받지 못하는 것으로 나타났다(Scullin, 2012). 중년기와 노년기에는 수면의 다른 단계들이 기억에 더 도움이 되는지 알아볼 필요가 있다.

2) 기억훈련

노화와 기억의 관계를 알아보는 연구들은 노인들의 작업기억, 일화기억 및 장기기억 기능의 감퇴를 상쇄할 방법을 찾아내는 과제에 몰두하고 있다. 이 분야의 연구들은 간단한 훈련만 해도 정신적 무활동의 해로운 효과가 상쇄됨으로써 기억 과제 수행을 높일 수 있다는 결과를 보고하였다. 일화기억 향상에 목표를 둔 개입은 경도인지장애(mild cognitive impairment: MCI)를 겪고 있는 사람들에게도 도움이 될 수 있다(Belleville et al., 2006). 관련 연구들은 인지적 개입과 같은 비약물적 개입이 MCI 환자들의 기억 향상에 도움이 된다는 것을 보여 준다(Teixeira et al., 2012).

간단한 훈련만 해도 기억수행을 높일 수는 있지만, 노인들에게 적극적으로 전략을 사용하도록 북돋워 주는 것은 여러 이점을 갖는다. 노인들에게 기억력 향상을 위한 훈련을 제공하면 자기효능감이 높아진다는 이점도 있다(West, Bagwell, & Dark-Freudeman, 2008). 특히 집단장면에서 이러한 훈련을 제공하면 기억수행과 자기효능감을 높이는 데 크게 도움이 될 수 있다(Hastings & West, 2009).

부호화 단계에서 추가 지지를 제공하는 개입 또한 노인들의 기억수행 향상에 도움을 줄 수 있다(Craik & Rose, 2012). 예를 들어, 노인들이 단어목록을 학습할 때 단어만이 아니라 그림을 보여 주는 등 추가 단서를 제공하는 것이다. 이런 경우 노인들은 기억하고자 하는 정보를 있는 그대로 반복하기보다는 그 정보의 의미에 대해 생각하는 '깊은' 처리를 하게 되고, 그 결과 기억수행이 높아질 수 있다.

전문성도 노인의 기억에 중요한 역할을 할 수 있다. 숫자를 사용하는 직업에 평생 종사한 사람들은 언어로 된 단서보다는 숫자 단서를 사용하는 기억훈련으로부터 더 크게 혜택을 받을 것이다(Craik & Rose, 2012). 부호화에 도움을 주는 훈련은 어떤 것이든지 정보의 접근 가능성을 높일 것이므로 장기기억의 인출에도 도움을 줄 것이다. 시험 준비를 할 때 제대로 학습하지 않은 내용이 시험을 볼 때 기억이 날 리가 없다.

가상현실을 이용한 훈련기법을 노인들의 기억 향상에 적용한 연구도 있다. 이 연구에서는 노인들이 가상현실 세계에서 마음을 달래 주는 음악을 들으면서 다양한 장소들을 걷는 경험을 하게 하였다. 이런 훈련을 받은 노인들은 장기기억, 특히 이야기에 대한 언어적 기억이 증진되었다(Optale et al., 2010).

이 분야에서 가장 야심 찬 인지적 훈련 중재프로그램으로 ACTIVE(Advanced Cognitive Training for Independent and Vital Elderly)가 있다. 이 프로그램은 65~94세 사이의 성인 2,800여 명에게 2년여 기간 동안 실시되었다(Ball et al., 2002). 참가자들은 5~6주 동안 1회기에 약 1시간씩 총 10회기의 훈련을 받았고, 통제집단은 아무런 훈련도 받지 않았다. 참가자들이 훈련받은 기술은 기억, 추리, 처리속도 중 한 가지였는데, 이 기술들은 일상생활 과제(예: 전화 사용, 쇼핑, 식사 준비, 집안일, 세탁, 약품 사용, 개인재정 관리)들과 관련이 있었다. 예를 들어, 기억훈련을 받은 사람들은 단어목록을 기억하는 방법 그리고 이야기의 주요 주제와 세부사항들을 기억하는 방법을 배웠다. 추리 훈련을 받은 사람들은 버스 노선표를 읽거나 주문서를 작성하는 것과 같이 일정한 패턴을 따르는 문제들을 해결하는 법을 배웠다. 처리속도 훈련의 경우 전화번호를 찾아보거나, 약병에서 정보를 찾거나, 교통신호에 반응하는 것과 같은 과제에서 시각정보를 빨리 확인하고 사용하는 법을 배웠다.

훈련 기간이 끝난 후 처리속도 집단(87%)과 추리 집단(74%)의 참가자들 대부분이 수행이 향상되었고, 기억 집단은 26%가 수행이 향상되었다. 또 이 향상은 2년 후까지도 지속되었다.

기억훈련은 기억수행을 향상시킬 뿐 아니라 뇌의 변화까지도 초래할 수 있다. 노르웨이에서 수행된 한 연구에서는 중년 성인과 노인들이 (집에 있는 방들과 특정 단어를 연합하는) '장소법'을 사용하는 방법을 학습하였다. 이들은 8주 동안 매주 5일씩 매일 25분짜리 회기에 참여하는 강도 높은 훈련을 받았다. 그 결과 실험집단 참가자들은 이러한 훈련을 받지 않은 통제집단 참가자들에 비해 백질의 밀도가 증가하였으며 이 변화로 인해 새로운 정보를 더 빠르고 효율적으로 처리하였다(Engvig et al., 2012).

성인기의 삶에서 주의와 기억 과정은 매우 중요한 역할을 담당한다. 나이가 들면서 부정적인 쪽으로 변화를 겪게 되는 것이 사실이지만 이러한 변화가 누구나 다 겪는 것이라거나 회복 불가능한 것은 아니다.

기억에 도움이 될 보상전략을 이용할 것인지 여부를 결정하는 데에는 자아정체성과 기억과 관련된 신념들이 중요한 역할을 할 수 있다. 추후의 연구들은 기억과 이러한 성격요인이 어떤 연관성을 갖는지 밝히는 데 주력함으로써 노년기의 인지수행을 최대화하는 데 가장 효율적인 전략들이 무엇인지를 알아내게 될 것으로 전망된다.

생각상자 6-3.

여러분이 노인을 대상으로 하는 기억력 증진 클리닉을 운영한다면 그들에게 어떤 전략을 가르칠 것인가? 그 이유는 무엇인가?

제 7 장

지능과 사고의 노화

1. 성인기 지능에 관한 이론적 관점
2. 성인기 지능의 변화 양상
3. 성인기 지능의 개인차에 영향을 미치는 요인
4. 지능훈련 연구
5. 성인기 사고의 질적 차이: 후형식적 사고의 출현
6. 성인기의 일상적 문제해결

제 7 장

지능과 사고의 노화

신체능력이 우리의 정체성을 부분적으로 규정하듯이 지능도 정체성의 일부를 형성하는 속성으로 작용한다. 사람들은 자신이 '현명'한지 또는 '우둔'한지에 대해 나름의 생각을 가지고 있고 이 생각을 오랜 세월 지니고 있을 수 있다. 어떤 사람에게는 지능이 정체성에서 매우 중요한 부분을 차지하기도 한다. 어려운 낱말 퍼즐을 푸는 능력과 같은 정신적 성과를 중요하게 여기는 사람들은 체력에서 자부심을 느끼는 사람들보다 노화로 인한 지능 감퇴에 더 민감한 반응을 보일 것이다. 때로는 그 변화가 실제가 아니라 상상일 수도 있지만, 이런 사람들은 감퇴가 일어날 때 역치(threshold)를 넘어서기가 상당히 힘들 수 있다.

1. 성인기 지능에 관한 이론적 관점

지능이론들은 성인지능을 구성하는 요소 능력들의 수와 성격을 다양하게 제시하고 있다.

1) 'g' 요인

20세기 초반 영국의 심리학자 Spearman(1904, 1927)이 내놓은 지능이론은 현재의 성인지능이론의 모태이다. 그는 경험을 토대로 관계를 추론하고 적용하는 능력을 총괄하는 'g'라 불리는 '일반요인'이 있다고 제안하였다. Spearman에 따르면 'g' 수준이 높은 사람들은 's'라 불리는 특수능력들을 검사하는 다양한 검사에서도 높은 점수를 받아야 한다. Stanford-Binet 검사는 이 관점에 토대를 둔 대표적인 지능검사이다. 지능이 단일요인으로 이루어져 있다는 생각은 18~84세 성인들을 대상으로 연령과 수행 간의 관계를 살펴본 대규모 통계분석에서 다시 출현하였다(Salthouse, 2001; Salthouse & Ferrer-Caja, 2003). 이 연구에서 Salthouse는 연령과 관련된 광범위한 'g유형' 요인을 확인해 냈는데, 이 요인은 연령에 따른 속도 및 기억의 감퇴와도 관련이 있다.

2) 일차정신능력

'g'에 기초한 지능검사의 인기에도 불구하고 지능이 단일요소라는 생각은 지나치게 단순한 게 아니냐는 비판을 피해 가지 못했고, 그에 따라 상호 독립적인 여러 능력(능력차원)들이 지능을 구성한다는 이론들이 제안되었다. Thurstone(1938)은 **일차정신능력**(primary mental ability: PMA)이라 명명된 능력을 일곱 가지 확인하였는데 수, 단어유창성, 언어의미, 연상기억, 추론, 공간지각, 지각속도이다. 이 목록은 수년간의 후속 연구를 통해 25개까지 확장된 바 있다(Ekstrom et al., 1979). 그러나 개별 연구에서 25개 능력을 모두 측정하기는 어려우므로 Thurstone 계열의 연구에서는 대개 다음의 5개 능력을 측정한다.

- 수 능력: 수학적 추론의 기초가 되는 기본 기술
- 단어유창성: 사물을 언어로 표현하는 능력
- 언어의미: 어휘력
- 귀납추론: 특정 사실로부터 일반 개념을 추정하는 능력
- 공간지각: 삼차원 세계에서 공간에 대해 추론하는 능력

3) 유동성-결정성 지능

Cattell(1963)은 일곱 가지 일차정신능력이 교육·훈련에 기초한 능력과 교육과는 무관한 사고과정에 기초한 능력이라는 두 유형으로 나눠질 수 있다고 제안하였다. Cattell은 이 능력들을 **이차정신능력**이라 간주하였다. 이는 여러 하위능력을 포괄하는 상위능력을 포착하기 위한 통계분석기법에 기초한 개념이다.

Horn과 Cattell(1966)은 이 능력들 각각이 "다른 능력들에 비해 매우 전반적이고, 지능이라는 명칭에 걸맞게 매우 뚜렷한 지적 특성을 지니고 있는"(p. 254) 것으로 정의하였다. **유동성 지능**(fluid intelligence: Gf)은 새로운 정보의 통합, 분석, 종합 등 고차수준의 인

지적 조작을 수행하는 생득적 능력이다. Cattell(1971)의 말을 빌리면 Gf는 "복잡한 관계에 대한 순전한 지각"으로서 신경계나 감각기관과 같은 생물심리적 요인들의 질을 나타내며 훈련이나 교육으로 변화시킬 수 없다. **결정성 지능**(crystallized intelligence: Gc)은 특정 문화에서 생활경험과 교육을 통해 획득하는 지식으로, 의사소통, 판단, 복잡한 정보의 이해 같은 폭넓은 지식을 포함한다. 역사적 사실, 단어의 정의, 문학에 대한 지식 등을 예로 들 수 있다. '골든벨'이나 '일 대 백' 같은 게임프로그램들이 측정하는 것이 참가자들의 결정성 지능이다. Gf는 나이가 많아지면서 뇌 손상에 의해 감소하는 반면에, Gc는 성인기 동안 꾸준히 증가한다(Cattell, 1963).

유동성 지능검사는 문화에 특정적인 정보와는 관계없이 추상적 관계를 파악하고 추론하는 능력을 측정한다. 이 검사의 문항들은 도형과 모양들의 새로운 결합이나 글자나 단어 등 누구나 자신의 목록에 가지고 있는 내용으로 구성된다. 예를 들어, 일련의 글자들이 제시된 패턴을 보여 주고 그다음에 올 글자가 무엇인지 예측하게 한다(예: 'A-C-E-G' 다음에 올 글자는?). 반면에, 결정성 지능검사는 언어, 논리, 사실정보에 관한 문항들로 구성된다. Gc가 문화에 기초한 능력이라는 정의에 걸맞게 도구 사용이나 일상생활의 문제를 해결하는 능력에 의해 측정하기도 한다.

Gf와 Gc의 개념정의와 측정은 이 두 능력이 통계적·개념적으로 상호 독립적이라는 가정에 입각하고 있다. 그러나 개별 문화와 교육체계에 고유한 지식과 기술(Gc)을 습득하기 위해서는 새로운 정보의 학습을 지원해 주는 Gf를 보유하고 있을 필요가 있다(Horn & Hofer, 1992). 실제로 이 두 능력은 본질적으로 연관성을 갖는다는 것이 입증되었다. 여러 연령대(4세에서 64세)의 사람들이 참여한 종단연구는 연령이 증가할수록 Gf가 Gc의 형성에 더 크게 도움을 준다는 것을 보여 주었다(McArdle & Hamagami, 2006).

4) CHC 지능이론

Cattell과 Horn은 Gf와 Gc를 각기 별개의 요인이라고 보았으나, Carroll(1993)은 여러 연구를 분석한 후 지능이 3개의 층을 이루고 있다는 위계적 지능이론을 제안하였다. **Cattell-Horn-Carroll(CHC) 모델**은 이 두 이론을 통합한 것으로, 지능구조의 제일 위층에 일반능력 g가 있고 그 아래층에 Gf와 Gc 등의 능력이 자리하고 있으며 맨 아래층에는 귀납추리나 공간관계 같은 개별능력들이 자리하고 있다고 본다. 〈표 7-1〉에 CHC 모델에 따른 지능구조를 제시하였다. CHC 지능이론을 근거로 개발된 지능검사는 대개

Gq, Grw와 Gt를 제외한 나머지 7가지 인지요인을 측정한다(김수연, 하대현, 2007; 박현옥, 2005; Le & Pinto, 2016).

〈표 7-1〉 Cattell-Horn-Carroll 이론의 10가지 인지요인

일반능력	전반적 능력	정의	개별능력 측정
Gf	유동성 지능	추론하고 합리화하고 아이디어들을 연계하고 문제를 해결하는 능력으로 공교육만으로는 성취될 수 없음	연역추론, 귀납추론, 추리속도
Gc	결정성 지능	개인이 자신이 속한 문화에 대해 습득한 지식	언어발달, 어휘, 외국어 지식, 일반적 정보
Gsm	단기기억	30~60초 이내에 발생한 상황에서 제한된 양의 정보를 파악하고 유지하고 활용하는 능력	기억 폭, 작업기억
Glr	장기기억	장기기억에 새로운 정보를 저장하고 이후에 인출해 내는 능력	자유회상, 단어유창성, 도형유창성, 연합기억
Ga	청각처리	소리를 지각하고 해석하고 조직하는 능력	소리패턴기억, 음계구별, 소리위치파악
Gv	시각처리	시각이미지를 생성, 저장, 인출, 전환하는 능력	시각화, 공간관계, 시각기억, 길이추정
Gs	처리속도	비교적 쉬운 인지과제를 신속히 수행하는 능력	지각속도, 추리속도, 쓰기속도, 읽기속도
Gt	반응/결정 속도	단순한 자극이 주어졌을 때 단순하고 복잡한 결정을 하는 능력	단순반응시간, 선택반응시간, 의미처리속도
Gq	양적 지식	개인이 습득한 수학지식의 폭과 깊이	수학지식, 수학성취
Grw	읽기와 쓰기	개인이 습득한 읽기 및 쓰기 지식과 기술의 폭과 깊이	독해, 언어이해, 읽기속도, 쓰기속도

5) Gardner의 다중지능이론

전통적 지능이론을 비판하는 학자들은 지능을 세상에 대한 지식과 적응능력에 의해 정의해야 한다고 믿고 그에 따른 대안적 관점을 내놓았다. 그중 하나인 Gardner(1983, 1993)의 **다중지능이론**은 지능에는 여덟 가지 독립적인 범주가 있고 각 범주가 세상에 대한 적응능력에 기여할 수 있다고 제안한다. Gardner의 이론은 학교에서 배우는 수학지

식이나 어휘같이 다른 지능이론들에도 들어 있는 영역들 외에 음악지능에서 자연지능과 실존지능에 이르기까지 세상을 살아가는 데 도움이 되는 다수의 자질을 포함하고 있다(〈표 7-2〉). 사람들은 스포츠를 하거나 춤을 출 때 신체를 효율적으로 사용하는 능력 등 어느 한 영역에서 점수가 높다 할지라도 다른 사람들을 이해하는 것과 같은 또 다른 영역에서는 점수가 낮을 수 있다. Gardner에 따르면 사람들은 한두 가지 전반적 능력을 지니고 있는 것이 아니라 여러 가지 강점과 약점을 지니고 있다.

〈표 7-2〉 Gardner의 다중지능

적성	사례
1. 언어	T. S. 엘리엇, 시인
2. 논리-수학	알베르트 아인슈타인, 과학자
3. 음악	이고르 스트라빈스키, 작곡가
4. 공간	파블로 피카소, 화가
5. 신체운동	마사 그레이엄, 무용가
6. 대인관계(자신)	지그문트 프로이트, 정신과 의사
7. 대인관계(타인)	마하트마 간디, 지도자
8. 자연	찰스 다윈, 박물학자
9. 실존/영성	프란치스코 교황, 종교지도자

6) Sternberg의 삼원지능이론

Sternberg(1985)도 전통적인 지능이론에 반기를 들었다. 그는 전문적 문제해결자가 사용하는 전략들을 분석하고 그에 기초한 **삼원지능이론**을 내놓았다. Sternberg가 제안한 지능은 구성요소(논리적 사고력과 분석력), 경험(창의성) 그리고 맥락(실용성)이라는 세 가지 요소로 구성된다. 맥락은 Sternberg 이론에서 특히 흥미로운 측면으로 표준지능검사에서는 잘 검사하지 않는 능력이지만 삶에서 겪게 되는 많은 딜레마를 다루는 데에는 꼭 필요한 능력이다. Sternberg도 Gardner처럼 학문과는 관계없이 일상생활에서 필요한 다양한 기술을 강조한다.

Sternberg는 자신의 이론을 더욱 확장하여 **성공적 지능**이라는 개념을 내놓았는데, 이를 통해 지능검사 점수가 높은 것이 반드시 삶을 잘 살아내는 능력을 가지고 있음을 보여 주는 것은 아니라는 생각을 더욱 분명히 하였다. 성공적 지능은 개인이 자기 기준에 따라, 또 사회문화적 맥락의 틀에서 삶의 성공을 이루어 내는 능력으로 정의된다(Sternberg, 1999). 성공적 지능은 삼원이론에서 확인된 처리기술들(여기서는 분석, 창의, 실용으로 명칭 변경)을 포함한다. 성공적 지능이 높은 사람들은 이 기술을 적용하여 환경에 적응하고 환경을 선택하거나 조성할 수 있다. 또 자신의 강점을 부각시키고 약점은 수정하고 보완할 수 있다.

Sternberg 이론은 지능과 관련한 현재의 논의를 더욱 풍부하게 만들 수 있다. 예를 들어, Sternberg(1998)는 **지혜의 균형이론**에서 지혜란 지능의 여러 요소를 통합하고 이를 보편적 선이나 타인의 복지와 관련된 문제들에 적용하는 능력이라고 본다. 이러한 접근은 지능이 지능검사에서 높은 점수를 받는 능력을 넘어서는 자질이라는 생각을 확장해 준다. 또 전 생애 발달심리학의 전통에서 Baltes와 동료들이 개발한 틀을 보완해 준다.

2. 성인기 지능의 변화 양상

나이가 들면서 지능에는 어떤 변화가 일어나는가? 지능이 20대 초반에 감퇴하기 시작한다고 주장하는 연구자들도 있고, 60대 이후에야 눈에 띌 만한 변화가 일어난다고 생각하는 연구자들도 있다. 성인기 지능의 변화 양상을 살펴보는 연구들은 주로 일차 및 이차정신능력에 초점을 두고 있다.

1) 일차정신능력의 변화

성인기 지능에 관한 초기의 횡단연구에 따르면, 지능은 성인 초기에 정점에 이르고 그 이후로 점차 감퇴하는 종 모양의 **고전적 노화 패턴**(classic aging pattern)을 보인다(Botwinick, 1977). 그러나 25세나 30세 이후로 지능점수가 대체로 감소하는 양상을 보여 주는 횡단연구와 달리, 종단연구는 중년기에 지능이 감퇴하는 것이 아니라 오히려 향상된다는 것을 보여 준다! Owens(1966)는 이러한 결과를 바탕으로 보통 사람들이 적어도 50세 정도까지는 나이가 들수록 점점 더 똑똑해진다고 보았다. 후속 연구에서 Owens 연구의 참여자들은 60세까지도 지적 능력을 유지하고 있는 것으로 나타났다(Cunningham & Owens, 1983).

1950년대에 K. Warner Schaie의 주도로 시작된「시애틀 종단연구」는 종단연구와 횡단연구의 특징을 조합한 대규모 연구로서 성인기 지능에 관한 자료의 보고(寶庫)로 여겨지고 있다. 이 연구는 Thurstone이 개발한 **일차정신능력 검사**를 사용해서 자료를 수집하였는데, Schaie(1996b)는 일차정신능력 척도들을 조합해서 사용하면 우리가 일상생활에서 사용하는 모든 능력을 이해할 수 있다고 주장하였다. 일차정신능력 점수는 또 유동성-결정성 능력으로 구분하여 해석할 수도 있는데, 귀납추론은 Gf에 가장 근접한 척도이고 언어의미는 Gc에 가장 근접한 척도이다.

Schaie는 1956년에 10개 코호트에 속한 사람들을 대상으로 일차정신능력을 측정하는 횡단연구를 하였고 7년 후 동일인을 대상으로 추적연구를 실시하였다. 최초의 횡단연구 결과에서는 성인기 동안 나이가 들수록 일차정신능력 점수가 낮아지는 고전적 노화 패턴이 나타났다. 그러나 7년 후의 추적연구 결과는 고전적 노화 패턴이 연령에 따른 지적 감퇴에서 비롯된 것이 아니라 연령, 코호트 및 측정시기의 효과가 결합하여 나타난 결과라는 것을 보여 주었다. 일차정신능력의 대부분 점수가 두 번째 검사에서 최고령집단에서조차 증가하거나 또는 적어도 감퇴하지는 않는 것으로 나타난 것이다. Schaie는 이때부터 성인기 동안 지능이 변화하거나 변화하지 않는 이유를 알아보기 위해 40여 년간 7년 단위로 추적연구를 수행하는 대장정을 시작하였다.

「시애틀 종단연구」에서 보고한 일차정신능력 점수의 변화 양상을 보면([그림 7-1]) 일차정신능력은 50~60세까지 안정적이다가 그 이후로 줄곧 감퇴한다. 그러나 다음의 몇 가지 사항을 염두에 둘 필요가 있다(Schaie, 1996b).

- 연구 참여자들 가운데 일부는 50대 중반 무렵부터 지능이 감퇴했지만 70대까지도 현저한 손실은 없었다.
- 아무도(최고령인 88세 참여자들조차도) 전반적 기능 감퇴는 보이지 않았다. 인지기능이 연령에 따라 감퇴하는 것은 사실이지만 나이가 든다고 해서 완전히 바닥을 치지는 않는다는 것이다.
- 사람들 대부분은 나이가 들어도 지금껏 늘 해오던 일들, 특히 자신에게 중요한 일들은 계속 잘 해낼 수 있다.

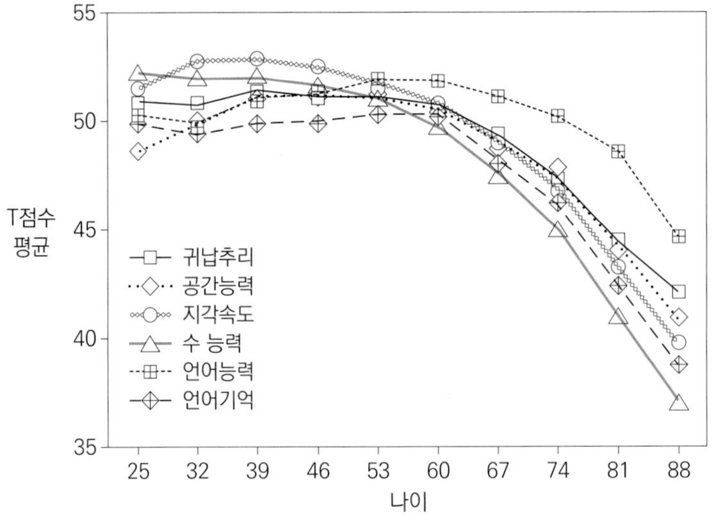

[그림 7-1]「시애틀 종단연구」에서 연령에 따른 일차정신능력의 변화 양상

출처: Schaie, Willis, & Caskie (2004).

[그림 7-1]에 나타난 대로 연령에 따른 지능의 변화 양상은 일차정신능력의 종류에 따라 차이가 있다(Schaie et al., 2004). 어휘(Gc)는 가장 변화가 적고 74세까지 거의 그대로 유지되는 반면에, 수 능력(CHC 모델의 Gq)은 가장 크게 감퇴한다. 중 · 노년 성인 6천여 명을 대상으로 20년간 실시된 **「맨체스터 대학 종단연구」**의 분석도 이러한 결과를 뒷받침해 준다(Ghisletta et al., 2012). 이 연구에서도 Gf는 Gc보다 빠른 속도로 감퇴하였으나,「시애틀 종단연구」에서와 마찬가지로 특히 중년기에 개인차가 상당히 큰 것으로 나타났다.

다른 여러 연구자들도 지적 능력의 감퇴는 상당히 나이 들기까지도 서서히 진행되므로 2~3년의 단기 연구에서는 알아보기 어렵다고 지적하였다(Hultsch et al., 1992, 1998; Zelinski, Gilewski, & Schaie, 1993). 그러나 80세 후반에서 90세에 이르게 되면 감각능력과 기타 생리적 기반구조에 문제가 많이 생기게 되면서 대부분의 능력이 급속히 쇠퇴한다(Baltes, Staudinger, & Lindenberger, 1999; Salthouse, Hambrick, & McGuthrie, 1998).

Gerstorf 연구팀(2011)은「시애틀 종단연구」에서 나타난 젊은 코호트와 나이 든 코호트 간의 차이를 분석하여 일차정신능력 중 일부가 코호트 효과에 특히 민감하다는 것을 보여 주었다. [그림 7-2]는 50세와 80세 두 코호트의 일차정신능력 점수의 변화 양상을 보여 준다. 젊은 코호트는 전체 연령범위에서 수 능력을 제외한 모든 능력의 점수가 더 높았다. 더욱이 이들은 능력이 감퇴하는 속도도 더 느렸다.

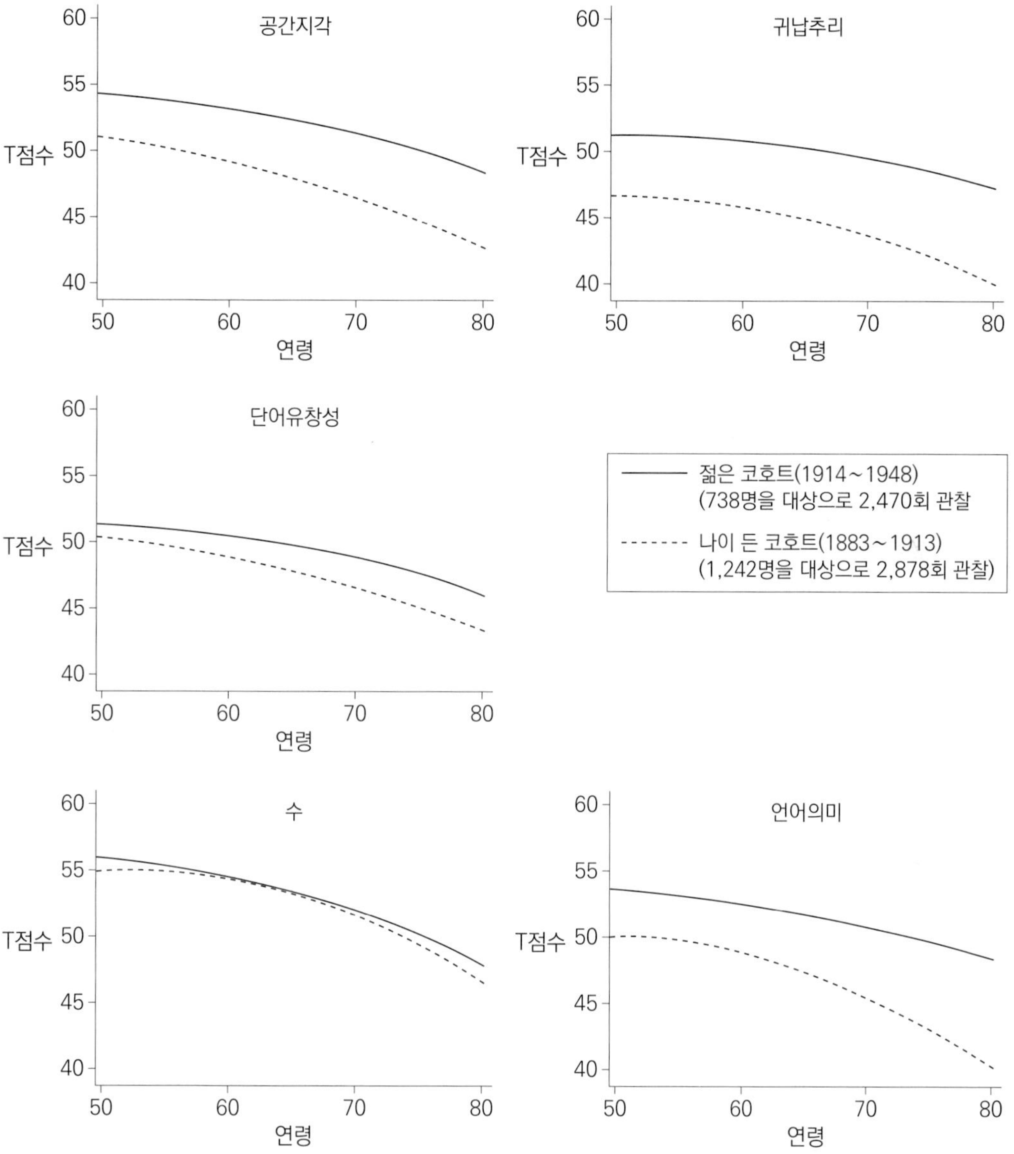

[그림 7-2] 5개 일차정신능력의 연령에 따른 변화 양상이 코호트 간에 차이가 있다는 것을 보여 주는 「시애틀 종단연구」 자료

출처: Gerstorf, Ram, Hoppmann, Willis, & Schaie (2011).

(1) 코호트 차이

종단연구에서 횡단연구와는 달리 중년기와 노년 초기에 지능이 감퇴하지 않거나 심지어 증가하는 것으로 나타나는 이유는 무엇인가? Schaie와 Willis(2002)는 이를 코호트 차이로 설명한다. 횡단연구에서는 여러 연령과 여러 코호트의 사람들을 비교하므로 연령집단 간 지능점수 차이는 대부분이 연령이 아니라 출생연도가 다른 집단(코호트)에서 원인을 찾을 수 있다. 따라서 횡단연구에서 나타나는 지능감퇴는 허상이라 할 수 있다. 종단연구의 결과는 각 세대가 이전 세대보다 여러 능력에서 더 똑똑하다는 것을 보여 주는데, 그 이유로 몇 가지를 들 수 있다.

- 교육 수준의 향상이다. 사람들은 교육을 점점 더 많이 받고 있다. 요즘 젊은 사람들은 대부분 대학교육을 받지만 나이 든 사람들 가운데 대학교육을 받은 사람은 많지 않다.
- 근래 들어 영양상태가 좋아지고 의료보호가 향상된 것도 한몫을 하였다. 다시 말하면, 요즘 사람들일수록 뇌의 기능이 더 좋아졌다고 볼 수 있다.
- 지능검사가 점차 보편화하면서 요즘 사람들은 검사 치르는 경험을 많이 해서 예전 세대보다 검사를 치르는 능력도 향상되었다.

코호트 간 지능검사 점수의 패턴은 능력의 종류에 따라 달리 나타난다. [그림 7-3]은 1889년에서 1973년 사이에 출생한 11개 코호트를 대상으로 가장 나이 든 코호트의 수행을 분모로 하여 다른 코호트들의 수행을 백분율로 나타낸 것으로, 코호트마다 일차정신능력 점수 패턴에 차이가 있음을 보여 준다. 언어의미, 단어유창성, 공간지각, 귀납추리는 코호트에 따라 대체로 증가하였으나 수 능력은 하락세를 보였다. 코호트마다 사회화 과정과 교육 경험이 다르기 때문에 각기 다른 강점과 약점을 갖게 된 것으로 보인다(Schaie et al., 2004). 이 자료는 나이 든 코호트들이 유동성 능력에서는 불리하지만 수 능력에서는 다소 유리하다는 것을 보여 준다(Schaie, 1996a, 1996b; Willis, 1989). 흥미롭게도 미국인과 중국인을 대상으로 수 능력의 코호트 차이를 살펴본 문화비교 연구는 중국 학생이 미국 학생보다 뛰어난 이유로 수 능력이 중국에서는 최근 코호트로 올수록 향상되는 데 반해, 미국에서는 감퇴하기 때문임을 보여 주는 결과를 얻었다(Geary et al., 1997).

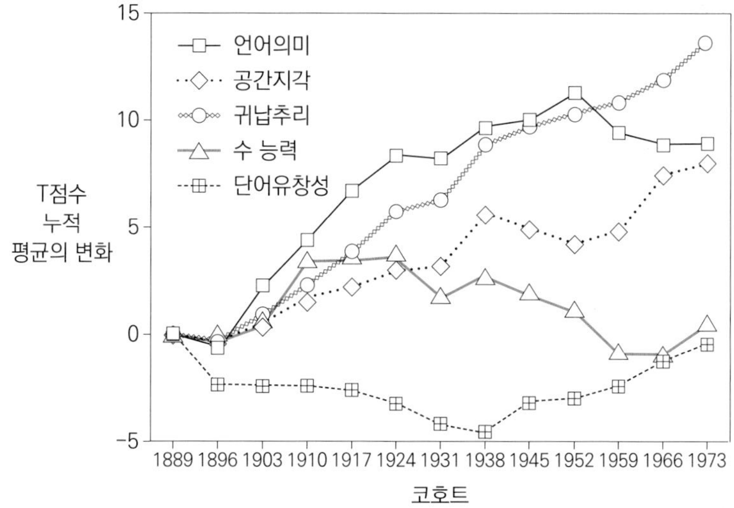

[그림 7-3] 1889년에서 1973년까지 출생한 코호트들 간 일차정신능력 점수의 횡단적 차이

출처: Schaie, Willis, & Caskie (2004).

(2) 탈락과 사망

종단연구, 특히 나이 든 사람들을 대상으로 하는 장기 종단연구가 갖는 어려움 중 하나는 연구 참여자를 재검사하기가 어렵다는 것이다. 참여자들은 이사를 했거나 질병에 걸렸거나 심리학 실험과 검사에 싫증이 났거나 사망했을 수 있다. 최초 참여자들을 전부 검사할 수는 없다 해도 상당수를 재검사할 수 있어야 하는데, 나이 든 사람들을 대상으로 하는 종단연구에서는 잘해야 50~60%가량을 재검사할 수 있다(Schaie, 1996b). 이같이 높은 탈락률은 연구 결과를 일반화하기 어렵게 만든다. 그렇다면 탈락하는 사람들은 어떤 사람들이며, 탈락하지 않는 사람들과는 어떤 차이가 있는가? 어떤 사람들이 사망하며, 그들은 생존자들과 어떤 차이가 있는가?

탈락하거나 사망하는 사람들은 한 가지 중요한 특성을 공유한다. 이들은 종단연구에 계속 참여하는 사람들에 비해 일반적으로 수행 수준이 낮다(Botwinick, 1977; Schaie, 1988b, 1998; Siegler & Botwinick, 1979; Siegler, McCarthy, & Logue, 1982). 결국 종단연구 후반으로 갈수록 지능검사 점수가 높은 사람들이 많이 포함되어 있는 편향된 표본으로 연구를 하게 된다(Schaie & Willis, 2002). 그렇다면 이들의 결과를 전체 표본으로 일반화하는 데 문제가 생긴다. 예를 들어, 똑똑한 사람들은 정신능력이 증가하는 데 반해 보통 사람들은 감소할 수 있다.

2) 결정성 지능과 유동성 지능의 변화

결정성 지능과 유동성 지능은 매우 다른 경로를 거쳐 발달한다(Horn, 1970). 유동성 지능은 이론적으로는 신경계와 감각기관의 성숙이 최적 수준에 도달하는 청년기에 정점에 이르는 것으로 가정된다. 성인기에는 신경계와 감각기관의 능률이 점차 떨어지면서 유동성 지능이 체계적으로 감퇴한다. 유동성 지능의 감퇴는 질병, 손상과 노화, 연습 부족이 누적되어 일어나는 뇌의 변화에서 비롯되는 것으로 생각된다(Horn & Hofer, 1992). 반면에, 결정성 지능은 빠른 반응을 요구하지 않는 한 연령에 그다지 영향을 받지 않을 뿐 아니라 성인기 동안 교육과 경험을 통해 문화 고유의 지식이 증가하면서 오히려 증진될 수도 있다. 어휘, 세상에 관한 정보, 사물의 작동 방식과 그 이유에 관한 이해 등은 우리가 성인기 동안 매일같이 사람, 장소, 사물과의 접촉을 늘려 나감에 따라 계속 발달하는 능력이다(Beier & Ackerman, 2001). 예를 들어, 신문에 나오는 십자말풀이를 매일 한다면 어떤 일이 일어날지 생각해 보자. 매번 새로운 단어나 사실을 적어도 하나씩은 학습할 가능성이 매우 크다.

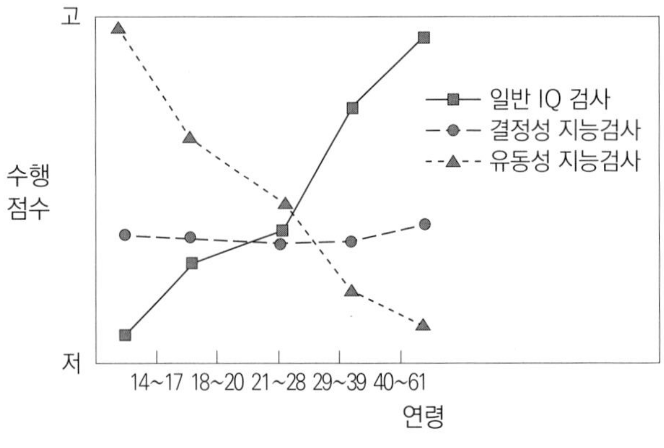

[그림 7-4] 결정성 지능과 유동성 지능의 성인기 연령차 패턴

출처: Horn (1970).

독일(예: Rott, 1993)과 영국(예: Rabbitt, 1993)에서 실시된 종단연구도 성인기 동안 결정성 지능보다는 유동성 지능이 더 크게 감퇴한다는 증거를 내놓았다(Schaie & Willis, 2002에서 재인용). 그러나 미국에서 실시된 종단연구(Schaie, 1994, 1996b)에서는 이런 패턴이 뚜렷하게 나타나지 않았고, 성인 후기로 갈수록 결정성 능력도 상당한 폭으로 감퇴하는

것으로 나타났다(Bosworth, Schaie, & Willis, 1999).

유동성 지능과 결정성 지능의 발달 경향이 서로 다르다는 것은 무엇을 의미하는가? 첫째, 학습은 성인기 동안에도 계속되지만 나이가 들수록 학습하기가 더 어려워진다는 것을 의미한다. 외국어 학습을 예로 들면, 10대 청소년은 70세 노인보다 모국어의 언어기술(결정성 지능 요소)이 뒤떨어질지 몰라도 외국어 학습에 필요한 유동성 지능은 더 뛰어날 것이므로 외국어를 더 쉽게 학습할 수 있을 것이다. 둘째, 두 가지 지능의 개인차 역시 존재할 것임을 의미한다. 유동성 지능의 개인차는 시간이 흘러도 비교적 일정하게 유지되는 반면에, 결정성 지능의 개인차는 연령에 따라 증가하거나 안정적으로 유지된다. 결정성 지능의 유지 또는 증가는 개인이 처한 상황이나 경험내용에 달려 있기 때문이다(Horn & Hofer, 1992).

3) 지능의 최종 강하

오래전부터 지능 저하는 사망의 위험을 증가시키거나 사망 예측의 지표로 해석할 수 있다는 주장이 제기되었다(윤가현, 2015; Piccinin, Muniz, Matthews, & Johansson, 2011). 생애의 마지막 단계에 지적 능력이 급격하게 감소하면('terminal drop') 곧 사망하게 된다는 것이다. 종단연구에서 재검사 시 사망한 사람들은 그때까지 생존한 사람들보다 최초 지능검사에서 점수가 더 낮았던 사람들이다. 사망자들이 첫 검사 때 생존자들보다 점수가 더 낮았던 것은 더 가난했거나, 적절한 의료처치나 영양을 공급받지 못했거나, 본인이 미처 알지 못했던 질병이 있었기 때문일지도 모른다. 그러나 지능의 극적 강하는 사망이 임박했음을 예측해 줄 가능성이 크다(Johansson & Zarit, 1997; Riegel & Riegel, 1972).

사망자는 생존자보다 더 급속한 지능감퇴를 보인다. IQ 점수가 거의 비슷한 일란성 쌍생아 가운데 한쪽이 눈에 띄게 지능점수가 낮은 경우 그쪽이 먼저 사망한다(Jarvik & Bank, 1983). 「듀크 종단연구」에서는 연구 기간 중 사망한 참여자의 76%가 사망 전에 지능 강하를 보였다(Siegler, 1983). 그러나 감퇴는 대부분이 점진적이었고 20%만 급작스러운 감퇴를 보였다. 「시애틀 종단연구」에서는 최고령의 노인들만이 최종 강하를 보였는데(Cooney, Schaie, & Willis, 1988), 후속 자료는 특히 결정성 능력 감퇴가 사망 임박을 예측하게 해 주는 유용한 요인임을 보여 주었다(McDonald, Hultsch, & Dixon, 2011).

최고령 노인의 지능이 사망 전에 최종 강하하는 현상은 충분히 예상할 수 있는 일이다. 사망 전에는 여러 신체 기관이 제대로 작동하지 않기 시작하는데 그중에서도 뇌를 비롯한 신체 각 부위에 혈액을 전달하는 심혈관계가 가장 문제가 된다. 혈액 공급 감소가 뇌 기능부전으로 이어지는 것은 당연한 일이다. 지능의 최종 강하는 결국 사망 이전의 신체기능 감퇴를 나타내는 것으로 생각된다(Schaie & Willis, 2002).

연령에 따른 지능 변화의 정도

Schaie와 Willis(2002)는 심리학자들이 연령에 따라 지능이 변화하는지를 입증하는 데 온통 관심을 쏟고, 변화의 정도가 실제로 사람들의 일상생활에 영향을 미칠 정도로 충분히 큰 것인지의 문제는 간과한다고 지적한다. Schaie와 Willis는 변화가 의미 있는 정도로 큰지를 평가하는 한 가지 방법으로 특정 고령집단과 젊은 집단의 중복 정도를 알아보는 방법을 제안하였다. 중복이 상당히 많이 된다면(80~90%) 대다수 사람들이 연령에 따른 차이를 보이지 않는다는 것이므로 실제적 중요성이 적다고 볼 수 있다. 50% 정도 중복되는 경우에도 많은 노인이 젊은이들과 비슷한 수준의 수행을 보인다는 것을 의미한다. Schaie와 Willis(2002)는 중복이 20% 또는 그 이하가 될 때에만 대부분의 노인들이 젊은 사람들보다 확연히 수행이 낮다고 볼 수 있다고 주장하였다.

〈표 7-3〉에 이러한 분석과 관련된 자료가 제시되어 있다. 이 표는 각 고령집단과 25세 비교집단의 중복 비율을 보여 주고 있다. 수 능력은 88세에도 젊은이들과 거의 완전히 중복된다. 언어의미와 단어유창성은 최고령집단도 가장 연령이 낮은 집단과 50% 이상 중복된다. 그러나 귀납추론은 81세가 되면 다른 연령집단들과 거의 중복되지 않으며, 70대 중반이면 일상생활의 과제에서 중복 정도가 50%를 밑돈다(Schaie, 1996b). 이러한 결과는 25세 이후로 지적 능력이 점차 감퇴하고 60세 무렵이면 거의 무능해진다는 생각이 사실과는 다름을 보여 준다.

〈표 7-3〉 각 연령집단과 25세 집단의 지능점수 분포가 중복되는 비율

	연령								
능력	32세	39세	46세	53세	60세	67세	74세	81세	88세
언어의미	99.7	99.9	99.9	99.7	99.7	97.3	93.0	75.2	53.4
공간방위	99.6	99.6	99.7	99.3	98.7	96.9	90.2	70.8	38.7
귀납추론	99.6	99.5	99.1	98.2	95.9	87.0	70.1	12.6	0.0
수	99.9	99.9	99.9	98.9	99.9	99.9	99.7	98.7	96.6
단어유창성	99.7	99.7	99.7	99.4	98.8	98.0	94.7	93.2	81.9
즉시회상	99.2	99.3	98.9	96.2	94.4	91.9	76.9	51.7	49.0
일상과제	99.7	99.7	99.3	97.8	97.2	91.3	42.1	43.7	24.9

출처: Schaie (1988b).

3. 성인기 지능의 개인차에 영향을 미치는 요인

1) 건강상태

건강상태는 지능검사 점수에 분명히 영향을 미치는 것으로 보인다. 회고연구는 사망하기 전 수년 동안 인지기능이 감퇴한다는 것을 보여 주었다. 「시애틀 종단연구」도 건강상태가 지능검사 수행과 관련이 있다는 것을 발견하였다. 나이가 많을수록 건강상태가 악화하면서 질병이 점차 더 많아지는데, 질병은 뇌를 손상시킴으로써 지적 능력에 직접적으로 영향을 미치기도 하고 지적인 활동을 하기 어렵게 만듦으로써 간접적으로 영향을 미치기도 한다. 예를 들어, 노년기에 질병으로 인해 통증이 있거나 치료비 걱정을 하게 되면 지능검사 점수에 부정적인 영향을 미친다. 건강상태가 좋다는 주관적 보고도 노년기의 높은 지적 기능과 정적 상관이 있는 것으로 나타났다(Hultsch, Hammer, & Small, 1993; Perlmutter & Nyquist, 1990).

노년기 지능에 영향을 미치는 가장 중요한 질병은 심혈관성 질환이다. 심혈관성 질환으로 인해 뇌 혈류에 문제가 생기면 비록 일시적일지라도 정신력이 일정 정도 하락한다. 혈류가 원활하지 않으면 뇌세포에 공급되는 산소량이 감소함으로써 해당 세포에 일시적 '영양실조' 또는 영구적 '기아상태'를 초래하는 것으로 보인다(Schaie & Willis, 2002). 뇌졸중은 발생 부위에 따라 영구적 손상을 초래할 수 있으나, 가벼운 심혈관질환도 기억결함 및 지능점수 저하와 관련이 있는 것으로 밝혀졌다(Elias et al., 1998). 운동을 하면 뇌의 가소성을 증진함으로써 지능의 하락을 막아 줄 수 있다(Kramer et al., 2005).

관절염, 암, 골다공증도 지능검사 점수와 관련이 있는 것으로 밝혀졌으며(Schaie, 1996b), 감각기능도 지능검사 점수와 상관이 있다(Ghisella & Lindenberger, 2005). 감각기능 측정치인 시청각적 정확도는 유동성 지능과 관련이 있으며, 감각기능이 교육 수준이나 직업적 성공 같은 변인들보다 지능을 더 잘 예측해 준다는 것을 보여 주는 결과도 보고되었다(Lindenberger, Scherer, & Baltes, 2001).

건강에 이로운 행동을 하는 생활습관은 인지자원을 배분하는 집행기능 유지에 도움이 되는 것으로 보인다. 「Whitehall II 연구」는 흡연을 하거나 운동을 하지 않거나 과일과 채소를 조금밖에 섭취하지 않는 사람들일수록 집행기능이 더 크게 감퇴한다는 것을 발견하였다(Sabia, Navi et al., 2009). 이들은 성인기 동안 BMI 수준이 가장 크게 증가하는 사람들이기도 하다(Sabia, Kivimaki, Shipley, Marmot, & Singh-Manoux, 2009).

유동성 지능은 원래 신경기능을 반영하는 것이므로 지능검사 점수는 신경기능검사 점수와도 관련이 있을 것으로 예측된다. 노인 400여 명을 대상으로 한 연구는 4년여 기간 동안 속도와 유동성 지능이 상당 부분 중복됨을 보여 주었다(Zimprich & Martin, 2002). 신경기능의 차이는 유동성 지능이 낮은 노인들이 일정 기간 내 점수변동의 폭이 더 크다는 사실을 설명해 줄 수 있다. 노인들은 젊은 사람들보다 유동성 지능과 관련된 능력들을 감퇴하게 만드는 생리적 변화를 겪을 가능성이 더 크다(Ram et al., 2005).

노년기 지능감퇴가 질병과 관련이 있다는 것을 보여 주는 연구가 여럿 있지만, 모든 질병이 반드시 지능감퇴로 이어지는 것은 아니다. 가령, 지능감퇴와 고혈압 간의 관계는 혈압이 일정 수준 이상으로 높이 상승하는 경우에만 나타난다(Elias, Robbins, Elias, & Streeten, 1998). 의학적 치료를 받는 경미한 고혈압은 인지기능에 영향을 미치지 않는 것으로 보이며(Schultz et al., 1989), 고혈압의 심리적 효과가 노년기보다는 중년기에 오히려 더 크다는 것을 보여 주는 자료도 있다(Madden & Blumenthal, 1998).

「Schaie의 종단연구」에서 건강 악화와 정신능력 점수 간의 상관은 크지 않았으며, 둘 간의 상관은 매우 위중한 질병이 있거나 언어의미와 단어유창성에 문제가 생겼을 때만 나타났다. 심혈관성 질환은 일반적으로 낮은 정신기능과 관련이 있으나, 이는 심혈관성 질환이 기본적으로 나이 든 사람들과 사회계층이 낮은 사람들에게 더 흔하다는 사실에서 연유한다. 동일 연령과 동일 계층의 심혈관 질환자들을 비교했을 때에는 일부 점수(수, 총점)만 유의미하게 낮았다(Hertzog, Schaie, & Gribbin, 1978; Schaie, 1990, 1996b). 이러한 결과는 심혈관성 질환이 있는 사람과 없는 사람을 단순 비교하는 연구에서는 결과를 해석할 때 신중을 기해야 함을 시사한다. 질병 유무가 아니라 연령이나 사회계층 같은 다른 요인들이 중요한 역할을 할 가능성이 있기 때문이다.

2) 심리적 요인

성격이 지적 능력의 유지나 감퇴에 영향을 미칠 수 있다. 자신의 능력에 대한 자신감, 자유롭고 자율적인 태도, 새로운 경험에 대해 개방적 자세를 갖는 사람들은 일차정신능력 점수가 높은 경향이 있다(Schaie et al., 2004).

새로운 생각에 대한 개방성은 지능에 긍정적 영향을 미칠 수 있는 속성인 것으로 보인다. 아동기에 「애버딘 대학 종단연구」에 참여했던 1936년도 출생 코호트에 속하는 사람들 중에서 경험에 대한 개방성이 높은 사람들일수록 60대 중반에 독서능력이 더 뛰어난 것으로 밝혀졌다(Hogan et al., 2012). 이와 유사하게 74~90세 성인을 대상으로 수행된 호주의 한 연구에서도 개방성이 높은 사람들일수록 Gf, Gc와 일상적 기능 점수가 더 높았다(Gregory et al., 2010). 그러나 이 두 연구에서 성격만이 지적 기능을 예측한 것은 아니었다. 애버딘 연구에서는 아동기 지능이 성인 후기의 인지능력을 더 강력하게 예측하였고, 호주 연구에서는 유동성 지능이 성격 개방성과 상호작용하여 인지능력에 영향을 미치는 것으로 밝혀졌다. 지능이 높은 사람들은 개방적 성격인 경우가 더 많고 이러한 개방성이 다시 성인 후기의 인지수행에 영향을 미치는 것이 아닌가 생각된다.

긍정적 신념과 태도는 지적 능력을 간접적으로 증진하는 효과가 있다. 예를 들어, 중년기에 유연한 태도를 보이는 사람들은 완고한 사람들보다 지적 능력이 덜 감퇴하는 경향이 있다(Schaie, 1996a).

불안은 지능검사 수행과 부적 관계를 갖는데, 검사에 대한 불안수준이 높으면 다양한 유동성 및 결정성 과제에서 수행이 낮게 나타난다(Wetherell et al., 2002). 노인들은 검사를 받는 상황에 익숙하지 않아서 불안해할 수 있고, 검사 점수가 낮을 것이라는 예감이 자기실현적 예언으로 작용할 수도 있다.

신경증과 만성스트레스는 지적 감퇴를 앞당기는 것으로 보고되고 있다(Wilson, Arnold, Tang, & Bennett, 2006). 만성적인 심리적 압박감은 정서와 인지를 조절하도록 돕는 뇌 변연계에 퇴화를 일으킴으로써 인지적 손상을 초래하는 것으로 생각된다.

3) 인구사회학적 요인

성별은 성인기 지능의 개인차를 가져오는 중요한 변수이다. 성인기 지능검사 점수는 분명히 남녀 차이를 보인다. 결정성 능력인 수 기술과 공간지각은 남자가 여자보다 뛰어나지만, 상징을 수로 바꿔 쓰는 유동성 지능검사(Digit Symbol)에서는 여자가 남자보다 점수가 더 높다(Portin et al., 1995). 성인기 동안 여자는 유동성 능력이 더 빨리 감퇴하는 경향이 있고 남자는 결정성 능력이 더 빨리 손실된다(Dixon & Hultsch, 1999). 결정성 지능과 유동성 지능의 감퇴를 가져오는 위험요인에도 성차가 있는데, 비만은 여자보다 남자의 경우 인지적 손실과 더 강한 상관이 있다(Elias et al., 2005).

지능과 정적 상관이 있는 주요 변수로 교육 수준이 있다. 제2차 세계 대전에 참전한 캐나다 군인들을 대상으로 한 연구는 좋은 환경과 높은 교육 수준이 지능검사 점수에 긍정적인 영향을 미친다는 것을 보여 주었다(Arbuckle, Maag, Pushkar, & Chaikelson, 1998). 높은 수준의 교육을 받은 사람들은 심지어 유동성 지능 점수도 더 높으며, 교육 수준을 통제하면 중년기의 횡단적 지능 차이가 사라진다(Ronnlund & Nilsson, 2006). 일반적으로 나이가 많은 사람일수록 교육을 적게 받은 경우가 많으므로 연령에 따른 지능감퇴는 교육 수준의 차이로 설명할 수 있을 것이다. 따라서 연령과 지능의 관계를 제대로 파악하기 위해서는 교육 수준을 통제할 필요가 있다.

교육 수준과 정적 상관이 있는 직업 수준도 지능과 상관이 있다. 사고와 문제해결이 필요한 직업에 종사하면서 인지능력을 계속 활용하고 있는 노인들은 그렇지 못한 노인들에 비해 지능이 더 적게 감퇴한다. 특히 자기 직업과 관련된 익숙한 분야일 경우에는 그렇지 않은 분야에 비해 지능감퇴가 더욱 적다(Poon & Fozard, 1978). 예를 들어, 변호사나 교사와 같이 언어기술이 필요한 직업에 종사하는 사람들은 웩슬러 언어성 검사의 점수가 높고, 건축가나 엔지니어같이 추상적이고 유동성 능력이 필요한 직업에 종사하는 사람들은 동작성 점수가 더 높다. 네덜란드에서 수행된 한 연구는 교사와 교사 아닌 직종에 종사하는 사람들을 비교하였는데, 교사들이 단어유창성과 작업기억 면에서 '더 젊다는' 것을 발견하였다(Van der Elst, Van Boxtel, & Jolles, 2012). 인지적 자극이 많은 직업이 갖는 긍정적 효과는 젊은 사람보다 노인에게 더 크게 나타난다(Schooler & Caplan, 2009).

4) 환경요인

지능검사 점수의 개인차는 사회적·문화적 요인과 상관이 있다(Schaie & Zanjani, 2006). 높은 사회경제적 지위는 노화가 지능에 미치는 부정적 영향을 차단해 주는 보호요인의 역할을 하는 것으로 보인다(Aartsen et al., 2002).

Schaie의 종단연구는 생활환경이 지능 점수에 영향을 미친다는 증거를 내놓았다(Schaie, 1984, 1996b). 이들 연구에서는 집중면담을 통해 참여자를 네 유형으로 구분하였다. '평균인'(평균 사회계층, 온전한 가족, 평균 수준의 사회참여)은 나이가 들어도 지적 기능이 상당히 우수하였고, 연구 기간인 14년 동안 대부분의 능력을 유지하였다. '혜택받은 사람들'(상류계층, 새로운 것들을 학습하게 하거나 학습할 수 있게 해 주는 생활 여건)은 지적 기능이 더욱 우수하였고, 연구 기간 동안 종종 검사 점수가 향상되기도 하였다. '관망자'(평균 사회계층, 온전한 가족, 수동적 사회참여, 새로운 학습상황에 대한 관심의 감소)는 연구 기간 동안 지능이 대체로 감퇴하였다. 끝으로 '고립된 여성 노인'(가난, 불행, 이혼, 또는 사별, 스스로 선택한 또는 상황에 의한 고립)은 지능이 가장 많이 감퇴하였다.

생활환경과 지능에 관한 연구 중 일부는 원인과 결과의 문제를 내포하고 있다. 지적으로 유능한 사람들이 자극이 더 많은 환경을 추구하는가, 아니면 환경이 풍요로우면 정신능력을 유지하기가 더 유리한 것인가? 아마도 지능이 높은 노인들은 자신의 능력을 최대화하는 방법을 의도적·적극적으로 찾을 것이다. 또 복잡한 문제와 상황을 찾아 나설 것이다. 그러한 문제와 상황이 자신의 능력과 맞아떨어지기 때문이다. 또 다른 가능성은 지능이 높은 사람들은 문제해결력이 더 높고, 따라서 건강 유지 및 치료 전략을 더 잘 활용한다는 것이다.

환경자극의 결핍이 인지손실을 가져온다는 결과도 보고되었다. 예를 들어, 배우자와 사별하고 직장생활도 하지 않는 여성들은 환경자극이 감소함으로써 인지적 감퇴를 겪을 위험이 매우 높다(Schaie, 1984). 반면에, 지적 수준이 높은 배우자를 만난 사람들은 결혼생활 내내 혜택을 받는 것으로 보인다(Gruber-Baldini, Schaie, & Willis, 1995). 또 여러 연구는 요구사항이 많은 직장환경이 성인의 지적 기능을 향상시키는 경향이 있음을 보여주었다(Schooler, Kaplan, & Oates, 1998). 일반적으로 노인들은 은퇴 후에 자극이 많은 환경에서 생활할수록 지적 능력을 유지할 가능성이 더 높다(Schaie et al., 2001). 사회경제적 지위가 노화가 지능에 미치는 부정적 효과를 방지해 준다는 결과(Aartsen et al., 2002)도 환경과 생활양식이 지능에 미치는 영향을 보여 준다고 할 수 있다.

쌍생아 연구는 유전과 환경의 효과를 비교해 보는 고전적 기법이다. 41~91세 사이의 스웨덴 쌍둥이들을 대상으로 한 연구는 유전과 환경이 능력의 수준과 시간에 따른 변화에 미치는 상대적 영향력에 대한 통찰을 제공해 준다(Reynolds et al., 2002). 이 연구에서 유전은 능력 수준의 개인차에 영향을 미치고, 환경요인은 시간에 따른 변화속도에 영향을 미치는 것으로 나타났다. 덴마크 쌍둥이들을 대상으로 한 연구도 비슷한 결과를 보고하였다. 이 연구는 코호트 계열설계를 사용하여 2년마다 한 번씩 총 4번까지 재검사하였다. 스웨덴 연구에서처럼 전체 지적 능력은 유전의 영향을 받는 것으로 나타났으나, 시간에 따른 변화는 환경의 영향력에 따른 것으로 나타났다(McGue & Christensen, 2002).

4. 지능훈련 연구

지금까지의 연구 결과를 종합해 보면 60대 중반에 이르기까지는 지능이 크게 하락하지 않는다는 것을 알 수 있다. 그 이후의 감퇴는 생물학적 요인, 환경요인, 이들 요인의 다양한 조합 등 여러 가지로 해석할 수 있다. 지적 감퇴가 특정 질병에 기인하지 않고 환경 제약(특히 은퇴 이후의)에서 비롯되었거나 지식을 습득하고 유지하는 것을 보상하거나 장려하지 않는 문화에서 비롯되었다면 노년기에 보상을 제공함으로써 감퇴 추세를 막거나 심지어 되돌릴 수도 있을 것이다.

Schaie, Baltes, Willis 같은 연구자들은 노화가 지능에 미치는 부정적 영향을 상쇄함으로써 사람들의 기능을 최대한 오랫동안 높은 수준으로 유지할 수 있게 해 주는 효과적인 개입전략을 찾아내기 위해 노력하였다(Willis & Schaie, 2009).

연구 결과에 의하면 노인도 학습을 계속할 수 있고 매우 높은 수준의 학습도 할 수 있다(Willis & Schaie, 1994). 새로운 일을 배울 수 있을 뿐 아니라 적절한 보상이 주어진다면 유동성 검사에서 수행이 크게 향상될 수도 있다(Schaie & Willis, 1986).

1) 지능감퇴는 되돌릴 수 있는가

성인지능에 관한 가장 포괄적인 연구는 1950년대에 Schaie의 주도로 시작된 「시애틀 종단연구」이다. 1970년대 중반 Schaie와 Baltes는 지능이 '가소성'이 있고 변경 가능한 것이라고 주장하였다. 지능은 나이가 들면서 감퇴를 보이기는 하지만, 그러한 감퇴가 불가피한 것은 아니라는 것이다. 성인기 지능에 개입의 여지가 있다는 가정은 「시애틀 종단연구」를 비롯한 많은 훈련 연구를 이끌어 나가는 동력으로 작용하였다(Willis et al., 2009).

다양한 개입방법을 시도한 많은 연구가 훈련의 효과를 보여 주었다(예: Salthouse, 1997; Willis, 1987, 1989, 1990; 기억훈련에 관한 제6장도 참조). 신체운동의 효과를 살펴본 연구도 있고(Blumenthal & Gullette. 2001), 과제의 특정 차원을 부각하도록 설계된 기법의 효과를 알아본 연구도 있다(Denney & Heidrich, 1990). 과제를 해내는 데 필요한 전략의 요소들을 훈련하거나(Baltes, Kliegl, & Dittmann-Kohli, 1988), 추측하지 않으려는 성향(Birkhill & Schaie, 1975)이나 스트레스(Hayslip, 1989) 등 특정 과제와 직접적인 관련은 없지만 인지수행에 영향을 미치는 요인들에 치중한 연구들도 있다. 이상의 연구는 대부분 훈련된 교사를 투입하였으나, 노인들은 자기주도 학습을 할 때도 지적 능력이 향상되는 것으로 나타났다(Baltes, Sowarka, & Kliegl, 1989). 노인 중에서도 특히 교육 수준이 높은 노인들은 귀납추론 문제를 푸는 데 사용되는 전략을 훈련받으면 점수가 올라갈 수 있다는 것을 보여 주는 연구도 있다(Saczynski et al., 2002).

가소성 모델의 이면에는 노인들이 **예비역량**(reserve capacity)을 가지고 있다는 생각이 깔려 있다. 평소 사용하지 않았기 때문에 자신이 가지고 있는 줄도 몰랐던 능력이 있다는 것이다(Staudinger, Marsiske, & Baltes, 1995). 예비역량은 교사, 코치, 경쟁자, 또는 친구로 인해 동기가 한껏 고취됨으로써 최고 수준의 수행을 보이는 능력이라 할 수 있다. 과제를 성공적으로 완수하기 전에는 자신에게 그런 역량이 있다는 생각조차 하지 못했을지도 모른다. 훈련 연구는 성인들이 보유하고 있던 잠재력을 최대한 발휘할 수 있게 해 줌으로써 그런 예비역량을 표출할 기회를 제공한다.

한계검증(testing the limits)은 노인의 수행이 훈련을 통해 얼마나 증진될 수 있는지를 알아보는 데 사용된다(Baltes & Kliegl, 1992). 이 기법을 사용하면 노인들이 지닌 예비역량을 수량화할 수 있고 이를 젊은 성인의 예비역량과 비교해 볼 수도 있다.

한계검증 기법은 반응시간에 관한 획기적 연구에서 사용되었는데(Bherer et al., 2006), 이 연구는 성인 후기에 분명한 하락을 보이는 반응시간 과제에도 평소에는 쓰이지 않고 있던 예비역량이 있을 수 있다는 것을 보여 주었다. 이 연구는 청각과제와 시각과제를 사용하였다. 청각과제의 경우 참여자는 헤드폰을 통해 제시되는 음을 듣고서 고음인지 저음인지를 판단하여 앞에 놓인 자판에서 그 음에 해당하는 키를 누른다. 시각과제의 경우 화면에 제시되는 글자가 'B'인지 'C'인지를 확인한다. 실험 참여자들이 다음에 제시될 과제가 무엇인지 알지 못하도록 두 과제를 섞어서 제시함으로써 과제를 한층 더 어렵게 하였다.

이 연구는 다른 반응시간 연구와 달리 참여자들에게 각자의 수행에 대한 피드백과 지시를 제공하였고 이를 통해 한계검증을 할 수 있었다. 참여자들은 연습 시행을 하는 동안 수행에 대한 피드백을 받음으로써 수행을 향상시킬 수 있었는데 젊은 성인과 노인 모두 훈련을 통해 속도와 정확성이 향상되었다. 그러나 노인이 젊은 성인보다 정확성이 더 크게 향상되었으며 훈련 회기가 끝날 즈음에는 젊은 성인과 동일한 수준의 정확성에 도달할 수 있었다([그림 7-5]).

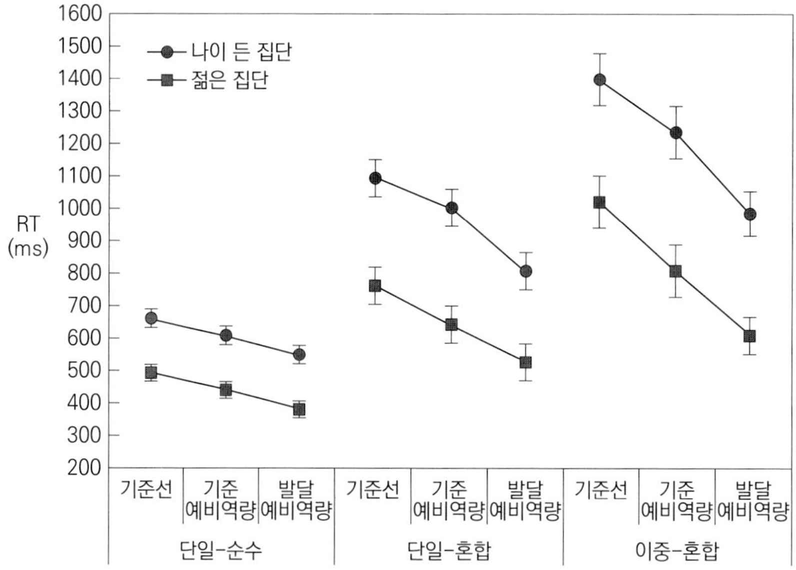

[그림 7-5] 반응시간과 노화 연구에서 한계검증

시행유형과 검사조건에 따른 노인과 젊은 성인의 평균 반응시간. 기준선은 검사시작을 나타내고, 기준예비역량은 훈련 첫 회기를 가리키며, 발달예비역량은 '한계검증'이 이루어지는 훈련마감을 가리킨다. 단일-순수, 단일-혼합, 이중-혼합은 청각시행과 시각시행이 각기 따로 제시되는지 또는 혼합되어 제시되는지를 나타낸다.

출처: Bherer et al. (2006).

2) ADEPT 프로젝트와 ACTIVE 프로젝트

Baltes, Willis와 동료들은 1970년대 초반 펜실베이니아 주립대학교에서 가소성을 뒷받침해 주는 최초의 연구들을 수행하였다. 이 연구들은 시험을 치르는 전략을 연습하고 훈련하면 노인들이 유동성 지능 검사 점수가 향상될 수 있다는 것을 보여 주었다(Hofland, Willis, & Baltes, 1980; Willis et al., 1981). 유동성 지능은 이론상으로 경험이나 교육의 영향을 받지 않는 '순수한' 능력이다. 펜실베이니아 주립대학 연구팀은 훈련이 귀납적 추론과 같은 유동성 지능 과제의 수행을 향상시키는 효과가 있으며 그 효과가 적어도 7년간 지속된다는 것을 보여 줄 수 있었다(Schaie, 1994).

「성인 발달 및 역량강화 프로젝트」(Adult Development and Enrichment Project: ADEPT)의 일부인 펜실베이니아 주립대학 연구는 사전-사후 설계를 채용하였으며 유동성 능력 검사에 필요한 기술을 5시간 동안 집단으로 훈련하였다(Baltes & Willis, 1982). 「시애틀 종단연구」는 ADEPT와 유사하지만 집단훈련이 아닌 개인훈련을 사용하였는데, 종단적 성격의 연구이었기에 시간에 따른 훈련 효과와 관련된 요인들을 추가로 검토해 볼 수 있었다. 이 연구에서 개입훈련을 받은 노인들은 그렇지 않은 동년배 노인들보다 훈련을 받고 7년이 지난 후에도 더 높은 점수를 유지하였다(Schaie, 1994). 더욱이 이러한 훈련 효과는 훈련을 받기 전에 지적 기능이 감퇴하였던 사람들에게서도 분명하게 나타났다. 또한 회기를 추가하면 훈련 효과를 유지하는 데 도움이 되는 것으로 나타났다. 훈련 효과는 특정 능력을 측정하는 한 가지 검사뿐 아니라 같은 능력을 측정하되 다른 문항을 사용하는 검사에도 일반화되었다.

ADEPT 연구의 결과는 제6장에서 기술된 대규모 개입연구인 ACTIVE에서 더욱 확장되었는데, ACTIVE 연구는 훈련이 기억, 추론, 처리속도 등의 인지기능에 긍정적 영향을 미친다는 것을 보여 주었다. ACTIVE 연구자들은 혁신적으로 변형된 훈련 패러다임을 사용하여 인지기능 훈련이 일상생활에서 기능적 독립성을 유지하는 능력에 미치는 영향을 연구하였다. 추론영역의 훈련은 노인의 일상적 활동 능력을 증진하는 효과가 있었고, 이 효과는 5년이 넘어서도 유지되었다(Willis et al., 2006; [그림 7-6] 참조). 이러한 훈련 효과는 노인의 선조체에 가소성이 있음을 시사하는데, 선조체는 새로운 조작에 관여하는 것으로 간주되는 부위이다(O'Reilly & Frank, 2006). 이런 연구 결과들은 노인들이 인지훈련을 통해 독립적 삶을 영위하고 기능장애를 예방할 수 있다는 희망을 불러일으킨다.

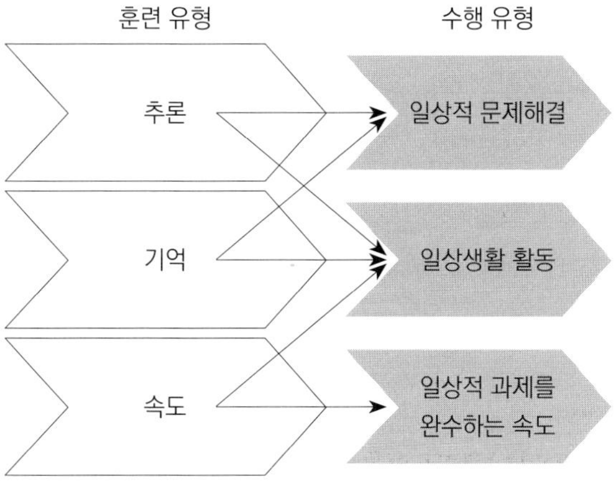

[그림 7-6] ACTIVE 연구의 개념적 모델

출처: Willis, Tennstedt, Marsiske, Ball et al. (2006).

3) 결론

훈련 연구의 결과로 볼 때 다음과 같은 결론을 내릴 수 있다.

- 훈련의 효과를 보기에 너무 늦은 나이란 없다. 훈련은 어떤 나이에도 유동성 지능의 감소 속도를 늦춰 준다고 볼 만한 분명한 근거가 있다.
- 훈련 효과의 전이는 대개 동일한 능력에 대한 유사한 검사에 국한되어 나타난다.
- 집행기능과 작업기억이 훈련에 포함되면 그 효과가 다른 많은 과제로 일반화된다(Basak et al., 2008; Dahlin et al., 2008). 또 많은 학습상황에 적용할 수 있는 전략을 파악하고 사용하도록 훈련하는 경우에는 훈련 효과가 다른 과제들에 일반화되는 경향이 있다(Dunlosky et al., 2007).
- 훈련에 따른 이득은 여러 해 동안 지속된다(Ball et al., 2002).

훈련 연구의 제한점

훈련 연구에 대한 한 가지 비판은 훈련이 인지기능 자체를 실제로 변화시키는 것이 아니라 동기나 사회적 강화 등 외인성 지원을 증강함으로써 인지수행을 높이는 것일지도 모른다는 것이다. 그러나 Willis와 Blieszner, Baltes(1981)는 훈련이 인지기능과 무관한 요인만이 아니라 실제로 인지기능을 향상시킨다는 것을 입증하였다. 훈련은 훈련 과제와 직접 관련이 있는 과제의 수행을 높이는 데 가장 효과적이었고, 훈련에 사용된 과제와 별로 관련이 없는 과제의 수행에는 크게 도움이 되지 않았다. 대상 능력을 달리 한 연구들도 이와 유사한 결과를 보고하였다(Baltes & Willis, 1982; Blackburn et al., 1988; Blieszner, Willis, & Baltes, 1981; Willis & Schaie, 1986). 이들 연구의 결과는 노인들의 인지행동이 변화되고 향상될 수 있다는 주장을 분명하게 지지해 주고 있다.

두 번째 비판은 노인의 훈련 가능성을 다룬 연구에서 젊은 통제집단을 사용하지 않았다는 것이다. 이 비판은 노인의 지능감퇴가 환경자극 결핍에서 유래했다면 그러한 결핍이 없는 젊은 사람들은 훈련 효과를 보이지 말아야 한다는 논리에 바탕을 두고 있다. 그러나 젊은 집단이 이들 연구에서 적절한 통제집단으로 사용될 수 있으려면 능력을 제외한 다른 모든 면에서 나이 든 집단과 동일해야 하는데 요즘 젊은 사람들은 노인들과는 살아온 역사가 크게 다르다. 이 두 집단 간의 훈련 효과 차이는 그러한 차이에서 비롯되었을 가능성이 높다(Baltes & Willis, 1982; Schaie, 1996b).

노인 훈련 연구의 주요 결함은 노인이 훈련을 받기 전에 지적 감퇴 여부를 확인하지 않았다는 것이다. 훈련은 노인의 지능감퇴를 일정 정도 되돌려놓은 것인가 아니면 노인들에게 새로운 기술을 가르친 것에 불과한가? Schaie와 Willis(1986)는 64~94세인 노인 229명에게 공간능력과 귀납추론 중 한 가지 능력에 대해 5시간씩 개별훈련을 실시하였다. 모든 피험자가 연구 이전에 적어도 14년간 평가를 받았는데 절반가량이 지적 감퇴를 보였다. 감퇴를 보였던 노인의 절반 이상이 훈련을 받은 후 크게 향상되었고, 40%가량은 감퇴 이전 수준으로 복귀하였다. 감퇴를 보이지 않았던 노인들은 1/3가량이 이전 수준보다 향상되었다. 공간능력에 대한 인지훈련은 남성보다 여성에게 더 효과적이었다(Willis, 1989; Willis & Schaie, 1988). 7년 후 이들 중 141명을 재검사하고 추가훈련을 실시하였다. 피험자는 전부 연령이 7세 더 증가하였고 그래서 평균적으로 인지능력이 감퇴한 상태였다. 그러나 훈련받은 피험자들은 통제집단 피험자들에 비해 여전히 점수가 더 높았다. 후속 연구는 훈련 효과가 14년 후에도 지속된다는 것을 보여 주었다. 훈련 개입은 인지적 노화의 속도를 늦추는 효과가 있었다(Schaie, 1996b; Willis & Schaie, 1994). 유동성 지능도 훈련 효과가 장기간 지속된다는 것이 밝혀졌다(Willis & Nesselroade, 1990). 노인들의 지적 능력 감퇴는 인지기술을 사용하지 않았기 때문으로 보인다.

5. 성인기 사고의 질적 차이: 후형식적 사고의 출현

형식적 조작은 논리와 추상적 상징을 이용하여 복잡한 문제의 해답에 도달하는 능력이다. 널리 알려져 있듯이 스위스의 심리학자 Piaget는 형식적 조작이 성인 사고의 특징이라고 보고, 청소년기에 획득되는 형식적 조작 사고가 인지발달의 최종단계라고 제안하였다. 그러나 Riegel(1976)을 필두로 많은 성인발달 연구자는 이러한 제안에 문제를 제기하고 대안 모델을 제안하였다(Cavanaugh et al., 1985). 형식적 조작 사고를 넘어서는 **후형식적 조작** 단계가 있다는 것이다(Commons et al., 1989). 후형식적 사고를 하는 사람들은 성인의 삶이 갖는 복잡한 특성에 맞춤한 논리적 과정을 이용하는 경향을 보인다. 또 형식적 논리를 사용할 때가 언제이고 더 단순한 문제표상 방식을 사용할 때가 언제인지를 판단할 수 있다. 예를 들어, 막힌 배수구를 뚫는 데 형식적 논리의 규칙을 사용할 필요는 없을 것이다. 후형식적 사고는 진실(정답)이 상황에 따라 달라지며, 해결책이 타당하려면 현실에 부합해야 하고, 모호성과 모순은 예외가 아니라 규칙이며, 정서와 주관적 요인이 중요한 역할을 한다는 것이 특징이다.

후형식적 조작 사고의 단계가 존재한다는 제안은 강한 직관적 호소력을 갖는다. 성인들이 직면하는 문제들은 옳거나 그른 답이 없는 경우가 많다. 매년 법원에서 처리되는 수많은 사례는 차치하고 보통 사람들이 친구, 가족, 동료들과의 관계에서 일어나는 갈등을 해결할 때 마주하는 딜레마들조차 불확실성과 애매함으로 가득 차 있다. 사람들은 그러한 문제들에 대해 이상적인 해결책을 찾아내지는 못할 수도 있지만, 서로 생각을 나누는 과정을 통해 만족할 만한 타협안에 도달할 수는 있다.

성인이 후형식적 조작을 한다는 가능성은 성인의 사고, 문제해결, 특히 학습과 관련해 여러 가지 흥미로운 시사점을 갖는다. 성인은 학습할 때 노트를 열심히 정리하고 활용하는 등의 전략을 통해 자료를 숙달하고자 한다(Delgoulet & Marquie, 2002). 또 곧잘 교사에게 도전하고, 주어진 정보를 넘어서 대안의 차원들을 탐구하고는 한다. 그런 경향은 교실에선 훌륭한 자질로 보일 수 있지만 평가 시에는 문제를 일으키기 쉽다. 다지선다형의 표준적 시험문제의 경우 문제를 모든 각도에서 볼 수 있는 사람이라면 정답을 고르기가 매우 어려울 것이다. 평가 시 정답은 하나뿐일지라도 후형식적 사고를 하는 성인이라면 하나의 답에 안주하기보다는 그 문제의 애매한 측면에 대해 이모저모 생각해 보는 데 흥미를 느낄 것이며, 그러다 보면 정답이 하나 이상일 소지가 있어 보일 것이기 때문이다.

물론 모든 성인이 이런 특성들을 가지고 있는 것은 아니고, 성인들 간에도 새로운 경험에 대한 개방성과 같은 성격요인에서 차이가 있을 수 있다(제10장 참조). 그러나 성인기에 새로운 사고방식이 출현하고 진화를 거듭한다는 사실은 사람들이 나이가 들고 경험이 쌓이면서 더 폐쇄적 성향을 보인다는 연구 결과와는 상당히 대조적이다.

Perry(1970)는 청소년의 사고가 논리적 규칙에 강한 제한을 받는 데 반해, 성인의 사고는 유연성을 갖는다고 주장한다. 유연한 사고로 가는 첫 단계는 상대주의로의 전환이다. 상대주의적 사고는 관점에 따라 옳은 설명이 하나 이상일 수 있다고 봄으로써 단일체계의 제약에서 자유로울 수 있는 반면에, 자신의 판단이 옳은지 아닌지 결코 확신하지 못하는 회의론에 빠지게 될 위험이 있다. 노년기 성인들이 논리에 근거한 확실성을 상실한 채 회의론에 빠지지 않고 더 높은 수준으로 발달하기 위해서는 자신이 권위자임을 인식하고 한 가지 관점을 분명하게 택해야 하며 다른 사람들도 그와 똑같이 각자 자신의 관점을 취하고 그 관점을 고수할 수 있다는 것을 이해하고 수용해야 한다.

성인기에 형식적 사고보다 높은 수준의 사고가 나타난다는 것을 보여 준 Perry(1970)의 연구 이후 King과 Kitchener(1994)는 20년가량의 종단연구에서 반성적 판단의 발달을 상세히 연구하였다. **반성적 판단**(reflective judgment)은 일상생활에서 겪는 사건들, 종교나 과학과 관련된 딜레마 등에 대해 수행되는 추론과 결정을 가리킨다. 성인기 동안 다음과 같은 단계를 거쳐 발달하는 것으로 확인되었다.

처음 세 단계는 반성적 사고 이전의 단계로, 지식이 불완전하다는 사실을 인정하지 않으며 심지어 인식하지도 못한다. 이 단계에서는 절대적으로 옳은 답이 없는 문제란 존재하지 않는다고 믿는다. 4~5단계는 유사반성적 사고의 단계로, 불확실성의 요소를 내포하는 문제가 존재할 수 있다는 것을 인식한다. 그러나 증거를 사용해서 결론을 내리는 데 능숙하지는 않다. 6~7단계가 되어야 진정한 반성적 사고를 할 수 있다. 이 단계에 도달한 사람들은 지식은 구성되어야 하고 지식의 옳고 그름은 그 지식이 생성되는 맥락과 관련하여 평가되어야 한다고 믿는다. 또 증거에 따라 결론을 내릴 때에도 차후 새로운 증거가 제시되면 재평가가 이루어질 수 있다는 개방성을 보인다.

〈표 7-4〉 반성적 판단의 발달

단계	지식에 대한 견해	정당화의 개념
1	지식은 절대적이고 구체적으로 존재한다고 가정한다. 지식은 직접 관찰을 통한 절대적 확실성에 의해 습득된다.	신념은 정당화가 필요 없다. 신념과 진실은 절대적으로 일치한다고 가정되기 때문이다.
2	지식은 절대적으로 확실하다.	신념은 교사, 부모 등 권위자를 통해 정당화된다. 대개의 경우 정답이 있다고 가정하므로 결정을 내릴 때 갈등이 거의 또는 전혀 없다.
3	지식은 절대적으로 확실하거나 일시적으로 불확실하다.	신념은 답이 존재하는 영역에서는 권위를 통해 정당화된다. 답이 존재하지 않는 영역에서는 신념을 정당화할 합리적 방법이 없으므로 비합리적 또는 직관적 방식에 의해 정당화된다.
4	지식은 불확실하고 특수한 것이다.	신념은 대개 증거에 의해 정당화된다. 그러나 이미 확립된 신념에 부합하는 증거를 선택하는 것과 같은 개인 특유의 이유에 의해 정당화될 수도 있다.
5	지식은 맥락적이고 주관적이다. 우리의 지식은 지각적 여과를 거쳐 물질세계의 해석을 통해 습득되는 것이며 직접적으로 습득되지 않는다.	신념은 특정 맥락과 관련된 규칙에 의해 그 맥락에 국한해서만 정당화된다.

6	지식은 맥락 속에서 증거를 평가하고 타인의 의견을 듣는 등을 통해 사적으로 구성된다. 지식은 물질세계의 해석을 통해서만 습득된다.	신념은 어떤 쟁점에 대해 서로 다른 증거와 의견을 비교하거나, 행위의 실용적 요구를 비교하여 정당화된다.
7	지식은 물질세계에 관해 일반화할 수 있는 추측을 합리적으로 탐구하는 과정을 통해 구축된다.	신념은 증거와 주장을 통해 또는 어떤 쟁점에 대한 완벽하거나 강력한 이해를 통해 확률적으로 정당화된다.

마지막으로 살펴볼 후형식적 사고의 주요 측면은 나이가 들면 일상생활에서 마주치는 문제들에 대한 해답을 선택할 때 논리와 정서를 통합할 수 있게 된다는 것이다. 논리가 아니라 실용적, 정서적, 사회적 근거를 토대로 해답을 선택한다는 것이다.

6. 성인기의 일상적 문제해결

인지과정을 일상생활에서 부닥치는 문제들의 해결에 적용하는 능력은 성인기 동안 어떻게 변화하는가? 나이가 들면 추상적 문제를 해결하는 능력은 감소하지만, 실생활의 문제를 해결하는 능력은 오히려 증가하는 경향이 있다(Cornelius & Caspi, 1987). 나이가 들수록 일상적 문제들을 해결한 경험이 많기 때문일 것이다(Morrow, Leirer, Altieri, & Fitzsimons, 1994). 근래 들어 이 분야의 연구는 학문적 문제(예: 낱말 수수께끼, 퍼즐)에 적용되는 추상적 추리능력에 대한 연구에서 벗어나 일상생활에서 맞닥뜨리게 되는 문제(예: 처방약 복용, 다이어트, 자동차 접촉사고 처리, 가전제품 수리)들을 어떻게 해결하는지에 초점을 맞추는 쪽으로 방향을 선회하고 있다(Allaire & Marsiske, 2002).

문제해결이란 상황의 현재 상태를 평가하고 바람직한 최종 상태를 결정한 다음 현재 상태를 최종 상태로 바꾸는 방법을 찾아내는 것이라고 볼 수 있다. 예를 들어, 한 달 예산을 세울 때는 먼저 통장에 돈이 얼마 들어 있는지 알아보고(현재 상태), 바람직한 최종 상태(월말에 통장에 약간의 잔액이 있음)에 기초하여 식품비, 문화생활비, 교통비로 각각 얼마를 책정해야 할지를 결정한다.

우리가 일상생활에서 부닥치는 문제들은 구조와 복잡성 면에서 엄청나게 다양하다. 앞에서 든 예산 책정의 예는 제약이 분명하고(통장에 일정량의 돈이 들어 있음) 일련의 단계를 거쳐야 한다는 점에서 상당히 구조가 잘 짜인 문제이다. 이와는 달리 분명한 목표가 없거나 거쳐야 할 단계를 알아내기 어려운 문제의 경우에는 인지적 부담이 가중된다.

예를 들어, 첨단기술 제품을 다루는 문제를 생각해 보자. 컴퓨터에 능숙한 사람들은 이런 제품들을 사용하는 데 별다른 어려움이 없으나 노인들은 물론이고 상당수의 중년 성인들에게도 이런 제품을 다루는 일은 녹록하지 않다. 예를 들어, 문서편집 소프트웨어나 프린터는 물론이고 휴대전화, 카메라, 디지털 비디오 녹화기를 사용하려면 여러 단계에 걸친 지시를 해석해야 한다. 제품 설명서들은 내용이 불분명하고 애매한 경우가 많다. 더욱이 요즘은 설명서가 제품과 함께 포장되어 나오는 것이 아니라 인터넷으로 다운받아야 하는 경우가 많은데 나이 든 사람들은 이조차 감당하기 힘들다. 심지어 요리, 수공예, (자전거나 의자 등의) 제품 조립 등 첨단기술을 사용하지 않는 분야에서조차도 복잡한 지시는 넘쳐난다. 이렇듯 우리의 현실은 이상과 거리가 멀고 우리는 이러한 상황에 문제해결 기술을 적용해야 한다.

1) 경험과 전문성의 역할

일상생활에는 복잡한 문제가 산적해 있다. 이 문제들은 실험실에서 주어지는 문제들과는 달리, 다차원적일 뿐 아니라 해결에 이르는 단계도 사람마다 제각각이다. 이런 요인들을 염두에 두고 일상적 문제해결을 다음과 같이 정의할 수 있다. ① 일상생활에서 흔히 일어나는 문제들을 다루고, ② 이 문제들은 한 가지 이상의 방식으로 해결될 수 있으며, ③ 어떤 전략이 자신이 원하는 결과를 가져올지를 결정하는 것은 문제해결 당사자이다(Thornton & Dumke, 2005).

성인들이 일상생활에서 생기는 문제들을 해결하는 데에는 여러 요인이 영향을 미치는데, 이들 요인 간에는 거래가 있다. 즉, 나이가 들면 처리속도와 작업기억이 감퇴하는 대신에 다양한 문제들을 접하면서 쌓은 경험으로 인해 자신의 전문분야에서 깊이를 더하게 된다. 경험은 문제해결 수행(Crawford & Channon, 2002)뿐만 아니라 자기효능감(Artistico et al., 2003)도 높여 줄 수 있다.

특정한 종류의 문제들을 오랜 기간 접하면서 습득한 전문성은 중년과 노년의 성인들이 일상의 친숙한 상황에 어떤 방식으로 접근하는가를 결정하는 가장 중요한 요인이다. 성인들은 문제에서 중요한 요인들과 그렇지 않은 요인들을 가려낼 수 있으며, 전문성에 기반을 둔 이러한 정보선택 능력으로 인해 과도한 정보부담을 피할 수 있다. 예를 들어,

경험 많은 자동차 기술자는 엔진을 한 번만 보고서도 지난주에 나던 이상한 소리의 원인이 무엇인지를 금방 알아내겠지만, 초보자는 자동차 매뉴얼, 각종 설명서, 온갖 밸브와 게이지를 몇 시간이고 살펴볼 것이다. 이같이 문제해결 전문가는 경험에 비춰 어떤 영역이 살펴볼 만한 중요성이 있는지 알아차리고 그 영역을 겨냥함으로써 정보의 과부하를 피할 수 있다.

비행기 조종사들의 문제해결 능력을 비교한 연구는 노인이 젊은 성인에 비해 뒤떨어지지 않는다는 것을 보여 주었다. 나이 든(60~84세) 조종사들은 남이 읽어 주는 메시지를 따라 읽는 과제에서는 기억결함을 보였으나, 차트와 메시지들을 보면서 항로에 관한 정보를 해석하는 것과 같이 전문성을 요구하는 과제에서는 연령에 따른 차이가 없었다(Morrow et al., 2001). 이 결과는 경험이 많은 조종사가 비행기를 조종하는 것이 안전하다는 생각을 뒷받침해 준다.

그러나 나이 든 사람들은 문제를 해결하고자 할 때 종종 중요하지 않은 요인들을 무시하는 경향이 있는데, 이는 능률의 견지에서 보자면 긍정적일 수도 하지만 실제로는 부정적 결과를 초래하기 쉽다. 나이 든 사람들은 친숙한 문제들에 대한 답을 친숙한 해결책에서 찾는 경향이 있어서 특정한 문제에 고유한 중요사항을 놓칠 수 있기 때문이다. 예를 들어, 자동차 기술자가 엔진 배전기가 문제의 근원이라 보고 거기에만 주의를 기울인다면 그보다 더 중대한 배선결함을 알아채지 못할 수 있다. 노인들은 자신이 문제해결을 잘하고 있다고 생각할지 모르지만, 대안의 해결책을 고려하는 효율성은 젊은 사람들보다 뒤떨어질 수 있다(Thornton & Dumke, 2005).

나이 든 사람들은 한 가지 해결책에 몰두할 뿐 아니라 다양한 생각을 내놓을 필요가 있는 상황에서 한 가지 반응양식을 고집하는 경향이 있다. 가령, 응답자에게 가능한 한 많은 항목을 산출하게 하는 단어유창성 검사(예: 'k'로 시작하는 모든 단어를 산출)에서 나이 든 사람들은 같은 단어를 반복적으로 산출하고는 한다. 임상 장면에서는 이런 반복을 전두엽 결함의 징후로 보기도 하는데, 단어유창성 검사와 같은 과제에서는 정상 노화와도 관련이 있는 듯하다(Henry & Phillips, 2006). 이런 결함은 이미 산출한 해결책을 되풀이하기 때문에 문제에 대한 새로운 해결책을 내놓기 어렵게 만든다.

일본원숭이의 계획능력에 관한 연구는 나이가 들수록 문제를 해결하기 어려워진다는 증거를 제시한다. 이 연구는 패널의 작은 구멍들 뒤에 있는 음식을 찾는 과제를 사용하였다([그림 7-7]). 실험조건에서는 하얀 플라스틱판 뒤에 음식이 숨겨져 있고, 통제조건에서는 투명한 플라스틱판을 통해 음식을 볼 수 있게 되어 있다. 음식이 담겨 있는 구멍은 총 9개이므로 9번 시행에서 연속으로 음식을 모두 꺼내면 최고점을 받는다. 이미 음식을 꺼낸 구멍으로 다시 돌아가면 오답으로 계산하였다. 나이 든 원숭이와 젊은 원숭이의 수행을 비교한 결과 나이 든 원숭이들은 창문 뒤에 있는 음식을 눈으로 볼 수 없는 실험조건에서 오답을 훨씬 더 많이 냈고 전략 선택에도 일관성이 없었는데 이는 계획능력이 감퇴했음을 보여 준다(Kubo et al., 2006).

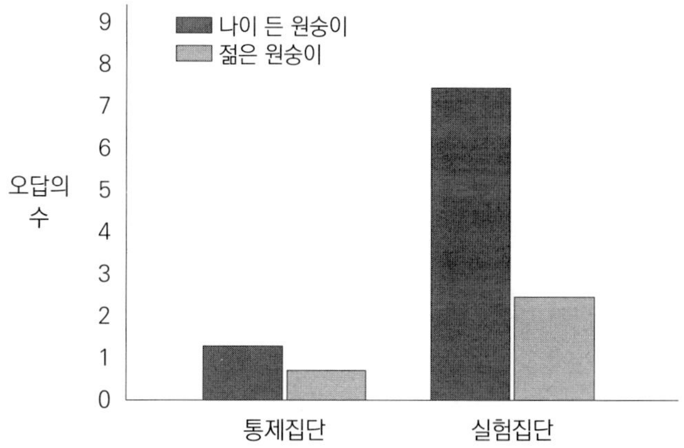

[그림 7-7] 젊은 원숭이와 나이 든 원숭이의 문제해결에서 오답의 수

출처: Kubo, Kato, & Nakamura (2006).

나이가 많은 사람들은 문제를 다루어 본 경험이 더 많고 관련 정보에 접근하기가 더 용이하다는 장점이 있어 전략계획 능력의 상실을 보상할 수 있다. 경험이 많은 사람은 잘 정리된 지식저장고를 가지고 있으므로 필요한 정보를 손쉽게 꺼내서 사용할 수 있다. 예를 들어, 해외여행 전문가는 여러분이 계획하고 있는 여행지의 장단점을 금방 알려 줄 수 있다. 주요 여행국들에 관한 정신적 문서보관함 속에 해당국의 숙박시설, 유명관광지, 기상 등에 관한 지식이 체계적으로 저장되어 있기 때문이다.

다양한 연령대의 성인들을 대상으로 의사결정 속도를 살펴본 연구들은 잘 정리된 지식기반을 보유하고 있는 나이 든 사람들이 그렇지 못한 젊은 사람들에 비해 더 빨리 해답에 도달할 수 있다는 것을 보여 준다. 그러나 나이 든 사람들은 특별히 전문성이 없는 영역에서도 결정을 더 빨리 내리는 것으로 보인다. 게다가 일단 결정을 내리고 나면 젊은 사람들에 비해 추가정보를 찾고자 할 가능성이 더 작다. 나이 든 사람들이 문제를 더 신속히 해결하는 이유는 무엇일까? 지금껏 수많은 의사결정을 하면서 얻은 경험이 있기에 젊은 성인들만큼 새로운 정보에 의존할 필요성을 느끼지 않는 것일 수도 있고, 다양한 정보출처들을 사용하지 못하기 때문일 수도 있다. 따라서 문제에 관해 새로이 주어지는 정보보다는 이미 가지고 있는 경험을 기초로 의사결정을 하는 것인지도 모른다 (Marsiske & Margrett, 2006).

나이가 많은 사람들이 문제를 더 빨리 해결한다는 결과는 성인기의 인지에 관한 다른 연구 결과들과는 상반된다. 그러나 문제해결 연구에서 사용하는 종류의 척도들은 정신운동 속도에 관한 연구에서처럼 반응을 msec와 같이 미세한 시간단위로 수량화하지 않는다. 의사결정을 하기 전에 수집한 정보의 양을 측정하므로 반응시간의 미세한 변화를 잡아내기는 어렵다. 신경심리검사의 결과는 노화와 인지에 관한 연구들의 결과와 부합한다. 중년 성인들은 카드 분류같이 친숙한 문제를 해결하는 과제에서는 수행 수준이 떨어지지 않지만, 새로운 문제들을 해결하는 능력에서는 손상을 보인다(Garden et al., 2001).

의사결정을 해야 하는 상황이 친숙한 일상적 상황일 경우에는 중년 성인들과 노인들이 젊은 사람들보다 더 유리하다. 내용과 과정 면에서 경험이 더 많고 전문성이 있기 때문에 이를 토대로 문제를 평가하여 전략을 내놓고 그 전략을 실행할 수 있기 때문이다. 그러나 친숙한 문제에 함정이 있을 때 또는 신속한 결정으로 인해 중요한 정보를 놓치게 될 때는 노인들이 더 불리하다. 젊은 사람들은 익숙하지 못한 상황이 많아서 문제해결에 어려움을 겪고는 하지만, 노인들이 더 많은 정보를 더 빨리 처리하다가 곧잘 빠져들곤 하는 함정은 비교적 쉽게 피할 수 있다.

생각상자 7-1.

여러분의 삶에서 가장 중요한 문제들은 무엇인지 예를 들어보시오.

2) 지혜의 심리학

노인들은 궁극적으로는 난이도가 높은 지적 활동을 그만두고 일상적 과업들을 성공적으로 완수하는 활동에 전력을 다하는 쪽으로 삶의 초점을 거의 완전히 바꾸게 될 것이다. 학문을 직업으로 하는 사람들이라면 정신활동에 에너지를 쏟는 일에서 즐거움을 느끼기도 하고 그런 일이 일상생활과도 관련이 있겠지만, 사람들은 대부분이 나이가 들면 인지활동에 흥미나 관심을 가지지 않는다. 대학생 대다수는 졸업 후 학문적 삶을 살아갈 계획을 갖지 않는다. 이같이 삶의 중심축이 인지적 노력에서 개인적 즐거움 및 관계로 변경되는 것을 Baltes는 **지능실용**(pragmatics of intelligence)으로의 이동이라 불렀다. 사람들이 나이가 들어가면서 자신의 능력을 주로 실생활 문제(예: 부모의 이혼으로 힘들어하는 손녀를 어떻게 도울 것인가, 잘 풀리지 않는 사업을 어떻게 일으켜 세울 것인가, 은퇴 후 고향으로 내려가 살 것인가 등)를 해결하는 데 사용하게 된다는 것이다. 나이가 들면 이런 능력들이 속도, 작업기억, 유동성 지능과 같은 **지능구조**(mechanics of intelligence)보다 점점 더 중요해진다.

Baltes는 성인들이 종래의 지능검사에서 측정하지 않는 고차 수준의 개념적 쟁점들을 점점 더 능숙하게 다룰 수 있게 된다고 믿었다. 지능실용에 관한 연구들은 성인기의 지적 능력 발달이 우리가 살아가면서 겪게 되는 수많은 딜레마, 특히 심리사회적 또는 대인관계 딜레마들에 대한 통찰력이 성장하는 것임을 보여 준다. 여기서 지혜라는 자질이 출현한다.

Baltes와 동료들에 따르면 **지혜**는 실생활에 관한 전문지식이라 할 수 있다(Baltes & Smith, 2008). 사람들은 대부분이 노년기에 문화가 우리의 삶과 성격을 형성하는데 어떤 역할을 하는지를 인식하게 되면서('전 생애 맥락주의') 지혜가 생겨난다. 지혜로운 사람은 다른 사람들을 평가하고 판단하기보다는 가치관, 삶의 경험, 믿음의 차이를 인정한다('가치 상대주의'). 또 사실지식 또는 서술지식을 풍부하게 가지고 있으며 절차지식도 광범위하게 갖추고 있다(Baltes et al., 1995). 끝으로 불확실성을 삶의 사실로 받아들이고 그에 대처하는 능력도 지니고 있다(Ardelt, 2004).

노벨상 수상자를 다수 배출한 독일 베를린의 막스플랑크 연구소에서는 지혜를 실생활에 도움이 되는 전문적 지식체계로 정의하였다(Whitbourne, 2008). 이 지식체계는 통찰과 판단을 하게 해 주고, 인간 조건의 복잡하고 불확실한 문제들에 관한 조언을 하게 해 준다. 이러한 지혜를 발휘하기 위해서는 어떤 결론이나 조언에 관여하는 득실의 비율을 최적화할 수 있는 관리전략이 있어야 할 뿐만 아니라 자신의 장단점을 알아야 한다. 지혜로운 사람은 소크라테스가 말했듯이 다른 무엇보다도 자기 자신을 먼저 알 필요가 있다는 것이다.

지혜에 관해 이러한 결론에 도달한 연구들은 다른 사람들이 현명하다고 지목하는 사람들이 어떤 특징을 가지고 있으며 다른 사람이 처한 어려움에 어떤 조언을 하는지를 알아보았다. 이런 방법을 사용한 연구들은 나이가 들면서 지혜가 증가한다는 것을 일관성 있게 뒷받침하는 결과를 얻지 못했는데(Baltes & Smith, 2008; Baltes & Staudinger, 2000), 그 이유로 표본의 편향(임상심리학자들)과 과제의 단순성이 지목되었다.

Grossmann과 동료들은 Baltes의 지혜 연구를 바탕으로 좀 더 긴 과제를 개발하여 더 대표성 있는 대규모 표본에 실시하였다(Grossmann et al., 2010). 연구 참여자들은 개인 간 갈등과 같이 대인관계에서 발생하는 문제들에 관한 이야기들을 읽었다. 연구자들은 이들의 반응을 6개 차원(상황을 여러 관점에서 볼 수 있는가, 상황에 대한 지식의 제한성을 인식하는가, 상황이 전개될 방향에 대해 다양한 예측을 하는가, 타협을 통해 갈등을 해결하고자 하는가 등)에서 평가하였다. 상담전문가들과 지혜 연구자들이 이 평가척도들을 타당화하였다. 연구의 결과는 노인들이 젊은 성인이나 중년 성인에 비해 여러 관점을 취하는 데 더 능숙하고, 타협을 이끌어 내고자 하며, 지식의 제한성을 인식하고 있다는 것을 보여 주었다. 지혜척도에서 높은 점수를 받은 사람들일수록 유동성 지능에서는 낮은 점수를 받음으로써 지능실용과 구조의 분류가 타당하다는 증거를 제시하였다.

지혜는 사람들이 자신의 삶에 잘 적응할 수 있도록 해 주는 역할도 한다. 앞서 언급한 시나리오를 사용한 지혜검사에서 높은 점수를 받은 노인들은 생활만족도가 높았고, 부정적 정서가 적었으며, 우울한 생각을 하지 않는 경향이 있었고, 사회적 관계가 더 원만하였다. 가장 현명한 사람들은 이 연구에 참여한지 5년 후에 생존해 있을 확률이 가장 높았는데, 성별, 사회계층, 소득, 지각된 건강, 언어능력 등의 요인들을 통제한 후에도 그러하였다(Grossmann, Na, Varnum, Kitayama, & Nisbett, 2012).

생각상자 7-2.

지혜란 무엇인가? Baltes가 제시한 지혜의 정의에 동의하는가? 여러분은 지혜를 어떻게 정의하겠는가?

제 8 장

성인기의 사회적 관계

1. 결혼과 부부관계
2. 친밀한 관계의 형성, 유지 및 해체에 관한 이론
3. 성인 자녀와 부모의 관계
4. 조부모와 손자녀 관계
5. 성인기의 형제자매 관계
6. 성인기의 친구 관계

제 8 장

성인기의 사회적 관계

인간이 존재하고 살아가기 위해서는 다른 사람과 관계를 맺는 것이 필수적이다. 인간의 발달 과정은 배우자, 가족, 친구 등과의 유대관계와 평생 상호작용한다. 이 장에서는 성인 자녀와 부모의 관계, 조부모 역할, 성인기의 형제자매 관계와 친구 관계 등 다른 사람들과의 관계가 나이가 들어가면서 어떻게 변화하는지 알아보기로 한다. 또 개인에게 중요하고 친밀한 관계가 개인의 발달 과정과 어떤 방식으로 상호작용하는지를 다루는 이론들도 함께 살펴보기로 한다.

1. 결혼과 부부관계

신문을 읽거나 TV 뉴스를 보면 결혼과 가족생활의 패턴이 해마다 달라지고 있다는 것을 피부로 느낄 수 있다. 결혼하지 않는 사람이 많아지고, 결혼하는 시기도 이전 세대보다 더 늦어지는 경향이 있다. 가족은 구성원들이 기존의 관계를 벗어나고 때로 아동과 확대가족까지 포함하는 새로운 장기적 관계로 진입함에 따라 구성이 달라지고 구성원 간 역동도 달라진다.

두 성인이 결합하는 결혼은 세대에서 세대로 전달되는 가족 위계의 기초라 할 수 있다. 결혼관계는 현대사회에서 많이 연구되는 주제이다. 제도로서의 결혼이 죽음을 맞았다는 이야기도 있지만, 대중매체뿐만 아니라 전문서적에서도 결혼 자체에 관한 관심은 식을 줄을 모른다. 결혼한다는 결정은 두 사람이 앞으로의 삶을 함께하겠다는 법적 · 사회적 · 도덕적 약속이다. 요즘의 이혼통계로 보면 많은 사람이 결혼서약에서 서로에게 했던 희망찬 약속을 지키지 못한다는 것을 알 수 있다. 결혼관계를 성공 또는 파국으로 이끄는 요인들은 무엇인가? 이론은 많으나 이 질문에 대해 만족할 만한 답변은 아직 나오지 않고 있다.

1) 결혼

사회적 제도로서의 **결혼**은 법적 승인을 받은 남녀 간 결합으로 정의된다. 결혼한 사람들은 소득세 신고를 공동으로 하게 되어 있고, 의료보험과 주거는 물론이고 재정을 공유하는 혜택이 거의 자동으로 주어진다. 일반적으로 결혼한 배우자들은 한쪽이 사망할 때 다른 한쪽이 전 재산뿐만 아니라 퇴직, 사망 및 기타 보험 혜택을 받게 되어 있다. 법적 결혼을 하지 않은 사람들은 서로에게 헌신적이고 장기적인 관계를 맺고 살아가고 있다고 해도 결혼한 사람들에게 주어지는 이와 같은 혜택을 누릴 수 없다.

통계청 인구동향조사에 따르면 2019년 우리나라에서는 약 23만 9천 쌍이 결혼이라는 법적 제도의 혜택을 누리게 되었다. 물론 결혼의 법적 정의에는 배우자 상호 간의 정서적 관계에 대한 언급은 없다. 법적으로 결혼했어도 각자 따로 살 수 있다. 흔히 사회과학자들은 친밀한 관계와 결혼관계를 구분한다. 한 부부에게 이 두 관계가 다 있어야 할 필요는 없기 때문이다. 이 두 관계의 차이점은 법적 승인을 받은 결혼관계가 결혼하지 않은 친밀한 관계보다 끝내기가 기술적으로 더 어렵다는 것이다. 더욱이 사람들 대부분은 결혼관계가 함부로 깨뜨릴 수 없거나 깨뜨리지 말아야 할 도덕적이고 영적인 성격을 갖는다고 본다(Whitbourne, 2008).

기혼 성인들은 미혼 성인들에 비해 많은 이득을 누린다는 증거가 있다. 여러 국가에서 실시된 50편 이상의 연구를 보면 25만여 명의 성인들 가운데 기혼자가 미혼자보다 남녀 모두 사망위험이 9~15% 더 낮았다(Manzoli et al., 2007). 그러나 결혼은 '양날을 가진 칼'이다. 결혼은 큰 행복감을 가져다주고(Lee & Bulanda, 2005) 삶의 질을 높여 주기도 하지만(Wood, Goesling, & Avellar, 2007) 갈등으로 가득 찬 결혼생활은 정신적 모독, 신체적 폭력, 우울증 등을 초래하며 몸과 마음의 건강을 사정없이 파괴한다. 행복하고 지지적인 결혼만이 건강에 도움이 된다(Kiecolt-Glaser & Newton, 2001). 불행한 결혼생활은 또 자녀 양육과 직장에서의 생산성 등 삶의 다른 영역에까지 부정적인 영향을 미친다(Carstensen et al., 1996). 성별에 따라 결혼이 건강에 미치는 효과가 다르다는 주장도 있다. 즉, 남자의 경우 결혼생활에 대한 만족 여부와 관계없이 결혼한 사람이 결혼하지 않은 사람보다 더 건강하지만, 여자는 결혼생활이 행복할 때에만 더 건강하다는 것이다(Hess & Solso, 1985; Levenson, Carstensen, & Gottman, 1993).

결혼은 또 양쪽 당사자에게 똑같은 정도로 행복감을 주지는 않는 것으로 보인다. 통계청의 2018년도 사회조사 결과에 따르면, 남편은 아내에 대해 75.9%(약간 만족 35.9%, 매우 만족 40.0%)가 만족하는 반면에, 아내는 남편에 대해 63.0%(약간 만족 36.3%, 매우 만족 26.7%)가 만족한다고 답변하였다. 또 13세 이상 인구 중에서 '결혼은 하는 것이 좋다'는 남성은 52.8%였으나 여성은 43.5%에 그쳤고, '경우에 따라 이혼이 가능하다'는 남성은 57.8%였으나 여성은 68.1%로 나타났다. 결혼에 대한 남녀 간의 이런 견해 차이는 여성의 사회진출이 확대되고 있음에도 결혼 후 여성이 남성보다 가사 분담, 자녀 양육, 부모 부양 등에서 더 많은 책임을 떠맡아야 한다는 불공평을 인식한 데서 비롯되었을 가능성이 크다. 동일한 사회조사 결과에서 우리나라 19세 이상 남성의 절반가량(54.6%)이 가사 분담을 공평하게 해야 한다고 '생각'하고 있지만, 가사를 '실제로' 공평하게 분담하고 있는 남편은 20.2%에 불과한 것으로 나타났다.

나이가 들수록 성역할 구분이 덜 분명해지고 생리적 각성수준도 낮아지며 정서조절능력이 발달하므로 나이 든 부부들은 젊은 부부들에 비해 부부간 갈등이 더 적고 갈등이 생겼더라도 더 원만하게 해결하지 않을까? 실제로 행복한 또는 불행한 결혼생활을 하고 있는 중년 성인과 노인을 대상으로 한 연구는 노년 부부가 중년 부부보다 자녀문제, 돈, 종교, 여가 등과 관련한 문제로 인해 갈등을 겪는 일이 더 적고 결혼생활을 훨씬 더 즐겁게 하고 있다는 결과를 얻었다(Carstensen et al., 1996). 이처럼 노년기의 부부관계에서 분노, 혐오, 호전성, 푸념은 줄어들고 애정은 더욱 증가하는 이유를 연구자들은 다음과 같이 추론하였다. 첫째, 장기간의 결혼생활을 통해 상대방의 행동이 변화했거나 자녀출가로 인해 갈등의 소지가 되었던 문제가 사라져 버렸을 수 있다. 둘째, 갈등이 습관화되어 그 독성이 덜해졌을 수 있다. 끝으로, 노년에는 정서를 최적의 상태로 유지하려는 경향이 있으므로 말다툼까지 하면서 갈등을 해결하려 나서지 않는다.

그러나 나이가 들어도 갈등 상황에서 부부간 상호작용의 패턴은 크게 변하지 않는다. 노인들도 젊은 성인이나 중년 성인과 마찬가지로 아내는 요구하고 남편은 철회하는 양상을 보인다. 즉, 아내들은 긍정적이건 부정적이건 정서를 많이 표출하는 데 반해, 남편들은 입을 꾹 다물고 담을 쌓아 의사소통을 회피한다(Carstensen et al., 1996). 남성의 이러한 행동은 심리적 고통에 대한 일종의 방어행동으로 해석할 수 있다. 남성들은 심리적 고통으로 인해 각성수준이 높아지면 이것을 경보신호로 받아들이고 철벽을 쌓음으로써 자신의 건강을 보호하는 것이다. 반면에, 여자들은 그런 신호를 자각하지 못하고 장시간 높은 각성수준을 지속하는데 이런 상호작용이 오랫동안 반복될 경우 건강을 해칠 수 있다. 불행한 결혼생활이 남자보다는 여자의 건강에 더 악영향을 미치는 것은 이런 이유 때문일 것이다(Levenson et al., 1993).

생각상자 8-1.

초혼 연령이 상승하게 된 원인은 무엇일까?
초혼 연령의 상승은 우리 사회에 어떤 결과를 초래하게 될까?

통계청의 인구동향조사에 따르면, 2019년 우리나라의 평균 초혼 연령은 남성이 32.3세, 여성이 29.9세로 2000년에 견주어 남성은 평균 3.0세, 여성은 3.4세가 상승하였다. 초혼 연령의 상승은 우리나라만의 현상이 아니다. 미국도 1970년대에는 결혼 연령 중앙값이 20대 초반이었으나 2007년도에는 남성 27세, 여성 25.5세로 결혼 연령이 점차 상승하는 추세를 보였다(U. S. Bureau of the Census, 2007).

초혼 연령과 마찬가지로 재혼 연령과 이혼 연령도 높아지고 있다. 평균 재혼 연령은 2019년 기준으로 남성이 45.2세이고 여성이 42.0세였는데 2000년 이후로 각각 3.2세와 4.6세가 상승하였다. 평균 이혼 연령도 2000년에 남성 40.1세, 여성 36.5세이던 것이 2019년에는 각각 48.68세와 45.27세로 상승세를 유지하고 있다.

2) 이혼

많은 결혼생활이 사랑을 바탕으로 시작되지만, 처음의 사랑을 변함없이 유지하기란 쉽지 않다. 시간이 지나면서 애정이 식어 버리고 공허한 관계 속에서 살아가는 사람이 많다. 최근 들어 술이나 혼외정사로 도피하면서 결혼생활을 껍데기만 유지하거나, 특히 여성의 경우 자녀가 출가할 때까지 기다렸다가 이혼을 하기로 결심하고 이를 실행하는 경우가 점차 늘고 있다.

2019년 우리나라 부부의 총 이혼 건수는 11만 831건이고 인구 1천 명당 이혼율은 2.2건이었다. 이혼 부부의 동거 기간별 이혼 건수를 보면 2000년도에는 전체 이혼 중 결혼 후 10년 미만이 가장 많았고 결혼생활을 오래 한 부부일수록 이혼 건수가 더 줄어드는 경향을 보였다. 그러나 최근으로 오면서 결혼 기간이 20년 이상 된 부부의 이혼 건수가 크게 증가하고 있다. 2019년에는 20년 이상 된 부부와 30년 이상 된 부부의 이혼 비중이 전체 이혼 건수의 34.7%에 달해 최근의 황혼이혼 급증 현상을 보여 주고 있다(〈표 8-1〉).

〈표 8-1〉 동거 기간별 이혼 건수와 비율(%)

연도	동거 기간				이혼 건수
	0~9년	10~19년	20~29년	30년 이상	
2000	51.7	34.1	12.1	2.0	119,455
2005	48.1	33.2	14.9	3.7	128,035
2010	45.8	30.4	17.4	6.4	116,858
2015	41.6	28.5	20.3	9.5	109153
2019	39.0	26.2	21.2	13.5	110,831

출처: 통계청 인구동향조사.

우리나라 부부의 이혼 사유는 조사연도와 관계없이 '성격 차이'가 45.4%로 가장 많았다. 2000년도에서 2017년도까지의 이혼 사유를 제시한 〈표 8-2〉를 보면 두 가지 변화가 눈에 띈다. 하나는 2000년도에 두 번째로 많이 꼽히던 이혼 사유인 '가족 간 불화'가 점차 비중이 줄어들어서 2017년도에는 네 번째 순위로 내려앉았다는 것이다. 다른 하나는 최근으로 올수록 '기타' 사유가 점차 증가하여 2017년도에는 두 번째 순위로 올라왔다는 것이다. 가장 많이 언급되는 이혼 사유가 배우자 부정, 학대, 경제문제와 같이 딱 떨어지는 사유가 아니라 성격 차이나 기타와 같이 상당히 다양한 층위의 사유를 포괄하는 모호한 답변이라는 점이 주목할 만하다.

〈표 8-2〉 이혼 사유별 이혼율 (단위: 천 건, %)

연도	배우자 부정	정신적 육체적 학대	가족 간 불화	경제문제	성격 차이	건강문제	기타 (미상)
2000	8.1	4.3	21.9	10.7	40.2	0.9	13.7
2005	7.6	4.5	9.5	14.9	49.2	0.6	13.7
2010	8.6	4.8	7.3	12.0	45.4	0.7	21.3
2015	7.3	3.8	7.3	11.1	46.2	0.6	23.6
2017	7.1	3.6	7.1	10.1	43.1	0.6	28.4

출처: 통계청 인구동태통계연보.

부부가 이혼하게 만드는 중요한 요인 중 하나가 외도이다. 배우자가 아닌 사람과 관계를 갖는 것은 불행한 결혼의 원인일 수도 있고 결과일 수도 있다. 성인 1,500여 명을 대상으로 한 17년간의 종단연구는 이혼경향성(divorce proneness), 즉 자신의 결혼에 문제가 있다고 생각하고 이혼을 고려하는 경향성이 외도를 예측한다는 것을 보여 주었다. 그러나 일단 부부의 어느 한쪽 또는 양쪽 모두가 외도에 연루되면 그로 인해 결혼의 행복은 더욱 침식되고 파경을 맞을 위험도 더욱 커진다(Previti & Amato, 2004).

결혼 해체는 당사자에게 실망과 슬픔을 안겨 준다. 한쪽 또는 양쪽 당사자 모두 불행한 관계가 종결된 것에 안도를 느낄 수도 있지만, 그럼에도 이혼을 하게 되면 자신의 일상생활, 자녀와 확대가족의 삶이 여러 방면으로 영향을 받는 것이 불가피하다. 무엇보다도 주거와 재정문제 등 실제적인 많은 문제를 해결해야 한다. 그러나 아무래도 정서적 측면에서 가장 큰 대가를 치르게 된다. 많은 경우 자녀양육권도 중요한 문제로 등장한다.

앞서 결혼의 장점으로 건강, 재정적 안정, 행복, 생활양식 등에서 혜택이 있다는 점을 논의하였다. 이혼자들은 이와 반대로 심리적 안녕 수준이 낮고, 건강이 좋지 않으며, 사망률이 높고, 약물남용과 우울문제가 더 많으며, 부정적 생활사건들을 더 많이 겪는다(Amato, 2000). 이런 효과는 수년간 지속될 수 있는데, 이전 배우자에게 심리적으로 의존하고 있고 공동양육에 갈등이 있거나 혼자 지내기를 많이 어려워하는 사람들이라면 문제가 더욱 심각하다(Sweeper & Halford, 2006). 나이 든 사람들의 경우 이혼은 건강에 특히 부정적 영향을 미친다. 이혼한 지 얼마 안 된 노인들은 일상생활에서 신체적 제약을 더 많이 경험한다(Bennett, 2006). 이혼은 아이가 아직 어린 경우에는 여성에게 부정적 영향을 더 크게 미친다(Williams & Dunne-Bryant, 2006).

이혼은 당사자들뿐만 아니라 자녀의 삶에 큰 영향을 미칠 수 있다. 미국의 경우 이혼으로 끝난 결혼의 절반가량(46%)이 자녀양육권 분쟁을 겪는다. 대개는 아내(72%)에게 양육권이 주어지고, 공동양육은 16%이며, 남편에게 양육권이 주어지는 경우는 9%에 불과한데, 부부가 35~44세 사이일 경우에는 공동양육을 하게 될 확률이 높다(Clarke, 1995).

자녀의 경우 이혼하는 부모 사이에 끼이는 것도 힘들지만 갈등이 심한 부모 사이에 끼여 사는 것도 그에 못지않게 힘들다. 결혼에 관한 대규모 종단연구(Amato & Afifi, 2006)는 19세 이상 자녀에게 부모의 다툼으로 인해 어찌할 바를 몰랐던 적이 있는지를 질문하였다. 부모가 갈등이 심한 경우 자녀가 부모의 갈등에 전혀 관여한 적이 없을 가능성은 매우 낮았다. 자녀들은 중간에 끼었다는 느낌을 많이 받을수록 주관적 안녕감이 낮았고 부모와 관계가 좋지 않았다. 따라서 불행한 결혼생활을 지속하는 것보다는 이혼하는 것이 자녀에게 더 좋을 수 있다는 주장도 제기되고 있다.

3) 사별

배우자를 사별하고 혼자가 된 사람들은 일상생활의 모든 면에서 엄청난 재적응 과정을 겪어야 한다. 사별에 적응한다는 것은 설령 준비할 시간이 있다 하더라도 힘들고 고통스러운 과정이다. 우울 증상은 몇 년간 지속될 수도 있다(Wilcox et al., 2003).

일반적으로 여자가 남자보다 우울증과 같은 정신질환이나 신체질환의 유병률이 더 높지만(Stroebe & Stroebe, 1983), 사별한 노인들의 경우에는 남자가 여자보다 신체건강과 정신건강이 더 좋지 못하고 결혼한 동년배 남자에 비해 사망률도 더 높다(Helsing & Szklo, 1981). 남성 노인은 아내 사망 후 특히 우울에 취약한 것으로 보인다(Bennett et al., 2005). 재혼하지 않는 경우 아내가 사망한 후 8년이 넘어도 행복 수준이 예전 수준으로 돌아오지 않기도 한다(Lucas et al., 2003). 사별 후의 적응은 예전의 행복 수준에 영향을 받는데, 배우자 사망 전에 행복 수준이 낮았던 사람들이 사별에 더 취약하다(Bennett, 2005). 산 사람이 죽은 사람을 계속 기억하고 말을 걸면서 슬픔 반응을 보이는 기간은 사별 후 60년이 지나서까지 지속될 수도 있다. 배우자 사망 후 35년이 되기까지 결혼기념일 반응을 보이기도 한다(Carnelly et al., 2006).

사별할 확률은 65세 이상 여성(44%)의 경우 남성(14%)보다 세 배가량 더 높다. 85세 이상이면 여성의 대부분(78.3%)이 사별을 겪는데 이는 남성(34.6%)의 두 배 이상이다(He et al., 2005). 사별한 사람들은 사망할 확률이 더 높다(Manzoli et al., 2007). 이를 **사별 효과**(widowhood effect)라 한다.

사별 후 재혼한 여성들은 재혼하지 않은 여성들에 비해 여러 면에서 혜택이 있다. 우울 증상이 적고, 돈 걱정을 덜 하며, 소득 수준도 더 높다(Moorman et al., 2006). 반면에 사별한 여성, 특히 사별한 지 얼마 안 된 여성은 과일과 채소를 덜 먹고 고지방 음식을 먹고 신체활동을 덜 하는 등 건강에 해로운 행동을 하기도 한다. 사별한 지 오래된 여성들은 흡연할 확률도 높다. 반면에 재혼한 여성들은 음주를 제외하고는 건강한 행동들을 점점 더 많이 한다. 재혼한 여성들이 음주하기 쉬운 것은 사회적 상황에서 술을 마시기 때문일 것이다(Wilcox et al., 2003).

4) 부모 역할 전이 후의 부부관계

부모 역할과 그 역할이 성인에게 미치는 영향에 관한 연구는 대부분 부부가 결혼생활을 유지하고 있는 전통적 가정에서 부부가 부모 역할로 전이하는 과정을 다루고 있다. 이 연구들은 새로운 구성원이 생기는 것이 가족에게 일어나는 가장 중요한 변화라고 보는데, 자녀를 양육하는 시기에 결혼만족도가 하락하고 여성의 경우에 하락 정도가 특히 심하다는 결과를 보고하고 있다(Bradbury, Fincham, & Beach, 2000). 출산 이전에 부부관계가 좋았던 경우에는 결혼만족도는 감소한다 해도 공동양육과 관련한 만족도는 증가한다(Van Egeren, 2004).

(1) 부모 역할 전이와 결혼만족도

자녀출산 후 아내들의 결혼만족도가 낮아지게 되는 주된 이유는 자녀의 출생이 가사분담 양상을 바꿔 놓기 때문이다. 가사 분담은 자녀출산 후 더 전통적인 방향으로 변화하는 경향이 있다. 일하는 여성은 자녀가 없을 때도 이미 남성보다 집안일을 더 많이 하고 있지만, 어머니가 되고 나면 상황이 더욱 악화한다(Coltrane, 2000). 여성들은 자녀출산 후 자녀 양육의 부담뿐만 아니라 세탁, 요리, 청소같이 전통적으로 여성의 일로 치부되는 일들을 더 많이 할 것으로 가정된다. 반면에, 남성들은 자녀출생 후 가정의 울타리 바깥에서 돈벌이에 더 많이 관여한다(Christiansen & Palkovitz, 2001). 이런 변화는 부부가 가족책임의 동등한 분담에 대해 가지고 있는 믿음뿐만 아니라 일터의 정책도 일부 반영한다(Singley & Hynes, 2005).

남성들은 아버지가 되었을 때 돈벌이가 되는 취업을 늘릴 뿐 아니라 그 밖의 사회적 상호작용 패턴에도 큰 변화를 보인다. 18세 이하 자녀를 둔 아버지 3,100여 명을 대상으로 한 7년 간의 종단연구는 아버지가 되면 부모, 조부모 및 기타 친척들과 관계를 더 확장하는 등 가족 내 다른 세대들과의 관계가 변한다는 점에서 아버지가 되는 과정은 변혁적(transformative) 성격을 갖는다고 지적한다. 아버지들은 아이가 태어날 때마다 서비스기관이나 교회와의 관계도 더 확대한다. 처음으로 아버지가 되었을 때 특히 그러하다. 아버지 역할로의 전이는 남성의 삶을 영구히 변화시킨다는 연구 결과가 있다(Knoester & Eggebeen, 2006).

결혼만족도는 성별 역할로부터도 영향을 받는다. 아내가 남편보다 돈을 더 많이 벌면 규범적 기대와는 어긋나는 역동이 성립된다(Bittman et al., 2003). 즉, 아내가 집안일을 50% 또는 그 이하로 하는 게 아니라 전통적 성역할 기대를 구현하는 과정에서 실제로는 집안일을 대부분 떠맡는다.

부모 역할로의 진입과 관련된 결혼만족도 감소는 가사의무의 변경에서 비롯되는 경우가 많다(Cooke, 2006). 집안일 하기를 즐기고, 전체 삶의 목표가 가족지향적이며, 자신이 그런 일을 잘한다고 느끼는 여성들은 평등하지 않은 가사 분담을 불공평하다고 지각하지 않을 수 있다(Grote et al., 2002; Salmela-Aro et al., 2001). 그러나 일이 잘못되기 시작하면서 자신이 불공평하게 일을 더 많이 떠맡고 있다고 느끼게 되면 부부 양쪽이 모두 심리적 어려움을 겪게 된다(Grote et al., 2004).

생각상자 8-2.

결혼한 부부들이 첫아이가 태어난 이후로 더욱 전통적 역할을 하는 쪽으로 변화하는 경향을 보이는 이유는 무엇인가?

(2) 부모 역할 전이 과정에서 적응에 영향을 미치는 요인

여성이 부모 역할에 적응하는 데에는 애착양식이 영향을 미친다. 부모 역할로의 전이를 겪고 있는 106쌍의 부부 중에서 양가적 애착양식을 갖는 여성들은 남편이 정서적 지지를 해 주지 않는다고 지각하면 결혼만족도가 떨어진다. 남편이 자신에게 필요한 지지를 해 주지 않는다고 느끼고 있는 여성이 부모 역할로 전이하게 되면 남편의 지지를 받는다는 지각은 시간이 갈수록 더욱 감소한다(Simpson & Rholes, 2002).

아동 초기 부모와의 관계 또는 그러한 경험에 대한 회상도 부모 역할로 전이하는 과정에서 적응에 영향을 미친다. 부모의 결혼이 불행했다고 회상하는 사람들은 자신의 결혼도 부정적으로 평가하며(Perren, Von Wyl, Burgin, Simoni, & Von Klitzing, 2005), 부모가 사이좋았다고 회상하는 부부들은 부모 역할로 전이하는 기간에 긍정적인 의사소통 패턴을 유지하는 경향이 있다(Curran, Hazen, Jacobvitz, & Sasaki, 2006). 첫아이 출생 후 24개월 동안 부부들의 관계를 알아본 연구는 한쪽 부모가 불안정애착이면 부부간 논쟁을 할 때 한쪽 부모가 자녀와 제휴하여 다른 부모에 대적하는 것과 같이 건강하지 못한 가족 간 동맹이 나타날 가능성이 더 크다는 것을 보여 주었다(Paley et al., 2005).

부모 역할로 전이하는 과정에서 부모의 적응을 돕고 긍정적 결과를 가져올 수 있는 요인에는 어떤 것들이 있는가? 아이를 낳아서 키우는 어머니들은 자기효능감이 높고 자신의 부모 역할에 대해 낙관적 태도를 지니고 있을 때 부모 역할로 더 순조롭게 전이하는 경향이 있다. 또 이 여성들은 어머니 역할에 대한 기대나 유능감이 낮은 여성들에 비해 어머니가 된 후 우울 증상을 보이는 경우가 더 적었다. 사실 이 연구에서 아이와 유대를 갖고 어머니라는 새로운 역할을 즐기는 여성들은 대부분이 어머니가 되는 것에 대해 긍정적인 태도를 보였으며, 이 효과는 적어도 출산 후 4개월까지 지속되었다(Harwood, McLean, & Durkin, 2007).

2. 친밀한 관계의 형성, 유지 및 해체에 관한 이론

결혼, 이혼, 재혼의 과정에서 성인 대부분은 다른 사람들과 만족스러운 상호작용을 지속하기 위해 매일 열심히 노력한다. 더욱이 누구든지 거의 예외 없이 관계 또는 관계망의 일부라고 느끼는 것이 정체성의 유지에 대단히 중요하다(Whitbourne, 1986). 그 관계가 '결혼', '가족', '우정', '동료' 중 어디에 해당하는가는 중요하지 않다. 어떤 관계에서든지 자신이 다른 사람으로부터 가치를 인정받고 다른 사람의 삶을 향상시키는 데 일조할 수 있다고 느끼는 것 자체가 중요하다.

시인, 철학자, 소설가들은 수천 년 동안 친밀한 관계가 어떤 특징을 갖는지 알아내기 위해 노력해 왔다. 그보다는 역사가 짧기는 하지만 심리학자와 사회학자들도 사람들이 왜 이러한 관계를 형성하며 어떤 요인들이 관계의 유지 또는 해체에 영향을 미치는지 설명하는 이론들을 내놓음으로써 자기 몫의 기여를 한 바 있다.

결혼생활을 하는 동안의 관계만족도를 설명하기 위한 초기의 사회학적 이론들은 부부간 상호작용의 질이 자녀의 존재 여부와 어떤 관련성을 가지는지에 관심을 기울였다. 그러나 실생활에서 이루어지는 관계는 매우 복잡하므로 이론도 그러한 방향으로 발전하고 있으며, 친밀한 관계를 형성하는 과정은 여러 면에서 개인차가 있을 수 있다는 인식이 증가하고 있다. 또 사람들 간 상호작용의 어떤 특성들은 연령이나 성별의 범주를 벗어난다는 것이 밝혀지면서 장기적 관계에서 정서요인이 어떤 역할을 하는지에 대한 관심도 증가하고 있다.

사회정서적 선택이론에 의하면, 나이 든 사람들은 처음 보는 낯선 사람을 만나는 데 노력을 들이기보다는 배우자(나 가족)와 함께 시간을 보내고 싶어 한다(예: Carstensen, Isaacowitz, & Charles, 1999). 결혼 기간이 오래된 배우자들은 그간의 경험으로 인해 상대가 무엇을 필요로 하는지 이해하고 그에 맞춰 반응해 줄 수 있으므로 그만큼 정서적 기능을 잘 수행할 수 있을 것이다. 실제로 노인들은 자신이 맺고 있는 관계에 불일치가 있을지라도 그 관계의 긍정적인 면을 보려고 하는 경향이 있다(Story et al., 2007). 또 나이가 들면서 정서, 특히 부정적 정서를 잘 조절할 수 있게 된다면 상대방을 화나게 할 일이 적어지므로 좋은 관계를 유지할 수 있을 것이다. 끝으로 나이가 들어서도 서로에게 강렬한 감정을 느낄 수 있다면 사랑의 감정이 빛바래 버리는 일도 없을 것이다.

사회적 교환이론(social exchange theory)은 사회적 관계의 안정성과 와해를 당사자들 간의 상호작용이 가져다주는 보상과 손실에 의해 예측하고자 한다. 관계를 유지하는 것이 끝내는 것보다 보상이 더 크다고 지각하면 관계를 지속할 것이다(Previti & Amato, 2003). 결혼의 보상으로는 사랑, 우정, 친밀감 등이 있다. 사람들은 관계를 해체하고자 할 때 이러한 보상들을 자녀의 존재 및 법적·재정적·사회적·종교적 제약들이 가져다주는 장애물들과 견주어 본다. 사회적 교환이론은 보상이 손실을 넘어서지 못하면 관계가 깨진다고 예측한다. 반대로, 시간이 지날수록 관계가 주는 내적 보상이 증가하고 부부가 서로에게 점점 더 의지하게 되면서 친밀감이 증가하면 다른 관계가 갖는 매력은 점점 사그라진다.

젊은 여성의 돈벌이 능력이 배우자로서 바람직한 정도를 결정하는 데 점점 더 중요해지고 있다는 연구 결과는 사회적 교환이 관계 형성에 영향을 미치는 중요한 요인임을 지지하는 증거이다. 여성들이 노동시장에서 활약함에 따라 남편들은 아내의 소득이 자신이 직업적 성공의 계단을 오르는 데 중요한 자산이라고 생각한다(Sweeney & Cancian, 2004). 그러나 적어도 결혼 초기에는 매우 전통적인 요인들이 남자의 행복 수준을 결정한다. 배우자로서 중요한 특성에 관한 3년간의 종단연구는 남자들이 높은 사회적 지위와 경제적 전망보다는 아름다운 외모, 쾌활한 성향, 신뢰할 수 있는 성품에 더 높은 가치를 부여한다는 것을 보여 주었다(Shackelford et al., 2005).

형평이론(equity theory)은 사회적 교환이론과 유사하게 부부가 서로에게서 받을 만큼 받고 있다고 느껴야 만족한다고 제안한다(Walster, Walster, & Berscheid, 1978). 관계가 어느 한쪽에게 더 유리하다고 지각할 때 불만족이 싹트게 된다. 사람들은 자신이 관계에 투자한 것만큼을 돌려받고자 한다는 것이다(Hatfield & Rapson, 2012). 불평등하다는 느낌이 커지면 관계에 대한 책임과 헌신이 감소하며(Sprecher, 1988), 결과적으로 관계가 지속될 가능성도 그만큼 감소한다(Floyd & Wasner, 1994). 이 이론은 부부가 관계를 이어 갈지 여부를 결정하는 초기단계에 더 잘 들어맞는 것으로 보인다(Hatfield, Rapson, & Aumer-Ryan, 2008).

유사성 가설은 성격과 가치관이 유사한 사람들이 서로에게 더 매력을 느끼고 그 관계에 더 큰 만족을 느낀다고 제안한다(Gaunt, 2006). 그러나 실제의 유사성이 부부가 서로 유사하다고 지각하는 정도와 반드시 일치하는 것은 아니다. 결혼관계를 다룬 13년간의 종단연구는 서로를 실제보다 더 비슷하다고 생각하는 부부가 결혼 초기에 더 많이 사랑하고 이후로도 사랑을 지속해 간다는 것을 보여 주었다(Miller et al., 2006). 부부가 서로에 대해 갖는 지각은 결혼만족도에도 영향을 미친다. 특히 아내의 경우에 그러한데 아내들은 남편이 자신을 지지해 준다고 지각하면 결혼만족도가 더 높았다(Priem et al., 2009).

상대방이 가치관, 태도, 신념 등에서 자신과 비슷하다고 보는 경향은 부정적인 결과를 가지고 올 수도 있다. 자기가 상대방의 생각이나 느낌을 알고 있다고 생각하면 대화를 통해 이를 확인하려 하지 않는 경향이 생길 수 있기 때문이다. 상대의 마음을 안다고 생각하지만 사실은 그렇지 않을 때, 잘 안다고 생각해서 대화를 안 하면 친밀감이 감소할 수 있다. 서로 감정을 털어놓고 상대방의 반응을 보는 것은 친밀감에 중요한 요인으로 작용한다. 여러 종단연구에서 결혼 15년 후 적응도가 떨어지는 것으로 나타나는 결과는 오랜 결혼생활 후 친밀한 대화가 감소했기 때문으로 설명할 수 있다. 은퇴 후 '빈 둥지' 시기에 여가활동을 함께하는 것은 친밀감 감소를 상쇄시켜 줄 수 있다.

가족 내에서 친밀한 관계의 연습이 이루어지면 결혼해서 좋은 부부관계를 맺는 기초를 마련해 줄 수 있다. 형제가 없는 사람들은 형제나 자매가 있는 사람들보다 남녀 모두 20대 초반에 연인과의 관계에서 갈등을 더 많이 겪었다고 회상하였다. 형제 효과는 20대 후반이 되면 사라진다. 아마도 연인과의 관계가 친밀한 관계를 맺는 연습의 결핍을 보상해 주기 때문일 것이다(Chen et al., 2006).

유사성 가설과는 반대로 **욕구보완 가설**은 사람들이 자신과 상반되는 배우자를 찾고 그런 배우자에게 더 만족을 느낀다고 제안한다(Winch, 1958). 그러나 지금까지의 증거로 보면 유사성 가설이 더 우세하다. 특히 두 사람 사이에 돈 문제가 얽힐 때 그러한데, 돈 쓰기를 좋아하는 사람은 돈 모으기를 좋아하는 사람에게 끌리기 쉽지만, 장기적으로는 갈등이 커지면서 관계가 깨질 가능성이 크다(Rick et al., 2011).

부부 상호작용을 **행동주의 관점**에서 설명하는 이론은 부부 각자가 상대방에게 실제로 하는 행동이 결혼의 질과 안정성에 영향을 미친다는 점을 강조한다(Karney & Bradbury, 1997). 이 관점에 따르면 사람들은 배우자가 긍정적이거나 보상을 주는 행동(예: 애정 표현)을 할 때 장기적 관계에 더욱 만족할 것이고, 부정적이거나 처벌하는 행동(예: 비난, 학대)을 할 때는 만족감이 떨어질 것이다. 실제로 Gottman과 Driver(2005)는 정서적으로 가까워지고자 노력하는 배우자를 묵살하거나 밀쳐 낼 때 갈등이 고조된다는 결과를 보고하였다.

Gottman과 동료들은 부부의 행동을 관찰함으로써 14년간 연구가 진행되는 동안 어느 부부가 이혼하게 될 것인지를 예측할 수 있다고 밝혔다. 긍정적 감정도 없고 부정적 감정도 없이 무덤덤한 결혼생활을 하는 부부들이 결혼 초기에 격렬한 정서를 내보였던 부부들보다 결혼생활을 더 오래 하였다. 남편과 아내가 서로의 일상생활을 속속들이 공유하는 것이 이혼 시기가 늦춰지는 것을 가장 잘 예측하는 요인이었다. 일상적 경험에 긍정적 감정이 많지 않으면 관계가 파국으로 치달을 위험이 컸다(Gottman & Levenson, 2000, 2002).

오랜 기간을 함께 살아온 아내와 남편은 외부인이 쉽게 알아챌 수 없는 내적 논리에 의해 서로의 상호작용을 해석하기 시작한다. 젊은 성인들을 대상으로 한 연구는 갈등 상황에서 '아내는 요구하고 남편은 물러서는' 의사소통 패턴이 높은 수준의 스트레스(코르티솔 수준으로 측정)와 관련이 있다는 것을 보여 주었다. 나이 든 부부의 경우 쌍방이 이러한 의사소통 패턴을 지각할 때 스트레스 수준이 높은 것으로 나타났다(Heffner et al., 2006). 오래된 부부는 이같이 높은 수준의 스트레스에 습관화될 것으로 예상할 수도 있다. 그러나 결혼불화가 다양한 행복 측정치에 미치는 영향을 살펴본 연구들은 서로 간에 끊임없이 갈등을 겪어 온 부부들은 매우 고령인 경우에도 우울과 불안 증상을 보였고, 자아존중감이 낮았으며, 삶에 대한 만족도도 낮았다(Whisman et al., 2006).

성생활은 성인기 동안 행복한 관계를 유지하는 데 중요한 요소이다. 노인들은 성에 관심이 없다고 생각할지 모르지만, 건강에 문제가 없는 노인들은 거의 평생 성관계 욕구를 갖는 것으로 보인다(Lindau & Gavrilova, 2010). 물론 성관계가 관계의 장기적인 지속을 보장해 주는 유일한 요인이거나 가장 중요한 요인은 아니다. 장기적인 관계에 행복을 가져다주는 다른 여러 요인이 있다. 결혼만족에 관한 연구들은 결혼한 부부만을 대상으로 하기에 이혼한 부부가 이혼에 이르게 된 이유가 무엇이며 어떤 요인들이 부부의 행복과 불행을 예측하는지 알아보는 것이 불가능하다. 그렇기는 하지만 Huston(2009)은 24년간의 종단연구를 통해 결혼에 대한 몇 가지 통찰을 제시하였다.

흥미롭게도 Huston은 결혼의 축복 또는 난관의 씨앗이 결혼을 하기도 전에 뿌려진다는 것을 발견하였다. **역동지속 경로**(enduring dynamics pathway)에서는 부부가 관계 초기에 상호작용하는 방식이 이후의 관계가 어떤 식으로(갈등을 쉽게 해결하면서 잘 살거나 아니면 그렇지 못한 쪽으로) 펼쳐져 나갈지에 영향을 미친다.

시간이 지나면서 문제가 점점 커져 가는 부부도 있다. **곤경출현 경로**(emergent distress pathway)에 해당하는 부부는 함께 살면서 발생하는 불가피한 논쟁들에 대처할 수 없다고 느끼면서 시간이 갈수록 관계가 힘들어진다. 솔직하게 대화하거나 타협하는 것과 같은 적응적 전략으로 문제를 해결하는 대신에 방어하고 위축되고 담을 쌓으며 노골적으로 악의를 드러낸다. 곤경에 처하다 보니 이와 같은 역기능적 대처를 하게 되는 것인지 아니면 비효율적 문제 대처가 이들을 곤경에 빠뜨리는 것인지는 분명하지 않다. 이런 부부들은 시간이 갈수록 점점 더 불행해지며 결국은 헤어지기로 마음먹게 된다.

환멸 경로(disillusionment pathway)에 해당하는 부부들은 처음에는 곤경출현 경로의 부부들처럼 행복하고 사랑에 빠져 있다. 그러나 시간이 지나면서 콩깍지가 벗겨지고 상대방에 대해 복합적인 감정을 갖게 된다. 이들 부부의 문제는 서로의 존재를 당연하게 여기는 데 있다. 관계의 초기와는 달리, 시간이 갈수록 상대방의 사랑과 인정을 얻고 싶은 생각이 없어지고 마음이 멀어진다.

곤경출현 경로와 환멸 경로 둘 다 부부가 처음에는 관계가 잘될 것이라는 희망과 낙관을 품고 시작한다고 가정한다. 그러나 몇 달 또는 몇 년 후에는 서로 끊임없이 싸우거나 또는 상대방에 대한 흥미가 사라졌다는 것을 알게 된다.

Huston은 연구에 참여한 부부들을 2년 후와 12년 후에 추적조사를 했으며, 수집한 자료가 역동지속 경로를 뒷받침해 준다는 결론을 내렸다. 신혼부부들이 사랑에 빠져 정신을 못 차리다가 시간이 지나면서 점차 관계가 나빠지는 것이 아니라 관계 초기의 역동이 시간이 지나도 그대로 지속된다는 것이다. 행복한 부부와 불행한 부부를 구분해 주는 핵심적인 특징은 두 가지인 것으로 나타났는데, 긍정적인 사랑의 표현과 비난하고 화내고 상대방에게 짜증을 내는 부정적인 행동이었다. 행복한 부부는 다정한 행동으로 사랑을 표현했고 함께 있기를 좋아했으며 시간을 내서 함께 지냈다. 불행한 부부는 부정적인 감정을 표현했으며 함께 있지 않으려 했다. 부부가 서로를 더 많이 사랑할수록 서로에게 긍정적인 감정을 더 많이 표현하였다(Schoenfeld et al., 2012).

불행한 부부는 불화를 겪으면서 삶의 질이 떨어진다. 끊임없이 갈등을 겪어 온 노년기 부부들은 우울과 불안 증상을 보일 확률이 높았고, 자아존중감과 삶에 대한 만족도가 낮았다(Whisman et al., 2006).

관계의 문제를 해결하고자 하는 부부들에게 부부치료는 긍정적 변화를 이끌어 내는 효과적인 방법으로 알려져 있다(Davis et al., 2012). 부부치료는 개인치료와 공통되는 점이 많지만 몇 가지 중요한 차이점이 있다. 부부치료 전문가는 부부가 어떤 패턴의 상호작용을 하다가 갈등을 겪게 되는지 알아내고 이러한 역기능적 패턴에서 벗어나도록 돕는다. 이들은 개인치료자에 비해 치료회기 동안 드러나는 문제에 적극적으로 개입하는 등 상황을 주도하는 경향이 있다. 치료에 참여한 부부들은 자신들의 강점을 학습하고 자신들이 변화할 수 있다고 믿게 되면서 부부관계와 자기 자신을 새로운 관점에서 이해할 수 있게 된다(Benson, McGinn, & Christensen, 2012).

생각상자 8-3.

여러분이 만약 24시간 이내로 이사를 해야 한다면 그때까지 누구와 함께 시간을 보내고 싶은가? 가까운 친구인가 아니면 방금 만난 사람인가?

3. 성인 자녀와 부모의 관계

부모-자녀 관계의 중요성은 평생을 간다(Allen, Blieszner, & Roberto, 2000). 나이 든 부모에게 이 관계는 생산성 발달과 관련해서 매우 중요하며, 특히 어머니에게 자녀와의 관계는 행복에 매우 중요한 구실을 할 수 있다(An & Cooney, 2006). 부모-자녀 관계의 질은 연로한 부모의 고독이나 우울 같은 정신건강 상태와 관련이 있다(Koropeckyj-Cox, 2002).

자녀가 성인이 되면서 부모-자녀의 관계는 여러 면에서 변화가 일어날 수 있다. 한 가지 변화는 자녀가 자기 가정을 꾸리고 자신의 자녀를 낳아 기르게 되면서 자신과 부모의 관계를 돌아보기 시작한다는 것이다. 이때 부모가 지금껏 자신에게 해 준 일들에 대해 감사할 수도 있지만, 다른 한편으로는 부모가 자신에게 해 주었어야 한다고 생각되는 일들을 해 주지 않은 데 대해 분노할 수도 있다. 또 다른 변화는 연로한 부모를 지원해야 할 필요성이 증가하면서 그에 대한 염려가 커지는 것이다. 성인 자녀와 부모는 또 전반적인 철학과 가치관(예: 정치관)에서부터 사소한 습관이나 행동(예: 요리법)에 이르기까지 삶의 여러 측면에서 생각이 다르다는 것을 발견할 수도 있다. 부모와 성인 자녀가 생활 반경이 근접해 있고 서로 왕래하는 사이인지 여부도 부모-자녀 관계의 방정식에 포함되어야 할 것이다.

헬리콥터 부모들은 (연령에 관계없이) 과도하게 의존적인 자녀를 억누르고 과잉보호하는 행동을 한다. 중년 부모들도 금전적 도움이 필요한 성인 자녀들에게 자신이 할 수 있는 모든 지원을 제공하고자 하는 경향이 있다. 더욱이 자녀가 부모와의 관계에서 혜택을 받듯이 부모도 성인 자녀와의 관계에서 혜택을 받는다. 문제는 어느 정도의 지원이 적절한 수준인가 하는 것이다. Fingerman과 동료들(2012)은 18세가 넘은 자녀를 최소 1명 둔 중년 부모를 면담하였는데, 부모가 자녀에게 제공하는 지원의 정도 및 그 적절성 여부를 부모와 자녀가 각기 평가하게 하였다. 자녀의 20%가량과 부모의 30%가량이 '강한'(너무 많은) 지원을 받고 주었다고 보고하였다. 그러나 부모로부터 많은 지원을 제공받은 젊은 성인들은 행복 수준이 저해되기보다는 오히려 더 높은 수준의 행복을 보고하였다. 부모는 자녀가 너무 많은 지원을 요구하고 그 이유가 자신이 이상적인 부모가 되어 주지 못했기 때문이라고 생각하지 않는 한 그러한 지원을 제공하는 것을 힘들어하지 않았다.

이상에서 살펴보았듯이 부모-자녀 관계는 복잡하게 상호작용하는 많은 요인이 작용하는 영역이다. 생물심리사회적 관점에서 우리는 이 관계를 부모의 노화와 건강과 관련한 생물학적 과정, 정서, 정체성, 친밀감 등과 관련된 심리학적 과정, 각자가 속해 있는 문화와 역사적 시기에서 규범적인 부모-자녀 관계에 대한 사회적 기대를 포함하는 것으로 이해할 수 있다.

1) 성인 자녀-부모 관계와 관련 개념

부모와 성인 자녀의 관계를 이해하는 데 도움이 될 수 있는 몇 가지 주요 개념이 있다. 자녀와 부모의 관계는 자녀가 **차세대 성숙**(filial maturity)이라는 발달적 변화를 겪으면서 변화하게 된다(Blenkner, 1963). 자녀가 성인 초기, 특히 30대가 되면 부모와 관계를 맺는 방식이 종전과는 달라지기 시작한다. 성인 자녀는 성인으로서 책임과 지위(취업, 부모 역할, 지역사회 관여)를 갖게 되면서 부모와 동일시하기 시작한다. 그로 인해 시간이 갈수록 부모와 자녀가 서로를 대등하게 취급하는 방향으로 관계가 변화할 수 있다(Fingerman, 1996).

독립심과 핵가족을 강조하는 가치가 팽배한 미국이나 그 밖의 산업화 사회에서는 성인 자녀가 노쇠한 부모를 돌보고 부양해야 하는 데 두려움을 갖는 **차세대 불안**(filial anxiety) 현상이 나타나기도 한다(Cicirelli, 1988). **차세대 의무**(filial obligation)는 성인 자녀가 부모를 부양할 것으로 기대되는 문화적 가치를 가리킨다. 스페인계, 아시아계, 아프리카계 미국인의 문화에서는 자녀가 **효도**(filial piety)하려는 마음가짐을 가지고 있으며, 부모 부양이 필요해지면 반드시 그렇게 해야 한다고 여긴다. 아프리카계(Wilson, 1986)와 스페인계(Keefe et al., 1979) 미국인 가족에게는 핵가족이 아니라 확대가족을 가족의 기본단위로 여기는 전통이 확립되어 있다. 아시아의 문화규범 역시 부모가 자녀와 함께 사는 것을 자연스럽게 여긴다. 이 국가들이 서구화됨에 따라 그러한 전통이 잠식될지도 모른다는 우려가 없지 않지만, 1990년대 중반의 자료는 이 국가들에는 그러한 전통이 여전히 강고하다는 것을 보여 준다(Velkoff & Lawson, 1998).

세대 간 결속 모델(intergenerational solidarity model)은 성인 자녀-부모 관계의 결속력을 다음 여섯 가지 차원에 의해 파악할 수 있다고 제안한다(Bengtson & Schrader, 1982; Silverstein & Bengtson, 1997). 연합(상호작용의 빈도), 정서(친밀감), 일치(가치관, 신념, 생활방식의 일치), 기능(도움교환), 규범(가족의 의무를 수행하려는 의지) 그리고 구조(거리와 건강에 따른 가용성)이다(〈표 8-3〉). 각 차원은 긍정과 부정의 연속선으로 나타낼 수 있다. 예를 들어, 정서 차원의 긍정적 극단에는 서로에 대한 친밀감이 강한 가족이 있고 부정적 극단에는 정서적으로 분리된 가족이 있다. 가족이 각 차원에서 차지하는 위치가 만족이나 불만족과 직접적으로 관련성을 갖는 것은 아니다. 가족 구성원들이 자주 보지 않는다고 할지라도(연합차원의 점수가 낮음) 구성원 모두가 자주 보지 않는 것을 선호하는 경우라면 불만이 생기지 않을 것이기 때문이다(Bengtson et al., 2002).

〈표 8-3〉 세대 결속의 6개 차원

차원	정의	문항 예
연합 (상호작용 빈도)	가족 구성원들 간 사회적 접촉과 공유하는 활동의 빈도	어머니(아버지)를 얼마나 자주 찾아뵙습니까?
정서 (친밀감)	가족 구성원들 간 정서적 친밀성과 긍정의 감정	일반적으로 어머니(아버지)에 대해 얼마나 친밀감을 느낍니까?
일치 (가치관, 신념, 생활방식의 일치)	가족 구성원들 간 의견, 가치, 생활양식이 실제 일치하거나 일치한다고 지각함.	여러분의 의견이 어머니(아버지)의 의견과 얼마나 비슷합니까?
기능 (도움교환)	가족 구성원들 간 도구적, 경제적 도움과 지원의 교환	가족 구성원들에게 아기를 돌봐 주거나 심부름을 해 주거나 수리를 돕거나 하는 도움을 준 적이 있습니까?
규범(가족의 의무를 수행하려는 의지)	다른 가족 구성원들에 대해 느끼는 의무감의 강도	
구조 (거리와 건강에 따른 가용성)	가족 구성원들 간의 상호작용을 제한하거나 촉진하는 지리적 거리 같은 요인들	어머니(아버지)께서 자동차로 한 시간 걸리는 거리에 살고 계십니까?

출처: Silverstein & Bengston (1997).

독일에서 수행된 연구는 세대 간 결속 모델을 확대 적용하였는데, 성인 딸들은 자신이 어머니로부터 받은 것보다 어머니에게 더 많은 것을 주었다고 느낄 때 어머니에 대한 친밀감과 공경심이 더 적다는 것을 발견하였다. 딸들이 어머니와 자신의 관계가 더 균형을 갖기를 기대하고 바라는 것으로 볼 수 있다. 일반적으로 이 모델은 부녀관계보다는 모녀관계에 적용될 가능성이 더 크다(Schwarz, Trommsdorff, Albert, & Mayer, 2005).

세대 간 결속 모델은 여러 세대의 사람들에게 자신이 맺고 있는 관계의 질을 평가하게 한 자료에 근거하고 있다. 네덜란드 연구자들은 부모와 자녀가 얼마나 자주 만나는지, 도움을 얼마나 많이 주고받는지, 물질이나 사생활과 관련한 갈등이 있는지를 근거로 부모-자녀 관계의 다섯 가지 기본유형을 확인하였는데 화목형, 양면형, 의무형, 애정형, 분리형이었다(Van Gaalen & Dykstra, 2006). 화목형의 비율이 가장 높았고(40%), 그다음이 양면형(29%)이었다. 아버지보다는 어머니와의 관계가 화목형인 경우가 더 많았고, 아들보다는 딸과의 관계가 양면형인 경우가 더 많았다. 이 연구는 결속과 갈등을 단일 연속선상의 양극단으로 보기보다는 부모-자녀 관계의 양면성을 살펴보는 것이 중요하다는 것을 보여 준다.

가족들은 6개의 결속 차원만이 아니라 **양가성**(ambivalence) 수준에서도 차이가 있을 수 있다(Luscher, 2002). 가족 구성원들은 서로에게 양면적 감정을 가질 수 있고 서로 어떻게 상호작용해야 할지를 잘 알지 못할 수도 있다. 성인 자녀가 부모에게 사랑과 짜증을 동시에 느낄 수 있는 것이다. 성인 자녀와 부모 간에 갈등이 생기면 이러한 양가성이 더욱 증폭되면서 정서적 결속력이 감소하게 된다(Birditt et al., 2009).

부모가 자녀에게 하는 정서적 투자가 그 반대의 경우보다 더 많으므로 성인 자녀와 부모 간에는 갈등이 자동으로 축적될 수밖에 없다는 주장도 있다. **세대 간 지분 가설**(intergenerational stake hypothesis)은 부모가 자녀에게 느끼는 정서적 결속이 그 반대의 경우보다 더 강하다고 제안한다. 즉, 자녀가 부모에 대해 느끼는 감정보다 부모가 자녀에게 느끼는 감정이 더 긍정적이라는 것이다. 그 결과 부모는 자녀와 갈등이 있을 때 가능하면 건설적인 방법으로 해결하고자 한다(Birditt et al., 2009). 세대 간 지분 가설은 원래 성인 자녀와 부모의 관계에만 적용되었으나 이제는 3세대 가족에도 적용되고 있다. 조부모는 중년 자녀보다 중년 자녀와 자신의 관계를 덜 부정적이라고 평가하며, 중년 자녀는 자기 자녀보다 자기 자녀와 자신의 관계를 덜 부정적이라고 평가한다(Birditt et al., 2012).

부모와 성인 자녀는 발달적 욕구에서도 차이가 있으며 그 결과 세대 간 갈등이 생겨날 수 있다. **발달 분열**(developmental schism)은 두 세대가 자신들의 관계를 중요하게 생각하는 정도와 독립성 추구 여부에서 차이가 있을 때 발생한다(Birditt et al., 2009; Fingerman, 2001). 예를 들어, 어머니는 딸을 매우 중요하게 여기지만 딸은 어머니를 그만큼 중요하게 여기지 않고, 딸은 어머니가 간섭을 많이 한다고 생각해도 어머니는 딸이 그렇게 간섭을 많이 하지 않는다고 여기는 경우 발달 분열이 일어났다고 볼 수 있다. 어머니들은 또 딸에게 마음속에 있는 말을 다 털어놓을 수 있다고 생각하지만, 딸들은 어머니를 그렇게까지 생각하지 않는 경향이 있다.

성인이 된 딸이 아직도 어머니의 인정을 바라고 어머니의 기대에 맞게 살지 못한다고 느끼며 죄책감을 가질 때도 발달 분열이 일어날 수 있다. 갈등이 일어날 때 부모들은 세대 간 지분 때문에 자녀들에 비해 긍정적 관계를 유지하게 해 주는 건설적 전략을 사용하여 갈등을 해결하려는 경향을 보인다(Birditt, Rott, et al., 2009). 이런 문제가 있기는 하지만 성인 자녀 상당수(56%)는 부모에게 친밀감을 느낀다고 보고한다. 관계가 양가적이라고 여기는 경우가 38%이고, 극히 소수(6%)만이 관계에 문제가 있다고 보고한다(Fingerman, Hay, & Birditt, 2004).

부모-자녀 관계는 나이 든 부모 특히 어머니에게 생성감 발달과 관련하여 행복에 결정적인 역할을 할 수 있다(An & Cooney, 2006). 성인 자녀와 좋은 관계를 맺고 있는 연로한 부모는 고독이나 우울을 거의 느끼지 않는다(Koropeckyj-Cox, 2002). 그와 동시에 부모와 강한 애착유대를 유지하고 있는 성인 자녀도 심리적 혜택을 누린다(Perrig-Chiello & Hopflinger, 2005).

세대 간 지분에는 자녀의 행복에 대한 부모의 우려가 포함된다. 자녀가 성공하면 부모도 삶에 만족하고 행복감을 누릴 수 있지만, 자녀에게 문제가 생기면 부모도 어려움을 겪게 된다. 네덜란드에서 수행된 한 종단연구는 자녀의 이혼이 부모 특히 어머니의 우울 증상을 증가시킨다는 것을 발견하였다(Kalmijn & De Graaf, 2012). 반면에, 자녀가 결혼하고 부모가 되면 부모도 행복감을 더 크게 느꼈다.

역할 반전(role reversal)은 부모가 신체적 · 인지적 · 사회적 변화로 인해 스스로를 돌볼 수 없게 됨에 따라 성인 자녀가 부모의 역할을 하는 상황을 가리킨다. 그러나 세대 간 지원에 관한 자료들은 그러한 역할 반전이 일어나는 경우보다는 부모가 자녀를 돕는 경우가 여전히 더 많다는 것을 보여 준다(Blieszner, 2006).

세대 간 결속 모델과 세대 간 지분 가설에 따르면 성인 자녀가 부모에게 제공하는 지원보다 부모가 성인 자녀에게 제공하는 지원이 더 많다. 그러나 **상황적합성 이론**(contingency theory)은 부모가 자녀에게 도움을 제공하는 것은 자녀가 도움이 필요하다고 지각하기 때문이라고 제안한다. 지원의 방향이 바뀌는 것은 중년 자녀의 부모가 쇠약해질 때뿐이다. 중년 성인 600여 명을 조사한 연구는 부모들은 자신의 부모보다는 자녀를 지원하는 경향이 있지만, 어느 세대든지 위기에 처해 있고 자신이 개입할 필요가 있다고 판단되면 도움의 손길을 내민다는 것을 보여 주었다(Fingerman et al., 2010).

부모-자녀 관계를 말할 때 **애착이론**을 빼놓을 수 없다. 부모가 어린 자녀와 형성한 애착관계는 자녀가 성인이 되어서도 그대로 지속되는가 아니면 성장 과정에서 점차 약화되다가 결국 사라지는가? Bowlby는 부모에 대한 애착을 포기하는 것은 청소년기와 성인 초기의 개별화 과정에 매우 중요한 부분이라고 주장하였다(Weiss, 1986). 그러나 부모와 아동의 애착이 성인기에 감소하거나 사라지기보다는 형태가 바뀐다고 보는 학자들도 있다(Cicirelli, 1991). 어릴 때는 물리적 근접성이 중요했다면, 성인기에는 의사소통이 중요해지며 부모의 물리적 존재가 사진, 기억, 문자메시지, 가끔씩 만나는 것으로 대체된다는 것이다.

가족 구성원들이 서로에게 하는 애정 표현은 관계의 친밀도(Bengtson의 애정결속)를 보여 준다. 예를 들어, 어린 아동은 부모의 애정을 유한한 자원으로 인식하므로 부모가 형제자매에게 애정을 표현하는 것을 보면 자신은 사랑받지 못할 수 있다는 두려움을 느낀다. 이런 두려움은 부모의 사랑이 실제 물건처럼 나눠질 수 있는 것이 아니라는 것을 알 만큼 인지적으로 성숙해지면 사라지지만, 그 잔재는 성인 진입기에도 나타날 수 있다(Flyod & Morman, 2005). 중년 아버지가 성인 아들에게 애정을 표현하는 (언어적, 비언어적, 지지적) 행동을 얼마나 많이 하는지 알아본 연구에서 아버지는 자녀의 수와 관계없이 자녀들에게 공평하게 애정을 표현한다고 보고하였으나 아들들은 형제자매 유무에 따라 답변에 차이가 있었다. 즉, 외동아들은 아버지로부터 충분히 애정을 받는다고 답하였으나, 형제자매가 있는 아들들은 애정을 조금밖에 받지 못한다고 답하였다.

2) '부메랑' 자녀와 부모의 관계

고령 1인 가구가 증가하는 추세와 더불어 요즘은 성인 자녀들이 독립하지 못하고 부모와 함께 생활하는 경우가 증가하고 있다. 이런 자녀를 미국에서는 '부메랑' 자녀, 영국에서는 '부모의 은퇴자금을 갉아먹으며 부모 주머니에 들어 있는 자녀' 또는 '키덜트'라 부른다.

예전에는 자녀가 성인이 되어 부모 품을 떠나는 빈 둥지 시기가 되면 부모가 자녀와 분리되는 데서 오는 상실감으로 쓸쓸해한다고 생각했지만, 요즘은 오히려 자유스러운 시간을 만끽하는 경우가 많은 것으로 보인다. 특히 여성은 어머니로서의 역할이 축소된 것에서 상실감을 느끼기도 하지만 양육의 짐을 벗게 된 데서 오는 해방감을 느끼기도 한다(노영주, 한경혜, 2000). 자녀가 집을 떠나면 부부가 함께 여가활동을 할 시간이 많아져서 관계가 더 친밀해지고(Gagnon et al., 1999) 결혼만족도가 증가하기도 한다(Hurd, 2006). 막내 자녀가 집을 떠날 때 그보다 손위의 자녀가 집을 떠날 때보다 어머니들의 우울 증상이 심하지 않다는 연구 결과도 있다(Schmidt et al., 2004). Mitchell과 Lovegreen(2009)은 밴쿠버에 거주하는 빈 둥지 시기의 부모 300명을 면담한 연구에서 '빈 둥지 증후군'을 경험하는 부모의 비율이 평균 20~25% 정도로 상당히 낮다는 것을 발견하였다.

오히려 자녀가 성인이 되어서도 독립하지 않고 부모에게 의존하여 함께 사는 경우 부모는 자녀를 더 오랜 시간 돌보아야 하는 데서 좌절감을 느끼거나 자녀를 잘못 키웠다는 실패감을 경험하기도 한다(한경혜, 윤순덕, 2001). 성인 자녀와 동거하는 부모는 돈, 자녀의 존재 자체, 살림의 책임 분담과 관련해서도 갈등을 겪는다.

가정을 떠나 독립하지 않는 자녀도 문제지만, 떠났다가 다시 돌아오는 부메랑 자녀의 경우에는 상황이 더욱 부정적이다. 특히 어머니들은 자녀가 처음 집을 떠났을 때 얻은 자유를 자녀가 돌아옴으로써 상당 부분 잃게 된다는 사실에 분개한다. 부메랑 자녀의 부모들(57%)은 집을 떠난 적이 없는 자녀의 부모들(68%)에 비해 자녀가 자신을 행복하게 해 준다고 응답하는 비율이 더 낮다. 하지만 손자녀와 함께 충분한 시간을 보내게 되어 만족하고 있다고 말하는 비율은 성인 자녀와 함께 사는 부모(64%)가 자녀가 독립해 나간 부모들(49%)보다 더 높다.

3) 부모 부양

노년기에는 성인 자녀의 존재 자체가 정서적 안녕의 강력한 예언요인이다. 즉, 나이 든 부모에게는 자녀가 기쁨의 원천이며 자녀나 손자녀에 관한 이야기를 나누는 것만으로도 즐거움을 느낄 수 있다(Carstensen et al., 1996; Lang & Carstensen, 1994; Levenson et al., 1993). 그러나 노부모를 부양해야 하는 성인 자녀에게는 부양 부담이 스트레스로 작용할 수 있다. 1980년대 이래 이 주제와 관련하여 많은 연구가 수행되었고(Zarit et al., 1980), 부양 역할이 성인 자녀에게 외상에 해당한다는 결론을 내렸다. 자녀를 양육하면서 부모를 부양하는 상황에 놓인 딸들을 '중간에 끼인 여성' 또는 **샌드위치 세대**라 부르는데, 중년기 여성들이 나이 드는 부모와 10대 자녀 사이에 샌드위치처럼 끼었다는 의미이다. 오천 명이 넘는 성인들을 대상으로 실시된 대규모 종단연구는 부양 부담을 지고 있는 중년성인 남녀들이 안전벨트 착용에서 건강한 음식 선택과 흡연에 이르기까지 건강에 도움이 되는 행동들을 더 적게 하는 경향이 있다는 것을 발견하였다(Chassin et al., 2010).

상속 형태의 금전적 보상은 연로한 부모에 대한 분노감을 상쇄해 줌으로써 부양 부담을 줄여 주는 역할을 하는 것으로 보인다(Caputo, 2002). 자녀가 어릴 때 부모가 제공해 준 재정적 지원의 정도는 자녀가 성인이 되었을 때 나이 든 부모에게 제공하는 사회적 지원에 영향을 미친다(Silverstein et al., 2002). 심지어 부모를 부양하는 딸이 자기 자녀가 어릴 때 부모가 주었던 도움을 고맙게 여길 경우 의무감에서가 아니라 기꺼이 부양 역할을 하기도 한다(Keefe & Fancey, 2002). 연로한 부모가 자녀에게 준 것보다 자녀에게서 더 많이 가져간다는 일반적 생각과는 달리, 부모가 성인 자녀에게 제공하는 재정적 지원이 성인 자녀가 부모에게 제공하는 지원보다 더 많다는 결과가 보고되고 있다(Van Gaalen & Dykstra, 2006).

부모의 건강이 나빠지면 부모와 자녀가 관계를 재정립하면서 상호 적응을 하게 된다(Silverstein et al., 2006). 흥미롭게도 베이비붐 세대가 그들의 부모 세대보다 부모를 부양하려는 마음가짐이 더 강한 것으로 보인다(Gans & Silverstein, 2006).

중년의 딸들에게 부모 부양은 언론매체들이 흔히 묘사하듯이 외상적 상황이 아닐 수도 있다. 이 연령집단의 여성들이 부양과 관련하여 많은 요구를 받기는 하지만 다른 출처로부터 도움을 받는 경우도 많다. 흔히 생각하듯이 한 자녀(딸)가 부양책임을 전담하는 것이 아니라 배우자가 맞벌이 상황에서도 부양 역할을 분담하는 경향이 있다(Henz, 2010).

4. 조부모와 손자녀 관계

노인들은 조부모가 되었을 때 가족생활의 보상을 더욱 풍성하게 받기 시작한다. 가장 어린 세대와 상호작용하면서 생산성을 표현하는 혜택을 누리되 부모 역할의 고달픔과 책임은 감당하지 않아도 되기 때문이다. 또 노인들이 가장 견디기 어려운 부분이 배우자를 잃는 것인데, 조부모 역할은 이 상실을 어느 정도 상쇄해 줄 수 있다. 그러나 안타깝게도 모든 조부모가 이러한 혜택을 누리지는 못한다. 앞서 언급하였듯이 요즘은 과거보다 아이를 적게 낳을 뿐 아니라 아이를 아예 낳지 않고 부부만 사는 가구도 많아지고 있기 때문이다.

1) 조부모의 역할

오래전 Neugarten과 Weinstein(1964)은 다섯 가지 유형의 조부모를 확인하였다.

- 공식형(formal) 조부모는 조부모가 해야 할 역할에 대한 적절한 지침이라 생각되는 바를 따른다. 조손에게 관심을 가지고 때로 서비스를 제공하지만, 과도한 관여는 하지 않는다.
- 재미추구형 조부모는 조손에게 즐거움을 주는 역할을 담당한다.
- 대리부모형 조부모는 문자 그대로 조손을 돌보는 역할을 한다.
- 지혜의 보고(寶庫)형 조부모는 조언을 해 주고 자원을 분배할 뿐 아니라 부모 세대를 통제하는 가족의 수장 역할을 하는데, 대개는 조부가 이런 역할을 한다.
- 분리형 조부모는 평소 조손과 접촉이 많지 않고 명절 등 특별한 날에만 거동한다.

조부모 역할은 대부분이 이와 비슷하게 구분되는데, 관여를 많이 하고 친절한 조부모와 분리형 또는 공식형 조부모를 구분하기도 한다(Mueller et al., 2002). '분리-관여' 차원은 조손이 조부모를 대하는 태도에서도 나타난다(Roberto, 1990). 조부모 역할을 구분할 때 확인되는 또 다른 중요한 요소는 가족혈통 또는 가문에서 조부모의 상징적 가치 또는 '가족의 파수꾼'으로서의 역할이다(Troll, 1985). 조부모 역할은 조부보다는 조모의 삶에 더 중요하게 작용한다는 증거가 있다(Pollet et al., 2009). 그러나 조부들도 조모와 함께 손자들을 돌보면서 대리부모, 경제적 지원자, 놀이친구, 조언자, 가족의 역사가 역할을 한다(Baltes & Goodsell, 2013). 조부모는 젊은 세대에게 강한 유대감을 느끼며(Crosnoe & Elder, 2002), 자녀와 손자녀가 갈등을 겪을 때 둘의 관계를 매개해 주는 역할을 할 수도 있다(Werner et al., 2005).

조부모의 역할은 이렇듯 다양하지만, 역할과 관계없이 나이 든 사람들에게는 손자녀와 맺는 관계가 매우 중요하다(Harwood & Lin, 2000). 조부모로서 정체성을 갖는 것은 노년기의 행복에 중요한 역할을 한다(Reitzes & Mutran, 2004). 어떤 이유로든지 조손과 접촉이 많지 않은 조부모들은 신체건강이 좋지 않고, 우울과 슬픔을 느끼며, 삶의 질이 떨어지는 등 좋지 못한 결과에 이를 가능성이 크다(Drew & Smith, 2002).

조부모는 성인 자녀의 이혼과 재혼 등으로 가족이 위기를 겪을 때 손자녀에게 좋은 환경을 제공하고 도움을 줄 수 있다. Attar-Schwartz와 동료들(2009)은 1,500명의 영국 고등학생을 대상으로 한 연구에서 조부모 접촉 수준이 양부모 가정의 자녀보다 한부모 가정의 자녀에게 더욱 중요하다는 것을 발견하였다. 양부모 가정 청소년의 경우 조부모 접촉 수준이 학업 및 또래관계의 문제에 별다른 영향을 미치지 않았으나, 한부모 가정의 청소년은 조부모와 접촉을 많이 할 경우 그러한 문제행동이 크게 감소하였다([그림 8-1]).

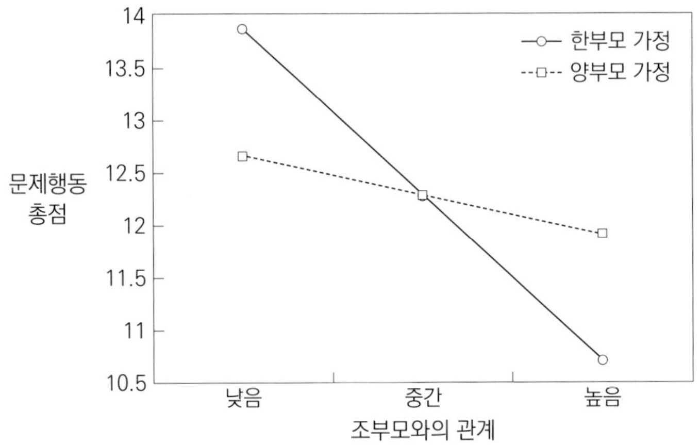

[그림 8-1] 한부모 가정과 양부모 가정 청소년의 조부모 접촉 수준과 문제행동의 관계

출처: Attar-Schwartz, Tan, Buchanan, et al. (2009).

요즘과 같은 핵가족 사회에서는 조부모와 손자녀 간의 전통적 유대관계가 차츰 약화되고 있다. 우리나라 대학생들은 조부모로부터 정서적 또는 외형적 도움을 별로 받지 않는다고 인식하고 있다(이인수, 2001). 이들이 조부모와 공유하는 활동도 생일이나 명절을 함께 지내거나 TV를 보거나 식사를 하거나 잠을 자는 등 피상적인 활동뿐이며, 그마저도 동거 여부에 따라 그리고 손자녀 자신이나 부모가 조손관계의 중요성을 어떻게 인식하느냐에 따라 달라진다(이영숙, 박경란, 2000).

사람들 대부분은 아직도 조부모가 가족과 많은 시간을 보낼 수 있고 또 그러고 싶어 하는 따뜻하고 관대하고 나이 많은 어른이라고 생각한다. 그러나 조부모 역할에는 개인차가 있으며 모든 조부모가 그런 역할을 하고 싶어 하는 것도 아니다. 전체 인구에서 조부모의 수가 급속히 증가함에 따라 이러한 조부모상도 점차 바뀌어 나갈 것으로 예상된다. 수명이 길어지면서 증조부모도 점점 더 많아질 전망이며, 자녀를 많이 낳지 않는 미래의 세상에서는 두 세대 이상의 세대 간 관계가 점차 중요해지게 될 것으로 생각된다(Bengston, 2001).

2) 손자녀 양육이 조부모의 삶에 미치는 영향

요즘 조부모들은 한부모 가정이나 직장 일로 바쁜 부모를 대신해 손자녀를 돌보아야 하는 경우가 점차 더 많아지고 있다. 영유아 자녀 양육의 참여 실태와 관련된 연구에 따르면 맞벌이 가정의 경우 만 5세 이하 자녀 중 50.5%를 조부모가 돌보는 것으로 나타났으며, 특히 1세 미만 영아의 경우 조부모 양육이 59.0%에 이르는 것으로 조사되었다(육아정책연구소, 2014). 조부모와 손자녀만으로 구성된 가족의 비율 또한 점차 높아지고 있는 추세이다(김미영, 윤혜미, 2015). 조부모가 조손을 돌보는 일차적 책임을 맡은 가족을 조손가족 또는 건너뛴 세대(skip generation) 가족이라 한다. 건너뛴 세대 가족은 부모의 약물복용, 부모의 아동학대나 방임, 10대 임신, 부모의 실업, 이혼, 질병, 사망 혹은 투옥 등 다양한 이유로 발생할 수 있다.

손자녀 양육은 조부모의 삶에 어떤 영향을 미칠까? 긍정적 영향과 부정적 영향이 공존한다. 조부모들은 손자녀에게 시간을 투자하고 관심을 기울이며 기쁨을 누리기도 하지만, 신체건강 문제와 에너지 제약, '시기에 맞지 않는' 부모 역할 수행이 초래하는 역할 갈등과 스트레스 등으로 인해 자신의 자녀를 양육할 때보다 더 큰 어려움을 느끼기도 한다(김미령, 2002; Dolbin-MacNab, 2006). 취업모 가정 조부모의 손자녀 양육 경험을 알아본 질적 연구도 손자녀를 돌보는 조부모들이 '버거움', '억울함', '힘듦' 등의 부정적 감정과 '가족에게 도움이 됨', '뿌듯함'과 같은 긍정적 감정을 복합적으로 느끼고 있음을 발견하였다(김은정, 정순둘, 2011).

손자녀 양육의 긍정적 측면은 자녀를 떠나보내고 빈 둥지 증후군을 겪으며 외로움을 느끼던 조부모가 손자녀를 돌보면서 자신의 존재가치와 정체성을 확인할 수 있다는 것이다. 손자녀를 돌볼 수 없는 형편에 처한 자녀를 도울 수 있을 뿐 아니라 손자녀에게 가족사나 가풍을 들려주고 인생 경험을 전수하며 손자녀의 역할 모델이 되어 줌으로써 생산감을 획득할 수도 있다(김미령, 2014).

사실 조부모가 부모로서 책임을 지지 않고 조부모 역할만 담당할 수 있다면 조부모 역할을 온전히 만끽할 수 있다(Bowers & Myers, 1999). 손자녀들과 떨어져 살면서 크게 부담이 되지 않는 수준에서 가끔 손자녀들을 돌보는 정도라면 조부모들이 손자녀 돌봄을 통해 기쁨을 얻을 수 있다는 것이다(Bengtson & Robertson, 1985). 그러나 부모를 대신해서 조부모가 손자녀 양육을 전적으로 떠맡아야 하는 상황이라면 과도한 책임과 양육 부담으로 인해 스트레스를 받을 수 있다. 실제로 손자녀 양육을 전담하는 조부모는 부분적으로 돕는 조부모에 비해 자기 아들이나 딸과의 관계를 더 나쁘게 평가하고 아들과 딸에 대한 만족도도 더 낮았다(최혜지, 2004).

조부모가 손자녀를 양육하면서 경험하게 되는 어려움 중 하나로 신체건강 문제를 빼놓을 수 없다(최혜지, 2006). 조부모들은 돌봄 노동을 할 만한 신체건강을 갖추고 있지 못한 경우가 많다. 조부모들은 또 노년기에 손자녀를 양육하면서 자기 건강을 제대로 돌보기 어려워 건강이 더욱 악화되기도 한다(김미령, 2014). 더욱이 손자녀 양육이 일시적이 아니고 장기적으로 지속되는 것이라면 조부모에게 엄청난 심리적 · 신체적 부담이 될 수 있다.

손자녀 양육은 조부모의 정신건강에 부정적인 영향을 미칠 수 있다. 손자녀 양육을 전담하는 조부모들은 그렇지 않은 동년배 집단보다 역할 혼란 및 가중된 역할 부담, 경제적 어려움, 체력의 한계, 손자녀의 부모인 성인 자녀와의 갈등, 사회활동 기회 제한 등으로 높은 수준의 스트레스를 경험하는 것으로 보고되고 있다(김원경, 전제아, 2010; 김혜선, 2005; Backhouse & Graham, 2012). 손자녀를 돌보는 조부모의 대부분(94%)이 임상 수준의 스트레스를 경험한다는 결과도 있다(Trail-Ross & Aday, 2006).

또 손자녀를 양육하는 조부모들은 그렇지 않은 조부모들에 비해 우울 증상이 더 심한 것으로 나타난다(김미령, 2014; 배진희, 2007; 이지연, 정경미, 김원경, 2008; 최해경, 2006). 조손가정의 조부모들은 손자녀 양육으로 인해 여가활동이 제약을 받기 쉽고 그로 인해 우울해질 수 있다(이윤정, 2014). 또는 자기 시간을 갖지 못함으로써 사회적으로 고립되고 친구들이나 다른 가족과의 접촉이 제한됨으로 인해 우울 수준이 높아지기도 한다(박경애, 2007). 조부모의 정신건강 악화는 결국 손자녀에게도 부정적인 영향을 미치게 된다(황미진, 정혜정, 2014).

조부모가 손자녀 양육을 자발적으로 선택한 것이 아닌 경우 조부모의 생활만족도가 하락하는 것으로 나타난다. 60세 이상 여성 노인을 대상으로 한 최인희(2014)의 연구에서는 손자녀 돌봄을 자발적으로 선택한 노인이 47.7%로 절반에 못 미쳤으며, 노년기에 자신의 의사와 관계없이 손자녀 양육을 요구받은 이 노인들은 자발적으로 손자녀 돌봄을 선택한 노인들에 비해 생활만족도가 더 낮은 것으로 나타났다.

손자녀 양육에 대한 금전적 보상은 조부모의 정신건강에 긍정적인 영향을 미칠 수 있다. 조부모의 소득 수준이 높은 경우에는 돌봄에 대한 금전적 보상이 정신건강과 관련이 없었으나, 소득 수준이 낮은 조부모는 성인 자녀로부터 돌봄에 대한 대가를 받을 때 정신건강이 더 좋은 것으로 나타났다(이가연 외, 2018). 손자녀를 양육하는 조부모들은 또 자녀와 접촉을 많이 하는 등 사회적 지지를 많이 받으면 심리적 불안이 낮아지고(Sands & Goldberg-Glen, 2000) 삶의 만족도가 높아진다(김미혜, 김혜선, 2004).

5. 성인기의 형제자매 관계

요즘은 형제자매가 없이 외동인 사람이 많아 형제자매 관계를 평생 경험해 보지 못하는 사람이 늘고 있다. 성인기의 형제자매 관계에 관한 연구는 자녀보다 형제자매의 수가 더 많은 베이비붐 세대를 중심으로 많이 이루어졌다.

형제자매 관계는 다른 관계에 비해 독특한 특징을 여럿 가지고 있다(Van Volkom, 2006). 형제자매는 유전적 배경을 공유하며 함께 자랐기에 아동 초기 이후로 많은 경험을 공유한다. 형제자매는 성인 후기에 이르렀을 때 원가족 가운데 남아 있는 유일한 사람들이고 전 생애에 걸쳐 누구보다 오랫동안 알고 지내온 사람들일 가능성이 크다. 성인 자녀와 부모의 관계와 마찬가지로 형제자매 관계도 선택하는 것이 아니다. 형제자매는 자주 보지 않는다고 해도 관계를 유지할 수 있으며 그 관계를 중요하게 생각하는 경향이 있다(Bedford, Volling, & Avioli, 2000).

형제간 유대는 결혼, 자녀출생, 이혼과 사별, 건강문제 발생과 가족의 사망 등 여러 중요한 인생사를 겪으면서 점차 친밀감이 더해진다(Connidis, 1992). 형제자매는 그런 사건들을 겪으며 많은 경험을 공유하고 서로를 이해하며 자신들이 갖는 관계의 역동을 통찰하게 된다. 형제자매 관계는 성인의 삶에서 가장 깊고 가까운 관계일 뿐 아니라 기쁨과 고통을 공유하는 관계일 가능성이 크다. 대다수(약 90%) 사람들은 형제와 논쟁하거나 경쟁하지 않는다고 보고한다(Cicirelli, 1982). 형제들 간에 '적대적'이라 할 수 있는 범주에 속하는 경우는 10% 정도에 불과하다(Gold, 1989).

그러나 부모가 자신들을 차별적으로 대했다는 지각을 나이 들어서까지도 마음속에 품고 있는 형제자매도 있다. 성인기 형제자매 간의 경쟁심은 부모의 편애에 대한 기억에서 비롯되는 경우가 많으며(Brody, Stoneman, & McCoy, 1994), 형제간 경쟁에서 어떤 측면들은 평생 없어지지 않고 지속하는 것으로 보인다(Boll, Ferring, & Filipp, 2003).

Milevsky(2005)는 성인 초기 남녀(19~33세) 200여 명을 대상으로 형제자매, 부모 및 친구와의 관계를 조사한 결과, 부모로부터 충분한 지지를 받지 못한 사람도 형제자매로부터 지지를 받는 경우 성인 초기에 정서적 안녕감 점수가 유의미하게 높다는(자아존중감과 삶의 만족도가 높고 우울과 외로움 수준이 낮다는) 것을 발견하였다. 형제자매 관계는 정서적 안녕감뿐만 아니라 사회성 발달에도 영향을 미친다. 형제자매 간에 갈등이 많은 노인은 인생 초기부터 우정관계를 맺는 데에도 문제가 있다(McCoy et al., 1995).

형제자매는 부모와 조부모 다음으로 아이를 돌보는 역할을 할 수 있는 사람이다(Derby & Ayala, 2013). 친구와 이웃의 도움을 받을 수 있다면 대리부모의 기능을 해낼 수 있다.

그러나 형제자매 관계는 성인기 동안 변동성이 있을 수 있는 관계이다. 성인 초기에는 결혼을 하고 자녀를 낳아 키우며 자신의 경력에 집중하느라 형제자매 관계에 시간과 노력을 많이 투자하기 어렵고 따라서 일시적으로 관계가 소원해질 수 있다. 그러나 중년기 이후로는 형제자매 관계의 중요성이 증가한다. Gold(1996)는 65세 이상 노인들을 대상으로 평생 형제자매 관계가 어떻게 변화해 왔는지 조사하였다. 이 연구에 참여한 노인들 대다수는 중년기에 부모의 죽음을 겪으며 관계가 가까워졌으며, 직장 때문에 떨어져 살던 형제자매가 노년기에 은퇴하고 많은 시간을 함께 보낼 수 있게 되면서 친밀도가 더욱 증가하였다. 형제자매는 또 배우자가 사망하거나 질병에 걸렸을 때 '빈자리를 채워 주는' 역할을 하였다. 어떤 노인들에게는 형제자매가 원가족 중 가족의 기억을 나눌 수 있는 유일한 생존자였다.

사실 나이가 들면 형제자매가 있다는 것 자체가 안녕감에 도움이 된다. 즉, 실질적인 도움이나 상호교류가 별로 없다 해도 노년기에는 "유사시 나를 도와줄 형제('기댈 언덕')가 있다"는 지각만으로도 사기가 높아질 수 있다(Bedford & Avioli, 1996).

그러나 Gold(1996) 연구에서 일부 노인들은 성인 초기의 소원한 관계를 끝까지 회복하지 못하였다. 다른 노인들은 인생의 여러 사건을 겪으며 형제자매들 간에 새롭게 친밀감이 생겨나지 않아 실망하였고, 무엇보다도 사별이나 질병과 같은 힘든 일을 겪을 때 도움이 되어 줄 것이라는 기대가 깨지면서 크게 실망하였다.

형제자매 중에서 미혼이면서 자녀가 없는 사람이 다른 형제자매들과 더 친밀한 관계를 맺는 경향이 있다(Campbell, Connidis, & Davis, 1999). 또 자매들 간의 관계가 가장 가깝고, 그다음이 남매와 형제의 순으로 가깝게 지낸다. 여성(엄마, 아내, 자매)이 가족에게 돌봄과 정서적 지지를 제공하는 사람들임을 생각하면 당연한 결과라 할 수 있다(Bjorklund, 2015).

6. 성인기의 친구 관계

성인기의 관계를 다룬 연구 가운데 친구 관계에 관한 연구가 가장 적다. 친구 관계는 성인기 동안 어떤 기능을 하고, 어떤 의미를 가지며, 어떻게 변화하는가?

친구는 오랫동안 서로 알고 지내는 사람이나 사회적으로 친밀하게 지내는 사람들을 가리킨다. 과거를 공유하거나 일상생활을 함께하는 경우가 많다. 친구는 가족과 함께 우리 곁에 오래 남아 있으면서 삶의 질을 높여 주는 사회관계망의 하나이다. 심지어 배우자가 사망한 후에도 옆에 남아서 정서적·사회적 지지를 해 주는 호위대 구실을 한다. 그러나 친구 관계도 나이가 들면서 구조적 특성(연령, 성별, 수, 교제 빈도)이나 상호 간 역동이 변화한다. 인생 후반에 겪는 건강악화, 은퇴, 사별 등의 사건은 이러한 변화를 부추기는 촉매로 작용한다.

성인 초기에는 정체감을 탐색하고 직업세계에 진출하며 가족을 구성하는 과정에서 친구의 수가 증가한다. 그러나 중년기에는 배우자와 자녀에게 집중하고 친구의 수는 점차 감소한다. 노년기에는 친구의 수가 적을 뿐 아니라 친구들과 만나는 횟수도 줄어든다(Antonucci, Kristine, & Birditt, 2014).

친구 관계는 서로 간에 알고 지내는 정도에서 아주 막역한 사이에 이르기까지 여러 유형이 있다(Adams, 1989). 교제 기간에 따라 구분한다면 연령이나 관습이 같고 어린 시절의 추억을 공유하는 장기 친구(10년 이상), 역할이나 지위 변화에 따라 편의상 사귀는 단기 친구(3년 이하), 그리고 직업이나 결혼상태의 변화에 따라 평생 대여섯 번 바뀌는 중기 친구(4~10년)가 있다(Litwak, 1989).

나이 든 사람들의 친구 관계에는 자발성, 동등성, 공평성이 중요하게 작용한다(Roberto, 1989; Rook, 1989). 또 신뢰성(수용과 자기노출)과 진실성(성실과 정직) 등의 묵시적 규범도 존재한다(Roberto & Kimboko, 1989).

Hartup과 Stevens(1997)는 생애경로 관점을 취했는데, 친밀한 우정은 상호성 또는 주고받기(give & take)라는 주요 차원이 기저에 있다고 제안하였다. 상호성의 근본특징은 관계를 맺고 있는 사람들 간에 친밀감, 지지, 나눔, 친교 등 정서적 수준에서 공평한 교환이 이루어진다는 것이다. 행동 수준의 상호성은 호의, 선물, 조언 등을 주고받는 행위로 표현된다. 가까운 친구들은 서로에게 비밀을 털어놓고, 힘든 일이 있을 때 서로 도와주며, 서로를 더 행복하게 해 주려고 노력한다. 상호성의 표현방식은 연령에 따라 차이가 있지만, 모든 우정의 진수는 이같이 깊은 상호관계의 감정이다. 우정의 또 다른 주요

기능은 삶의 전환기에 건강, 결혼관계, 주거지, 직장 등이 변화를 겪을 때 서로를 돕는 것이다.

장기적인 친구 관계에 진입하는 사람들은 **이원적 철수**(dyadic withdrawal)를 하게 된다. 즉, 개별적 친구는 줄어들고 공동의 친구가 점점 더 많아진다(Kalmijn, 2003). 이는 전체 친구의 수가 감소하게 된다는 것을 의미한다. 반면에, 부부는 사회적 관계망을 공유하므로 각자의 친구 관계를 확장하고 강화한다(Cornwell, 2012). 이는 가장 소중한 친구인 부부가 또 다른 부부의 바람직한 특성을 모방하는 '플라토닉 부부 사랑'을 통해 이루어진다(Greif & Deal, 2012).

친구 관계 패턴은 어느 연령에서든지 형성에서 해체에 이르는 발달궤도를 따르는 것으로 보인다(Adams & Blieszner, 1994). 여러분도 아마 친구들과 이러한 궤도를 겪었을 것이다. 친구 관계는 낯선 이에서 아는 이로, 아는 이에서 친한 이(친구)로 이동하는 단계를 거치며 형성된다. 유지단계에서는 서로 간에 적극적인 관심과 관여를 지속한다. 때로 이 단계에서 관계의 질을 평가하고 관여 수준을 더 높이거나 낮추기로 결정한다. 이 유지단계가 상호성 수준이 최고조에 이르는 단계이다. 친구 관계는 시간이 흐름에 따라 친밀감의 수준이 변화하면서 이 유지단계에 수십 년을 머물러 있을 수도 있다. 관계가 종료되는 해체단계는 확인하기 어려울 수도 있다. 친구 관계는 상호성의 감정이 감소하고 관계가 점차 소원해지면서 일정 기간에 걸쳐 점진적으로 끝날 수도 있고, 도저히 극복할 수 없는 불일치와 갈등 때문에 의식적 결정을 통해 끝날 수도 있다.

성인기의 우정은 관계의 친밀성에 의해 구분하기도 한다. 관계의 친밀성은 시간이 지나면서 변할 수도 있고 변하지 않을 수도 있다. 사람들은 친밀성이 그다지 높지 않은 **주변적 유대관계**(peripheral ties)를 오랫동안 유지하기도 한다(Fingerman & Griffiths, 1999). 이웃, 동료, 동업자, 자녀 친구의 부모 등은 주변적 유대관계를 맺고 있는 사람들이라 할 수 있다. 이 관계는 우호적이기는 하지만 결코 이 수준을 넘어 진행되지는 않는다. 우정 형성 단계에 있는 사람들도 주변적 유대관계라 할 수 있으며, 이들과는 나중에 친밀한 우정으로 발전할 것이다. 세 번째 유형의 주변적 유대관계는 이전에 친밀한 관계였으나 지금은 해체/무관심 단계로 이동한 관계이다.

성인기의 우정 패턴은 또한 친구에 대한 접근방식, 즉 **우정스타일**(friendship style)에 따라 차이가 있다(Matthews, 1986). 따뜻하고 우호적인 관계를 갖지만 친밀한 관계는 결코 형성하지 않는 독립적(independent) 우정스타일이 있고, 친구 선택을 극히 선별적으로 하며 평생 매우 친밀한 소수의 친구만을 유지하는 분별적(discerning) 우정스타일도 있다. 취득적(acquisitive) 우정스타일은 평생 가까운 친구들을 쉽게 만들고 유지하며, 따라서 사회관계망이 가장 큰 경우이다.

우리는 성별이나 사회경제적 지위 등이 유사한 사람들을 친구로 선택하는 경향이 있다(Adams & Blieszner, 1994). 성인기 동안의 친구 관계는 스트레스를 이겨 낼 수 있게 해 주는 완충작용을 하며, 자아존중감과 행복감을 높여 준다. 친구 관계는 소득이나 결혼상태 같은 변수들보다 자아존중감 수준을 더 잘 예측해 준다(Siebert et al., 2002). 가족이 없는 사람들에게는 친구가 이 사회적 연결을 유지하게 해 주는 중요한 대체수단의 기능을 한다(Lang & Carstensen, 1994).

친구는 우리에게 평생 영향을 미치는 중요한 존재이다. 우리가 어떤 정체성을 지니고 어떻게 살아갈지를 선택하는 데 중요한 역할을 한다(Flora, 2013). 우정은 시간이 지나면서 그 성격이 바뀔 수 있지만 자기 정의와 지지의 원천이라는 역할은 변함없이 지속된다.

지금까지 살펴보았듯이 친밀한 사회적 유대는 발달에 중요한 역할을 한다. 관계는 사회적 맥락의 변화에 따라 달라지기도 하지만, 살아가는 동안 행복과 적응에 줄곧 영향을 미친다. 그러나 조부모, 형제, 친구와의 관계는 더 연구할 필요가 있다. 그러한 연구는 생물심리사회적 관점에서 건강, 성격, 사회적 맥락 간의 상호작용을 더 깊이 있게 이해할 수 있게 해 줄 것이다.

생각상자 8-4.

당신에게는 어떤 유형의 친구가 있는가? 가까운 친구라고 할 만한 사람은 몇 명이나 되는가?

제9장

직업과 은퇴

1. 노동인구 현황
2. 직업선택과 진로발달
3. 연령과 직업수행의 관계
4. 연령과 직업만족의 관계
5. 일과 가정
6. 은퇴
7. 노년기의 여가활동

제9장

직업과 은퇴

성인 대부분은 어떤 형태로든 급여를 받는 생산적 활동을 한다. 어떤 사람들은 그러한 일을 통해 능력을 발휘하고 일에서 즐거움과 보람을 찾으며 성취감을 누린다. 그러나 어떤 사람들에게는 일이 여가, 취미활동, 가족생활 등에 필요한 소득을 얻기 위한 수단에 불과할 수도 있다.

일을 하는 동기가 무엇이고 일이 얼마나 즐거움을 주느냐에 관계없이 일은 20대 이후로 은퇴할 때까지 모든 사람의 삶에서 대단히 중요한 부분이다. Freud가 지적했듯이 사랑을 기반으로 하는 결혼이 인생의 절반을 차지하는 중요한 요소라면, 일은 나머지 절반을 차지하는 요소이다. 남녀 관계없이 사회에 진출하여 적성에 맞고 자신이 하고 싶은 일을 하고자 하는 요즘 신세대들에게는 결혼은 선택일지라도 일은 필수라고 보는 경향도 나타나고 있다. 더욱이 일의 성격, 소득 수준, 일터의 조건은 우리 삶의 다른 모든 영역에 영향을 미친다. 우리의 정체성조차도 직업이 무엇이고 직장에서의 지위가 어떠하며 직업의 평판과 안정성이 어떠한지에 의해 규정된다.

직업은 개인의 삶에서 다음과 같은 다섯 가지 기능을 한다(Havighurst, 1982). 첫째, 생존에 필요한 수입 또는 경제적 보상을 제공해 준다. 둘째, 개인이 특정 시간 동안 특정 장소에 있는 것을 요구함으로써 생활에 규제를 가하고 일과를 제공해 준다. 셋째, 정체감을 갖게 해 준다. 즉, 일을 통해 자신을 발견하고 적성을 계발할 수 있다. 넷째, 사회적 관계의 기반이 되어 준다. 다섯째, 의미 있는 생활 경험을 제공해 준다. 우리는 일을 통해 외부세계와 상호작용하고 자기 생각을 표현하며 새로운 아이디어를 받아들이게 되는 등 생활 경험을 확장할 수 있다.

이같이 성인기의 직업이 우리 삶에서 차지하는 중요성으로 볼 때 은퇴가 우리 삶에 끼치는 영향도 적지 않을 것으로 생각된다. 어떤 영향을 미칠 것인가? 많은 사람이 이 문제에 큰 관심을 기울이고 있지만, 답을 내놓기는 쉽지 않다. 대학생 시기에는 진로를 정하는 것이 중요할 뿐 그 진로를 종결하는 은퇴에 관한 생각은 아예 머릿속에 떠올리지도 않을지 모른다. 그러나 은퇴 후의 삶에 대한 계획은 은퇴를 얼마 남기지 않은 시점에 세우기보다는 일을 처음 시작할 때 세우는 것이 여러 면에서 바람직하다.

1. 노동인구 현황

성인기의 직업과 직업발달을 이해하기 위해서는 취업이 이루어지는 맥락부터 살펴볼 필요가 있다. 경제활동인구 또는 노동가능인구는 「근로기준법」에서 정한 15세 이상의 생산연령 인구 가운데 학생, 주부, 환자, 노약자 등 생산활동을 할 능력이나 의사가 없는 사람들(비경제활동인구)을 제외하고 노동시장에 노동을 공급함으로써 경제생활에 기여할 수 있는 인구를 말한다. 즉, 취업자와 실업자를 합한 인구이다.

2020년 3월 기준 우리나라의 15세 이상 인구(4471만 2천 명) 중에서 60%가량이 경제활동인구(2778만 9천 명)이고 이 가운데 대부분(95% 가량)이 취업을 하였다. 이는 우리나라에서 취업할 수 있는 성인의 59.5%(남 69.5%, 여 49.9%)가 실제로 취업했음을 의미한다(통계청, 2020).

〈표 9-1〉 2020년도 우리나라 경제활동인구와 경제활동 참가율

	15~29세	30~39세	40~49세	50~59세	60세 이상	계
15세 이상 인구	8,962	7,173	8,253	8,555	11,769	44,712
경제활동인구	4,073	5,592	6,551	6,518	5,056	27,789
취업자(천 명)	3,671	5,407	6,376	6,308	4,848	26,609
경제활동참가율(%)	45.4	78.0	79.4	76.2	43.0	62.2
고용률(%)	41.0	75.4	77.3	73.7	41.2	59.5

출처: 통계청(2020. 3.).

1) 노동인구의 노화

우리나라의 노동인구는 인구 구성에서 가장 큰 비중을 차지하는 베이비붐 세대의 노화와 더불어 일본, 미국, 영국 등보다 훨씬 더 빠른 속도로 늙어 가고 있다. 우리나라 인구의 중위연령(전체 인구를 연령순으로 세웠을 경우 한가운데 있는 연령)은 2005년에 34.8세

였으나 2020년 43.8세로 대폭 증가하였으며, 2030년에 49세, 2050년에는 56.7세로 증가하여 선진국 평균(45.5세)을 크게 앞지를 것으로 예상된다. 일본은 중위연령이 2005년 42.9세에서 2050년 52.3세로, 우리나라가 일본보다 인구의 노화속도가 더 빠르다.

2) 여성 취업률의 증가

전통적으로 여성은 자녀를 양육하며 가정에 머무르는 경우가 많다. 실제로 남성이 여성보다 노동인구에서 더 큰 비중을 차지한다(2020. 3. 현재 취업자 총 26,609명 중 남성 15,282명, 여성 11,327명). 그러나 전업주부 어머니는 점점 더 과거의 일이 되고 있다. 1960년 이후로 기혼여성, 특히 어린 자녀가 있는 기혼여성이 직업을 갖는 비율은 꾸준히 증가하고 있다. 6세 이하 자녀가 있는 여성의 노동참여 비율은 1960년도 19%에서 2004년도 62%로 세 배 이상 증가하였다. 〈표 9-2〉를 보면 2000~2019년 사이에 남성의 취업률은 거의 변화가 없지만, 여성의 취업률은 전 연령에서 적게나마 증가하는 추세임을 알 수 있다.

〈표 9-2〉 연령과 성별에 따른 노동참여율의 변화 추이 (단위: %)

		2000	2005	2010	2015	2019
여성	15~29세	40.9	45.7	41.9	42.9	44.7
	30~39세	52.6	52.9	53.8	56.9	62.0
	40~49세	62.5	62.9	64.2	65.7	65.2
	50~59세	52.4	53.4	56.9	61.8	64.8
	60세 이상	29.8	28.1	26.4	29.5	32.6
	계	47.0	48.6	47.9	50.1	51.6
남성	15~29세	46.2	44.4	38.8	39.5	42.4
	30~39세	91.8	91.1	89.4	90.9	89.0
	40~49세	90.1	91.1	91.2	92.2	91.1
	50~59세	80.9	83.0	85.0	86.9	86.1
	60세 이상	48.7	49.4	49.0	51.2	52.3
	계	70.8	71.9	70.3	71.4	70.7

출처: 통계청(2020) 경제활동인구조사.

여성의 직업세계 진출이 증가하고 있기는 하지만 급여 수준은 여전히 남성이 여성보다 더 높다. 더욱이 우리나라는 이러한 성별 임금격차 부문에서 OECD 국가 중 부동의 1위를 차지하고 있다. 고용노동부의 '고용형태별 근로실태조사'에 따르면 남성 대비 여성의 상대임금은 2012년 68.4%에서 2016년 64.6%로 감소하였다. 2000년대 이후 남성 대비 여성의 상대임금은 60~65% 사이에 계속 정체되어 있다(임나연, 최민식, 2019). 또 고용노동부 '일가정양립 실태조사'에 따르면 승진자 중 여성의 비율은 2017년 현재 평균 15%에 불과하다. 그러나 이 조사에서 '직급이 같아도 남성과 여성의 임금이 다르다'는 문항에 그렇다(15.3%) 또는 매우 그렇다(3.3%)로 답변한 비율은 18.6%에 불과하였고, '경력과 능력이 비슷해도 남성에 비해 여성의 승진이 느리다'는 문항에 그렇다(13.7%) 또는 매우 그렇다(2.7%)로 답변한 비율도 16.4%에 그치는 등 우리 사회 구성원들의 인식은 현실과 어느 정도 거리가 있는 것으로 나타났다.

2. 직업선택과 진로발달

직업선택에는 개인의 선호나 관심이 크게 반영된다. 즉, 사람들은 주어지는 일이 아니라 자기가 하고 싶은 일을 하기를 바란다. 그러나 직업선택은 교육, 성별, 연령 등 여러 사회적 요인으로부터 영향을 받기 때문에 개인이 각자의 직업적 관심사에 가장 부합하는 직업을 얻는 것이 언제나 가능한 것은 아니다. 그럼에도 불구하고 직업발달에 관한 이론들은 누구나 자신이 원하는 직업을 선택할 수 있다는 전제를 바탕에 두고 있다.

사람들은 어떤 일을 하고 싶어 하는가? 하고 싶은 일을 결정하는 것은 어떤 요인들인가? 사람들은 대개 직업적 흥미에 따라 진로와 대학전공을 선택한다. 여러분이 인생의 어느 시점(예: 대학입시)에서 심리학, 간호학, 물리학, 음악 등 다양한 분야 가운데 어느 한 분야를 전공으로 선택했다면 그러한 선택을 한 이유는 그 분야가 자신의 성격, 기술, 경험과 잘 맞아떨어진다고 생각했기 때문일 것이다. 이는 직업발달이론들이 사람들의 직업선택을 설명하고자 할 때 또 일단 선택을 하고 난 후의 행복감과 생산성 수준을 알아보고자 할 때 고려하는 요인들이다.

1) Holland의 직업선택이론

Holland(1997)의 직업선택이론에 따르면 직업적 포부와 홍미는 성격의 표현이다. Holland는 직업적 홍미, 능력 및 행동을 여섯 가지 기본유형(또는 코드)으로 구분할 수 있다고 제안하였다. 이 여섯 가지 기본유형은 현실형(Realistic), 탐구형(Investigative), 예술형(Artistic), 사회형(Social), 진취형(Enterprising), 관습형(Conventional)으로서 각 유형을 나타내는 앞 글자를 따서 이 이론을 **RIASEC 모델**이라 부르기도 한다.

Holland 이론에 따르면 어떤 직업이든지 이 여섯 가지 유형에 의해 기술할 수 있다. 직업마다 필요조건이 있고, 그 직업의 환경에 특징적인 보상이 있다. 따라서 직업은 특정한 홍미, 능력 및 행동을 유발하고 발전시키고 보상하는 장(場)의 역할을 한다. 홍미유형과 직업유형 간에는 밀접한 관련성이 있다. 예를 들어, 사회형 직업을 가진 사람들은 사람을 대하는 일을 하고, 현실형 직업에 종사하는 사람들은 몸을 움직여서 하는 일을 한다.

직업유형은 대부분 RIASEC 가운데 어느 한 유형이 아니라 두세 가지 유형을 결합하여 결정한다. 첫 번째 제시되는 글자가 주된 유형이고, 두 번째와 세 번째 유형은 개인 또는 직업에 대해 더 정확하고 분화된 정보를 제공해 주는 역할을 한다. 건설노동자와 교도관은 둘 다 현실형 직업이고 둘 다 RE 부호를 배정받는다. 그러나 이들은 세 번째 글자에서 차이가 있는데, 건설노동자는 C이고 교도관은 S이다.

〈표 9-3〉 RIASEC 유형에 따른 성향 및 직업 기술

유형	성격적성	직업기술	예
현실형(R)	실행/사물 지향 말이 적고, 운동을 좋아하고 신체적, 활동적이며, 소박하고, 솔직하고 성실하며, 기계적성이 높음.	대부분 식물, 동물, 도구, 기계 등 현실세계의 소재들을 다루는 일에 종사함. 옥외에서 일하는 경우가 많고, 문서업무나 다른 사람과 함께하는 일은 없음.	요리사 운동선수 치과기공사 트럭운전수 전기기술자 보석세공사
탐구형(I)	사고/아이디어 지향 탐구심이 많고, 논리적 · 분석적 · 합리적이며, 지적 호기심이 많고, 수학적 · 화학적 적성이 높음.	사고를 많이 해야 하는 업무나 사실들을 찾아내고 머릿속에서 문제를 해결하는 일을 함.	의사 교수 학자 연구원 시장조사분석가

예술형(A)	창조/아이디어 지향 상상력이 풍부하고, 감수성이 강하며, 자유분방하고 개방적이며, 예술에 소질이 있으며, 창의적 적성이 높음.	디자인이나 패턴을 다루는 일을 하는 경우가 많음. 대부분 자기표현을 해야 하는 일이며, 정해진 규칙 없이 일할 수 있음.	예술가 연예인 여행가이드 패션디자이너 작가 그래픽디자이너
사회형(S)	자선/사람 지향 다른 사람에게 친절하고 이해심이 많으며, 남을 도와주려고 하고 봉사적이며, 인간관계 능력이 높으며, 사람들을 좋아함.	사람들과 함께 일하고, 소통하고, 가르치는 일을 함. 주로 다른 사람들을 돕거나 서비스를 제공함.	교사 종교인 간호사 사회복지사 상담심리학자
진취형(E)	관리/과제 지향 지도력과 설득력이 있으며, 열성적이고 경쟁적이고 야심적이며, 외향적이고 통솔력이 있으며, 언어능력이 뛰어남.	계획을 세우고 실행하는 업무가 많음. 사람들을 통솔하고 많은 결정을 내리는 직업. 때로 위험을 감수해야 하고, 영업을 담당하기도 함.	경영인 정치가 관리자 상품구매인 영업사원 변호사
관습형(C)	동조/자료 지향 책임감이 있고, 빈틈이 없으며, 조심성이 있고, 변화를 좋아하지 않으며, 계획성이 있으며, 사무능력과 계산능력이 높음.	정해진 절차와 규칙을 따르는 업무가 많음. 아이디어보다는 자료를 바탕으로 일하는 직업. 대개의 경우 따라야 할 권위가 분명함.	은행원 세무사 공인회계사 사서 컴퓨터프로그래머 경제분석가 경리사원

개인에게 부여되는 RIASEC 유형은 NEO-PI-R 검사 점수로 나타내는 특질과 매우 유사한 것으로 간주된다(Armstrong & Anthoney, 2009). 즉, RIASEC 코드는 성격특질에 관한 5대 요인 모델로 번역될 수 있다. 연구자들은 이 둘을 종합하여 사람 대 사물에 대한 관심, 추상적 대 구체적 아이디어 선호, 개인적 성장 추구 대 성취 추구라는 세 가지 차원을 제안하기도 하였다. 그러나 성격특질만으로 직업적 흥미를 완벽하게 나타내기는 어렵다(Mount, Barrick, Scullen, & Rounds, 2005).

여섯 가지 RIASEC 유형은 개인별로 육각형 구조로 나타낼 수 있다. 이 구조는 여섯 유형이 구조 내에서 상호 간의 거리에 기초하여 관계를 맺고 있음을 시사한다. 가장 비슷한 유형들(예: R과 C)이 가장 가까이 있고 가장 차이가 큰 유형들(예: C와 A)이 가장 멀리 떨어져 있다.

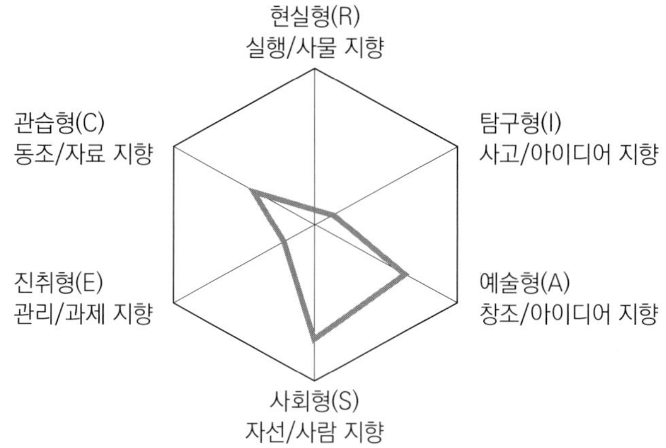

[그림 9-1] Holland 검사에서 직업흥미의 여섯 가지 기본유형

진로상담사와 직업심리학자들은 이 모델에 기반을 둔 검사를 많이 활용한다. 검사 결과가 이 그림에서처럼 한쪽으로 찌그러지면 특정 분야에 관심을 보이는 경우로 흥미가 잘 발달해 있다고 볼 수 있다.
출처: Holland (1992).

육각형이라는 개념은 개인의 흥미와 환경이 상응하는 방식을 규정하도록 해 준다. 사람들은 직업환경이 자신의 성격유형과 부합할 때, 즉 **일치도**(congruence)가 높을 때 자신의 직업에 가장 만족할 것이다. 일치도는 또 효율적 직무수행 능력에도 영향을 미친다. 사람들은 행복할 때 생산성이 매우 높을 것이다. 그러나 모든 사람이 자신의 흥미와 일치하는 직업을 찾지는 못한다. RIASEC 모델은 그런 경우 직업만족도가 낮을 뿐 아니라 더 성취감을 느끼게 해 줄 작업환경을 끊임없이 찾을 것이므로 직업 불안정성도 높을 것으로 예측한다. 마땅한 환경을 찾지 못할 때는 직업만족도와 업무생산성이 떨어지게 된다. 예를 들어, 예술형 흥미를 가진 사람들이 현장형 환경에서 일하게 되면 흥미와 환경이 일치하는 사람들에 비해 업무의 질이 더 낮다(Kieffer, Schinka, & Curtiss, 2004).

RIASEC 이론은 수천 명에 이르는 사람들이 수년간의 발달과정에서 여러 차례의 검사에서 보인 반응들로부터 경험적으로 도출된 것이다. 이 모델에 근거하여 직업적 흥미를 평가하는 데에는 두 가지 도구가 가장 널리 쓰인다. 첫째는 **Strong 직업흥미검사**(Strong Vocational Interest Inventory)로 응답자가 직업, 연구주제, 활동, 인물유형에 대한 선호를 표시하게 하는 문항들로 구성되어 있다. 이 검사는 전문상담사가 실시하고 검사기관을 통해 채점해야 한다. 둘째는 Holland(1994)의 **자기주도탐색검사**(Self-Directed Search)로 이 검사는 누구나 각자 실시하고 채점할 수 있다. RIASEC 차원상에서 평가하지만 강도도 질문하며, 흥미뿐만 아니라 능력의 프로파일도 알아볼 수 있다(Gottfredson, 2002; Holland, 1994).

RIASEC 모델은 직업흥미검사들과 분류체계에서 광범위하게 사용되고 있으며 당분간 그 명성을 이어 갈 것으로 보인다. 많은 직업상담사가 해석의 용이성과 사용의 편리성 때문에 RIASEC 모델을 채택하고 있다. 직업흥미 유형이 진로 선택에 영향을 미친다는 Holland의 주장을 뒷받침해 주는 경험적 자료도 충분히 확보되어 있다(McDaniel & Snell, 1999). 끝으로 젊은 성인을 대상으로 하는 직업상담의 견지에서 볼 때 RIASEC 모델의 코드들은 직업발달에서 중요한 시기인 10대 후반과 20대 초반에 비교적 안정적인 것으로 보인다(Low et al., 2005). 그러나 안정성 패턴은 성격과 관련해서 개인차가 있을 수 있다. 예를 들어, 새로운 경험에 개방적인 사람들일수록 시간이 흐르면서 직업흥미가 변화할 가능성이 더 클 것이다(Rottinghaus et al., 2007). 그러나 Holland 이론의 비판자들은 직업흥미와 잘 맞는 직업을 갖는 것이 직업만족도는 높여 주겠지만 그 직업에서 얼마나 발전할 수 있을지 혹은 얼마나 오랫동안 그 일에 종사할 것인지는 예측할 수 없다는 점을 지적한다(Schwartz, 1992).

산업-조직심리학 분야에서 흥미와 환경의 일치도는 사람과 직업의 대응 관계를 짚어내는 데 중요한 역할을 한다. 이와 동시에 직업을 가져본 사람이라면 누구나 증언하듯이 팀을 이루어 함께 일하는 사람들 간의 일치도도 매우 중요하다(Muchinsky, 1999). RCE 유형은 다른 RCE 유형과 함께 일할 때 업무능률이 올라가는가 아니면 둘이 스타일이 비슷하다 보니 사고의 폭이 좁아지고 생산성도 떨어지는가? 어쩌면 RCE 유형의 인물은 자신의 '사물' 지향적 접근을 보완해 줄 SAI와 같이 일을 하는 것이 바람직할지도 모른다.

사람과 직업의 일치도라는 개념은 직무평가뿐 아니라 경력변경 행동의 관점에서도 많은 경험적 지지를 받고 있다. 사람들은 다른 모든 조건이 동일한 경우 자신의 흥미와 일치하지 않는 직업을 그만두고 더 일치하는 직업을 택하는 경향을 보일 것이다(Donohue, 2006). 불행히도 많은 사람이 인종이나 성별과 같이 자신의 통제 밖에 있는 요인들로 인해 직업선택에 제한을 받고는 한다. 그런 제한을 받는 사람들에게는 정체성의 역할이나 진정한 직업적 흥미를 실현할 가능성 등은 사회경제적 요인이라는 현실에 비교할 때 전혀 중요하지 않다.

생각상자 9-1.

여러분이 꿈꾸는 직업은 무엇인가? 그 꿈을 이룰 능력이 자신에게 있다고 생각하는가? 그런 능력이 있는지를 어떻게 알아낼 것인가?

2) Super의 진로발달이론

사람들은 직업발달의 여러 단계를 거치며 자기개념 또한 변화한다. Super의 **전 생애 생활단계 이론**(life-span life-stage theory)은 자기의 역할을 강조하며, 사람들이 직업선택을 통해 내적 잠재력을 실현하고자 한다고 제안하였다(Super, 1957, 1990). 즉, 스스로 예술가라고 생각하는 사람은 자신을 예술가의 관점에서 표현할 수 있는 직업을 갖고자 할 것이다. Super 이론은 직업적 선호를 강조하는 Holland 이론과는 상반되게 자신의 내적 자기를 진정으로 표현할 수 있을 것으로 생각되는 직업에 초점을 맞춘다. Super 이론은 또 사람들은 시장의 제약이 있기에 자기개념을 항상 완벽하게 실현할 수는 없다고 설명한다. 가령, 예술적 자기개념을 지닌 사람이 예술가가 필요하지 않은 사회에서 살고 있다면 일정 정도의 창의성을 허용하되 임금을 지급하는 직업을 통해 자기표현을 할 수밖에 없을 것이다. 즉, 화가보다는 생존 가능한 직업인 컴퓨터그래픽 디자인이라는 직업을 가지고자 할 것이다.

Super에 따르면 일을 통한 자기개념 표현은 청소년기에서 은퇴에 이르기까지 일련의 단계를 거쳐 이루어진다. 탐색기(10대에서 20대 중반)에는 여러 직업을 탐색하고 자기개념을 표현할 수 있다고 생각되는 직업을 선택한다. 정착기(20대 중반에서 40대 중반)에 도달할 무렵이면 안정성을 달성하고 그 직업에 머물러 있고자 노력한다. 그와 동시에 관리직 또는 그 이상으로 경력 계단을 오르고자 노력한다. 유지기(40대 중반에서 50대 중반)에는 진급보다는 현재의 위치를 고수하는 데 힘을 쏟는다. 끝으로 50대 중반에서 60대 중반에 해당하는 유리기(disengagement stage)에는 은퇴를 준비하기 시작하며 지금까지보다 여가활동에 더 많은 시간을 들인다.

Super는 직업 역할과 다른 역할들을 분리해서 생각하거나 직업 역할이 다른 역할들보다 더 상위에 있는 것으로 인식해서는 안 된다고 보았다(Super, 1990). Super 이론의 각 단계와 대략적 연령이 〈표 9-4〉에 제시되어 있다. 사람들은 이 단계들을 거치며 자신만의 경로를 만들어 간다. 직업을 바꾸거나 다른 일을 하기 위해 직장을 떠나거나 은퇴할 때와 같이 인생의 다양한 시점에서 진로의 이전 단계로 되돌아가게 된다. Super는 개인의 진로적응, 흥미, 가치를 평가하는 여러 진로발달검사를 제작했는데, 성인용 진로문제검사, 진로발달검사, 직업가치검사 등이다(Super et al., 1996).

〈표 9-4〉 Super의 진로발달 5단계

단계	연령	직면해야 하는 과제
성장기	4~14세	• 중요한 타인과 동일시 • 자기개념 발달 • 미래지향, 인생통제, 목표의식과 신념 발달 • 직업 관련 태도 발달, 일에 대한 태도와 적성 획득
탐색기	15~24세	• 선호하는 직업의 명료화 • 직업선택의 구체화 및 적용
정착기	25~44세	• 직업의 안정화, 공고화 및 승진
유지기	45~65세	• 성취직업 획득 • 과업의 혁신, 재평가, 갱신
유리기	65세 이상	• 작업량과 생산성 감소 • 퇴직계획과 수행 • 인생의 다른 측면들로 이동

출처: Super, Savickas, & Super (1996).

Super 이론이 등장한 수십 년 전만 해도 직업시장이 지금보다 훨씬 더 안정적이었으며, 한 회사가 평생직장을 제공하는 경향이 있었다. 경력 계단을 오르는 것 또한 화이트칼라 직장인뿐만 아니라 자동차생산 등의 산업에 종사하는 블루칼라 노동자들에게도 상당히 전형적인 목표로 여겨졌다. 그러나 이 모델은 대기업들이 구조조정 프로그램을 시작하고 특히 컴퓨터 테크놀로지가 출현한 이후로 크게 변화하기 시작하였다.

Super에 따르면 진로는 오랜 시간에 걸쳐 발달하며 그 경로는 선형적인 것이 아니다. 사실 현대사회의 직장은 직업 활동의 주요 분야를 중도에 바꾸는 과정인 **재순환**(recycling)을 촉진하는 경향이 있다(Sullivan, Martin, Carden, & Mainiero, 2003). 중년 직장인들은 재순환 과정을 겪으면서 20대 후반에 지났다고 생각했던 정착기를 다시 한번 겪을 수도 있다. 직장생활을 하는 동안 Super의 단계들을 재순환하는 과정을 여러 차례 되풀이할 수 있는 것이다(Hall, 1993).

사람들은 또 직업발달이 정체되는 **고원화**(plateauing)를 경험할 수도 있다. 즉, 높은 직급으로 승진을 하지 못하거나(구조 고원화), 직무에 숙달하여 도전을 느끼지 못하게 될 수 있다(내용 고원화)(Lapalme, Tremblay, & Simard, 2009). 장래성이 없는 직업을 갖게 되거나, 회사 내 또는 회사 간 이동이 수직적 진급이 아니라 수평적 변화라면 젊은 나이에도 고원에 이를 수 있다. 이렇게 되면 대개는 다른 직업을 찾을 생각을 하게 된다(Heilman, Holt, & Rilovick, 2008). 그러나 이미 성공을 했고 현재 지위에 만족하는 직장인들은 그 상태에 머물러 있는 것에 만족하기도 한다(Smith-Ruig, 2009).

직장인들이 고원화를 벗어나고자 할 때 사용할 수 있는 전략이 있다. 300명이 넘는 공무원을 대상으로 한 연구는 부하직원에 대한 멘토 역할이 고원화의 부정적 영향을 차단하거나 완화할 수 있다는 것을 보여 주었다(Lentz & Allen, 2009). 부하직원이 개인적·직업적 성공에 도움이 될 지식을 습득하도록 여러 명의 멘토가 지속적으로 지원을 제공할 수도 있다(De Janasz, Sullivan, & Whiting, 2003).

3) 직업발달의 다양성

최근 들어 직업발달 문헌에서는 고용주나 직장의 경계를 넘어서는 **무경계 경력**(boundaryless career)이 점차 많이 언급되고 있다. 많은 직장인이 과거에는 고용기관이 제공하는 기회를 수용하는 데 그쳤으나 이제는 자기 페이스에 따라 경력을 쌓아 나가고 있다. 무경계 경력의 사고방식을 가진 사람들은 직장에서 자기계발을 할 기회를 갖고자 하며, 그런 기회가 주어지지 않으면 직장이 자신에게 심리적 투자를 적게 한다고 느낀다(Briscoe & Finkelstein, 2009). 그러나 일자리가 넉넉지 않은 상황에서 직장인들이 직장을 변경할 마음을 먹기가 어렵다고 생각하는 것이 현실이다(Inkson et al., 2012).

이와 유사하게 자신의 가치관에 따라 주도적으로 경력을 결정하는 **자기주도 경력**(protean career)이 점차 증가하고 있다(Hall & Briscoe, 2004). 이런 경력을 따르는 사람들은 자기성찰과 학습을 통해 개인적 성장을 추구한다. 성공을 외적 기준이 아니라 본인의 정체성을 고양해 줄 내적 기준에 의해 판단한다.

이 두 개념은 서로 중복되는 면이 있기도 하지만 경험적으로는 구분되며(Briscoe et al., 2006), 직업 관련 문헌에서 오랜 세월 유행했던 '한평생 한 직장'이라는 전통적 관점을 대신하는 방안이 될 수 있다. 직장과 사회에서 이러한 변화가 계속되고 있으므로 직업상담사들은 피고용자들이 외적 목표나 고용자가 개발한 기준이 아니라 피고용자 자신의 내적 목표를 중심으로 자신의 경력을 관리하는 방법을 생각하게 해 주어야 할 것이다(Raabe, Frese, & Beehr, 2007).

무경계 및 자기주도 경력에 관심을 갖는 것은 진로발달에서 유연성과 자기주도성을 확장하고 싶은 여성들에게 특히 중요한 것으로 보인다(Cabrera, 2009). 이러한 경력은 또 정보기술 같이 지식에 기반을 둔 직종에 종사하는 사람들에게도 점차 중요해지고 있다. 이들의 진로 경로가 다른 직종 종사자들의 진로 경로보다 더 파편화되는 경향이 있기 때문이다(Donnelly, 2009).

생각상자 9-2.

직업선택에서 중요하게 고려해야 할 요인은 무엇일까?

요즘은 예전처럼 '평생직장'이라는 개념이 없다. 앞으로 직업의 부침도 극심할 것으로 점쳐진다. 의사나 판사같이 지금 인기가 있고 선망받는 직업들조차 미래의 세상에서는 로봇의 차지가 될 것이라는 전망이 나온다. 한 개인이 18~46세 사이에 경험하는 직업의 수가 평균 11개라는 조사 결과도 있다. 정규직 채용이 하늘의 별 따기만큼 힘들어서 비정규직을 전전하거나 아르바이트를 여러 개 뛰는 경우도 많다. 젊은이들이 정규직을 갖기 전에 임시로 아르바이트를 하는 것이 아니라 여러 아르바이트를 하며 생활하는 것이 고정 직업인 것처럼 되어 버린 세상이다.

지금까지는 직업선택이 개인의 다양한 직업적 흥미에 따라 이루어진다고 하는 Holland의 RIASEC 이론이나 직업을 통한 내적 잠재력 실현을 강조하는 Super의 진로발달이론으로 직업의 선택과 발달과정을 설명할 수 있었다면, 앞으로는 직업과 관련한 요즘의 상황을 반영하는 새로운 이론이 대두해야 하지 않을까? 그러한 이론에서 다루게 될 또는 다루어야 할 주요 주제는 무엇일까?

통계청의 2019년도 사회조사 자료를 보면 우리나라 사람들이 직업을 선택할 때 중요하게 생각하는 요인은 수입, 안정성 그리고 적성·흥미의 순이다. 보람 · 자아실현이나 발전성 · 장래성은 그다지 중요하지 않다. 이 패턴은 2009년에서 2019년에 이르기까지 변함없이 일관성 있게 유지되고 있다(〈표 9-5〉 참조). 이 요인들은 Holland나 Super의 이론에서 중요하게 다루어지지 않고 있다. 직업 관련 이론을 수립할 때 문화의 차이에 대한 고려는 얼마나 중요하고 필요한 것일까?

〈표 9-5〉 우리나라 성인의 직업선택요인

연도	명예 · 명성	안정성	수입	적성 · 흥미	보람 · 자아실현	발전성 · 장래성	근무 시간	기타	모름
2009	3.3	30.4	36.3	11.3	7.4	7.8	–	0.1	3.4
2011	2.9	29.2	38.3	14.1	5.5	6.0	–	0.2	3.7
2013	2.7	28.4	37.1	16.6	5.6	5.8	–	0.2	3.7
2015	2.6	28.0	38.8	16.7	5.4	5.4	–	0.1	3.0
2017	2.9	27.1	39.1	17.1	5.4	5.6	–	0.2	2.7
2019	2.9	25.6	38.8	16.1	4.2	5.8	3.9	0.1	2.7

출처: 통계청 2009~2019 사회조사.

3. 연령과 직업수행의 관계

나이가 많은 사람들은 젊은 사람들에 비해 유능하지 못한가? 사람들은 아마 이런 질문을 받으면 경험이 가져다주는 이득과 직업 관련 기술의 한계를 저울질해 볼 것이다. 또 젊은이들이 나이 든 사람들에 비해 건강이 더 좋고 교육도 더 많이 받았다는 점도 고려사항이 될 것이다. 이런 요인들과 그 밖의 많은 요인으로 인해 연령과 직무수행의 관계는 상당히 복잡하다.

우리나라는 최근 들어 인구의 고령화가 급속히 진행되면서 노년기 직무수행의 질에 관한 관심이 증가하고 있다. 사회가 점차 기술사회로 변모하고 신체기능보다는 인지능력이 중요하다는 인식이 확산됨에 따라 나이 든 직장인들이 기술을 강조하는 시장에서 생산성을 유지해 나갈 수 있을 것인지에 관심이 쏠리고 있다. 나이 든 직장인들은 어떤 특성과 능력을 지니고 있으며 그들의 직무수행은 국내 총 생산성에 어떤 영향을 미칠 것인가?

Whitbourne과 Whitbourne(2014)은 나이 든 직장인들이 시민의식과 안전의식이 뛰어나고 비생산적인 행동을 거의 하지 않지만, 핵심 직업수행능력은 좀 낮은 편이라는 세 가지 특징을 지니고 있다고 지적하였다. 이 세 요인은 직업수행을 할 때 서로 톱니바퀴처럼 정교하게 맞물려 돌아간다.

연령이 직업수행에 미치는 영향은 과제의 성격에 따라 달라지기는 하지만(Warr, 1994), 나이 든 직장인들은 핵심 직업수행능력이 낮은 편이다. 예를 들어, (은퇴 후 한참을 지나도 감퇴하지 않는) 결정성 지능이 필요하고 경험에 의존하는 직업은 이론상으로 노년기에도 수행이 향상되어야 한다. 결정성 요소가 높은 직업에 종사하는 사람들은 나이가 들어도 직업수행을 높이기 위해 노력하고자 하는 동기가 강한데, 그러한 노력이 성공을 가져다 줄 것임을 알고 있기 때문이다. 반면에, 체력이나 속도 혹은 작업기억에 크게 의존하는 직업(예: 항공관제사, 트럭운전수, 운동선수)을 가진 사람들은 나이가 들면 직업수행능력이 떨어질 것이고, 노력을 들인다 해도 성과가 없으리라고 보기 때문에 노력하고자 하는 동기도 갖지 않을 것이다(Kanfer & Ackerman, 2004). 연령이 직업수행에 부정적 영향을 미치는 한 가지 영역은 근무시간이 주간과 야간을 오가는 교대근무이다. 교대근무는 어느 연령에서나 힘들지만 나이 든 사람들에게는 특히 더 힘들다(Bonnefond et al., 2006). 이러한 형태의 근무에는 경험이 전혀 도움이 되지 않는다.

나이 든 직장인이 갖는 긍정적인 면은 출근하지 않기로 스스로 결정하는 자발적 결근

같은 비생산적 행동을 거의 하지 않는다는 것이다. 자발적 결근은 젊은 직장인들에게 두 세 갑절 더 많다. 나이 든 직장인들은 또 자발적인 활동에 더 많이 참여하는 '시민의식'을 갖추고 있으며, 직장에서 위험한 행동도 거의 하지 않는다는 점에서 더 안전한 경향이 있다. 물론 이러한 요인들은 생존 효과와 관련이 있다. 건강하지 못하고 협조적이지 않고 위험행동을 많이 하는 직장인들은 그 직장에 오래 머무를 가능성이 작기 때문이다.

나이 든 직장인 가운데 일부는 현재의 지위를 유지하는 데 초점을 맞추고, 이 지위를 위태롭게 하지 않으면서 경력을 잘 마무리할 방안을 계획하고 있을 것이다. 다른 일부는 이미 자신의 무능력을 경험한 바 현재의 위치를 고수하면서 이러한 손실을 보상하기 위해 노력하고 있을 것이다. 또 다른 사람들은 직무와 관련해 뚜렷한 기능상실이 없으며, 따라서 은퇴할 때까지 수행 수준을 높게 유지할 수 있을 것이다(Ng & Feldman, 2012).

상해(傷害)도 연령과 직업수행의 관계를 분석할 때 많이 연구되는 영역이다. 전체적으로 55세 이상의 노동자들은 비교적 가벼운 상해를 입을 확률이 35세 이하 노동자들의 절반가량이고, 직업 관련 상해로 사망에 이를 확률도 절반가량에 불과하다. 그러나 나이 든 사람들(55~64세)은 상해나 질병으로 결근하는 기간이 젊은 사람들(25~34세)의 두 배에 달한다(Bureau of Labor Statistics, 2010). 운수산업에서 발생하는 운전 관련 사고는 가장 사망률이 높은데, 이 직업에 종사하는 노인들이 사망률이 가장 높다(Pegula et al., 2007).

연령에 따른 힘과 민첩성의 감퇴는 특히 체력이 필요한 직업이라면 직무수행에 부정적 영향을 미칠 수 있다(Sluiter & Frings-Dresen, 2007). 그러나 사람들은 어느 연령에서나 감기나 근육통 같이 수행을 떨어뜨리는 신체상태가 되는 경우를 겪기 마련이다. 더욱이 Warr(1994)가 지적했듯이 사람들은 연령과 관계없이 자신이 할 수 있는 일의 종류에 제한이 있다. 나이 든 사람들이 노화에 따른 신체 변화로 인해 일정한 제약이 있다는 것이 그들이 어떤 종류의 일도 제대로 할 수 없다는 것을 의미하지는 않는다. 사람들은 그러한 제약에 대처하는 법을 학습하며 자신이 할 수 있는 일에 종사하게 된다(Daly & Bound, 1996). 직업을 유지하기 어려울 정도의 장애가 발생하게 되면 직업세계를 완전히 떠날 것이다.

Baltes와 Baltes(1990)는 노년기에도 높은 생산성과 직무수행능력을 유지할 수 있는 것은 '선택적 최적화와 보상(selective optimization with compensation)'이라는 과정이 작용하기 때문이라고 주장하였다. 즉, 나이 든 직장인들은 가장 핵심적인 업무에 집중하고 그 외의 업무는 중요도에 따라 다른 사람에게 위임하거나 포기하는 등 업무량을 줄이고 활동범위를 축소하며(선택), 기왕에 가지고 있던 기술을 갈고 닦아 최대한 유지하고(최적화), 감각기능 쇠퇴 및 기억력 감퇴 같은 장애를 극복하기 위해 돋보기와 보청기를 사용하고 수첩에 메모하는 습관을 들이는 등의 실용적 대책을 강구한다는 것이다(보상).

40~69세의 성인 224명을 대상으로 이 모델을 검증한 연구(Abraham & Hansson, 1995)는 연령이 증가하면서 선택, 최적화, 보상 과정과 직무수행능력 간의 관계가 점점 더 강해진다는 것을 발견하였다. 특히 나이 든 사람들은 선택, 최적화, 보상 전략을 많이 사용할수록 직무수행이 높아지는 것으로 나타났다. 우리나라 40~60세 남성을 대상으로 이 모델을 검증한 연구(김영선, 1997)도 이와 동일한 결과를 얻었다.

나이 든 직장인들은 나이가 들면서 자기 상(象)이 바뀌고 능력이 감퇴함에 따라 자기효능감에 의문을 가질 수 있다. 정체성 모델에 의하면, 나이 든 직장인이 노화가 직업에 필수적인 기술을 상실하게 만든다는 견해에 과잉조절을 하게 되면 자기실현적 예언이 작동하게 되어 새로운 테크놀로지를 따라가기가 더욱 어려워진다. Maurer(2001)는 직접보상이나 대리보상, 학습, 설득, 신체기능과 건강의 변화 등 여러 요인이 자기효능감에 기여하며, 자기효능감은 훈련과 자기계발 활동에 영향을 미친다고 보았다. 자기효능감을 높이는 중재는 나이 든 직장인들이 자신감을 갖게 해 줌으로써 직업기술을 유지할 수 있는 자기계발 활동을 하게 만들 수 있다.

연령과 직업수행에 관한 연구의 결과들은 직업만족에 관한 연구 결과와 마찬가지로, 나이 든 직장인들에 관한 질문에 성인발달과 노화에 관한 일반적 지식을 적용하는 것이 중요하다는 것을 보여 준다. 인력관리의 관점에서 볼 때 고용주들은 여러 연령대의 직장인들이 지닌 다양한 능력에 주의를 기울이고 직장에서 연출되는 연령집단 간 역동을 고려함으로써 젊은 노동자와 나이 든 노동자가 지닌 상호보완적 강점들이 균형을 맞추도록 노력할 필요가 있다(Brooke & Taylor, 2005).

미국에서는 1967년 직장에서의 「**연령차별금지법**(Age Discrimination in Employment Act: ADEA)」이 통과됨으로써 연령에 근거하여 노동자를 해고하거나 채용하지 않는 것이 불법이 되었다. 이 법안은 고용주들이 나이 든(40세 이상) 노동자 대신에 더 젊고 급여 수준이 낮으며 아마도 더 생산적인 노동자를 채용하는 것을 금지함으로써 나이 든 노동자들이 나이로 인한 차별을 받지 않도록 보호하기 위해 만들어진 것이다. 예를 들어, 고용주는 구직자에게 나이를 물어볼 수 없고, 심지어 고교 졸업 연도와 같이 나이를 드러낼 수 있는 질문을 해서도 안 된다. 그러나 이 법은 경찰관이나 소방관과 같이 격렬한 신체활동을 해야 하고 따라서 연령이 직업수행에 영향을 끼칠 것으로 생각되는 직업에 종사하는 사람들은 보호하지 않는다. 우리나라에서도 이와 유사한 취지로 「**고용상 연령차별금지**

및 고령자 고용촉진에 관한 법률」(「고령자 고용법」)이 2016년부터 시행되고 있으며, 합리적인 이유 없이 연령을 이유로 차별을 하는 것을 금지하고 있다.

4. 연령과 직업만족의 관계

많은 사람이 깨어 있는 시간의 상당 부분을 직장에서 일하는 데 사용한다. 사람들이 자신이 하는 일에 대해 만족하는지 여부 또는 어느 정도 만족하는지가 중요할 수밖에 없는 이유이다. **직업만족**이란 사람들이 자신이 하는 일에서 즐거움을 찾는 정도를 가리킨다. 이 절에서는 직업에 대한 태도의 변화가 직업만족에 어떤 영향을 미치는지 알아보기로 한다.

직업만족은 직장인이 얼마나 생산적이고 얼마나 헌신적인지를 결정하는 데 매우 중요하므로 직업심리학에서 가장 많이 연구되고 있는 분야이다. 직장에 만족하는 사람들이 그 직장에 더 강하게 헌신할 것이라고 가정할 수 있다(Hoffman & Woehr, 2006). 직업에 만족하면 생산성이 증가하지만 그렇지 못한 경우 생산성이 떨어질 뿐 아니라 결근도 잦다(Iaffaldano & Muchinsky, 1985).

어떤 직업을 갖고자 하거나 그 직업을 지속하고자 하는 동기는 사람마다 크게 차이가 있다. 은퇴해서 바쁜 직장생활을 벗어날 날을 손꼽아 기다리는 사람들도 있지만, 나이 든 직장인 중에는 승진과 선임의 특전을 누리고 있기 때문에 젊은 사람들보다 직장생활에 더 만족하고 있는 사람들도 있다. 직업만족도가 성인기 동안 증가하는지, 감소하는지, 또는 변화가 없는지를 물어보는 질문에 답하기는 매우 어렵다. 앞서 언급했듯이 점점 더 많은 직장인이 직업의 재순환을 경험하고 있기 때문이다. 따라서 직업만족과 관련이 있는 요인은 연령이 아니라 재직기간이다. 성별, 직업 수준과 급여 또한 직업만족의 연령차와 상호작용한다(Riordan et al., 2003).

한 연구는 여러 국가에서 수행된 802편의 논문에 대한 메타분석 연구에서 연령이 직업태도(35개 척도)와 어떤 관련이 있는지 알아보았다(Ng & Feldman, 2010). 분석 결과는 연령이 전반적 직업만족, 직업 자체에 대한 만족, 급여만족, 직무관여, 내인성 직업동기와 상관이 크지 않다는 것을 보여 주었다(상관계수 .20 정도). 그러나 재직기간이 길고 대학교육을 받지 않은 고령 직장인들의 경우 연령과 이 변수들 간의 관계가 상당히 강한 것으로 나타났다.

성인이 직업만족을 평가할 때 정체성 과정이 중요한 역할을 한다. 성인기의 직업만족에 관한 연구들은 사람, 사건, 사물의 상호관계에 대한 평가를 나타내는 **핵심 자기평가**(core self-evaluation)라는 요인을 다루기 시작했다. 핵심 자기평가는 자기존중감, 일반화된 자기효능감, 높은 정서적 안정성과 운명을 스스로 통제할 수 있다는 신념으로 구성된다(Judge, Locke, Durham, & Kluger, 1998). 핵심 자기평가는 이러한 자기지각이 직업세계에서 자신이 갖고자 하는 기회에 영향을 미치는 정도만큼 직업만족에 영향을 미칠 수 있다. 예를 들어, 여성은 전통적 고정관념에 따라 자신을 지각하고 그에 따라 자신이 동료 남성들에 비해 자기주장이나 경쟁을 많이 하지 않는 사람이라고 여길 수 있다(Furnham, Miller, Batey, & Johnson, 2011).

직장에서의 연령차별도 나이 든 직장인의 직업 관여와 헌신에 영향을 미칠 수 있는 또 다른 요인이다. 고령 직장인이 능력이 부족하고 직무 적합성이 떨어진다는 부정적 고정관념은 뿌리가 깊다(Rupp et al., 2006). 나이 든 직장인들은 이러한 고정관념의 대상이 되면서 인원 감축 형태로 퇴직압력을 받고 자신이 보유한 기술이 쓸모없어지고 있다고 느끼게 될 때 직장에서 마음이 떠나기 시작한다(Lease, 1998). 그 결과 직업을 유지할 능력을 높여 줄 경력개발 활동을 하지 않음으로써 직장에 남아 있을 가능성이 더욱 낮아지고, 구조조정으로 직장을 그만둘 때 새 직장을 구할 가능성도 적어지게 된다.

직급도 직업만족에 영향을 미치는 요인이다. 높은 급여를 받는 관리직은 여가활동과 같이 직무 이외의 일들에 시간과 에너지를 투자할 자원이 있다. 물론 직급이 높을수록 매일 해야 할 직무요구도 더 많아서 여가활동을 할 시간이 없을 수도 있다. 직업윤리에 대한 신념의 차이도 연령과 직업만족의 관계와 상호작용할 수 있다. 직업윤리에 높은 가치를 부여하는 사람들은 설사 금전적 보상이 없다 할지라도 직업에 대한 헌신이 결코 줄어들지 않을 것이다.

고용주가 제공하는 지지는 연령과 직업만족 관계에 중요한 요인이다. 고령의 직장인들은 고용주가 자신이 하는 일에 가치를 부여한다고 생각하면(예를 들어, 고령 직장인들을 위한 특별 훈련 및 개발 프로그램을 제공한다면) 맡은 일에 온전히 헌신하고 더 큰 만족감을 느낄 수 있다. 적절한 업무배치를 통해 나이 든 직장인들이 직업에 흥미를 잃지 않고 동기와 만족감을 지속적으로 유지하도록 하는 것이 특히 중요하다(Armstrong-Stassen & Ursel, 2009).

연령에 따른 신체적 · 인지적 기능의 변화도 염두에 두어야 한다. 이런 변화가 직업수행능력을 훼손한다면 나이 든 직장인들은 맡은 바 직무를 제대로 해내지 못할 것이다.

노화 과정으로 인해 개인과 직업의 일치도가 낮아진다면 만족감과 성취감은 점점 줄어들 것이다. 이런 점에서 관리자의 역할이 특히 중요하다. 예를 들어, 관리자가 어떤 고령 직원에게 이동성 문제가 있다는 것을 알아챈다면 그 직원이 몸을 움직여서 해야 하는 일은 최대한 하지 않도록 배려해 줄 수 있다.

5. 일과 가정

성인들이 자신의 삶에서 가장 중요하고 비중이 큰 영역을 두 가지 꼽는다면 일과 가정일 것이다. 두 영역 모두 엄청난 의무와 책임이 따르며 그만큼 당사자의 정체감에도 크게 영향을 미친다. 이 두 영역에 시간과 에너지를 어떻게 배분하는 것이 바람직한 것일까?

최근 연구들은 일과 가정이 반드시 갈등을 빚을 이유는 없다는 것을 보여 주고 있다. **일-가정 강화 모델**(work-family enrichment model)에 따르면 어느 한 영역의 경험이 다른 영역에서 더 높은 삶의 질을 누리게 해 준다. 이 모델은 개인이 직업역할과 가정역할을 둘 다 잘할 수 있도록 회사 차원에서 지원을 제공하는 것이 스트레스를 받지 않게 보호해 주는 효과가 있다고 보는 자원보존이론에 뿌리를 두고 있다.

사람들은 어느 한 영역에서 자신이 맡은 역할을 수행하면서 다섯 가지 범주의 자원을 획득할 수 있다. 기술과 안목(대인관계기술, 대처기술, 개인차 존중), 심리적 · 신체적 자원(자기효능감, 낙관성), 사회적 자본 자원(네트워킹, 정보), 유연성(유연한 업무배치), 물질적 자원(돈, 선물)이다(Greenhaus & Powell, 2006). 이 자원들은 다른 영역의 수행을 증진할 수 있다. 예를 들어, 부모는 다른 부모들과 네트워킹하는 경험을 하고 이 경험이 직장일에 도움을 줄 수 있다. 한 영역에서 다른 영역으로 기술이 전이되는 '긍정적 파급' 효과가 나타날 수 있는 것이다(Masuda et al., 2012). 역할 경험은 기분에 미치는 영향을 통해 어느 한 영역의 경험이 다른 영역의 역할을 강화하는 효과를 입증할 수도 있다. 가령, 직장에서 기분 좋은 일이 있었다면 좋은 기분으로 가정에 돌아오게 된다. 또 사회교환이론에 의하면, 직장이 가정역할을 잘 수행할 수 있도록 지원한다고 느끼는 직장인들은 직장에 대해 더 우호적인 태도를 갖고 그에 보답하려는 마음이 더 강해진다.

일-가정 강화 모델은 여러 연구의 결과를 통합적으로 분석한 메타분석 연구에서 검증되었다(McNall et al., 2010). 이 연구는 총 46개 연구에서 보고된 111개 상관을 분석하여 직장이 가정에 미치는 영향과 가정이 직장에 미치는 쌍방향의 영향력을 검증하였다. 분석기준으로 삼은 변수는 직업만족, 정서적 헌신/관여(직장에 대한 정서적 유대감), 이직의도, 가정만족, 생활만족, 신체적/정신적 건강이었다. 직업만족과 정서적 헌신은 두 방향 모두에서 직업 관련 성과를 높여 주는 것으로 나타났다. 가정만족과 생활만족은 일-가정 방향으로, 가정만족은 가정-일 방향으로 긍정적 영향력을 미치는 것으로 나타났다. 신체적/정신적 건강은 두 방향 모두에서 긍정적 영향력이 있었다. 이 연구의 결과는 또 이러한 영향력이 남성보다 여성에게 더 크게 나타남을 보여 주었는데, 이는 여성이 직장과 가정에서 하는 역할을 통합하려는 경향이 더 강하다는 사실을 반영하는 것으로 보인다.

반면에, **일-가정 갈등 모델**(work-family conflict model)은 사람들이 두 역할에 사용할 수 있는 시간과 에너지가 제한되어 있다고 제안한다. 이 모델은 어느 한 영역에 시간과 에너지를 더 많이 투자할수록 다른 영역의 요구와 활동에 들일 시간과 에너지는 줄어든다는 결핍(scarcity) 관점에 기반을 두고 있다(Edwards & Rothbard, 2000). 결핍 관점에 따르면, 일중독인 사람은 가족관계에 들일 시간이나 에너지가 부족한 데 반해, 가정일에 많이 관여하는 사람은 직장 업무에 전적으로 몰입하기가 어려울 수밖에 없다.

일-가정 갈등이 일어나는 경우 당사자는 신체건강과 정신건강에 타격을 받게 되고 그 결과 정서적 긴장, 피로, 과부하 및 스트레스를 겪게 된다(van Hooff et al., 2005). 그러나 일-가정 갈등의 정도와 영향력은 사람에 따라 차이가 있으며, 모든 직장인이 동일한 경험을 하는 것은 아니다. 일-가정 갈등은 어린 자녀가 있는 어머니, 맞벌이 부부, 직업에 과도하게 몰두하는 사람들에게 특히 심하게 나타날 수 있다. 가정을 희생하고 직업에 시간의 대부분을 바치는 사람들은 결국 삶의 질이 전반적으로 떨어지는 대가를 치르기도 한다(Greenhaus et al., 2003). 공공부문 직장보다 민간부문 직장에서 근무하는 사람들이 일-가정 갈등 수준이 더 높다(Dolcos & Daley, 2009).

연령도 일-가정 갈등이라는 방정식에 영향을 미치는 변수이다. 젊은(45세 이하) 직장인들이 나이 든 직장인들보다 일-직장 갈등을 더 많이 경험하지만, 이러한 갈등이 생기는 경우 나이 든 직장인이 영향을 더 크게 받는다(Matthews, Bulger, & Barnes-Farrell, 2010). 그러나 개인이 매일 경험하는 긍정적·부정적 감정의 변화뿐만 아니라 정서성향과 같은 성격의 개인차가 일-가정 균형에 영향을 미친다(Eby, Maher, & Butts, 2010).

요즘 회사들은 직원들에게 가정친화적 환경을 제공하는 것이 중요하다는 점을 점차 더 많이 인식하고 있다(McNall, Masuda, & Nicklin, 2010). 이러한 인식 개선은 분명한 이점을 갖는다. 관리자가 직원들에게 업무스케줄을 융통성 있게 조절해 주는 등의 지원을 제공할 때 직원들은 생산성이 높아지고 이직할 가능성은 낮아진다(Odle-Dusseau, Britt,

& Greene-Shortridge, 2012). 아울러 직원들이 가족친화적 기업에서 일하면서 직업에 헌신하고자 하는 마음이 강해지면 일-가정 강화가 촉진된다(Siu et al., 2010). 거꾸로, 강한 가족정체성이 직업에 대한 만족과 헌신을 촉진할 수도 있다(Wayne et al., 2006). 직장에서 받는 사회적 지지도 중요하다. 앞서 언급했듯이 직장에서 일어나는 긍정적 · 부정적 상호작용은 동료 직장인들과의 관계에서 일어나기 때문이다(Bhave, Kramer, & Glomb, 2010). 더욱이 일-가정 강화를 직접 경험한 관리자는 부하직원이 유사한 성과를 산출하도록 도움을 줄 수 있다.

6. 은퇴

수명 연장과 건강상태 개선으로 은퇴 이후의 삶이 점차 더 많이 길어지고 있다. 따라서 은퇴를 미리 준비해 두는 것이 매우 중요하다. 10대 후반이나 20대 초반의 대학생이라면 은퇴는 남의 일로 여겨질 것이며 은퇴보다는 구직에 훨씬 더 신경을 쓰고 있을 것이다. 그러나 수명이 길어짐에 따라 젊어서부터 은퇴에 대해 생각해 두는 것이 점차 중요해지고 있다. 늦어도 중년기까지는 은퇴계획을 수립하고 은퇴에 대비하는 것이 바람직하다. 자신이 좋아하는 직업을 구하고 이 직업을 통해 은퇴 후의 오랜 기간을 편안하게 생활하게 해 줄 든든한 기반을 마련할 수 있다면 가장 이상적일 것이다.

전통적으로 은퇴는 직업경력의 종말이다. 많은 사람이 은퇴를 생각할 때 퇴직자에게 황금으로 된 행운의 열쇠를 수여함으로써 오랜 세월 직장에서 충성스러운 서비스를 해 준 데 대한 감사의 뜻을 전달하는 의식을 떠올린다. 그러나 이런 전통적 이미지는 급속히 사라지고 있다. 사람들은 주된 직장에서 은퇴한 뒤 어떤 식으로든 취업상태를 유지하고는 한다. 은퇴는 중년 성인과 노인들의 노동시장 참여라는 사회적 변화와 더불어 분명한 정의를 내리기가 한층 더 힘들어지고 있다.

1) 은퇴의 정의

은퇴는 개인이 생애 후반에 직업전선에서 물러나는 것으로 정의된다. 그러나 대부분 은퇴는 회전목마에서 내리듯 그냥 한 번에 하고 마는 것이 아니라 여러 단계를 거쳐 점진적으로 이루어진다. 은퇴는 시작하고 끝나는 시점이 정해져 있는 하나의 사건이 아니라 적응의 시기라고 보는 것이 적절하다는 의견도 있다(Wang & Shultz, 2010).

은퇴 과정은 [그림 9-2]에서 볼 수 있듯이 다섯 단계를 거쳐 이루어진다(Sterns & Gray, 1999). 사람들은 수십 년 지속될 수도 있는 예비기를 보낸 다음 마침내 은퇴를 하기로 결정한다. 직장에서 마지막 근무를 하고 나서(은퇴행위) 적응기를 보내다가 최종으로 활동패턴을 재구성하게 된다.

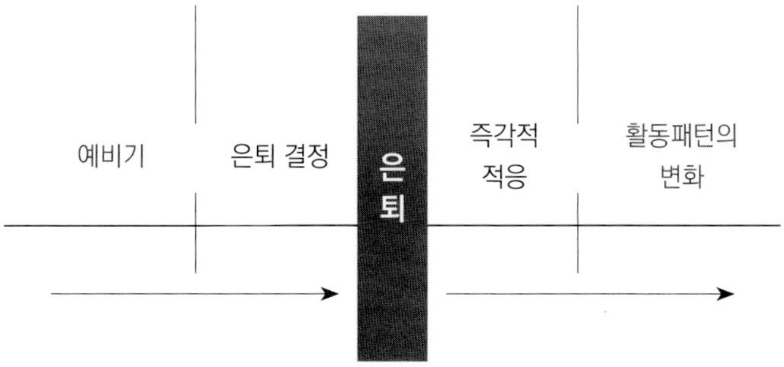

[그림 9-2] 은퇴의 단계

출처: Whitbourne & Whitbourne (2014).

문제는 이렇게 번복 없이 한 번에 깨끗하게 직장에서 물러나는 **선명한 은퇴**(crisp retirement) 패턴을 보이는 사람이 점점 적어지고 있다는 것이다. 요즘 퇴직자들은 직업 전선에서 여러 차례 물러났다가 다시 진입하는 **모호한 은퇴**(blurred retirement) 패턴을 보이는 경우가 대부분이다. 성인기 내내 가졌던 직업과는 완전히 다른 일을 하는 **가교취업**(bridge employment)을 하기도 한다(Feldman, 1994). 보험설계사가 보험회사를 그만두고 패스트푸드 식당에서 서빙을 하는 경우를 예로 들 수 있다. 어떤 사람들은 회사에서 지금까지 하던 일을 그만두고 같은 회사에서 다른 일을 하기도 한다.

일반적으로 가교취업은 경제적 필요성과 밀접한 관련이 있다. 민간부문 직장에 오래 취업하여 충분한 재정자원을 가지고 있는 사람들은 가교취업을 하지 않는 경향이 있다(Davis, 2003). 궁극적으로는 노년에 도달한 사람이 상당 기간 일을 하지 않고 직장에서 시간을 보내지 않을 때 은퇴기준이 충족된다고 할 수 있다(Beehr, Glazer, Nielson, & Farmer, 2000).

2) 은퇴가 개인에게 미치는 영향

노화가 사회적 역할에 미치는 영향을 다루는 이론들은 은퇴의 효과에 관해 꾸준히 의문을 제기해 왔다. 일을 그만두는 것이 정신건강과 신체건강에 영향을 미치는가? 은퇴 이전에 노화에 따른 기능 상실이 나타나는가? 아니면 노년기의 직업패턴 변화와 건강 간에는 뚜렷한 관계가 없는 것인가? 이 질문들에 대한 답변은 고용주와 은퇴상담사들에게 중요할 뿐 아니라 수많은 노인의 건강과 복지에도 중요한 역할을 한다.

은퇴가 개인에게 미치는 영향은 네 가지 관점에서 살펴볼 수 있다. 오랫동안 주도적 역할을 해 온 관점은 **역할이론**(role theory)에 근거하고 있다. 이 관점에서는 개인의 역할 또는 행동에 대한 규범적 기대가 개인과 사회를 통합해 준다는 점에서 성취의 주요 근원이라고 본다. 이 관점에 따르면, 개인이 더 많은 역할(노동자, 가족 구성원, 친구, 지역사회 구성원 등)을 담당하고 있을수록 신체적·심리적 행복감이 더 커지며, 성인의 여러 역할 중에서 일상생활, 지위, 사회집단 등을 규정해 주는 직장인으로서의 역할이 매우 중요하다.

나이 든 사람들은 가뜩이나 여러 사회적 역할의 상실에 따라 사회로부터 유리되고 있는데 은퇴로 인해 직업역할까지 잃게 되면 스스로 쓸모없다고 느끼고 우울, 불안, 고독감에 빠지기 쉽다. 이런 부정적 효과가 건강에도 영향을 미쳐 결국에는 사망위험을 높이기도 한다(House, Landis, & Umberson, 1988). 직업에 심리적 투자를 많이 한 사람들일수록 은퇴로 인한 직업역할 상실은 더욱 큰 타격으로 다가온다.

연속성 이론(continuity theory)은 은퇴를 해도 개인의 정체감과 자기개념이 그대로 유지된다고 제안한다. 은퇴자들은 예전처럼 직장에 꼬박꼬박 출근하지는 않아도 지금까지의 목표, 활동패턴, 관계 등을 유지할 수 있다. 또 은퇴를 지금껏 계획해 왔을 뿐 아니라 경력의 또 다른 단계로 보고 긍정적 기대를 하고 있다. 많은 사람이 공식적으로 은퇴를 한 후에도 일종의 취업상태를 유지한다는 사실은 연속성 이론을 지지하는 증거로서, 노동시장에 대한 진입과 퇴장이 비교적 쉽게 이루어진다는 것을 보여 준다. 노인들의 만족 여부는 자신이 하는 역할이 자신이 원하는 것인지 그렇지 않은지에 따라 결정된다(Warr, Butcher, Robertson, & Callinan, 2004).

Kahn과 Antonucci(1980)의 호위대 이론(convoy theory)도 연속성 이론과 동일선상에 있다고 볼 수 있다. 이 이론은 인간관계를 친밀도에 따라 구분하는데, 친밀도가 낮은 외집단과의 사회적 접촉만이 은퇴의 영향을 받는다고 제안한다. 가까운 친구와 가족이라는 내집단과의 관계는 은퇴 이후에도 지속되기에 은퇴가 곧 상실감으로 이어지지는 않는다는 것이다.

은퇴에 관한 **생애경로 관점**(life course perspective)은 노년기의 직업역할 변화가 젊은 시절에 일어났던 생활사건들의 논리적 귀결이라고 생각한다. 이 관점에서는 직업발달에 영향을 미쳤던 종래의 요인들이 은퇴 후에도 계속 영향을 미치게 된다고 간주한다.

자원 모델(resource model)은 개인이 보유하고 있는 신체적, 인지적, 동기적, 재정적, 사회적, 정서적 자원이 은퇴에 얼마나 잘 적응하는지에 영향을 미친다고 제안한다. 사람들 대부분은 은퇴 직후부터 또는 수년 이내에는 은퇴생활에 잘 적응한다(Wang, 2007). 그러나 처음에는 적응을 잘하지 못했던 사람들도 신체적, 심리적, 사회적 자원들을 다양하게 보유하고 있다면 은퇴생활에 적응하기가 더 쉬워지는 것으로 보인다(Wang, Henkens, & van Solinge, 2011). 이 모델은 생물심리사회적 관점과 잘 부합한다.

은퇴가 부부관계에 미치는 영향에 관해서는 논란이 있다. 은퇴하고 나면 부부가 밤낮으로 함께 있게 되므로 갈등이 일어날 가능성이 커진다는 주장도 있고(spouse underfoot syndrome), 부부가 온종일 떨어질 필요 없이 함께 지내면서 두 번째 밀월을 즐길 수 있다고 보는 대조적인 시각도 있다. 원래 사이좋던 부부는 은퇴한 후에 계속 함께 지내게 되는 것이 바람직할 수 있지만, 갈등이 많던 부부는 은퇴 후에 결혼만족도가 떨어지는 것으로 보인다. 배우자 중 한 사람은 직장에 나가고 한 사람은 은퇴했을 때 부부간에 갈등이 가장 심하다. 그러나 이 문제는 궁극적으로는 잦아들게 되며, 배우자 두 사람이 다 은퇴하는 2년 후쯤이면 결혼만족도가 다시 증가한다(Moen et al., 2001).

은퇴와 건강의 관계

역할이론은 직업역할 상실이 신체건강과 정신건강의 전반적 상실을 가져온다는 믿음을 내포하고 있다. 오랫동안 연구자들은 은퇴로 인해 삶의 초점과 중요성을 잃어버리는 것이 곧장 건강 악화와 사망률 증가를 가져온다고 믿었다. 다시 말해, 삶의 목적이 없는 은퇴자는 곧 질병을 얻고 사망한다는 것이다. 쓸모없다는 느낌으로 인해 극단적으로 자살을 택할 수도 있다. 그러나 은퇴 자체가 건강에 직접적으로 부정적인 영향을 미친다는 증거는 없다(Ekerdt, 1987). 최근 들어 많은 연구자는 은퇴와 건강 악화의 관계는 건강이 좋지 못하면 조기퇴직을 하게 된다는 사실에서 비롯된 것이라고 생각한다(Tsai et al., 2005). 은퇴 이후의 불규칙한 생활습관이 건강을 악화시키는 것일 수도 있다(정옥분, 2008).

은퇴가 신체건강뿐만 아니라 정신건강에도 해롭지 않다는 결과들이 보고되고 있다(Karpansalo et al., 2004). 은퇴는 자아존중감이나 우울에 나쁜 영향을 미치지 않으며, 행복감을 높이고 스트레스를 낮추며 불안을 감소시킨다(Drentea, 2002). 은퇴 이후 사회적 지지를 많이 받고, 휴가를 즐길 수 있고, 결혼관계를 견고하게 유지하고, 즐거운 취미활동에 참여할 경우 은퇴에 대한 만족 수준이 높아지는 것으로 보인다(Vaillant, DiRago, & Mukamal, 2006).

생각상자 9-3.

은퇴 이후 건강이 나빠지는 것은 무엇 때문일까?
은퇴하고 나서 오히려 건강이 향상되기도 하는 것은 무엇 때문일까?

3) 은퇴 후 적응에 영향을 미치는 요인

은퇴 후의 삶에 얼마나 잘 적응하는지에 영향을 미치는 요인 중 하나는 은퇴시점이다. 사람들은 예상하지 못한 시점이 아니라 예상한 시점 또는 '적기(on-time)'에 은퇴하게 될 때 더 잘 적응한다(Gill et al., 2006). 기업의 구조조정과 같이 외부의 힘에 의해 강제로 은퇴하게 되는 것이 아니라 자발적으로 은퇴하는 것도 은퇴 후 적응을 촉진한다(Clarke, Marshall, & Weir, 2012).

은퇴를 계획하고 준비하는 기간도 은퇴 후 적응에 영향을 미치는 요인이다. 조기은퇴 이전에 최소 2년의 준비 기간을 가지는 경우는 6개월 또는 그보다 더 적은 기간을 남겨두고 은퇴 결정을 하는 경우보다 더 긍정적인 은퇴 경험을 하게 된다(Hardy & Quadagno, 1995). 그러나 은퇴계획의 내용도 준비 기간만큼이나 중요한데, 은퇴계획에는 재정계획 수립과 함께 배우자와 상의하고 의견을 수렴하는 과정이 반드시 포함되어야 한다(Noone, Stephens, & Alpass, 2009).

사회경제적 수준도 은퇴 후 적응에 중요한 역할을 한다. 사회경제적 수준이 높은 사람들은 은퇴를 하지 않는 경향이 있으며, 은퇴하더라도 더 늦게 한다. 그러나 그들은 은퇴할 때 더 건강할 뿐 아니라 예상수명도 더 긴 경향이 있다(Majer et al., 2011). 경제적으로 안정되어 있으므로 은퇴 후 생산적이고 즐거운 여가활동을 할 기회를 누릴 수도 있다. 교육 수준이 높고 관리직이나 전문직에 종사했던 사람들은 은퇴 후에 자신이 원한다면 파트타임 일자리를 구하기도 더 용이하다. 지역사회 기관에서 활동했던 경험을 바탕으로 무급자원봉사같이 보상이 될 기회를 찾기도 더 쉽다. 은퇴하는 시점에 충분한 재정자원이 확보되어 있지 않은 경우는 적절한 재산을 보유한 경우에 비해 우울 증상을 겪을 위험성이 더 높다(Gallo et al., 2006).

은퇴에 영향을 미치는 또 하나의 요인은 직업경력의 연속성이다. 한 분야의 직업에 평생 종사해 온 사람들일수록 그만큼 지역사회, 친구, 사회활동에 강하게 애착을 갖는다. 이들은 직장생활을 하는 동안 사회통합을 유지해 왔기 때문에 은퇴생활로 전환하기가 용이하며, 신체건강과 정신건강이 더 좋은 상태이다. 또 같은 계통의 직업에 오랫동안 종사해 온 사람들은 그렇지 않은 사람에 비해 사회경제적 지위도 더 높고 수입도 더 많기 때문에 은퇴에 더 만족하게 된다. 하지만 그런 사람들은 자신의 직업에 대한 애착이 더 강해서 은퇴를 하고 싶어 하지 않을 수도 있다(Gee & Baillie, 1999).

일반적으로 경제적으로 여유가 있고 건강하고 친구와 가족을 포함하는 사회적 지원망이 넓은 사람들일수록 은퇴 후의 생활에 적응하기가 상대적으로 수월하다고 볼 수 있다. 은퇴 후 적응에 영향을 미치는 요인은 남녀 간에 차이가 있는 것으로 보인다. 흔히 남성은 은퇴에 관한 결정을 할 때 가족과 상의하지 않는다. 그러나 은퇴 결정과 이후의 적응에는 배우자의 특성과 가족에 대한 책임감이 중요한 역할을 한다. 요즘의 나이 든 여성들은 은퇴를 결정할 때 남성들보다 건강, 재정의 안정성, 배우자의 직업지위를 많이 고려하는 경향이 있다. 그러나 남녀평등 가치관을 가진 젊은 부부들은 배우자의 직업지위로부터 영향을 받기 쉽다(Pienta, 2003).

7. 노년기의 여가활동

사람들은 성인기에 직장생활뿐 아니라 취미 및 여가생활을 통해 자신을 표현한다. 사실 많은 사람은 직장에서 보내는 시간보다는 직장 바깥에서 취미활동이나 여가활동을 하면서 보내는 시간을 통해 정체성을 유지하고 만족감을 느낀다(Whitbourne, 2008). 마케팅 담당자들은 여가활동에 들일 자원을 가지고 있는 노인들의 관심을 끌 수 있는 판매전략이 중요하다는 것을 인식하고 그런 전략을 짜기 위해 고심한다(Ferguson & Brohaugh, 2010).

노년기에는 경제활동에서 물러나 대부분의 시간을 여가활동으로 보내는 경우가 많다.

여가활동은 청장년층에게는 경제활동으로 인한 피로 해소 및 재충전이라는 의미를 갖지만, 노년기에는 일상의 많은 부분을 차지하므로 여가를 어떻게 보내느냐가 이 시기의 삶의 행복을 결정한다고 볼 수 있다. 그러나 제4차 국민노후보장패널을 이용하여 65세 이상 노년층의 여가활동 실태를 살펴본 연구를 보면 우리나라 전체 노인의 상당수(72%가량)가 특별한 여가활동 없이 일상생활을 무료하게 보내고 있는 것으로 나타났다(황남희, 2014). 이 노인들은 여가활동에 대한 만족도도 낮았는데, 대부분이 건강문제로 인해 일상생활에 제약이 있거나 수발해야 할 가족이 있거나 취업상태에 있는 여성노인이었다. 저자는 이런 결과로 볼 때 건강이 좋지 못하고 수발가족이 있는 저소득가정의 여성노인들이 노인여가 정책의 최우선대상이 되어야 한다고 주장하였다.

생각상자 9-4.

사람들은 여가활동을 직장 일과 동일한 유형으로 선택하는가 아니면 전혀 다른 유형으로 선택하는가? 그 이유는 무엇인가?

1) 노인의 삶에서 여가활동의 기능

은퇴 시기가 다가오면 여가시간에 즐길 수 있는 취미를 개발할 필요가 있다. 무엇보다 여가활동은 삶에 의미를 부여해 주고 중심을 잡아 줄 수 있기 때문이다. 여가활동은 또 신체활동을 통해 건강을 유지하고 지적 자극을 통해 인지기능을 유지하도록 돕는 것과 같은 중요한 기능을 한다. 배우자를 사별했거나 건강이나 재정 등의 이유로 살던 곳을 떠나 이사를 해야 하는 사람들에게는 여가활동이 갖는 사회적 기능도 중요하다.

근래 들어 노년의 여가활동이 신체건강을 증진할 뿐 아니라(김명숙, 고종욱, 2013; 김영주, 2010; 조상희, 2011) 자아존중감을 높여 주는 등(김명숙, 고종욱, 2013; 성낙훈, 백진우, 2004; 장인순, 2006) 정신건강 증진에도 도움이 된다는 결과들이 여럿 보고되었다. 여가활동은 또 사회관계망의 손실을 극복하고자 하는 노인들의 행복감을 증진해 주는 기능을 한다(Silverstein & Parker, 2002). 더욱이 지적 자극을 주는 여가활동은 혈관성 치매에 걸릴 위험을 낮춰 주는 등 신체운동 못지않게 인지기능 유지에도 도움을 준다(Verghese et al., 2009).

여가활동의 중요한 부분이라 볼 수 있는 자원봉사는 신체건강 증진에 도움이 될 수 있다. 1년에 100시간씩 유급봉사 또는 자원봉사를 하는 사람들은 질병에 잘 걸리지 않았으며 사망률도 낮았다(Luoh & Herzog, 2002).

여가시간에 규칙적으로 운동을 하면 건강에 도움을 줄 수 있다. 스웨덴의 한 종단연구는 35년간의 연구 기간에 5회에 걸쳐 추적조사를 하였는데, 여가시간에 산책을 하거나 자전거를 타는 등 운동을 많이 한 남성들이 그렇지 않은 남성들에 비해 더 오래 생존한다는 결과를 얻었다(Byberg et al., 2009). 스웨덴에서 수행된 또 다른 종단연구도 신체활동이 75세 이상 남녀 노인들의 사망률을 낮추는 효과가 90대까지 지속되며, 이러한 보호효과는 이 노인들이 신체활동 외에도 금연과 같은 다른 건강한 생활습관을 가지고 있을 때 더욱 커진다는 것을 발견하였다(Rizzuto et al., 2012). 노인의 건강이 노년기 삶의 질과 성공적 노후를 결정하는 요인이자 선결조건이라면(Havighurst, 1976) 성공적 노후를 위해서는 노인이 여가활동에 참여하도록 권장할 필요가 있다.

그러나 노인들은 젊은이들과 비교해 볼 때 여가시간에 신체활동을 택하지 않는 경향이 있다(제5장 참조). 노인들은 정신활동과 신체활동이 자신의 삶에 어떤 혜택을 줄 수 있는지 인식하지 못하고 있을 수도 있다. 성인 750명가량을 대상으로 운동이 면역기능에 미치는 효과를 살펴본 연구는 정신 · 신체활동이 심혈관성 및 인지성 질환의 발병률을 얼마나 줄일 수 있는지 인식하지 못하고 있는 노인들에게 그러한 질환이 발병할 위험이 가장 크다는 것을 보여 주었다(Lin, Friedman, Quinn, Chen, & Mapstone, 2012). 이 연구의 저자들은 노인들이 몸을 움직이는 여가활동을 함으로써 인지기능을 보존하고 심혈관의 건강을 지킬 수 있을 뿐 아니라 스트레스 감소 효과도 누릴 수 있다는 결론을 내렸다.

여가활동이 건강과 행복에 이로운 효과가 있음에도 불구하고 누구나 적절히 여가활동을 하는 것은 아니다. 예를 들어, 사회적 활동을 많이 하면 건강에 도움이 되지만 누구나 이런 활동을 하려고 하지는 않는다. 이와 마찬가지로 인지적 자극을 주는 활동도 누구든지 하고 싶어 하지는 않는다. 노인들이 여가시간에 적극적으로 활동하게 만드는 한 가지 방법은 그 활동이 노인들에게 정말 재미있게 느껴지게 만드는 것이다. 예를 들어, Holland의 RIASEC 모델을 노인들의 여가활동에 적용해 볼 수 있을 것이다(Kerby & Ragan, 2002). 직업을 택할 때 개인의 적성에 부합하는 직업환경을 찾도록 조언해 주듯이, 여가활동을 선택할 때에도 노인들이 계속해서 하고 싶은 마음이 들어서 열심히 하고 그로 인해 자신의 기능을 최대로 유지하게 해 줄 만한 활동을 찾도록 조언해 줄 수 있을 것이다.

2) 여가제약과 여가만족

여가활동에 참여하는 궁극적 목표가 자아실현을 통한 삶의 행복 추구에 있다면 삶의 행복은 여가를 즐길 수 없게 만드는 제약의 존재 여부에 영향을 받을 수밖에 없다. 노인들이 행복한 삶을 살아가도록 돕기 위해서는 그들이 여가활동을 하는데 제약으로 작용하는 문제들을 해결함으로써 여가활동에 대한 만족도를 높일 필요가 있다(김경식 외, 2010). 김미경과 김지은(2017)은 여가활동을 직간접적으로 저해하는 여가제약을 외재적, 내재적, 구조적, 경제적 요인으로 구분하고 이들 제약 각각이 노인들의 여가만족과 삶의 행복에 어떤 영향을 미치는지 살펴보았다. 연구 결과는 외재적 · 내재적 여가제약이 여가만족에 분명한 영향을 미친다는 것을 보여 주었다. 즉, 노인들은 배우자, 자녀, 손자녀를 돌보거나 집안일을 하느라 시간 여유가 없고 가족이 노인의 여가활동을 지지하지 않을 때(외재적 제약), 그리고 본인의 건강이 좋지 않거나 그런 개인적 이유로 여가활동을 하기 힘들거나 하고 싶지 않을 때(내재적 제약) 여가만족이 낮은 것으로 나타났다. 반면에 여가프로그램, 시설, 정보 같은 구조적 요인과 여가활동을 위한 경제적 여건 등은 여가만족에 영향을 미치지 않는 것으로 나타났다. 이 연구는 또 노인들이 여가활동에 대한 만족이 높을수록 삶이 행복하다고 느낀다는 것을 보여 주었다. 이 연구의 결론은 노년기의 행복한 삶에 여가활동이 중요한 역할을 하므로 노인들이 행복한 노후를 누리도록 하기 위해서는 여가만족에 영향을 미치는 여가제약 요인들을 최대한 줄일 수 있는 개입과 정책을 도입할 필요가 있다는 것이다.

제10장

성격

1. 성격특질

2. 성격발달이론

제10장
성격

'성격'이라는 용어는 일상의 언어에서 여러 가지 의미로 사용되지만, 심리학에서는 우리가 환경이나 다른 사람들과 상호작용할 때 눈에 보이지는 않아도 우리의 행동에 영향을 미치는 힘을 가리킨다. 성격은 개인의 개별성을 규정하는 비교적 지속적인 특성들로 이루어져 있으며 특질, 동기, 정서, 자기(自己), 대처기술 등 매우 다양한 주제들을 담고 있다.

심리학에서 성격의 연구는 가장 오래된 분야 중 하나이며 노화 연구에서도 활발한 논의가 이루어지고 있는 분야이다. 노화와 관련해서 중요한 질문은 연령에 따른 성격의 변화와 안정성에 관한 것이다. 우리의 성격은 나이가 들면서 변화하는가 아니면 나이와 관계없이 그대로 유지되는가? 연구자들은 둘 중 어느 하나가 옳다고 답하기보다는 '그때그때 다르다'는 답변을 내놓고 있다(Bjorklund, 2015). 정답은 우리가 어떤 종류의 연속성과 변화를 연구하느냐, 어떤 종류의 성격요인에 관심을 갖느냐에 따라 달라질 수 있을 뿐 아니라 연구대상자의 경험과 유전자 구성, 자료수집 방법 등에 따라서도 달라질 수 있다는 것이다(Alea, Diehl, & Bluck, 2004).

이 장에서는 성인기 동안 성격이 안정성을 유지한다고 주장하는 특질이론과 이에 바탕을 둔 연구를 먼저 살펴본다. 이어서 나이가 들어감에 따라 성격에 상당한 변화가 일어난다고 주장하는 전통적 성격발달이론들과 이에 바탕을 둔 연구들에 대해 알아보기로 한다.

1. 성격특질

사람들은 다른 사람의 성격을 묘사할 때 그 사람의 행동에 부합하는 특징들을 열거하는 경향이 있는데 이 특징들은 '관대한', '외향적인', '불친절한' 등의 형용사인 경우가 많다. 특질이론에서는 이러한 형용사들이 성격의 진수를 포착한다고 제안한다. 사람들이 일상생활에서 자신이나 다른 사람들을 기술하는 데 이런 형용사들을 사용한다는 사실은 성격이 안정적인 특징들의 집합이라고 보는 특질이론의 기본 원리와 부합한다.

특질(trait)은 성격의 한 요소를 나타내는 안정적이고 지속적인 속성이다. 특질이론은 이러한 개인적 성향이 특정한 행동을 하게 만든다는 가정에 기초하고 있다. 특질이론은 점차 유전적 성격이론으로 여겨지는 추세다. 이 이론에서는 성격이 평생 안정적으로 지속되며, 적어도 부분적으로는 유전을 통해 물려받는 것이라고 본다(Bouchard, 2004).

1) 5대 요인 이론

Cattell은 16개의 성격요인 또는 차원이 있다고 제안하였고, Eysenck는 주요 성격차원이 3개뿐이라고 주장하였으며, Murray는 15개의 특질범주를 제안하였다. 다행히도 지능에서처럼 성격에서도 학자들 간에 합의가 이루어지고 있다. 요즘 성격과 노화 분야에서 가장 널리 받아들여지고 있는 특질이론은 성인기의 성격이 다섯 가지 주요 차원으로 이루어져 있다는 Costa와 McCrae의 제안에 기반을 두고 있다.

Costa와 McCrae(1987)는 요인분석 절차를 사용하여 신경증, 외향성, 개방성, 우호성, 성실성이라는 다섯 가지 주요 성향(disposition)이 성격특성을 모두 포착할 수 있다는 증거를 내놓았다. 〈표 10-1〉에서 볼 수 있듯이 각 성향에는 여섯 개의 하위차원(facet)이 있으므로 이 이론에 따르면 성격은 총 30개 요소들로 구성된다(Costa & McCrae, 1992).

〈표 10-1〉 5대 요인 모델

특질	하위차원			기술
신경증	불안 적대감	우울 자의식	충동성 취약성	심리적 고통, 과잉반응, 불안정성 등을 경험하기 쉬운 경향성
외향성	온정성 사교성	주장성 활동성	흥분추구 긍정적 정서	사회적 상호작용과 활발한 활동을 선호
개방성	상상 미적감각	감정 활동	아이디어 가치	새로운 생각, 관점, 경험에 대한 수용성
우호성	신뢰 솔직	이타성 순종성	겸손 상냥함	다른 사람에 대한 배려, 신뢰, 관대함
성실성	능력 질서	의무감 성취추구	자기규율 신중성	조직화, 야망, 자기규율

출처: Costa & McCrae (1992).

5대 요인 모델(Five-Factor Model 또는 Big Five)로 불리는 이 이론에서는 5대 요인의 하위요인별로 전부 점수를 매기면 사람마다 그 사람이 지니고 있는 성격을 완전하게 묘사할 수 있다고 본다.

5대 요인 모델은 성격이 우리가 어떤 삶을 살아가는지에 영향을 미친다고 제안한다(McCrae & Costa, 2003). 우리가 살면서 겪는 사건들이 우리의 성격에 영향을 미친다고 생각하는 사람들도 많다. 배신을 당하고 나면 시니컬해지기 쉽고, 스릴로 가득 찬 여가를 즐기다 부상을 당하면 그 후로는 모험을 하지 않으려 하기 십상이라는 것이다. 그러나 특질이론에 따르면, 살아가면서 어떤 사건을 겪는가에 따라 성격이 형성된다기보다는 각자가 지니고 있는 성격이 그 사람이 어떤 모습으로 살아가는가에 크게 영향을 미친다(Costa, Herbst, McCrae, & Siegler, 2000). 예를 들어, 시니컬한 사람은 워낙 사람을 잘 안 믿기 때문에 배신당하기 쉽고, 모험적인 사람은 위험을 감수하는 행동을 서슴지 않고 하기 때문에 다치기 쉬운 상황에 놓이게 된다는 것이다.

5대 요인은 개정판 NEO 성격검사(NEO Personality Inventory-Revised: NEO-PI-R)에 의해 측정하는데 이 검사는 30개의 하위요인들을 측정하는 240개 문항으로 구성되어 있다(Costa & McCrae, 1992). NEO는 이 모델이 처음에 내세웠던 3대 요인인 신경증, 외향성, 개방성을 가리킨다. 임상가들은 이 검사를 사용하여 성격의 변화를 알아보거나 성격과 다른 행동들(예: 건강 관련 행동)의 관계를 연구한다. 자기평정 자료와 다른 사람의 평정 자료를 함께 보면서 이 둘이 어느 정도 일치하는지 비교해 볼 수 있고, 두 평정 자료의 점수를 여러 시점에서 비교해 볼 수도 있다.

5대 요인 모델이 성격에 관한 유일한 요인분석 모델인 것도 아니고, NEO 성격검사가 성격특질을 평가하는 데 사용되는 유일한 검사도 아니다. 그 밖의 성격검사로는 우리에게 익숙한 MMPI, CPI(Gough, 1957/1987), 16PF(Cattell, Eber, & Tatsuoka, 1970) 등이 있다. 그러나 5대 요인 모델이 가장 널리 사용되고 있고, 다른 검사들을 사용할 경우 해당 요인들을 NEO 성격검사의 용어로 변환하고는 한다.

생각상자 10-1.

성격이 성인기 초기부터 고정되는 것인지도 모른다고 생각하면 우울해지는가?
여러분은 자신을 바꾸기 위해 어떤 일을 하고 싶은가? 자신이 그런 일을 할 수 있다고 생각하는가?

2) 성격특질의 연속성과 변화

5대 요인 모델의 특질들은 이 모델이 가정하는 것처럼 성인기 동안 실제로 변하지 않고 안정적으로 유지되는가? 앞서 지적했듯이 성격의 연속성을 어떤 방법으로 연구하느냐에 따라 결과에 차이가 있는 것으로 나타난다. 성격의 연속성 여부를 알아보는 방법에는 세 가지가 있다. ① 시간이 지나도 순위의 안정성이 유지되는지, ② 집단의 평균점수가 변화하는지, ③ 개인 내 가변성이 있는지 확인해 보는 것이다. 이들 방법을 사용한 연구의 결과는 성격의 안정성과 변동성이 공존할 수 있다는 것을 보여 준다.

(1) 차별연속성

성격의 연속성 여부를 알아보는 첫 번째 방법은 한 집단에 속해 있는 개인들의 순위가 시간이 경과한다고 해도 바뀌지 않고 그대로 유지되는지, 즉 **차별연속성**(differential continuity)이 있는지 여부를 확인하는 것이다. 예를 들어, 20세에 가장 외향적이었던 사람이 50세에도 여전히 가장 외향적인지를 알아보기 위해 두 시점(20세와 50세)에서 개인의 집단 내 순위를 검사하고 이 두 순위의 상관을 구하는 것이다. 상관계수가 양수(陽數)이고 충분히 크다면, 집단 내 개인의 순위가 두 시점에서 대체로 동일하며 성격요인들(예: 외향성)이 그만큼 안정적인 것으로 볼 수 있다.

차별연속성을 살펴본 연구의 결과는 성격특질이 성인기 동안 대체로 안정성을 유지할 뿐만 아니라 이 안정성이 나이가 들면서 더욱 증가한다는 것을 보여 주었다(Roberts & DelVecchio, 2000). 또 이러한 패턴은 성격요인에 따라 차이가 없고, 성별에 따른 차이도 없으며, 측정방법과도 관계없이 매우 유사하다는 것이 발견되었다(Caspi, Roberts, & Schiner, 2004).

요약하면, 차별연속성의 개념으로 볼 때 우리의 성격특질은 어려서부터 성인기 전반에 걸쳐서 매우 안정적이며, 50세 정도까지 계속 안정성이 증가하다가 그 이후로는 변동이 없는 것으로 나타난다. 물론 연구들에서 보고하는 상관계수는 .70 안팎이므로 나이 든 집단도 완전한 안정성에는 도달하지 못한다는 것을 알 수 있다. 즉, 나이가 들면서 어느 정도의 순위 변화는 일어날 수 있다.

(2) 평균 수준 변화

평균 수준 변화(mean-level change)는 시간 경과에 따라 집단의 평균점수가 변화하는지 알아보는 방법이다. 대학 1학년 학생들에게 성격검사를 실시하고 이 학생들이 졸업할 때 동일한 검사를 다시 하면 (상대적 순위는 변하지 않는다고 할지라도) 집단의 평균값이 유의미하게 변화할 것인가? 92개 연구를 분석한 메타연구는 성격요인들이 나이에 따라 변화할 뿐 아니라 성격요인에 따라 변화의 패턴에도 차이가 있다는 것을 발견하였다(Roberts, Walton, & Viechtbauer, 2006). [그림 10-1]에서 볼 수 있듯이 성실성, 정서적 안정성, 사회적 지배성(외향성의 하위요인)과 경험에 대한 개방성은 연령에 따라 유의미하게 증가하였는데 특히 성인 초기에 뚜렷한 증가세를 보였다. 개방성과 사회적 활력성(외향성의 또 다른 하위요인)은 40세 이후로 감소하였으나, 우호성은 증가하였다. 연구자들은 이 결과가 "성격이 특정 연령에서 변화하기를 멈춘다는 생각과는 명백하게 상치된다"는 결론을 내렸다(p. 14).

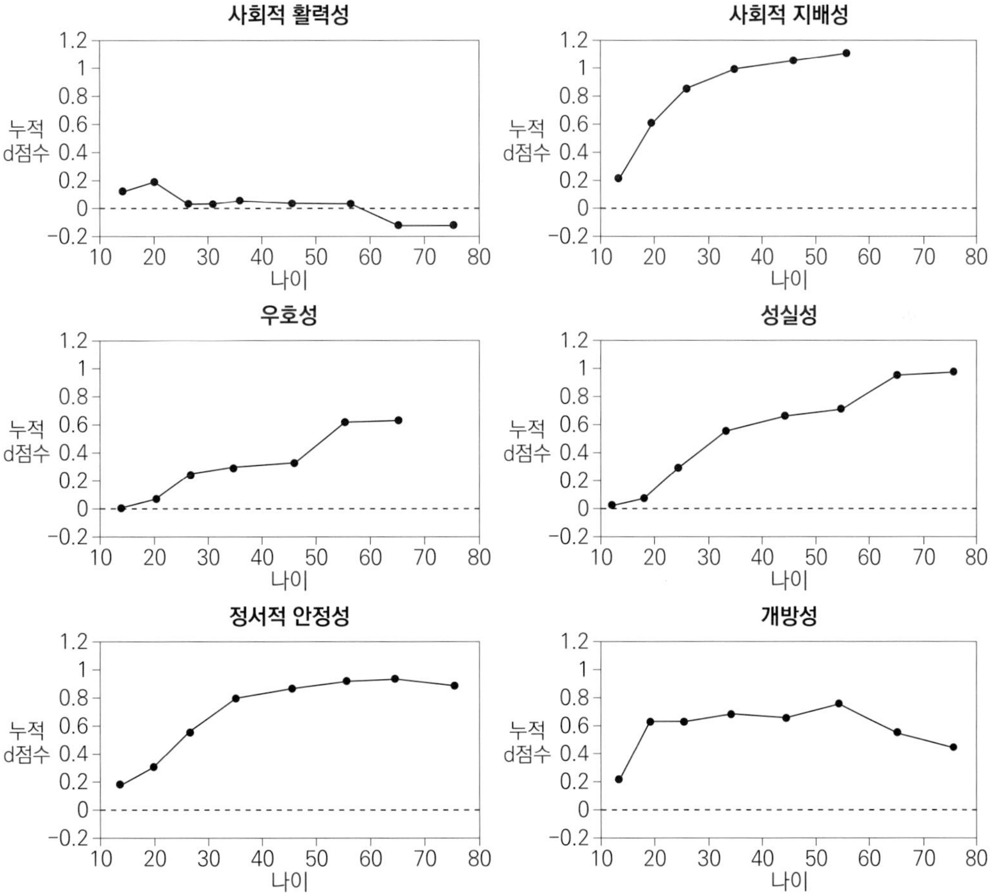

[그림 10-1] 6개 성격특질의 전 생애에 걸친 변화 패턴

출처: Roberts, Walton, & Viechtbauer (2006).

평균 수준의 변화에 관한 증거는 노인 대상 연구에서도 유사하게 나타난다. 74~84세 집단과 85~92세 집단의 성격특질 점수를 비교해 본 연구는 더 나이 많은 집단이 우호성 점수가 더 높았다고 보고하였다(Field & Millsap, 1991). 더욱이 이 연구자들은 14년 후에 이 두 집단을 다시 검사했을 때 더 젊은 집단의 성격특질이 원래의 더 나이 든 집단의 수준까지 증가한 것을 발견하였다.

이상에서 살펴본 연구들의 결과는 우리의 성격이 나이가 들어감에 따라 예측 가능하게 변화하며 이러한 변화는 상당히 나이가 들어서까지도 지속된다는 것을 보여 준다. 즉, 우리는 나이가 들면서 더 성실해지고 더 우호적이 되며 정서적 안정성과 사회적 지배성이 더 증가한다. 경험에 대한 개방성은 청소년기에서 성인 초기까지 급격히 증가하지만 이후로는 큰 변동을 보이지 않다가 노년기에 접어들면서 감소하는 경향을 보인다. 사회적 활력은 성인 초기에 비교적 높지만 나이가 들수록 감소한다.

(3) 개인 내 변동성

성인기 동안 성격특질이 변화하는지를 알아보는 또 다른 방법은 **개인 내 변동성**(intra-individual variability), 즉 개인의 성격특질이 나이가 들면서 그대로 유지되는지 아니면 일정 부분 변화하는지 검토해 보는 것이다. 개인을 대상으로 여러 시점에서 실시한 성격검사 점수들 간의 상관을 계산해 보면 된다. 차별연속성과 다른 점은 순위가 아니라 실제 점수들 간의 상관을 구한다는 것이다. 이 방법을 사용한 소수의 연구 중 하나는 30년 이상의 기간에 걸쳐 여성들의 자신감을 측정하였는데, 연구 기간 동안 자신감의 증가와 감소가 여러 패턴으로 나타나는 것을 발견하였다(Jones & Meredith, 1996). 43~91세 사이의 남성을 대상으로 한 또 다른 연구는 나이가 들면서 신경증은 크게 감소했으나 외향성은 변화하지 않았다는 결과를 보고하였다(Mroczek & Spiro, 2003). 그러나 이 연구에 참여한 모든 피험자가 개인 내 변동성에서 동일한 패턴을 보이지는 않았다. 더 최근의 연구는 성격의 5요인 모두가 '의심의 여지가 없는 변동성'을 보인다는 결과를 보고하였다(Roberts & Mroczek, 2008).

생각상자 10-2.

성격은 우리가 일상생활에서 하는 선택에 어떤 영향을 미치고 그 선택은 다시 우리의 성격에 어떤 영향을 미치는가?

대응원리(correspondence principle)에 따르면 사람들은 일상생활에서 자신의 성격특질에 부합하는 사건들을 경험하게 되며 이러한 경험이 다시 우리의 성격에 영향을 미친다(Roberts, Donnellan, & Hill, 2013). 예를 들어, 외향적인 사람은 내성적인 사람에 비해 야간이나 주말에 사회적 활동에 참여할 가능성이 높은데, 그러한 사회적 상황에서 지내다 보면 외향성이 더욱 강화될 수 있다. 따라서 성격의 안정성이 유지되고 심지어 강화되는 것은 사람들이 시간이 지나도 변치 않는 특질을 가지고 있기 때문이 아니라 그러한 특질에 부합하는 활동을 능동적으로 선택하기 때문이다.

3) 성격특질의 기능

성격특질은 우리의 삶에서 어떤 역할을 하는가? 성격은 성취, 관계, 건강이라는 세 영역에 영향을 미치는 것으로 확인되었다.

(1) 성격과 성취

성격은 성취와 관련이 있다. 성격이 직업과 잘 부합하는 경우 5개 성격요인 모두가 높은 수준의 직업성취를 예측하는 것으로 나타났다. 성격특질 중에서 특히 성실성은 직업성취나 학업성취와 관련된 중요한 예측요인이다. 성실성을 구성하는 특질인 능력, 질서, 의무, 자기절제 등을 보면 그 이유가 분명해진다. 사람들은 자신의 성격특질에 부합하는 직업을 선택하는데, 성실한 사람들은 효율적으로 과업을 수행하고 높은 기준을 달성하기 위해 노력하며 충동적인 사고와 행동을 하지 않으므로 취업에 성공하거나 승진할 가능성이 커진다. 반대로, 성실하지 못한 사람들은 높은 수준의 성취를 요구하는 직업에 머물러 있기가 어렵다. 과업을 감당하지 못해 본인이 회사를 떠나거나 회사로부터 떠나 달라는 요구를 받게 될 것이다(Caspi, Roberts, & Schiner, 2004).

(2) 성격과 관계

성격특질은 성인기의 친밀한 관계 형성에 중요한 역할을 한다. 특히 신경증과 우호성은 관계의 결과를 예측해 주는 강력한 요인으로서, 신경증이 높고 우호성이 낮은 사람들은 갈등적이고 불만족스럽고 학대적인 관계를 갖기 쉽다(Karney & Bradbury, 1995). 청소년기에서 성인기까지의 대인관계를 추적 조사한 종단연구는 신경증 수준이 높은 사람들이 여러 관계에서 동일한 부정적 경험을 반복할 가능성이 크다는 결과를 보고하였다(Ehrensaft, Moffitt, & Caspi, 2004).

성격은 관계에 세 가지 방식으로 영향을 미친다. 첫째, 성격은 관계를 맺을 대상으로 어떤 사람을 선택할지에 영향을 미친다. 대개는 성격이 비슷한 사람을 선택한다. 둘째, 성격은 상대방에게 우리가 어떤 행동을 하며 상대방의 행동에 어떤 반응을 보일지에 영향을 미친다. 예를 들어, 신경증 수준이 높은 사람이 유사한 사람과 관계를 맺고 있다면 그는 상대방에게 부정적 행동을 함으로써 상대방이 부정적 반응을 하게 만들고 그 결과 자신의 부정적 행동이 더욱 심해지는 악순환을 경험하게 될 것이다. 셋째, 성격은 상대방에게 특정한 행동을 하게 만든다. 예를 들어, 신경증이 높고 우호성이 낮은 사람은 관계를 파괴하기 쉬운 행동을 함으로써 상대방이 부정적인 반응을 보이게 만들 것이다(Bjorklund, 2015).

(3) 성격과 건강

성격은 건강이나 장수와 밀접한 관계가 있다는 결과들이 보고되고 있다. 예를 들어, 성실성이 높은 사람들(Hill, Turiano, Hurd, et al., 2011)과 정서적 안정성이 높은(신경증이 낮은) 사람들(Danner, Snowdon, & Friesen, 2001)이 더 오래 사는 경향이 있고, 우호성이 낮은 사람들이 심장질환 발병률이 더 높으며(Miller, Smith, Turner, et al., 1996), 신경증이 높을수록 정신건강 및 신체건강 수준이 좋지 못한 것으로 발견되었다(Lockenhoff, Sutin, Ferrucci, et al., 2008).

성격특질은 건강에 다양한 방식으로 영향을 미친다. 첫째, 적대감과 심장질환의 관계에서 볼 수 있듯이 성격은 신체기능에 직접적으로 영향을 미칠 수 있다. 적대감이 심장질환의 위험요인으로 간주되는 단백질(C3과 C4)을 큰 폭으로 증가시키는 등의 생리적 반응을 일으키고 이러한 생리적 반응이 질병 발생의 직접적인 원인으로 작용하는 것이다.

둘째, 사람들은 성격에 따라 건강을 해치거나 건강에 도움이 되는 행동을 할 수 있다. 우호성이 높은 사람들은 지지적인 사람들과 친밀한 관계를 맺을 가능성이 더 큰데, 이러한 관계는 스트레스와 관련된 질병의 완충제로 알려져 있다. 신경증이 높은 사람들은 흡연과 같은 고위험 행동을 할 가능성이 크지만, 성실성이 높은 사람들은 건강검진을 정기적으로 받고 좋은 식습관을 가지고 있으며(Caspi et al., 2004; Terracciano & Costa, 2004) 담당 주치의의 지시사항을 따를 가능성이 더 크다(Hill & Roberts, 2011).

Roberts와 동료들(Roberts, Walton, & Bogg, 2005)은 194개 연구를 대상으로 하는 메타분

석을 통해 성실성 점수와 9가지의 건강 관련 행동(약물 사용, 위험한 운전, 안전하지 못한 성 행동 등) 간의 상관을 조사하였다. 성실성은 약물 사용, 위험한 운전, 과도한 알코올 사용과 가장 상관이 높은 것으로 나타났다. 성실성 점수가 낮은 사람일수록 이러한 행동을 할 가능성이 더 컸다. 흡연, 건강하지 못한 식습관, 위험한 성행위 등은 이보다는 상관의 크기가 작으나 성실성과 유의미한 부적 상관이 있는 것으로 밝혀졌다. 결국 이 연구에 따르면 "성실하지 못한 사람들은 다양한 방법으로 젊은 나이에 사망에 이르게 된다. 자동차 사고, 위험한 성관계로 인한 에이즈 감염, 싸움이나 자살 같은 폭력적 행동, 약물과용으로 사망하게 되는 것이다. 이들은 나쁜 식습관으로 인해, 운동을 하지 않아서, 흡연을 함으로써 수명이 단축되고 중년에 건강에 문제가 생길 수 있다"(Roberts et al., 2005, p. 161).

성실성은 본인의 건강증진에 기여할 뿐 아니라 배우자의 건강에도 기여할 수 있다. Roberts와 동료들의 또 다른 연구(Roberts, Smith, Jackson, et al., 2009)는 성실성 점수가 높은 배우자를 둔 남성(여성)들이 그렇지 못한 배우자를 둔 남성(여성)보다 건강상태가 더 좋다는 결과를 보고하였다. 성실한 사람들은 결혼생활을 하면서 자신의 건강만이 아니라 배우자의 건강도 잘 돌보기 때문일 것이다.

성격과 건강의 관계는 아동기까지 거슬러 올라갈 수 있다. 연구자들은 아동기의 낮은 성실성 점수와 성인기의 높은 사망률 간에 관계가 있다는 것을 발견하였다(Friedman et al., 1995). 성실성 점수가 낮은 사람들은 체중조절과 운동패턴 등 삶의 많은 부분에 대해 신경을 쓰지 않는 경향이 있어서 BMI 수준이 높아지기 쉬우며, 그 결과 청소년기와 성인 초기에 비만이 될 가능성이 높다(Pulkki-Raback et al., 2005).

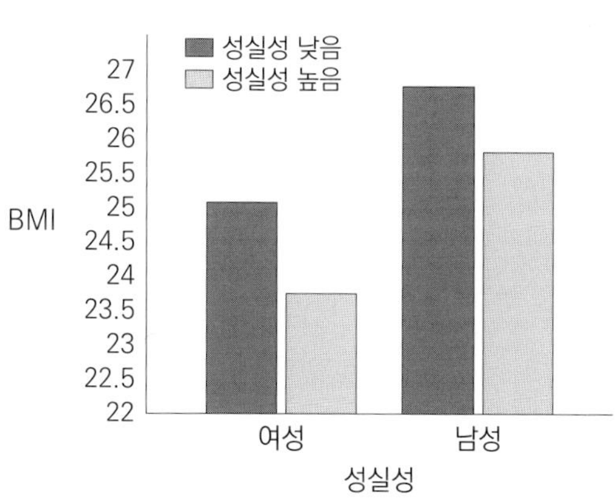

[그림 10-2] 성실성과 BMI

14년간의 종단연구에서 성실성 점수가 낮은 사람들은 높은 사람들에 비해 BMI 증가량이 더 많았다.
출처: Brummett et al. (2006).

성실성은 성인기의 체중 증가와도 관련이 있으며 특히 여성들은 성실성 점수가 낮을수록 비만과 관련된 질병에 걸릴 위험성이 매우 높다. 14년에 걸친 종단연구는 여성들의 신경증 점수와 체중 증가의 관계를 보여 주었다(Brummett et al., 2006). 성실성 점수가 낮고 신경증 점수가 높은 사람들은 또 흡연율이 높은 경향이 있다(Terracciano & Costa, 2004). 신경증의 하위요인인 취약성 점수가 높으면 성인기에 헤로인과 코카인을 사용할 확률이 높다. 성인 초기에 마리화나를 사용하는 사람들은 개방성 점수가 높고 우호성과 성실성 점수는 낮다(Terraciano, Lockenhoff, Crum, Bienvenu, & Costa, 2008).

성실성은 성인 후기의 사망률에도 한몫을 한다. 65세에서 100세 사이의 의료보험 수령자 100여 명을 3~5년간 추적한 미국의 연구는 성실성의 하위요인인 자기규율 점수가 높을수록 사망위험이 낮다는 것을 보여 주었다(Weiss & Costa, 2005). 연구자들이 지적했듯이 높은 수준의 자기규율이 건강 보전에 도움이 되는 행동을 하고 건강에 해가 되는 행동은 하지 않게 만들었을 가능성이 있다. 이와 유사하게 이탈리아 성인을 대상으로 한 대규모 연구도 성실성 점수가 낮을수록 '좋은' 콜레스테롤이라 불리는 고밀도 리포단백질(Sutin et al., 2010)과 면역기능을 높여 주는 단백질인 인터류킨-6(Sutin et al., 2009)의 수준이 낮다는 것을 보여 주었다. 「미국 중년의 건강과 행복 종단연구(MIDUS)」도 성실성과 신경증이 높은 사람들이 (아마도 비만율이 낮기 때문에) 인터류킨-6 수준이 높은 경향이 있다는 결과를 보고하였다(Turiano, Mroczek, Moynihan, & Chapman, 2013). 높은 신경증은 높은 성실성과 결합되면 건강에 도움이 되는 결과를 초래하는 것으로 보인다.

성실성은 질병 예방 행동을 하게 만듦으로써 건강에 유익한 효과를 이끌어 내는 것으로 보인다. Lodi-Smith와 동료들(2010)은 구조방정식 모델을 활용하여 본인 및 친구(관찰자)가 평가한 성실성과 본인이 보고한 건강 관련 행동, 건강상태, 교육 간의 관계를 분석하였으며, 성실성이 높은 사람들이 질병 예방에 도움이 되는 행동을 더 많이 하고 건강에 해로운 위험행동(흡연, 과도한 음주)을 더 적게 한다는 결과를 보고하였다.

사망률은 다른 성격특질들과도 관련이 있다. 「볼티모어 노화 종단연구」는 1958년 이후로 2,300명이 넘는 사람들을 추적 조사하였는데 성실성이 높을수록, 신경증이 낮을수록 그리고 외향성의 하위요인인 사회적 활력 점수가 높을수록 더 오래 산다는 결과를 얻었다(Terraciano, Lockenhoff, Zonderman, Ferrucci, & Costa, 2008). 개방성이 높을수록 사망률이 더 낮다는 결과도 보고되었다(Jonassaint et al., 2007). 우호성 점수가 낮고 외향성 점수가 높은 노인들일수록 병원 응급실 방문율이 더 높았다(Chapman et al., 2009).

성격특질은 알츠하이머와 같은 인지장애 발병의 위험요인이 될 수도 있다. 1천 명 이상의 가톨릭 수녀와 신부들을 대상으로 한 연구는 생전에 성실성 점수가 높았던 수도자들이 알츠하이머병에 걸리는 비율이 낮았다는 결과를 보고하였다. 사후부검에서 뇌에 상당한 병리가 발견된 경우에도 높은 성실성은 알츠하이머병의 인지적 증상들을 겪지 않도록 보호해 주는 역할을 하는 것으로 나타났다(Wilson, Schneider, Arnold, Bienias, & Bennett, 2007). 여성의 경우 중년기의 높은 신경증 점수는 알츠하이머병의 조기 발병을 예측해 주는 것으로 보인다(Archer et al., 2009).

성인 초기의 높은 적대감 수준은 심장질환뿐 아니라 우울증 발병의 위험요인이 될 수 있다. 한 연구에서는 재학 당시 성격검사를 받은 노스캐롤라이나 대학 동창생들에게 우편으로 설문지를 발송하여 47세 때의 성격점수와 우울경험을 평가하였다. 대학 시절에 적대감 점수가 높았고 이후로도 적대감 수준이 계속 증가한 사람들은 그렇지 않은 사람들에 비해 중년기에 우울증을 겪을 위험성이 훨씬 더 높았다. 대학 시절에 적대감 점수가 높았던 사람들은 흡연, 음주, 가족생활의 부정적 변화 등 건강에 해로운 행동을 하는 경우도 더 많았다. 연구 기간 동안의 적대감 변화는 비만, 운동 실패, 고지방식, 사회적 고립, 건강 악화 그리고 여성의 경우에는 저소득을 예측하였다(Siegler et al., 2003).

이상의 결과로 볼 때 성격은 성인기와 노년기의 생물심리사회적 발달 모델에 반드시 포함되어야 하는 중요한 측면이다. 유전적 성향에서 비롯되거나 또는 초기의 생활 경험을 통해 습득한 특질과 행동패턴은 다양한 직접 경로 및 간접 경로를 통해 개인의 건강에 영향을 미친다. 그러나 성격특질은 그것이 설사 타고난 정체성의 일부라 할지라도, 건강유지 능력의 가장 기본적인 요소들에 영향을 줌에 따라 성인기 동안 조절되고 변화할 수 있다(Staudinger & Kunzmann, 2005).

2. 성격발달이론

성격이론의 기원은 네 가지 기본 기질 또는 성향이 있다고 주장한 그리스 시대의 히포크라테스까지 거슬러 올라갈 수 있는데, 현대 성격이론에 대한 논의는 Freud의 심리역동적 이론에서 시작하는 것이 일반적이다. Freud는 성격의 여러 요소를 통합하는 포괄적 성격이론의 창시자로서 무의식을 '발견'하였다. 성인기의 성격발달을 다루는 현대 이론들 가운데 상당수는 무의식적 힘이 행동에 미치는 영향을 명시적으로 다루고 있지는 않을지라도 심리역동적 관점에 근거를 두고 있다.

그러나 Freud는 성인기와 노년기에는 별로 관심을 기울이지 않았다. 성격발달이 5세경에 거의 다 이루어지고 청소년기를 거치면서 약간의 변화가 추가될 뿐이라고 보았으며, 50세 이후에는 성격이 다 굳어져서 큰 변화가 있을 수 없기 때문에 치료도 별 의미가 없다고 믿었기 때문이다.

Freud 이론에서 성격은 대부분이 무의식에 숨겨져 있고 의식하는 부분은 빙산의 일각에 불과하다. **자아**는 성격구조 가운데 의식에 가장 접근하기 쉬운 부분으로서 합리적 집행기능을 하고 중요한 목표를 달성할 수 있도록 활동을 조직하는 역할을 한다. **방어기제**는 의식적 마음이 무의식적 마음의 부적절한 충동을 알지 못하도록 보호하기 위한 것이다. Freud에 의하면 무의식적 충동은 사랑과 성욕을 표출하게 할 뿐 아니라 자신과 다른 사람을 파괴하도록 휘몰아가기도 한다.

Freud는 발달의 궁극적인 목표가 '사랑하고 일하는' 능력을 갖추는 것이라고 보았다. 사람들은 부적절한 충동에서 결코 완전히 벗어날 수 없지만, 방어기제를 개발함으로써 불안을 최소화하여 생활할 수 있다. 어린 시절의 갈등을 해결하지 못한 사람들은 방어기제를 건강하게 사용하지 못한다. 그들은 성인기 대부분을 부모에 대한 부적절한 성적 애착을 없애고자 헛되이 노력하면서 보낸다. 공격적 충동을 제대로 조절하지 못하는 사람들은 다른 사람들을 해쳤거나 해치게 될지도 모른다는 불안감이나 죄책감에 사로잡혀 살아가기도 한다.

정신분석학자들에게 성격의 구조에서 가장 흥미롭고 중요한 부분은 자아이다. Freud는 자아가 성격에서 독립적인 역할을 하지 못하고 원초아의 욕망에 봉사하는 역할을 한다고 생각한다. 그러나 다른 학자들은 자아가 의식과 동일한 용어로서 사고를 통합·분석·종합하는 역할을 한다고 생각한다. 자아가 행동을 이끌어 가는 능동적 역할을 한다는 관점을 견지하는 **자아심리학** 이론들은 기본적으로 경험을 조직하는 자아의 역할에 관심을 둔다. 이 관점에서는 자아가 외부세계의 조건과 제약에 적응하면서 개인적 욕구와 흥미를 표출해내는 능력에 노화가 어떤 영향을 미치는지를 알아내는 것이 발달연구의 주요 목표라고 본다. Erikson의 심리사회적 발달이론이 대표적인데, 그 외에도 많은 성격이론가들이 자아에 방점을 두는 이론들을 내놓았다. Loevinger의 자아발달이론, Vaillant의 자아방어기제 이론, Whitbourne의 정체성 과정 이론, Marcus와 Nurius의 가능한 자기 이론, Jung의 성 정체성 이론, Maslow의 자기실현이론과 여기서 발전해 나간 Ryan과 Deci의 자기결정이론을 들 수 있다.

1) Erikson의 심리사회적 발달이론

제2장에서 Erikson의 심리사회적 발달이론의 주요 원리들을 살펴보았다. 간단히 요약하면, Erikson 이론은 자아가 전 생애 동안 여덟 단계의 위기를 거치며 성숙해진다고 제안한다. 각 단계는 생애의 특정 시점에서 개인에게 작용하는 생물 · 심리 · 사회적 영향력에 가장 취약한 시점을 나타낸다. 각 단계에서 위기를 겪고 난 후 그 결과는 좋을 수도 있고 나쁠 수도 있다(예: 정체성 확립 대 혼미). Erikson은 이전 단계의 해결이 이후 단계 해결의 기초가 되며, 이와 같은 후성적 원리(epigenetic principle)가 평생을 통해 심리사회적 위기가 전개되어 가는 기본이 된다고 본다. 특정 연령과 특정 단계는 서로 연관이 있기는 하지만, 앞선 단계에서 해결되지 못한 쟁점은 이후 연령에서 다시 제기될 수 있다. 또 개인이 이러한 쟁점들에 직면하도록 자극하는 조건이 형성된다면 이전 단계가 이후 단계의 최전방으로 이동할 수도 있다.

Erikson 이론에 기초한 연구들은 어느 한 단계에 초점을 두기도 하고 여러 단계들을 통합하여 다루기도 한다. 전체 여덟 단계 중 청년기와 성인 진입기 및 중년기에 중요하게 대두되는 정체성과 생산성에 관한 연구가 가장 많이 이루어졌다.

생각상자 10-3.

연령 이외의 어떤 요인들이 대학 재학 시절부터 성인 초기까지의 정체감 형성과 친밀감 증가를 설명할 수 있는가?

(1) 정체성 발달

Erikson 이론의 정체성 단계는 사춘기와 관련된 신체적 변화, 인지적 변화, 특히 사회적 역할의 변화에 직면한 청년들이 자신이 어떤 사람이며 어떻게 살아가야 하는지 알기 위해 노력하는 시기이다.

Marcia(1966)는 자신이 개발한 정체성 상태 면접(identity status interview)이라는 도구를 사용하여 개인의 정체성 상태를 다음의 네 가지로 구분할 수 있다고 보았다. **정체성 성취**(Identity Achievement)는 일정 기간의 탐색을 거친 후 특정 정체성을 분명하게 수용한 상태이고, **조기완료**(Foreclosed)는 탐색 기간 없이 특정 정체성을 수용한 상태이다. **유예**(Moratorium)는 여러 정체성을 적극적으로 탐색하고 있는 상태이고, **정체성 혼미**(Identity

Diffuse)는 탐색 유무와 관계없이 어떤 정체성도 갖지 못한 상태이다.

Marcia 이론과 관련해 많은 연구가 이루어졌고 이 연구들은 특정한 정체성 상태에 도달한 사람들의 성격과 행동 프로파일을 밝혀내었다(Kroger & Marcia, 2011). 가령, 성취상태에 있는 사람들은 균형 잡힌 사고, 성숙한 인간관계, 사려 깊은 선택을 하는 경향이 있다. 유예상태에 있는 사람들은 개방적이고 호기심이 많지만 불안하고 우울하며 자존감이 낮은 경향이 있다. 조기완료의 경우 자존감은 높지만 폐쇄적이고 사고가 경직되어 있다. 혼미상태에 놓인 사람들은 자존감이 낮을 뿐 아니라 비행이나 약물 관련 행동에 빠져들 확률이 높다. 정체성 혼미는 다시 둘로 나눌 수 있는데, 정체성과 관련해 아무 생각도 근심도 없는 '무관심형(carefree)'과 정체성을 성취하고자 노력하지만 성공하지 못한 '미분화형(undifferentiated)'이다(Schwartz et al., 2011).

Marcia의 정체성 상태 이론은 청년기와 성인 진입기의 정체성 형성 과정을 살펴보는 데 매우 유용하지만, 중년기 이후의 성인들에게 적용하기는 어려울 수 있다. 가령, 대학 재학 중에 탐색을 거쳐 정체성을 성취한 사람이 그 정체성을 대학 졸업 후 수많은 일을 겪어낸 30년 후까지도 그대로 유지하는 것이 과연 적절할 것인가? 정체성 상태 이론과 달리, 이 절의 후반부에서 좀 더 자세히 다루게 될 Whitbourne의 정체성 과정 이론은 성인기의 정체성 발달을 조절, 동화 및 균형에 의해 설명함으로써 청년기와 성인 초기는 물론이고 중년기와 노년기에 이르기까지 인생의 어느 시점에서든지 정체성과 관련한 문제들을 다룰 수 있게 해 준다. 정체성 과정 이론에서는 나이가 들어서도 기존의 정체성에 아무런 의문을 제기하지 않고 그대로 유지하는 사람들을 정체성 성취상태로 보기보다는 정체성 동화에 많이 의지하는 사람으로 본다(Sneed & Whitbourne, 2003).

(2) 생산성 발달

Erikson은 생산성을 다음 세대에 대한 관심과 배려라고 정의하였다. 그러나 생산성의 정의는 단순히 생물학적 자녀가 있는지 없는지 여부보다는 부모 역할을 얼마나 잘하느냐로 평가하는 것이 Erikson의 관점에도 더 부합하는 것으로 볼 수 있다(Whitbourne & Whitbourne, 2014). 실제로 Peterson(2006)은 생산성 점수가 높은 부모들일수록 대학생 자녀와 더 가까운 관계를 유지할 뿐 아니라 그들의 자녀가 더 행복하고 미래계획을 세우고 있을 확률이 더 높으며 친사회적 성격특성을 가지고 있고 정치사회적 문제에 관한 관심이 더 높다는 것을 발견하였다. 이와 마찬가지로 조부모들도 단순히 손자녀가 있다는 것만이 아니라 손자녀들과 시간을 함께 보내고 그들에게 멘토 역할을 하고 가족 간 유대를 끈끈하게 해 주는 활동에 참여하는 것으로 생산성을 표현한다(Hebblethwaite & Norris, 2011).

그러나 생산성이 자기를 완전히 배제하는 것은 아니다. McAdams(2008)는 생산적 행동이 '**자기 보완**(redemptive self)'이라 부르는 과정을 거쳐 자기를 확장하고 강화하는 역할을 한다고 주장하였다. 생산적 활동의 목적이 자신의 성취보다는 다른 사람에 대한 배려에 더 무게를 두기는 하겠지만, 사람들은 생산적 활동을 함으로써 자신이 돕는 사람들만이 아니라 자기 자신의 발달도 돕는다는 것이다. 같은 맥락에서 Bauer(2008)도 '**요란한 자아**(noisy ego)'와 '**조용한 자아**(quiet ego)'를 언급하였다. Bauer에 따르면 '요란한' 자아는 자기 이익에만 관심을 갖는 데 반해, '조용한' 자아는 다른 사람들이 무엇을 필요로 하는지 경청하며 그들을 돕는 행동을 한다. 이때 그 행동이 자신에게 어떤 이득을 가져다 줄지 생각하거나 신경을 쓰지 않는다. Bauer는 생산성이 높은 사람들이 요란한 자아로부터 조용한 자아의 단계로 나아갈 수 있다고 제안하였다.

생산성이 높은 사람들일수록 생산성이 낮은 사람들과 비교했을 때 적어도 어떤 기준에서는 더 나은 부모일 것이다. 그러나 자기 보완이라는 개념은 생산성이 부모 역할을 넘어서 더 큰 사회에 대한 배려로 확장된다는 것을 시사한다. 만약 그렇다면 생산성이 높은 사람들은 지역사회 봉사활동에 참여하는 등 자기 가족 이외의 사람들을 배려하고 그들에게 큰 관심을 가질 것으로 생각되며, 이런 점에서 생산성은 이타성과 상당히 유사하다고 볼 수 있다(Agostino & Paco, 2012). 실제로 Matsuba와 동료들(2012)은 대학생과 중년 성인들이 생산성 점수가 높을수록 (미래 세대에 대한 배려를 나타내는) 환경보호에 관심을 갖고 그런 행동을 더 많이 한다는 것을 발견하였다.

(3) 전 생애에 걸친 심리사회적 발달

Erikson에 따르면 사람은 누구나 인생의 어느 시점에서든지 어떤 종류의 심리사회적 위기와도 맞닥뜨릴 수 있다. 이러한 생각은 Erikson 이론의 어느 한 단계가 아니라 여러 단계에 걸쳐 개인차가 나타나는 양상을 살펴본 연구들에서 검증되었다.

「**로체스터 성인 종단연구**(Rochester Adult Longitudinal Study)」는 Erikson 이론에 기반을 두고 여러 단계에 걸친 심리사회적 발달을 연구하기 위해 **심리사회적 발달검사**(Inventory of Psychosocial Development: IPD)를 사용하였다. 이 연구는 65~68학번 학생 300여 명을 대상으로 시작되었는데 1977년에 1차 추적연구를 하면서 대학생 300명을 새로 추가하였고(Whitbourne & Waterman, 1979), 2차 추적연구(1988~1989년)에서 대학생 표본을 또 다시 추가하였다. 그 결과 대학생 코호트 세 집단과 30대 초반의 성인 코호트 두 집단을 대상으로 계열적 비교분석을 할 수 있었다(Van Manen & Whitbourne, 1997; Whitbourne et al., 1992). 가장 최근의 추적연구는 2000~2002년에 실시되었고(Whitbourne, Sneed, & Sayer, 2009), 가장 나이 많은 코호트는 40대와 50대였다(Sneed, Whitbourne, Schwartz, & Huang, 2012). 이 연구에서는 구조방정식 모델(HLM)을 사용함으로써 시간에 따른 개인의 변화를 알아보는 데 그치지 않고 개인들 간 변화량의 차이도 비교해 볼 수 있었다.

65학번(1946년생) 코호트 가운데 31세 이후 결혼을 하거나 동거 관계에 들어간 사람들은 졸업 직후에 그러한 관계를 맺은 사람들에 비해 대학생 때 친밀감 점수가 더 낮았다. 그러나 이 늦깎이들은 이후 20년간 친밀감 점수가 급격히 증가하여 또래집단의 점수를 따라잡았다. 더 젊은 76학번(1957년생) 코호트도 이와 동일한 추세의 결과를 보였는데, 다만 이들은 65학번에 비해 또래집단을 더 빠른 속도로 따라잡았다. 이러한 '따라잡기(catching up)' 패턴은 직장생활을 늦게 시작한 사람들에게도 나타났다. 이들은 직장생활을 일찍 시작한 사람들보다 대학생 때 근면성 점수가 더 낮았으나, 이후 20년간 근면성 점수가 빠르게 증가하여 마침내 가장 성취수준이 높은 또래들을 따라잡았다.

[그림 10-3]은 계열분석의 장점을 보여 준다. 1946년 코호트만 검사했다면 1957년 코호트를 함께 검사한 경우와는 다른 결과가 나타났을 것이다. 이 연구는 복수의 코호트를 여러 차례 검사했기 때문에 전통적인 종단연구에서는 얻을 수 없는 자료를 확보한 것이다.

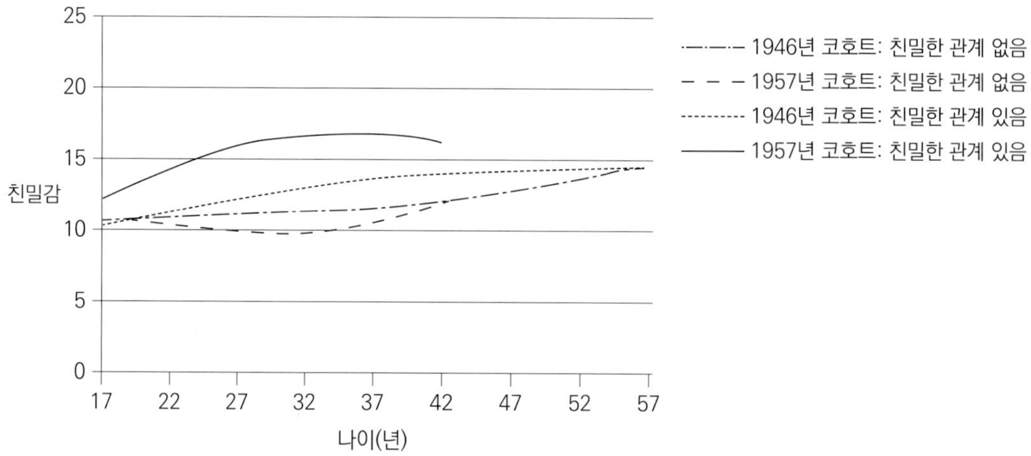

[그림 10-3] 친밀감 대 고립감을 31세 때의 관계지위에 의해 살펴본 「로체스터 성인 종단연구」의 결과

출처: Whitbourne, Sneed, & Sayer (2009).

「로체스터 성인 종단연구」의 결과는 성격이 성인기에도 계속 발달할 수 있을 뿐 아니라 예측될 수도 있다는 것을 보여 준다. 이 연구에 참여한 사람들의 상당수는 아동기와 관련된 단계에서도 성인기 동안 계속 성장하는 것으로 나타났다. 이 연구는 면담을 통해 얻을 수 있는 개인적 내러티브 자료는 수집하지 않았다. 그러나 참여자들이 직업과 가족사에 관한 질문들에 응답한 자료가 조사연구에서 얻은 양적 자료를 보완할 수 있는 기술적(descriptive) 정보를 제공해 주었다. 연구자들은 이 자료를 바탕으로 다섯 가지 '인생경로(life pathway)' 패턴을 확인하였다(Whitbourne, 2010). 또 이 경로를 은유로 사용하여 시간의 흐름에 따른 발달의 변동성을 포착하였다(Friedman & Martin, 2011).

〈표 10-2〉 성인기 정체성 발달의 다섯 가지 경로

경로	기술
진성(眞性) 도로	• 탐색과 변화를 통해 견고한 정체성 성취
승리의 길	• 난관 극복 • 적응유연성
좁고 곧은 길	• 일관성 있는 인생 패턴 유지 • 변화에 방어적임
구불구불한 길	• 인생의 한 경로에 안착하지 못함 • 끊임없이 정체성 탐색
내리막길	• 자기패배적 행동을 보임 • 잘못된 결정을 내림

이들 인생경로는 이 장의 뒷부분에서 언급할 정체성 과정들과 관련이 있다. 정체성 동화를 하는 사람들은 시간이 흘러도 일관성 있는 자기개념을 지키고 싶어 한다. '좁고 곧은 길'을 가는 사람들이 택하는 경로이다. 이들은 변화를 두려워하며 상황이 변화를 요구하는 때에도 자신이 바뀌지 않기를 바란다. 정체성 조절을 하는 사람들은 '구불구불한 길'을 따르는데, 일관성을 유지하는 것이 더 나을 때에도 정체성을 과도하게 변화시킨다. 정체성 균형을 추구하는 사람들은 '진성 도로'를 간다고 볼 수 있다. 이들은 새로운 경험을 하게 되면 그에 맞게 융통성을 발휘하여 변화하지만 시간이 지나도 여전히 일관성을 유지한다.

두 번째 종단연구는 Helson과 동료들이 1950년대에서 1960년대까지 밀스 대학교를 졸업한 여성을 대상으로 수행하였다. 당초 Erikson의 발달단계를 검증할 목적은 아니었지만 이 연구의 많은 결과가 Erikson 이론의 관점에서 해석되었다. 연구의 원래 목적은 여대생의 리더십과 창의성을 연구하는 것이었다(Helson, 1967). 그러나 「로체스터 성인 종단연구」에서처럼 연구의 범위가 확대되면서 이 연구의 표본집단은 5차례에 걸쳐 추적 조사되었고 현재 70대에 이르렀다.

이 연구의 초기 결과는 성격의 안정성을 보여 주었다. 그러나 몇 가지 주목할 만한 예외가 있었다. 연구에 참여한 여성들은 나이가 들수록 자신감, 독립성, 자기통제 점수는 증가하였으나 여성성 점수는 감소하였다. 성격 변화의 양상이 개인차를 크게 보이는 것으로 나타났는데, 연구자들은 이러한 차이가 자아발달수준 및 정체성의 차이와 관련이 있는 것으로 보았다. 예를 들어, 43세에 정체성 점수가 더 높았던 여성일수록 48세에 생산성이 더 높았다(Vandewater et al., 1997). 이후 분석에서도 유사한 결과가 나타났는데 43세 때의 정체성 점수는 60세 때의 행복 수준을 예측하였다(Helson & Srivastava, 2001). 사회적 역할 또한 중년기 후반 동안 이 여성들의 지배성, 남성성/여성성, 융통성, 성취 등의 발달에 영향을 미치는 것으로 나타났다(Helson & Soto, 2005).

2) Loevinger의 자아발달이론

Loevinger(1976)의 자아발달이론도 Freud 학파에 근간을 두고 있다. Loevinger는 자아가 경험을 종합, 숙달, 해석하고자 하는 성격구조라고 정의한다. Loevinger 이론에서 자아는 충동을 통제하고, 다른 사람과 관계를 맺고, 자기이해를 성취하고, 주변세계에서 일어나는 일들에 대해 생각하는 능력에 관여한다. Loevinger 이론에서 자아의 이런 특성들은 순응 단계에서 통합 단계에 이르기까지 점차 더 높은 수준으로 올라가면서 발달한다(〈표 10-3〉 참조).

〈표 10-3〉 Loevinger 이론에서 자아발달 단계

단계	기술
순응	집단에 수용되고 승인받기 위해 규칙을 따름. 정서에 대한 관점이 단순함. 다른 사람들을 고정관념에 따라 보기 쉬움. 외모와 명성에 신경을 씀.
양심적 순응	성인 대부분이 이 단계에 속함. 순응 단계와 양심 단계 사이의 과도기. 내적 삶에 대한 자의식이 강해짐. 대안과 예외의 경우를 볼 수 있게 됨.
양심	개인의 장기적 목표와 이상, 책임감, 규칙의 내면화 등 성인의 양심에서 중요한 요소들이 발달. 법이 개인적 양심에 어긋난다면 법을 위반할 수도 있음. 내면의 삶이 복잡해지고, 자신과 타인의 정서를 이해할 수 있게 됨.
개인성	개인 고유의 성향(individuality)에 대한 인식과 타인에게 정서적으로 의존하는 능력이 발달. 불확실성과 모순을 견뎌 내는 능력이 생김.
자율	개인적 욕구와 타인에 대한 의무 사이의 갈등과 같은 내적 갈등에 대해 생각하고 대처하는 능력이 발달. 현실이 복잡하고 다차원적임을 인식함. 타인의 자율 욕구를 인식하지만, 개인적 유대를 중요하게 생각함. 광범위하고 추상적이고 사회적인 아이디어들에 몰두함.
통합	이 단계에 도달하는 성인은 거의 없음. 자율 단계와 유사하지만, 그 외에도 강한 정체감과 진정한 내적 자기(inner self)를 완벽하게 구현할 수 있는 능력을 갖추게 됨.

출처: Loevinger (1976).

첫 번째 순응 단계에 있는 사람들은 자신이나 타인 그리고 사회규칙을 따르는 이유를 아주 기본적인 수준에서만 이해하고 있다. 옳고 그름에 대한 생각도 상당히 단순하며, 다른 사람들이 왜 그런 생각과 감정을 갖는지 이해하지 못한다. 그다음 양심적 순응 단계에서는 선악에 대한 내적 기준을 처음으로 갖게 되며 다른 사람의 동기뿐만 아니라 자신의 동기도 인식할 수 있게 된다. Loevinger는 성인 대부분이 이 양심적 순응 단계에 속한다고 생각한다. 세 번째 단계는 진정한 양심이 발달하는 단계로서 사회의 규칙을 이해하고 그러한 규칙이 필요한 이유를 이해할 수 있으며, 자신의 감정이나 다른 사람의 정서적 필요를 이해할 수도 있다.

이후의 세 단계에서는 개인 고유의 성향에 대한 인식과 자기결정 및 자율 욕구가 증가한다. 개인성 단계에서는 각자의 개성에 대한 인식과 존중이 싹트기 시작한다. 자율 단계에서는 개인 각자의 내적 기준이 더 확실하게 규정된다. 이 단계에서는 인지능력이 발달함에 따라 자신과 타인의 행동에 복잡한 원인이 작용한다는 것을 인식하게 되고, 다양

한 성격특성이 나타나기 시작하며, 불확실성과 더불어 살아가는 능력(문제해결, 지능, 지혜에 대한 연구에서 중요한 요인)도 더 분명하게 발달한다. Loevinger에 따르면 마지막 단계인 통합에 도달하는 사람은 많지 않은데, 이 단계에 도달한 사람들은 자기의식이 분명해지고 내적 갈등을 인식할 수 있으며 개인 각자가 지닌 특성을 중요하게 생각한다. 이 단계에서는 Maslow가 자기실현 개념에서 제안한 바 진정한 '내적 자기(inner self)'를 구현할 수 있다(Pfaffenberger, 2007).

Loevinger 이론에 따른 자아발달 수준은 워싱턴 대학교 자아발달 문장완성 검사(Washington University Sentence Completion Test of Ego Development; Hy & Loevinger, 1996)에 의해 측정한다. 이 검사는 사람들에게 '가정을 꾸리는 것은……', '어머니와 나는……'과 같은 부분 문장들을 주고 이 문장들을 완성하게 한 뒤 각 문장을 매뉴얼에 따라 채점하여 자아발달의 특정 단계나 전체 수준에 해당하는 점수를 계산한다.

Loevinger 이론은 자아심리학과 도덕발달을 통합하고 있다는 점에서 '전형적'인 심리역동 이론은 아니다. 사실 Loevinger 이론에 근거한 자아발달검사의 점수는 인지적 요소가 강하다. 실제로 Cohn과 Westenberg(2004)는 5,600명이 넘는 성인들을 대상으로 한 대규모 연구에서 자아발달 수준이 지적 능력과 강한 상관이 있다는 것을 밝혔다. 이 연구에서는 또 자아발달 수준이 높은 사람들이 자기주장, 동조, 두려움 등의 성격변인에서도 점수가 높은 경향이 있는 것으로 나타났다. 그러나 Loevinger 이론의 가장 높은 단계에 도달하는 사람은 찾아보기 어렵다(Pfaffenberger, 2011).

3) Vaillant의 방어기제 이론

Vaillant가 제안한 성격발달이론은 Erikson과 Loevinger의 이론을 아우르는 것처럼 보인다. 그는 발달의 기본 틀로 Erikson의 발달단계를 수용하는 데서 출발했으나 친밀감과 생산성 사이에 **직업 안정**(career consolidation)이라는 단계를 추가하였다. Vaillant에 따르면 젊은 성인들은 이 단계에서 능력을 연마하고 발휘하여 더 높은 사회적 지위와 평판을 얻고자 노력한다.

Vaillant 이론의 상당 부분은 하버드 대학교의 1922년도 졸업생 중 268명의 남성들을 전 생애에 걸쳐 추적 조사한 「하버드 연구」에 기초하고 있다. Vaillant는 45년이 지난 후 그때까지 생존하고 있는 남성 163명에게 5대 요인 성격검사를 실시하고 그 기간 동안 성격 변화가 있는지 조사하였다(Soldz & Vaillant, 1999). 이 연구에서 Vaillant는 신경증, 외향성, 개방성이 모두 개인 내 안정성을 보인다는 결과를 얻었다. 또한 초기의 성격특질이 다양한 방면의 성취와 관련성이 있다는 것도 확인하였다. 즉, 22세 때의 외향성은 수입을 예측해 주었고(외향성 점수가 높았던 사람들이 돈을 더 많이 벌었다), 개방성은 창의적 성취를 예측해 주었으며, 성실성은 높은 수준의 적응과 낮은 수준의 우울증, 흡연, 알코올남용을 예측해 주었다.

Vaillant 이론에서 성격발달은 성인기 동안의 방어기제 사용과 밀접한 관련이 있다. 방어기제는 우리가 일상생활에서 거의 자동으로 사용하는 전략이다. 마음속 가장 깊숙한 곳에 있는 욕망과 충동을 우리가 의식하지 못하도록 보호하는 역할을 한다. 가령, 우리는 마음을 불편하게 만드는 일을 잊어버리거나 덜 불쾌한 방식으로 기억한다. 하지 말아야 했던 일을 했다면 그렇게 했어야만 하는 이유를 스스로에게 만들어 준다. 수용할 수 없는 감정을 느끼는 것이 자신이라고 인정하지 않고 상대방에게 투사한다. 결국 방어기제는 어떤 것이든지 일종의 자기기만 혹은 현실왜곡을 포함하고 있다. 그러나 Vaillant는 어떤 방어기제는 다른 방어기제보다 더 성숙하다고 지적하고, 일상생활의 문제들에 효과적으로 대처하기 위해서는 좀 더 솔직하고 현실을 덜 왜곡하는 성숙한 방어기제를 사용할 필요가 있다고 주장하였다.

사실 미성숙한 방어기제를 사용하면 문제가 해결되는 것이 아니라 오히려 악화될 수 있다. 가령, 주차딱지를 떼였을 때 차의 범퍼를 발로 차는 것과 같은 행동화(act out) 반응을 보인다면 당장은 화가 좀 가라앉는 듯해도 차가 불필요한 손상을 입게 되는 데다(그 결과 주차범칙금보다 돈이 더 많이 들 수도 있다) 다른 사람 눈에 자기조절을 하지 못하는 사람으로 비치게 될 것이다. 행동화 대신 유머 같이 성숙한 방어기제를 사용한다면 기분도 풀어질 뿐 아니라 충동적인 행동으로 인한 사회적 · 실제적 비용을 치르지 않아도 될 것이다.

성격이 아동기 이후로는 변화하지 않는다고 생각한 Freud와는 달리, Vaillant는 자아방어기제가 성인기에도 계속 발달할 뿐 아니라 시간이 갈수록 점차 적응력이 증가하여 직업스트레스에서 결혼불화에 이르기까지 우리가 삶에서 부닥치게 되는 여러 난관에 잘 대처할 수 있도록 돕는다고 생각하였다. Vaillant에 따르면 사람들은 삶의 어느 한 시점에서 성숙도에서 차이가 있는 여러 방어기제를 섞어서 사용한다. 스트레스가 심한 상황에서는 더 낮은 수준의 방어기제를 사용하는 식으로 퇴행을 보일 수 있다. 그러나 나이가 들어갈수록 점점 더 성숙하고 적응적인 방어기제를 추가해 나가며, 행동화나 부인(denial) 같은 미성숙하고 부적응적인 방어기제는 점차 덜 사용하게 된다.

Vaillant는 사람들이 나이가 들면 젊었을 때보다 불안, 스트레스, 좌절을 겪을 때 파괴적이고 감정적인 방식으로 반응하는 경우가 더 적다고 본다. 노인들은 좌절에 빠진 채 해답 찾기를 포기하기보다는 상황을 이해하고 헤쳐 나갈 방법을 찾아내려 노력한다. 이들은 또 부정적인 감정을 억제할 수 있고 이러한 감정을 생산적인 활동으로 돌릴 수도 있다. 반면에, 젊은 사람들은 정서적으로 힘든 상황에 처할 때 다른 사람에게 화를 내거나 자신의 부정적 감정을 다른 사람에게 투사하거나 더 미숙한 형태의 행동으로 퇴행하는 경향이 있다.

〈표 10-4〉 Vaillant가 확인한 방어기제의 범주

범주	예
정신병적	• 망상적 투사: 자신의 이상한 생각과 감정을 다른 사람에게 돌림 • 부인: 어떤 감정, 행위 또는 사건의 존재를 부인함 • 왜곡: 감정과 사건의 현실을 과장하고 변경함
미성숙	• 투사: 수용할 수 없는 생각과 감정을 다른 사람에게 돌림 • 건강염려증: 심리적 갈등을 과장된 신체적 문제로 표현함 • 행동화: 내적 갈등을 파괴적 행동으로 표현함
신경증적	• 전위: 수용할 수 없는 감정을 실제 대상에서 더 안전한 대상으로 이동함 • 억압: 힘든 감정이나 사건을 망각함 • 반동형성: 진짜 감정과는 반대되는 감정을 표현함
성숙	• 이타성: 수용할 수 없는 감정을 다른 사람들에게 도움이 되는 행동으로 바꿈 • 승화: 수용할 수 없는 감정을 생산적 활동으로 표현함 • 유머: 불쾌하거나 혼란스러운 감정이나 상황에 대해 웃을 수 있음

출처: Vaillant (2000)에서 수정 인용.

Vaillant(1993)는 세 표본집단을 활용한 「성인발달 연구(Study of Adult Development)」에서 사람들이 나이가 들수록 미성숙한 방어기제를 점차 덜 사용한다는 것을 보여 주는 결과를 얻었다. 첫 번째 집단은 1938년에 시작된 「하버드 연구」에 참여한 남자 대학생들이었고, 두 번째 집단은 다양한 사회경제수준과 인종으로 구성된 도심 거주 남성들이었으며, 세 번째 집단은 어릴 때 「영재아동 연구」에 참여하였다가 70대 후반에 방어기제 연구를 위해 면담에 참여한 여성들이었다. 최초의 연구 결과는 세 집단 모두 방어의 성숙도와 다양한 성과지표들 간에 정적 상관이 있다는 것을 보여 주었다. 후속 분석도 이 결

과를 지지하였다. 예를 들어, 행동화 같은 미성숙한 방어를 사용하고는 했던 도심 거주 남성들은 알코올문제, 불안정한 결혼, 반사회적 행동 등을 경험할 가능성이 더 높았다(Soldz & Vaillant, 1999).

Cramer(2003)는 24년에 걸친 종단연구에서 150명이 넘는 남녀를 성인 초기에서 중기까지 추적하였는데, Vaillant 연구에서와 마찬가지로 사람들은 나이가 들수록 더 성숙한 방어기제들을 많이 사용한다는 것을 발견하였다. 또 다른 연구들은 노년기 성인들이 부정적 정서를 통제하거나 상황을 객관적 시각에서 바라보려고 하는 등의 성숙한 방어기제를 사용함으로써 정서를 조절할 수 있다는 것을 보여 주었다(Labouvie-Vief & Medler, 2002).

스트레스 상황에 대처하기 위해 사용하는 방어기제는 남녀 간에 일관성 있게 차이가 있는 것으로 나타난다(Labouvie-Vief & Medler, 2002). 연령에 관계없이 여성들은 불쾌하거나 스트레스를 주는 상황을 맞닥뜨리지 않으려 하고, 일이 잘못되었을 때 자신을 탓하며 다른 사람의 도움을 얻으려 할 가능성이 더 크다. 반면에, 남성들은 감정을 밖으로 쏟아내고 무의식적 감정과는 반대되는 방식으로 행동하는 방어기제인 반동형성을 사용하는 경향이 있다.

4) Whitbourne의 정체성 과정 이론

정체성 과정(identity process) 이론은 자기일관성의 유지(정체성 동화)와 경험에 대한 반응 방식의 변화(정체성 조절) 사이에 균형을 수립함으로써 환경에 최적의 적응을 하는 것이 발달의 목표라고 본다. 우리가 환경에 어떤 행위를 하는 것은 자신에게 중요하고 가치 있다고 생각되는 활동을 함으로써 자신을 표현하려는 시도이다. 사람들은 일상생활에서 일어나는 사건들을 정체성 동화에 의해 현재의 정체성과 일치하는 방식으로 해석한다. 어떤 사건이 현재의 정체성과 너무 큰 괴리가 있어서 현재의 정체성으로는 해석할 수가 없다면 정체성 조절이 작용하게 된다(Whitbourne & Whitbourne, 2014).

사람들은 대부분 자신에 대해 긍정적인 생각을 하지만, 나이가 들수록 자기존중감을 갉아먹는 경험을 점점 더 많이 하게 된다. 그러나 정체성 과정에 관한 연구들은 사람들은 나이가 들면서 점점 정체성 동화를 더 많이 하며 그렇게 함으로써 긍정적 자기존중감을 유지한다는 것을 보여 준다. 정체성 동화가 갖는 장점은 사람들이 경험과 완전히 동떨어진 자기개념을 갖지 않은 채 자신에 대해 긍정적 견해를 지닐 수 있게 해 준다는 것이다.

다중역치 모델은 사람들이 나이가 들면 신체기능과 심리기능에 일어나는 변화에 대해 정체성 동화 또는 정체성 조절을 할 것으로 예측한다. 한 연구는 40~95세 사이의 성인 250명가량을 대상으로 이 모델을 검증하였다(Whitbourne & Collins, 1998). 연령에 따른 특정 변화와 관련하여 정체성 동화를 사용하는(예: 변화에 대해 생각하지 않거나 변화를 자신의 정체성에 통합하지 않는) 사람들은 정체성 조절을 사용하는(예: 변화에 온통 마음이 빼앗긴) 사람들보다 자기존중감이 더 높았다. 변화를 일정 정도 부인하거나 또는 적어도 최소화하는 것이 신체 변화 및 정체성 변화와 관련하여 중요한 듯하다.

정체성과 자기존중감의 관계를 더 일반적인 관점에서 검토한 후속 연구들에서도 정체성 균형과 동화를 사용하는 사람들이 자기존중감이 더 높다는 결과를 얻었다(Sneed & Whitbourne, 2003). 반면에, 성인기에 정체성 조절을 많이 하는 사람들은 자기존중감이 더 낮았다. 그러나 정체성 과정 사용에는 남녀 차이가 있는데, 여자가 남자보다 정체성 조절을 더 많이 사용한다(Skultety & Whitbourne, 2004). 또 정체성 동화를 하는 일부 여성은 실제로는 내면을 들여다보며 자신의 결점에 직면하지 않으면서도 자신이 부정적 피드백에 대해 융통성 있고 개방적인 사람인 것처럼 보이기 위해 정체성 균형을 사용한다고 주장하기도 한다(Whitbourne et al., 2002).

정체성 동화가 건강을 지켜 주고 사망 시기를 늦춰 주는 장점이 있을 수 있다는 것을 보여 주는 결과도 있다(Levy et al., 2002). 노화에 대한 사회의 부정적 견해를 받아들이지 않는(일종의 정체성 동화를 하는) 노인들은 정체성 조절을 하면서 그러한 부정적 관점에 대한 저항력을 키우지 못한 노인들보다 7.5년을 더 오래 살았다. 정체성 동화의 장점은 노화와 관련하여 자신을 부정적으로 평가하지 않는 사람들이 심리적 건강이 더 뛰어나다는 종단연구 결과에서도 입증되었다(Cramer & Jones, 2007). 그와는 반대로 정체성 조절에 주로 의존하는 노인들은 우울 증상을 많이 경험하는 것으로 보고되었다(Weinberger & Whitbourne, 2010).

사람들이 지난 삶을 되돌아보고 자신이 어떻게 변화해 왔는지 생각할 때 정체성 동화를 하는 경향을 보이는 것은 과거 경험을 회상할 때 흔히 나타나는 일반적 편향이다. **인생이야기**(life story)는 개인이 과거에 겪었던 사건들에 대한 내적 내러티브이다(Whitbourne, 1985). 정체성 동화를 많이 하는 이러한 편향은 60대 초반의 남녀 약 260명에게 인생이야기를 통해 자신의 성격 변화를 회고적으로 보고하게 한 연구에서 입증되었다. 특히 남자들은 자신이 20대에서 60대 사이에 '자신감(confident power)' 같은 특성이 증진되었다고 생각하는 경향이 있었다(Miner-Rubino et al., 2004).

정체성 동화는 노인이 자신의 능력에 대한 부정적 정보에 맞닥뜨릴 때 이들을 보호하는 기능을 하기도 한다. 자동차사고 내력 때문에 운전 재교육 학급에 의뢰된 나이 든 운전자들 가운데 자신의 운전능력을 과대평가한 노인 운전자들은 자신의 운전능력이 감퇴했다는 비관적 생각을 하는 노인 운전자들에 비해 실제 운전능력에 대한 피드백을 받은 후에 우울 증상을 더 적게 보였다(De Raedt & Ponjaert-Kristoffersen, 2006).

그러나 정체성 동화 또는 조절을 사용하는 경향은 문화에 따른 편향이 있을 수 있다. 미국과 네덜란드의 노인들을 비교한 연구는 정체성을 유지하는 것이 정체성 과정과 자기존중감의 관계를 매개한다는 결과를 얻었는데 이 매개효과가 네덜란드 노인보다 미국 노인에게 더 강하게 나타남으로써(Westerhof, Whitbourne, & Freeman, 2012) 노화에 대한 견해가 문화 간에 차이가 있다는 것을 보여 주었다.

성격연구가 개인차에 초점을 맞추고 건강, 인지, 신체 변화 등 다양한 주제에 관한 연구를 통합함에 따라 노화 과정에서 사람들이 보이는 다양한 반응들을 밝혀낼 수 있을 것으로 전망된다. 그러한 연구는 노화를 생물심리사회적 관점에서 더욱 깊이 이해하게 해줄 뿐 아니라 개입에 대한 실제적 함의를 제공해 줄 수도 있을 것이다.

5) 가능한 자기 이론

Markus와 Nurius(1986)가 내놓은 **가능한 자기**(possible selves) 이론은 사람들이 자신에 대해 가지고 있는 개념(자기도식)이 장차 그가 어떤 노력을 할지를 선택하게 만든다고 말한다. '가능한 자기(possible selves)'는 우리가 미래에 그렇게 될 수 있다고 생각하거나 그렇게 되고 싶거나 또는 그렇게 될까 봐 두려워하는 모습들이다. 가능한 자기는 현재의 자신과 미래의 자기 모습 사이의 간극을 보여 줌으로써 그 간극을 좁히기 위한 행동을 하도록 동기를 불러일으키기도 하고 현재의 자기를 방어하는 기능을 하기도 하는 등 심리적 자원의 역할을 한다.

우리는 정말로 되고 싶은 '가능한 자기'가 되기 위해 노력하기도 하고, 그렇게 될까 봐 두려운 '가능한 자기'가 되지 않기 위해 노력하기도 한다. 이런 노력이 성공적일수록 자신의 삶에 만족하고 긍정적인 감정을 갖게 된다. 그러나 되고 싶은 자기가 되지 못하거나, 되고 싶지 않은 자기가 되는 것을 피할 수 없을 때는 자신의 삶을 부정적으로 평가하게 되고 부정적인 감정을 갖게 된다. 이때에는 보호기제가 작동하여 가능한 자기를 수정함으로써 미래의 실망이나 좌절을 피하게 되는데, 수정된 가능한 자기는 현재의 경험과 더 잘 일치한다.

가능한 자기는 성인기 동안 계속 변화한다. 사람들은 그에 따라 노년기까지도 계속 미래지향적 자세를 가지고 변화에 대한 희망을 품을 수 있다. 많은 연구가 가능한 자기가 연령대에 따라 차이를 보인다는 결과를 보고하였다(Frazier et al., 2002). 이들 연구에서는 여러 연령대의 사람들에게 그들이 장차 되고 싶은 또는 되고 싶지 않은 자신의 모습이 어떤 것인지 물어보고, 그에 대한 답변을 가족, 성격, 결혼여부, 관계, 직업 등의 범주로 분류하였다. 되고 싶은 자기와 관련하여 젊은 사람들은 가족(예: 좋은 배우자를 만나는 것)을 가장 중요하게 생각했지만, 중년 성인들은 가족보다는 자신의 개인적 문제(예: 배려하는 사람이 되는 것)를 더 중요하게 여기는 것으로 나타났다(Cross & Markus, 1991). 중년 성인들은 또 직업을 유지하고 중년기의 심리적 변화에 적응하는 것에도 중요성을 부여하고 있었다(Hooker & Kaus, 1994). 되고 싶지 않은 자기와 관련해서는 젊은 사람들은 비만과 늙음으로 인한 매력 상실에 초점을 두었으나, 중년 성인들은 알츠하이머병에 걸리거나 스스로 돌볼 수 없는 상태를 중요하게 꼽았다.

60세가 넘은 노인들에게는 활동적·독립적으로 생활하는 것과 같은 개인적 문제가 가장 중요한 것으로 밝혀졌다(Cross & Markus, 1991; Smith & Freund, 2002). 이들에게 가능한 자기와 관련하여 무엇보다도 중요하고 민감한 내용은 건강이었다(Frazier et al., 2002; Hooker & Kaus, 1994).

젊은 사람들은 다수의 가능한 자기를 가지고 있을 확률이 높다. 그들은 또 되고 싶은 자기가 될 수 있고 되고 싶지 않은 자기가 되는 것을 피할 수 있다고 믿는 경향이 있다. 그러나 나이가 들수록 가능한 자기의 수가 줄어들 뿐만 아니라 되고 싶은 자기를 실현할 수 있을 것이라는 희망이나 되고 싶지 않은 자기를 회피할 수 있을 것이라는 믿음도 감소한다. 희망하는 자기의 실현이나 두려운 자기의 회피는 우리가 어떻게 해 볼 수 없는 영역에 있다고 믿는다.

6) 성역할 정체성

우리는 누구나 '남성성'과 '여성성'이 무엇인지에 대한 고정관념을 가지고 있다. 흔히 여성은 연약하고 자존감이 낮고 덜 활동적이고 수동적이고 순응적인 반면에, 남성은 강하고 활동적이고 자율성이 높고 위험을 감수하며 공격적이고 성취지향적이라고 생각한다. 이런 고정관념은 개인이 성장하는 과정에서 생물학적 성에 부합하는 성역할 정체성을 형성하도록 영향을 미친다.

Jung(1933)을 필두로 여러 연구자가 중년기 동안 성역할 정체성의 **교차**(crossover)가 일어난다고 주장하였다. Jung에 따르면, 청소년기에 여성들은 자신에게 존재하는 남성적 성향을 억누르고 남성들은 여성적 성향을 억누르지만, 중년기가 되면 그때까지 억눌려 있었던 반대 성의 성향을 탐색하고 인정하며 남성적 특성과 여성적 특성의 균형을 추구한다. 즉, 남성은 자신의 성격 중에서 좀 더 온화하고 양육적인 부분이 출현하는 것을 받아들이고, 여성은 좀 더 독립적이고 계획적으로 된다는 것이다.

남성과 여성의 성역할 정체성은 성인 초기에 가장 크게 차이를 보이다가 중년기를 넘기면서 점차 비슷해지게 된다(Gutmann, 1987). 성인 초기는 남녀 모두 성적 특성이 두드러지는 시기이자 파트너를 유혹하고 번식하기 위해 반대 성의 특성을 억압해야 하는 시기이기 때문이다. Gutmann(1987)은 남녀 모두 억압을 풀고 자신 안에 있는 반대 성의 특성을 내보일 수 있게 되는 것은 부모의 역할이 더는 삶의 가장 중요한 부분이 아니게 된 이후에야 가능해진다고 보았다. 성역할 완화 또는 성 교차가 중년기가 되어서야 진행될 수밖에 없는 이유이다. 이런 점에서 Gutmann(1987)은 노화를 흔히 생각하듯이 상실로 보기보다는 개인적 자유와 새로운 역할의 획득이라는 관점에서 보아야 한다고 주장하였다. 다른 연구자들도 성역할 교차를 보여 주는 연구 결과들이 노년의 남성과 여성이 성역할의 고정관념을 뛰어넘어 본질적으로 성에서 자유로운 상태에 이르게 됨을 의미하는 것이라고 해석한다(Sinnott, 1986).

그렇다고 성 교차가 여성이 남성보다 더 남성적으로 되고 남성은 여성보다 더 여성적으로 되는 식의 완벽한 '크로스오버'를 의미하는 것은 아니다. 나이가 들면서 이전에는 표현하지 못했던 자신의 일부분을 표현하는 개방성이 증가하는 것이라는 설명이 가장 타당할 것이다. 노화와 더불어 나타나는 이와 같은 성역할 정체성의 변화는 남성보다는 여성에게 더 강하게 나타나는 것으로 보인다.

제11장

노년기의 정신건강과 치료

1. 노년기 정신질환의 양상
2. 노년기에 흔히 나타나는 정신장애
3. 노년기 정신건강의 관리와 치료
4. 노인학대
5. 노인자살

제11장

노년기의 정신건강과 치료

정신질환이 있으면 당사자의 삶이 심각하게 손상되고 적응력도 크게 떨어진다. 이런 상태는 수년간 지속될 수 있다. 시간이 지나면서 증상이 가라앉는다고 할지라도, 당사자는 증상이 다시 발생할 경우를 대비해 끊임없이 경계 태세를 취하기가 십상이다. 다행히도 소수만이 이러한 문제를 경험하지만, 문제를 겪는 당사자는 가족관계와 직장생활에 어려움이 있을 뿐 아니라 지역사회에서 독립적인 생활을 하기도 어렵다.

정신질환은 평생의 발달과정을 반영하며 그 귀결이라 할 수 있다. 생애 초반의 위기요인과 보호요인이 누적되어 후반의 삶에 영향을 미치는 것이다. 이 장에서는 노년기에 흔히 나타나는 정신질환의 종류와 특성에 대해 알아보고 이들 질환의 치료 및 평가방법에 대해서도 알아본다. 노년기의 정신질환과 밀접한 관련이 있는 노인학대와 노인자살에 대해서도 살펴보기로 한다.

1. 노년기 정신질환의 양상

어떤 행동이 행동 당사자에게 주관적 고통을 느끼게 하거나, 일상생활에 지장을 초래하거나, 자신이나 타인에게 위험을 가져다주거나, 사회적 · 문화적으로 수용될 수 없다면 그 행동은 '이상(abnormal)'이라고 판단할 수 있다(Whitbourne & Halgin, 2013). 예컨대, 취미로 동전을 수집하는 사람은 '이상' 또는 정신질환이 아니다. 동전 수집은 당사자에게 해가 되지 않고 문화적으로도 받아들여지는 행동이기 때문이다. 그러나 집에 낡은 신문, 잡지, 종이상자를 발 디딜 틈도 없을 정도로 모아들여 놓고 누추하게 살아가는 사람이 있다면 이 사람은 정신질환이 있는 것으로 간주할 수 있다. 사회적 규범을 벗어나는 행동일 뿐 아니라 집 안에 쌓인 먼지나 쓰레기로 인해 화재위험이나 그 밖의 불상사를 초래할 수 있기 때문이다.

『**정신질환의 진단 및 통계 편람**(Diagnostic and Statistical Manual: DSM)』은 어떤 행동이 '이상'의 조건에 부합하는지에 대한 진단기준을 제공하는 분류체계로서 가장 최근의 개정판은 **DSM-5**이다(American Psychological Association, 2014). 이 장에서는 이 체계를 기초로 하여 노년기 정신장애를 살펴보기로 한다. 그러나 DSM은 정신장애의 진단범주가 노년기에 어떤 변화를 보일지를 고려하여 개발된 것이 아니므로 DSM 진단을 노인에게 적용할 때에는 문제가 있을 수 있다는 점을 염두에 두어야 한다. 〈표 11-1〉에는 노년기에 많이 발생하는 주요 장애들이 제시되어 있다(Whitbourne & Whitbourne, 2014).

〈표 11-1〉 노년기에 관찰되는 DSM-5 장애

범주	기술	장애의 예	주요 고려사항
우울장애	슬픈 기분의 지속	주요우울장애 지속성 우울장애	우울은 인지손상이나 신체증상으로 나타날 수 있음.
불안장애	강한 불안, 걱정 또는 근심	범불안장애 공황장애 특정공포증 사회불안장애 광장공포증	불안장애 증상은 의학적 증상과 함께 나타나거나 공존할 수 있음.
강박 및 관련 장애	강박적 사고와 강박적 행동	강박장애 신체이형장애 저장장애	
조현병 스펙트럼 및 기타 정신병적 장애	현실을 왜곡하거나 사고, 행동, 감정, 동기가 심각하게 손상되는 등의 정신병적 증상	조현병 조현정동장애 긴장형장애 망상장애 단기 정신병적 장애 조현형 성격장애	조현병의 완전관해율은 20~25%임. 노인의 10%는 증상을 지속적으로 경험하며 다른 노인들보다 자살률이 더 높음.
신경인지 장애	신경질환이나 내과질환으로 인한 인지기능 손실	섬망 중증 및 경도 신경인지장애	섬망은 치매로 오진될 수 있음.
물질 관련 및 중독장애	향정신성 물질의 사용, 중독, 금단	알코올사용장애 진정제, 수면제 또는 항불안제 관련 장애	노인들은 흔히 생각하는 것보다 이런 장애를 겪을 위험이 더 높음.

출처: Whitbourne & Whitbourne (2014).

보건복지부(2016)의 정신질환실태조사에 의하면 우리나라 성인의 25% 정도가 평생 한 번 이상 정신장애를 앓는다(〈표 11-2〉). 성인 4명 중 한 명꼴이다. 정신질환 유병률은 남성(28.8%)이 여성(21.9%)보다 조금 더 높다. 그러나 남성의 경우 알코올과 니코틴 사용장애[1]의 비율이 매우 높고 이 장애를 제외한다면 여성(17.2%)이 남성(9.1%)보다 오히려 두 배 넘게 정신장애 유병률이 높다. 뒤에서 보겠지만, 여성은 기분장애와 불안장애의 유병률이 남성보다 훨씬 더 높다.

〈표 11-2〉의 자료는 평생, 지난 1년 또는 지난 1개월 동안 정신장애를 앓은 적이 있는 사람의 비율이 연령이 증가함에 따라 완만하게 감소하는 것을 보여 준다.

〈표 11-2〉 우리나라 성인의 성별과 연령에 따른 정신장애 평생 · 일년 · 일개월 유병률(%)

연령		평생			일년			일개월		
		남	여	전체	남	여	전체	남	여	전체
모든 정신장애	18~29세	29.6	33.1	31.2	17.2	20.3	18.6	2.3	16.0	15.1
	30~39세	25.9	28.2	27.1	11.9	13.5	12.7	2.0	11.7	11.2
	40~49세	30.8	18.8	24.7	14.0	7.9	10.9	1.9	6.9	9.0
	50~59세	33.9	15.8	25.2	13.4	8.8	11.1	1.8	6.5	8.9
	60~69세	25.9	18.5	21.9	5.0	11.0	8.1	1.3	8.7	6.7
	70세 이상	21.6	14.5	17.7	4.1	7.1	5.7	1.0	5.6	4.7
계		28.8	21.9	25.4	12.2	11.5	11.9	10.2	9.4	9.8
알코올 · 니코틴 사용장애 제외	18~29세	14.6	21.9	18.0	10.2	13.9	11.9	8.3	12.3	10.2
	30~39세	9.0	20.2	14.6	4.8	11.5	8.1	3.6	10.5	7.0
	40~49세	7.2	15.7	11.5	4.3	6.6	5.5	3.4	5.9	4.7
	50~59세	6.4	14.0	10.1	2.7	8.3	5.4	2.1	6.2	4.1
	60~69세	9.4	18.0	13.9	2.5	9.6	6.3	2.4	7.8	5.2
	70세 이상	6.7	13.0	10.2	3.0	7.0	5.2	3.0	5.5	4.4
계		9.1	17.2	13.2	5.0	9.5	7.2	4.0	8.1	6.1

출처: 보건복지부(2016) 정신질환실태조사.

1) 2014년 개정된 DSM-5에서는 '알코올사용장애'와 '니코틴사용장애'가 각각 '알코올관련장애'와 '담배관련장애'로 변경되었으나 이전에 발간된 서적들은 물론이고 통계청 자료에서도 종전의 용어가 계속 사용되고 있다. 이 책에서는 원전의 자료를 인용할 때에는 원전에서 사용된 용어를 그대로 사용하고, 그렇지 않은 부분에서는 DSM-5의 변경된 용어를 사용하기로 한다.

그러나 알코올 및 니코틴 사용장애를 제외할 경우 남성은 정신장애 유병률이 대체로 감소하는 추세를 나타내지만, 여성은 연령에 따른 차이를 뚜렷하게 보이지 않는다. 즉, 여성의 경우에는 나이가 들어도 정신장애 유병률이 감소하지 않는다.

생각상자 11-1.

나이 든 사람들이 보이는 우울장애 증상들이 젊은 사람들이 보이는 증상과 다른 이유는 무엇일까?

2. 노년기에 흔히 나타나는 정신장애

1) 우울장애

(1) 유병률

우리나라 성인의 상당수가 생애 어느 시점에서 우울장애를 겪는다. 질병관리본부의 국민건강통계 자료에 따르면, 만 19세 이상 우리나라 성인의 우울장애 유병률은 2018년 기준으로 4.3%이고 여자(6.1%)가 남자(2.5%)보다 두 배 이상 높다. 또 여자는 20대(9.0%)에 유병률이 가장 높고 이후 점차 감소하다가 60세를 넘어서면서 다시 증가하는 추세를 보이지만, 남자는 연령에 따른 변화가 거의 없는 편이다(〈표 11-3〉).

〈표 11-3〉 연령과 성별에 따른 우울장애 유병률(%)

연령	남	여	전체
19~29세	2.8	9.0	5.7
30~39세	2.4	5.5	3.9
40~49세	2.5	4.2	3.3
50~59세	2.2	4.8	3.5
60~69세	2.2	6.5	4.4
70세 이상	2.7	6.7	5.1
계	2.5	6.1	4.3

출처: 보건복지부, 질병관리본부(2018) 국민건강통계.

우울장애의 하위유형으로 주요우울장애와 지속성 우울장애가 있다.[2] 보건복지부(2016)의 정신질환실태조사를 보면, 우리나라 성인의 **주요우울장애** 평생유병률은 2001년 4.0%, 2006년 5.6%, 2011년 6.7%로 상승세를 보이다가 2016년에는 5.0%로 조금 하락하였다. 미국, 유럽, 뉴질랜드 등 서구권 국가에서는 12.8%에서 16.6%까지 보고되고 있어 우리나라의 주요우울장애 평생유병률이 상대적으로 낮은 수준이라 할 수 있다.

우리나라 성인의 **지속성 우울장애**(기분부전장애) 평생유병률은 1986년에는 2.2%였으나 2006년 0.5%, 2011년 0.8%, 2016년 0.2%로 최근까지도 낮은 수준을 유지하고 있다. 지속성 우울장애도 주요우울장애와 마찬가지로 국가 간에 유병률 차이가 큰데 미국, 유럽, 뉴질랜드 등은 지속성 우울장애 평생유병률이 2.5~7.9%의 범위에 있어 우리나라가 유병률이 상대적으로 낮은 편이다.

〈표 11-4〉는 기분장애의 하위유형별로 연령에 따른 일년유병률의 변화를 보여 준다.

〈표 11-4〉 우울장애와 양극성장애의 하위유형별 일년유병률의 연령에 따른 변화(%)

연령	우울장애						양극성장애		
	주요우울장애			기분부전장애					
	남	여	계	남	여	계	남	여	계
18~29세	3.1	2.9	3.0	0.7	0.6	0.7	0.0	0.0	0.0
30~39세	0.1	2.4	1.2	0.0	0.0	0.0	0.0	0.6	0.3
40~49세	1.4	0.6	1.0	0.1	0.0	0.0	0.0	0.5	0.2
50~59세	0.6	1.8	1.2	0.0	0.6	0.3	0.0	0.4	0.2
60~69세	0.0	2.0	1.3	0.0	0.2	0.1	0.0	0.0	0.0
70세 이상	0.0	2.7	1.5	0.2	0.1	0.1	0.0	0.0	0.0
계	1.1	2.0	1.5	0.2	0.3	0.2	0.0	0.3	0.1

출처: 보건복지부(2016) 정신질환실태조사.

2) DSM-IV에서는 기분장애에 우울장애, 기분부전장애, 양극성장애가 포함되었으나 DSM-5에서는 우울장애와 양극성장애가 분리되었고 우울장애 하위유형으로 주요우울장애와 지속성우울장애(기분부전장애)가 포함되는 것으로 분류하고 있다.

주요우울장애의 일년유병률(매년 새로 발생하는 비율)을 보면 남성은 20대(3.1%)와 40대(1.4%)에 어느 정도 발생하다가 60대를 넘어서면 자취를 감추는 데 반해, 여성은 40대에 거의 발생하지 않는 것을 제외하고는 어느 연령에서나 2% 안팎으로 나타나 100명 중 2~3명 정도가 매년 새로 주요우울장애를 앓게 된다고 볼 수 있다.

지속성 우울장애의 일년유병률도 여자(0.5%)가 남자(0.1%)보다 높다. 지속성 우울장애는 남자에게는 30대 후반과 40대 초반에 주로 발병하지만, 여자에게는 20대부터 60대까지 비교적 고르게 발병하는 양상을 보인다.

노인들은 젊은 성인들에 비해 진단 가능한 우울장애 유병률은 높지 않지만, 상당수가 우울 증상을 보고한다. 보건복지부의 노인실태조사에 따르면, 우울 증상을 보이는 노인의 비율은 2017년 기준 65~69세 15.1%, 70~74세 18.2%, 75~79세 23.6%, 80~84세 30.7%, 85세 이상일 때 33.1%로, 나이가 들수록 우울 증상을 보이는 비율이 점차 더 높아지는 양상을 보인다. 일차 보호시설에 거주하는 노인들(17~35%)은 지역사회에서 생활하는 노인들(8~20%)에 비해 우울 증상을 경험하는 비율이 거의 두 배에 달한다는 연구 결과도 있다(Gurland, Cross, & Katz, 1996). 노인들은 또 우울장애의 진단기준에 해당하지 않는다고 해도 시간이 지나도 호전되지 않는 우울 증상으로 인해 고통을 겪는 경우가 많다(Beekman et al., 2002).

(2) 노년기 우울장애의 진단 문제

우울 증상은 연령에 따라 차이가 있다. 노인들은 흔히 우울 증상으로 간주되는 불행감, 죄책감, 낮은 자기존중감, 자살생각 등의 '심리' 증상을 보고하는 일이 거의 없다. 노인들은 이런 증상이 아니라 통증이나 배탈 같은 신체 증상을 치료하기 위해 병원을 찾는 경우가 많다(Amore et al., 2007).

60세 이후 처음으로 나타나는 경미한 또는 중간수준의 우울증을 **후발성 우울증**(late-onset depression)이라 한다. 후발성 우울증의 위험요인으로 배우자 사별, 낮은 교육 수준, 신체기능 손상, 과도한 음주 등이 있다. 후발성 우울증에는 정신병적 증상이 뒤따르기 쉽다(Gournellis et al., 2001). 침울성 망상과 허무망상 또는 자기나 타인이나 세상이 이제는 존재하지 않는다는 믿음 등의 증상이 나타날 수 있다. 우울증은 치매와 함께 나타나기도 하는데, 치매라는 질병이 자신의 장래에 대해 어떤 의미를 갖는지를 사람들이 깨닫기 시작하는 초기 단계에 우울증이 나타날 확률이 특히 높다(Harwood, Sultzer, & Wheatley, 2000).

노인 중에서도 특히 여성 노인들이 우울장애 증상을 많이 보고한다. 60대 여성은 우울장애 비율이 6.5%, 70대 이상은 6.7%로 보고된다(〈표 11-3〉 참조). 병원이나 클리닉에 입원한 노인들은 우울장애 비율이 30%에 육박하기도 한다(Whitbourne & Meeks, 2010). 남성들도 60~80세 사이에는 여성과 거의 유사한 수준으로 우울 증상을 많이 보고한다는 결과도 보고된 바 있다(Barefoot, Mortensen, Helms, Avlund, & Schroll, 2001).

노인들은 자신이 겪고 있는 증상을 제대로 보고하지 않아서 정확한 진단을 받지 못하는 경우가 많다. 따라서 건강관리 전문가들은 노인 내담자들이 보이는 우울 징후를 알아보는 훈련을 받을 필요가 있다(Charney et al., 2003). 의사들이 노인 내담자의 심리장애를 진단할 때 적절히 대응하지 못하는 경우도 많다. 게다가 의사들은 젊은 환자보다는 나이 든 환자를 진료할 때 시간을 더 적게 들이는 경향이 있다.

노인의 우울장애 진단을 가로막는 또 다른 요인은 전문가들이 우울장애를 대하는 태도와 관련이 있다. 우울이 노화의 자연스러운 결과라고 생각하여 노인이 보이는 우울 증상에 별로 주의를 기울이지 않기도 하고, 노인 내담자를 심리장애로 진단하여 낙인찍는 것을 피하려 하는 경우도 있다(Duberstein & Conwell, 2000). 우울장애는 신체질환과 함께 발생하는 경우가 많기 때문에 의사가 우울장애의 증상들을 보고도 우울장애임을 알아채지 못하거나 신체질환에서 비롯된 것으로 오진을 하기도 한다(Delano-Wood & Abeles, 2005). 따라서 노인을 치료하는 의사들은 기저의 질병이나 치매에 주의를 기울이면서 세심하게 진단하는 것이 매우 중요하다(Small, 2009).

(3) 노년기 우울장애의 위험요인

노년기에 나타나는 우울장애의 원인은 다양하다. 신체기능 저하(Okura et al., 2010), 감각기능 손상(Dillon, Gu, Hoffman, & Ko, 2010)이나 통증(McCarthy et al., 2009)이 노년기 우울증의 원인이 될 수 있다. 기본적 신변처리를 할 수 없는 기능성 장애가 자아존중감을 떨어뜨림으로써 우울 증상을 초래할 수도 있다(Yong, 2006). 초고령노인의 경우 인지능력 및 성격의 변화가 우울증 발병의 위험요인이 될 수 있다(Margrett et al., 2010). 사별, 고독, 스트레스를 주는 생활사건과 같은 심리사회적 쟁점들도 중년기(Kendler, Myers, & Zisook, 2008)와 노년기(Holley & Mast, 2007)의 우울장애에 위험요인으로 작용할 수 있다.

노년기의 스트레스에 제대로 대처하지 못할 때도 우울장애 발병 위험이 증가할 수 있다. 10년간의 종단연구에 참여한 노인들 가운데, 문제가 생겼을 때 이를 해결하기 위해 회피와 같은 비효율적인 대처방법을 사용했던 노인들이 직접적이고 문제중심적인 대처방법을 사용했던 동년배 노인들과 비교할 때 우울 증상을 더 많이 겪었다(Holahan et al., 2005).

신체질환도 노년기에 우울장애를 일으킬 수 있다(고정은, 이선혜, 2012; 권경희, 2015; Sneed, Kasen, & Cohen, 2007). 관절염으로 인한 활동 제약(Shin et al., 2006), 당뇨병(Campayo et al., 2010), 대사증후군(Almeida et al., 2009), 고혈압(Garcia-Fabela et al., 2009), 뇌졸중(Santos et al., 2009), 대퇴부 골절(Lenze et al., 2007) 등은 노년기 우울증의 위험요인이다. 이 같은 결과는 노인의 신체질환이 사회적 참여에 제약을 초래하면서 정신건강에 영향을 미치는 것으로 해석된다.

주요 질병은 아니나 노년기에 우울장애를 일으킬 수 있는 위험요인 중 하나는 치아 상실이다. 나이가 들면 치아를 잃는 경우가 많은데 우울한 노인들일수록 치아를 잃었을 확률이 높다(Hugo et al., 2009). 흔히 간과하기 쉬운 또 하나의 위험요인은 비타민 D 결핍으로, 이는 인지 손상을 초래하는 위험요인이기도 하다(Barnard & Colon-Emeric, 2010). 이런 질병들을 다스리도록 돕는 중재는 노인들이 불필요하게 우울 증상을 겪지 않게 해 줄 수 있다.

앞서 언급했듯이 신체기능이 저하되거나 질병이 있으면 주요우울장애 발병 위험이 증가하는데, 우울장애가 있는 노인들이 오랫동안 적절한 치료를 받지 못하면 신체기능뿐 아니라 인지기능도 더더욱 감퇴하게 될 가능성이 크다(Boyle et al., 2010). 7년간 우울증 점수가 높았던 70대 노인들이 그렇지 않은 동년배 노인들보다 인지기능이 더 크게 감퇴했다는 연구 결과도 있다(Chodosh et al., 2007). 우울 증상은 노인의 사망률을 예측해 주는데(St. John & Montgomery, 2009), 이는 면역기능의 약화와 관련이 있는 것으로 생각된다. 우울은 사이토카인(신체 방어체계를 제어하거나 자극하는 신호물질로 사용되는 당단백질)을 활성화하는데, 사이토카인은 심혈관질환, 골다공증, 관절염, 제2형 당뇨병, 암, 치주질환, 노쇠, 기능저하가 발생할 위험을 높이는 것으로 보고되고 있다(Kiecolt-Glaser & Glaser, 2002). 주요우울장애와 만성 우울증은 신경인지장애의 발병 위험을 높일 수도 있다(Byers et al., 2012).

2) 양극성장애

양극성장애의 평생유병률은 1986년에는 0.42%였으나 2006년 0.3%, 2011년 0.2%, 2016년 0.1%로 하락추세를 보이는데, 역시 미국(3.9%), 뉴질랜드(3.8%) 등 서구권 국가에 비해 낮은 수준이다.

양극성장애는 다른 장애에 비해 비교적 드물게 발생하는 장애이지만 성별에 따라 유병률에 차이가 크다. 〈표 11-4〉에서 볼 수 있듯이 남성은 연령에 관계없이 일년유병률이 전무(全無)인 상태이고, 여성은 30~50대 사이에 매년 천 명당 4~6명 정도 양극성장애가 발생한다.

양극성장애의 조증 삽화가 노년기에 처음으로 발병할 확률은 상당히 낮다. 노년기에 양극성장애가 발병할 경우 뇌혈관질환의 발생 가능성을 염두에 두어야 한다(Subramaniam et al., 2006). 생애 후반에 처음으로 양극성장애를 일으키는 사람들은 뇌에 백질 밀집 현상이 나타나는 경우가 많은데 이는 양극성장애의 발병에 혈관이 중요한 역할을 할 수 있다는 것을 보여 준다(Zanetti et al., 2007).

3) 불안장애

불안장애의 주된 증상은 불안, 즉 미래에 일어날지도 모르는 일에 대한 두려움이다. 불안장애가 있는 사람들은 불안과 관련된 불쾌감을 느낄 뿐 아니라 불안을 유발하는 상황을 피하려고 노력한다. 그 결과 직장생활을 하거나 여가활동을 즐기기가 어렵고 친구나 가족과 어떤 활동을 함께하기도 힘들어진다.

불안장애의 하위유형으로 공황장애, 광장공포증, 사회공포증, 범불안장애와 특정공포증이 있다. 보건복지부의 정신질환실태조사에 따르면(〈표 11-5〉) 우리나라 성인의 불안장애 평생유병률은 2016년 기준 10.8%이었고 여성(13.5%)이 남성(8.9%)보다 더 높았다. 광장공포증을 제외한 나머지 하위유형들도 모두 여성이 남성보다 유병률이 더 높았고 특히 특정공포증의 유병률은 두 배를 넘었다.

〈표 11-5〉 불안장애의 하위유형별 평생유병률(%)

	남	여	계
공황장애	0.4	0.6	0.5
광장공포증	0.8	0.6	0.7
사회공포증	1.2	2.0	1.6
범불안장애	1.9	2.8	2.4
특정공포증	3.6	7.5	5.6
계	8.9	13.5	10.8

출처: 보건복지부(2016) 정신질환실태조사.

〈표 11-6〉은 불안장애의 하위유형별로 일년유병률의 연령에 따른 변화 양상을 보여준다.

〈표 11-6〉 불안장애 하위유형별 일년유병률의 연령에 따른 변화(%)

연령	공황장애			광장공포증			사회공포증		
	남	여	계	남	여	계	남	여	계
18~29세	0.5	0.1	0.3	0.8	0.1	0.5	1.1	0.9	1.0
30~39세	0.2	0.0	0.1	0.0	0.2	0.1	0.3	0.7	0.5
40~49세	0.0	0.0	0.0	0.4	0.1	0.2	0.0	0.1	0.1
50~59세	0.0	0.6	0.3	0.2	0.0	0.1	0.1	0.6	0.4
60~69세	0.0	0.2	0.1	0.0	0.2	0.1	0.7	0.1	0.4
70세 이상	0.4	1.3	0.9	0.4	0.2	0.3	0.0	0.1	0.1
계	0.2	0.3	0.2	0.3	0.1	0.2	0.4	0.5	0.4
연령	범불안장애			특정공포증			불안장애 전체		
	남	여	계	남	여	계	남	여	계
18~29세	0.6	0.3	0.4	5.1	8.6	6.7	7.4	10.8	9.0
30~39세	0.6	0.6	0.6	3.4	6.5	5.0	4.4	9.4	6.9
40~49세	0.3	0.0	0.2	2.5	4.7	3.6	2.9	5.8	4.4
50~59세	0.1	0.7	0.4	1.5	5.0	3.2	1.9	6.4	4.1
60~69세	0.0	1.0	0.5	1.8	5.3	3.6	2.1	7.7	5.1
70세 이상	0.4	0.4	0.4	1.5	2.0	1.8	2.8	4.5	3.7
계	0.4	0.5	0.4	2.8	5.5	4.2	3.8	7.5	5.7

출처: 보건복지부(2016) 정신질환실태조사.

불안장애 전체의 일년유병률은 남녀 모두 20대에 가장 높고 이후 나이가 들어감에 따라 점차 감소하는 경향을 보였다. 그러나 특정공포증(4.2%)을 제외한 나머지 4개 하위유형들은 전부 일년유병률이 매우 낮은 편이어서(0.2~0.4%) 하위유형별로 보면 연령에 따른 변화를 포착해내기가 쉽지 않다. 다만 특정공포증은 불안장애 전체와 마찬가지로 남녀 모두 나이가 들수록 일년유병률이 감소하는 것으로 나타났다.

나이가 들수록 불안장애의 유병률이 낮아지는 이유는 나이가 들면서 적응유연성이 더 높아지기 때문일 수도 있지만, 진단의 문제일 수도 있다. 건강관리 전문가들은 노인 내담자의 우울 증상을 간과하기 쉬운 것처럼 불안장애 증상을 제대로 파악하고 진단하는 훈련도 잘되어 있지 않을 가능성이 있다(Scogin, Floyd, & Forde, 2000). 우울장애처럼 불안장애의 증상들도 신체질환과 함께 나타나기도 하고 공존하기도 한다(Mehta et al., 2007). 공황발작이나 광장공포증의 경우에는 특히 그러하다(Sareen et al., 2005). 앞서 언급하였듯이 건강 실무자들은 신체건강에 문제가 있는 노인들이 심리 증상을 가지고 있을 때 이를 제대로 진단하지 못해 개입 기회를 놓치는 경우가 많다. 불안장애가 있는 노인들은 그렇지 않은 노인들에 비해 사망률이 더 높기 때문에(Brenes et al., 2007) 불안장애가 있는데도 불안장애로 진단하지 않는 경우 심각한 결과를 초래할 수 있다.

불안장애의 한 유형인 **공황장애**는 숨을 쉴 수 없고 심장이 터질 듯이 뛰며 금방 죽을 것 같은 신체 증상들을 경험하는 공황발작을 일으킨다. 공황장애에 시달리는 사람들은 예측할 수 없는 시간에 공황발작을 일으킬 수 있다. 이들은 또 공공장소에서 공황발작이 일어나는 동안 덫에 걸린 듯 꼼짝할 수 없는 상태가 되는 것을 두려워하는 광장공포증을 일으킬 수도 있다. 이들은 이렇듯 두렵고 당혹스러운 상황을 피하기 위해 집에만 머무르거나 발작이 일어나는 동안 탈출하기가 어려운 엘리베이터, 쇼핑몰, 대중교통을 피하기 시작한다.

우리나라의 공황장애 평생유병률은 1986년 1.68%, 2001년 0.3%, 2006년 0.2%, 2016년 0.5%로 20년 사이에 상당히 감소하였다. 성인기의 여성들은 나이가 들수록 유병률이 높아지는 데 반해, 남성들은 공황장애 진단을 거의 받지 않는 것으로 나타난다. 남자는 공황장애가 대부분 10대 후반과 20대 초반에 나타나는 데 비해, 여자는 40대 후반이 발병률이 가장 높은 시기이지만 10대에서 60대 초반까지 비교적 고르게 공황장애가 나타난다.

광장공포증의 평생유병률도 1986년 2.67%, 2001년 0.3%, 2006년 0.2%, 2016년 0.7%로 20년 동안 크게 감소하였다. 다른 장애들과 달리 광장공포증은 남자(0.3%)가 여자(0.1%)보다 일년유병률이 더 높다. 젊은 성인에 비해 노인에게는 광장공포증이 흔하지 않으며, 전체적으로 40대 이후보다는 40대 이전에 유병률이 높은 양상을 보인다. 그러나 광장공포증 발병자의 수는 통계분석을 하기에 충분하지 못할 만큼 적다. 젊은 성인들은 공황발작 이후에 광장공포증이 나타나기 쉽지만, 노인들이 광장공포증을 보인다면 이는 상해나 당황스러운 일을 겪게 될지도 모른다는 두려움과 관계가 있다(Scogin et al., 2000).

사회공포증이 있는 사람들은 다른 사람들 앞에서 어떤 행위를 해야 하는 것에 대해 두려움을 느낀다. 이런 사람들은 공연이나 대중연설을 하는 것과 같은 상황은 물론이고 다른 사람들이 있는 데서 식사를 하는 것과 같은 일상적인 상황에서도 극도의 불안을 느끼고는 한다. 대중연설 때에만 나타나는 특수한 형태의 사회공포증도 있는데, 이런 사람들은 그 상황만 피할 수 있다면 힘들지 않게 살아갈 수 있다(Kessler, Stein, & Berglund, 1998).

우리나라 성인의 사회공포증 평생유병률은 1986년 0.58%, 2001년 0.3%, 2006년 0.5%, 2016년 1.6%로 비교적 낮은 편이다. 남녀 간에 큰 차이가 없다. 사회공포증은 대부분이 20대 이하에서 발병하며(남 72.7%, 여 84.5%), 50대 이후로는 사회공포증 증상을 보이는 경우가 흔치 않다.

범불안장애가 있는 사람들은 사소한 문제들에 대해 지나치게 걱정을 하곤 한다. 집중곤란, 피로, 과민성, 근육긴장, 수면장애 등의 증상도 나타난다. 나이가 들면 건강과 관련한 스트레스와 걱정이 범불안장애를 촉발할 수 있다(Scogin et al., 2000).

범불안장애의 평생유병률은 국가에 따라 0.1~6%까지 매우 다양한 분포를 보인다. 보건복지부 통계에 따르면 우리나라는 1986년 범불안장애 평생유병률이 3.3%이었으나 2001년 2.2%, 2006년 0.7%, 2016년 2.4%로 유병률이 점차 낮아지는 추세이다. 그러나 노인들은 불안 증상을 경험하는 비율이 높고(Graham & Vidal-Zeballos, 1998), 장애진단을 받을 정도로 증상이 심하지는 않아도 '하위증후군'적 범불안장애를 보이는 경우가 상당히 흔하다(Diefenbach et al., 2003).

특정공포증이 있는 사람들은 특정 대상 또는 상황에 대해 비합리적인 두려움을 갖는다. 뱀에 대한 공포에서 밀폐된 장소에 대한 공포에 이르기까지 여러 유형의 특정공포증이 있다. 피를 보거나 수술장면을 보기를 두려워하는 혈액상해 공포증은 흔히 나타나는 특정공포증이다. 이 장애는 불안장애 가운데 가장 흔히 관찰되는 것으로 평생유병률이 5.6%에 달한다. 노년기를 포함하여 평생에 걸쳐 여성이 남성보다 유병률이 2~3배 높다. 남녀 모두 70% 이상이 10대 이하 연령에서 발병하는 양상을 보인다. 그러나 50대 이후로는 특정공포증 발병이 거의 없음에도 일년유병률이 낮지 않다는 것은 특정공포증이 특정 대상에 대한 일시적 두려움에 그치지 않고 상당 기간 지속되는 질환임을 설명한다고 볼 수 있다.

생각상자 11-2.

정신건강 전문가들이 노인의 불안장애를 정확하게 진단할 수 있으려면 어떤 훈련을 받는 것이 좋을까?

4) 강박 및 관련 장애

강박장애가 있는 사람들은 반복되는 강박적 사고(예: 아이가 다칠 것이라는 믿음)와 강박적 행동(예: 손 씻기)에 시달린다. 이러한 사고와 행동에 지나치게 많은 시간을 소모하거나(예: 하루 1시간 이상) 그로 인해 현저한 고통을 겪을 정도로 증상이 심각한 경우 강박장애 진단을 내린다. 이 장애를 앓는 사람들은 어느 시점에서 자신의 강박적 사고나 행동이 지나치거나 불합리하다는 것을 인식한다. 이 장애는 성격특질이 지나치게 엄격하고 완벽주의적인 강박성 성격장애와는 다르다. 강박장애가 있는 사람들은 끊임없이 불안감에 시달리는데 강박적 의식을 행하거나 그런 생각을 함으로써 일시적으로나마 그런 불안감에서 벗어난다.

우리나라 성인의 강박장애 평생유병률은 1986년 2.14%, 2006년 0.6%, 2011년 0.8%, 2016년 0.6%로 최근으로 오면서 감소세를 보인다. 2016년 기준으로 여자(1%)가 남자(0.1%)보다 강박장애 평생유병률이 훨씬 더 높다. 강박장애 일년유병률의 연령에 따른 변화 양상을 살펴보면(〈표 11-7〉) 여성은 대부분이 40대 이전에 발병하고 이후로는 점차 감소하는 경향을 보인다. 특히 60대 이후의 여성들은 남성과 마찬가지로 이 장애를 거의 보이지 않는다. 전체적으로 30세 이전 발병률이 75% 이상을 차지한다.

〈표 11-7〉 강박장애와 PTSD 일년유병률의 연령에 따른 변화(%)

	강박장애			PTSD		
	남	여	계	남	여	계
18~29세	0.3	1.3	0.7	0.2	0.4	0.3
30~39세	0.0	1.6	0.8	0.0	1.4	0.7
40~49세	0.0	0.6	0.3	0.0	0.5	0.3
50~59세	0.0	0.4	0.2	0.3	0.8	0.6
60~69세	0.0	0.1	0.0	0.4	1.2	0.8
70세 이상	0.1	0.1	0.1	0.5	0.6	0.6
계	0.1	0.7	0.4	0.2	0.8	0.5

출처: 보건복지부(2016) 정신질환실태조사.

5) 외상 및 스트레스 관련 장애

지진, 화재, 폭행, 전쟁과 같은 외상 사건을 겪은 사람들은 오랜 기간 지속되는 증상을 보일 수 있다. 그 사건을 연상시키는 상황의 회피, 자신이 마비되거나 다른 사람들과 분리된 것 같은 해리 증상, 수면장애나 과민성 같은 과잉각성 등이다. 이러한 증상은 외상이 사라진 후까지도 지속될 수 있다. 증상이 외상 후 최대 한 달까지 지속되면 **급성 스트레스 장애**(acute stress disorder)로 진단하고, 증상이 한 달 이상 지속되면 **외상 후 스트레스 장애**(PTSD)로 진단한다.

우리나라 성인의 PTSD 평생유병률은 2016년 기준 1.5%(남 1.30%, 여 1.80%)로 미국(2013년 기준 8.3%)이나 프랑스(2001년 기준 3.9%) 등 서구권 국가에 비해서는 낮지만, 같은 아시아 국가인 일본(2014년 1.3%)과는 비슷하고 중국(2002년 0.3%)보다는 높은 편이다.

PTSD 일년유병률도 강박장애와 마찬가지로 여자(0.8%)가 남자(0.2%)보다 더 높다(〈표 11-7〉). 연령에 따른 변화 양상을 보면 남자는 PTSD가 주로 50대 이후에 발생하지만, 여자는 30대와 60대의 발병률이 특히 높기는 하지만 다른 연령대에도 꾸준히 발생하는 것을 볼 수 있다.

심장질환같이 건강에 심각한 문제가 있으면 PTSD 발병 위험이 증가할 수 있다(Spindler & Pedersen, 2005). 거꾸로 PTSD가 심장질환의 발병 위험을 높일 수도 있다. 미국에서 2,000명가량의 참전군인을 대상으로 실시된 종단연구는 PTSD를 심하게 겪은 사람일수록 다른 여러 위험요인을 통제한 후에도 심장마비나 관상동맥 심장질환을 일으킬 확률이 더 높다는 것을 보여 주었다(Kubzansky et al., 2007).

6) 조현병 스펙트럼 및 기타 정신병적 장애

조현병은 왜곡된 현실 지각 그리고 사고, 행동, 정서 및 동기의 손상을 보이는 장애이다. 조현병 환자들은 환각(허위지각), 망상(허위신념), 와해된 언어, 매우 비정상적인 운동 행동과 같은 양성 증상과 무감동(apathy), 위축, 정서표현 결핍과 같은 음성 증상들을 보인다. 이런 증상들이 나타나는 동안에는 직장에 다니거나, 다른 사람들과 관계를 이어가거나, 스스로를 돌보기 어렵다.

우리나라 성인의 조현병 평생유병률은 2016년 기준 0.5%로 조사되었지만, 지역사회역학조사에서 나타난 이러한 유병률은 실제보다 낮게 평가되었을 가능성이 있다. 우리나라 사람들은 조현병, 분열정동장애, 망상장애 등의 정신병적 장애가 있는 경우 남에게 알리지 않고 숨기려는 경향이 있는 데다, 의도적으로 숨기지 않는다고 해도 정신병적 장애로 인한 인지기능 저하 및 무감동으로 인해 면담 시 질문에 적절한 응답을 하지 못하는 경우가 많기 때문이다. 남성은 주로 10대 후반, 여성은 20대 후반에서 30대 초반에 발병한다.

노년기에는 조현병 유병률이 감소하는데 그 이유는 이 장애를 앓는 사람들은 사망할 위험이 크기 때문이다. 여성이 남성보다 발병 시기가 늦기는 하지만 조현병이 있는 사람들은 대다수가 40세 이전에 발병한다. 여성이 수명이 더 길기 때문에 여성 노인이 남성 노인보다 조현병 유병률이 더 높게 나타난다(Meeks, 2000).

조현병 환자 중에는 심혈관질환과 대사장애를 가지고 있는 사람들이 많다. 생활습관 때문일 수도 있고 조현병 증상을 관리하기 위해 복용하는 약물 때문일 수도 있다(Protopopova et al., 2012). 또 조현병이라는 장애의 성격과 다른 질환이나 물질남용과의 관련성으로 볼 때 이 장애가 있는 사람들은 고립감과 자신이 남들과는 '다른' 사람이라는 정체감을 느끼게 되기 쉽다(Quin et al., 2009). 아마도 그런 이유로 인해 조현병을 앓는 노인들은 그렇지 않은 지역사회 노인들보다 자살률이 더 높다(Cohen et al., 2010). 조현병 환자 중에서 자살로 생을 마감하는 사람은 15%가량이고 자살시도를 하는 경우는 50%에 달한다(Harvey & Bowie, 2013).

긍정적인 면에서 보면, 노인들은 수년간 조현병을 앓는 과정에서 다양한 대처기술을 습득하게 된다(Solano & Whitbourne, 2001). 그런 기제들은 자연스럽게 발달하지만, 일상생활의 문제들에 대처하는 기술에 초점을 두는 임상개입을 통해 더욱 증대될 수 있다.

조현병의 진행과정과 결과는 다른 심리장애들과 비교해 볼 때 좋지 못한 편이다(Jobe & Harrow, 2010). 조현병 초기 10~15년 동안에 재발률이 높을 뿐 아니라 그 후에도 완전히 회복할 가능성이 다른 장애에 비해 낮다. 음성 증상만이 아니라 정신병적 증상과 사고장애도 계속되는 경우가 대부분이다. 직장을 구하거나 직장 일을 계속하기도 어렵다. 그러나 급성기에 치료를 받는다면 40% 이상이 한 번에 1년 넘는 기간 동안 (증상이 없고 적어도 시간제 일을 할 수 있을 정도로) 회복될 수 있다. 조현병 환자 중 일부는 이후 여생을 완전한 회복 상태로 살아가기도 한다(Meeks, 2000).

후발성 조현병(late-onset schizophrenia)은 45세 이후의 성인에게 나타나는 것으로 알려진 질환을 가리킨다(Jeste et al., 1997). 그러나 지금은 조현병이 아니라 정신병적 장애의 일종인 것으로 생각되고 있다. 감각결함, 사회적 고립, 물질남용 등이 위험요인이다(Whitbourne & Meeks, 2010).

7) 물질 관련 장애

우리나라 성인들은 2016년 기준 12.20%가 평생에 한 번은 **알코올사용장애**를 보인다. 알코올사용장애 평생유병률은 남성(18.1%)이 여성(6.4%)보다 3배 가까이 높다. 일년유병률의 연령에 따른 변화를 보면(〈표 11-8〉) 남녀 모두 10대 후반과 20대에 알코올사용장애 발병률이 매우 높고 이후로는 점차 감소하는 경향을 보인다. 60대 이후로는 발병사례가 매우 적다.

니코틴사용장애 평생유병률은 2016년 기준으로 6.0%(남 10.6%, 여 1.4%)이었다. 연령에 따른 일년유병률을 보면, 남성은 50대까지는 4~6% 수준을 유지하다가 60대 이후로 대폭 감소하는 데 반해 여성은 전 생애에 걸쳐서 니코틴사용장애 발병률이 낮은 수준이고 그마저 나이가 들수록 낮아지는 경향이 있다.

병원이나 응급실을 방문하는 노인 중 14%가량이 알코올의존 증상을 보이는 것으로 나타난다. 알코올사용은 또 요양원이나 퇴직공동체같이 노인들만 생활하는 장소에서 비교적 만연해 있는 것으로 생각된다. 음주문제 이력이 있거나 강제퇴직을 당한 사람들은 은퇴 후 알코올남용 문제를 보이는 경향이 있다(Kuerbis & Saco, 2012).

알코올 사용 또는 남용은 간경변에서 둔부골절과 교통사고에 의한 상해 비율의 증가에 이르기까지 상당한 위험을 수반한다. 알코올은 또 처방약물과 상호작용하여 약의 효과를 떨어뜨릴 수 있다. 음주하는 노인들은 당뇨, 고혈압, 울혈성심부전, 골다공증, 기분장애 등의 건강문제를 겪기도 한다. 알코올은 또 아스피린, 아세트아미노펜, 감기약, 수면제, 진통제, 항불안제와 항우울제 같은 약제들과도 상호작용하여 좋지 못한 결과를 초래할 수도 있다(National Institute on Alcohol Abuse and Alcoholism, 2013).

음주 패턴에 변화가 없다 해도 나이가 들면 간의 기능이 떨어지고 그로 인해 내성이 약화될 수 있다. 장기간 음주를 하면 전두엽과 소뇌에 변화가 생기면서 인지 및 운동기능 감퇴가 정상 노화 때보다 더욱 가속화될 수도 있다. 오랜 기간 많은 양의 술을 마시면 치매와 같은 신경인지장애가 생길 수 있으며 영구적 기억상실과 조기 사망을 초래할 수 있다(제5장 참조).

노인들이 알코올 남용과 의존에서 벗어나고 음주량을 줄일 수 있게 해 주는 효과적인 방법은 알코올중독치료 모임에 참여하거나 가족과 친구로부터 지지를 받으며 적응적인 대처기제를 사용하는 것이다. 노인도 젊은 사람과 마찬가지로 알코올 의존에서 벗어나기 위해서는 음주 환경이 중요하다. 음주를 아예 하지 않거나 용인하지 않는 새로운 친구들을 찾는 것이 가장 효과적인 치료법이 될 수 있다(Moos, Schutte, Brennan, & Moos, 2004).

〈표 11-8〉 알코올 및 니코틴사용장애 일년유병률의 연령에 따른 변화(%)

	알코올사용장애			니코틴사용장애		
	남	여	계	남	여	계
18~29세	7.5	6.9	7.2	4.3	1.1	2.8
30~39세	4.2	2.8	3.5	5.6	0.4	3.0
40~49세	6.3	0.9	3.6	5.0	0.7	2.8
50~59세	6.2	0.4	3.4	6.0	0.7	3.4
60~69세	1.0	0.5	0.8	2.1	0.5	1.2
70세 이상	0.1	0.0	0.1	1.4	0.2	0.7
계	5.0	2.1	3.5	4.5	0.6	2.5

출처: 보건복지부(2016) 정신질환실태조사.

8) 성격장애

부적응적인 내적 경험과 행동 패턴이 오래 지속되는 것을 **성격장애**라 한다. 노화 연구에서 가장 많은 주목을 받고 있는 장애이다. 성격장애는 성인기 동안 상당히 안정적으로 유지된다(Abrams & Horowitz, 1999). 성격장애가 있는 노인들은 심리기능이 약화되고 다른 사람과 관계를 맺거나 유지하는 데에도 상당한 어려움을 겪는다(Segal et al., 2006).

반사회적 성격장애를 진단하는 핵심 특징은 **정신병질**(psychopathy)이다. 정신병질과 관련된 특질은 두 가지 차원으로 구성된다(Hare & Neumann, 2006). 요인 1은 공감, 죄책감, 후회 등의 정서를 경험하는 능력의 손상을 나타내는 특질들로 이루어져 있다. 부적응성, 자기중심성, 무감동도 여기 포함된다. 요인 2는 불안정하고 충동적인 행동들을 포함하는데 이런 특징들로 인해 반사회적 성격장애를 가진 사람들은 사회적 규범에서 벗어난 생활을 하게 된다.

연령과 반사회적 성격장애의 관계를 다루는 연구들은 성격장애의 핵심인 부적응적 성격특질들이 시간이 흘러도 변함이 없고 극히 안정적이라고 하는 생각을 지지한다(Harpur, Hart, & Hare, 2002). 미국에서 18~89세 사이에 있는 900명가량의 남성 재소자를 대상으로 실시된 대규모 정신병질 연구는 '성격'이 장애에 기여하는 바를 나타내는 요인 1 점수에 연령차가 없다는 것을 보여 주었다. 그러나 사회적 일탈 행동과 충동적 행동을 나타내는 요인 2의 점수는 나이가 많은 집단일수록 크게 감소하였다. 남성 범죄자의 수가 60대 이후로 대폭 줄어든다는 것을 보여 주는 우리나라 경찰청 범죄통계자료(〈표 11-9〉 참조)는 연령에 따른 요인 2 점수의 변화 양상과 부합하는 것으로 보인다.

〈표 11-9〉 2012~2018년도 남성 범죄자 수의 연령에 따른 변화 추이 (단위: 천 명)

연도	20세 이하	21~30세	31~40세	41~50세	51~60세	61~70세	71세 이상	계
2012	115	233	304	375	275	80	21	1,406
2013	103	240	311	375	286	86	24	1,428
2014	95	221	295	361	298	94	28	1,396
2015	102	230	292	360	313	104	33	1,437
2016	98	243	306	365	327	119	37	1,500
2017	91	225	264	316	300	120	37	1,357
2018	83	205	231	283	285	125	40	1,257

출처: 경찰청 범죄통계.

그러나 성인기에 발생하는 정신병질의 충동적 및 반사회적 행동(요인 2)의 변화는 성격장애 자체의 변화가 아니라 다른 변화에서 비롯된 것일 수 있다. 연령에 따른 반사회적 행동의 감소는 정신병질의 요인 2 점수가 높았던 사람들이 이미 사망했기 때문일 가능성이 있다. 이런 사람들은 폭력범죄에 연루되거나 약물남용으로 인해 사망했을 수도 있고, 알코올남용 및 좋지 못한 건강습관으로 인해 사망했을 수도 있다(Laub & Vaillant, 2000). 이와 동시에, 정신병질의 핵심적 성격특질인 요인 1이 상대적 안정성이 있다는 사실은 연령이나 경험이 이 장애에 효험이 없음을 입증해 준다. 나이 든 범죄자들은 투옥을 피할 방법을 알게 되거나 아니면 다른 이유들로 인해 투옥될 행동에 관여하는 일이 적다.

노년기에 많이 연구되는 또 다른 성격장애는 **경계선 성격장애**(borderline personality disorder)이다. 이 장애는 극도로 불안정한 자아의식과 다른 사람과의 관계, 성적 충동,

버려짐에 대한 두려움, 반복적 자살시도, 정서조절의 어려움 등이 특징이다. 경계선 성격장애 점수가 높은 사람들은 일생 동안 사고를 치고 문제를 만들어 내는 '스트레스 세대'로 살아가게 되기 쉽다(Gleason, Powers, & Oltmanns, 2012).

성숙가설(maturation hypothesis)에 따르면, 성격장애가 있는 사람 중에서 행동화나 불안정한 자아의식같이 '미성숙한' 증상을 보이는 사람들은 노년기에 상태가 좋아지거나 적어도 치료하기가 더 수월해진다. 반대로 완벽주의, 냉정함, 타인 불신 등의 '성숙한' 성격장애에 해당하는 사람들은 나이가 들면서 그 증상이 더 심해진다(Engels et al., 2003).

성숙가설은 뇌손상, 질병, 생활스트레스 등으로 설명할 수 있다. 노인들이 오랜 기간 성격장애를 앓아 오면서 자신의 증상에 더 능숙하게 대처할 수 있게 되었다고 볼 수 있다(Segal, Hook, & Coolidge, 2001). 또는 성격장애 진단 도구 대부분이 젊은 사람들을 대상으로 만들어졌으므로 노년기에 나타나는 증상들을 정확하게 포착하지 못하는 것일 수도 있다(Oltmanns & Balsis, 2011).

노년기에 성격장애가 있으면 노화 과정에 잘 대처하기가 어려울 수 있다. 성격장애가 있는 사람들은 현재의 건강문제, 우울, 건강 관련 행동들을 통제한다고 해도 50대 후반과 60대 초반에 병원치료를 더 많이 받을 가능성이 크다. 특히 경계선 성격장애가 있는 사람들은 심한 통증과 피로감을 호소하며 신체건강이 전반적으로 나쁘다고 지각한다(Powers & Oltmanns, 2012).

생각상자 11-3.

성숙가설은 인생 중반과 후반의 성격 변화와 어떤 관계가 있는가?

3. 노년기 정신건강의 관리와 치료

21세기가 도래하고 베이비붐 세대의 연령 증가와 함께 인구 구성이 변화하면서 이들의 건강관리는 우리 사회의 중요한 관심사가 되고 있다. 노인 세대를 위한 건강관리시스템은 베이비붐 세대의 노화와 더불어 그 중요성이 더욱 배가될 것이다.

1) 노인 대상 심리서비스

이 장에서 논의된 심리장애들은 원인이 다양하며, 따라서 다양한 접근법에 의해 치료할 수 있다. 심리치료는 임상심리학자, 정신과의사 또는 사회복지사와 같이 전문적 훈련을 받은 임상전문가들이 치료를 계획하고 시행하는 것을 말한다. 성인 대상 임상전문가들은 성인 초기와 중기의 젊은 성인들에 대한 접근법과 노인에 대한 접근법이 달라야 한다는 것을 이해하고 있다(Zarit & Zarit, 2007). 이들은 또 장애의 병인이 성인 초·중·후기에 각기 다르다는 것만이 아니라 신체적·인지적·사회적 기능의 연령 관련 변화 및 만성질병의 효과도 고려할 필요가 있다고 보고 있다(Hinrichsen & Dick-Siskin, 2000).

미국심리학회(APA)는 2014년도에 노인 대상 심리서비스에 대한 권장사항을 담은 가이드라인을 채택하였다(American Psychological Association, 2014). 〈표 11-10〉에 주요 지침들이 제시되어 있다. 노년심리학 전문가들은 이 지침들을 바탕으로 자신이 훈련을 더 받아야 할 영역을 찾아낼 수 있을 것이다.

〈표 11-10〉 미국심리학회의 노인 대상 심리서비스 업무지침

노인 대상 업무 능력 및 태도	1. 노인 대상 업무를 자신의 능력 범위 내에서 진행하고, 필요하면 다른 전문가와 협의하거나 적절히 의뢰하도록 한다.
	2. 노화와 노인에 대한 자신의 태도와 신념이 노인들에 대한 평가 및 치료와 어떤 관계가 있는지를 인식하도록 한다.
성인발달, 노화 및 노인에 대한 일반지식	3. 노화 이론과 연구에 대한 지식을 습득하기 위해 노력한다.
	4. 노화 과정의 사회적/심리학적 역동을 이해하기 위해 노력한다.
	5. 노화 과정의 다양성을 이해하기 위해 노력한다. 특히 성별, 인종, 사회경제적 지위, 성적 지향, 장애등급, 도시 대 시골 거주와 같은 사회문화적 요인들이 생애 후반의 건강 및 심리 문제들의 경험과 표현에 어떤 영향을 미치는지를 이해한다.
	6. 노화의 생물학적·건강 관련 측면에 관한 최신 정보를 파악하기 위해 노력한다.
임상적 쟁점	7. 노인들의 인지적 변화에 관한 최신 지식을 습득하기 위해 노력한다.
	8. 사회적·물리적 환경에서 노인들의 기능적 역량을 이해하기 위해 노력한다.
	9. 노인들이 겪는 정신병리에 관한 지식을 습득하고, 노인에게 서비스를 제공할 때 그러한 정신병리의 유병률과 성격을 인식한다.

평가	10. 노인을 대상으로 하는 다양한 평가기법에 관한 이론, 연구 및 실천에 익숙해지도록 노력해야 하며, 노인에게 사용하기에 적합한 평가도구들을 파악하도록 한다.
	11. 노인의 특성과 평가맥락에 알맞게 평가를 조정하는 기술을 개발한다.
	12. 노인의 인지적 · 기능적 능력을 평가하고 해석하는 기술을 개발해야 한다.
중재, 상담 및 기타 서비스 제공	13. 노인을 대상으로 하는 다양한 중재기법에 관한 이론, 연구 및 실천을 익히도록 한다. 특히 노인집단에 적용했을 때의 효율성에 관한 최근 연구 결과를 파악하도록 한다.
	14. 노인과 가족을 대상으로 문화적 감수성이 뛰어난 심리치료 중재를 하고 그들의 환경에 맞게 중재를 조정하는 능력을 습득한다.
	15. 노인이 생활하거나 직면하는 특정 장면들에서 제공되는 서비스들과 관련된 쟁점들을 이해하고 다루도록 한다.
	16. 노인 대상 예방 및 건강증진 서비스와 관련한 쟁점들을 인식한다.
	17. 노인을 지원하는 상담서비스 제공과 관련된 쟁점들을 이해한다.
	18. 노인 대상 심리학자들은 다른 분야 전문가들에게 의뢰하거나 그들과 팀을 이루어 협업하는 것이 중요함을 이해하도록 한다.
	19. 노인에게 상담서비스를 제공할 때 이와 관련된 특별한 윤리적 · 법적 쟁점을 이해한다.
전문가 쟁점과 교육	20. 노인에 대한 심리서비스 제공 및 변제와 관련된 공공정책과 법률에 관한 지식을 습득한다.
	21. 훈련, 슈퍼비전, 상담과 평생교육을 통해 노인 대상 업무와 관련한 지식, 이해 및 기술을 연마하고 증진한다.

출처: American Psychological Association (2014).

인구 고령화가 급속히 진행되고 있는 우리 사회에서는 앞으로 노년학을 노인심리치료에 적용하는 **노년심리학**(geropsychology) 또는 **임상노년심리학**(clinical geropsychology) 훈련을 받은 전문가들에 대한 수요가 증가할 것이다. 노년심리학자들은 예를 들어 치매 같은 인지장애 평가를 전공할 수 있다. 임상노년심리학은 이 전공이 병원, 클리닉, 장기요양시설 같은 장소에서 주로 사용된다는 사실을 강조하는 용어이다.

2) 평가

임상전문가들은 내담자의 심리장애를 치료하고자 할 때 우선 다면적 임상평가를 한다. **심리평가**(psychological assessment)는 임상전문가가 개인의 인지, 성격, 심리사회적 기능을 평가하는 절차를 가리킨다. 대개 진단을 하고 치료계획을 마련하기 위한 목적으로 사용된다. 그러나 대상자의 법적 역량을 결정하거나 적절한 보호 수준을 파악하기 위한 목적으로 사용되기도 한다.

평가는 내담자의 신체적 · 인지적 요구에 맞춰서 실시해야 하는데, 노인의 경우 특히 그러한 점을 고려해서 조정할 필요가 있다. 평가를 받을 때 노인들이 편안하게 느끼도록 해야 하며, 낯설고 신경 쓰이는 평가 절차에 관해 질문할 시간을 충분히 주어야 한다. 필요하다면 노인 내담자들이 도수가 맞는 안경이나 보청기를 착용하고 있는지 확인하는 등 실제적 문제에도 주의를 기울여야 한다. 관절염 같은 신체 제약이 있는지, 노인들에게 검사회기가 너무 길어서 중간에 휴식 시간을 줄 필요가 있는지 등도 고려해야 한다.

임상전문가는 평가과정에서 노인들이 감각능력, 운동기능 및 인지능력의 변화로 인해 문제를 제대로 이해하지 못하는 것은 아닌지도 확인해야 한다. 예를 들어, 시력이 손상된 노인 내담자에게는 큰 활자로 인쇄된 자료를 제시해 줄 수 있다. 노인의 수행은 사무실 장비의 윙윙대는 소리 같이 얼핏 중요하지 않아 보이는 것들에도 영향을 받을 수 있다(Edelstein, Martin, & McKee, 2000).

평가는 내담자의 심리기능을 충분히 파악할 수 있도록 다양한 방법을 사용할 필요가 있다. 흔히 임상전문가들은 내담자와 면대면 상호작용을 하면서 일련의 질문을 하는 **임상면접**(clinical interview)으로 평가를 시작한다. 개방형 질문들을 하는 비구조화된 면접의 형태를 취하거나 구조화된 포맷을 따를 수도 있다. 임상면접은 내담자의 행동을 직접 관찰함으로써 통찰을 얻을 수 있을 뿐 아니라 질문을 어느 정도까지는 유연하게 할 수 있다는 장점이 있다.

노인을 대상으로 하는 평가에서 특히 중요한 요소는 내담자의 현재 마음상태를 평가하는 **정신상태검사**(mental status examination)이다. 임상전문가는 이 검사를 통해 내담자의 외모, 태도, 행동, 정서, 언어, 사고과정, 사고내용, 지각, 인지, 통찰, 판단 등을 평가한다. 내담자가 어떻게 보이는지, 어떤 생각을 하고 무엇을 느끼고 어떤 행동을 하는지를 종합적으로 기술하는 것이다. 또 내담자가 자신이 있는 장소와 시간, 자신의 정체성을 인식하고 있는지도 평가한다.

간이정신상태검사(Mini-Mental State Examination: MMSE)는 치매를 평가하는 선별검사로 많이 쓰이는 도구이다. 이 검사는 쉽고 빠르게 실시할 수 있다는 장점이 있다. 그러나 내담자의 신경인지장애가 어떤 유형인지 특정할 수 없는 데다, 충분히 구체적이지 못하여 MMSE 결과로는 확실한 진단을 내리기 어렵다. 또 다른 문제는 이 검사가 내담자의 교육 수준과 인종에 영향을 받는다는 점이다. MMSE의 이런 문제점들을 고려하여 노년심리학자들은 점차 신경심리검사를 많이 사용하는 추세이다.

임상전문가들은 또 노인들이 보이는 특정한 증상들을 평가하는 검사들을 사용한다. 여러 검사가 우울증을 평가하는 데 초점을 맞추고 있는데, 우울증은 신경인지장애와 공존하거나 이 장애를 가리거나 또는 이 장애의 결과로 나타난다. **노인우울척도**(Geriatric Depression Scale: GDS)는 우울 증상들에 대한 진위형 질문들로 구성된 선별도구로서 노인집단에 사용할 수 있도록 제작되었다. 우울증을 평가하는 도구로 **역학연구소 우울검사**(Center for Epidemiological Studies Scale for Depression: CES-D)도 있다.

불안장애 면접검사(Anxiety Disorders Interview Schedule: ADIS-R; Di Nardo & Barlow, 1988)는 노인들의 불안 증상을 평가하기에 유용한데 사회공포증, 범불안장애, 특정공포증, 공황장애의 임상진단과 일치하는 평정 결과를 제공해 준다. 해밀턴 우울평정척도(Hamilton, 1967)와 해밀턴 불안평정척도(Hamilton, 1959)도 노인들을 검사하는 데 사용되고 있으며, 증상의 수와 위중한 정도를 모두 평가할 수 있다. 이 도구들은 모두 내담자가 아니라 연구자나 임상가가 작성한다.

심리장애 특히 우울증은 치매와 구분하는 것이 중요하다. 우울증은 의사치매(pseudo-dementia)를 초래할 수 있으며 임상가가 우울 증상을 신경인지장애로 오진하게 만들 수 있다. 그러나 이러한 장애가 있는 사람들의 증상 패턴에는 몇 가지 중요한 차이가 있다. 우울증이 있는 사람들은 불행감(dysphoria) 증상이 더 심하고 기억상실의 정도를 과장하는 경향이 있는 반면에, 치매가 있는 사람들은 자신의 인지능력을 과신하는 경향이 있다. 우울증이 있는 사람들은 검사할 때마다 수행 수준이 크게 달라지지만, 치매가 있는 노인들은 인지능력이 점진적으로 감퇴하며 이런 감퇴가 전 영역에 걸쳐 나타난다. 검사의 타이밍도 중요한데, 우울한 노인들은 우울 증상이 나타나기 전에 인지 증상을 먼저 경험하기 때문이다. 우울증을 치료한 후에도 인지 증상이 지속된다면 치매가 원인일 가능성이 농후하다(Wilkins, Matthews, & Sheline, 2009).

임상전문가들은 노인을 평가할 때 치매와 우울증의 이러한 차이들에 주목할 필요가 있다. 우울증을 제때 진단하면 치료에 성공할 가능성이 상당히 크지만, 노인이 보이는 증상이 신경인지장애 때문이라면 다른 치료법을 사용해야 할 것이기 때문이다.

임상가들은 노인을 평가할 때 이러한 심리평가 도구 외에도 일상생활활동(activities of daily living: ADLs) 및 도구적 일상생활활동(instrumental ADLs, IADLs)을 수행하는 능력을 평가한다. 이러한 평가 결과는 치료계획에 사용될 수 있는 중요한 정보를 제공해 주는데, 내담자가 시설에서 서비스를 받는 것이 최선이라고 생각될 때 특히 중요하다. ADLs와 IADLs가 시간이 지나면서 어떻게 변화해 나가는지를 추적하면 인지기능의 변화양상에 맞춰 내담자의 배치상태를 바꿀 필요가 있는지를 판단할 수 있다.

임상가들은 대개 평가를 완료한 후에 치료 방법을 선택한다. 그러나 치료하는 과정에서도 내담자를 계속 평가하며, 이러한 상시 평가는 임상가가 치료에서 얻은 정보를 사용하여 처음의 진단을 개선하고 내담자가 치료를 받으면서 호전되는 과정을 관찰할 수 있게 해 준다.

3) 치료

임상가는 평가가 끝나면 내담자의 증상을 완화해 줄 치료프로그램 마련에 착수한다. 가장 효과적인 정신건강 치료법은 내담자의 신체 증상과 건강, 인지능력, 정서적 강점, 성격, 정체감과 사회적 지지망 간의 복잡한 상호작용을 고려하는 생물심리사회적 모델을 따른다.

의료 분야에서와 마찬가지로 정신건강 분야의 임상가들도 나이 든 내담자들이 간호, 물리치료, 직업치료, 심리치료, 의학적 치료를 통합하는 접근으로부터 도움을 받을 수 있도록 다른 분야의 전문가들과 협업을 하고자 노력한다. 노인을 치료하기에 적절한 대안으로 심리치료 이외의 모델들이 점차 더 많이 등장하고 있다. 내담자가 치료를 꾸준히 받도록 주치의를 통해 서비스를 제공하는 등 케어매니저가 조정자 역할을 할 수도 있다. 이런 종합적 모델을 적용했을 때 9천 명이 넘는 60세 이상의 노인들에게서 2년 동안 자살생각과 우울 증상이 크게 감소했다는 결과가 보고되었다(Alexopoulos et al., 2009).

(1) 의학적 개입: 약물치료

임상가들은 자신의 이론적 관점, 훈련 및 경험을 바탕으로 내담자를 치료하려는 경향이 있다. 정신건강 분야에서 일하는 임상가 중에서 상당수는 심리장애가 기본적으로 생리학적 원인에서 초래된다고 보는 **의학 모델**(medical model)을 채택한다. 의학 모델에서는 심리 증상들을 줄이고자 **심리치료 약물**(psychotherapeutic medication)을 사용한다. 이 약물들은 장애를 낫게 할 수는 없지만, 증상을 완화해 줄 수는 있다.

많은 경우 임상가들은 내담자의 증상을 가라앉히는 약을 발견할 때까지 한 가지 약이 효과가 없으면 다른 약을 처방하는 식으로 약의 효과를 검증한다. 노인들에게는 이 방법이 문제가 될 수 있다. 많은 심리치료 약물들은 노인들이 만성질병을 치료하기 위해 복용하는 약물들과 상호작용하기 때문이다. 게다가 노인들은 여러 명의 건강 전문가로부터 진료를 받는 경우가 많기 때문에 약물의 상호작용이 문제가 될 가능성이 상당히 크다. 이미 항불안제나 심장약을 복용하고 있는 노인환자에게 수면제를 처방한다면 약물의 상호작용으로 인해 노인환자가 자살시도를 하게 만들 수 있다. 따라서 노인을 대상으로 일하는 임상가들은 이런 치명적인 상호작용을 피하기 위해 내담자의 병력을 꼼꼼하게 살피는 등 신중을 기해야 한다. 약물들의 위험한 상호작용을 피해야 한다는 것이 노인에게 통합적 건강관리가 중요한 또 하나의 이유이다.

임상가들은 또 약물이 노인에게 어떤 부작용을 가져올 수 있는지 잘 알고 있어야 한다. 같은 약물이라도 노인과 젊은 성인에게 나타나는 부작용이 다를 수 있기 때문이다. 노인은 또 약물이 신장의 배설체계를 통과하는데 시간이 더 걸리기 때문에 저용량을 처방하지 않으면 혈액에 독소가 축적될 위험이 있다.

주요우울장애가 있는 노인들에게는 항우울제가 매우 효과적인데, 특히 세로토닌을 정상 수준으로 복원시켜 주는 **선택적 세로토닌 재흡수 억제제**(SSRI)가 노인들의 우울 증상을 완화하는 효과가 뛰어난 것으로 보고되었다(Klysner et al., 2002; Mottram et al., 2002). 심한 우울증의 경우에는 두피에 부착된 전극을 통해 전류를 흘려보내는 **전기충격치료**(electroconvulsive therapy: ECT)를 할 수 있다. 전기충격치료는 노인들에게 효과가 나타날 수 있지만 다른 치료에 반응을 보이지 않을 때만 사용된다(O'Connor et al., 2010). 전기충격치료는 단기 기억상실을 유발할 위험이 있어 노인들에게 바람직한 치료 방법이라고 보기는 어렵다(Whitbourne & Whitbourne, 2014).

SSRI는 불안장애 치료에도 사용될 수 있다. 그러나 불안장애 노인들이 이 약을 복용했을 때 나타나는 효과가 약의 실제 효과인지 플라시보 효과인지가 분명하게 밝혀지지 않고 있다(Lenze et al., 2009). 그 밖에도 노인에게 사용할 수 있는 항불안제가 여럿 있다.

성인의 불안장애 치료에 사용할 수 있는 많은 심리치료 약물이 있다. 가장 많이 처방되는 항불안제인 벤조디아제핀은 중독성이 매우 강하다. 원하는 효과를 얻기 위해서는 복용량을 점점 더 늘려야 하며 현저한 위축 증상을 일으킬 수 있기 때문에 치료를 중단하면 증상이 악화하기 쉽다. 노인들은 이러한 효과에 특히 취약할 뿐 아니라 불안정, 주간졸림증, 인지기능 손상, 반응시간이 느려짐으로 인한 낙상위험 증가 등 여러 가지 위험한 부작용을 겪을 수 있다(Woolcott et al., 2009). 부스피론은 이런 부작용은 많이 보이지 않지만 범불안장애 치료에는 벤조디아제핀만큼 효과가 없으며, 우울 증상도 함께 보이는 사람들에게는 처방될 수 없다(Flint, 2005).

교감신경계의 활동을 감소시킴으로써 불안을 감소시키는 베타차단제도 노인들의 불안 증상 치료에 도움이 된다. 그러나 이 약은 심혈관계와 같은 다른 기관에도 영향을 미치기 때문에 심혈관질환이 있는 노인들은 이 약을 사용할 수 없다.

조현병 치료약물에는 항(抗)정신병약인 **신경이완제**(neuroleptic)가 있다. 이 약은 도파민의 활동을 변화시킬 뿐 아니라 망상과 사고장애를 줄이고 재발 가능성을 낮추는 효과가 있다. 조발성 조현병 환자들은 이 약을 수년간 꾸준히 복용하면서 지역사회에서 독립적으로 살아갈 수 있다. 신경이완제는 후발성 조현병이 있는 노인들에게도 효과가 있는 것으로 보인다. 그러나 노인들은 이 약을 소량 복용해야 하며, 젊은 사람들보다 부작용 위험을 더 세심하게 확인해야 한다. 혼란과 동요, 현기증, 운동장애 등이 부작용으로 나타난다. 운동장애의 일부는 파킨슨병과 비슷해 보일 수 있다.

신경이완제의 가장 심각한 부작용은 특히 씹기, 턱을 좌우로 움직이기, 혀 굴리기 등 얼굴근육에 불수의적이고 반복적인 움직임이 일어나는 지연운동이상증이다. 노인들은 젊은 성인들에 비해 약물복용을 중단한 후에도 지연운동이상증을 겪기 쉽다. 사실 신경이완제는 노인들에게 파킨슨 증상을 일으키는 원인 중 두 번째로 흔한 원인이다(Thanvi & Treadwell, 2009). 세로토닌 기능을 조절하는 조현병 치료약물(클로자핀과 리스페리돈)은 운동기능에 이러한 영향을 미치지 않는다. 그러나 클로자핀은 치명적인 부작용을 초래할 수 있으므로 특히 노인에게 사용할 경우 신중을 기할 필요가 있다(Kelly et al., 2010).

(2) 심리치료

노인들은 심리 증상을 치료하기 위해 심리치료를 받는 것을 달가워하지 않으며 치료 효과에 대해서도 의문을 가지는 경우가 많다. 노인 내담자를 치료할 때에는 이들이 당혹감을 느끼지 않고 치료 과정을 편하게 받아들이도록 교육하는 것이 중요하다. 연령에 관계없이 남성이 여성보다 심리치료에 낙인을 찍는 경우가 더 많다(Pepin et al., 2009).

그러나 일단 치료를 받게 되면 노인들은 노년기에 흔히 나타나는 주요 장애들의 증상을 감소시키는 효과가 있는 것으로 밝혀진 다양한 치료모델들로부터 혜택을 받을 수 있다.

Lee와 동료들(2012)은 50세 이상인 사람들을 대상으로 여러 치료법의 효과를 살펴본 연구를 개관하고 심리치료가 효과적이고 안전하며 비용 대비 효율이 높다는 결론을 내렸다.

[그림 11-1]에는 주요 심리치료법 다섯 가지가 제시되어 있다. 임상가는 보통 자신이 선호하는 관점에 입각하여 치료를 하는 경향이 있지만, 내담자가 가지고 있는 장애에 가장 효과적인 것으로 밝혀진 치료법을 적용하는 통합적 접근이 점점 더 많이 사용되고 있다. **증거 기반 심리학 실천**(Evidence-Based Practice in Psychology) 원리는 임상가들이 내담자의 문화적 배경, 선호 및 특성을 염두에 두고 가장 적절한 연구증거와 임상적 전문성을 통합해야 한다는 점을 강조한다(American Psychological Association Presidential Task Force on Evidence-Based Practice, 2006). 이 원리에 따르면 노인을 치료하는 임상가들은 연령에 따른 신체적, 심리적, 사회적 변화에 대한 지식을 자신의 업무에 통합해야 할 것이다.

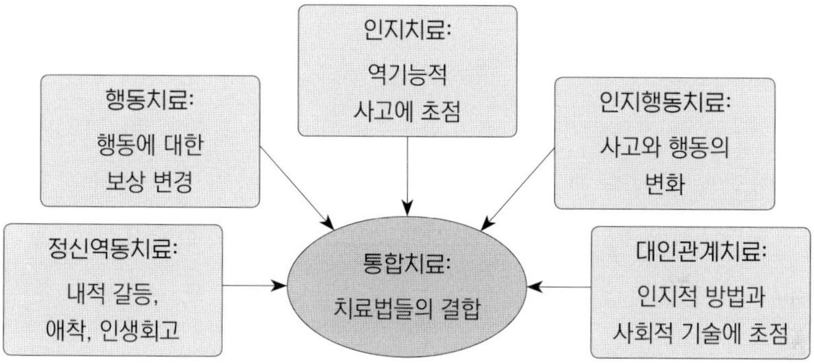

[그림 11-1] 노인 심리치료의 모델

출처: Whitbourne & Whitbourne (2014).

치료모델이 무엇이든지 간에 임상가가 내담자와 협력관계를 맺고 내담자가 치료 과정에 참여한다는 느낌이 들게 만드는 치료동맹이 중요하다. 치료동맹은 내담자가 임상가를 신뢰하는 분위기를 형성하여 내담자가 자신이 이해받을 것이라고 느끼게 만듦으로써 임상가가 노인 내담자를 치료하는 데 도움이 될 수 있다(Hyer et al., 2010).

전통적인 **정신역동치료**(psychodynamic therapy)는 내담자의 내적 갈등에 초점을 둔다. 그러나 이런 전통적 모델은 점차 변모하고 있으며, 이 관점에 바탕을 둔 치료자들은 내담자의 애착양식과 같은 쟁점들을 강조하기도 한다(Van Assche et al., 2013). 심리역동 관점의 임상가들은 노인들이 과거의 경험을 재구성하여 과거를 더 잘 수용하도록 돕는 **인생회고치료**(life review therapy)도 통합하고 있다(Butler, 1974). 인생회고치료는 지금까지 부정적으로 생각했던 과거의 사건들을 긍정적인 관점에서 재구성하는 기회를 갖게 함으로써 과거를 수용하고 자신의 삶을 통제한다는 느낌이 들게 해 주는 데 목표가 있다(Korte et al., 2012). 인생회고치료는 경미한 우울 증상이 있는 노인들에게는 효과가 있으나, 증상이 심한 노인들의 경우에는 과거의 고통스러운 기억을 떠올리는 것이 오히려 부정적 결과를 초래할 수도 있다(King & Markus, 2000).

행동치료(behavioral therapy)는 내담자가 변화시키고 싶어 하는 특정 문제행동을 목표로 삼는다. 행동치료에서는 개인의 삶에 즐거운 사건 또는 긍정적 보상이 되는 사건이 없을 때 우울 증상이 나타난다고 보고, 내담자에게 일상생활에서 즐거운 일이 더 많이 생겨나게 만드는 숙제를 내준다. 노인들은 신체 노화로 인해 즐거운 경험을 할 기회가 감소하고, 배우자를 사별하거나 보상을 주는 사회적 역할 등을 상실함으로써 우울에 빠지기 쉽다. 노인들이 긍정적 강화를 더 많이 받게 만드는 행동치료는 노인의 우울증 치료에 효과가 있는 것으로 밝혀졌다(Teri, 1994).

인지치료(cognitive therapy)를 하는 임상가는 심리장애가 내담자의 부적응적인 사고과정에서 비롯된다고 본다. 제10장에서 보았듯이 성격과 노화에 관한 인지이론들은 사람들이 자신과 자신의 삶에 대해 가지고 있는 생각을 강조하며 생각에서 감정이 비롯된다고 주장한다. 이 관점에 따르면 우울 증상은 개인이 자신에게 중요한 것을 상실했다고 생각하는 데서 생겨난다. 인지치료자들은 내담자가 자신의 경험에 관한 생각을 바꿈으로써 더 적응적인 정서를 갖도록 돕는다.

인지행동치료(cognitive-behavioral therapy)는 행동접근과 인지접근의 결합에 토대를 두고 있다. 임상가는 내담자가 더 적응적인 행동을 하도록 또 자신의 경험에 대해 더 적응적인 사고방식을 갖도록 북돋운다. 이 접근은 우울한 노인들 특히 신체기능, 기억, 건강의 감퇴에 지나치게 신경을 쓰는 경향이 있는 노인들을 치료하기에 적절한 것으로 보인다. 예를 들어, 우울증이 있는 노인 내담자를 치료할 때 인지행동치료자들은 (내담자가 즐거웠던 일들과 기분 나빴던 일들을 파악하고 자신의 기분과 행동의 관계를 이해하도록 돕는 것과 같은) 행동치료의 요소들과 (내담자가 자신에 관한 부정적 생각을 의식하고 이를 바꾸려고 노력하도록 가르치는 것과 같은) 인지치료의 요소들을 모두 활용한다(Satre, Knight, & David, 2006).

인지행동치료는 우울장애가 있는 노인들을 치료하는 데 효과가 있다(Samad, Brealey, & Gilbody, 2011). 7회기 정도만 치료해도 좋은 결과를 얻을 수 있는 것으로 보고되었다(Serfaty et al., 2009). 인지행동치료는 자살시도 노인들의 치료에도 효과적으로 사용될 수 있다(Bhar & Brown, 2012). 조현병이 있는 노인들에게는 인지행동치료를 약물치료와 병행하여 사용함으로써 이들이 사회적 상황에서 자신의 행동을 감찰하고 통제하는 법을 학습하도록 도와줄 수 있다(Patterson et al., 2003).

인지행동치료는 노인들의 불안장애 치료에서 항불안제를 대신할 효과적인 치료법으로 떠오르고 있다(Mohlman & Price, 2006). 하지만 신경증 점수가 높거나 자신에게 건강문제가 있다고 생각하는 노인들에게는 인지행동치료의 효과를 기대하기 어렵다(Schuurmans et al., 2009). 인지행동치료는 또 낙상공포로 인한 활동 제약과 같이 노인들의 삶의 질을 떨어뜨리는 문제에도 적용될 수 있다(Zijlstra et al., 2009). 인지행동치료는 불면증과 골관절염으로 인한 통증을 줄이는 데에도 효과를 볼 수 있다(Vitiello et al., 2009). 인지행동치료의 한 요소인 이완훈련은 범불안장애가 있는 노인들에게 효과적인 개입이 될 수 있다(Ayers et al., 2007).

인지행동치료가 노인을 치료하는 방법으로서 갖는 한 가지 장점은 진료실에서만이 아니라 전화를 비롯한 다양한 장면에 적용할 수 있다는 것이다(Arean & Ayalon, 2005). 인터넷으로 치료를 제공하는 원거리 심리학(telepsychology)이 점차 심리학의 한 분야로 편입되는 추세인데, 이런 식의 치료는 특히 노인들에게 쓸모가 있을 것으로 생각된다(Brenes, Ingram, & Danhauer, 2012). 원거리 심리학은 이동성 문제로 인해 진료실까지 오기 어려운 내담자에게 도움이 될 뿐 아니라 노년심리학 훈련을 받은 의사가 많지 않은 농어촌지역 거주자들에게도 활용될 수 있다(Whitbourne & Whitbourne, 2014).

대인관계치료(interpersonal therapy: IPT)는 심리장애를 초래하는 사회적 요인들에 초점을 두는 접근으로, 내담자들이 다른 사람들과 자신이 맺고 있는 관계의 성격을 이해하고 이를 변화시키는 법을 학습하도록 돕는다. 대인관계치료를 하는 임상가들은 내담자들이 사회적 기술을 연마하고 대인관계 기술과 갈등 해소법을 습득하게 한다. 대인관계치료는 노인들에게 효과적인 치료법으로 알려져 있는데, 특히 사별로 힘들어하고 있거나(Miller & Reynolds, 2012) 자살위험이 있는 노인들에게 효과가 있다(Heisel et al., 2009).

(3) 노인 심리치료에서 고려할 사항

여러 요인이 노인을 대상으로 하는 심리치료에 영향을 미칠 수 있다. 노인들이 경험하는 심리문제의 성격을 변화시키거나 치료과정의 성격을 변화시키는 요인들이 여기에 포함된다(Hinrichsen & Dick-Siskin, 2000). 노인 중에서도 75세 이상의 고령노인들은 신체건강이 좋지 못할 확률이 높은데, 신체건강이 좋지 못하면 삶의 질이 하락하게 되므로 치료가 효과를 보기 어렵다(Licht-Strunk et al., 2007). 건강이 나빠지면서 정체성이 변화하면 심리치료의 필요성을 느끼게 되는데, 이때 노인이 스스로 삶을 이끌어 갈 수 있다는 숙달감을 갖게 해 준다면 신체적 제약을 극복하면서 우울 증상을 적게 보일 수 있다(Steunenberg et al., 2007). 심리치료를 통해 우울 증상이 감소하면 노인들은 장애를 더 긍정적으로 받아들이게 되고(Karp et al., 2009), 건강과 관련된 삶의 질이 더 높다고 지각할 수 있다(Chan et al., 2009).

정신건강이 신체건강과 연관되어 있다는 믿음에 근거하여(Galper, Trivedi, Barlow, Dunn, & Kampert, 2006), 노년기의 심리장애 치료에서 운동이 약물치료를 보완하거나 대체하는 도구로 사용될 수 있는지 알아보려는 노력이 진행되고 있다(Blake et al., 2009). 비디오게임 형식의 운동을 포함한 신체운동은 주요우울장애의 진단기준에 맞지 않는 우울 증상을 보이는 노인들에게 특히 바람직한 형태의 개입인 것으로 보인다(Rosenberg et al., 2010). 명상은 노인의 우울 증상과 통증의 관련성에 토대를 두고 있는 치료법이다. Morone와 동료들(2009)은 마음챙김 명상과 교육이 통증을 완화하고 심리기능을 증진하는 효과가 있으며 그 효과가 치료 후 적어도 4개월간 유지된다고 보고하였다.

노인을 대상으로 심리치료를 하는 임상가들은 가족관계를 포함한 심리사회적 문제들도 염두에 두어야 한다(Knight & Kellough, 2013). 노인 내담자들은 가족과 친구의 죽음, 자녀나 배우자와의 관계 변화, 배우자나 부모를 부양할 필요성 등에 맞닥뜨리게 된다. 끝으로 사회적 맥락도 치료의 결과에 중요한 영향을 미칠 수 있다. 정신건강과 SES 간에 관계가 있듯이 항우울제 치료의 효율성과 사회계층 간에도 관계가 있다. 사회계층이 낮은 노인들이 중산층이나 고소득층의 노인들에 비해 20주의 치료 과정에서 심리치료와 약물치료 병합의 효과를 더 적게 보인다는 결과가 보고되었다(Cohen et al., 2006).

치료는 여러 면에서 이로운 효과가 있지만, 치료만큼 중요한 것이 예방이다. 사별한 노인 또는 질병이나 장애가 있는 노인과 같이 위험요인이 있는 노인들을 대상으로 예방 노력을 기울인다면 치료의 필요성을 줄일 수 있을 뿐 아니라 노인들의 심리기능을 최대화함으로써 우울증 같은 장애의 발생을 차단할 수도 있다(Schoevers et al., 2006).

노인을 대상으로 하는 임상전문가들은 현재의 노인 코호트와 중년 성인 코호트 간의 세대차를 염두에 두어야 한다. 노인들은 젊은 사람들보다 심리치료의 필요성을 잘 받아들이지 않으며, 치료 과정에 회의적일 수 있다. 노인 내담자들이 치료 과정에서 당혹감이나 낙인감을 덜 느끼도록 교육하는 것을 치료의 한 부분으로 삼는 것이 바람직하다. 노인 내담자를 치료하기 위해서는 치료자와 내담자의 의사소통에 영향을 줄 수 있는 감각 손상과 인지 손상 여부에도 신경을 써야 한다. 끝으로 치료자가 내담자보다 젊으면 내담자가 치료자를 '어린애'로 보고 연령 차이가 반대인 경우와는 다르게 반응을 할 가능성이 있다. 치료자가 노화에 대해 부정적 태도와 고정관념을 가지고 있어서 노인 내담자와의 치료 관계를 복잡하게 만들 수도 있다.

객관적으로는 젊은 사람보다 노인에게 심리문제가 발생할 위험이 더 크지만, 노년기에는 선별적 생존, 대처기제 사용의 향상, 역경에 대해 낙관적 태도를 유지하는 능력 등이 심리문제의 발생을 막아 주는 보호요인의 작용을 하는 것으로 보인다. 이러한 적응 과정에서 도움이 필요한 노인들에게 서비스를 제공해 줄 새로운 치료법들이 개발되고 있다.

나이가 들면서 일어나는 많은 부정적 변화가 정신건강에 해로운 영향을 미칠 것으로 생각하기 쉽다. 그러나 노인 대부분은 노화 과정에서 일어나는 신체적 · 심리적 · 사회적 변화에 유연하게 잘 적응한다. 그렇기는 하지만 고령화 및 저출산 현상으로 인해 노인 인구가 증가함에 따라 앞으로 우리 사회에는 개입이 필요한 노인의 수가 증가할 것이고 노인을 대상으로 하는 정신건강 전문가도 더 많이 필요하게 될 것이다. 노인에게 효과적인 치료 방법에 관한 연구도 더욱 활발하게 이루어질 필요가 있다.

생각상자 11-4.

요즘 노인 세대는 왜 심리치료를 받기를 꺼리는 것일까?

4. 노인학대

우리나라는 노인인구의 지속적 증가 추세와 더불어 가족구조가 변화하고 여성의 사회참여가 증가하면서 가족부양을 통한 노인 돌봄이 현실적으로 점점 더 어려워지고 있다. 이런 상황에서 노부모를 수발해야 하는 성인 자녀들은 높은 수준의 부양부담감이나 가족갈등을 경험하게 되기 쉽고 그 결과 노인학대가 발생할 수 있다. 노인학대(elder abuse)는 '노인에 대하여 신체적, 정신적, 정서적, 성적 폭력 및 경제적 착취 또는 가혹행위를 하거나 유기 또는 방임을 하는 것을 말한다'(「노인복지법」 제1조의2 제4호).

1) 노인학대 현황

보건복지부는 2018년도 노인학대현황 보고서에서 노인학대를 신체적 학대, 정서적 학대, 성적 학대, 경제적 학대, 방임과 유기로 분류하고 이들 유형에 따른 학대피해노인의 비율을 연령, 성별, 발생빈도별로 〈표 11-11〉과 같이 보고하였다.

〈표 11-11〉 학대피해노인의 연령과 성별에 따른 노인학대 유형의 비율(%)

구분		신체적 학대	정서적 학대	성적 학대	경제적 학대	방임	자기 방임	유기	전체
연령	65~69세	41.4	45.9	1.7	4.1	4.1	2.4	0.3	16.3
	70~74세	41.0	45.7	2.0	3.8	4.6	2.5	0.4	23.8
	75~79세	37.9	43.5	2.6	4.0	8.1	3.3	0.6	24.1
	80~84세	34.2	42.0	3.0	5.8	10.8	3.0	1.3	19.3
	85~89세	30.7	37.3	4.5	6.5	16.9	3.4	0.8	10.9
	90~94세	30.7	34.5	5.5	5.5	18.5	4.1	1.1	4.4
	95~99세	26.8	32.9	7.3	3.7	23.2	4.9	1.2	1.0
	100세 이상	26.7	20.0	-	6.7	46.7	-	-	0.2
성별	남	34.2	38.6	3.1	5.2	11.4	6.2	1.2	24.6
	여	38.2	44.3	2.7	4.5	7.9	1.9	0.5	75.4
발생빈도	매일	22.9	27.3	8.8	4.2	21.6	12.5	2.6	13.3
	매주1회 이상	35.2	46.3	3.4	5.0	8.2	1.6	0.2	30.3
	매달 1회 이상	38.9	48.1	1.0	5.2	4.9	1.6	0.3	27.6
	3개월 1회 이상	40.2	47.3	0.9	5.6	4.4	1.3	0.4	8.5
	6개월 1회 이상	45.7	44.1	0.6	3.8	4.0	1.8	-	6.3
	일회성	47.9	33.8	1.6	2.6	11.7	1.1	1.3	13.9
	전체	37.3	42.9	2.8	4.7	8.8	2.9	0.7	100

출처: 보건복지부(2018) 노인학대현황.

65세 이상 노인을 대상으로 가장 흔하게 나타나는 학대 유형은 정서적 학대와 신체적 학대였는데 이 둘을 합하면 전체의 80%를 넘었다. 그러나 이 두 유형의 학대는 나이가 들면서 둘 다 조금씩 줄어드는 추세를 보이는 데 반해, 방임은 나이가 들수록 증가하여

100세에는 46.7%에 달하는 것으로 나타났다.

정서적·신체적 유형의 학대가 노인학대의 주를 이루는 양상은 성별에 따른 차이가 없었다. 즉, 우리나라 노인들은 성별과 관계없이 정서적·신체적 유형의 학대를 가장 많이 받고 있는 것으로 나타났다. 그러나 학대에 노출될 위험은 여성 노인(75.4%)이 남성 노인(24.6%)에 비해 3배가량이나 더 높았다.

보건복지부 자료는 또 전체 노인학대 사례 중 매주(30.3%) 또는 매달(27.6%) 한 번 이상 학대받는 경우가 60%에 달한다는 것을 보여 주고 있어, 노인학대가 일회성으로 일어나는 우연한 사건이 아니라 지속적이고 반복적으로 행해지고 있음을 알 수 있다. 학대를 매주 1회 또는 그보다 뜸하게 겪는 노인들은 신체적·정서적 학대를 받는 경우가 대부분이지만 매일 학대를 겪는 노인들은 신체적·정서적 학대뿐 아니라 방임이나 성적 학대를 당하거나 자기방임을 하는 경우도 상당수인 것으로 나타났다.

보건복지부 자료에 따르면 노인학대는 5년 이상 장기간 지속된 경우가 가장 많았고(33.5%) 그다음이 1년 이상~5년 미만으로(32.7%) 이 두 기간 동안 지속된 학대가 전체의 66.2%를 차지하였다. 학대는 한번 발생하면 대개의 경우 상당히 오랜 기간 지속된다는 것을 알 수 있다.

노인학대는 부양책임을 느끼는 배우자, 아들, 딸, 며느리, 사위, 손자녀 등 가족 구성원에 의해 발생하는 경우가 대부분이다. 보건복지부(2018) 자료를 보면 학대행위자는 아들(40.4%)이 가장 많고, 배우자(31.8%), 딸(7.3%), 손자녀(2.8%), 며느리(2.3%) 순이다. 친족인 경우가 90.7%로 절대다수를 차지하고 있는 것이다. 이렇듯 노인학대가 주로 가족 내에서 발생하다 보니 외부로 쉽게 노출되지 않아 다른 사람들이 학대 사례를 파악하기가 어렵다. 학대피해노인들은 죄책감, 수치심, 두려움뿐 아니라 가해자인 가족이 처벌받을 것을 우려하여 신고하기를 꺼려하고, 가해자는 응당 자신이 이런 극악무도한 행위를 한다는 사실이 밝혀지기를 원하지 않으므로 학대상황이 은폐되는 경우가 많다(장미희, 박창기, 2012). 그러나 앞서 보았듯이 학대 사례의 상당수에서 최소 1년에서 최대 5년 이상 학대가 지속된다는 조사 결과는 학대가 신고되는 경우에도 오랜 기간에 걸친 피해로 인해 이미 문제가 상당히 심각해진 상태일 것임을 짐작하게 한다.

보건복지부(2018) 자료에 따르면 노인학대는 학대행위자의 정신질환 같은 개인 내적 문제(33.1%)로 인해 발생하는 경우가 가장 많다. 관계의 갈등이나 사회문화적 특성 같은 개인 외적 문제(18%), 학대행위자의 약물중독(12.1%)도 노인학대로 이어지는 중요한 요인인 것으로 파악되고 있다. 학대피해노인의 정신적·경제적·신체적 의존성도 노인학대를 유발하는 원인으로 작용하고, 부양자가 느끼는 부양부담(5.5%)도 학대행위 발생의 위험요인이다. 노인의 의존성이 부양부담을 가중시킴으로써 학대를 초래하는 부분이 많다는 점을 생각한다면 학대행위 발생 원인의 상당 부분이 부양부담이라고 볼 수 있다.

〈표 11-12〉 학대행위자의 학대원인

(단위: %)

학대원인	백분율	학대원인	백분율
신체적 의존성	5.1	개인 내적 문제	33.1
정신적 의존성	12.7	개인 외적 문제	18.0
경제적 의존성	12.1	알코올 및 약물사용장애	12.1
학대피해노인 부양부담	5.5	과거 학대받은 경험	1.5

출처: 보건복지부(2018) 노인학대현황.

노인학대는 지금까지 다른 여러 사회문제에 비해 사회적 관심을 많이 받지 못했으나 노년부양비 증가와 더불어 앞으로 우리 사회의 중요한 사회문제로 대두할 것으로 전망된다. 무엇보다도 노인학대 문제는 심각한 임상적 우려의 대상이다. 학대피해노인들은 앓고 있는 질병을 통제한 후에도 동년배 노인들보다 사망률이 더 높다(Lachs et al., 1998). 이들은 정신적 고통에도 더 취약하다(Yan & So-kum, 2001). 많은 사람이 평생 학대나 방임을 당할 수 있지만, 건강이 좋지 않은 노인들은 특히 더 위험하다(Nadien, 2006). 노인학대는 자살로 이어질 수도 있다(이연수, 2019).

2) 노인학대에 영향을 미치는 요인

많은 요인이 노인학대의 영향요인들로 작용한다. 이들 요인을 설명하는 이론으로 상황이론, 사회교환이론, 상징적 상호작용이론들이 있으나 최근에는 인간행동과 다양한 환경체계 사이의 상호작용과 역동성을 강조하는 생태학적 이론이 관심을 끌고 있다(김동하 외, 2016; Johannesen & LoGiudice, 2013; Wang, Kang, & Schiamberg, 2015). 김동하 등(2016)은 노인학대를 주제로 하는 국내 연구 31편을 메타분석하고 이들 연구에서 확인된 노인학대 영향요인들이 국외의 메타분석 연구(Johannesen & LoGiudice, 2013; Wang et al., 2015)에서 보고한 결과와 상당히 유사하다고 지적하였다. 국내외 노인학대 관련 연구에서 노인학대에 영향을 미치는 것으로 밝혀진 요인들을 생태학적 관점에서 피해자 및 가해자 특성과 관련된 요인(미시체계), 피해자와 가해자의 관계 특성과 관련된 요인(중간체계), 환경적 요인(거시체계)으로 구분하여 살펴보면 다음과 같다.

(1) 피해자와 가해자의 개인적 특성

학대피해노인의 개인적 특성 중에서 노인학대와 관련이 있는 것으로 밝혀진 요인은 경제 수준, 교육 수준, 신체적 · 인지적 기능 수준이다. 경제적 여유가 없고 교육 수준이 낮은 노인들이 그렇지 않은 노인들보다 학대받을 위험성이 더 높다. 신체 및 인지 기능 장애가 있고 만성질환이 있으며 오랜 질병을 앓고 있는 노인들도 부양자의 부담을 가중시킬 수 있다는 점에서 학대에 노출될 가능성이 더 크다. 또 정신질환이 있고, 정서적 의존성이 높으며, 자아존중감이 낮은 노인일수록 학대당할 위험이 더 크다.

노인을 부양하고 있는 학대 가해자들은 경제적으로 어려운 경우가 많고 이로 인한 압박감과 부양부담감이 부양상황에 대한 분노와 좌절감으로 이어지면서 학대행위를 할 위험이 커진다. 부양자의 신체건강 악화는 부양부담과 스트레스를 높임으로써 학대행위를 유발하기 쉽다. 약물중독이나 정서장애가 있거나, 어릴 때 부모로부터 학대받은 경험이 있는 부양자들도 노인학대 가능성이 크다. 이런 결과로 볼 때 노인학대를 예방하기 위해서는 장애를 앓고 있거나 유병 기간이 오래된 부양자는 따로 선별하여 서비스를 제공할 필요가 있다.

(2) 피해자와 가해자의 관계 특성

학대피해노인과 가족 사이에는 의사소통이 원활하지 못하고 불화나 가족갈등이 있는 경우가 많다. 대개 노인학대는 노인과 부양자 사이의 누적된 관계 갈등으로 인해 발생한다. 과거의 좋지 못했던 관계가 현재의 친밀한 유대감 형성을 어렵게 하여 미래의 학대 발생 가능성을 높이는 것이다.

가해자와 피해자 사이의 관계가 원만하고 서로의 부양기대감이 조율 가능한 합리적 관계라면 노인학대가 발생할 가능성이 작다. 관계만족도가 높고 관계결속력이 강하며 의사소통이 원활할수록 노인학대 발생 위험성이 낮아지고, 관계 갈등이 심하거나 부양기대감이 높을수록 노인학대가 발생할 위험성이 높아진다. 특히 노인과 부양자 간 부양기대감의 불일치는 국내외 연구 모두에서 일관성 있게 노인학대를 유발하는 위험요인으로 확인되었다.

(3) 사회문화적 특성

노인학대는 사회문화적 환경의 특성과도 밀접한 관련성이 있다. 사회서비스체계는 노인학대를 예방하거나 학대위험을 경감시키는 주요 대처자원이 될 수 있다(Wang et al., 2009). 또 노인차별의식이 강한 지역사회에 거주하는 노인들일수록 부적절한 처우나 학대를 받을 가능성이 더 크다(Lafferty et al., 2009). 사회적 지지와 노인학대 위험성 간의 관련성에 대해서는 연구 결과들이 불일치를 보이고 있어 더 많은 연구가 필요하다.

3) 치매노인에 대한 학대

치매와 같이 인지기능 제한을 초래하는 질병을 가지고 있는 노인들은 일반노인들보다 학대받거나 방치될 가능성이 더욱 크다. 보건복지부의 노인학대현황 보고서에 따르면, 2018년 한 해 동안 전국 31개 지역노인보호전문기관을 통해 신고되고 학대로 판정된 사례 중에서 치매가 의심되거나(9.8%) 치매로 진단받은(13.5%) 노인들의 비율은 23.3%로 4명 중 1명꼴이었다.

치매노인 학대가 발생하는 장소는 가정 내(68.4%)가 가장 많고 그다음은 생활시설(24.0%)로 나타나 이 두 장소에서 발생하는 학대 건수가 총 건수의 92%를 차지하는 것으로 조사되었다(중앙노인보호전문기관, 2019). 즉, 치매노인 학대 가해자의 대부분이 치매노인을 부양하고 돌보는 역할을 하는 사람들이다.

〈표 11-13〉 치매노인 학대 발생 장소

(단위: %)

구분	가정 내	생활시설	이용시설	병원	공공장소	기타
치매노인 학대 사례	68.4	24.0	2.6	2.8	0.9	1.3
치매의심 사례	88.8	7.9	-	1.0	0.6	1.8
치매진단 확인 사례	53.6	35.7	4.4	4.1	1.1	1.0

출처: 중앙노인보호전문기관(2019). 2018년 노인학대현황보고서.

우리나라 치매노인 보호자의 54.3%가 자신이 돌보는 치매노인에게 신체폭력행위나 언어폭력행위 가운데 한 가지 이상을 한 적이 있다고 보고되었다(서울대학교병원, 2008). 외국에서도 유사한 결과가 보고된 바 있다(Cooney, Howard, & Lawler, 2006). 치매노인

보호자가 행한 학대행위 중 가장 흔한 것은 언어폭력으로 약 40%에 달했는데, 특히 지난 한 달 동안 환자를 나무라거나 꾸짖은 적이 있다고 보고한 보호자가 37.2%인 것으로 보고되었다([그림 11-2]). 국내 일반 노인들을 대상으로 한 연구(Oh, Kim, Martins, & Kim, 2006)에서 학대 유병률이 약 3%인 점을 감안할 때 치매노인에 대한 학대 가능성은 일반 노인들에 비해 10배 이상 높은 것을 알 수 있다. 이런 비극적인 상황이 발생할 확률을 줄이고 예방하기 위해서는 노인을 돌보는 보호자들에게 적절한 보상, 사회적 지지, 더 나은 대처기술을 제공하는 것이 필요하다(Nadien, 2006).

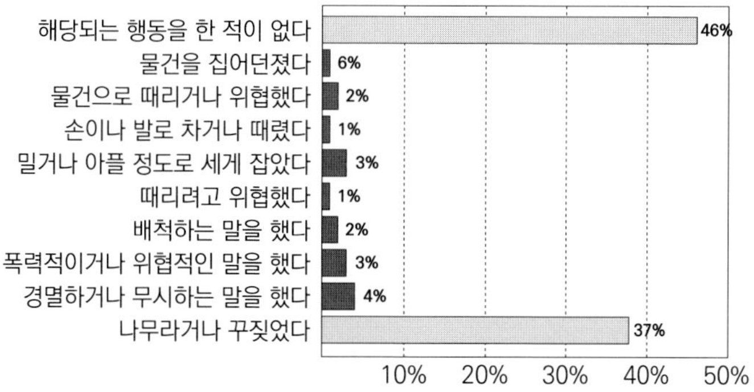

[그림 11-2] 치매노인에 대한 보호자 학대행위의 유형별 빈도

출처: Cooney, Howard, & Lawler (2006).

5. 노인자살

우리나라의 자살률은 2003년 이후 OECD 국가 중에서 연속 1위를 기록하고 있다. 특히 65세 이상 노인의 자살률이 해마다 증가하여 심각한 수준에 이르고 있다. 2014년 기준 우리나라 사망통계 자료를 보면 80세 이상 고령노인의 자살 사망률이 인구 10만 명당 78.6명으로 가장 높았는데 이는 50대의 36.4명에 비해 2배가 넘는 수치이다. 다른 나라의 노인자살률과 비교해 보면 우리나라의 노인자살률이 얼마나 높은지 알 수 있다. 2011년 우리나라 노인의 평균 자살률은 인구 10만 명당 81.9명으로 미국(14.5명)의 5.6배였을 뿐 아니라 한때 '자살왕국'으로 불렸던 일본(17.9명)과 비교해도 4.7배라는 높은 수치를 보였다(통계청, 2016). 이렇듯 높은 노인자살률에도 불구하고 노인자살은 당사자의 정신건강이나 가족 내부의 문제로 치부되며 사회적 관심을 받지 못하고 있다. 한국 전쟁과 한국 산업화의 격랑 속에서 고난을 이기며 국가발전을 일궈온 이들이 사각지대에 방치된 채 쓸쓸히 목숨을 끊고 있는 것이다.

1) 노인의 자살생각과 그 이유

자살은 자살생각, 자살계획, 자살시도, 자살행동이라는 네 가지 차원의 연속적인 개념으로 정의할 수 있다(이혜선, 육성필, 배진화, 안창일, 2008). 자살생각은 자살시도와 자살행동의 전조일 수 있으며, 자살생각을 한 사람이 이후에 자살시도를 할 위험성은 그렇지 않은 사람들에 비해 6배나 높다(이혜선 외, 2008; Kuo, Gallo, & Tien, 2001). 자살시도를 한 이력이 있는 노인들은 실제로 자살할 위험이 크다(Murphy et al., 2012). 이렇듯 자살생각은 자살시도와 같은 구체적 행동 이전에 나타나는 징후로서, 자살생각에 영향을 미치는 요인들을 이해한다면 자살행위가 발생할 위험을 알아차리고 예방하는 데 도움을 줄 수 있을 것이다.

보건복지부의 2017년도 노인실태조사에 따르면, 우리나라 65세 이상 노인의 6.7%가 자살생각을 한 적이 있고 13.2%가 자살시도를 한 적이 있다(〈표 11-14〉). 자살생각이나 자살시도를 한 이유로는 본인의 건강(27.6%)과 경제적 어려움(27.7%)이 가장 많았고, 그 다음이 관계(부부, 자녀, 친구)에서 생겨나는 갈등과 단절이었으며(18.6%), 외로움이 자살생각이나 자살시도로 이어지는 경우도 12%를 넘어서는 것으로 나타났다. 본인건강과 가족건강 문제로 인한 자살생각이나 자살시도도 속내를 들여다보면 의료비 지출 부담이 일정한 몫을 차지했을 것으로 추정된다. 실제로 통계청 가계동향조사에 따르면 2016년 우리나라 노인 빈곤율은 세계 최고 수준인 46.5%로, 많은 노인이 나이가 들면서 점차 증가하는 의료비를 감당해내기 어려운 상황임을 짐작할 수 있다. 또 관계의 갈등과 단절, 가족과 친구의 사망은 노년기에 느끼는 외로움을 악화시키고 우울과 같은 정신건강 문제로 이어질 가능성이 높다고 볼 수 있다. 결국 노인의 자살생각이나 자살시도에 작용하는 원인들은 독립적이거나 상호배타적이기보다는 상호관련성을 갖는 것으로 추정된다.

〈표 11-14〉 노인들의 자살생각률, 자살시도율과 자살생각 이유

(단위: %)

연령	자살 생각률	자살 시도율	자살생각 이유						
			건강	경제적 어려움	외로움	사망 (배우자, 가족, 친구)	부부, 자녀, 친구 갈등 및 단절	배우자, 가족 건강	기타
65~69세	7.5	10.0	29.3	29.7	12.6	6.0	18.5	3.1	0.8
70~74세	6.4	14.5	22.0	28.9	12.1	9.2	21.9	4.9	1.0
75~79세	6.9	17.5	28.1	25.7	11.6	8.0	18.1	8.5	0.0
80~84세	6.0	17.2	29.0	27.7	11.0	8.8	18.4	5.2	0.0
85세 이상	4.5	2.3	35.9	17.1	18.3	19.9	6.1	2.7	0.0
전체	6.7	13.2	27.6	27.7	12.4	8.3	18.6	4.9	0.6

출처: 보건복지부(2017) 노인실태조사.

2) 노인의 자살생각에 영향을 미치는 요인

최근 들어 자살은 생물학적 요인(기능상실과 질환), 심리학적 요인(인지적 변화와 우울), 사회문화적 요인(스트레스와 고립)의 영향을 받는 생물심리사회적 현상으로 자리매김되고 있다(Whitbourne & Whitbourne, 2014). 이와 유사한 맥락에서 국내 연구자들도 자살생각과 자살행동으로 이어지는 단초를 제공하는 유발요인들을 개인과 환경의 상호관계성에 중점을 두는 생태체계 관점에서 살펴봄으로써 노인의 자살문제에 대한 해결방안을 모색하고 있다(이정은, 유지영, 2017; 이현경 외, 2014). 노인의 자살생각에 영향을 미치는 요인들을 개인, 가족 및 사회체계 관련 변수들로 구분하여 살펴보면 다음과 같다.

(1) 개인 관련 요인

자살하는 노인들은 대다수가 정신질환이 있다. 자살생각과 가장 밀접한 관련이 있는 것으로 밝혀진 개인 관련 요인 중 하나는 우울이다. 우울은 노인을 포함한 전 연령층에서 자살의 강력한 예측요인인 것으로 밝혀지고 있다(강상경, 부가청, 2010; 김형수, 2006; 박봉길, 전석균, 2006; 배지연 외, 2005; 한삼성 외, 2009). 이현경 등(2014)은 국민건강영양조사 자료를 분석한 연구에서 우울한 노인은 그렇지 않은 노인에 비해 자살생각을 8배 이상 많이 한다는 것을 발견하였다. 노년기에는 또 신체질병으로 인한 건강문제, 경제적 사정

악화, 배우자 죽음 등의 부정적 사건들을 겪기 쉬운데 이런 요인들이 우울과 높은 관련성을 보이며 자살생각을 하게 만드는 주된 요인으로 작용할 수 있다(송영지 외, 2013; 허준수, 유수현, 2002).

문제는 자살을 생각하는 노인들이 노련한 임상가의 눈에도 자살을 감행할 만큼 심한 우울 증상을 앓고 있는 것으로 보이지 않는다는 데 있다. 겉으로는 경도에서 중등도 정도의 우울 증상을 보일 뿐이어서 자살을 탐지해내기가 매우 어렵다(Duberstein & Conwell, 2000). 노인의 우울증은 진단하기가 어렵다는 점을 감안할 때 건강서비스 제공자들은 노인을 치료할 때 이러한 자살위험요인들을 염두에 두는 것이 중요하다. 자살한 노인의 상당수(43~76%)가 서비스 제공자를 찾은 지 한 달 이내에 자살을 감행하였다는 안타까운 보고도 있다(Duberstein & Conwell, 2000). 다학제적 훈련을 통해 추가적인 심리적 · 의학적 위험요인들을 더 완벽하게 평가하고 아울러 기분장애의 증상들도 민감하게 알아챈다면 노인의 자살위험을 확인하고 관리하는 데 도움이 될 수 있을 것이다(Huh et al., 2012).

우울 이외의 다른 정신질환도 노인의 자살과 관련이 있다. 자살을 감행하는 노인들은 불안증상도 보인다. 불안하고 경직되고 강박적인 사람들이 자살위험이 큰 이유는 자기 생각과 감정을 다른 사람들과 논의하지 못하는 데서 찾을 수 있을 것이다(Conwell et al., 2002; Turvey et al., 2002). 분열정동장애가 있는 노인들은 자살시도 비율이 무려 38%에 이르는 것으로 보고되었다(Baran & Young, 2006).

알코올남용과 같은 물질남용 병력이 있는 노인들 또한 자살위험이 높다. 회피성 성격장애와 분열성 성격장애도 노인의 자살과 관계가 있을 가능성이 큰데, 둘 다 위축과 사회적 고립이 특징이다(Duberstein & Conwell, 1997). 또 자아존중감이 낮은 사람들이 높은 사람들에 비해 자살위험이 더 크다(Szanto et al., 2007).

노인의 신체질환과 기능제약도 자살위험요인으로 작용한다(Conwell et al., 2002). 특히 암이나 심혈관질환과 관련된 손상이 자살위험과 관계가 있는 것으로 보인다. 자살하는 노인들은 또 인지기능 결함이 있거나 사회적 고립과 스트레스 사건을 겪고 있을 가능성이 크다.

(2) 가족 관련 요인

자살은 극히 개인적인 문제로 치부하기 쉽지만 사실 가족과의 관계에서 비롯되는 경우가 많다(하상훈, 2000). 산업화와 가족 기능의 변화로 인해 노인들이 가족으로부터 소외되면서 우울에 빠질 가능성이 높다(배지연, 2005). 배우자나 자녀와 동거하지 않는 노인들이 동거하는 노인들에 비해 자살생각을 더 많이 한다(김기태 외, 2011; 김수현, 최연희, 2007; 송영달 외, 2010; 이현경, 장창곡, 2012). 특히 성인 자녀는 배우자 사별 이후 정서적·도구적 지지를 제공해 줄 수 있으므로 성인 자녀와의 관계는 자살생각에 영향을 미치는 중요한 변수로 작용할 수 있다(김형수, 1996, 2001).

(3) 사회체계 관련 요인

나이가 들면 가족이나 동료들과의 사회적 관계망이 점차 축소되고 사회적 통합 또한 약화될 수 있다(장혜경, 2007). 이에 따라 노인들이 느끼게 되는 소외감과 고립감이 자살로 이어질 수 있다(정명렬, 2010). 관계에서 얻을 수 있는 사회적 지지는 신체적·정신적 건강을 유지하거나 증진함으로써 자살생각을 감소시킬 수 있다(문동규, 2012). 노인차별도 자살생각에 영향을 미치는 사회체계 관련 변수이다(임춘식 외, 2013). 사회 구성원들이 노인에 대해 부정적 인식과 편견을 가질 때 노인이 우울해지고 절망에 빠지면서 자살생각을 하게 된다는 것이다.

제12장

의미 추구와 영성 발달

1. 노화심리학에서 의미 추구 이해의 중요성
2. 영성과 건강
3. 성인기의 영성 발달
4. 영성 발달 이론
5. 성격과 의미체계의 통합
6. 의미체계의 전환 과정
7. 노년기의 의미 추구와 행복

제12장

의미 추구와 영성 발달

영성 또는 삶의 의미 탐구는 인간 공통의 특성이며 인간 경험의 중요한 부분이다. 종교와 관계없이 모든 인간의 삶에는 영적 차원이 존재한다. 인간은 삶의 의미가 무엇인가라는 영적인 질문을 끊임없이 던지고 그 답을 찾아내고자 노력하면서 살아간다(이시형, 2005). 영성은 현실이 고통과 결핍, 소외로 가득 차 있을지라도 그로부터 의미를 찾아내고 긍정적으로 재해석하게 해 줌으로써 문제를 해결하고 적응해 나갈 수 있도록 돕는 역할을 한다(이혜숙, 1996). 초월적 힘의 존재를 믿는 사람들은 고통, 상실, 질병 등의 시련이 오히려 자신을 강하게 만들어 주는 단련과정이라고 해석함으로써 좌절하거나 우울해지지 않을 수 있고, 심지어 죽음에 직면해서도 가령 내세에 대한 믿음으로 절망을 이겨낼 수 있다(이원규, 2015).

나노기술, 생명의학 등 과학이 엄청난 진보를 보이는 시대임에도 많은 사람이 신을 믿고 영적 초월을 꿈꾼다. 과학 기술이 발전하면서 인간의 삶이 외형상으로는 물질적 풍요를 구가하는 것처럼 보일지 몰라도 정신적으로는 오히려 더 황폐해지는 결과를 낳고 있기에(심은주, 이경화, 2012) 삶의 궁극적 지식과 의미 추구가 더욱 절실해지는 것인지도 모른다.

세계보건기구는 1998년 5월 제네바에서 개최된 총회에서 건강의 개념을 질병이 없는 상태가 아니라 신체적 · 심리적 · 사회적 · 영적으로 안녕한 상태로 재정립하면서 영적 차원이 인간의 건강과 행복에서 중요하다는 점을 강조하였다. 인간이 신체적 · 심리적 · 사회문화적 측면뿐만 아니라 영적 측면까지 지닌 다차원적 존재라는 관점이 부각되고 건강과 적응의 개념에 영성이 추가되면서 학문적 연구에서 영성(spirituality)이 중요한 위치를 차지하는 계기가 마련되었다.

영성 또는 의미 추구와 관련한 주제는 신학이나 인문학의 영역으로 간주되어 왔으나 근래에는 과학 영역에서 이 주제에 지대한 관심을 갖고 활발히 연구를 진행하고 있다. 특히 심리학, 사회복지학, 교육학, 간호학 등 대인서비스를 중시하는 학문분야(helping professions)의 연구자들이 영성을 주제로 하는 연구에 큰 관심을 기울이고 있다(정명숙, 강석임, 김승주, 전혜원, 2017). 심리학에서는 전통적으로 인간이 지닌 약점과 손상을 완화하거나 치유하는 데 역점을 두었으나, 최근 들어 인간의 강점과 덕목에 관심을 기울이는 긍정심리학이 주요 시대정신으로 부상하고 많은 연구자가 그러한 강점과 덕목의 하나로 영성에 주목하면서 영성 연구의 비중이 점차 확대되고 있다(Seligman & Csikszentmihalyi, 2000; Seligman, Ernst, Gillham, Reivich, & Linkins, 2009). 지금까지 영성에 관한 과학적 연구는 영성이 인간의 건강과 행복에 어떤 영향을 미치는지, 영성과 관련된 유전자가 있는지, 나이가 들면서 영성이 어떤 양상으로 변화하는지 등을 주로 다루고 있다.

이 장에서는 먼저 노화심리학에서 의미 추구 또는 영성이라는 주제를 연구하고 이해하는 것이 왜 중요한지 알아본다. 그다음으로 영성이 인간의 건강과 행복에 끼치는 긍정적인 영향력을 보고한 연구들을 살펴보고, 이어서 의미체계가 연령에 따라 어떻게 변화하며 그 이유가 무엇인지를 다룬다. 끝으로 이 장의 후반부에서는 Kohlberg의 도덕 발달 이론과 이에 토대를 둔 Fowler의 신앙 발달 이론 등 여러 이론이 연령에 따른 영성의 발달을 어떻게 설명하고 있는지 고찰한다.

1. 노화심리학에서 의미 추구 이해의 중요성

영성은 성인 대부분의 삶에서 중심적인 주제로서 노화에 따른 변화와 발달의 양상을 제대로 이해하기 위해서는 삶을 대하는 태도의 변화와 삶의 의미 추구라는 주제를 다루는 것이 필수적이다(Bjorklund, 2015). 우리는 나이가 들어가면서 자신의 삶과 세계에 종전과는 다른 의미를 부여하는가? 나이가 들면 자신의 경험을 종전과는 달리 해석하고 새로운 방식으로 이해하는가? 의미체계의 변화는 우리가 더 현명해지고 지혜로워지는 방향으로 진행되는가? 의미 추구가 노년기의 삶에서 특히 중요한 작용을 하는 이유는 무엇인가?

Bjorklund(2015)는 영성 또는 의미 추구와 관련한 주제를 종교학이나 철학만이 아니라 심리학, 특히 성인발달과 노화심리학 분야에서 다루는 것이 중요하다고 주장하였으며, 그 이유로 다음의 세 가지를 꼽았다.

첫째, 경험 그 자체보다는 그 경험에 우리가 어떤 의미를 부여하느냐가 더 중요하기 때문이다. 우리가 어떤 경험을 할 때 그 경험이 우리에게 자동으로 일정한 정도의 영향을 미치지는 않는다. 경험이 우리에게 미치는 영향은 우리가 자신의 의미체계 또는 내적작동모델에 따라 그 경험을 어떻게 해석하고 그것에 어떤 의미를 부여하는지에 달려 있다. 사람마다 이 세상에서 점하는 위치가 다르고 각자 지니고 있는 능력들이 다르기 때문에 이러한 의미체계 또는 내적작동모델도 각기 다르고 그에 따라 경험에 대한 해석도 달라진다. 예를 들어, 나의 내적작동모델이 "사람은 기본적으로 친절하고 신뢰할 수 있다."라는 가정을 포함하고 있다면 이러한 가정은 내가 추구하는 경험에 영향을 미칠 뿐 아니라 경험을 해석하는 방식에도 영향을 미칠 것이다. Bjoklund(2015)는 인간 삶의 모든 경험은 인간 각자가 가지고 있는 의미체계 또는 내적작동모델이라는 여과망을 통해 의미를 전달하며, 그렇기 때문에 모든 경험의 궁극적 결과는 경험 그 자체가 아니라 우리가 그 경험에 어떤 의미를 부여하는지에 따라 결정된다고 주장하였다. 따라서 나이가 들어가면서 각자의 의미체계가 어떻게 형성되고 변화하는지 이해하는 것이 중요하다고 보았다.

둘째, 의미 추구는 인간의 기본적 특성이며 대부분 성인의 삶에서 중심적인 주제이기 때문이다. 이는 많은 임상가와 이론가들도 언급하고 있는 바이다. 정신분석가 Erich Fromm(1956)은 인간이 지닌 다섯 가지 실존적 욕구 가운데 하나로 의미의 욕구를 지목하였다. 정신과 의사 Victor Frankl(1984)은 '의미에 대한 의지'가 인간이 가지고 있는 기본적 동기라고 주장하였다. 신학자이자 심리학자인 James Fowler(1981)도 이와 유사하게 "모든 인간이 공통으로 가지고 있는 한 가지 특징은 삶이 의미 있다는 인식이 없이는 살 수 없다는 것"(p. 58)이라고 주장하였다. 인간은 자신의 경험이 의미를 갖도록 만드는 방식으로 해석할 뿐 아니라 의미를 만들어 내고자 하는 욕구 또는 동기를 가지고 있다는 것이다. Bering(2006)도 영성에 대한 인식이 인간의 사회적 인지체계가 갖는 중요한 요소라고 기술한 바 있다.

셋째, 나이가 들수록 영성과 지혜가 증가하는 경향이 있기 때문이다. 여러 심리학 이론이 연령 증가에 따른 의미의 발달을 설명하고 있다. 예를 들어, Jung(1964)은 성인 초기에는 관계를 수립하고 가족을 꾸리고 건사하며 직업에 종사하는 등 외부로 향해 많은 시간을 보내지만, 중년기에는 죽음을 인식하면서 내부로 방향을 돌리게 된다고 지적한다. 삶의 전반부에는 외부에 초점을 두다가 후반부에는 내부에 초점을 두면서 균형을 이루고 궁극적으로 자기실현을 완성한다는 것이다. Riegel(1973)도 성인기에는 인지발달이 후형식적 단계로 확장되면서 논리와 추론에 감정과 맥락을 더하여 세상을 바라볼 수 있게 되며 인지능력을 의미 추구에 사용하게 된다고 제안하였다(Sinnott, 1994).

생각상자 12-1.

서로 다른 의미체계를 가지고 있는 사람들은 동일한 경험(예를 들어, 코로나19 사태)을 각기 달리 해석할 것인가? 다른 예들을 생각해 보시오.

2. 영성과 건강

영성은 대다수 사람이 도달해 본 적 없는 높은 수준의 인간 잠재력과 관련이 있는 개념이다. Maslow의 자기실현, Loevinger의 통합된 인격, Riegel의 후형식적 인지, Frankl의 의미에 대한 의지, E. Fromm이 말한 인간의 실존적 욕구 다섯 가지 중 의미의 욕구, Bjorklund의 의미체계(삶의 의미와 관련된 세계관) 등 학자마다 영성을 가리키는 데 사용하는 용어는 제각각이다. 그러나 이들 모두가 통합성, 인본주의적 관심, 타인과의 긍정적 관계, 젊은 세대를 위한 배려, 자기초월, 죽음수용 등을 공통 요소로 삼고 있다.

이러한 개념을 지닌 영성이라는 변수는 불과 수십 년 전만 해도 객관적인 검증을 강조하는 과학적 연구의 범위를 벗어나는 것으로 여겨졌다. 그러나 앞서 언급했듯이 영성을 주제로 하는 연구의 수는 최근 들어 급격히 증가하고 있다. Bjorklund(2015)는 PsycINFO 데이터베이스에서 '종교' 또는 '영성'이라는 키워드를 가진 실증적 논문의 수를 조사해 본 결과 1982년까지 0편이던 것이 2003~2012년 사이에는 3,500편 이상으로 증가했다는 것을 발견하였다. [그림 12-1]에서 볼 수 있듯이 우리나라에서 수행된 영성 관련 논문의 수도 최근으로 올수록 매우 가파른 증가 추세를 보이고 있다(정명숙 외, 2017).

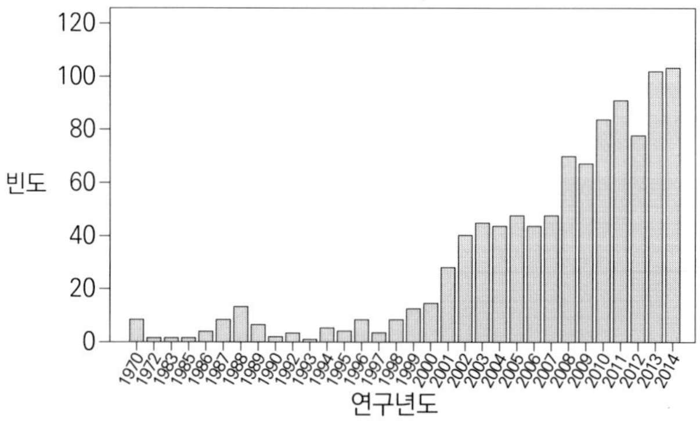

[그림 12-1] 우리나라에서 발간된 영성 관련 논문 편수의 증가 추세(1970~2014년)

출처: 정명숙, 강석임, 김승주, 전혜원(2017).

영성을 주제로 하는 연구들은 하나같이 영성이 우리의 건강과 행복에 이로운 영향을 미친다는 결과를 일관성 있게 보고하고 있다. 예를 들어, 영성이 뛰어난 사람들은 우울 및 불안 수준이 낮다(Brown, Carney, Parrish et al., 2013). 종교예배에 참석하는 등 종교 활동을 많이 하는 사람들은 그렇지 않은 사람들보다 더 오래 살고, 심장마비로 인한 사망률이 더 낮으며(Childa, Steptoe, & Powell, 2009), 정신건강도 더 뛰어나다(Ai, Huang, & Biork et al., 2013). 용서와 기도를 많이 하면 코르티솔 반응 수준이 낮아진다(Tartaro et al., 2005). 명상도 혈압을 낮추고 코르티솔 수치를 낮추는 효과가 있다(Seeman, Dubin, & Seeman, 2003). 코르티솔은 스트레스를 받을 때 분비되는 호르몬으로 면역체계 반응 감소와 관련이 깊다는 점에서 이러한 결과는 용서, 기도, 명상 같은 영적 활동이 스트레스로 인한 손상으로부터 인간을 보호해 준다는 것을 보여 준다. 삶의 의미와 목적이 뚜렷한 사람들이 그렇지 않은 사람들에 비해 스트레스에 더 잘 대처한다는 결과도 있다(Maddi, 2005). 「듀크 종단연구」는 종교를 대처기제로 사용하는 노인들이 그렇지 않은 노인들에 비해 사별이나 만성질환과 같이 심한 스트레스를 받는 상황에서도 더 잘 적응한다는 것을 보여 주었다. 영성의 긍정적 영향력을 보여 주는 이러한 결과들은 연령, 결혼상태, 교육 수준, 건강 등의 변수를 통제한다 해도 바뀌지 않는다.

국내에서 수행된 연구들도 영성이 신체 및 정신건강과 밀접한 연관성이 있다는 결과를 보고하고 있다. 정명숙(2018)은 1970년대 이후 2016년까지 영성을 주제로 하여 수행된 국내 연구 582편의 결과를 분석함으로써 영성이 인간의 삶에 어떤 긍정적 영향력을 갖는지 알아보았다. 이 연구는 영성이 독립변수, 조절변수, 매개변수 또는 프로그램으로 사용된 연구들에서 측정한 종속변수들의 종류와 빈도를 분석하였는데, 분석의 결과는 영성이 개인 각자가 지닌 긍정적인 특성들은 강화하고 부정적인 특성들은 완화하거나 억제하는 등 인간 삶의 다양한 영역에서 역량을 개선하고 증진하는 데 중요한 역할을 할 수 있다는 것을 보여 주었다. 구체적으로 살펴보면, 영성 수준이 높은 사람들은 그렇지 않은 사람들에 비해 삶에 대한 만족감과 행복감을 더 크게 느끼고 자아존중감, 자아탄력성, 자기효능감 등이 현저하게 더 높을 뿐 아니라 적응력과 정신건강이 더 뛰어난 반면에, 우울과 불안 수준은 더 낮고 스트레스, 죽음불안, 자살충동, 공격성 등은 더 적게 느끼며 힘든 상황에서도 쉽게 소진되지 않는 것으로 나타났다(〈표 12-1〉 참조).

이 연구에서 주목할 만한 또 다른 결과는 '기타' 범주로 묶인 종속변수들이 전체 450건 중에서 76건으로 측정 건수가 가장 많았다는 것이다. '기타'는 한두 편의 연구에서 한두 건 정도밖에 측정되지 않은 종속변수들을 모두 합친 범주로서 이 범주에 속하는 변수들이 이렇게 많다는 사실은 아직 연구되지 않은(따라서 앞으로 연구될) 변수들까지 고려할 경우 영성이 우리의 삶에 미치는 영향력이 현재까지 밝혀진 것보다 훨씬 더 넓은 범위에 걸쳐서 작동할 가능성이 있다는 것을 보여 주는 것으로 생각된다.

〈표 12-1〉 영성 변수의 유형(독립변수, 조절변수, 매개변수, 프로그램)에 따른 종속변수 범주들의 측정 빈도(괄호 안은 논문편수)

변수 범주	변수의 예	독립변수	조절변수	매개변수	프로그램	계
자기관련 특성	자아존중감, 자아탄력성, 자기효능감, 자아정체감	27	1	5	20	53
가족관련 특성	가족기능, 가족지지, 부부갈등, 가족의사소통	1	1	1		3
사회적 지지		2			1	3
우울		22	7	3	12	44
불안		8	2		7	17
기타 정서	수치심, 자부심, 분노, 절망감, 상실감, 희망, 고독감	5			4	9
스트레스	생활스트레스, 생활사건스트레스, 직업스트레스	6		5	2	13
죽음관련 특성	죽음불안, 죽음태도, 죽음인식, 호스피스 태도	11		1	3	15
자살	자살생각, 자살예방, 자살위험성, 자살충동	8	5	8	1	22
중독	스마트폰중독, 알코올중독, 인터넷중독, 도박중독	2		2		4
공격성/폭력	공격성, 폭력노출경험, 파트너학대, 아동학대	1	1	6	2	10
신체건강/질병	건강상태, 건강증진행위, 병식, 통증	8			5	13
소진		5	1	1	3	10
삶의 질/만족	삶의 질, 생활만족, 행복, 주관적 웰빙, 심리적 안녕	49	1	8	3	61
적응/정신건강	적응유연성, 탄력성, 학교생활적응, 교도소적응	16	4	7	3	30
직무/조직관련	직무만족, 직무/조직몰입, 직무/조직성과, 조직효과성	16	1	5	1	23
간호수행역량	영적간호수행, 간호중재, 간호역량, 간호업무수행	8			3	11
봉사활동	봉사활동, 자원봉사 만족도/동기/지속성	6				6
신앙관련 특성	신앙경력, 신앙성숙도, 기도생활정도, 종교지향성	3			1	4
기타	양육효능감, 성인애착, 복지의식, 외상후 성장, 리더십, 돌봄경험, 일상수행능력, 중년위기감, 용서, 상실경험, 대인관계문제, 진로결정수준, 투병의지	52	4	12	8	76
계		256 (226)	29 (27)	62 (59)	103 (48)	450 (360)

출처: 정명숙(2018).

영성이 인간의 삶에 이렇듯 광범위하게 긍정적인 변화를 가져올 수 있다면 이러한 영성의 잠재력을 실생활에서 최대한 활용할 수 있도록 영성을 함양하고 증진할 방안을 마련하는 것이 중요할 것이다. 많은 연구에서 매우 다양한 프로그램이 영성을 증진하는 효과가 있는 것으로 보고되고 있다. 이들 프로그램은 크게 세 종류로 구분할 수 있는데, 영성 증진을 목적으로 제작된 프로그램, 미술치료, 용서치료, 집단상담, 독서치료 등 다양한 치료 장면에서 사용되어 온 기존의 치료기법에 바탕을 둔 프로그램, 그리고 기존의 치료기법에 종교적 성격을 가미한 프로그램이다(정명숙, 2018).

영성 증진 프로그램은 여러 유형의 대상자들에게 적용될 수 있을 것이나 노인, 호스피스 대상자, 암과 같이 치유가 어려운 질병을 앓고 있는 환자 등 삶의 여러 측면에서 상실을 겪고 있는 노약자의 경우에 그 효과가 더욱 뚜렷하게 드러날 수 있다(정명숙, 2018). 고령자나 호스피스 환자와 같이 삶의 유한성을 인식하고 죽음을 받아들여야 하는 시기 또는 상황에 놓인 사람들에게는 삶의 의미 추구와 영성이 더욱 중요하게 부각될 수밖에 없기 때문이다. 더욱이 우리 사회는 근래 들어 유례없이 빠른 속도로 노인인구가 증가하면서 초고령사회로 나아가고 있다. 오래 사는 것보다는 행복하게 잘 사는 데 목표를 두는 사람들이 많아지면서 영성 증진 프로그램의 효용성은 노화심리학 분야에서 앞으로 크게 주목을 받게 될 것으로 전망된다.

3. 성인기의 영성 발달

우리는 성인기 동안 다양한 경험을 하면서 삶에 대한 지식과 지혜가 점차 증가한다. 그 결과 삶을 종전과는 다른 관점에서 바라보게 되고 가치관과 세계관이 달라지거나 더 성숙해진다. 그와 더불어 개인의 삶을 넘어 존재하는 더 큰 전체 또는 절대적이고 초월적인 존재를 인식하게 된다. 나이가 들어가면서 이같이 세상에 새로운 의미를 부여하고 새로운 방식으로 이해하게 되는 과정을 영적 성장이라 부를 수 있을 것이다.

연령에 따른 영성의 변화를 다룬 연구들은 영성과 종교성이 나이가 들수록 증가한다는 것을 보여 준다. 기혼 성인남녀를 대상으로 하는 종단연구에서 Argue와 동료들(1999)은 측정시기나 동시대출생 집단의 효과를 통제한 후에도 종교의 영향력은 평생에 걸쳐 나이가 많아질수록 더 커진다는 것을 발견하였다(Argue, Johnson, & White, 1999). Wink와 Dillon(2002)은 40년에 걸친 종단연구에서 여성은 중년기에서 노년 후기까지, 남성은 노년 초기부터 후기까지 영성이 증가한다는 결과를 보고하였다([그림 12-2]).

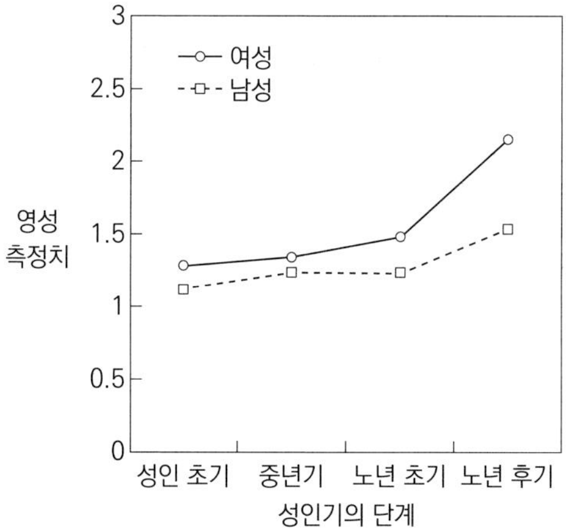

[그림 12-2] 남녀 성인이 지닌 영성이 연령에 따라 변화하는 양상

출처: Wink & Dillon (2002).

영성을 주제로 하는 연구는 다른 연령집단보다는 노인을 대상으로 수행된 경우가 많다(정명숙 외, 2017). 근래 들어 베이비붐 세대가 노년기로 접어들면서 노인인구의 비율이 증가하고 이와 맞물려 사회 전반에서 노인의 삶의 질에 관한 관심이 높아지면서 노인 관련 연구가 전반적으로 증가하고 있는 것이 노인의 영성을 다루는 연구가 많은 이유의 하나일 것이다. 그러나 다른 연령집단보다 노인집단을 대상으로 하는 영성 연구가 비교적 많이 수행된 것은 지난 삶을 정리하고 죽음을 대면해야 하는 노년기의 특성도 중요한 원인으로 작용했을 것이라고 생각된다. 삶의 유한성을 인식하고 받아들여야 하는 노년기에는 다른 연령대에 비해 삶의 의미에 대한 이해와 영성이 더욱 중요하게 부각될 수밖에 없기 때문이다.

노년기의 종교 활동과 영성의 증가는 '다차원적 유리(multidimensional disengagement)'의 성격을 갖는다. 노화로 인한 건강과 신체기능 쇠퇴로 인해 예배 참석률은 감소할 수 있지만, 기도, 명상, 성경 읽기, 종교방송 청취와 시청 등의 활동은 감소하지 않거나 오히려 더 증가하는 식이다. 신체적 제약으로 인한 집단적 종교 활동의 감소를 기도와 명상 등 개인적 영성 활동으로 대체하는 것이다. 종교에 의지하는 노인들 가운데 다수가 사별이나 만성질환과 같은 심한 스트레스를 받는 상황에 처할 때 교회와 관련된 사회적 활동보다는 신에 대한 믿음이나 기도와 같은 개인적 종교 활동을 대처전략으로 거론한다.

사람들은 왜 나이가 들면서 점점 더 종교적 성향을 띠게 되는가? 나이가 들수록 종교가 자신의 삶에서 더 중요해진다고 보고하는 것은 무엇 때문인가? 종교는 많은 기능을 하지만 그중에서도 정서적으로 만족스러운 인간관계 경험 및 영적 경험을 제공하는 기능이 있다. Bono와 McCullough(2004)는 노년기에 종교적 관심이 강조되는 것은 종교집단 내에서의 상호작용이 정서적으로 만족스러운 관계를 가져다주기 때문일 것이라고 보았다. 신은 따뜻하고 친밀하고 지지적인 관계를 제공하는 애착인물의 역할을 할 수도 있다(Kirkpatrick, 1999). 이러한 관계적 존재로서의 신에게 기도하고 성서를 읽고 예배하면서 신과 교류하는 경험은 노년기의 두드러진 관심사인 정서적 만족 욕구를 채우는 데 도움을 줄 수 있다. 노인들은 종종 종교에 귀의함으로써 평화롭고 사랑에 충만한 느낌을 맛보며, 분노나 원망 등의 부정적 감정을 조절, 완화 혹은 극복하곤 한다(정명숙, 2007).

영성은 어느 연령에서나 중요한 역할을 하지만 특히 노년기에 그 중요성이 더 뚜렷하게 증가하는데, 이러한 현상은 연령 자체에서 비롯된다기보다는 건강 악화, 죽음 임박, 사랑하는 사람의 상실 등 노년기에 흔히 겪게 되는 어려움에서 기인하는 것이다(Dalby, 2006). 따라서 젊은 사람이라도 노년기에서와 유사한 어려움을 겪는 상황에 놓이게 되면 영성이 증가할 수 있다.

Bono와 McCullough(2004)는 사람들이 나이가 들수록 종교와 용서에 더 관심을 갖게 될 뿐 아니라 용서의 효과도 젊을 때보다는 노년기에 더 중요하게 작용한다고 지적하였다. 노년기에 종교적 관심과 용서가 증가하는 것은 효율적인 정서중심 대처(emotion-focused coping) 전략의 일환이라고 볼 수 있다(Worthington, 2004). 사람들은 난관에 부닥칠 때면 문제중심 대처 또는 정서중심 대처를 하게 되는데(Lazarus & Folkman, 1984), 일에 매진하고 성공을 향해 달려가는 젊은 시절에는 문제중심 대처를 주로 하지만, 의미 있는 인간관계를 통해 정서적 만족을 얻는 데 중요성을 부여하는 노년기에는 정서중심 대처로 무게중심이 바뀌게 되기 때문이다.

생각상자 12-2.

어떤 노인의 영성 수준이 연령 때문인지 아니면 그가 겪어야 했던 역경 때문인지를 알아볼 수 있는 실험을 설계할 수 있는가?

연령에 따른 의미체계의 변화는 어떤 방법으로 연구할 수 있을까

연령에 따른 의미체계의 변화 양상은 주로 다음의 세 가지 방법에 의해 연구되고 있다.

첫째, 예배 참석과 같이 밖으로 드러나는 종교성을 양적으로 측정하는 연구를 수행한다. 즉, 성인들이 나이가 들수록 예컨대 종교행사에 더 많이 참석하는지 여부를 알아본다.

둘째, 설문지나 인터뷰를 이용하여 개인 내면에 있는 영성을 측정한다. 이러한 유형의 연구는 관찰할 수 있는 행동으로 측정되는 종교성이 반드시 영성과 관련이 있는 것은 아니라는 것을 보여 준다.

끝으로, 마하트마 간디나 마틴 루터 킹과 같이 역사적으로 잘 알려진 비범한 인물들의 전기나 자서전 등을 통해 내적 발달의 단계와 과정을 살펴보는 질적 연구를 수행한다. 물론 이러한 인물들의 경험은 일반인들의 경험으로 치환되기 어려울 수 있다.

4. 영성 발달 이론

성인기와 노년기의 영성 발달에 관한 최근 이론들은 Kohlberg의 도덕추론 발달 이론에 기초를 두고 있다. 도덕추론은 영성의 일부에 불과하지만, Kohlberg의 이론은 많은 경험적 연구를 통해 검증되었고 또 널리 활용되고 있으므로 영성 발달을 알아보기 위한 출발점 또는 도약대로 삼기에 적절하다고 보는 것이다. 이 절에서는 먼저 Kohlberg의 도덕추론 발달 이론을 기술하고, 이 이론에 바탕을 둔 Fowler의 신앙 발달 이론을 살펴보기로 한다. 끝으로, 이들 이론의 종착점인 통합 이후에 펼쳐지는 자기초월 경험을 다루고 있는 Underhill의 '신비한 여정' 이론을 고찰해 보기로 한다.

1) Kohlberg의 도덕추론 발달 이론

Kohlberg는 Piaget의 인지발달이론을 확장하여 도덕추론 발달 이론을 제안하였다(Kohlberg, 1981, 1984). Heinz 이야기와 같은 가상의 도덕적 딜레마들을 여럿 제시하고 각 딜레마에 등장하는 인물들의 행동에 대한 도덕적 판단을 하게 함으로써 도덕추론의 수준을 평가하였다. Kohlberg는 이와 같은 도덕적 딜레마 상황에 대한 많은 사람의 반응을 토대로 도덕추론에는 세 수준(전관습, 관습, 후관습 수준)이 있고 각 수준은 다시 두 단계로 나뉜다는 단계이론을 제시하였다. Kohlberg에 따르면, 각 단계에서마다 고유의 의미체계가 발달하는데 이는 옳고 그름에 대한 전반적인 내적 가정의 집합체이다. Kohlberg는 옳고 그름에 대한 판단과 그 판단의 이유를 구별하는 것이 중요하다고 보았다. 예를 들어, 남의 물건을 훔치는 것이 잘못이라고 판단하는 것도 중요하겠지만 그런 행동이 왜 잘못이라고 판단하는지가 도덕추론의 수준 평가에 더욱 중요하다는 것이다.

전관습 수준은 9세 이하의 어린 아동들에게서 주로 발견된다. 때로 청소년이나 성인 범죄자들에게서 발견되기도 한다. 이 수준의 두 단계에서는 도덕적 규칙이 외부에 있다. 이 수준에서 올바름 또는 정의(正義)는 1단계(처벌과 복종 지향)의 경우 외부의 권위자가 보상을 주거나 처벌하지 않는 행동을 하는 것이고, 2단계(순진한 쾌락주의 지향)의 경우에는 자신의 욕구를 충족시키는 것이다.

청소년과 성인 대부분이 **관습 수준**에 해당한다. 이 수준에서는 가족이나 동료집단(3단계), 사회(4단계)의 규칙과 기대를 내면화한다. 즉, 3단계에서는 주변 사람들로부터 착한 소년/소녀로 인정받고자 하고 4단계에서는 사회적 질서를 유지하고자 하는 목표를 지향한다.

후관습 수준은 소수의 성인에게만 나타나는데 규칙의 기저에 있는 이유를 추구한다. 5단계(사회계약 지향)에 속하는 사람들은 법과 규율이 공정함을 보장하는 중요한 방법이기는 하지만 불변하는 것이 아닐 뿐 아니라 근본적 도덕 원칙들을 언제나 완벽하게 반영하는 것은 아니라고 인식한다. 따라서 법이 근본적 도덕 원칙과 일치하지 않을 때는 법을 위반하거나 거부할 수도 있다고 본다. 한 걸음 더 나아가 6단계(개인적 양심원칙 지향)에 도달한 사람들은 가장 심오한 도덕 원칙을 추구하고 어떤 불이익이 있더라도 그러한 원칙에 일치하는 삶을 살아간다.

Piaget 이론에서 인지발달은 인지의 초점이 자신으로부터 외부로 이동하는 탈중심화 과정을 밟아 이루어진다고 보았듯이, Kohlberg 이론에서 도덕추론은 참조점이 자신(전관습 수준), 가족과 사회(관습 수준), 사회체계 너머 또는 그 이면의 근본적 원칙(후관습 수준)으로 전환되면서 발달한다고 본다.

도덕추론이 Kohlberg가 말하는 순서대로 발달하는지 여부는 종단적 자료에 의해 확인할 수 있을 것이다. Kohlberg와 동료들은 세 집단을 대상으로 한 종단연구를 통해 자신의 이론을 검증하였다. 첫 번째 집단은 시카고 지역에 거주하는 소년 84명이었는데 그들이 10대였던 1956년에 첫 인터뷰를 하였고 30대였던 1976~1977년에 마지막 인터뷰를 하였다(Colby et al., 1983). 두 번째 집단은 터키의 소년과 젊은 남성 23명으로, 성인 초기에 최대 10년에 걸쳐 조사가 이루어졌다(Nisan & Kohlberg, 1982). 마지막 집단은 이스라엘 키부츠의 남녀 64명으로, 10대에 첫 인터뷰를 하였고 최대 10년간 한두 번 더 인터뷰를 하였다(Snarey, Reimer, & Kohlberg, 1985). 이 세 연구의 자료가 [그림 12-3]에 제시되어 있다.

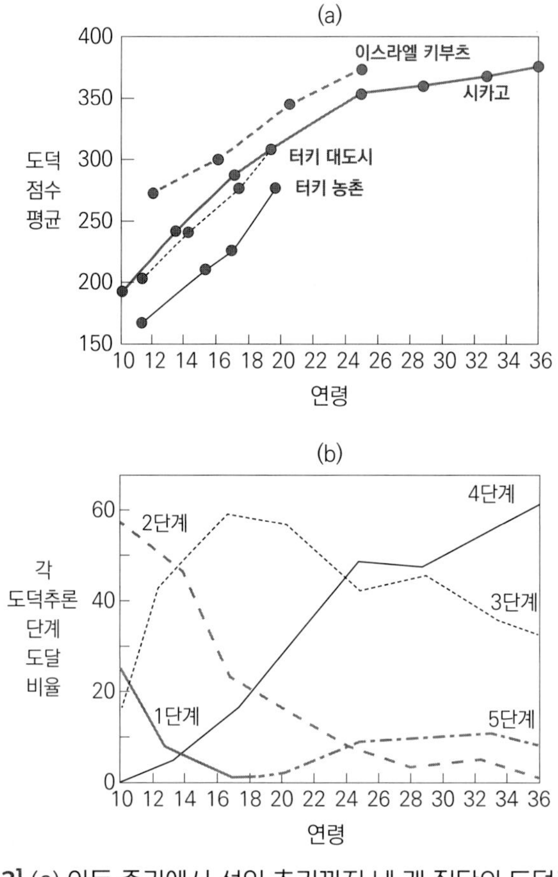

[그림 12-3] (a) 아동 중기에서 성인 초기까지 네 개 집단의 도덕추론 발달,
(b) 도덕추론 발달 단계별 도덕적 딜레마에 대한 반응 비율

출처: Colby, Kohlberg, Gibbs et al., 1983; Nisan & Kohlberg, 1982; Snarey, Reimer, & Kohlberg, 1985.

그림 (a)에는 인터뷰를 통해 도출된 '도덕적 성숙' 점수의 평균이 집단별로 제시되어 있는데, 세 연구 모두에서 평균 점수가 연령에 따라 증가함을 볼 수 있다. 그림 (b)는 시카고 집단의 참가자들이 도덕추론의 각 단계를 반영하는 도덕딜레마에 응답한 비율을 나타낸다. 1단계에 해당하는 참가자의 비율은 매우 이른 연령에서 감소하는 반면에, 3단계와 4단계에 해당하는 참가자의 비율은 10대에 급속히 상승하고 성인기까지 그대로 유지되는 것을 볼 수 있다. 5단계의 추론을 한 참가자는 (30대에도) 소수에 불과했고 6단계의 추론을 한 참가자는 아무도 없었다.

횡단연구의 결과는 도덕추론 수준이 성인 초기에서 후기에 이르기까지 변화가 없다는 것을 보여 준다. 그러나 중년기 이후의 종단자료가 없으므로 성인기에 도덕추론의 수준이 안정적으로 유지되는지 여부에 대해 분명하게 결론을 내리기는 어렵다. 다만 대부분의 사람들에게는 도덕발달의 종점이 5단계인 것으로 여겨지고 있다(6단계에 도달한 인물의 예로는 마틴 루서 킹, 마하트마 간디가 있다).

최근에는 도덕발달의 마지막 단계로 7단계(통합 지향)가 제안되었다. 이 단계에서는 죽음을 맞이할 때 자신이 지금까지 살아온 삶의 의미가 무엇인지, 어떻게 죽을 것인지와 같은 근본적 질문을 하면서 더 심오한 탈중심화(=신과의 통합)를 하게 될 수 있다고 본다(Kohlberg, Levine, & Hewer, 1983).

생각상자 12-3.

마틴 루터 킹과 마하트마 간디가 지니고 있는 특성 중에서 어떤 특성이 Kohlberg의 도덕추론 발달 6단계에 부합한다고 생각하는가?

가족이나 친구들을 차례로 한 명씩 떠올리고 그가 Kohlberg 이론의 어느 단계에 해당하는지 생각해 보시오.

2) Fowler의 신앙 발달 이론

우리는 타인 그리고 우리가 살아가고 있는 이 세상과 어떤 관계를 맺고 살아갈 것인가? 사실 이 질문은 인간이라면 살아가면서 누구나 갖게 되는 질문이고 나이가 들어갈수록 점점 더 많이 하게 되는 질문이다. 도덕추론은 신앙의 한 부분으로 신앙보다는 협소한 개념이다. 신앙은 삶이란 무엇이고 어떻게 살아야 잘 사는 것인지에 대해 인간 각자가 가지고 있는 가정 또는 이해를 가리키는 것으로, 우리가 '삶을 향해 지니는 자세'이다(Fowler, 1983). Fowler(1987)는 인간이 선천적으로 신앙 발달의 잠재력을 가지고 태어나며, 신앙이란 모든 사람이 소유하고 있는 인간존재의 특성 중 하나이기에 신앙이 반드시 종교적일 필요는 없다고 본다.

Fowler 이론은 Piaget의 인지발달이론과 Kohlberg의 도덕 발달 이론에 토대를 두고 있다(김신옥, 1999). 따라서 신앙의 구체적 내용이 아니라 구조에 관심을 기울이며 신앙체계(세계관, 내적작동모델, 의미체계 등)가 순서적, 불변적, 위계적 단계를 거쳐 발달한다고 제안한다. Fowler(1991)는 신앙이 평생 6단계에 걸쳐 분화되고 복잡해지고 점점 더 포괄적인 구조로 통합되면서 발달한다고 제안하였는데, 성인기에는 다음의 네 단계가 주로 관찰된다.

첫째, **종합적 관습신앙**으로 이 단계는 청소년기에 시작해서 성인 초기까지 지속된다. 집단의 의미체계에 따라 자신을 정의하고 경험을 해석하는 신앙으로 많은 성인이 이런 형태의 신앙을 지닌 채 일생을 살아간다. Kohlberg의 관습 수준 도덕처럼 관습신앙도 주체를 외부에 두고 그에 의존한다. 자신의 가치를 분리해 내기 위해 논쟁하거나 그것이 올바른 것인지 확인하거나 객관화하지 않는다. 지금까지 의심 없이 신성시되고 반드시 이행해야 하는 것으로 간주되던 가치들에 의문이 제기될 때 반성이나 비판이 이루어지면서 다음 단계로 이동하기 시작한다.

둘째, **개별적 성찰신앙** 단계는 어른이 되는 첫 단계로 볼 수 있다. 이 단계에서는 외부 주체에 대한 의존을 차단하고 주체가 내부로 이동한다. 이 시기에는 지금껏 속해 있던 신앙공동체를 거부하거나 떠나기도 한다. 거부하지는 않더라도 지금까지 가지고 있던 가정들을 재검토하고 자신의 삶을 새로운 방식으로 책임지고자 한다. Campbell(1949/1990)은 종전의 관습신앙 단계에 있는 개인이 외부로부터 오는 빛을 반사하는 달과 같은 존재라면 개별적 성찰 단계에는 스스로 빛을 발하는 태양과 같은 존재라고 비유하였다. 즉, 이 단계에서 개인 각자는 집단에 의해 정의되지 않고 스스로 선택한 신념과 가치체계에 기반을 두고 집단과 관계를 맺는다. 따라서 이때 선택한 신앙이 지금껏 가지고 있던 신앙과 동일한 것이라 할지라도 기저의 의미체계는 변화한 것이다.

셋째, **결합신앙**(conjunctive faith) 단계에 도달한 사람들은 개별적 성찰 단계의 자기몰입에서 벗어나 외부로 자신을 개방한다. 모든 것이 유기적인 관계에 있음을 깨닫고 자신이 정한 테두리를 벗어나 상호관계를 지니려고 노력한다. 다른 사람과의 대화를 통해 상대방의 관점을 받아들이고 통합해서 새로운 구조를 만들어 나가는 변증법적인 사고를 한다. 진실은 한 가지만이 아니고 타인의 신념과 생각이 나와 다를지라도 그들에게는 진실일 수 있다는 것을 받아들임으로써 타인을 향한 관용이 더 깊어지며 타인의 복지를 위해 봉사하고 헌신한다.

끝으로, **보편신앙** 단계에는 소수만이 도달한다. 결합신앙 단계에 있는 사람들이 '개방'되어 있고 '통합'되어 있기는 하지만 개별화를 유지하는 동시에 보편성을 찾는 역설과 고

투를 해야 한다면, 보편신앙 단계에 도달한 사람은 완벽한 사랑과 정의에 대한 책임, 원리원칙을 지키는 사람으로 살아간다. 테레사 수녀처럼 기본적으로 외부지향적 원리를 기반으로 살아가며 자기보존에 무관심한 사람들이다. 전통적 종교나 사회구조를 파괴하는 사람으로 보일 수 있기에 당대에는 호응을 얻지 못할 수 있으나 사후에 존경을 받게 되는 경우가 많다.

Fowler는 이상의 단계들이 일정한 순서에 따라 나타난다고 가정했지만, 성인기에 각 단계가 나타나는 특정 연령이 정해져 있는 것은 아니다. 또 일생을 하나의 의미체계를 가지고 살아가는 사람들도 있고, 의미체계를 한 번 이상 전환하는 사람들도 있다. Fowler에 따르면, 전통적으로 관습신앙 단계는 청소년기나 성인 초기에 나타나고, 개별적 성찰신앙은 20대와 30대에 많이 나타난다. 만약 다음 단계로 발달이 진행된다면 결합적 신앙은 중년기에, 보편적 신앙은 통합과 의미의 문제가 가장 중요해지는 노년기에 나타날 가능성이 크다. Fowler(1996)에 따르면, 마지막 단계의 신앙은 30세 이전의 젊은 시기에는 도저히 경험할 수 없는 높은 경지의 신앙이므로 사람들 대부분은 이 단계의 신앙 수준을 이해하지 못하거나 오해할 가능성이 크다. 그러나 연령과 신앙발달단계의 관련성을 뒷받침해 주는 증거는 아직까지 찾아보기 어렵다. 오제은(2009)은 19~54세 사이의 기독교 신자들을 대상으로 한 연구에서 연구 참여자의 대부분(67.9%)이 Fowler의 신앙발달 5단계에 속하고 나머지는 3단계(22.6%)와 4단계(9.4%)에 속한다는 결과를 얻었는데, 연령과 신앙 발달 단계 간에는 뚜렷한 관련성이 없다는 것을 발견하였다.

생각상자 12-4.

Fowler의 결합신앙 단계는 Erikson의 심리사회적 발달 단계 중 어느 단계와 유사하다고 생각하는가?

5. 성격과 의미체계의 통합

〈표 12-2〉에 분명히 드러나 있듯이 Kohlberg나 Fowler의 이론과 제10장에서 언급한 성격발달이론들 간에는 몇 가지 유사점이 있다. Loevinger의 동조 단계는 Kohlberg의 관습수준 도덕성과 Fowler의 관습신앙과 매우 유사해 보인다. 청소년기와 성인 초기에

는 사회가 부여한 역할과 관계 요구에 순응하는 경향이 있고, 주체의 근원이 외부에 있다는 가정에서 일치한다.

Loevinger의 양심/개인주의 단계는 Maslow의 자아존중 욕구, Kohlberg의 사회계약 지향 도덕성, Fowler의 개별적 성찰신앙과 공통점이 많다. <표 12-2>에 제시된 네 가지 이론 모두가 이후 단계에서 개인이 자신의 능력, 기술, 잠재력에 몰입하는 등 의미의 중심이 외부에서 내부로 이동한다는 점에서도 동일하다.

Loevinger의 자율/통합 단계는 Fowler의 결합신앙과 유사하고 Maslow의 자기실현 욕구와도 관련이 있는 것으로 보인다. 이 단계에서는 세 이론 모두 자기몰입으로부터 균형을 지향하는 쪽으로 그리고 자신과 타인 모두에게 관용을 베푸는 쪽으로 이동하는 과정을 언급하고 있다.

끝으로 이 이론들은 Kohlberg의 통합지향 도덕성, Fowler의 보편신앙, Maslow의 절정경험/자기초월 등 더 높은 단계가 있다는 데에도 모두 동의하는 것으로 보인다.

<표 12-2> 성격/자아, 도덕성, 신앙발달 단계의 요약

일반적 단계	Loevinger의 자아발달 단계	Maslow의 동기 위계	Kohlberg의 도덕추론 발달 단계	Fowler의 신앙 발달 단계
동조	동조/자아인식 단계	사랑과 소속 욕구	착한 소년/소녀 지향 사회질서유지 지향	종합적 관습신앙
개별화	양심/개인주의 단계	자아존중 욕구	사회계약 지향	개별적 성찰신앙
통합	자율/통합 단계	자기실현 욕구	개인 양심/원칙 지향	결합신앙
자기초월		자기초월/절정경험	통합 지향	보편신앙

출처: Bjorklund (2015).

물론 이 이론들이 서로 간에 완전히 독립적이라고 볼 수는 없다. 이 이론가들은 서로의 연구에 대해 알고 있었고 서로에게서 영향을 받았다. 특히 Fowler는 명백히 Kohlberg의 이론을 토대로 하고 이를 확장한 이론을 내놓았다. 그러나 Bjorklund(2015)는 이 이론들 간의 유사성이 이들 이론에서 내세우는 기본적인 발달 순서가 타당하다는 생각을 완벽하게 뒷받침해 주지는 못한다고 하더라도 다음과 같은 세 가지 이유를 추가하게 되면 순서의 타당성에 대한 믿음이 확실해질 수 있다고 보았다.

첫째, 이 이론들은 서로 분명하게 구분되는 세 가지 뿌리에 바탕을 두고 있다. Kohlberg

와 Fowler의 연구는 Piaget 이론 및 정상 아동의 사고에 관한 연구에 뿌리를 두고 있다. Loevinger의 연구는 Freud의 이론 및 정서장애 아동과 성인의 임상적 측정에 뿌리를 두고 있다. Maslow의 이론은 정신분석이론의 영향을 받았지만, 매우 비범하고 자기실현을 이룬 소수의 성인에 대한 직접적인 관찰에 기초를 두고 있다. Bjorklund(2015)는 서로 다른 뿌리로부터 이같이 의미체계의 출현 순서가 유사한 이론들이 도출되었다는 점이 중요하다고 강조하였다.

둘째, Kohlberg와 Levinger 이론의 경우에 동조/관습 단계로부터 개별적 단계로 이동이 진행된다는 것을 강력하게 뒷받침해 주는 증거들이 있다. 이후 단계의 전환은 충분히 많이 연구되지는 않았지만 분명한 자료들이 있다.

끝으로, 이들 이론이 제안하는 순서는 Kegan(1982)이 제안한 통합 모델의 발달 순서와 부합한다는 점에서도 타당성을 갖는 것으로 보인다.

1) Kegan의 통합 모델

Kegan(1982)은 인간이 연결과 합일 그리고 독립과 분리라고 하는 대등하고 대단히 강력한 두 가지 동기를 지니고 있다고 제안하였다. 사람들은 한편으로는 다른 사람과 연결되고 결합하고자 하는 욕구를 가지고 있지만, 다른 한편으로는 그만큼 동일한 강도로 다른 사람으로부터 분리되고 독립하고자 하는 욕구를 가지고 있다는 것이다. 이 둘 간에 진정한 균형을 이루게 해 주는 조절은 가능하지 않기 때문에 우리는 언제나 어느 한쪽(예: 연결과 합일에 중점을 둔 의미체계)으로 치우치게 된다. 이러한 치우침은 반대쪽(독립과 분리에 중점을 둔 의미체계)의 충족되지 않은 욕구를 강하게 만들고 결국 그쪽 방향으로 추가 이동하는 변화를 초래한다. Kegan은 인간이 평생에 걸쳐 연결과 합일 또는 독립과 분리 중 어느 하나에 초점을 둔 조망 또는 의미체계 사이를 추처럼 앞뒤로 오가는 변화를 겪는다고 보았다.

어린 아동은 엄마와 공생적인 관계로 삶을 시작하기 때문에 연결과 합일 쪽에서 추가 출발한다. 2세 무렵이 되면 아동은 엄마로부터 분리되어 독립적인 정체성을 갖게 된다. 청소년기와 성인 초기의 동조 또는 관습 단계로의 이동은 집단과 결합되는 방향으로 의미체계가 변화하는 것이고, 그다음 개별 단계로의 이동은 분리와 독립을 강조하는 의미체계로 되돌아가는 것이다. 이 모델이 맞는다면 다음 단계는 다시 결합으로 돌아가는 것이다. 대부분의 이론가들은 이 단계의 이동과 관련하여 두 가지 하위체계를 언급하고 있다. Fowler의 결합신앙은 보편신앙으로 가는 중간 단계이고, Kohlberg의 원칙지향적 원리는 통합 지향으로 향하는 과정의 중간 단계이다.

Kegan은 의미체계의 변화 과정이 추가 단순히 앞뒤로 오가는 이동이 아니라 나선형식 이동으로 매번의 이동이 이전의 이동보다 더 통합적인 수준에 이루어진다고 본다. 그런데 이와 같은 나선형 이동은 어디까지 전개되는 것인가? Bjorklund(2015)는 이러한 나선형 이동이 예컨대 Kohlberg의 통합 지향 같이 높은 지점에 도달하면 멈추게 되는 것이 아니라 다음 절에서 묘사한 Underhill의 신비한 여정 단계로 연결되면서 계속될 가능성이 있다고 제안하였다. Bjorklund는 신비한 경험에 대한 논의가 객관적 검증을 중시하는 심리학의 범주를 벗어난 것처럼 보일 수 있다는 점을 인정했지만, 지금까지 논의해 온 성격발달 및 영성발달 이론들과 상당히 잘 일치하므로 위험을 감수할 가치가 있다고 덧붙였다.

2) Underhill의 신비한 여정

신학자이자 철학자인 Underhill(1911/1961)은 다양한 종교를 가진 사람들 수백 명의 자서전, 전기 및 삶에 대한 글들을 분석한 질적 연구의 결과를 바탕으로 Kohlberg의 통합 지향과 같은 높은 수준 이후로는 '신비한 여정'이라는 자기초월 경험이 펼쳐진다고 제안하였다. Underhill은 연구에 참여한 사람들이 다음에 언급된 모든 단계나 수준을 묘사하지는 않았으나, 사람마다 역사적 시기나 종교적 배경에 크게 차이가 있음에도 불구하고 기본 과정은 놀라울 정도로 일치한다고 보고하였다.

신비한 경험의 1단계는 **깨어남**(awaking)으로 이 단계에서 개인은 자신의 관점을 벗어나 외부로 나아가며 세상과 깊이 결합한다. Bjorklund(2015)는 이 단계가 Kohlberg나 Fowler의 이론에서 종착점으로 묘사한 단계와 일치하는 것으로 보았으며, Maslow가 언급한 절정경험과 같은 자기초월경험을 포함하고 있다고 지적하였다. Kegan의 통합 모델에서는 이 단계가 양극단의 합일로 표현된다.

정화(purification)로 부르는 2단계에서 개인은 개별화로 돌아간다. 더 넓은 관점에서 자신을 보게 된 개인이 자신의 불완전성, 헛된 노력, 결함을 인식하게 되면서 기도, 명상, 단식 등 자기훈련에 돌입한다. 성녀 테레사는 이 단계를 "빛으로 감싸인 방에서는 거미줄도 숨길 수 없다"고 표현하였다(Teresa of Avila, 1562/1960, p. 181).

3단계에서는 다시 합일로 돌아가는데 Underhill은 이 단계를 **계시**(illumination)라 불렀다. 이 단계에서 개인은 더 깊고 오랜 빛, 더 위대한 존재 또는 신을 받아들인다. Kohlberg의 7단계에 해당하는 것으로 보인다.

신비의 여정은 3단계 이후에도 계속된다. 4단계에서 개인은 다시 내면으로 관점을 전환하고 '**영혼의 어두운 밤**(dark night of the soul)'을 겪는다. 3단계에서는 계시를 성취하는 과정에서 개인적 만족과 기쁨을 느끼지만, 4단계 이후로는 이러한 개인적 기쁨조차 모조리 포기해야만 신비한 여정의 종착점인 궁극적 **합일**(5단계)을 성취할 수 있다.

이러한 나선형 발달이 누구에게나 그대로 다 적용되는 것으로 볼 수는 없다. 하지만 Bjorklund(2015)는 신비한 여정의 단계가 객관적 증거의 뒷받침을 충분히 받고 있는 도덕발달 단계, 신앙발달 및 성격발달 단계들의 설명과 연결되어 전체를 구성하는 것으로 보인다고 지적하였다.

6. 의미체계의 전환 과정

의미체계가 한 단계에서 다음 단계로 전환되는 과정은 어떤 것인가? 무엇이 그러한 전환을 초래하는가? 한 단계나 수준에서 다음 단계나 수준으로 전환하는 과정은 보통 소멸(이전의 자신이 갖는 의미, 이전 신앙, 이전 평형상태의 소멸)과 재탄생으로 본다(James, 1902/1958; Kegan, 1980). 전환 과정의 초기에는 다음 단계 또는 관점의 전조, 흔적, 징후가 나타나고 그에 따라 내부에 존재하는 두 개의 '자기'에 대처하기 위해 분투하는 기간이 뒤따르게 된다. 이 기간은 짧을 수도 있고 상당히 길어질 수도 있다. 이 과정에서 때로는 이전의 평형 단계로 되돌아가기도 하고, 때로는 새로운 이해와 균형 상태를 향해 나아가기도 한다.

전환 과정이 진행되는 동안에는 낡은 의미체계를 일부 포기하였으나 새로운 평형상태에 도달하지 못해 크게 혼란을 겪기도 한다. 우울 등 다양한 신체적·정신적 증상이 나타날 수 있으며, '이성을 잃거나' '정신이 나간' 것처럼 보이기도 한다(Kegan, 1980). Kegan(1980)은 의미 추구와 그로 인한 영적 성장 과정이 당사자뿐만 아니라 주변 사람 모두에게 매우 큰 고통을 가져다줄 수 있다는 점을 강조한다. 성장을 위해서는 과거의 의미체계로부터 분리되고 그로부터 벗어나야 한다. Kegan은 발달이론이 우리가 그러한 고통을 병리화하지 않는 방식으로 이해하고 받아들일 수 있게 해 준다고 주장한다.

전환은 신속히 이루어질 수도 있고 서서히 진행될 수도 있다. 전환은 치료, 운동, 일상생활에서 발생하는 우연한 일이나 예상하지 못했던 경험 등 자신이 선택한 활동들의 결과로 나타날 수 있다. Bjorklund(2015)는 〈표 12-3〉에 제시된 바와 같은 활동이나 사건들이 그러한 전환을 가져다줄 수 있다고 제안하였다.

〈표 12-3〉 의미 추구의 한 단계에서 다음 단계로의 전환을 촉발할 수 있는 경험 및 상황

전환	전환을 초래할 수 있는 의도적 활동	전환을 초래할 수 있는 비의도적 사건이나 상황
동조 → 개별화	치료, 다른 종교나 신앙에 대한 글을 읽기	대학진학, 결혼이나 취업 등의 이유로 집을 떠나 독립
개별화 → 통합	치료, 자기성찰, 단기프로그램 참여에 따른 자기의식 고조	질병이나 그로 인한 장기적 고통, 가족의 죽음이나 그로 인한 장기적 위기, 절정경험
통합 → 자기초월	명상이나 기도, 요가 등 다양한 형태의 자기훈련	임사(臨死)체험, 초월경험

출처: Bjorklund (2015).

Bjorklund(2015)는 대학에 진학하거나 집을 떠나 타 지역으로 거주지를 옮기는 것이 기성체계에 대한 동조에서 개별화 단계로 전환하게 만드는 촉진제가 될 수 있다고 보았다. 대학재학 기간이 길어질수록 도덕적 추론의 단계가 높다는 것을 보여 준 종단연구 결과가 이를 뒷받침한다(Kohlberg, 1973; Rest & Thoma, 1985). 높은 수준의 원리원칙에 기반한 추론은 대학을 다닌 사람들에게서만 발견되었다. 대학 재학 중에 자신이 지금껏 지니고 있던 것과는 다른 가정, 신앙, 관점들을 광범위하게 접하게 됨으로써 도덕적 추론의 변화가 촉발되는 것으로 보인다.

치료는 동조에서 개별화로 또 개별화에서 통합으로의 전환을 촉발할 수 있다. 사실 Rogers(1961/1995)와 같은 인본주의 치료의 궁극적인 목표는 내담자가 완벽한 통합을 달성하도록 돕는 것이다. 그러나 전통적 치료법은 통합된 개인이 자기초월 단계로 전환하는 데에는 도움이 되지 않는다는 것이 Bjorklund(2015)의 생각이다. Bjorklund는 더 높은 단계로 전환하기 위해서는 명상, 요가, 기도와 같은 능동적인 자기훈련이 필요하다고 주장하였다.

질병이나 가족의 죽음 같은 고통스러운 경험이나 초월 경험도 새로운 전환을 위한 계기로 작용할 수 있다. 자녀나 부모의 죽음은 우리가 삶과 죽음이라는 궁극적 의문에 대

해 깊이 성찰하게 만들 수 있다. 결혼에 실패하거나 실직을 겪는 것도 현재의 의미체계를 뒤흔들어 놓고 그에 대해 의문을 제기하게 만들 수 있다. 절정경험 역시 현재의 체계로는 쉽게 이해할 수 없는 신비를 맛보게 함으로써 불균형을 초래할 수 있다. 예를 들어, 임사체험을 한 사람들은 자신의 삶이 결코 이전의 상태로 되돌아갈 수 없다고 보고한다. 상당수가 직업을 바꾸기도 하고 특정 종교에 헌신하고는 한다.

우리가 살아가면서 겪는 모든 변화가 필연적으로 성찰과 탈중심화를 초래하는 것은 아니다. Gurin과 Brim(1984)은 많은 사람이 폭넓게 공유하는 변화나 연령에 따른 규범적 변화는 자기개념에 유의미한 재평가를 유발하지 않는다는 가설을 제안하였다. 예상된 변화는 그렇지 않은 변화와는 달리 해석되기 때문이라는 것이다. 여러 사람이 공유하는 변화는 그 원인이 외부에 있고 개인에게는 책임이 없는 것으로 여겨진다. 반면에, 연령규범에서 벗어난 개인 고유의 변화들은 외부에서 원인을 찾기 어렵기 때문에 내적 검토로 이어지기 쉽다. 예를 들어, 불황기에 회사가 폐업하여 직장동료들이 모두 실직한다면 나의 실직에 대해 자존감을 재평가할 필요가 없다. 그러나 경기가 좋아지는 시기에 나만 해고를 당했다면 자존감을 지켜내기 어려울 것이다.

7. 노년기의 의미 추구와 행복

의미체계의 발달 과정을 설명하고 있는 이론들은 모두 삶을 '여정'으로 보는 은유에 기반을 두고 있다(Bjorklund, 2015). 삶이 여정이라는 은유는 목표 또는 종점이라는 개념을 내포하고 있다. 삶은 목표지점을 향해 목적을 가지고 나아가는 여정이라는 것이다. 여정의 목표가 개인의 성장이라면 성장의 최고 단계인 종점이 어떤 것인지에 대한 개념을 수립해야 할 것이다.

삶이 여정이라는 은유는 의미체계의 변화와 발달에 선형성과 목적성을 부여한다. 의미체계의 변화를 이와는 다른 방식으로 설명해 볼 수는 없을까? Keen(1983)은 다음과 같이 흥미로운 방식들을 제안하였다. 한 가지 방식은 인간 삶의 여정을 직선이 아니라 원이라고 보는 것이다. 이 관점에서 삶이란 오디세우스처럼 장기간 집을 떠났다가 다시 집으로 돌아오는 여정이다. 이러한 여정에서는 원을 따라 점진적으로 이동하면서 정지하는 지점마다 자신과 세상에 대한 이해와 지식이 이전과 달라질 수 있지만, 반드시 종점이 있는 것은 아니다.

의미체계의 변화를 설명하는 또 다른 방식은 삶이란 여러 음악적 테마가 함께 어우러져서 교향곡이 만들어지는 과정이라고 생각하는 것이다. 삶의 각 단계에는 중심이 되는 주제가 있으며, 이는 이전 단계에서 이미 예상되었고 다음 단계에서는 하위주제로 섞여 들어가게 된다. 삶은 많은 색깔의 실로 융단을 짜는 과정이라고 볼 수도 있다. 더 많은 색깔의 실(의미체계)을 사용해서 화려하게 짠 융단이 적은 수의 색깔을 사용했지만 정교하게 짠 융단보다 더 아름답거나 더 큰 기쁨을 주는 것은 아닐지도 모른다.

앞서 지적했듯이 나이가 들면 삶이 무엇을 의미하는지를 이해하는 것이 중요한 쟁점으로 대두된다. 노인들은 과연 무엇이 자신의 삶을 의미 있게 만든다고 생각하는가? 한 연구에 따르면, 연구에 참여한 노인의 90%가량이 자신의 삶이 의미가 있다고 생각했는데 주로 인간관계(57%), 다른 사람에 대한 서비스(12%), 종교 및 여가활동 등에서 삶의 의미를 찾는 것으로 보고하였다(Burbank, 1992). 또 다른 연구에 따르면, 노년의 행복을 가장 크게 위협하는 요인은 절대 빈곤이나 건강상의 문제가 아니라 삶의 목적 상실과 할 일이 없는 데서 오는 따분함이었다(Thompson, 1993). 이 연구에서 노인들은 삶의 목적과 의미를 일, 여가, 조부모 역할, 친밀한 관계에서 찾고 있었다.

흔히 노화는 '해결해야 하는 문제'로 여겨지지만, 신학자들은 노화를 개인적 성장 또는 '영적 여정(spiritual journey)'을 위해 받아들여야 하는 실존적 조건이라고 보는 경우가 많다. 노년기는 자아통합과 절망 간의 갈등을 해결하기 위해 고군분투하는 시기라고 보는 Erikson의 제안도 이와 궤를 같이 한다고 볼 수 있다. 자아통합은 자신의 삶과 세상을 수용하는 태도로서 종교는 자아통합을 증진하는 역할을 할 수 있다.

우리는 노년기가 점점 더 길어지는 시대에 살고 있다. 그에 따라 삶의 마지막 단계가 어떤 특별한 의미와 목적을 갖는 것인지에 대한 추구가 더욱더 중요한 문제로 부각되기 시작하였다. 노인은 '미래의 나 자신(our future selves)'이다. 노년기를 행복으로 채우고 삶을 잘 마무리하기 위해 우리는 무엇을 어떻게 해야 할 것인가?

제13장

죽음과 사별

1. 죽음이란 무엇인가
2. 죽음에 대한 태도와 반응
3. 죽음과 관련한 주요 쟁점
4. 사별
5. 결어

제13장

죽음과 사별

‘죽음’이라는 개념은 두려움과 흥미를 동시에 불러일으킨다. 죽음은 필연적으로 미지(未知)일 수밖에 없다. 임사(臨死)체험을 한 사람들일지라도 그때 겪은 일이 앞으로 실제로 일어날 일이라고 확신하지는 못한다.

건강하고 젊은 사람의 의식 속에는 죽음에 관한 생각이 거의 없다. 그러나 생애 후반에 다다른 사람들은 자신의 죽음에 대해 자주 생각하지 않을 수 없다. 죽음의 실존적 문제까지는 신경을 쓰지 않는다고 해도 장례식 계획이나 유언장 작성과 같은 실질적 조처를 해 두어야 할 필요가 있기 때문이다. 아마도 사람들 대부분은 건강한 상태로 최대한 오래 살다가 죽을 때 고통 없이 빨리 죽기를 바랄 것이다. 죽음과 관련한 또 다른 주제는 무언가를 유산으로 남기고 다른 사람의 삶에 영향을 끼치려는 욕구이다.

죽음을 피할 수 있는 사람은 없다. 죽음은 수태 순간부터 시작된 여정의 불가피한 결말이다. 이 장에서는 인간의 성장과 발달에서 삶만큼 중요한 죽음을 사람들이 어떻게 받아들이고 대처하는지, 사랑하는 사람을 사별했을 때 어떻게 대처하고 적응하는지 알아보기로 한다.

1. 죽음이란 무엇인가

법적 · 의학적 관점에서는 순환기와 호흡기가 비가역적으로 중단되거나 뇌 기능이 일체 중단될 때 죽음 또는 **사망**(death)이라고 정의한다. **임종**(dying)은 생명체가 생명력을 잃어가는 기간을 가리킨다. 그러나 지난 수십 년간 의학의 발달과 더불어 사망 시점을 결정하기는 점점 더 어려워지고 있다. 뇌사 상태인 사람을 인공호흡기나 심장 펌프 등 생명유지 장치를 사용하여 거의 영구적으로 살려 두는 일이 가능해졌기 때문이다. ‘뇌사’는 뇌간의 기능을 포함한 모든 뇌 기능을 잃어버린 상태를 가리키며 이런 상태에 놓인 사람을 뇌사자(식물인간)라 한다.

생각상자 13-1.

'죽음' 하면 어떤 생각이 떠오르는가?

죽음을 바라보는 방식은 문화와 관습에 따라 그리고 개인의 경험에 따라 상당한 차이가 있을 수 있다. 죽음과 연관된 것으로 확인된 다양한 개념들을 다음에 제시하였다(Kalish, 1985).

- 이미지 또는 사물: 조기(弔旗), 조문카드, 비석, 기념비
- 죽음 관련 사건: 장례식, 추도식
- 죽음의 비유: 막다른 길, 고깃덩어리, 한겨울
- 죽음의 미스터리: 죽은 후 어떤 일이 일어나는가? 가족을 만날 것인가?
- 공포와 불안: 죽는 것이 두렵다. 누가 아이들을 돌봐줄 것인가?
- 죽음 관련 통계: 사망률, 자살률, 수명표
- 죽음 상태: 무(無), 천국에서 행복함
- 경계: 몇 년이 남아 있는가? 되돌아올 수 없다
- 의미의 도둑: 왜 계속 살아야 하는가? 삶이 더 이상 의미가 없다
- 보상이나 처벌: 악인은 지옥으로 간다. 천국은 올바른 사람을 기다린다.

1) 죽음의 신체증상과 죽음궤도

사람에 따라 차이가 있기는 하지만, 죽음이 몇 시간 또는 며칠 남지 않은 사람들에게는 몇 가지 공통되는 신체적 변화가 나타난다. 계속해서 잠을 자고 호흡이 불규칙해지며, 환영과 환청을 경험하고 시력이 떨어지며, 소변이 감소하고 체액이 과도하게 분비되며, 몸은 뜨거우나 손발은 차갑다(Gavrin & Chapman, 1995). 죽음이 임박하면 끊임없이 통증에 시달리고 호흡 곤란을 느끼며 가족을 알아보지 못하기도 한다. 또한 식욕상실(anorexia)과 근육위축(cachexia)이 관찰되는 경우가 흔하다. 암 환자들은 대다수가 근육위축을 경험하며, 에이즈나 치매 환자들도 마찬가지이다. 이러한 증상 외에도 죽음을 앞둔 환자는 구토가 나고 삼키기가 어렵고 배변에 문제가 있으며 입술이 마르고 배에 물이 차서 부풀어 오르는 증상 등을 보인다. 불안, 우울, 혼란, 치매도 임종 때 흔히 나타나는 증상들이다(Field et al., 1997).

죽음궤도(dying trajectory) 또는 죽음에 이르기까지 기능이 하락하는 양상은 사람마다 각기 다른데, 지속시간과 형태에 따라 크게 세 가지 유형으로 구분할 수 있다(Glaser &

Strauss, 1968). 첫 번째 궤도는 정상적이던 기능이 급격히 하락하면서 갑작스레 사망하는 경우이다. 심장마비로 인한 사망처럼 자신에게 질병이 있다는 것을 모르고 있다가 사망하거나 사고로 사망하는 사람들이 이 궤도에 해당한다. 두 번째 궤도는 불치병을 미리 경고받았거나 기능이 점차 하락하다가 사망에 이르는 경우이다. 암과 같은 질병으로 인해 예측 가능한 기능감퇴를 연속적으로 겪는 사람들이 이같이 점진적으로 하강하는 형태의 죽음궤도를 따른다. 세 번째 궤도는 기능이 점진적으로 하락하는 도중에 급격한 기능감퇴를 여러 차례 겪으면서 사망에 이르는 경우이다. 이 궤도에 해당하는 사람들은 질병과 관련이 있거나 다른 치명적 원인에서 비롯된 위기에 처해 기능이 갑작스럽게 쇠퇴하면서 사망하게 된다. 심장병이나 알츠하이머병을 앓는 사람들이 이 궤도를 따르는 경우가 많다(Teno et al., 2001).

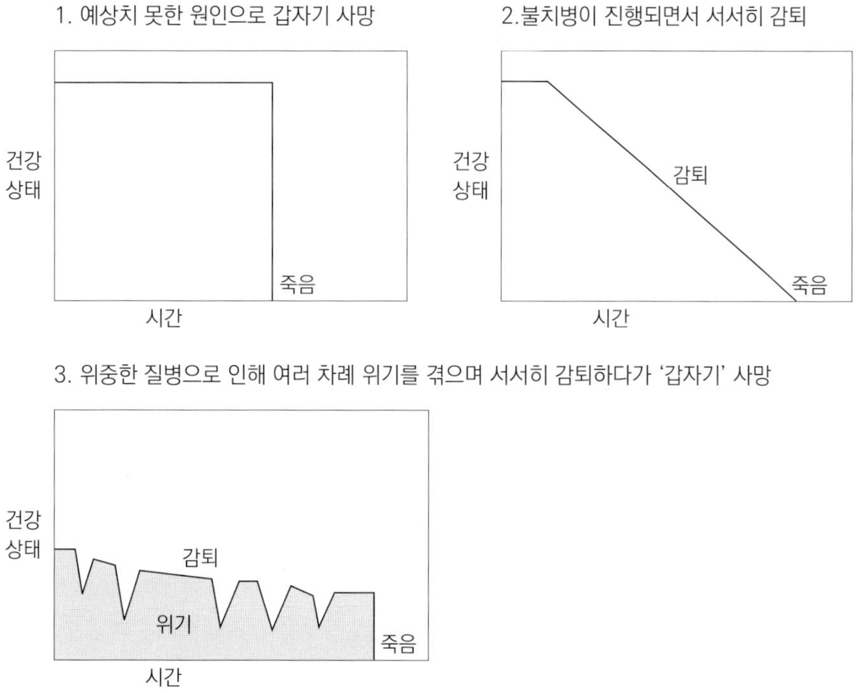

[그림 13-1] 죽음궤도의 세 유형

출처: Field, Cassel, & Committee on Care at the End of Life (1997).

죽음이 임박한 사람들은 이 세 유형의 죽음궤도와는 다른 양상들을 보이기도 한다. 건강을 유지하고 있어도 체력이 약한 80대 이상의 고령노인들은 불치병이 없는데도 통계적으로 볼 때 사망위험이 상당히 높다. 이들은 인플루엔자 같은 급성질환과 관련된 합병증이나 낙상으로 인한 둔부 골절 때문에 사망할 수 있다. 또는 신체 기관이 점진적으로 쇠퇴하면서 자기보호능력을 서서히 상실하고 그와 동시에 신부전이나 폐렴 같은 질환이 발생하여 결국 사망에 이르게 되기도 한다. 알츠하이머병 후기에 있는 사람들이 이런 양상을 많이 보인다. 이 경우 사망의 직접적 원인은 질병이지만 그 배경에는 전반적 기능 상실이 있다.

환자가 죽음을 앞두고 있을 때는 환자 자신도 통증을 겪지만 그 가족도 간접적으로 고통을 겪는다. 그러나 죽음이 임박한 환자들을 돌보는 사람들은 삶의 최종 단계에도 정서적·영적 성장이 이루어질 수 있다는 것을 목격하고는 한다(Field et al., 1997). Kubler-Ross가 제안하듯이 죽음의 마지막 단계가 '수용'이라는 것은 인간에게는 고통스러운 신체 증상들을 초월하는 능력이 있다는 것을 암시한다.

2) 죽음의 심리사회적 의미

죽음은 흔히 다음의 네 가지 의미를 갖는 것으로 생각된다(Bjorklund, 2015).

첫째, 죽음은 시간 조직자로서의 의미를 갖는다. 죽음은 삶의 종결이므로 '죽을 때까지의 시간'이라는 개념은 각자 자신에게 남아 있는 시간을 어떻게 살아갈지 결정하는 데 중요한 역할을 한다.

둘째, 죽음은 처벌의 의미로 받아들여지기도 한다. 어린아이들은 죽음이 나쁜 행동에 대한 벌이라고 생각하는 경향이 있다. Kohlberg의 도덕 발달 이론의 1단계에 해당한다. 그러나 죽음을 처벌 또는 그 반대로 보상("착하게 살면 오래 살 수 있다")과 관련짓는 생각은 성인들에게서도 흔하게 나타난다. 죄와 죽음의 연결을 강조하는 종교적 가르침은 죽음이 악행에 대한 처벌이라는 생각을 더욱 강화한다.

셋째, 죽음은 한 상태에서 다른 상태로 이행하는 것으로 생각된다. 많은 사람이 사후세계가 있다고 믿는다. 죽은 후에 환생할 것이라고 믿는 사람들도 있다. 사실 우리는 저세상, 저승, 황천, 천국과 지옥 등 죽음 이후에 가게 될 세상을 가리키는 어휘들을 일상생활에서 많이 쓰고 있는데 그러한 어휘들은 그러한 장소가 존재한다는 믿음에서 비롯되었다고 볼 수 있다. 드라마나 영화의 등장인물이 문을 열고 천국으로 들어가거나, 계단을 오르거나 다리를 건너서 저승으로 가는 장면을 본 기억이 있을 것이다.

넷째, 죽음은 신체의 상실, 경험의 상실, 감각의 상실, 관계의 상실 등 우리가 가진 모든 것을 상실하는 것이라는 의미를 갖는다. 죽음과 연관된 상실의 종류는 연령에 따라 달라지는 것으로 보인다. 젊은 성인들은 죽음이 기회의 상실과 가족관계의 상실을 초래할 것을 우려하는 데 반해, 노인들은 내적 과제를 완성할 시간의 상실을 더 걱정하는 경향이 있다(Kalish, 1985).

죽음은 개인뿐만 아니라 가족과 지역사회에도 영향을 미친다. 한 사람의 삶이 종결되는 죽음은 가족 구성원 모두의 역할과 관계를 변화시킨다. 가족 중에서 제일 윗세대에 속하는 사람이 사망하면 남은 사람들이 세대 시스템에서 한 단계씩 상향 이동하게 된다. 죽음은 또 우리가 가족 바깥의 사회에서 맡는 역할에도 영향을 미친다. 예를 들어, 노인의 죽음은 더 젊은 성인이 중요한 일을 맡을 기회를 내준다. 노인이 더 젊은 성인들을 위해 자리에서 '물러나는' 은퇴도 이와 똑같은 기능을 하지만, 죽음은 사회체계에 영구적인 변화를 가져온다는 점에서 은퇴와는 차이가 있다(Bjorklund, 2015).

3) 통계로 보는 죽음: 사망률

사망률은 어떤 의미에서 건강에 관한 연구의 궁극적 종속변수라고 볼 수 있다. 사망 건수는 평정척도의 점수들과 달리 타당성에 대한 의문이 제기되지 않기 때문이다. 대부분의 사례에서 사망통계는 특정 환경 조건 또는 질환 진행의 결과를 보여 주는 분명한 수치를 제공한다. 그러나 사망률 자료가 항상 명백한 것은 아니다. 사망원인에 대한 정보가 타당한 것인지 의문이 제기될 수 있으며, 오랫동안 연명치료를 받아온 사람들의 경우 사망 시점이 논란이 될 수도 있다.

사망률은 인구 10만 명당 사망 건수에 근거하여 계산한다. 통계청 자료에 따르면 우리나라의 인구 10만 명당 사망률은 2009년 무렵까지 조금씩 하락하는 추세를 보이다가 이후로는 상당히 가파르게 증가하고 있다([그림 13-2]). 인구 10만 명당 사망률은 2018년에 582.5명으로 20년 전(524.8명)에 비해 58.3명이 증가한 것으로 집계되었다. 사망률의 이와 같은 증가추세는 전체 인구에서 노인 인구가 차지하는 비중이 증가하고 특히 초고령 인구가 크게 증가하고 있기 때문으로 추론된다. [그림 13-2]를 보면 전체 사망률은 여성이 남성보다 낮지만, 남녀 간 사망률의 차이는 최근으로 오면서 점차 줄어들고 있다는 것을 알 수 있다.

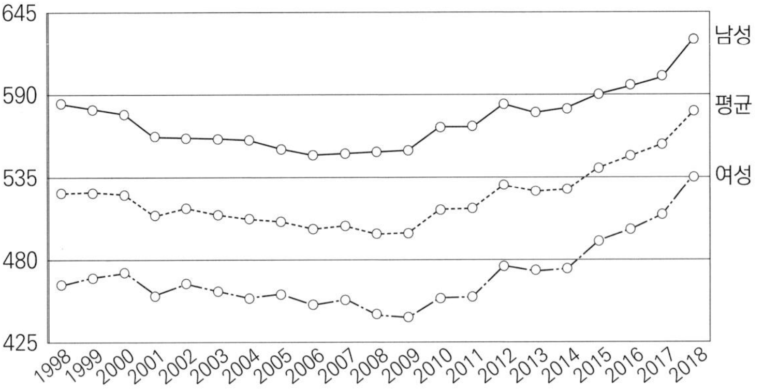

[그림 13-2] 인구 10만 명당 사망률(1990~2009년)

출처: 통계청 사망률 자료.

(1) 연령특정 사망률과 연령조정 사망률

연령특정 사망률(age-specific death rate)은 특정 연령집단에서 10만 명당 사망 건수를 가리킨다. **연령조정 사망률**(age-adjusted death rate)은 나이 든 집단일수록 사망률이 더 높다는 사실을 고려하여 여러 연령집단 간의 상대적 사망위험을 비교하는 데 사용된다. 나이가 많은 사람일수록 사망률이 상대적으로 더 높지만, 이들이 전체 인구에서 차지하는 비중은 다른 연령집단에 비해 더 적으므로 이 점을 고려하여 전체 인구에서 특정 연령집단의 비율을 반영하는 가중치를 두어 계산해낸 사망률이 연령조정 사망률이다(Whitbourne, 2008). 예를 들어, 2009년도에 우리나라 90~94세 노인 사망률은 인구 10만 명당 19,987명으로 80~84세 사이 노인 사망률(6,639명)의 거의 3배에 달했다. 그러나 90~94세 노인은 총 89,963명으로 80~84세 사이 노인(541,966명)의 1/6 정도에 불과하다. 연령조정 사망률은 전체 인구의 사망률이 과대평가되지 않도록 90~94세 노인집단의 높은 사망률을 이 집단이 전체 인구에서 차지하는 비중을 반영하여 교정한 것이다.

연령조정 사망률은 공중보건 향상 정도를 측정하는 데 사용된다. 이 비율이 낮을수록 국민이 더 건강한 것이다. 이 맥락에서는 사람들이 오래 사는 것뿐 아니라 사망하기 전에 장애를 겪지 않는 것을 바람직한 것으로 간주한다. 12년에 걸친 한 종단연구는 건강한 생활습관을 가진 사람일수록 사망 이전의 장애기간이 짧은 **사망압착**(compression of morbidity) 현상이 나타난다는 것을 보여 주었다(Hubert et al., 2002). 이 연구는 시작 당시에 참여자들을 생활습관에 따라 세 집단으로 구분하였다. 위험요인이 없는 집단(비흡연, 많은 신체활동, 정상 체중)은 사망하기 전 10여 년 동안 장애점수가 0점에 가까운 상태를 유지하였다. 위험 수준이 중간인 사람들은 사망하기 3개월 전까지 비교적 건강하게 지낼 수 있었으나, 위험요인을 둘 이상 지닌 집단은 사망하기 1년 반 전부터 장애가 크게 증가하였다.

사망압착의 개념에서 본다면 연령특정 사망률은 인간수명의 한계(현재 약 120세)에 도달하기 전까지는 최대한 낮은 수준을 유지하는 것이 바람직하다고 할 수 있다. 또 인종, 성별, 사회경제적 집단 간에 일정한 것이 이상적이라고 할 수 있다. 연령특정 사망률이 이런 요인들에 따라 차이가 있다면 그만큼 질병 예방 및 건강관리의 조건에 불평등이 존재한다는 것을 의미한다.

(2) 사망률에 영향을 미치는 요인

사망률은 결혼상태와 교육 수준에 따라 차이가 있다. 기혼과 높은 교육 수준이 보호기능을 하는 것으로 보고되고 있다(Cooper, Harris, & McGready, 2002). 기혼인 사람들이 미혼인 사람들보다 사망률이 낮으며, 사별한 사람이나 이혼한 사람들보다 사망률이 낮다. 이러한 결과는 15세 이상 모든 연령집단에서 남녀 모두에게서 나타난다(Heron et al., 2009).

또 모든 연령집단에서 대학 이상 수준의 교육을 받은 사람들이 사망률이 더 낮다. 이러한 결과는 사회적 지위와 사망률의 관계와도 관련이 있다(Adler et al., 1994). 사회경제적 지위가 낮은 사람들이 높은 사람들에 비해 남녀 모두 사망위험이 1.6배 더 높았다(Marmot et al., 2008). 사회경제적 지위가 낮은 사람들은 또 전염병, 납중독, 직무 관련 상해를 입을 가능성이 더 크다(Pamuk et al., 1998). 이 결과들은 또 비만할 가능성이 높은(Hart et al., 2011) 낮은 사회경제계층의 여성들에게도 적용된다(Langford & Johnson, 2009).

성인기 동안의 직업 수준뿐 아니라 직업유형도 사망률과 관계가 있다. 19세기 중반 이후로 노동이나 상업에 종사하는 남성들이 전문 직종의 남성들보다 사망률이 더 높은 것으로 알려져 있다(Macintyre, 1997). 「Whitehall II 연구」의 자료는 그 이유를 보여 준다. 직급이 낮은 남성들이 높은 남성들에 비해 관상동맥 심장질환 위험이 더 컸다(Marmot et al., 2008). 육체노동을 하다가 전문직 또는 관리직으로 상향이동을 한 남성들은 사망위험이 더 낮다(House et al., 1990; Moore & Hayward, 1990). 또 연관성이 없는 업무들을 줄곧 담당해 온 남성들은 연속되는 업무를 안정적으로 담당해 온 남성들보다 조기사망 위험이 더 높다(Pavalko et al., 1993).

소득 또한 성인기 동안의 사망률과 관계가 있다. 예를 들어, 소득이 가장 높은 45세 성인들은 소득이 가장 낮은 45세 성인들보다 3~7년 정도 더 오래 살 것으로 예측할 수 있다. 성인 3,600여 명을 8년간 추적한 연구는 저소득자와 중간수준 소득자들이 고소득자들보다 사망률이 더 높다는 것을 보여 주었는데, 연령, 성별, 인종, 주거지역, 교육 수준과 건강위험 행동들을 모두 통제했을 때에도 결과는 동일하였다(Lantz et al., 1998).

소득과 사망률의 관계는 평생에 걸친 사회적 불평등에서 비롯될 가능성이 크다. 사회적 불평등은 건강에 위험한 환경요인, 건강관리 불평등, 사회적 지지 결여, 숙달감과 통제감 상실, 만성적 차별 경험, 빈곤한 아동기 등 수많은 요인을 포함한다. 사회적 계층이 사망률에 미치는 영향은 세대를 거쳐 계승될 수 있다. 스웨덴에서 성인 4,100명을 대상으로 39년간 수행된 종단연구는 부모가 이혼을 했거나 혼인을 하지 않았거나 노동자인 사람들은 중년기에 사망위험이 더 높았다는 결과를 보고하였다. 부모의 사회계층이 사망률에 미치는 효과는 연구 참여자 자신이 중년기에 획득한 사회적 계층이나 결혼상태와는 관계없이 나타났다(Fors, Lennartsson, & Lundberg, 2011).

한때는 사망률의 차이가 위생, 영양, 주거의 불량으로 설명되었다. 그러나 요즘에는 심리사회적 요인에 초점을 둔 설명들에도 힘이 실리고 있다. 이 등식에서는 스트레스가 중요한 역할을 하는데, 스트레스 수준이 높은 사람들일수록 사망률이 높다(Pratt, 2009). 근무자 스스로 작업의 속도나 방향을 통제할 수 없는 직무(예: 조립라인 근무)에 종사하는 데서 비롯된 직무스트레스가 사망률에 특히 큰 영향을 미친다(Magnusson et al., 2008). 한 연구에서는 1만 2,500명이 넘는 남성노동자(25~74세)들을 25년간 추적한 결과 5년간 조립라인에서 근무한 사람들이 그렇지 않은 사람들에 비해 심혈관질환으로 사망할 위험이 더 크다는 것을 발견하였다. 연구 기간 내내 이런 유형의 직무를 수행한 노동자들은 연령에 근거한 예측보다 사망위험이 83%나 더 높은 것으로 나타났다(Johnson et al., 1996).

종교 활동을 하는 사람들은 사회계층과 관계없이 사망률이 낮을 가능성이 크다(McCullough et al., 2000). 1940년대에 시작된 「Terman 영재 종단연구」는 특히 여성들에게 이러한 결과가 나타나기 쉽다는 것을 보여 주었다(McCullough et al., 2009). 이 연구에서 종교성 점수가 낮은 여성일수록 사망할 위험이 더 컸다. 이는 종교 활동을 많이 하는 사람들이 자기보고 건강 점수가 더 높고 우울 증상을 더 적게 보고한다는 결과와도 일치한다(Idler et al., 2009). 신앙이 사망률에 영향을 미쳤다고 볼 수도 있겠지만 종교 활동을 하는 사람들이 스트레스를 차단하는 보호요인의 역할을 하는 사회적 지지망이 더 광범위하기 때문으로 볼 수도 있다.

2. 죽음에 대한 태도와 반응

1) 죽음불안

죽음에 대한 태도와 관련하여 가장 많이 연구된 주제는 죽음불안 또는 죽음에 대한 공포이다. 이는 죽음을 상실로 보는 관점과 관련이 있다. 죽음을 두려워한다는 것은 죽음으로 인해 경험, 감각, 관계 등을 상실하게 될 것을 두려워하는 것이다. 죽음에 대한 공포는 또 우리가 흔히 죽음의 과정과 결부시켜 생각하는 고통과 존엄성 상실에 대한 두려움, 그러한 고통이나 괴로움에 잘 대처할 수 없을지도 모른다는 두려움, 사후 '심판'에 대한 두려움, 죽음으로 자신이라는 존재를 영구히 잃어버리게 될 것이라는 근본적 두려움을 포함한다.

현대사회의 죽음불안은 노화에 대한 공포와도 관련이 있다. 노화로 인해 능력, 매력, 사회적 적절성을 상실하는 것과 죽음에 대한 공포가 불가분의 관계에 있다는 것이다. 따라서 죽음에 대한 공포는 사람들이 노화가 강제하는 한계를 받아들이지 않기 위해 돈과 시간과 노력을 쏟아붓게 만든다. 젊음을 지향하는 문화에서는 주름제거 화장품에서 운동기구와 성형에 이르기까지 모든 광고에서 노화 과정을 멈추거나 늦추려는 욕망이 모습을 드러낸다. 죽음에 대한 공포는 연령, 종교성, 성격특성에 따라 차이가 있다.

(1) 연령

죽음에 대한 공포는 중년기 성인들이 가장 강하고 노인들이 가장 적게 보이며(De Raedt et al., 2013) 젊은 성인들은 그 중간에 해당하는 것으로 밝혀져 있다(Thorson & Powell, 1992). 중년기에는 신체의 노화를 확연히 느끼는 동시에 부모의 죽음을 겪게 되면서 이제 '내 차례'임을 받아들이지 않을 수 없게 된다. 부모의 죽음으로 이제 자신이 가족 내에서 가장 나이 든 세대임을 인정해야만 하는 것이다. 그리하여 죽음에 대해 깊이 생각하고 궁극적으로는 죽음을 받아들이게 됨으로써 노년기에는 죽음에 대한 공포가 희미해진다. 죽음에 대해 걱정하지 않는다는 것이 아니라 죽음에 대해 기꺼이 말하고 생각하게 된다는 것이다. 죽음을 많이 생각하지만 예전처럼 두려워하지는 않는다는 것이다.

(2) 종교성

흔히 신앙심이 깊은 사람일수록 죽음에 대한 공포가 적을 것으로 생각된다. 그러나 연구의 결과로 보면 종교성과 죽음에 대한 공포는 직접적인 연관성이 없다. 예를 들어, 70~80세 노인을 대상으로 한 연구는 종교성이나 신앙심이 낮은 노인들과 높은 노인들은 중간수준인 노인들에 비해 죽음을 덜 두려워한다는 결과를 보고하였다(Wink & Scott, 2005). 이 결과는 다음과 같이 해석할 수 있다. 즉, 종교심이 높은 노인들은 천국이라는 사후세계가 있고 자신은 거기 들어갈 자격이 된다고 믿고 있으므로 죽음을 두려워하지 않는 반면에, 종교심이 낮은 노인들은 사후세계 자체를 믿지 않고 따라서 보상을 잃을 것을 염려하지 않기 때문에 죽음을 두려워할 필요가 없다. 그러나 종교심이 중간수준인 사람들은 사후세계를 믿는데 자신이 거기 들어갈 수 없을 것이라 믿고 있기 때문에 불안할 수밖에 없다.

종교성은 외적 종교성(extrinsic religiosity)과 내재적 종교성(intrinsic religiosity)으로 구분할 수 있다. 외적 종교성은 종교를 사회적 목적을 위해 사용하는 사람들이 보이는 종교성을 가리키고, 내재적 종교성은 종교적 가르침에 따라 삶을 살아가고 종교에서 삶의 의미를 찾는 사람들이 보이는 종교성을 가리킨다. 죽음불안과 정적 관련성이 있는 것은 외적 종교성이다. 즉, 외적 종교성 점수가 높은 사람들일수록 죽음에 대한 공포가 더 강하다(Ardelt & Koenig, 2006).

중년기는 종교단체에서 자원봉사활동을 하는 등 사회적 지지망을 넓히고 생산적 활동에 몰두하는 시기인 만큼 외적 종교성이 중요할 수 있다. 하지만 종교활동에 활발하게 참여하기 어려운 노년기에는 내재적 종교성을 통해 '우리가 어디에서 와서 어디로 가고 있는지, 왜 여기에 있는지'와 같은 존재론적 물음에 대한 답을 찾는 것이 더 중요해진다(McFadden, 2000).

(3) 성격특성

어떤 성격특성은 죽음에 대한 태도와 관련이 있다. 높은 수준의 자아존중감은 죽음공포를 느끼지 않게 해 주는 완충 역할을 함으로써 자아존중감이 높은 사람일수록 죽음불안이 낮은 경향이 있다(Xiangkui et al., 2005). 또 삶의 목적성이 뚜렷하다고 느끼고 자신의 삶이 가치 있다고 느끼는 사람들은 죽음불안 수준이 더 낮다(Rasmussen & Johnson, 1994). 후회가 죽음불안과 관련이 있다는 연구 결과도 있다. 과거에 했던 일과 하지 않았던 일에 대해 그리고 미래에 하지 못할 일들에 대해 후회를 많이 하는 사람들은 죽음불안을 더 강하게 느끼는 것으로 나타난다(Tomer & Eliason, 2005).

이상의 결과들에 따르면 성인기의 각 단계에서 주요 과업을 성공적으로 완수하고 내적 성장을 이루어 낸 사람들은 침착하게 죽음을 맞이할 수 있지만, 성인기의 여러 과제와 위기들을 잘 해결하지 못한 사람들은 성인 후반기에 두려움과 불안(Erikson의 용어로는 절망감)에 직면하게 된다. 죽음불안은 그러한 절망의 한 양상일 수 있다(Bjorklund, 2015).

2) 죽음에 대한 5단계 반응: Kubler-Ross의 이론

Elisabeth Kubler-Ross(1969)는 『죽음과 죽음과정에 대하여(On Death and Dying)』라는 저서에서 시한부 환자들에게 보편적으로 나타난다고 생각되는 죽음의 5단계를 기술하였다. 죽음을 앞둔 환자들이 각 단계에서 보이는 반응이 부인, 분노, 협상, 우울 그리고 수용으로 바뀌어 간다고 주장하였다.

1단계에서 부인(否認)은 시한부 질환이라는 말을 처음 들었을 때 보이는 반응이다. 마음속으로는 그 시한부 선고가 사실임을 알면서도 "아니야, 그럴 리 없어." "뭔가 잘못된 게 틀림없어. 다른 의사를 만나봐야겠어."라고 의사가 내린 진단을 받아들이기를 거부하는 것이다. Kubler-Ross는 환자가 충격에 대처할 전략을 사용하는 데 필요한 시간을 벌어 준다는 점에서 이러한 부인이 가치 있는 방어기제라고 보았다.

2단계의 반응은 분노이다. 더는 부인하지 않지만 뭔가 속았다는 생각, 살 기회를 부당하게 빼앗겼다는 생각이 들면서 이런 일을 초래한 힘에 분노한다. "왜 나야?" "내가 뭘 잘못했는데?" 다른 사람들은 건강한 것에 분개하고 자신을 이런 상황에 처하게 만든 운명에 분노하면서 가족, 간호사, 의사 등 옆에 있는 누구에게나 분노를 폭발시킨다.

3단계의 반응은 협상으로 신(神) 또는 이 질환에 책임이 있는 어떤 힘과 거래를 하고자 한다. 예를 들어, 회복은 못하더라도 조금 더 살 수만 있다면 매주 꼬박꼬박 교회에 나가겠다고 약속하는 것이다. 이 단계에 있는 사람들은 자녀의 결혼과 같이 목전의 중요한 사건 때까지만 살 수 있게 해 달라고 '부탁'을 하기도 한다. 조건을 달아서 죽음을 회피 또는 지연하려 하는 단계이다. 협상은 또 다른 유형의 방어기제라 할 수 있다.

4단계에는 질병의 진전이 불가피함을 인정하고 도저히 죽음을 피할 수 없음을 깨닫게 되면서 우울과 상실감이 찾아온다.

마지막 5단계에서는 곧 닥쳐올 죽음을 받아들이고 더는 싸우거나 후회하지 않으며 마음의 평온을 회복하는 상태이다. 죽음이 다가오면서 죽음이 자연스러운 종말이며 심지어 고통으로부터 해방되는 것이라 여기기도 한다. 백혈병으로 죽음을 목전에 두었던 신문기자 Stewart Alsop(1973)은 죽음의 수용을 다음과 같이 설명하였다. "죽어 가는 사람은 졸린 사람이 잠을 자야 하듯이 죽을 필요가 있다. 저항하는 것이 쓸모없을 뿐 아니라 잘못이 되는 때가 오는 것이다"(p. 299).

Kubler-Ross의 이론은 죽음을 앞둔 사람이 아직은 살아 있으며 죽음에 이르기까지 남은 시간 동안 충족되어야 할 욕구를 가지고 있는 존재라는 점을 상기시켜 준다. Kubler-Ross는 우리가 그들의 이야기를 적극적으로 경청함으로써 욕구를 파악하고 도움을 제공해 주어야 할 뿐만 아니라 그들로부터 우리 자신을 더 잘 이해할 수 있게 해 주는 배움을 얻어야 한다고 설파하였다(Corr, 1993).

Kubler-Ross의 원래 입장은 책의 인기가 급등하면서 왜곡되었다. 그가 말한 5단계가 죽어 가는 모든 환자가 따라야 할 일련의 단계로 해석되기 시작한 것이다. 가령, 어떤 환자가 협상하기를 거부한다면 그 사람이 불치병을 대하는 방식에 문제가 있음을 의미하는 것이라고 보았다.

Kubler-Ross의 이론에 대해 여러 비판이 제기되었다. 첫 번째 비판은 죽음의 과정은 사람마다 다를 수 있는데 5단계 모델은 이 점을 인정하지 않고 있다는 것이다. 예를 들어, 누구나 수용 단계에 도달할 수 있을 정도로 오래 살거나 그럴 만한 역량이 있는 것은 아니다. 단계가 진행되는 순서도 사람마다 다를 수 있다. 흔히 '단계'를 표방하는 이론들은 모든 사람이 그 이론에서 말하는 단계들을 하나도 빠뜨림 없이 동일한 순서로 거쳐 간다고 상정한다. 하지만 Kubler-Ross가 말하는 죽음의 5단계를 누구나 다 경험한다거나 그 순서대로 경험한다는 증거는 없다. 또 다른 비판은 Kubler-Ross가 비교적 젊은 환자들을 대상으로 한 연구를 바탕으로 이 이론을 내놓았다는 데서 비롯된다. 죽음이 임박했다는 소식에 그들이 보인 첫 반응은 당연히 부인이었을 것이다. 그러나 나이 든 사람들이라면 죽음을 선고받았을 때 그런 식으로 반응하지 않았을 수 있다. 끝으로 Kubler-Ross는 죽어 가는 사람들이 5단계에서 보이는 반응 이외에 호기심, 희망, 안도, 무감동 등 다양한 감정을 느끼고 다양한 반응을 보일 수 있다는 사실을 묵과하였다. 그러나 살아 있는 동안 일어나는 많은 사건과 마찬가지로 죽어 가는 과정도 매우 개별적이며 당사자의 성격, 살아온 역사, 문화적 배경, 연령, 질병의 성격 등에 따라 여러 다른 형태를 취할 수 있다.

3) 죽음수용: 유한성 인식과 인생회고

죽어 가는 사람들이 마지막 순간에 대비하면서 여러 단계를 거친다는 Kubler-Ross의 주장과 달리, Marshall(1980)은 삶의 마지막 순간이 다가오면 사람들이 자기 삶의 과거 패턴들을 이해하려고 한다고 주장하였다. Marshall은 사람들이 삶의 유한성을 깨닫기 시작하면서 이 과정을 거친다고 보았다. 가령, 시한부 질환을 가지고 있다는 진단을 받게 되었을 때 삶이 유한하다는 것을 깨닫게 될 수 있다. 그러나 **유한성 인식**(awareness of finitude)은 그보다 더 일반적인 현상이다. 사람들은 부모 또는 형제가 사망한 연령에 자신이 도달했을 때 삶의 유한성을 인식하게 된다. 예를 들어, 아버지가 66세에 사망한 사람은 자신이 그 나이가 되었을 때 일종의 카운트다운 과정을 시작한다. 자기 삶의 종말을 예상하며 삶이 정말로 끝날 것임을 이해하고 받아들이게 된다.

유한성 인식에 도달한 사람들은 **전기**(傳記) **정당화**(legitimization of biography) 과정에 착수하여 과거 삶의 사건들에 시각을 부여하고자 한다. 자신이 한 일들이 의미를 갖는 것으로 보려고 하며, 다른 사람들이 자신을 기억할 때 떠올릴 만한 인생 '스토리'를 준비한다(Marshall, 1980). 어떤 사람들은 회고록을 쓰기도 하고, 또 어떤 사람들은 내적 심판을 통해 자신의 단점과 공적을 평가하기도 한다. 자신이 헛되이 살다 가는 건 아니라는 근거를 마련하고자 애쓰는 것이다.

삶의 종결에 대한 인식이 치열한 자기평가를 촉발한다는 생각은 Erikson 이론에서 자아통합 개념의 중요한 요소이기도 하다. Erikson은 사람들이 이 시기에 자신의 삶을 전반적으로 폭넓게 조망함으로써 죽음 및 존재의 종말과 관련된 의문들을 다룬다고 강조한다. Butler(1974)는 오랜 과거에 있었던 사건들을 마음속으로 다시 겪어 보는 이 과정을 **인생회고**(life review)라 불렀다. 이 과정은 죽음을 앞둔 사람이 과거의 잘못과 이제는 만회할 수도 없고 변경할 수도 없는 사건들을 평화롭게 해결하고자 할 때 연령에 관계없이 언제든지 일어날 수 있다. 제11장에서 지적했듯이 이런 중요한 과정에 자발적으로 참여하지 않는 노인들에게는 인생회고치료를 받게 하는 것이 도움이 될 수 있다.

공포관리이론(terror management theory) 또한 의식적으로든 무의식적으로든 죽음에 관한 생각이 활성화된 사람들은 이로운 효과를 광범위하게 경험할 수 있다고 제안한다. 그들은 더 좋은 건강습관을 채택할 것이고, 외재적 목표보다는 내재적 목표에 더 초점을 둘 것이며, 공감을 더 많이 하고 친밀한 인간관계를 가지려는 동기를 더 강하게 가질 것이다. 또 창의성을 마음껏 발휘하고 고정관념에서 탈피할 뿐 아니라 공동체에 더 큰 애착을 느낄 수도 있다. 삶이 유한하다는 인식은 연령에 관계없이 정말로 중요하다고 생각되는 것에 초점을 맞추고 더 넓은 관점에서 신념, 태도, 가치를 바라보면서 채택하도록 자극할 수 있다(Vail et al., 2012).

4) 죽음에 대한 대처와 적응

사람들은 죽음을 앞두고 있을 때 어떤 반응을 보이는가? 그러한 반응은 이후의 적응과 어떤 관련이 있는가? Greer와 동료들(Greer, 1991; Pettingale et al., 1985)은 유방암 초기 단계로 진단받은 여성 62명을 추적 조사하였다. 진단 3개월 후 인터뷰를 통해 이 여성들을 다음과 같이 다섯 집단으로 분류하였다.

- 긍정적 회피(부인): 환자가 진단과 그 진단의 근거로 제시된 내용을 거부함.
- 투지: 환자가 낙관적이며 진단에 대해 더 많은 정보를 적극적으로 구함. 질병과 싸우려는 의지가 충만함.
- 침착한 수용(체념): 진단을 인정하되 더 이상 정보를 구하지 않고 원래의 생활을 계속함.
- 무기력/절망: 진단에 압도당해 자신에게 희망이 없다고 생각함.
- 불안한 몰두: 진단에 대해 극심한 불안을 보이고 추가정보를 비관적으로 해석함. 모든 신체감각을 암이 재발한 것으로 해석함.

이 다섯 집단의 15년 후 생존율을 조사한 결과, 최초 반응이 긍정적 회피(부인)이거나 투지인 사람들은 35%만이 암으로 사망하였으나 나머지 세 집단의 여성들은 76%가 사망하였다. 이 결과는 심리적 반응이 질병의 진전에 영향을 미친다는 것을 보여 준다.

더 최근 연구에서 Denollet와 동료들(2008)은 심장병 환자 736명의 대처전략을 평가하고 그중 159명이 고통을 최소화하고 진단과 치료에 대한 부정적 감정을 회피하는 억압적 대처전략을 사용한다는 것을 확인하였다. 즉, 이 환자들은 질병으로 인한 우울, 불안, 분노, 슬픔이나 공포를 많이 보고하지 않았다. 약 6년 후 이 환자들은 다른 대처전략을 사용했던 환자들에 비해 사망률이 더 높았고, 치명적인 것은 아니지만 심장발작도 더 많이 경험하였다. 즉, 이들은 겉으로는 건강해 보이는 대처전략을 사용하였으나 추후 심장발작 발생률이나 사망위험이 큰 것으로 나타났다.

AIDS 환자 연구에서도 이와 유사한 결과가 보고되었다(Reed et al., 1994; Solano et al., 1993). O'Leary(1990)에 따르면, 적대감을 적게 보이고 자신의 상황을 침착하게 받아들이며 무기력하고 부정적 감정을 표현하지 못한 사람들이 더 일찍 사망하는 반면에, 많이 힘들어하고 열심히 싸우고 분노와 적대감을 드러내 놓고 표현하며 삶에서 즐거움을 추구하는 사람들은 더 오래 산다. 결국 순종적이고 질문을 많이 하지 않고 주변 사람들을 힘들게 하지 않는 '좋은 환자'들이 더 일찍 사망한다는 것이다.

이러한 심리적 차이는 면역계 기능과 관련이 있다. 암세포를 방어하는 NK 세포는 고통을 많이 보고하지 않고 질병에 잘 적응하는 것처럼 보이는 환자들에게 더 적게 생겨나는 것으로 알려져 있다(O'Leary, 1990). AIDS 환자들 중에서 억압적 반응(Greer의 침착한 수용과 무기력)을 보인 사람들은 T세포 수가 더 급격히 감소하였으나 투지를 보인 환자들은 감소세가 더 완만하였다(Solano et al., 1993).

그러나 어떤 질병에나 투지가 적절한 반응이라는 결론을 내리는 데에는 신중할 필요가 있다. 여러 연구가 우울, 침착한 수용과 무기력이 암으로 인한 조기사망과 관련이 있다는 증거를 발견하지 못했다(Richardson et al., 1990). 또 동일한 반응이 모든 형태의 질병에 가장 적합한 것인지도 불분명하다. 예를 들어, 암 환자에게 적절한 것으로 보이는 성질들은 대부분이 A유형 성격에 해당하는데, A유형 성격의 분노와 적대감 등은 심장병의 위험요인인 것으로 알려져 있다.

3. 죽음과 관련한 주요 쟁점

의학 기술의 발달은 지난 수십 년간 죽음과 죽음 과정에 대한 태도에 변화를 가져왔을 뿐 아니라, 시한부 환자에 대한 접근방식에도 급격한 변화를 가져왔다. 의사들은 죽어가는 환자들의 정서적 · 신체적 욕구에 훨씬 더 민감하게 대응하고 있으며, 그에 따라 말기 환자 치료에 대한 표준적 접근방식이 재정비되고 있다. 다른 한편으로는 죽음을 앞둔 환자의 자율성과 자기결정권을 옹호하는 법과 사회운동이 활성화되고 있다. 이런 노력은 치료 과정에서만이 아니라 치료를 중단할 때에도 환자가 적극적으로 참여하도록 하기 위한 것이다. 이런 쟁점들은 의학적 고려는 물론이고 법적 · 윤리적 영역의 문제까지도 포괄한다.

1) 죽음의 돌봄: 인간다운 삶과 죽음을 위하여

죽음의 돌봄은 크게 **호스피스완화의료**와 **연명의료결정**으로 나누어 볼 수 있다. 호스피스완화의료는 죽음에 이르기까지의 삶을 인간다운 삶이 될 수 있게 하는 것이고, 연명의료결정은 죽음의 순간에 인간다운 죽음을 위해 치료방법을 스스로 결정하는 것이다. 우리나라에서는 2016년 1월 8일「호스피스 완화 의료 및 임종 과정에 있는 환자의 연명 의료 결정에 관한 법률」(약칭:「연명의료결정법」)이 국회 본회의에서 통과되고 그 해 2월 3일 법률 제14013호로 제정되었다. 뇌수술 환자의 연명의료를 중단한 의사에게 살인방조죄 판결이 내려진 바 있는 일명 '보라매병원 사건' 이후 7년만의 일이다. 이후 호스피스에 대한 법률은 2017년 8월 4일부터 시행되었고, 연명의료결정에 대한 법률은 이보다 조금 더 늦게 2018년 2월 4일부터 시행되고 있다.

「연명의료결정법」은 임종 과정에 있는 환자의 연명의료에 대한 환자 자신의 결정을 존중함으로써 환자가 인간으로서 갖는 존엄과 가치를 보호하는 데 목적이 있다. 이 법은 다음과 같은 세 가지 항목을 기본원칙으로 제시하고 있다.

- 연명의료중단 등 결정에 관한 모든 행위는 환자의 인간으로서의 존엄과 가치를 침해하여서는 아니 된다.
- 모든 환자는 최선의 치료를 받으며, 자신이 앓고 있는 질병의 상태와 예후 및 향후 본인에게 시행된 의료행위에 대하여 분명히 알고 스스로 결정할 권리가 있다.
- 의료인은 환자에게 최선의 치료를 제공하고 연명의료중단 등 결정에 관하여 정확하고 자세하게 설명해야 하며 그에 따른 환자의 결정을 존중하여야 한다.

(1) 연명의료계획서와 사전연명의료의향서

연명의료계획서는 몸 상태가 나빠져서 판단력이 흐려지기 전에 자신이 죽음에 이르렀을 때 인간으로서의 존엄을 지키는 길이 어떤 것인지 잘 판단하여 작성한다. 연명의료계획서를 작성했더라도 이후 생각이 바뀐다면 언제든지 수정할 수 있다.

지금은 건강하고 당장 죽음을 앞두고 있지 않을 때라면 **사전연명의료의향서**를 작성해 둘 수 있다. 병이나 뜻하지 않은 사고로 인해 의식불명 상태가 됐을 때 어떤 의료행위를 받을 것인가를 문서상으로 미리 지정해 놓는 것을 말한다. 문서로 작성해 놓지 않으면 자신이 원하지 않는 연명치료가 시작되어 본인의 뜻과는 다르게 임종 시 인간으로서의 품위와 존엄성이 손상될 수 있다. 문서를 남겨 놓으면 회복할 수 없는 상태에서 값비싼 생명 연장 장치와 의료서비스가 남용되는 것을 방지함으로써 환자는 고통을 줄이고 존엄한 임종을 맞을 수 있고 가족은 환자를 평안하게 보낼 수 있을 뿐 아니라 의료비 부담도 줄일 수 있다(한국죽음학회, 2010).

환자가 평소에 자신의 의사를 충분히 밝혀 둔다면 의료진은 환자가 의식불명 상태일 때 환자의 가족과 협의하여 환자의 뜻을 존중하는 의료행위를 제공할 수 있게 된다. 이때에도 가족들은 의료진에게 환자의 평소 뜻이 어떠했는지를 충분히 설득력 있게 밝혀야 한다.

환자가 갑작스러운 병의 진행으로 인해 사전연명의료의향서나 연명의료계획서를 작성하지 못하고 임종 과정에 이르렀을 때 환자가 자신의 의사를 표현할 수 있는 상태라면 담당의사가 이를 확인하고 그대로 시행하면 된다. 환자가 의식이 없거나 혼란한 상황에서는 환자 가족의 진술과 결정에 따라야 한다. 환자가 사전에 연명의료에 대한 의사를 분명히 표명했을 경우, 환자의 가족(직계존비속, 미성년자 제외, 직계존비속이 없는 경우 형제자매 가능) 2인 이상이 이를 증명한다면 가족의 진술에 따라 이행하게 된다. 사전에 의사표명이 전혀 없었을 경우는 환자 가족의 전원 합의에 의해 연명의료에 대한 결정을 하게 된다.

사람들은 사전연명의료의향서를 남길 때 자기 삶의 종말과 관련한 여러 쟁점에 대해 생각해 볼 시간을 갖는다.

(2) DNR 동의서

심폐소생술거부동의서(do not resuscitate: DNR)는 병세가 호전 가능성이 희박한 환자가 병원에서 인공호흡기나 독한 약물 등을 사용하여 인위적으로 생명을 유지하거나 연장하지 않는 것에 동의하는 문서이다. 흔히 DNR 동의서로 부르는 이 문서는 만성 질환자나 말기 암 환자 등 환자의 상태가 전반적으로 많이 악화되었을 때 멎어 버린 심장을 뛰도록 처치하는 심폐소생술을 거부하는 데에도 사용한다.

2) 죽음장소의 선택: 호스피스케어

성인 대부분은 집에서 죽음을 맞이하기를 원한다. 그러나 실제로는 거의 대다수가 병원과 요양원에서 죽음을 맞는다. 말기 암 환자들의 죽음장소 선호도를 조사한 「덴마크 연구」에서는 환자의 84%가 집에서 간호받기를 원했고 71%는 집에서 죽음을 맞고 싶어 했다(Brogaard et al., 2012). 그러나 그중 절반만이 집에서 간호를 받고 사망하였다. 집에서 사망하느냐 그렇지 않으냐에 영향을 미치는 중요한 요소는 집에 환자를 돌보아 줄 배우자가 있는지 그리고 통증완화 의료서비스를 받을 수 있는지 여부였다.

그러나 만성질병으로 사망한 사람들의 가족을 조사한 대규모 연구는 환자가 받은 서비스의 질은 그 환자가 집에서 사망했는지 여부보다는 호스피스케어를 받았는지 여부에 의해 결정된다는 결과를 얻었다(Teno, Clarridge, Casey et al., 2004). 통증을 줄여 주고 정서적 지지를 제공하며 환자는 물론 가족에게도 영적 위안을 주는 호스피스케어를 받으며 삶의 마지막 날들을 보낸 유족들은 70% 이상이 훌륭한 관리를 받았다고 평가하였다. 그러나 간호서비스를 받으며 집에서 사망하는 경우와 병원이나 요양원에서 사망하는 경우 간에는 관리의 질에 대한 평가에 차이가 없었다(41.6~49.4%).

이 연구에서는 환자들이 죽기까지 돌봄서비스를 받은 장소를 네 유형(간호서비스 또는 호스피스케어를 받고 집에서 사망, 요양원 또는 병원에서 사망)으로 구분하고 장소유형별로 응답자들이 보고한 문제영역들을 검토하였는데 그 결과 가장 많이 보고된 문제는 환자에 대한 정서적 지지의 부족이었다. 가정방문 간호서비스(70%)를 받은 집단이 가정에서 호스피스케어(35%)를 받은 경우보다 이 문제를 2배나 많이 보고하였다. 가족에 대한 정서적 지지 부족에서도 이와 비슷한 패턴이 발견되었다(가정방문 간호서비스, 45%; 가정에서 호스피스케어, 21%).

〈표 13-1〉 말기 환자가 돌봄서비스를 받은 마지막 장소에 대한 가족의 평가

문제영역		돌봄서비스를 받은 마지막 장소			
		가정에서 간호서비스	가정에서 호스피스케어	요양원	병원
충분한 도움을 받지 못한 영역	통증완화	42.6	18.3	31.8	19.3
	호흡곤란	38.0	25.6	23.7	18.9
	정서적 지지	70.0	34.6	56.2	51.7
의사결정의 공유	의사 면담	22.5	14.0	31.3	51.3
	의사와 의사소통	26.6	17.6	17.7	27.0
환자를 존중하지 않는 치료		25.5	3.8	31.8	20.4
가족에 대한 관심	정서적 지지	45.4	21.1	36.4	38.4
	정보제공	31.5	29.2	44.3	50.0
환자병력에 대한 직원의 지식		7.5	7.9	19.6	15.4
서비스 질에 대한 전체평가 "우수"		46.5	70.7	41.6	46.8

출처: Teno, Clarridge, Casey et al. (2004).

그렇다면 호스피스케어란 정확히 무엇인가? 호스피스케어는 왜 '훌륭한' 서비스라는 평가를 받는가? 호스피스란 죽음을 앞둔 환자에게 의료 및 지원 서비스를 제공하는 장소나 프로그램을 가리킨다. 호스피스 환경에서는 죽어 가는 환자의 신체적 안락 및 심리적 · 사회적 지지에 대한 욕구가 충족되고 있는지에 주의를 기울이고, 영적 욕구를 표현하고 충족시킬 기회를 제공한다. 호스피스케어는 환자가 이제는 적극적인 치료를 받고 싶어 하지 않을 때 시작하며, 가정에서 이루어지는 경우가 많고, 통증과 다른 증상들을 조절하는 완화치료를 주로 한다. 의사들만이 아니라 영적 상담사나 사별 상담사도 환자를 돌보는 데 힘을 보탠다. 말기 환자들은 통증을 적절히 조절하고, 죽음에 이르는 기간을 연장하지 않고, 개인적 통제감을 획득하고, 주변 사람들에게 짐이 되지 않으며, 가까운 사람들과 유대를 강화하고 싶어 하는데 호스피스는 환자의 이러한 요구에 부응할 수 있도록 최적화된 서비스이다(Kelly et al., 2002).

호스피스케어의 기초 철학은 다음과 같다.

- 환자와 가족이 돌봄의 유형과 돌봄을 받는 장소를 통제할 수 있어야 한다.
- 돌봄은 치료가 아니라 통증 완화를 위해 제공되어야 한다.
- 죽음은 정상적이고 삶의 불가피한 부분으로 간주되어야 한다. 죽음은 피해야 하는 것이 아니라 직면하고 수용해야 하는 것이다.
- 의사, 간호사, 사회복지사, 심리치료사, 성직자 등을 포함하는 다학제 팀이 관여해야 한다(Torpy, Burke, & Golub, 2012).

가장 유명한 호스피스는 1967년 영국 런던에 설립된 성 크리스토퍼 호스피스(St. Christopher hospice)이다. 우리나라는 1965년 강릉의 갈바리 의원(마리아의 작은 자매회)에서 임종환자 간호를 시작한 것이 호스피스의 시초이다. 우리나라의 호스피스 제도는 2017년 8월 4일부터 시행되고 있는데 앞서 언급한 「연명의료결정법」에 법적 근거를 두고 있다. 호스피스 서비스는 입원형 호스피스, 가정형 호스피스, 자문형 호스피스와 소아청소년 완화의료의 네 가지 유형으로 구분된다. 입원형 호스피스 기관은 총 73개 기관(1,381개 병상)이 전국에 분포하고 있다. 한 해 암으로 사망하는 환자 수가 78,863명에 이르는 것을 감안하면 크게 부족하다고 볼 수 있다(허문회, 2019). 그나마 이용자 수가 조금씩 증가하여 전체 암 사망자 중 호스피스 이용률이 2008년에는 7.3%이던 것이 2017년에는 22%인 것으로 집계되었다(보건복지부 외, 2019).

호스피스에서 제공하는 서비스는 기관마다 차이를 보이는데 공통적인 서비스는 통증, 호흡곤란, 구토, 불면 등 고통스러운 신체 증상을 조절하는 신체적 돌봄, 환자와 가족의 불안, 우울, 슬픔 등의 심리적 고통을 완화해 주는 심리적 돌봄, 경제적 · 사회적 어려움을 파악하여 가능한 자원을 총동원하여 지원하는 사회적 돌봄, 삶의 의미와 죽음에 대한 두려움 등으로 인한 고통을 경감시키는 영적 돌봄, 임종 시기의 신체적 · 심리적 고통을 줄여 주고 가족이 임종을 준비할 수 있도록 지지해 주는 임종 돌봄, 사별 후 가족이 겪을 수 있는 불안이나 우울 등의 어려움을 극복할 수 있도록 돕는 사별가족 돌봄이 있다(한국호스피스완화의료학회 홈페이지, 2020. 7.).

호스피스는 죽음의 문턱에서 찾아야 하는 서비스가 아니다. 삶을 잘 마무리하기 위해서는 6개월 전부터 호스피스 서비스가 연계되는 것이 바람직하다. 조기에 호스피스를 통한 완화의료가 제공되면 오히려 생존 기간이 늘어난다는 연구 결과도 있다. 과거에는 호스피스를 단순히 의학적 치료(cure) 이후의 돌봄(care)이라고 인식했다면, 현재는 진단부터 증상관리까지 환자와 가족의 삶의 질을 증진하고 사회적 · 심리적 · 영적 · 정신적 문제를 해결하기 위한 통합적인 서비스로 기대되고 있다.

[그림 13-3]에 제시된 모델은 질병이 진행되는 연속선상에서 호스피스케어가 어디에 위치하고 어떤 역할을 하는지 보여 준다. [그림 13-3]은 환자가 질병 초기에는 병원에서 적극적 치료를 받지만, 병이 진행됨에 따라 적극적 치료 대비 완화치료의 비율이 점점 증가하고 결국에는 완화치료만 받게 된다는 것을 보여 준다(Whitbourne & Whitbourne, 2014).

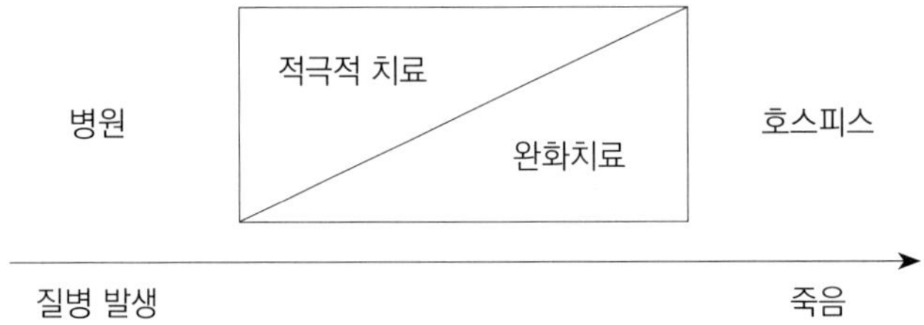

[그림 13-3] 질병의 진행에 따른 돌봄 유형의 변화

출처: Field et al. (1997).

3) 죽음 시간의 선택: 존엄사, 안락사와 의사조력자살

의료 기술이 눈부신 발전을 거듭함에 따라 이미 충분히 복잡했던 죽음 관련 쟁점들이 여러 면에서 더욱 복잡해지고 있다. 많은 사람이 오랜 질병과 꾸준한 쇠락을 겪은 후에 죽음에 이르는데, 의사들은 호흡이나 심장박동이 정지된 사람들을 살려 내기도 하고 식물인간 상태로 생명을 유지시키기도 한다. 어떤 면에서는 현대 의학이 삶을 연장한다기보다 죽음을 연장하는 것이라고 보는 시선도 있다. 최근에는 생명 유지를 지향하기보다는 죽음에 이르는 과정이 길고 고통스럽지 않도록 하는 데 방점을 두고 죽음 경험의 질을 강조하는 추세이다. 사람은 누구나 좋은 죽음을 맞이할 권리, 언제 어디서 어떻게 죽을지를 선택할 권리가 있다고 보는 것이다. 이러한 소망에 부응하여 존엄사, 의사조력자살, 안락사 등의 개념이 등장하였다.

존엄사(death with dignity)는 병원에서 산소호흡기 등의 보조 장비를 사용하여 생명을 유지하게 해 주는 연명(延命)치료를 하지 않고, 환자가 극도의 신체의존이나 신체기능의 통제력 상실 없이 자연스럽게 죽음에 이르게 하는 것이다. 존엄사는 의사가 환자의 동의 없이 치료행위를 할 수 없다는 것으로 소극적 안락사로도 불린다. 뇌사자(식물인간)를 비롯해서 장기간의 투병으로 심신이 약해지고 이후 인사불성이 된 환자가 편안하게 숨을 거둘 수 있으며, 보호자들은 과도한 치료비용 부담에서 벗어날 수 있다. 존엄사의 대상이 되는 기준이 연명치료로서, 일정 기간의 연명치료로도 소생의 가망성이 없는 경우 존엄사를 유도하는 쪽으로 논의가 되고 있다('김 할머니' 사례 참조).

미국에서는 1975년 식물인간인 20대 여성 칼렌 앤 퀸런의 부모가 인공호흡기를 제거해 딸이 죽음을 맞이할 수 있게 해 달라고 재판부에 소송을 내고 1978년 뉴저지주 재판부가 이를 승인하였으며, 이 사건을 계기로 50개 주에서 생전 유언에 따라 연명치료를 받지 않을 수 있도록 하는 법률이 제정되었다. 유럽과 일본에서도 존엄사를 인정하고 있으며, 로마 가톨릭 교황청은 1980년에 치료가 불가능한 환자가 치료를 중단할 수 있다고 밝혀 존엄사를 인정하였다.

존엄사: '김 할머니' 사례

사건개요:

2008년 2월 김모 할머니(당시 76세)는 세브란스병원에 입원하여 폐종양 조직검사를 받던 중과다출혈과 저산소증에 의한 뇌 손상으로 식물인간 상태에 빠졌다. 이 사례는 우리 사회에 존엄사에 관한 사회적 논란을 불러일으켰다. 김씨 가족은 그해 5월과 6월에 걸쳐 '무의미한 연명치료 중지' 가처분 신청을 냈고, '존엄사 관련법이 없는 것은 헌법 위배'라며 헌법소원을 제기했으며, 병원을 상대로 '무의미한 연명치료장치 제거 등' 민사소송을 제기하였다.
결과: 김씨 가족은 2009년 5월에 대법원으로부터 존엄사 인정 및 인공호흡기 제거 판결을 받았고 6월에는 김 할머니에게서 마침내 인공호흡기가 제거되었다. 국내 최초로 존엄사를 인정한 이 판결 이후 2009년 10월 13일에는 의료계에서 환자와 가족이 동의할 경우 연명치료를 하지 않는다는 방침을 발표하였다.

대법원 판결문:
김 할머니 사건에 대한 판결문에서 대법원은 "인간의 생명은 고귀하고 생명권은 헌법에 규정된 모든 기본권의 전제로서 기능하는 기본권 중의 기본권"이라며 "환자의 생명과 직결되는 진료행위를 중단할 것인지 여부는 극히 제한적으로 신중하게 판단해야 한다"고 밝혔다. 그러나 "생명이 가장 중요한 기본권이라고 하더라도 인간의 생명 역시 인간으로서의 존엄성이라는 인간존재의 근원적인 가치에 부합하는 방식으로 보호돼야 할 것"이라며 "이미 의식의 회복 가능성을 상실해 회복 불가능한 사망의 단계에 이르렀다면 의학적으로 무의미한 신체침해행위에 해당하는 연명치료를 환자에게 강요하는 것이 오히려 인간의 존엄과 가치를 해한다"고 설명하였다. 따라서 "이 같은 상황에서 죽음을 맞이하려는 환자의 의사결정을 존중해 환자의 인간으로서의 존엄과 가치 및 행복추구권을 보호하는 것이 사회상규에 부합되고 헌법정신에도 어긋나지 않는다"며 "회복 불가능한 사망단계에 이른 후에 인간으로서의 존엄과 가치 및 행복추구권에 기초해 자기결정권을 행사하는 것으로 인정되는 경우 특별한 사정이 없는 한 연명치료의 중단이 허용될 수 있다"고 판단하였다.

존엄사 허용기준:
대법원은 이 판결에서 존엄사 허용기준으로, ① 환자가 회복 불가능한 사망단계에 진입했을 것, ② 연명치료 중단에 대한 환자의 사전의료지시가 있을 것, ③ 사전의사가 없을 경우 환자의 평소 가치관·신념 등에 비춰 추정할 것, ④ 사망단계 진입여부는 전문의 등으로 구성된 위원회가 판단할 것 등을 제시하였다.

의학적 판단의 한계:
그러나 김 할머니는 인공호흡기를 제거한 후에도 201일간 자발적 호흡을 하며 생존함으로써 존엄사에 관한 논란은 다시 불이 붙었다. 대법원은 당시 의식이 회복될 가능성이 없고, 생체기능 회복이 불가하며, 짧은 시간 내에 사망에 이를 것이 명백한 경우 등 세 가지 조건에 해당해야 '회복 불가능한 사망 단계'라고 규정했는데, 김 할머니의 경우 그와 같은 사실관계를 파악하는 데 의학적 한계가 있었던 것으로 보인다.

안락사(euthanasia)는 의사가 극심한 고통을 받고 있는 불치병 환자에게 본인이나 가족의 요구에 따라 치사량의 약물을 직접 주사하여 인위적으로 죽음에 이르게 하는 것이다. 안락사의 경우 살인 혹은 살인 방조죄를 적용할 수 있어 위법성 문제가 논란이 되고 있다.

의사조력자살(physician-assisted suicide)은 의사가 환자에게 치사량의 약물을 건네줌으로써 환자가 자살을 할 수 있도록 도와주는 것이다. 환자는 아직 의식적 결정을 할 수 있을 때 임종 과정을 연장하지 말고 삶을 끝내기를 원한다는 결정을 스스로 한다. 안락사와 마찬가지로 삶의 종말이 연장되는 데서 오는 고통을 예방하려는 데 목적이 있다. 환자들이 의사조력자살을 요청하는 주된 이유는 죽음의 순간에 이르기까지 존엄성을 지니고 싶다는 소망이다(Georges et al., 2007). 그러나 불치병 환자 가운데 소수만이 실제 그런 식으로 자신의 삶을 끝내는 선택을 한다(Hedberg, Hopkins, & Kohn, 2003).

의사조력자살에 반대하는 사람들은 '환자에게 해를 끼치지 않는다'는 의사의 도덕률을 중요하게 여기며, 의사가 환자에게 도덕적으로 옳지 못한 선택을 하게 해서는 안 된다고 생각한다(Curlin et al., 2007). 자살하고자 하는 환자들이 그런 결정을 하는 이유는 우울, 불안 또는 통증이 있기 때문일지도 모른다. 그러한 증상이 나타나는 원인을 찾아내고 치료를 하게 되면 죽고 싶은 마음이 사라질 뿐 아니라(Bascom & Tolle, 2002) 삶의 의지를 되찾고 아직 살아갈 시간이 남아 있다는 것에 감사할 수도 있다(Hendin, 1999). 사실 의사조력자살에 대한 환자의 감정은 하루가 다르게 바뀔 수 있다(Pacheco et al., 2003).

Emanuel과 동료들(2000)은 말기 환자들을 인터뷰하여 의사조력자살에 대한 태도를 조사하였다. 환자의 90%가량이 의사조력자살을 지지하였으나 자신의 경우에 진지하게 고려해 보겠다고 응답한 사람은 10%에 불과했다. 우울 증상이 있거나 돌봄 부담이 있거나 통증을 겪고 있는 사람들일수록 의사조력자살을 고려하는 경향이 있었다. 흥미롭게도 4개월 후 생존해 있던 환자들 중에서 절반은 마음을 바꾼 것으로 나타났으며, 의사조력자살을 선택하는 쪽으로 마음을 바꾼 사람들은 그 사이에 우울 증상이나 호흡곤란이 나타난 경우가 대부분이었다. 이러한 결과는 의사조력자살을 실행하기 전에 일정한 대기시간을 갖는 것이 필요하며 환자의 우울, 통증, 호흡곤란, 인정받지 못한다는 느낌 등을 제대로 평가하는 것이 중요하다는 것을 보여 준다.

안락사와 의사조력자살을 반대하는 사람 중에는 의사와 건강서비스 제공자들이 비용절감 차원에서 환자의 삶을 끝내기로 결정할 가능성이 있다는 데 우려를 표명한다. 그러나 영국에서 수행된 한 연구는 생명을 종결하는 이러한 상황에서 의사들이 중요하게 고려하는 사항은 비용이 아니라 환자가 겪는 고통, 호전될 가망성 여부, 추가적인 고통의 예상 등이었다(Seale, 2009).

의사조력자살의 옹호자 Jack Kevorkian 박사

Jack Kevorkian 박사는 의사조력자살의 강력한 옹호자로서 1980년대에 안락사에 관한 논문을 다수 출간하였다. 1989년에는 '자살기계'를 제작하였으며 1990년에 알츠하이머병이 있는 54세 여성에게 이 기계를 처음으로 사용하였다. 그는 1990년대에 100여 건의 자살에 도움을 주었다.

1998년 11월에는 〈60 Minutes〉라는 TV 프로그램에 출연하여 수백만 시청자가 지켜보는 가운데 신경성 불치병을 앓고 있는 52세 남성의 생명을 끊었다. Kevorkian 박사는 이 행위로 체포되어 2급 살인으로 유죄선고를 받았으며, 10~25년 형 가운데 8년을 복역한 후 2007년에 출소하였다. 그는 그의 삶에 관한 다큐멘터리가 출시된 직후인 2011년에 사망하였다.

사람들이 의도적으로 죽음을 앞당기고자 하는 동기를 갖게 되는 이유는 크게 세 가지로 볼 수 있다(Pearlman & Starks, 2004). 첫째, 질병으로 신체가 쇠약해지면서 기능이 떨어지고 통증이 있으면 죽음이 다가올 때까지 기다리기보다는 조력을 받아서라도 삶을 끝내고 싶다고 생각할 수 있다. 둘째, 자기의식과 통제력을 상실하게 될 때 죽음을 앞당기고자 하는 동기가 고조될 수 있다. 끝으로, 남은 삶과 임종에 대한 두려움이나 다른 사람들에게 짐이 될지도 모른다는 두려움과 같은 미래에 대한 두려움이 존엄사나 의사조력자살 또는 안락사를 선택하게 만들 수 있다(〈표 13-2〉).

〈표 13-2〉 죽음을 앞당기고자 하는 동기를 불러일으키는 요인들

동기요인	환자 수 (N=35)
질병 관련 경험	
허약감, 피로감, 불편감	24 (69%)
기능 상실	23 (66%)
통증 또는 진통제 부작용	14 (40%)
자기감에 대한 위협	
자기감 상실	22 (63%)
통제력을 갖고자 하는 욕구	21 (60%)
존엄사를 지지하는 오랜 믿음	5 (14%)

미래에 대한 두려움	
미래의 삶과 죽음의 질에 대한 공포	21 (60%)
임종과 관련한 부정적 과거경험	17 (49%)
주변 사람들에게 짐이 될지도 모른다는 두려움	3 (9%)

출처: Moody (2006)에서 재인용.

죽음을 앞둔 사람을 대하는 자세

- 죽음을 앞둔 사람은 잠자는 시간이 많아지거나 의식을 자주 잃게 된다. 그러나 인간의 청각은 가장 오래 남아 있는 기능이기에 의식이 없는 사람이라도 주변의 이야기는 다 들을 수 있으므로 환자 옆에서는 말을 조심해야 하고 늘 좋은 이야기를 들려주어야 한다.
- 죽음을 앞둔 사람은 음료나 음식 섭취가 눈에 띄게 줄어드는데 이때 억지로 음식을 먹여서는 안 된다. 삼키는 능력이 떨어지기에 음식을 섭취하면 사레들릴 위험이 있기 때문이다. 당사자가 먹고 싶어 할 때에만 앉은 자세에서 적은 양을 천천히 섭취하게 한다.
- 죽음을 앞둔 사람은 불안한 행동을 반복해서 보이게 되는데, 이는 뇌에 산소공급이 부족하거나 신진대사에 변화가 생길 때 보이는 자연스러운 증상이다. 시간과 장소를 못 알아보고 가족조차 못 알아볼 수도 있다. 그럴 때는 내가 누구인지 아느냐고 다그쳐 묻기보다 누구라고 말해 주고 차분하게 여기가 어딘지를 전해 준다.
- 죽음을 앞둔 사람은 허공에 대고 혼잣말을 하기도 한다. 이미 세상을 떠난 가족이 찾아왔다고 하거나 허공에 누군가 있는 것처럼 대화를 나누기도 한다. 이러한 체험을 인정해 주고 이해해 주면 임종을 맞이하는 사람이 큰 위안을 느끼고 두려움과 불안이 줄어든다.
- 마지막 순간에는 호흡과 심장박동이 약해지는데, 고통만 가중시키는 심폐소생술이나 인공호흡기 같은 불필요한 의료처치를 하지 말고 조용히 곁을 지키는 것이 좋다.
- 임종을 준비하는 환자에게는 무엇을 해 주기보다 함께 있어 주는 것으로 충분하다.
- 죽음을 앞둔 사람이 근심을 덜고 안심하게 하는 일이야말로 가족이 줄 수 있는 마지막 사랑의 선물이다. "이제 우리 걱정은 하지 마시고 다 내려놓으시고 편안히 떠나셔도 됩니다."라고 말해 준다. 옆에서 큰 소리로 울거나 임종지의 몸을 흔들면서 부르는 등 시끄럽게 하지 않는다. 마지막 순간까지 임종자의 손이나 얼굴을 어루만지면서 사랑한다거나 미안하다는 등 미처 하지 못한 말을 조용히 건네면서 편안하게 떠나갈 수 있도록 한다.

4. 사별

사별은 우리와 관계를 맺었던 사람의 죽음에 대처하는 과정이다. 사별은 연령에 관계없이 누구에게나 일어날 수 있지만 배우자, 형제, 친구, 동료, 기타 동년배들이 사망할 위험이 증가하는 노년기에 특히 일어나기 쉽다. 사별을 하게 되면 신체적 · 정서적 문제가 생길 수 있고 인지와 사회적 관계의 양상도 종전과는 달라질 수 있다. 따라서 사별도 죽음이나 죽음 과정과 마찬가지로 생물심리사회적 과정으로 이해할 수 있다(Whitbourne & Whitbourne, 2014).

- 사랑하는 사람이 사망하고 나면 숨이 가쁘고 가슴이 답답하고 힘이 없고 소화가 잘 되지 않고 잠을 자기가 힘들어지는 등의 신체 증상이 나타나기 쉽다. 스트레스에 민감하게 반응하는 면역계의 효율성이 저하되면서 신체질환에 취약해질 수도 있다. 이런 증상들은 사별한 배우자 자신의 사망위험이 커질 정도로 심각한 수준에 이를 수도 있다.
- 사별을 한 사람들은 또 분노, 우울, 불안, 텅 빈 느낌, 죽은 사람을 생각하는 데 몰두하는 등의 정서적 반응을 보이곤 한다. 주요우울장애 진단을 받을 정도로 우울 증상이 심해질 수도 있다. 종전에는 사별한 지 2개월이 안 된 사람이라면 우울 증상을 보인다 해도 우울장애로 진단하지 않았으나 DSM-5는 ICD와 마찬가지로 사별 사례를 우울 진단에서 배제하지 않는다. 이런 변화의 이면에는 사별과 관련한 우울이 특별한 범주가 아니고 주요우울장애와 유사한 방식으로 진단하고 치료할 수 있다는 생각이 깔려 있다(Zisook et al., 2012).
- 사별한 사람들은 주의와 기억의 손상, 사회적 활동을 하지 않으려는 욕구, 사고위험 증가 등의 인지적 변화를 보이기도 한다.
- 사회문화적 변화도 나타나는데, 배우자와 사별한 사람이라면 가족과 지역사회 내의 위치 및 사회에서 차지하는 위상이 바뀌게 되고 재정적 어려움에 처하게 되기도 한다. 다른 가족 구성원과 친구나 이웃을 사별한 경우에도 사회적 관계망이 크게 바뀔 수 있다.

1) 대상에 따른 사별 반응

(1) 성인 자녀 사별

성인 자녀의 죽음은 무엇보다도 나이 든 부모가 젊은 자녀보다 먼저 죽는다는 규범적 기대를 깨뜨린다. 부모에게는 성인 자녀의 죽음만큼 견디기 힘들고 고통스러운 일이 없을 것이다. 성인 자녀와 사별한 부모는 우울이나 죄책감을 느끼거나 건강이 악화될 위험이 대단히 높다(Rogers et al., 2008). 부모 자신이 사망할 위험도 커진다. 스웨덴에서 수행된 한 종단연구는 18세 이하의 자녀를 둔 어머니들이 자녀를 사별했을 때 그렇지 않은 어머니들에 비해 어머니 자신도 사망할 확률이 더 높다는 것을 보여 주었다. 자녀가 18세 이상 된 경우에는 자녀 사별로 인한 어머니의 사망위험이 좀 더 낮았으나 이 어머니들도 높은 수준의 사망위험이 장장 8년간이나 지속되었다(Rostila et al., 2012). 75~94세 된 이스라엘 노인들을 대상으로 수행된 연구는 자녀 사별의 영향이 연령, 성별, 교육, 배우자 사별 등의 변수를 모두 통제한 후에도 길게는 20년까지 지속될 수 있다는 것을 보여 주었다(Cohen-Mansfield et al., 2013). 자녀 사별은 아버지보다는 어머니에게 더 크게 영향을 미치는 것으로 나타났는데 이는 스웨덴에서 수행된 연구의 결과와 일치한다.

사별과 관련한 신체적 · 심리적 증상은 대개 1년 이내에 가라앉지만, 자녀 사별의 경우에는 그러한 증상이 4~5년 지속되는 것으로 보인다(윤득형, 2017). 그러나 자녀 사별로 인해 극심한 고통을 느끼는 부모들도 결국에는 삶의 의미와 목적을 찾을 수 있는 것으로 보인다(Wheeler, 2001). 자녀를 사별한 부모들은 애도과정에서 서로에게 지지를 제공함으로써 힘든 시간을 견뎌 내기도 한다(Wijngaards-deMeij et al., 2008).

(2) 배우자 사별

노년기의 배우자 사별은 비교적 보편적인 경험이다. 그러나 오랜 기간 함께해 온 배우자의 죽음은 애착 대상의 상실을 가져올 뿐만 아니라 소득 감소와 사회관계망 축소, 새로운 역할 수행과 라이프 스타일의 변화와 같은 생활환경적인 스트레스를 가져다주므로 홀로 남겨진 노인에게 매우 부정적인 결과를 초래할 수 있다(장수지, 2015; Stroebe et al., 1996). Holmes와 Rahe(1967)에 따르면 배우자 사별은 노인에게 우울을 유발하는 가장 중요한 단일 생활사건이다. 실제로 많은 연구가 배우자를 사별한 노인들이 심각한 우울 증상을 보인다는 결과를 보고하였다(김승연, 고선규, 권정혜, 2007; 박혜옥, 육성필, 2013; 원혜진, 송신애, 2019; 최순영, 2016; Onrust & Cuijpers, 2006). 우울 수준이 높은 노인들은 자살과 같은 극단적인 생각을 하게 될 수도 있다(박혜옥, 육성필, 2013; 이혜경, 2016). 배우자를 사별한 노인들은 죽은 배우자가 곁에 있다는 느낌, 죽은 배우자에 대한 생각, 죽은 배우자를 보고 듣는 것 같은 환각 증상들을 경험하기도 한다. 배우자 사망에 따른 이런 슬픔의 감정들은 길게는 2년 반까지도 지속될 수 있다(Ott & Lueger, 2002). 어떤 여성들은 남편이 사망한 후 35년이 넘는 세월 동안 매주 남편과 '대화'를 하기까지 하였다(Carnelley et al., 2006).

배우자 사별 후에 어려움을 더 많이 겪는 쪽은 아내보다는 남편인 것으로 보인다(Stroebe, Stroebe, & Schut, 2001). 남성 노인은 사별 후 6개월 이내에 사망할 위험이 여성 노인에 비해 매우 높다. 한 연구에서는 75세를 넘은 노인이 배우자 사별 후 사망할 확률이 남편이 아내보다 12배나 더 높은 것으로 나타났다(Gallagher-Thompson et al., 1993). 사별 반응에서 이러한 성차가 나타나는 이유는 여성이 사회적 지지를 더 많이 받기 때문만은 아닌 것으로 보인다(Stroebe et al., 1999). 배우자 사별 후 남성은 재혼할 확률이 더 높지만, 여성은 새로운 친구를 사귈 확률이 더 높다(Lamme et al., 1996). 여성은 홀로 사는 생활에 적응하는 데 사회적 지지가 더 중요한 역할을 하지만, 남성은 집안일과 관련한 실질적 지지를 받는 것이 더 중요하다(Gass, 1989).

(3) 기타 사별

손자녀 죽음의 경우 조부모의 정서적 고통은 아이의 부모와 고통을 함께하면서 더욱 커진다. 손자녀가 죽었는데 자신은 살아 있다는 데 대한 죄책감으로 인해 정서적으로 황폐해질 수 있다(Fry, 1997). 조부모가 손자녀 양육에 관여했다면 고통이 더 극심할 수 있다.

자녀나 손자녀의 죽음과 비교할 때 부모의 죽음은 성인의 삶에서 훨씬 규범적인 사건이다. 그럼에도 불구하고 부모의 죽음도 심리적 스트레스로 인한 건강상태 악화를 초래할 수 있다(Umberson & Chen, 1994). 일반적으로 딸이 아들보다 아버지의 죽음에 더 부정적인 영향을 받으며, 아들은 아버지의 죽음을 더 쉽게 수용하는 경향이 있다(Moss et al., 1997).

형제와 친구의 죽음도 어느 정도는 규범적이지만 노년기 스트레스의 원천으로 작용한다. 특히 형제의 죽음은 정서적 고통을 가져올 뿐 아니라 경제적 어려움도 초래할 수 있다(Hays et al., 1997). 친구상을 당한 사람들은 슬픔을 느끼는 동시에 다른 친구나 친척들과 관계를 더 돈독히 하거나 새로운 관계를 발전시키고자 하는 의욕을 가지기도 한다(Roberto & Stanis, 1994).

가족이나 친구가 아닌 사람들의 사망도 사별 반응을 불러일으킬 수 있다. 죽어 가는 사람들을 대상으로 일하는 직업을 가진 사람들은 일상생활을 하거나 직무를 수행하기가 어려울 정도로 격심한 불안 증상을 경험할 수 있다. 예를 들어, 재난이 발생하면 그 재난을 겪은 사람들만이 아니라 재난현장의 복구담당자들도 치료 후까지도 잔존하는 외상증상으로 고통을 겪는 경우가 많다(Tucker et al., 1999). 우울장애, 범불안장애 또는 외상후 스트레스장애의 병력을 가진 사람들은 이런 상황에 특히 더 취약하다(Evans, Patt et al., 2009).

2) 애도과정: Bowlby의 애도단계 이론

Bowlby(1980)는 사랑하는 이의 죽음에 대한 반응을 일련의 단계로 기술하였다. 사랑하는 이를 사별한 사람들은 처음에는 마비 증상을 보이다가 그리움, 분노, 혼란, 절망을 차례로 거친 후 마지막으로 사별에 적응하고 정상적 삶을 되찾는 재조직화 단계에 이르게 된다는 것이다. Bowlby는 모든 사람이 이 단계 모두를 거쳐야 하며 어느 한 단계를 건너뛰거나 종전 단계로 되돌아가는 일 없이 고정된 순서로 거쳐야 한다고 주장하였다.

그러나 Bowlby의 **애도단계 이론**을 뒷받침해 주는 증거는 없다. 삶의 방식이 매우 다양한 것처럼 애도의 방식도 사람마다 다를 가능성이 높다(Feifel, 1990). Bowlby 이론에서 '단계'가 아니라 그리움, 분노, 혼란, 절망 등 각 단계의 주요 주제에 주목해야 한다는 주장도 제기되었다. 예를 들어, Bowlby가 말한 대로 사별을 경험한 첫 단계에서는 지배적인 주제가 마비이고 그다음 단계에서 그리움이 나타난다고 할 때 그리움이 마비를 완전히 대체하지는 못하는 경우도 있을 수 있다. 심지어 그리움이 그 이후의 단계에서 다시 나타날 수도 있다. 결국 Bowlby의 애도단계는 많은 사람이 애도 중에 이러한 경험을 할 수 있다는 것을 보여 주는 것일 뿐, 이 단계들이 애도과정의 전부인 것이 아니며 Bowlby가 말한 순서대로 진행되는 것도 아니라고 볼 수 있다.

그러나 Bowlby 이론은 오랜 시간 동안 심리학자, 상담자, 건강관리 전문가들이 사별 후의 슬픔과 적응을 이해하고 개입하는 근거로 사용되었다. 애도단계를 순서대로 거치지 않는다는 것은 애도가 정상적으로 건강하게 이루어지지 못했고 억압이나 부인 같은 병리가 존재한다는 것을 보여 주는 신호라고 받아들이는 것이다(Rando, 1993). 따라서 이런 사례들에는 숨겨진 채 해결되지 못한 슬픔을 끄집어내어 다룰 수 있도록 돕는 임상적 개입이 추천되었다(Jacobs, 1993).

그러나 이후의 연구 결과들을 보면 사별 후 Bowlby의 단계들을 순서대로 따르지 않는 사람들이 상당히 많다는 것을 알 수 있다. 한 연구는 최근에 배우자를 사별한 사람들 가운데 거의 절반가량이 사별 후 경미한 수준의 우울 증상도 보이지 않는다는 것을 발견하였다(Zisook et al., 1997). 유족들은 최근의 사별을 이야기하면서 미소나 웃음과 같은 긍정적 정서를 보이기도 하였다(Bonanno & Kaltman, 1999). 이와 유사한 다른 연구들도 사별한 사람들이 Bowlby 이론의 예측 가능한 단계에 따라 전적으로 부정적인 생각과 감정만을 내보이는 것은 아니라는 것을 보여 주었다. 그렇다고 이들이 부적응적이거나 임상적 도움이 필요한 상태에 있는 것도 아니었다. 오히려 가장 긍정적인 생각과 감정을 보인 사람들이 1년 후 적응을 가장 잘하는 것으로 나타났다.

배우자 사별 후 Bowlby의 단계들을 따르지 않는 사례들에서는 죽은 이가 정말로 '사랑받지는 못했던' 것으로 설명할 수 있다는 주장이 제기되었다(Fraley & Shaver, 1999). 배우자 사별 후 강한 슬픔과 같은 부정적 반응을 보이지 않는 사람들은 사망한 배우자와 진정으로 친밀하고 애정 어린 관계가 아니었을 가능성이 있다는 것이다.

Bonanno와 동료들은 이 가능성을 알아보기 위하여 사별 이전부터 사별 이후 18개월까지의 기간 동안 종단연구를 실시하였다(Bonanno, Wortman, Lehman et al., 2002). 결혼한 부부 1,500명을 대상으로 관계, 애착양식, 대처기제, 적응에 대해 수년 간 인터뷰를 통해 자료를 수집하였다. 연구 기간 동안 205명의 참여자가 배우자를 사별하였다. 연구자들은 인터뷰 결과를 바탕으로 사별 후 애도유형을 다섯 가지로 구분했는데 그중에서 가장 많이 발견되는 유형은 적응유연성이었고(46%), 그다음이 만성적 슬픔(16%)과 평상적 슬픔(11%)이었으며, 우울의 호전(10%)과 만성적 우울(8%)이 그 뒤를 이었다.

[그림 13-4]를 보면 전체 참여자의 절반가량에 해당하는 적응유연성 집단은 사별 전후에 우울점수가 일관성 있게 낮다는 것을 알 수 있다. 연구자들은 사별 이전의 자료를 이용하여 사별 전 결혼의 질을 평가할 수 있었는데, 배우자 사별 전에 우울 수준이 높다가 사별 후 호전을 보인 집단만이 결혼의 질이 매우 낮았다. 즉, 사별 후 우울과 슬픔 등의 부정적 감정을 표출하지 않는 것이 사별 이전의 관계가 좋지 않았기 때문인 경우는 10%에 불과하였다.

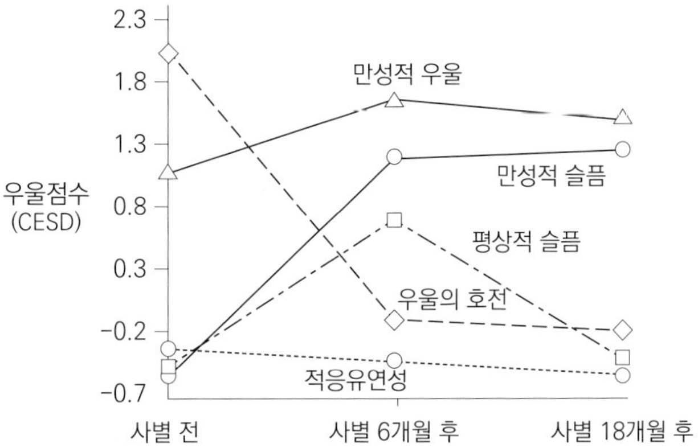

[그림 13-4] 배우자 사별 이전부터 18개월 후까지 애도유형별 우울의 변화 양상

출처: Bonanno, Wortman, Lehman et al. (2002).

Bonanno와 동료들은 후속 연구에서도 적응유연성 집단의 비율이 비슷한 수준으로 나타난다는 것을 발견하였고, 사별에 대한 반응과 사별 전 관계의 질 사이에도 관계가 없다는 결과를 얻었다. 한 걸음 더 나아가 배우자와 원만한 관계를 유지했던 노인들보다는 그렇지 못했던 노인들이 오히려 사별 후 분노, 우울, 극심한 심리적 고통과 불안을 경험하는 등 적응에 더 어려움이 많다는 것을 발견한 연구도 있다(Carr, 2003). 우리나라 노인들을 대상으로 한 연구도 사별 전 배우자와 관계가 좋지 않았던 노인들이 사별 후 회한과 후회, 분노 등의 부정적 정서를 더 많이 경험한다는 결과를 보고하였다(장수지, 2013).

지금까지의 연구 결과로 볼 때 Bowlby가 제안한 것과 같은 단계 이론은 대다수 유족이 공통적으로 경험하는 애도의 순서를 기술하고 있다고 보기 어렵다. 애도는 매우 사적인 것이며 겉으로 드러나는 애도의 방식은 사람에 따라 천차만별일 수 있다. 사람들은 대부분이 슬픔에 압도되지 않고 평상시에 하던 역할을 해 나갈 수 있다. 사별 후 부정적 감정도 경험하지만, 고인과의 행복했던 기억을 떠올리고 도움을 준 사람들에게 감사하는 마음을 느끼며 재미있는 농담을 하기도 하는 등 긍정적 감정을 느끼는 순간들도 있다. 사랑하는 이의 죽음이 고통스러운 것은 분명한 사실이지만 사람들 대부분에게 죽음은 삶의 일부이고 삶은 계속된다.

3) 사별에 대한 대처와 적응

정신역동이론은 사별한 사람이 슬픔을 정상적으로 해소하고 그로부터 벗어나기 위해서는 사랑하는 사람과의 정서적 유대를 깨뜨려야 한다고 가정한다(Bowlby, 1980). 사별한 사람은 애도하는 기간을 가져야 하지만 그 후에는 새로운 관계와 애착대상을 찾음으로써 사랑하는 이의 죽음을 '극복해 내야 한다'는 것이다.

그러나 좀 더 근래에는 죽은 이에 대한 유대감을 지속하는 것이 사별 후의 적응에 도움이 될 수 있다는 **사별에 대한 애착 관점**이 대두하였다. 이 관점은 19세기 낭만주의자들도 강력히 옹호했던 것으로, 일본이나 이집트 무슬림 문화와 같은 비서구 문화권에서 널리 받아들여지고 있다. 죽은 이에 대한 생각과 기억을 유지하고 죽은 이의 물건들을 다 없애버리지 않고 일부를 상징적 의미로 지니고 있는 것이 적응에 도움이 될 수 있다는 것이다(Field, Gal-Oz, & Bonanno, 2003). 말하자면 죽은 이가 사별한 사람이 갖는 정체성의 일부가 되는 것으로 볼 수 있다(Whitbourne & Whitbourne, 2014).

Bjorklund(2015)는 사별 후 죽은 이에 대한 정서적 애착을 포기하지 않고 지속해 나가는 것이 사랑하는 사람을 잃은 슬픔을 이겨 내는 과정을 덜 고통스러운 것으로 만들 수 있다고 주장하였다. 나이 든 사람들이 젊은 사람들이 불안해하고 애써 부인하는 죽음공포를 이겨 내는 놀라운 능력을 발휘할 수 있는 것도 죽은 이에 대한 애착을 지속하기 때문이라고 보았다. Bjorklund에 따르면, 장수하는 사람들이 생애 말기에 거듭해서 겪게 되는 사별경험을 이겨 낼 수 있는 것은 떠나간 사람들에 대한 기억을 가슴에 품어 안고 앞으로 나아가는 능력을 가지고 있기 때문이다. 이들은 여러 번의 사별을 겪으며 받는 고통을 자신의 삶에 통합하는 방법을 찾아낸 것이고 그리하여 사별 이후의 삶을 다시금 긍정적인 방향으로 이끌어 갈 수 있다는 것이다.

전통적으로 사별에 대한 대처를 다루는 이론들은 사별 후의 정서적 상실에 초점을 맞추었다. 이와는 달리 **사별대처의 이중과정 모델**은 사별에 대처하는 과정이 상실과 회복의 두 차원에서 진행되어야 한다고 본다. 상실중심 대처는 사랑하는 이의 사망이 초래하는 정서적 고통에 대처하는 것이고, 회복중심 대처는 사별로 인한 경제상태 악화나 사회적 지위 및 관계의 변화 등 일상생활에서 발생하는 이차적 스트레스에 대처하는 것이다(장수지, 2015; Stroebe & Schut, 1999). 이중과정 모델은 사별 후의 회복중심 대처가 상실중심 대처 못지않게 적응에 중요하며, 어느 한쪽을 배제하거나 간과하고 다른 한쪽에만 초점을 둔다면 죽은 사람이 부재하는 삶에 적응하기가 훨씬 더 힘들고 시간도 더 오래 걸릴 것이라고 가정한다(Stroebe, Schut, & Boerner, 2010). 상실과 회복의 두 차원을 모두 다루어야만 사별에 효과적으로 대처할 수 있게 된다는 것이다. 때로는 정서적 상실에 직면하는 것이 필요하기도 하지만, 사별이 초래한 정서에만 몰두하기보다는 실제적 결과를 관리하는 것이 더 유리할 때도 있다고 주장한다(Stroebe, Schut, & Stroebe, 2005).

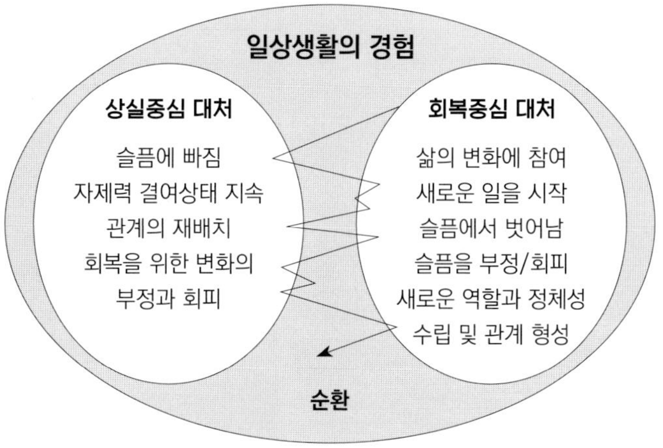

[그림 13-5] 사별대처의 이중과정 모델

출처: Stroebe & Schut (1999) 재구성.

여러 요인이 배우자를 사별한 노인들의 적응에 영향을 미치는 것으로 밝혀지고 있다. 예를 들어, 부부친밀감은 사별한 노인이 우울에 빠지거나 자살생각을 하지 않게 해 주는 보호요인으로 작용한다(박혜옥, 육성필, 2013). 사별한 노인들은 또 대처자원이 많을수록 그리고 배우자가 임종 과정에서 준비되고 죽음을 수용하며 충분한 돌봄을 받고 좋은 부부관계를 유지하는 등 좋은 죽음을 맞이했을 때 사별 후 적응을 더 잘하는 것으로 나타난다(손의성, 홍세희, 2007).

특히 사회적 지지는 많은 연구에서 배우자 사별로 인한 스트레스를 완화해 주는 보호요인으로서 중요성이 크게 강조되고 있다. 가족, 이웃, 친구와 같은 친밀한 사회적 관계망은 사별한 사람이 새로운 삶을 전개해 나가는 데 중추적인 역할을 담당하며(장수지, 2013), 처리해야 하는 다양한 일들에 개입하고 위로해 주는 등 정서적 · 물질적 · 도구적 · 정보적 차원의 사회적 지지를 제공해 준다(전길양, 김정옥, 2000). 이러한 사회적 지지는 사별 후 적응에 직접적으로 긍정적 영향을 미칠 뿐 아니라(Donnelly & Hinterlong, 2010; Utz et al., 2002), 애도과정에서 정서적 충격을 완화해 주는 기능을 한다(윤명숙, 박은아, 2013; 이혜경, 권주현, 2015). 최근 여러 연구는 사회적 지지가 조절변수(김승연 외, 2007; 장수지, 2019; 최순영, 2016) 또는 매개변수(김신열, 김순규, 서효정, 2011)로서 사별이 우울에 미치는 부정적 영향을 완화해 주는 효과가 있다는 결과들을 보고하고 있다.

사별 후 적응을 잘할 수 있도록 돕는 방법은 '상황에 따라 다르다'(Bjorklund, 2015). 많이 힘들어하고 우울해하는 사람에게는 지지집단에 참여하거나 상담을 받아보도록 권할 수 있다. 그러나 원래의 삶으로 돌아가도록 밀어붙이거나 재촉해서는 안 된다. 사별 후 크게 비통해하지 않으며 잘 적응하고 있는 것으로 보인다면 그것이 정상적이고 건강한 반응이라고 생각한다. '속 시원하게 털어놓고 다 이야기'해야 한다거나 '애도의 시간을 가져야' 한다는 등의 조언을 해서는 안 된다. 사별 후 얼마 되지 않았는데 데이트를 한다고 해서 결혼에 문제가 있었던 것이라고 생각하지 않는다. 사별한 사람에게 도움이 되는 최상의 방법은 무엇이 정상이라거나 어떻게 행동해야만 된다고 조언하는 것이 아니라 그 사람이 보내는 신호에 면밀하게 주의를 기울이고 그에 따라 적절히 반응하는 것이다.

사별한 사람을 대하는 자세

- 사별로 인해 슬픔에 젖어 있는 사람에게 어떻게 생각해야 하고 어떻게 행동해야 한다고 조언하지 말고 죄책감, 분노, 불안감 등 그 사람이 표현하는 감정을 경청한다.
- 애도과정은 길어질 수 있고 그 과정에서 심한 감정 기복이 있을 수 있음을 이해한다.
- 사별한 사람에게 계속 이런저런 말("지금 당신 감정이 어떤지 알아요." "먼저 가신 분은 더 행복할 겁니다." "당신보다 하느님이 그를 더 사랑했습니다." " 몇 달 지나면 괜찮아질 거예요." 등)을 하지 않도록 한다.
- 자신의 경험을 말하는 것을 삼간다.
- 사별한 사람이 말하는 내용뿐만 아니라 말하지 않는 것까지도 경청한다.
- 죽은 사람에 대한 아름다운 기억을 나누도록 격려한다.
- 때로는 옆에 그냥 있어 주는 것이 가장 도움이 되기도 한다.
- 시간이 약이 되지 않는다. 애도 문제는 계속 대처해 나감으로써 해결할 수 있다.
- 사별의 슬픔을 완전히 극복하지는 못하더라도 슬픔을 안고 살아가는 법을 배우도록 한다.
- 울거나 슬퍼하지 말라고 하지 말고 마음껏 울 수 있도록 시간과 장소를 마련해 준다.
- 애도할 시간을 가질 수 있도록 실질적인 도움(식사준비, 아이돌보기, 집안청소 등)을 주고, 명상, 심호흡, 자기관리, 운동을 하도록 격려한다.

출처: Hooyman & Kiyak (2008).

5. 결어

노년기의 상실과 사별은 우리를 무력화시키는 경험이기도 하지만, 그에 따른 슬픔과 고통을 적극적으로 수용하고 대처한다면 인생의 모든 위기가 그러하듯이 개인적 성장(personal growth)의 기회가 될 수도 있다. 사별 이후 삶을 더 긍정적으로 이끌어 갈 수 있는 것이다. 이와 관련하여 배우자를 사별한 노인들에게서 이전에 발견하지 못했던 스트레스 대처능력이나 자기신뢰감, 사별 이후 새로운 삶의 경험을 추구하는 경향성과 새로운 내적 자원 등이 발견된다는 결과들이 보고된 바 있다(Lieberman, 1996; Silverman, 1987).

죽음은 인간의 성장과 발달에서 삶만큼 중요하다. "죽음은 삶의 온전한 의미를 질문하게 만드는 사건"이다(Steindl-Rast, 1977, p. 22). 죽음은 삶을 정의하고 삶에 의미를 부여해준다. 하루하루가 삶의 기쁨을 음미하고 자신을 표현할 수 있는 최후의 순간이 될지도 모른다고 생각하면서 산다면, 더 나은 삶을 살아갈 수 있을 것이다. 나의 오늘은 어제 죽은 사람이 그토록 갖기를 바랐던 하루이다. 오늘의 삶을 축하하고 감사하면서 하루하루를 축제처럼 즐겁게 살아가자!

제14장

성공적 노화

1. 성공적 노화이론
2. 인지기능의 성공적 노화
3. 성공적 노화와 주관적 안녕
4. 노년기의 창의성과 생산성
5. 결어

제14장

성공적 노화

중국 진나라의 시황제는 불로장수를 꿈꾸면서 그 비책을 알아내는 것을 필생의 업으로 삼았다. 그러나 100세 시대가 성큼 눈앞에 다가온 요즘에는 불로장수보다는 '성공적 노화' 즉 나이가 들어서도 건강하고 행복하게 살아갈 수 있기를 희망하는 사람들이 대부분일 것이다. 성공적 노화(successful aging)보다는 최적 노화(optimal aging), 건강한 노화(healthy aging), 활동적 노화(active aging) 등의 용어를 사용하는 학자들도 있다.

성공적 노화는 나이 들기까지 생존하는 데 그치는 것이 아니라 나이가 들어서도 자신의 역량을 최대한 발휘하면서 행복한 삶을 성취하는 것을 가리킨다. 이 장에서는 성공적 노화를 다루는 여러 이론을 고찰하고, 성공적으로 노화하는 삶과 관련이 있는 요인들을 살펴보기로 한다. 또한 창의성의 노화 양상과 노년기에 생산되는 창의적 작품의 특징에 대해서도 알아보기로 한다.

1. 성공적 노화이론

성공적 노화에 관한 연구는 나이 든 사람들의 생존능력에 영향을 미치는 요인들을 파악하고 이해하고자 시도한다. 노년기까지 살아남기 위해서는 사고, 질병, 폭력행위로 인한 사망위험 등 수많은 난관을 극복해야 한다. 이런 어려움을 극복하고 노년에 이르기까지 건강하게 행복한 삶을 누리고 있는 사람이라면 그렇지 못한 사람들과는 구분되는 특별한 자질을 지니고 있다고 보아야 할 것이다. 100세(Motta et al., 2005)나 110세(Schoenhofen et al., 2006)라는 고령까지 생존한 노인들이 일상생활을 하는 데 별다른 어려움이 없을 정도의 인지기능과 신체기능을 유지하고 있다는 결과도 그러한 생각에 더욱 힘을 실어 준다.

성공적 노화 연구가 생존의 문제만 다루는 것은 아니다. 성공적 노화를 했다고 볼 수 있는 노인들은 신체적 한계를 뛰어넘는 건강한 정신을 지니고 있으며 즐거운 삶을 영위한다는 특징도 지니고 있다. 성공적 노화를 가늠하는 기준에는 삶에 대한 긍정적 전망, 깊이 있는 자기 이해 및 성찰 등 최적의 적응을 하기 위해서는 반드시 지녀야 한다고 생각되는 여러 자질이 포함된다. 그런 점에서 성공적 노화는 정신건강과 동의어라 할 수도 있다. 에너지가 소실되고 감소하는 시기인 노년에 비로소 이런 자질들을 갖게 된다는 사실은 이런 유형의 정신건강이 특별한 범주에 속하는 적응 현상임을 보여 주는 것으로 생각된다.

성공적 노화란 과연 어떤 것인가? 이론가들은 성공적 노화를 어떻게 설명하고 있는가? 1960년대 초반에 유리이론과 활동이론이 제안되었고, 이후 이 두 이론을 접목한 연속이론이 제안되었다. 1990년대 들어서는 유리이론과 활동이론을 각각 현대적 관점에서 재해석하고 확장·발전시킨 선택적 최적화와 보상 모델 그리고 Rowe와 Kahn의 성공적 노화 모델이 등장하였다(김원경, 2017). 좀 더 최근에는 세계보건기구(WHO)가 Rowe와 Kahn 모델의 문제점을 보완하여 활동적 노화(active aging) 모델을 내놓았다.

생각상자 14-1.

성공적 노화의 모범적 사례로 볼 수 있을 만한 사람들을 알고 있는가? 그들은 어떤 특징을 가지고 있는가?

1) 유리이론, 활동이론, 연속이론

유리이론(disengagement theory)은 미국의 국립정신건강연구소(National Institute of Mental Health)의 지원을 받아 캔자스 시에 거주하는 신체적으로 건강하고 경제적 자립능력이 있는 50세 이상 성인들을 대상으로 수행된 연구의 결과에 토대를 두고 있다(Cumming & Henry, 1961). 이 이론의 핵심은 성인들이 나이가 들어가면서 점차 사회로부터 이탈하고 활동 수준도 줄여 나가는 과정이 성공적 노화라는 것이다. 나이가 들면 젊은 시절에 비해 신체 및 정신 기능이 약해지기 때문에 점점 사회와 분리되면서 자신의 여생에 집중해야 하며 이러한 분리 과정을 자연스럽게 수용하는 것이 생애 마지막 단계의 발달과업인 자아통합을 훨씬 효과적으로 이룰 수 있게 해 준다고 본다(Schroots, 1996).

유리이론에 따르면, 노년기의 신체 및 정신 기능 약화는 사회활동 수준이나 능동적 역할수행능력의 감퇴를 초래하지만, 그와 동시에 자신의 내면세계에 더 집중하고 통찰을 할 수 있게 해 주는 긍정적 기능을 지닌다(Featherstone & Hepworth, 1995). 이 이론은 노인들이 정상 노화 과정에서 사회로부터 자발적으로 이탈함으로써 자기몰입이 가능해지며 궁극적으로는 성공적 노화를 이룰 수 있다고 본다. 그러나 정년퇴직과 같은 사회적 사건은 당사자의 의지와 무관하게 비자발적으로 이루어지는 과정이므로 노년기의 사회적 분리가 자연스럽거나 자발적인 현상이 아니라는 주장도 제기되고 있다(Achenbaum & Bengtson, 1994). 유리이론은 또 후속 연구의 지지도 많이 받지 못하고 있어 성공적 노화를 설명하는 이론으로 한계가 있다.

유리이론과는 대조적으로 **활동이론**(activity theory)은 나이가 들어도 사회로부터 분리되는 것이 아니라 현재 상황에 잘 적응하면서 활동을 유지해야 성공적 노화를 이룰 수 있다고 본다(Havighurst, 1961). 다시 말해, 노인들이 신체기능의 약화라는 현실을 수동적으로 받아들이고 사회적으로 분리되기보다는 사회활동에 적극적으로 참여하고 사회활동 수준을 적절하게 유지하는 것이 긍정적 자아개념을 유지하고 적응력을 높이는 데 도움이 된다는 것이다(김동배 외, 2012; 이영길, 2013). 그러나 노년기의 신체기능 약화는 그 누구도 비켜 갈 수 없는 불가피한 현상으로서 노인 대다수는 젊은 시절에 버금갈 정도의 활동 수준을 유지하기가 어렵다는 점이 한계로 지적되고 있다. 또 성공적 노화는 활동 수준만이 아니라 사회경제적 지위, 성격특성, 생활양식 등 다양한 요인에 달려 있는 것이라는 주장도 있다(이옥진, 박현식, 2017; Martin et al., 2015). 따라서 활동이론이 성공적 노화를 효율적으로 설명해 줄 수 있는지에 대해 의문이 제기되고 있다(정옥분, 2008).

연속이론(continuity theory)은 유리이론과 활동이론의 서로 다른 관점을 합리적으로 접목하여 성공적 노화를 설명하는 대안적 이론이다. 연속이론은 나이가 들어서도 일관성과 연속성을 유지하면서 젊었을 때와 동일하게 생활하는 것이 성공적 노화라고 본다(Neugarten, Havighurst, & Tobin, 1968). 즉, 노년기에는 신체적 · 정신적 · 사회적 제약을 겪으면서 지금까지 맡고 있던 역할들을 내려놓고 사회로부터 이탈하여 내적 성찰에 몰입하거나(유리이론) 예전처럼 활동을 지속하면서 생산성과 경제적 효용성을 지켜나가기(활동이론)보다는 자신의 성격특성에 맞게 지금까지 생활해 오던 방식을 노년기에도 그대로 유지하는 것이 중요함을 강조한다. 즉, 원래 활동적인 성향을 지닌 사람은 노년기에도 사회적 활동을 유지하는 것이 적응적이고, 조용하고 내성적인 성격특성을 지닌 노인들은 노년기의 기능 쇠퇴와 자원 제한을 받아들여 사회적 분리의 삶을 택하는 것이 적응적이라는 것이다.

생각상자 14-2.

노년기에 건강과 행복을 누리도록 하기 위해서는 사회적 통합을 촉진해야 할까 아니면 내적 성찰을 통해 자기를 개발하도록 권장하고 격려해야 할까?

흔히 노인들이 온갖 종류의 사회참여 활동을 통해 사회통합을 이루고 '생산적 노화'를 지향하는 것이 노년기에 행복을 누릴 수 있는 바람직한 방향인 것으로 여겨진다. 그러나 노년기의 역할 상실을 자기개발의 기회로 보는 관점에서는 참여와 통합만이 능사가 아닐 수 있다.

Simone de Beauvoir는 조용히 침묵하면서 사회적 활동으로부터 유리되는 것이 이상적인 노년의 모습이라고 보는 전통적 관점을 거부하고, 새로운 목표를 달성하기 위해 활동적 삶을 지속하는 것이 노년기 삶에 의미를 부여한다는 관점을 제시하였다. 이와 비슷하게 Rowe와 Kahn은 노화에 따른 예비역량의 감소에 적응함으로써 삶의 의미를 보전하는 '성공적 노화' 전략을 제안하였다. Rowe와 Kahn은 사회적 활동에 계속 참여할 수 있도록 역량을 최적화하는 것이 노년의 '성공'이라고 보았다.

하지만 Erikson과 Jung은 이와는 결을 달리하는 견해들을 내놓았다. Erikson에 따르면 삶의 각 단계에는 고유의 목적과 성취해야 할 과업이 있는데 노년은 전체 삶의 마지막을 장식하는 단계라는 점에서 다른 단계와는 차이가 있다. 노년기에 접어든 사람들은 다른 단계에서와는 달리 미래세대의 복지에 관심을 가짐으로써 삶의 의미를 찾는다는 것이다. Jung은 노년기가 내면을 들여다보고 깊은 성찰을 하는 시기라고 생각했으며, 외부활동을 전혀 하지 않는 경우에도 삶의 마지막 단계에서 심오한 의미를 찾아낼 수 있다고 보았다.

노년기에 사회적 통합과 자기개발 중 어느 쪽을 추구하는 것이 더 바람직한가 하는 것은 여전히 논란의 여지가 있는 쟁점이다. Moody(2006)는 이 두 방식을 절충하는 방안으로 사회적 관계와 소속을 기반으로 하는 개인적 개발을 제안하였다. 자기표현을 권장할 목적으로 설계된 아트 프로그램이나 개인의 기도와 명상을 허용하는 종교 피정을 그러한 방안의 예로 들 수 있다.

2) 선택적 최적화와 보상 모델

Baltes와 동료들이 제안한 **선택적 최적화와 보상(SOC) 모델**은 제2장에서도 다룬 바 있는데, 유리이론을 현대적 관점에서 재해석했다고 볼 수 있다(Baltes & Baltes, 1990; Baltes & Dickson, 2001). 이 모델은 고령으로 인해 기능이 저하되면 삶의 영역을 선택적으로 축소하는 것이 자연스러운 현상이며, 이렇게 선택한 영역들에서 수행이 최적화되도록 다양한 보상기제를 활용함으로써 효율적으로 적응하는 것이 성공적 노화의 과정이라고 주장한다.

SOC 모델은 유리이론과 달리 노인의 사회적 분리는 개인의 선택에 의해 자발적으로 이루어지는 과정이라고 해석하였다. 또 노년기의 적응은 선택된 영역이 최적의 수행으로 이어지도록 보상기제를 활용하는 매우 적극적이고 능동적인 과정이라고 보았다

(Duay & Bryan, 2006; Haase, Heckhausen, & Wrosch, 2013).

노년기에는 여러 형태의 상실이 발생하는데 개인에 따라 관심사나 가치관, 경험의 유형, 건강상태, 지식이나 기술, 자원상태가 각기 다르기 때문에 개인마다 독특한 선택, 최적화와 보상을 하게 될 것이다(Duay & Bryan, 2006; Ouwehand et al., 2007). SOC 모델은 노년기만이 아니라 인생의 어느 단계에서든지 상실이 발생하는 경우 이에 슬기롭게 대처하고 극복하는 데 적용할 수 있다.

3) Rowe와 Kahn의 성공적 노화 모델

Rowe와 Kahn의 성공적 노화 모델은 미국 맥아더재단의 종단연구 결과에 토대를 두고 있는데, 활동이론을 현대적 관점에서 확장한 것이라고 볼 수 있다. Rowe와 Kahn(1997)은 노년기에 최적의 상태를 누릴 수 있으려면 다음의 세 가지 요소가 갖춰져야 한다고 제안하였다. 첫 번째 요소는 질병 및 그 질병으로 인한 장애가 없는 상태를 유지하는 것이다. 이는 질병이 없을 뿐 아니라 질병과 장애를 초래하는 위험요인도 없는 상태를 가리킨다. 두 번째 요소는 나이가 들어서도 인지기능과 신체기능을 높은 수준으로 유지하는 것이다. 노년기에도 유능하고 활동적인 생활을 할 수 있는 잠재력을 지니고 있어야 성공적 노화로 볼 수 있다는 것이다. 세 번째 요소는 사회적 참여와 생산적 활동을 적극적으로 지속하는 것이다.

Rowe와 Kahn의 모델에 따르면, 질병이나 장애를 예방하지 못하거나 인지기능이나 신체기능이 약화되면 성공적 노화와 거리가 멀어지게 되며, 질병이나 장애가 없고 인지 및 신체 기능을 잘 유지하고 있다 할지라도 사회적 활동이나 생산적 활동을 하지 못한다면 성공적 노화라 할 수 없다. 이 모델은 신체건강이 인지기능을 유지하게 해 주고 인지기능이 유지되어야 사회적 및 생산적 활동을 지속할 수 있게 해 준다고 보는 점에서 위계적이다(Aldwin, Spiro, & Park, 2006).

Rowe와 Kahn의 모델은 성공적 노화의 정의와 관련하여 다음과 같은 몇 가지 논란을 불러일으켰다. 첫째, Rowe와 Kahn의 정의에 포함되어 있는 질병 부재 기준이 성공적 노화의 범위를 지나치게 축소하고 있다는 비판이 제기되었다(Jeste, Savia, Thompson et al., 2012; McLaughlin, Jette, & Connell, 2012). 미국 성인들을 대상으로 수행된 종단연구인 「건강과 은퇴 연구」(Health & Retirement Study: HRS)를 보면, 1998년에서 2004년까지 6년간 이루어진 4회의 측정에서 Rowe와 Kahn의 성공적 노화 기준을 모두 충족한 사람은 최대

12%를 넘지 못했다(McLaughlin et al., 2010). 그러나 질병 부재를 제외한 나머지 기준을 충족한 사람은 절반가량이나 되었고, (질병으로 인한) 장애가 없다는 기준에 해당하는 사람은 연구종료 시점에 이르러서도 80%에 달했다. 사실 이 연구의 초기에 질병이 없다고 보고한 사람은 43%뿐이었고, 연구가 끝나는 시점에는 이 비율이 37%로 감소하였다.

우리나라 고령화 연구 패널 1~6차에 참여한 65세 이상 노인 2,682명의 자료를 분석한 김소진(2019)의 연구에서도 이와 유사한 결과가 보고되었다. 김소진은 연구에 참여한 노인들을 만성질환, 신체기능, 인지기능, 우울 증상, 사회활동 참여 등 5개 지표에 따라 5개 집단(성공적 노화, 일반노화, 경도인지장애, 건강기능저하, 병적 노화)으로 구분하였다. 이 연구에서 질병 부재 기준을 포함하여 Rowe와 Kahn의 성공적 노화 기준을 모두 충족한 노인(성공적 노화 집단)은 연구에 참여한 전체 노인의 17.8%에 불과했으나, 여기에 만성질환을 한두 개 가지고 있기는 하지만 다른 기준들은 모두 충족한 노인(일반노화 집단)들을 합하면 그 비율이 51.7%까지 상승하였다([그림 14-1]).

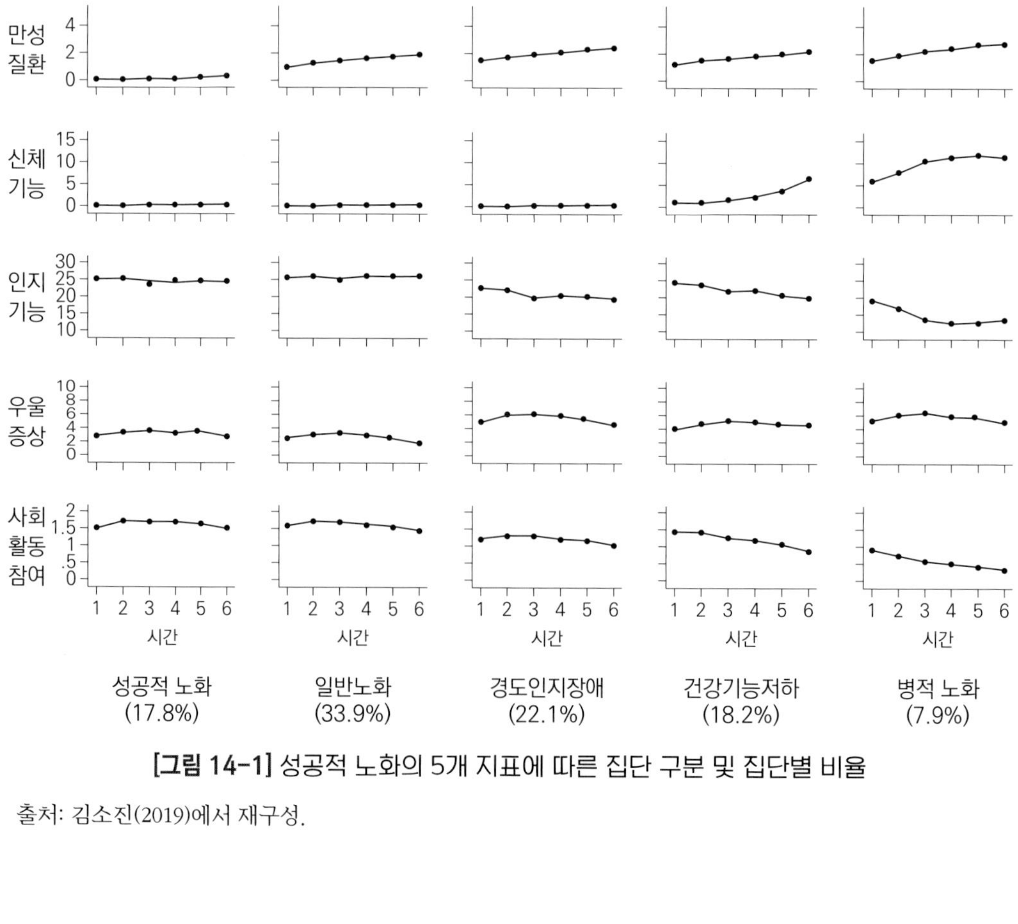

[그림 14-1] 성공적 노화의 5개 지표에 따른 집단 구분 및 집단별 비율

출처: 김소진(2019)에서 재구성.

둘째, Rowe와 Kahn의 정의가 신체건강과 인지기능에 지나치게 초점을 맞추면서 영성이나 주관적 안녕감 같은 심리적 특질들을 간과하고 있다는 점이 지적되었다(유형준, 2016; Cosco et al., 2014; Depp & Jeste, 2006; McLaughlin et al., 2012). 성공적 노화를 이루는 사람들은 영성이 뛰어날 뿐 아니라 행복감, 지적 호기심, 감사하는 마음, 공동체 의식 등을 지니고 있으며(Snowdon, 2001), 노년기에 영성 수준을 높게 유지하면 정서적으로 안정되고 삶이 풍요로워짐으로써 성공적 노화가 촉진된다는 연구 결과들이 보고되었다(Crowther, Parker, Achenbaum, Larimore, & Koenig, 2002).

Vahia와 동료들(2012)은 1994년에서 2005년까지 7년간 수행된 WHI(women's health initiative) 연구에 참여한 여성 2천 명가량을 대상으로 성공적 노화와 관련이 있다고 생각되는 다양한 자질들을 측정하였다. 연구의 결과는 자신의 성공적 노화 정도를 스스로 높게 평가한 여성들일수록 탄력성, 자기효능감, 낙관주의 같은 심리적 보호 요인의 점수가 더 높고 긍정적 정서 기능이 더 우수하며(CES-D 점수가 낮고 스스로 평가한 정서 증상이 더 적음) 신체 증상도 더 적다는 것을 보여 주었다. 신체 증상은 탄력성이나 정서적 요인보다는 성공적 노화와 관련성이 적었다. 인지기능 점수는 연구에 참여한 여성들이 스스로 평가한 성공적 노화 수준을 예측하지 않았다.

이러한 결과는 성공적 노화에 대한 Rowe와 Kahn의 정의가 지나치게 협소하다는 주장에 힘을 실어 줄 뿐 아니라, 탄력성과 낙관주의 같은 심리적 요인이 객관적 요인들보다 노인들의 노화 의식에 더 크게 영향을 미치는 중요한 요인이라는 주장을 뒷받침해 준다. 노인들은 이런 강점들을 바탕으로 장차 일어날 가능성이 있다고 생각되는 스트레스 사건들에 대비하는 등 자신들이 원하는 목표를 달성할 수 있게 해 주는 대처방법을 다양하게 활용하는 것으로 보인다. 성공적 노화를 하는 노인들은 이러한 예방적(proactive) 노화를 통해 자신의 행복을 위협할 우려가 있는 사건의 발생을 앞서 예상하고 그러한 사건이 발생하게 될 때 영향력을 최소화하기 위한 정신적 준비에 착수한다. 이같이 사전에 충분히 대비하는 경우에는 그러한 사건이 실제로 발생했을 때 그리 많은 대처자원이 필요하지 않을 것이다(Ouwehand et al., 2007).

성공적 노화에 대한 Rowe와 Kahn의 정의에 대한 세 번째 비판은 이 정의가 문화적 규범의 형태를 띠는 사회적 맥락 또는 교육 및 직업 기회의 제약을 염두에 두지 않는다는 데 주목한다. HRS에서 성공적 노화를 이룬 노인의 비율이 백인과 대학 졸업 이상의 고학력자에게서 더 높게 나타났다는 결과도 이러한 생각을 뒷받침해 준다(McLaughlin et al., 2010). 유럽 13개 국가에서 평균 63세 이상 된 남녀 2만여 명을 대상으로 수행된 종단연구「건강, 노화 및 은퇴 연구(Survey of Health, Aging and Retirement in Europe: SHARE)」를 보면, 부모의 사회계층이나 소득 수준 같은 아동 초기의 조건이 성공적 노화에 영향을 미치는 중요한 요인임을 알 수 있다(Brandt, Deindl, & Hank, 2012). 아동기에 환경으로부터 받는 스트레스가 중년기의 정신건강에 영향을 미치고 이는 다시 성공적 노화로 연결된다는 결과도 보고된 바 있다(Vaillant, 2002). 따라서 성공적 노화는 아동기의 긍정적·부정적 조건들을 포함하는 수많은 요인이 평생에 걸쳐 영향력을 발휘하면서 진행되는 과정이라고 볼 수 있다(Whitbourne & Whitbourne, 2014).

4) 활동적 노화 모델

WHO에서 제안한 **활동적 노화**(active aging) 모델은 사람들이 나이가 들어가면서 건강, 참여 및 안전을 최적화함으로써 삶의 질을 높여 나가는 과정을 폭넓게 다룬다(World Health Organization, 2002). 이 모델은 성공적 노화에서 물리적 환경만이 아니라 사회적·경제적 요인들 및 건강관리에 영향을 미치는 요인들이 중요한 역할을 한다고 강조한다는 점에서 Bronfenbrenner와 Ceci(1994)의 생태체계 관점과 매우 유사하다([그림 14-2]). Rowe와 Kahn의 모델은 사회적 요소를 포함하고 있기는 하지만 질병과 장애의 부재라는 신체건강 기준을 강제한다는 점에서 생물의학적(biomedical) 모델로 볼 수 있는 반면에, 활동적 노화 모델은 생물-심리-사회적(bio-psycho-social) 요소를 고루 갖춘 다차원적인 모델이다(Bosch-Farre et al., 2018).

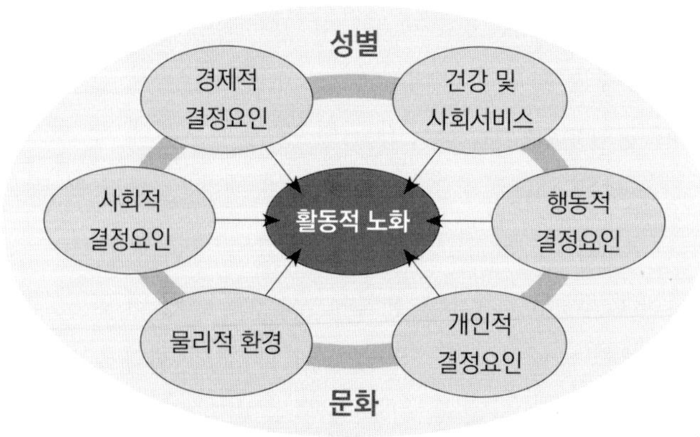

[그림 14-2] 활동적 노화 모델

출처: World Health Organization (2002).

활동적 노화 모델은 Rowe와 Kahn의 모델과 달리, 성공적 노화의 기준을 장애로 인해 저하된 신체기능의 조절에 두기보다는 노인 자신이 원하는 때에 원하는 곳으로 갈 수 있는 이동성의 중요성을 부각시키면서 자율성과 독립성의 역할을 명확하게 했다는 점에 주목할 필요가 있다.

생각상자 14-3.

성공적 노화를 성취하는 노인들은 얼마나 많은가?

노인들이 성공적 노화를 성취하는 비율은 성공적 노화를 어떻게 정의하느냐에 따라 달라질 수 있다(Cosco et al., 2014; Depp & Jeste, 2006; Peel et al., 2004). Cosco 등(2014)은 성공적 노화의 조작적 정의를 105가지 열거하고 이 중 어떤 정의를 사용하느냐에 따라 성공적 노화의 비율이 0.4%에서 91.7%에 이르기까지 크게 달라진다는 것을 보여 주었다. 연구자들 간 성공적 노화의 정의에 대한 합의가 아직 이루어지지 않고 있어 연구에 어려움을 초래하고 있는 것이다.

Bosch-Farre와 동료들(2018)은 성공적 노화의 비율이 정의에 따라 달라진다는 것을 입증한 대표적인 연구이다. 이 연구에서는 Rowe와 Kahn의 모델과 (WHO의 활동적 노화 모델에 기초한) 생물심리사회적 모델 각각의 기준에 따라 성공적 노화의 비율을 측정하고 비교하였다. [그림 14-3]에서 볼 수 있듯이 연구에 참여한 노인의 23.5%가 Rowe와 Kahn 모델의 기준을 충족하였고 38.9%가 생물심리사회적 모델의 기준을 충족하는 것으로 나타났다. 이 그림에는 각 모델을 구성하는 차원들의 기준을 충족한 노인들의 비율이 제시되어 있다. 생물심리사회 모델의 경우 두 개 차원의 기준을 함께 충족한 노인들의 비율도 표기되어 있다. Rowe와 Kahn의 모델에서는 신체·인지 기능 기준을, 생물심리사회적 모델에서는 정신적 웰빙 기준을 충족하지 못한 노인이 가장 많았다.

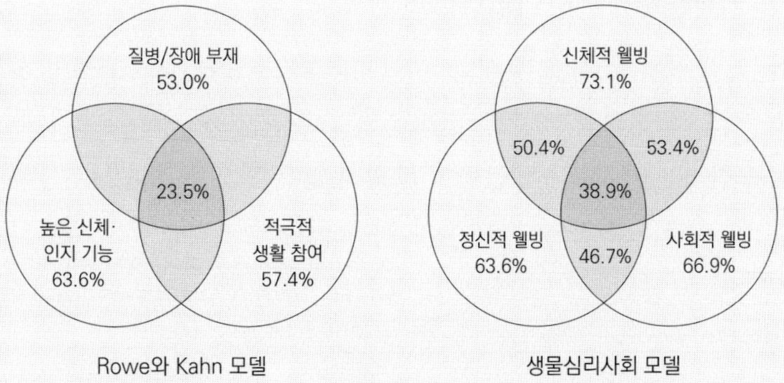

[그림 14-3] Rowe와 Kahn 모델과 생물심리사회 모델의 벤다이어그램

두 모델 간의 상관관계도 상당히 낮은 것으로 나타났다. 두 모델의 조건을 모두 충족한 노인은 19.6%였다. 반면에, Rowe와 Kahn 모델의 조건을 충족하지 못한 노인들(57.2%)은 생물심리사회 모델의 조건도 충족하지 못한 것이 밝혀졌다. 생물심리사회 모델에서 성공적 노화 기준을 충족한 노인이 Rowe와 Kahn 모델의 기준을 충족한 노인보다 훨씬 더 많았다(〈표 14-1〉).

〈표 14-1〉 Rowe와 Kahn 모델과 생물심리사회 모델의 비교

Rowe와 Kahn 모델	생물심리사회 모델		계
	충족	불충족	
충족	11,121	2,140	13,261
불충족	10,568	28,812	39,380
계	21,689	30,952	52,641

2. 인지기능의 성공적 노화

인지기능은 일상생활에서 요구되는 과업을 수행하고 적응하는 능력에서 중요한 역할을 한다(제7장 참조). 많은 노인이 정체성을 유지하는 데 인지기능이 중요한 역할을 한다고 생각하며, 따라서 다른 어떤 질병보다도 알츠하이머병과 같이 심각한 인지장애를 초래하는 질병을 앓게 될 것을 두려워한다. 성공적 노화를 특히 인지기능 감퇴와 관련해서 살펴보는 것이 중요하다는 주장이 제기되는 이유이다(Whitbourne & Whitbourne, 2014). 앞서 여러 장에서 살펴보았듯이 인지기능은 개인에 따라 상당히 차이가 크고 그러한 개인차는 나이 든 사람들에게서도 나타난다.

성공적인 또는 최적의 인지적 노화는 객관적으로 측정된 인지수행이 동년배 집단의 평균보다 높은 것으로 정의할 수 있다(Fiocco & Yaffe, 2010). Harrison과 동료들(2012)은 일화기억이 우수한 80세 이상의 노인들이 그렇지 않은 노인들보다 MRI 상에서 대뇌피질 용적이 더 많다는 것을 발견하였다. 나아가 이 노인들의 기억수행은 피질의 두께와 정적 상관이 있었다. 이 노인들은 또 일화기억 상실을 막아 주는 것으로 알려진 대상피질의 용적이 더 많았다.

그러나 뇌 영역의 크기 자체는 조직방식이나 기능만큼 중요한 것은 아닐 수도 있다. Eyler와 동료들(2011)은 MRI와 PET 판독장치를 활용하여 피질, 하위피질, 피질 깊숙이 위치한 뇌섬엽 등 뇌 여러 부위의 활동들 간의 관계를 알아봄으로써 노인의 뇌 기능과 인지수행을 비교한 논문 80편을 개관하였다. 연구의 결과는 뇌의 성공적 노화와 인지기능의 성공적 노화 간에 뚜렷한 관련성을 찾아볼 수 없다는 것이었다. 이 논문에서 검토

한 연구의 61%는 이들 간의 관계가 혼재되어 있거나 부정적이거나 또는 전혀 없다는 것을 보여 주었다. 전두피질을 살펴본 연구(35%)는 뇌 활동과 인지 수행 간에 정적 관계가 있다고 보고하였으나, 해마가 위치한 내측 측두엽을 살펴본 연구(20%)는 의미 있는 관계를 전혀 발견하지 못했다. 뇌의 성공적 노화를 달성한 노인들은 뇌 가소성을 이용하는 능력이 더 뛰어난 경향이 있었다(Greenwood, 2007).

1986년에서 2004년 사이에 65세 이상 노인 560명을 대상으로 수행된 종단연구는 신경심리종합검사를 실시하여 기억, 집행기능, 언어, 시공간기술 등을 측정하였다(Negash et al., 2011). 이 연구에서는 인지기능의 성공적 노화를 생존해 있고 경도인지장애 진단을 받지 않은 상태로 정의하였는데, 가장 예측력이 높은 모델에 따르면 연구에 참여한 노인 중 10%가 성공적 노화의 기준에 부합하였고 나머지는 전형적 노화에 해당하는 것으로 확인되었다. 인지기능의 성공적 노화 기준에 해당하는 노인들은 교육 수준이 높았을 뿐 아니라 모든 검사에서 상위 10%에 속하는 점수를 받았다. 이 모델은 검사 점수를 젊은 성인의 규준에 비교하는 모델보다 예측력이 더 높았다. 따라서 인지기능의 성공적 노화는 젊은 성인의 수행을 표준으로 삼기보다는 동년배 집단에 견주어 상대적 우월성을 유지하는 것으로 이해하는 것이 최선인 것으로 보인다.

인지기능의 성공적 노화를 예측하는 요인들은 젊은 성인의 우수한 기능을 예측하는 요인들과 다를 수 있다. 중년기의 심혈관질환 발병 위험요인으로 알려진 C-반응성 단백질(C-reactive protein: CRP)은 노인의 신경인지장애를 막아 주는 보호 기능을 하는 것으로 보인다. 재향군인, 동일 연령의 지역사회봉사자, 이들의 친척을 대상으로 한 종단연구는 CRP 수준이 가장 높은 사람들이 전체 연구 기간(6년) 동안 신경인지장애를 일으킬 확률이 가장 낮다는 것을 보여 주었다(Silverman et al., 2012).

3. 성공적 노화와 주관적 안녕

성공적 노화에 관한 관심은 개인과 공동체가 번성하게 해 줄 수 있는 강점과 덕목에 대한 이해를 목표로 하는 **긍정심리학**이라는 더 큰 분야와 연관이 있다. 이 분야에서 다루는 **생활만족**(life satisfaction)은 개인이 특정 시점에서 자신의 삶에 대해 갖는 감정과 태도에 대한 전반적 평가이다. **주관적 안녕**(subjective well-being)은 개인이 느끼는 전반적 행복감을 가리킨다. 이 둘은 분명히 관련성이 있으나 각각의 용어를 사용하는 연구는 별도로 진행되었다. 한 가지 차이점이 있다면 생활만족이 인지적 평가 요소가 더 많고 주관적 안녕은 정서적 측면에 더 초점을 둔다는 것이다. Diener(1999)는 이 둘을 합치면 인간 존재의 안녕(well-being) 상태를 완벽하게 나타낼 수 있다고 주장하였다.

노인 대다수는 나이가 들면서 점차 악화하는 만성질환 문제, 신체기능 감퇴, 사회적 역할의 축소, 재정 안정성의 하락 등에도 불구하고 자신의 삶을 긍정적으로 평가한다(Mroczek & Kolarz, 1998). 이처럼 노인들이 객관적 상황의 어려움에도 불구하고 주관적 안녕감을 높은 수준으로 유지하는 현상을 **행복의 역설**(paradox of well-being)이라 부른다.

사람들은 종종 성공적 노화가 규칙이 아니라 놀라운 예외라고 생각하는데 그 이유는 그들 모두가 **사회지표 모델**(social indicator model)을 신봉하기 때문이다(Mroczek & Kolarz, 1998). 이 모델에 따르면 행복 수준의 개인차는 연령, 성별, 결혼상태, 소득 등 인구학적 · 사회구조적 변수들에 의해 설명될 수 있는데, 노인들은 이러한 지표들로 볼 때 불리한 위치에 있으므로 나이가 들면 우울해지고 절망에 빠지게 되는 것이 불가피하다. 노인들이 건강 악화, 배우자 사별, 소득 감소 등 여러 어려운 상황에도 불구하고 우울해지지 않고 행복할 수 있다면 특별히 인정받을 만하다고 본다. 그러나 노인 대부분은 우울하지 않으며, 중년기 이후의 성격발달은 적응력이 높아지는 긍정적인 방향으로 이루어지는 것으로 보인다.

중요한 사회지표 수준의 하락에도 불구하고 절망에 빠지지 않을 수 있다는 기준으로만 평가한다면 성공적 노화에 해당하는 사람들의 수는 실제로 상당히 많다. 미국에서 수행된 한 연구는 대다수 미국 노인이 다양한 지표에서 비교적 높은 주관적 안녕감을 누리고 있다는 것을 보여 주었다(Pew Research Center, 2009). 75세 넘은 노인 중에서 81%가 '매우' 또는 '꽤' 행복하다고 말했고 19%만이 자신이 '그리 행복하지 않다'라고 평가하였다. [그림 14-4]에서 볼 수 있듯이, 이 연구의 흥미로운 결과는 노인 대부분이 '기억 손실'에서 '다른 사람에게 짐이 되고 있다는 느낌'에 이르기까지 다양한 척도에서 젊은 사람들이 예상하는 것보다 자신의 노화 경험을 더 긍정적으로 평가하였다는 것이다.

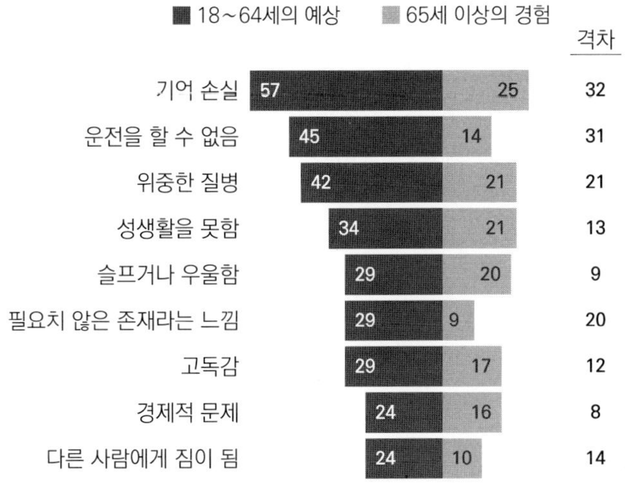

[그림 14-4] 18~64세 성인이 예상한 노화와 65세 이상 노인이 직접 경험한 노화의 비교

출처: Pew Research Center (2009). Whitbourne & Whitbourne (2014)에서 재인용.

노인들의 주관적 안녕감이 높은 이유는 젊은 성인들이 주관적 안녕감에 해가 된다고 생각하는 사건들 또는 심지어 노인 자신도 젊었을 때는 문제가 된다고 생각했던 사건들에 대처할 수 있게 해 주는 기술들을 평생에 걸쳐 개발했기 때문일지도 모른다. 아니면 현재의 노인 세대는 자신의 삶이 어떠할 것인지에 대해 현재의 젊은 성인 코호트와는 다른 기대를 가지고 성장했기 때문일 수도 있다. 또 다른 가능성은 행복의 역설이 생존 효과를 나타낸다는 것이다. 생존해서 검사를 받는 노인들은 이미 사망했거나 검사를 받지 않으려고 하는 노인들에 비해 더 강인하고 낙관적이라는 것이다. 아마도 이런 사람들은 이 세상을 항상 긍정적으로 바라보는 경향이 있으며, 이들이 살아남았다는 사실은 이들이 낙관적 편향을 지니고 있다는 것을 보여 주는 것일 가능성이 있다.

남들보다 더 오래, 더 많이 행복한 사람들은 이 세상을 더 낙관적으로 바라보는 사람들이기에 행복 수준을 더 높게 유지한다는 생각은 **설정값**(set point) 가설과 관련이 있다. 설정값 가설은 성격이 평생에 걸친 행복 수준에 영향을 미친다고 제안한다. 예를 들어, 아동기에 자아존중감이 높은 아동들은 평생 자아존중감이 높은 경향이 있으며 이같이 높은 자아존중감이 평생에 걸쳐 이 아동들의 행복 수준을 높이는 것으로 보인다(Robins & Trzesniewski, 2005). 독일 대학생 2,000명을 대상으로 한 연구는 신경증 점수가 높은 대학생일수록 과거에 부정적 생활사건을 더 많이 겪었으며 그러한 부정적 사건들이 그들의 행복 수준에 영향을 미쳤을 가능성이 있다는 결과를 보고하였다(Ludtke et al., 2011).

그런데 성인기에 행복 수준이 변화하면 그와 함께 성격특질도 변화하는 것으로 생각된다. Hill과 동료들(2012)은 MIDUS 자료를 분석한 결과 FFM 특질의 긍정적 극단에 있는 사람들이 행복 수준이 더 높다는 것을 발견하였다. 이 특질이 시간 경과에 따라 긍정적으로 변화하면 그와 더불어 행복도 증가하는 경향이 있었다. 성격과 행복 수준 변화의 관계가 계속 바뀌어 나간다는 점에서 이 연구의 결과는 성격이 설정'값' 이상의 역할을 한다는 것을 보여 준다.

그러나 주관적 안녕은 객관적 사회지표와 분명한 관련이 있다. 노인 대상 연구들은 안녕감이 신체기능이나 충분한 재정적 지원 같이 개인이 지니고 있는 자원과 정적 관계가 있다는 것을 보여 준다(Katz, 2009). 신체기능만이 아니라 신체활동에 참여하는 정도도 노인의 주관적 안녕에 기여한다(Mhaolain et al., 2012). 교육 수준은 높은 수준의 신체 및 인지 기능을 예측하고 이는 다시 높은 수준의 주관적 안녕을 예측한다(Jang, Choi, & Kim, 2009).

이 책에서 여러 차례 지적했듯이 교육 수준이 높고 소득 수준이 높은 사람들은 건강 면에서 이점을 갖는다. 돈과 지위가 행복을 보장해 주지는 않지만, 소득 수준이 낮은 사람들이 겪게 되는 많은 어려움을 해결하는 데 도움을 줄 수는 있다. 사회경제적 지위가 낮은 사람들은 질병 유무와 관계없이 우울하고 건강상태가 좋지 않은 경향이 있다(Rostad, Deeg, & Schei, 2009).

McAdams와 동료들(2012)은 1996~2004년 사이의 BHPS 자료를 검토한 후 개인이 느끼는 주관적 안녕이 자신의 생활상황에 대한 평가를 나타낸다고 주장하였다. 그들은 전반적 생활만족이 건강, 소득, 주거, 배우자, 직업, 사회생활, 여가시간 활용 등과 같은 영역별 만족과 어느 정도 관련이 있는지 알아보았다. 설정값이 안녕감을 결정한다면 행복한 사람일수록 각 영역을 더 긍정적으로 평가해야 할 것이다. 그러나 McAdams와 동료들은 하위영역별로 생활만족도에 상당한 차이가 있다는 것을 발견하였다. 연구의 결과는 사람들이 느끼는 전반적 안녕감은 마음속으로 하위영역들의 점수를 다 합한 결과라는 것을 보여 주었다. 그렇다면 긍정적으로 평가하는 영역이 부정적으로 평가하는 영역보다 더 많다면 생활만족이 높을 것이고, 그 반대인 경우는 전체 안녕감도 낮을 것이다.

하위영역 중에서 건강에 대한 만족은 「McAdams 연구」의 최고령 집단에서 급속한 하락을 보여 주는 영역이었다. 그러나 앞서 보았듯이 객관적 건강지표가 나쁜 사람들도 자신이 성공적 노화를 했다고 느낄 수 있고 그 결과 본인이 평가한 신체건강이 객관적 신체기능 평가와 다를 수 있다. 연구자들은 노인들이 일차참조집단과 비교하여 자신을 평가하는 **사회적 비교**를 통해 주관적 건강에 대한 평가를 도출한다고 생각하였다. 노인들은 참조집단에 속한 사람들이 건강이 좋지 않을 때 자신의 건강을 더 좋게 평가한다는 것이다.

Yin과 동료들(2011)은 HRS 자료를 분석한 결과 사람들은 나이가 들면서 신체기능이 떨어지면 그만큼 자신의 건강을 낮게 평가한다는 것을 발견하였다. 그러나 신체기능과 건강 평가의 관계는 노인들 간에 교육 수준에 따라 차이가 있었다. 교육 수준이 높은 노인들은 실제 신체기능이 건강에 대한 자기평가에 영향을 미치지만, 교육 수준이 낮은 노인들은 건강이 나쁜데도 자기처럼 건강이 좋지 않은 집단과 비교를 함으로써 자신의 건강을 낮게 평가하지 않았다.

노년기의 주관적 안녕은 사람들이 성인기 동안 자신의 **인생이야기**(life story)를 구성하고 이를 정교하게 다듬어 가는 경향과도 관련이 있는 것으로 보인다. 인생이야기를 서술하는 방식은 사람마다 차이가 있을 수 있지만(Goodson, 2013), 인생이야기를 구성하는 과정은 평생 계속되며 적응에도 다양한 방식으로 영향을 줄 수 있다(McAdams, 2011). 인생이야기에서 성취를 강조하거나 자기존중감을 손상할 수도 있는 사건들을 정체성에 유리한 방향으로 해석할 때 노인들의 주관적 안녕감이 높아지는 것으로 보인다(Whitbourne et al., 2002). 성인 진입기의 성인들이 정체성을 수립하기 위해 다양한 대안을 탐색할 때 자기비판과 되새김을 많이 하지 않을수록 주관적 안녕감이 높아진다는 결과도 보고된 바 있다(Ritchie et al., 2013). 정체성을 형성해 나가는 정체성 과정은 노인들이 만족스럽지 못한 상황에서도 안녕감을 높은 수준으로 유지하게 해 주는 수단을 제공해 줄 수 있다. 정체성 동화는 원하는 목표를 달성하지 못했다고 느낄 만한 상황에서도 노인들이 그 상황을 긍정적으로 해석하게 해 준다. 그러나 더는 긍정적으로 해석할 수 없는 수준의 하락을 경험하게 되는 시점에서는 정체성 균형이 인생이야기를 자신이 처한 상황의 현실에 더 가깝게 만들어 줄 수 있다(Whitbourne & Whitbourne, 2014).

성공적 노화는 복잡한 과정이다. 노인들은 엄청난 난관에 직면해서도 높은 수준의 주관적 안녕감을 느낄 수 있다. 노인들 대부분은 우울해하지도 않고 자신이 처한 상황에 불만을 느끼지도 않는다.

생각상자 14-4.

객관적 제약에도 불구하고 자신에 대해 긍정적 감정을 갖는 사람과 현실을 직시하는 사람 중에서 누가 더 행복한 삶을 살 수 있다고 생각하는가? 그 이유는 무엇인가?

4. 노년기의 창의성과 생산성

주관적 안녕을 다루는 문헌에 따르면, 나이 든 사람들은 자신의 경험을 바라보는 관점을 조절하는 방식을 찾아냄으로써 열악한 상황에 처해서도 삶에 대해 긍정적인 전망을 유지할 수 있다. 그러나 Whitbourne(2008)은 성공적 노화를 성취하기 위해서는 긍정적 전망을 유지하는 데서 한 걸음 더 나아가야 하며, 성인기의 생산성과 창의성에 주목하는 데서 그 답을 찾을 수 있다고 제안하였다. 긍정적인 기분을 느끼는 데 그치지 않고 훌륭한 작품을 만들어 낼 수 있어야 성공적 노화를 성취했다고 볼 수 있다는 것이다. 실제로 노인의 주관적 안녕과 창의성은 서로 관련이 있다는 결과가 보고되었다(임효진 외, 2015).

1) 창의성의 노화

창의성이란 비범하고 주목할 만한 작품을 생산하는 능력이다. 더 일반적으로는 독창성, 적절성 및 다른 사람에게 영향력을 끼치는 물건이나 아이디어를 생산해 내는 능력을 가리킨다. 여기서 적절성이란 다른 사람들이 그 작품을 인정하고 그것을 구입하거나 사용하고 싶어 한다는 것을 의미한다. 창의성은 탁월한 천재의 작품에만 해당하는 것이 아니라 요리를 하거나 사진을 찍거나 헤어스타일을 바꾸는 것과 같이 개인 각자의 생활공간에서 나타나는 일상적 행동들에도 적용될 수 있다(Ivcevic & Mayer, 2009). 전자를 탁월한 창의성('Big C')이라 한다면 후자는 일상적 창의성('little c')으로 구분되며, 심지어 자신에 대한 이해의 구축('mini-C')을 창의성의 일면으로 간주하기도 한다(Beghetto & Kaufman, 2007).

우리가 창의적 활동을 할 때 뇌에는 어떤 일이 일어나는가? 뇌 과학자들은 이 질문에 대한 답을 알아내기 위해 일상적 사고를 할 때와 창의적 활동을 할 때의 뇌 스캔을 비교한다. 이런 연구들에서는 유추(단어와 단어 간의 새로운 관계를 생각해 냄)나 은유(추상적 개념의 구체적 표상을 만들어 냄)를 사용하는 과제를 사용하거나(Vartanian, 2012), 사물의 대안적 용도를 생각해 내는(개념 확장이라고도 불리는) 과제를 사용한다(Abraham et al., 2012). 창의적 활동을 하는 동안에는 우반구만이 아니라 뇌 전체가 활성화되는 것으로 나타나는데, 이는 창의성이 우반구의 정신과정이라는 믿음과는 상치된다. 더욱이 창의적 사고에 관여하는 영역들이 일상적 과제에 관여하는 영역들과 반드시 차이가 있는 것도 아니다. 창의성은 상호 관련된 여러 뇌 활동들이 조합될 때 출현하는 것으로 보인다(Sawyer, 2011).

Sutin과 동료들(2009)은 경험에 대한 개방성이라는 성격특질이 창의성의 한 가지 지표인 인지적 융통성과 관련이 있을 것이라는 생각에 기초하여, 남녀 노인의 인지적 융통성 점수와 뇌 활성화 간의 상관을 측정하였다. 남성 노인의 높은 개방성 점수는 (감찰과정을 담당하는) 전측대상회 피질의 활성화와 관련이 있었고, 여성 노인의 개방성 점수는 (융통성을 반영하는) 전전두피질의 활성화와 관련이 있었다. 개방성은 두 집단 모두 전두엽 활성화와도 관련이 있었다. 따라서 노년기의 뇌 활동은 창의적 성향에 따라 중요한 차이를 보일 수 있다.

개방적 성격은 사망 시기를 늦춰 주는 보호요인으로 작용할 수 있다. 나이 든 재향군인들을 대상으로 한 종단연구는 경험에 대한 개방성에서 창의적 측면의 점수가 높을수록 사망위험 점수가 낮다는 것을 발견하였다(Turiano et al., 2012). 창의성의 이러한 보호효과는 연령, 교육, 건강상태, 건강에 위험한 행동과 같이 사망률과 상관이 있는 요인들을 통제한 후에도 통계적으로 유의미한 것으로 나타났다.

창의성은 전전두피질이 충분히 성숙해져서 융통성을 갖는 동시에 자신의 전문영역에서 충분한 훈련을 받음으로써 그러한 융통성을 제대로 발휘할 수 있을 때 최고조에 이르기 쉽다(Dietrich, 2004). 이같이 행복한 일치는 경력을 시작한 이후 20년 정도 지나서 중년기에 이르렀을 무렵에 발생할 가능성이 크다(Feist, 2006). 창의성은 정신 활동을 통해 뇌의 해당 영역들을 훈련함으로써 증진할 수도 있다. 노년기에 이루어지는 복잡한 정신 활동은 노인들의 인지기능을 자극하고 행복감을 북돋워 줄 뿐 아니라 노인들이 창의적 삶을 구가하는 능력을 갖추고 있다는 것도 보여 준다.

이상에서 살펴본 바에 따르면 창의성에는 성공적 노화와 동일한 특징들이 많이 포함되어 있을 가능성이 있다. 탁월한 창의성을 갖춘 사람들 가운데에는 크게 성공한 예술가, 음악가, 작가, 연주자들이 많고 이들은 칭송받는 작품들을 노년기에 이르기까지 계속 생산하였다. 노인들은 예술만이 아니라 정치에서 과학에 이르기까지 모든 영역에서 지속적으로 이 세상에 중요한 기여를 하고 있는 것이다.

Lehman이 1953년도에 저술한 『연령과 성취(Age and Achievement)』는 창의적 작품생산이 연령에 따른 차이를 보인다는 것을 밝혀낸 최초의 체계적 노력의 성과이다. Lehman은 과학에서 예술에 이르기까지 모든 분야의 창의적 작품이 생산된 연령을 분석하였다. 작품의 질과 양을 모두 분석하였으나 해당 분야에 중요한 족적을 남긴 작품에 특히 초점을 두어 분석하였다. 주요 결론은 성인기의 생산성이 40세 이전(주로 30세와 35세 사이)에 절정기에 다다른다는 것이다. 그러나 질과 양에서 창의적 절정에 해당하는 연령대는 분야에 따라 차이가 있었다. 〈표 14-2〉에 주요 작품들이 완성되는 절정기가 분야별로 제시되어 있다.

〈표 14-2〉 분야별 창의성의 절정기

분야	절정기	분야	절정기
운동경기(테니스, 야구)	25~29세	문인	40~44세
화학	26~30세	영화배우(남)	30~34세
수학	30~34세	영화배우(여)	23~27세
물리학	30~34세	대학총장	50~54세
실용적 발명	30~34세	대통령	50~59세
오케스트라 음악	35~39세	외국대사	60~64세
심리학	30~39세	국회의원	60~64세
철학	35~39세	대법관	70~74세
음악	35~39세	교황	82~92세
미술	32~36세		

Lehman은 이 자료를 바탕으로 과학 분야 및 지적 상상력과 체력이 성공에 필수적인 분야에서는 절정기가 빨리 온다는 결론을 내렸다. 이 현상은 나중에 독일과학자 Max Planck의 이름을 따서 **플랑크 가설**이라는 별명을 얻었는데(Dietrich, 2004), 이는 과학적 생산성이 성인 초기에 절정에 이르게 되는 경향을 가리킨다.

정치나 외교와 같이 경험과 판단력이 중요한 분야에서는 절정기가 더 늦게 온다. 작가들이 최고의 책을 쓰는 시기는 이 양극단의 중간지점에 위치한다. 문학에서 성공하려면 상상력, 규율, 경험으로부터 얻는 철학적 관점 등이 두루 필요하기 때문이다. Lehman은 또 고령까지 생존한 예술가 중 일부는 최고의 작품을 매우 고령에 생산하기도 했다고 언급하였다.

연령과 창의성의 관계를 알아본 두 번째 주요 연구는 Dennis(1966)이다. Dennis는 예술 및 과학과 관련한 7개 분야에서 작품의 질과 관계없이 전체 수를 조사하였다. 예술 분야의 생산성은 절정기 이후로 상당히 급격하게 감소하였고 과학 분야에서도 이와 비슷한 추세를 보였지만, 학술 분야의 생산성은 성인 후기까지도 꾸준히 지속되었으며 60대에 소소한 수준의 절정(slight peak)을 기록하기도 하였다. Dennis는 생애 후기의 생산성 감퇴와 같이 연령에 따른 작품생산량의 차이를 보정하기 위해 80세를 넘겨 살았던 사람들로 조사대상을 제한하였다.

Lehman과 Dennis의 연구는 30대 후반이나 40대 초반에 창의적 작품의 수가 급격히 증가하면서 절정에 도달하고 그 이후로 점진적 감퇴가 시작된다는 것을 보여 준다. 분야에 따라 정점과 이후의 하강 속도가 다르지만 어쨌든 나이가 들면 창의성이 감퇴한다. 이들 연구에 따르면 창의적 생산성이 성공적 노화의 요소일 가능성은 희박하다.

Simonton(1997)은 노년기의 생산성과 관련해 위의 문제들에 구애받지 않는 모델을 내놓았다. 그는 창의적 잠재력의 개인차, 연령, 활동분야의 성격을 통제한 상태에서 연령과 창의적 생산성을 연결한 수학모델을 개발하였다. Simonton은 이 모델을 개발할 때 생활연령을 사용하는 대신에 개인이 경력에 종사하기 시작한 연령인 **경력연령**(career age)을 사용하였다. 작품생산의 황금기가 사람마다 다르기 때문에 생산성이 정점에 도달하는 연령을 확인하고자 한다면 경력을 시작하는 연령을 고려해야 한다고 본 것이다. Simonton의 모델에 따르면 노년기에 경력을 시작한 사람들이 노년기의 생산성이 평균적으로 더 높다.

그러나 생산성은 **창의적 잠재력**(creative potential)에 따라서도 달라진다. 창의적 잠재력이란 상한선 없이 평생 생산할 수 있는 작품의 총수를 이론적으로 계산해낸 것이다. 창의적 잠재력이 높은 사람은 경력에 종사하는 기간에 수천 점의 작품을 생산하겠지만, 창의적 잠재력이 낮은 사람은 작품을 열 점 또는 스무 점 생산하거나 고작 한 점만 생산하고 끝날 수도 있다.

Simonton은 창의적 인물이 자신의 경력에서 최초, 최고 및 최후의 창의적 작품을 생산한 시점에 근거하여 연령에 따른 생산성 변화 양상을 모델로 제시하였다. 최초의 걸작을 생산한 연령은 경력이 시작되는 시점을 나타낸다. 당대 가장 유명한 예술가의 한 사람으로 꼽혔던 피카소는 10세의 어린 나이에 첫 번째 작품을 생산하였다. 많은 사람이 〈게르니카〉를 피카소의 최고 작품으로 꼽는데, 이 작품은 그가 사망한 해인 1973년에 완성되었고 따라서 경력의 종말이 삶의 종말과 맞물린다는 것을 알 수 있다.

Simonton의 모델은 경력을 시작하는 연령과 창의적 잠재력의 정도에 기초하여 최초, 최고, 최후 작품 각각의 생산연령을 예측한다. 창의적 잠재력이 많을수록 최초 작품과 최후 작품 간의 기간이 더 길다. [그림 14-5]의 상단에는 경력을 시작하는 연령이 빠른 사람, 즉 20세에 최초로 중요한 작품을 내놓은 사람들을 보여 준다. 창의적 잠재력이 많은 사람은 최고 작품의 생산 시점까지 생산성이 급격히 성장하며, 경력으로나 실제 나이로나 늦게까지 생산 활동을 계속한다. 그림의 하단에는 경력 시작이 늦은 사람들, 즉 30세에 최초의 작품을 생산한 사람들을 보여 주고 있다. 이들은 경력을 일찍 시작한 사람들보다 정점에 더 늦게 도달하고 또 생산 활동을 더 늦게까지 지속한다. 일찍 시작한 사람은 늦게 시작한 사람보다 정점에 더 일찍 도달하고 최후의 작품도 더 이른 나이에 생산한다.

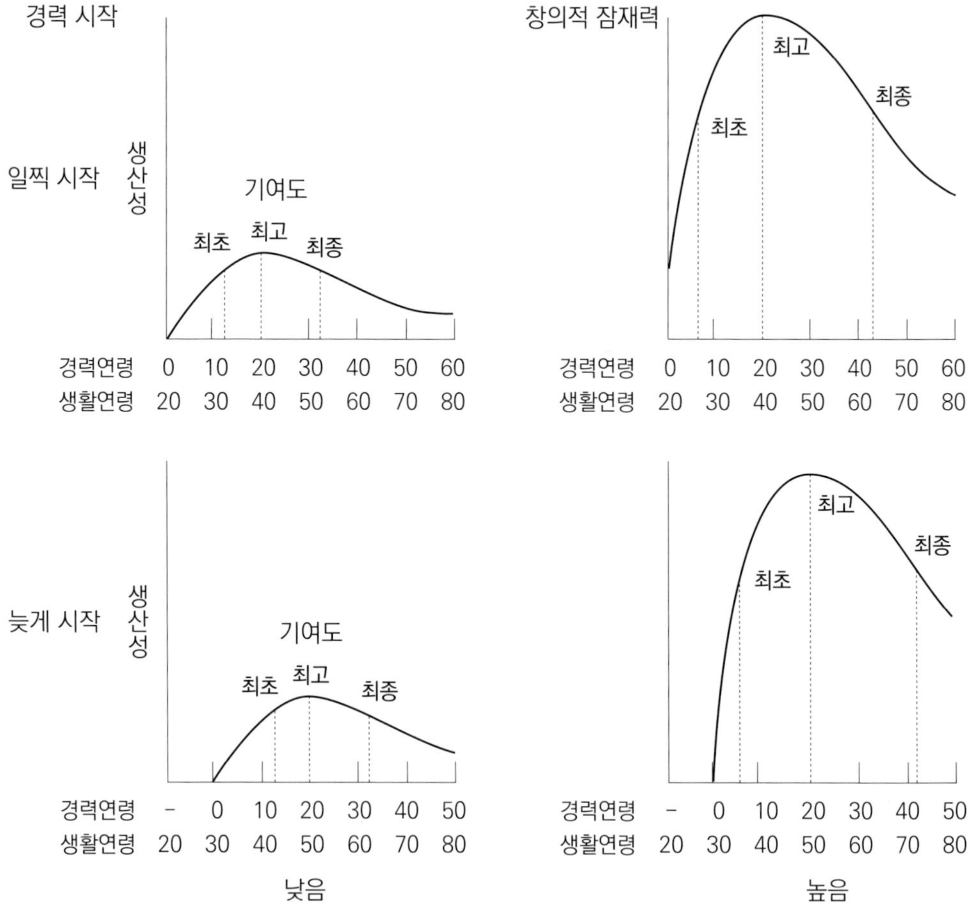

[그림 14-5] 창의적 잠재력과 경력 연령에 따른 생산성

출처: Simonton (1997).

그러나 [그림 14-5]에서 볼 수 있듯이 창의적 잠재력이 뛰어난 피카소 같은 예술가들은 최초 작품을 언제 생산했는가와 관계없이 경력 기간 내내 왕성한 작품 활동을 계속하는 경향이 있다. 이들은 또 대개는 창의적 잠재력이 적은 사람들에 비해 최초의 중요한 작품을 더 일찍 생산하고 최후의 창의적 작품을 더 늦게 생산한다. 그렇다면 창의적 생산성의 질과 양은 서로 관련이 있는가? **확률 동등성 규칙**(equal odds rule)은 작품을 많이 생산하는 사람이 적게 생산하는 사람보다 걸작을 내놓을 가능성이 더 크다고 예측한다. 확률로만 볼 때 생산성의 절정기에 최고의 작품을 내놓을 가능성이 가장 크다는 것이다. 베르디는 29세와 80세에 각각 최초와 최후의 걸작 오페라를 창작하였다. 그는 사망 직전까지 수많은 작품을 계속 생산했기에 경력 후기에 걸작을 내놓을 확률이 상대적으로 더 높았다(Whitbourne & Whitbourne, 2014).

요즘 노인들은 예전 노인들보다 나이가 들어서도 생산성이 높을 확률이 훨씬 더 높다. Simonton(2012)이 지적하였듯이 건강관리 및 생활조건의 향상으로 인해 수명이 계속 증가함에 따라 노인들이 자녀가 독립한 후 '빈 둥지'에서 보내는 기간이 더 길어지는 경향이 있다. 또 현대의 기술 문명은 인터넷을 통해 종전보다 더 많은 자원을 얻을 수 있게 해 주므로 예술가가 '고독한 천재'가 되어야 할 필요도 없다. 더욱이 나이 많은 예술가는 여가시간이 더 많아서 다양한 흥미를 추구해 볼 기회를 가질 수 있고 그에 따라 창의성을 촉진하는 개방적 성격도 계속 발달할 수 있다. 의사소통이 원활해진다는 것은 또 예술가, 과학자, 작가 및 많은 분야의 창의적 인물들이 협업을 통해 새로운 아이디어와 프로젝트를 발전시킬 수 있다는 것을 의미한다. 나이 많은 사람과 젊은 사람들의 협업은 서로의 생산성을 향상시킴으로써 양쪽 모두 성과의 질이 높아지고 양이 많아질 수 있다.

생각상자 14-5.

개인의 창의성을 작품의 수로 평가하는 것과 작품의 질로 평가하는 것의 차이는 무엇인가?

2) 노년기에 생산한 작품의 특징

나이 든 화가, 작곡가, 문인, 과학자들이 생산해 낸 창의적 작품에는 젊은 사람들의 작품에는 나타나지 않는 특별한 특징들이 있다. 그중 하나는 세밀한 세부묘사를 생략하고 작품이 나타내고자 하는 정수만을 표현하는 **노익장 스타일**(old age style)이다(Lindauer,

1998). 형식적 완성도나 객관성보다는 주관이 더 개입된 작품양식을 가리킨다.

화가라면 이미지를 단순화시키고 세부묘사를 하지 않는다. 조각가는 미세한 세부사항까지 정밀하게 재현하기보다는 형태와 정서를 표현하는 데 주력한다. 미켈란젤로, 렘브란트, 르누아르, 마티스, 드가, 피카소 등 많은 예술가는 나이가 들수록 붓놀림을 크게 하여 한 번의 붓놀림이 갖는 정서적 효과를 더 크게 하였다(Whitbourne, 2008). 젊은 예술가들이 하듯이 세부사항을 공들여 표현하지 않고 한발 물러서서 형태와 의미를 천착하는 것이다. 화가인 앙리 마티스는 창작 스타일의 이런 변화를 가리켜 '형태의 증류'라 불렀다. 사물의 존재를 표현하는 데 꼭 필요한 기호만을 남겨 그 사물의 정수를 드러내는 것이다. 미켈란젤로가 젊었을 때와 나이 들었을 때 각각 제작한 〈피에타〉(예수의 시체를 안고 슬퍼하는 성모마리아상) 작품 두 점은 스타일과 정서적 분위기가 완전히 대조를 이루면서 노익장 스타일이 무엇인지 보여 주는 좋은 예이다. 일부 비평가들은 나중 작품이 바티칸에 있는 첫 작품보다 충만한 정서를 더 잘 살리고 있다고 평가한다.

나이 든 예술가들은 노화나 죽음과 관련된 주제를 선택하는 경우가 많다. 작품이 병적이거나 우울해진다는 의미가 아니라 예술가의 삶과 임박한 죽음이라는 현실을 그야말로 명료하게, 보는 사람에게 강한 인상을 심어 주는 방식으로 나타낸다는 의미이다. 문인들은 나이가 들수록 사색과 성찰과 주관이 더 뚜렷해진다(Lubart & Sternberg, 1998). 작가의 나이가 많아질수록 소설에 등장하는 인물들은 더 현실적이면서 더 공감이 가게 묘사되고 내면이 더 복잡해지며 시간을 초월하는 보편성을 띠게 된다(Adams-Price, 1998).

노익장 스타일과 관련된 특징으로 **백조의 노래** 현상이 있다. 사망 직전에 창의적 작품이 창작되는 것을 말한다(Simonton, 1989). 음악의 경우 작곡가의 마지막 작품인 〈백조의 노래〉는 종전 곡들보다 테마가 더 짧고 멜로디가 더 단순하다. 그래서 듣는 사람의 마음을 뒤흔들며 기억하기 쉬운 경향이 있다. Simonton은 백조의 노래를 보여 주는 가장 좋은 예로 모차르트의 마지막 작품인 〈진혼곡(Requiem in D minor)〉을 거론한다. 모차르트는 젊어서 죽었으나 자신의 죽음이 임박했음을 알고 있었고 때마침 죽은 자들에게 경의를 표하는 음악을 작곡하고 있었다. 이 멜로디는 수백 년이 지난 후 영화 〈아마데우스〉에서 모차르트가 비엔나 시 외곽의 극빈자 묘지에 묻히는 장례식 장면에서 연주되었다.

모차르트의 사례와 같이 예술가들은 자신이 삶의 끝자락에 있음을 인식하게 되면 백조의 노래를 만들어 낸다. 백조의 노래는 해당 예술가가 후세 사람들을 위한 작품을 창작하고자 하는 것이므로 노익장 스타일의 궁극적 표현이라 할 수 있다. 백조의 노래가 그 예술가에게 가장 성공적인 작품인 경우도 많으며, 따라서 이 작품은 해당 예술가에게 여러 면에서 불멸성을 부여해 줄 수 있다.

나이 든 예술가들의 작품은 또한 작품이 지닌 단순성과 정서적 힘으로 인해 오랜 시간 지속된다는 점에서 **영속성**(lastingness)을 보여 준다(Delbanco, 2011, p. 244). 창의적 노인들은 작품생산 과정에서 깊은 감사를 느끼며, 결과와 관계없이 충분한 보상을 경험한다. 그럼에도 이들이 남긴 작품은 다른 사람들의 삶에 큰 울림을 주고 감동을 불러일으킨다.

창의적인 노인들은 이러한 과정을 거치며 자신의 작품을 비판하는 데 점점 더 능숙해진다. 베토벤이 쓴 편지 및 지인들과의 대화 내용 기록을 분석한 연구는 베토벤의 작품들이 후대에 연주되고 녹음된 빈도로 판단할 때 그가 나이 들면서 자기 작품들을 더 '정확'하게 평가할 수 있었다는 것을 보여 준다(Kozbelt, 2007).

과학자들의 저술은 나이가 들면서 이와는 다른 변화를 보여 준다. 플랑크 가설에 따르면, 젊은 과학자들은 저술이 더 혁신적인 데 반해 나이 든 과학자들은 기존 지식의 통합과 종합을 지향하는 쪽으로 우선순위를 전환한다. 나이가 들어가면서 새로운 과학적 발견을 하기 위한 연구를 하기보다는 교과서와 통합적 개관논문을 저술하는 데 더 관심이 많다. 학술기관에서 일하는 사람이라면 고위행정직을 맡게 됨으로써 자신의 연구를 할 시간이 없게 될 수도 있다.

나이 든 학자들은 관심 주제가 노화로 바뀌기도 하는데, B. F. Skinner는 말년에 『노년을 즐기는 지혜: 실천적 지침』을 저술하였다(Skinner & Vaughan, 1983). 사실 최초의 노년학 교과서를 저술한 사람은 1700년대 초반에 75세이던 John Floyer이었다. 연구나 실용적 발명에도 나이와 관련한 관심사의 변화가 뚜렷이 나타난다. Benjamin Franklin이 이중초점 안경을 발명한 것은 사람들 대부분이 그런 안경이 필요한 연령을 한참 지난 다음인 78세 때였다.

노익장 스타일은 다가오는 죽음, 유산을 남기겠다는 욕구 또는 나이와 관련한 변화나 건강문제 때문에 나타나는 것인지도 모른다. 베토벤은 말년에 귀가 들리지 않게 되면서 음악스타일도 변화하였다. 예를 들어, 말년에 작곡한 현악 사중주는 표현이 더 풍부해지고 관습적 형식에 얽매이지 않았다. 드가나 모네 같은 유명한 화가들은 실명으로 인해 그림에 변화가 생겼다. 모네는 백내장으로 인해 시력이 약화되고 색깔을 제대로 볼 수 없게 되었는데, 특수 안경으로도 교정이 되지 않다가 85세에 백내장 수술을 받고서야 색채시각을 회복하였다. 수련을 그린 그의 마지막 작품들은 사후에 파리박물관에 전시되었는데, 이 작품들은 초기 작품들과 마찬가지로 색채가 풍부하고 선명하였다. 1908년에 그는 다음과 같이 썼다. "물과 물에 비친 그림자의 풍경이 나를 사로잡았다. 늙은이의 힘을 벗어나는 것이었지만, 나는 내가 느끼는 것을 표현하고 싶었다. 망치고 다시 시작하기를 반복하면서 그러한 노력에서 뭔가가 출현하기를 소망하였다." 마티스는 말년에 위암으로 인해 휠체어 없이는 생활할 수 없게 되었다. 그림을 그릴 수 없게 되자 그는 종이를 사용한 조각으로 매체를 바꾸었고, 이 작품들은 이 거장에게 불후의 명작이 되었다(Whitbourne, 2008).

예술가들이 신체 및 감각 기능의 노화로 인한 제약을 겪게 될 때 늘 침착하게 대처하는 것은 아니다. 예를 들어, 미켈란젤로는 마지막 조각 작품을 파괴하려 하였고 실제로 작품의 한쪽 손을 쳐냈다. 그러나 다행히도 제자 한 명이 그를 막아 이 작품을 구해 냈다. 이와 유사하게 모네도 백내장이 있던 시기에 생산한 많은 유화들을 망가뜨렸다. 피카소의 자화상 〈임종(Facing Death)〉은 자신의 신체적 노화를 받아들이기를 거부하고, 앞에 있는 사람을 노려보는 듯이 보이는 한 남자의 황량한 이미지를 묘사한다. 그러나 이들 모두는 장수하였으며, 개인적 좌절에도 불구하고 사망 직전까지 자신의 창의적 잠재력을 표현할 방법을 찾아냈다.

5. 결어

노인들은 자신의 삶에 만족하면서 살아갈 뿐만 아니라 새로운 형태의 창작활동을 할 수도 있다. 많은 과학자, 예술가, 문학가, 정치지도자들이 노년기에 주목할 만한 공헌을 하였다. 이러한 맥락에서 은퇴는 생산적 활동을 그만두고 퇴장하는 것이 아니라 새로운 창작의 길을 탐구할 수 있게 해 주는 해방의 경험이 될 수도 있다.

Simonton의 창의적 생산성 모델에 대한 분석에서 볼 수 있듯이, 창의적 잠재력이 뛰어난 사람들은 60대와 70대는 물론이고 그 이후까지도 창의적 작품 활동을 계속하는 경향이 있다. 이같이 생산적 경력을 오랫동안 지속하는 데 필요한 재능은 부분적으로는 타고나는 것이다(Dietrich, 2004). 성격도 한몫을 한다. 대학원생 때 성격검사를 받은 남성들을 대상으로 45년에 걸쳐 수행된 종단연구는 개방성과 융통성 같은 성격특성이 성인 후기의 창의성과 성공을 예측한다는 증거를 내놓았다. 뛰어난 연구업적을 쌓아 72세에 많은 상을 받은 남성들은 27세 때에 인내심과 심리적 마음갖춤새 척도에서 높은 점수를 받았다(Feist & Barron, 2003).

Antonini와 동료들(2008)은 매우 창의적인 노인 여섯 명의 삶을 분석한 결과 이들 노인 모두가 전문분야에서 열정적으로 헌신한다는 공통점이 있다는 것을 발견하였다. 이 노인들은 또 융통성 또는 가소성이라는 특질을 공유했으며, 과거의 성취에 머무르기보다 새로운 목표와 새로운 창의적 활동을 향해 나아가는 경향이 있는 것으로 나타났다. 늘 호기심이 가득했고, 경험에 대한 개방성과 유사한 특징을 지니고 있었으며, 그리하여 시대의 흐름에 뒤떨어지지 않고 변화하는 상황에 적응할 수 있었다.

창의성은 매우 창의적인 인물들뿐만 아니라 보통 사람들도 가질 수 있는 특성이다. 창의성이란 새로운 경험에 온전히 마음을 열고 삶의 작은 부분들에도 감사하고 즐길 줄 아는 성격이 발달하는 과정이라고 생각할 수 있다(Whitbourne, 2008). 그렇다면 보통 사람들에게 성공적 노화의 과정이란 개인적인 인생사 또는 전기(傳記)를 창의적으로 구성하는 과정이라고 볼 수도 있을 것이다(Luborsky, 1998). 이러한 인생 여정에서 문화적 영향력(Luborsky & McMullen, 1999)과 개인적 영향력(Whitbourne, 1985) 간에 복잡한 협상이 이루어진다. 문화적 영향력은 개인이 어떤 변수에 따라 자신을 평가하고 또 다른 사람들로부터 평가받을지를 결정한다. 사회문화적 제약은 젊은 시절의 희망과 꿈을 실현하는 능력에 영향을 미치며 '성공적인' 인생이야기에는 이러한 영향력에 대한 깨달음이 들어 있는 경우가 많다. 그러나 다른 한편으로 우리는 그러한 제약에서 벗어나고 문화와 시간의 한계를 넘어 자신만의 삶의 의미를 찾아내기 위해 노력할 필요가 있다. 성인기 동안 개인 각자가 자신의 삶에 의미를 부여할 수 있다면 삶을 '성공'으로 이끌고 성공적 노화로 나아갈 수 있을 것이다.

생각상자 14-6.

생애 말기에 다다른 '보통' 사람들의 생산성을 어떻게 측정할 수 있을까?

참고문헌

강상경, 부가청(2010). Anderson 모형을 이용한 노인 우울 예측요인. 노인복지연구, 49, 7-29.

강선영(2010). 요가 프로그램이 여성노인의 낙상 두려움과 체력에 미치는 영향. 한국여성체육학회지, 24(3), 179-190.

강창욱, 이준우(2006). 청각장애 노인의 삶의 질 향상을 위한 생활만족에 관한 연구. 언어치료연구, 15(2), 75-91.

강효신, 이수지, 김지혜, 권정혜, 김도관(2017). 치매환자 보호자 부양 부담의 요인구조: 보호자 부담 조사의 탐색적 요인분석과 확인적 요인분석. Journal of Korean Geriatric Psychiatry, 21(2), 81-86.

고선규, 강효신, 이태호(2009). 정서얼굴에 대한 노인의 선택적 주의과정 특성. 한국심리학회지: 임상, 28(1), 81-96.

고정은, 이선혜(2012). 여성노인의 우울 영향요인: 빈곤집단과 비빈곤집단 간 차이 연구. 노인복지연구, 68, 251-271.

구호림, 김진숙(2010). 노인성 난청을 위한 청각장애평가지수(KESHH)의 개발. 한국노년학, 30(3), 973-992.

권경희(2015). 60세 이상 고령자의 성별 우울증상 유병률과 영향요인. 한국노년학, 35(2), 269-282.

기상연구소(2006). 생명기상기술개발연구.

김경범(2014). 고령사회를 대비한 노인운전자 교통사고 특성 및 저감방안-제주지역을 중심으로. 한국콘텐츠학회논문지, 14(7), 151-160.

김경식, 전형상, 김재운(2010). 한국인의 여가활동 제약과 삶의 만족도에 관한 구조모형 분석. 한국여가크리에이션학회지, 34(2), 205-215.

김기랑, 김경희, 이은경, 이상선(2000). 일부 초등학생 어머니를 대상으로 한 성인여성의 골밀도에 영향을 미치는 요인에 관한 연구. 한국영양학회지, 33(3), 241-249.

김기태, 최송식, 박미진, 박선희, 고수희, 박현숙(2011). 가족구조와 심리사회적 요인이 노인의 자살생각에 미치는 영향. 노인복지연구, 52, 205-228.

김동기, 김은미(2010). 사회적응의 노인심리학. 서울: 학지사.

김동배, 정규형, 이은진 (2012). 노인평생교육참여가 자아통합감에 미치는 영향과 생활만족도의 매개효과. 한국노년학, 32(3), 801-817.

김동하, 강세린, 이윤경, 차예원, 유승현, 김홍수(2016). 한국 지역사회 거주 노인학대 연구의 체계적 고찰. 한국노년학, 36(4), 1003-1024.

김명숙, 고종욱(2013). 여가활동이 노인건강에 미치는 영향과 가족지지의 매개역할. 노인복지연구, 60, 35-54.

김미경, 김지은(2017). 노인들의 여가제약이 여가만족 및 삶의 행복감에 미치는 영향. 관광연구, 32(8), 91-109.

김미령(2002). 스트레스이론의 비교 및 노인의 역할변화 연구에의 적용. 한국노년학, 22(2), 41-60.

김미령(2014). 손자녀 돌봄노동이 조부모의 삶의 만족도 및 우울에 미치는 영향. 가족과 문화, 26(1), 178-204.

김미영, 윤혜미(2015). 저소득 조부모의 손자녀 양육참여 가족 조모와 손자녀의 가족관계경험에 대한 질적 연구: 역할을 중심으로. 한국아동복지학, 50, 145-176.

김미혜, 김혜선(2004). 저소득층 조손가족 조부모의 생활만족도에 영향을 미치는 요인 연구. 한국노년학, 24(3), 153-170.

김병성(2001). 한국인에서의 대사증후군의 유병률. 대한임상건강증진학회지, 2(1), 17-25.

김선영(2006). 16주간 한국 전통춤 참여가 중·노년여성의 유산소능력과 신체조성에 미치는 영향. 한국무용과학회지, 13, 1-11.

김성희, 고선정(2004). 장애유형별 장애노인의 특성에 관한 연구. 한국노년학, 24(3), 171-195.

김소진(2019). 한국노인의 노화궤적 연구. 한국노년학, 39(1), 37-60.

김수연, 하대현(2007). 텍스트 이해력과 관련된 CHC 인지요인과 초인지의 관계. 독서연구, 17, 291-307.

김수영, 김진선, 윤현숙(2004). 치매노인을 돌보는 가족부양자의 우울과 삶의 만족 예측요인. 한국노년학, 24, 111-128.

김수현, 최연희, (2007). 신체적 건강상태가 노인의 자살생각에 미치는 영향. 한국노년학, 27(4), 775-788.

김승연, 고선규, 권정혜(2007). 노인집단에서 배우자의 사별 스트레스와 우울의 관계: 사회적 지지와 대처행동의 조절효과. 한국심리학회지: 임상, 26(3), 573-596.

김신열, 김순규, 서효정(2011). 배우자 사별노인의 우울과 적응유연성: 사회적 지지의 매개효과 검증. 보건사회연구, 31(3), 165-196.

김신옥(1999). J. W. Fowler의 신앙발달이론에 대한 비판적 소고. 영유아교육연구, 2, 227-245.

김영선(1997). 중고령 근로자의 성공적인 직무 적응에 관한 연구: Baltes의 성공적인 노화이론의 적용. 연세대학교 대학원 석사학위논문.

김영주(2010). 도시노인과 농촌노인의 신체적 건강과 경제상태가 정신건강에 미치는 영향: 가족생활과 사회생활의 매개효과 비교를 중심으로. 농촌사회, 20(1), 265-308.

김원경(2014). 치매가족의 자살 및 살인사건에 대한 신문기사 분석. 보건사회연구, 34(2), 219-246.

김원경(2017). 성공적 노화이론을 통한 한국 고령자의 이해. 한국노년학연구, 26(2), 123-133.

김원경, 전제아(2010). 국내 학술지에 나타난 조부모의 손자녀 양육참여 관련 연구 동향. 한국심리학회지 여성, 15(4), 653-671.

김은정, 정순둘(2011). 맞벌이가족 손자녀 양육조모의 삶의 만족. 노인복지연구, 54, 285-310.

김인석(2008). 운전 중 주의분산 행동의 위험성 평가. 한국심리학회 연차학술발표대회 논문집, 136-137.

김정은(2013). 규칙적 운동이 노인의 신체구성성분에 미치는 영향에 대한 체계적 문헌고찰. 한국여성체육학회지, 27(4), 129-138.

김진락, 오영훈(2016). 치료레크리에이션 프로그램이 치매노인의 인지기능 및 스트레스에 미치는 효과성 연구. 상담심리교육복지, 3(1), 5-22.

김창범, 신준용(2007). 12주간 수중운동이 낙상경험 여성노인들의 보행에 미치는 영향. 한국운동역학회지, 17(4), 9-16.

김형수(1996). 노인자살에 대한 사회적 이해와 노인복지정책. 한국노년학회 동계학술대회, 161-164.

김형수(2001). 한국 노인자살과 관련된 요인에 관한 연구. 자살생각을 중심으로. 한국사회복지학회 학술대회자료집, 2001(3), 589-602.

김형수(2006). 한국노인의 자살생각과 관련요인 연구. 한국노년학, 22(1), 199-205.

김혜선(2005). 조손가족 조부모의 양육태도와 양육스트레스가 손자녀 적응에 미치는 영향 연구. 한국아동복지학, 18, 85-117.

노영주, 한경혜(2000). 50대 중년여성의 모성경험에 대한 질적 연구. 한국가족관계학회지, 5(1), 1-22.

대한골대사학회 지침위원회(2008). 골다공증 진단 및 치료 지침 2007. 대한내분비학회지, 23(2), 76-108.

도로교통공단(2016). 교통사고 분석 자료집(통권 제32호).

도로교통공단(2019). 최근 5년간(2014~2018) 중상해 교통사고 특성분석.

문동규(2012). 노인의 자살생각과 관련된 유발변인의 메타회귀분석. 노인복지연구, 55, 133-158.

박경애(2007). 사회적 지지가 조손가족 조부모의 손자녀 돌봄 보상감에 미치는 영향. 한국가족복지학, 12(3), 25-45.

박명화 외(2008). 노인간호학. 서울: 정담미디어.

박명숙, 박창호(2010). 노인과 젊은이의 섬광기억과 정서: 노무현 대통령서거와 북한 2차 핵실험 중심으로. 한국심리학회지: 인지 및 생물, 22(2), 177-196.

박봉길, 전석균(2006). 노인의 자살생각에 영향을 미치는 우울증을 매개로 한 관련요인. 정신보건과 사회사업, 22, 58-90.
박상갑, 김은희, 권유찬, 박진기, 강세영, 장재희(2010). 복합운동프로그램이 Sarcopenia 여성노인을 위한 건강체력과 항노화 호르몬 및 근감소증에 미치는 영향. 한국사회체육학회지, 40, 435-442.
박상신, 이해정, 김효진, 이은희(2012). 한국인에서의 백내장과 녹내장 유병률. 대한시과학회지, 14(1), 77-84.
박석, 이영준, 이종우, 라경환, 백승옥, 하민수, 이천호(2010). 여름철 폭염주의보 수준의 열 스트레스가 여성노인의 심폐체력 및 면역기능에 미치는 영향. 한국사회체육학회지, 39, 683-692.
박석, 이천호, 백승옥, 신용업, 김정석, 조영웅, 이영준(2010). 열 스트레스가 여성노인들의 근기능 및 근손상에 미치는 영향. 한국노년학, 30(3), 793-802.
박양선, 김의환, 김태완, 이용식, 임영태(2010). 노인대상 12주간 균형능력 향상 운동이 계단내리기 보행시 주요 관절각 및 지면반력 변화에 미치는 영향. Korean Journal of Sport Biomechanics, 20(3), 267-275.
박정현, 정희경, 이정란(2018). 3D 프린팅 기술을 활용한 낙상충격 보호패드 설계 및 구조에 따른 특성비교. 한국의류학회지, 42(4), 612-625.
박주영, 민현주, 이복환 (2010). 24주간의 시니어댄스 운동프로그램이 노인여성의 신체구성과 노화관련 호르몬에 미치는 영향. 대한무용학회, 62, 85-102.
박지은, 장영애, 안희정, 정성욱, 이윤나(2013). 한국노인의 저작능력에 따른 식품 및 음식섭취 특성: 2007~2010년 국민건강영양조사 자료에 근거하여. Journal of Nutrition and Health, 43(3), 285-295.
박현옥(2005). CHC 지능이론에 따른 정신지체아의 인지요인 특성과 읽기기능의 관계. 대구대학교 박사학위논문.
박혜옥, 육성필(2013). 부부친밀감에 따른 배우자 사별노인의 사별스트레스가 우울 및 자살생각에 미치는 영향: 중재-매개모형. 한국심리학회지 상담 및 심리치료, 25(4), 933-951.
배지연(2005). 노인의 자살생각에 관한 인과모형. 사회과학논문집, 23(20), 343-475.
배지연, 김원형, 윤경아(2005). 노인의 우울 및 자살생각에 있어서 사회적 지지의 완충효과. 한국노년학, 25(3), 59-73.
배진희(2007). 손자녀양육 조부모의 심리적 안녕에 영향을 미치는 요인-양육형태별 비교를 중심으로. 사회복지정책, 29(4), 67-94.
보건복지가족부(2008). 치매관리종합대책.
보건복지부(2016). 정신질환실태조사.
보건복지부(2017). 노인실태조사.
보건복지부(2018). 국민건강통계.
보건복지부(2018). 노인학대현황.
보건복지부(2020). 2020년 치매정책 사업안내.
보건복지부, 중앙치매센터(2017). 2016년 전국치매역학조사.
보건복지부, 중앙치매센터(2020). 대한민국 치매현황 2019.
보건복지부, 질병관리본부(2018). 2018 국민건강통계: 국민건강영양조사 제7기 3차년도(2018).
보건복지부 외(2019). 2017 호스피스 · 완화의료 현황.
삼성경제연구소(2010). 베이비붐 세대 은퇴의 파급효과와 대응방안-주요국(미일) 비교 포함. 연구보고서 2010.10.
서순림 외(2006). 노인건강증진. 서울: 현문사.
서울대학교병원(2008). 치매노인 유병률 조사.
성낙훈, 백진우(2004). 여가활동 참여와 사회적 지지, 자아존중감 그리고 스트레스의 관계: 서울 소재 노인복지관 참여노인을 대상으로. 한국스포츠리서치, 15(1), 465-474.
성수영, 김상운(2020). 노인교통사고 실태 및 감소방안에 관한 연구. 한국콘텐츠학회논문지, 20(1), 437-447.
성순창, 강창균, 이민균(2007). 노인여성의 넘어진 경험이 활동체력, 등속성 각근력 및 평형성에 미치는 영향. 한국체육학회지, 46(3), 503-515.
손의성, 홍세희(2007). 배우자 사별 노인의 대처자원, 배우자 죽음의 질이 사별 적응에 미치는 영향: 선택, 최적화, 보상(SOC)의 대처전략의 매개효과를 중심으로. 인간발달연구, 14(3), 65-86.

송경애, 문정순, 강성실, 최정현(2001). 지역사회 재가 노인들의 낙상공포에 관한 연구. 한국보건간호학회지, 15(2), 324-333.

송길연, 성현란, 양돈규, 이지연, 장유경, 정영숙, 조은영 역(2012). 성인발달과 노화. [Cavanaugh, J. C. & Blanchard-Fields, F. (2011). Adult Development & Aging. 6th ed.] 센게이지 러닝 코리아.

송영달, 손지아, 박순미(2010). 독거노인의 자살생각에 영향을 미치는 생태체계적 요인분석. 한국노년학, 30(2), 643-660.

송영지, 손지현, 남희은(2013). 노인 스트레스가 자살생각에 미치는 영향: 스트레스 대처방식의 매개효과를 중심으로. 한국사회복지조사연구, 37, 71-92.

심은주, 이경화(2012). 교육학 분야 영성연구의 동향과 과제-2000년부터 2022년까지 발표된 국내논문을 중심으로. 열린교육연구, 20, 137-158.

안병주, 정승혜(2010). 기무(氣舞)요법이 치매노인의 보행과 균형능력의 향상에 미치는 영향. 한국체육학회지, 49(4), 387-396.

안수정, 추상희, 정혜정(2016). 지역사회 거주 노인의 근감소증 유병률, 인지기능과의 관계 및 중재연구 동향: 체계적 문헌고찰. 한국노년학, 36(3), 727-749.

안숙희, 김현리, 소희영, 송라윤(2009). 폐경 후 여성의 낙상 두려움에 영향을 미치는 요인. 여성건강간호학회지, 15(4), 344-352.

여에스더(2002). 폐경기 노화와 비만. 대한비만학회지, 11(3), 289-299.

오경동, 김효철(2011). 피부 광노화의 중의학적 메커니즘에 관한 탐구. 대한피부미용학회지, 9(4), 205-210.

오제은(2009). Fowler의 신앙발달단계 이론의 문화적 타당성 탐색: 국내 기독교인 대학생과 대학원생을 대상으로. 상담학연구, 10(2), 831-847.

원혜진, 송신애(2019). 배우자와의 사별이 고령층의 우울에 미치는 영향: 성별 비교를 통한 전통적인 성역할 규범의 영향 분석. 보건사회연구, 39(4), 145-172.

유은정, 전태원, 박현(2008). 낙상골절 경험이 노인여성의 낙상관련 체력요인, 심리적 요인, 골밀도에 미치는 영향. 한국여성체육학회지, 22(4), 101-115.

유형준(2016). 노인의 연령 구분: 실용(實用) 혹은 수사(修辭). 한국노년학연구, 25, 33-37.

육아정책연구소(2014). 출산수준 제고와 일가정 양립을 위한 육아지원 내실방안(IV): 맞벌이 가구의 영유아 자녀양육지원 실태 및 개선방안.

윤가현(2015). 노년기 인지기능 저하와 사망 위험 예측의 연관성에 관한 개념적 소고. 한국노년학연구, 24, 105-132.

윤득형(2017). 사별 애도를 위한 영적 돌봄과 의미 만들기 이론 - 자녀를 잃은 부부의 사례를 중심으로. 신학과 실천. 53, 411-438.

윤명숙, 박은아(2013). 유산 후 애도와 우울: 파트너 지지의 조절효과. 정신건강과사회복지, 41(2), 33-56.

이가연, 전혜정, 주수산나(2018). 손자녀를 돌보는 조부모의 가구소득에 따른 돌봄대가 수혜여부가 정신건강에 미치는 영향. 가족과 문화, 30(4), 1-28.

이경진, 송창호, 신승호, 이승원(2010). 균형운동프로그램이 당뇨병성 신경병증 노인의 균형능력, 보행 및 고유감각에 미치는 효과. 한국노년학, 30(2), 385-399.

이승원, 김남조, 박대성, 이동엽, 이상숙, 이해현 외(2007). 정상 성인군과 노인군의 TENS 적용을 통한 자세동요 비교. 한국스포츠리서치, 18(5), 659-668.

이승원, 이완희(2010). TENS 적용과 균형운동이 여성노인의 균형능력에 미치는 효과 비교. 한국노년학, 30(3), 993-1003.

이시형(2005). 삶의 의미를 찾아서(빅터 프랑클 저). 경기: 청아출판사.

이연수(2019). 노인의 학대경험이 자살생각에 미치는 영향: 우울의 매개효과를 중심으로. 위덕대학교 일반대학원 박사학위논문.

이영길 (2013). 노인의 사회활동이 죽음불안에 미치는 영향. 한국고령친화건강증진학회지, 5(1), 13-25.

이영숙, 박경란(2000). 청년기 손자녀와 조부모의 공유활동에 관한 연구. 한국노년학, 20(3), 1-16.

이옥진, 박현식(2017). 베이비부머 대상 연구의 성공적 노화모델 적용 경향 분석. 한국노년학, 37(1), 251-270.

이온(2015). 노화에 따른 근력 및 근육량의 감소와 신체적 수행능력 및 만성질환 간의 연관성. 한국연구재단 연구보고서.

이온, 남현석, 공성아, 김재우, 김성수, 강현주, 김연수(2010). 신체활동과 노인낙상의 내재적 위험요인 간의 관련성. 대한스포츠의학회지, 28(2), 95-102.

이용희(2009). 24주간 수중 낙상예방운동이 여성노인의 체력 및 신체구성에 미치는 영향. 한국여성체육학회지, 23(1), 59-70.

이우경(2016). DSM-5에 의한 최신 이상심리학. 서울: 학지사.

이원규(2015). 종교사회학의 이해. 서울: 사회비평사.

이원혜(2008). 노인의 일화기억 특성과 일상생활 기억력 증진 연구. 고려대학교 박사학위논문.

이윤정(2014). 조손가정 내 조부모의 여가활동이 우울감에 미치는 영향. 한국노년학, 34(2), 299-313.

이인수(2001). 대학생이 느끼는 조부모의 도움. 한국노년학, 21(1), 131-145.

이정은, 유지영(2017). 노인의 자살생각에 영향을 미치는 요인군에 대한 메타분석. 한국노년학, 37(3), 601-616.

이정학(1996). 노인성 난청의 보청기 효과. 한국노년학, 16(2), 151-161.

이지연, 정경미, 김원경(2008). 중산층 양육 조모와 비양육 조모의 양육스트레스 및 정신건강 실태 조사. 한국심리학회지: 여성, 13(3), 325-341.

이하나(2014). 노인의 잔존치아 수와 체질량지수(Body Mass Index)의 관련성. 아주대학교 보건대학원 석사학위논문.

이현경, 김미선, 최승순, 최만규(2014). 생태체계적 관점에서 본 우리나라 노인의 자살생각 유발변인. 보건사회연구, 34(3), 430-451.

이현경, 장창곡(2012). 한국노인의 건강관련 삶의 질 및 정신건강과 자살생각의 연관성. 대한보건연구, 38(1), 69-79.

이현엽, 이혜수(2019). 다층모형 분석을 활용한 한국 노인의 성공적 노화 지표들의 변화궤적 연구: 남녀 차이 검증을 중심으로. 한국노년학, 39(4), 977-996.

이혜경(2016). 배우자 사별을 경험한 독거노인의 애도수준과 자살생각 간의 관계. 정신보건과 사회사업, 44(1), 24-47.

이혜경, 권주현(2015). 사별한 독거노인의 애도수준이 자살생각에 미치는 영향 연구: 사회적 지지의 조절효과를 중심으로. 노인복지연구, 69, 193-213.

이혜선, 육성필, 배진화, 안창일(2008). 자살관련행동의 명명과 분류. 한국심리학회지, 27(2), 331-449.

이혜숙(1996). 임상사회복지에서의 영성개념화를 위한 연구. 이화여자대학교 석사학위논문.

이호준(2019). '국가부도의 날'은 어떤 변화를 가져왔는가? IMF 사태와 한국의 사회적 자본. OUGHTOPIA, 33(4), 145-177.

임길병, 나영무, 이홍재, 주성주(2003). 발란스 마스터를 이용한 정상 노인과 청년의 균형능력 평가 비교. 대한재활의학회지, 27(3), 417-423.

임나연, 최민식(2019). 한국의 직종 내 성별 임금격차 분석: 직종 내 고소득 여성 비중을 중심으로. 노동경제논집, 42(3), 1-38.

임승길(2010). 한국형 노인 낙상공포 및 활동척도(K-SAFE)의 타당화. 한국사회체육학회지, 40, 359-368.

임춘식, 장금섭, 정명숙(2013). 독거노인의 자살생각에 영향을 미치는 요인연구. 사회과학연구, 22, 192-223.

임화재(2016). 부산지역 일부 노인들의 신체조성, 신체활동수준, 기초대사량 및 에너지소비량실태에 관한 연구. 대한지역사회영양학회지, 21(2), 178-189.

임효진, 한지은, 장경은, 여영기, 박병기(2015). 노인집단에서 창의성과 주관적 안녕감의 관계. 노인복지연구, 68, 133-160.

장군자, 전은영, 권병현(2010). 고혈압이 있는 재가노인의 낙상발생의 차이 및 영향요인. 한국보건간호학회지, 24(2), 302-310.

장미희, 박창기(2012). 영과잉 가산자료 분석방법을 이용한 지역사회거주 노인의 노인학대 발생과 심각성에 미치는 위험요인 분석. 대한간호학회지, 42(6), 819-832.

장성만(2010). 노인과 운전. 노인정신의학, 14(1), 15-19.

장수지(2013). 노년기 배우자 사별 후 적응과정에서의 개인적 성장. 한국사회복지학, 65(4), 165-193.

장수지(2015). 사별대처의 이중과정모델에 기초한 배우자 사별노인의 심리적 안녕감 연구. 한국노년학, 35(3), 589-608.

장수지(2019). 노년기 배우자 사별스트레스와 다차원적 적응: 이중과정 대처와 사회적 지지의 조절효과. 한국사회복지조사연구, 60, 165-191.

장인순(2006). 일부지역사회 독거노인의 여가활동유형과 건강상태, 자아존중감, 사회적 지지와의 관계 연구. 한국보건간호학회지, 20(2), 130-140.

장혜경(2007). 노인의 자살생각 유발요인과 사회적 지지의 중재효과 연구. 진주산업대학교 벤처창업대학원 석사학위논문.

전길양, 김정옥(2000). 배우자 사별 노인의 자기효능감, 사회적 지지 및 심리적 적응에 관한 연구. 대한가정학회지, 38(1), 155-170.

전미진, 류소연(2016). 한국 노인의 치아상실에 따른 구강건강 행태 및 건강행태-6기 국민건강영양조사. 한국엔터테인먼트산업학회논문지, 10(5), 259-268.

정명렬(2010). 노인의 고립이 자살생각에 미치는 영향: 우울의 매개효과를 중심으로. 조선대학교 정책대학원 석사학위논문.

정명숙(2007). 종교와 용서가 노년기의 건강과 행복에 미치는 영향. 복지논총, 2, 47-76.

정명숙(2018). 국내 영성연구의 동향: 연구에서 사용된 변수와 프로그램의 분석. 한국심리학회지: 일반, 37(3), 385-409.

정명숙, 강석임, 김승주, 전혜원(2017). 우리나라 영성연구의 동향과 향후과제. 인간연구, 34, 93-126.

정옥분(2008). 성인·노인심리학. 서울: 학지사.

정화철(2017). 치매노인 보호자의 부양스트레스가 자살생각에 미치는 영향. 한국콘텐츠학회논문지, 17(11), 167-182.

조규영, 배은정, 김윤희(2019). 우리나라 성인의 연령군별 근감소증과 건강위험행위의 연관성: 국민건강영양조사 자료 활용(제4-5기). 한국자료분석학회지, 221(3), 1523-1537.

조상희(2011). 노인의 여가활동이 사회적 관계망과 심리적 복지감에 미치는 영향에 관한 연구. 한영신학대학교 대학원 박사학위논문.

조은경(1999). 정서와 인지. 이정모 외. 인지심리학 (pp. 429-448). 서울: 학지사.

중앙노인보호전문기관(2019). 2018년 노인학대현황보고서.

중앙치매센터(2017). 2016년 전국 치매역학 조사.

질병관리청(2018). 국민건강영양조사.

최기영, 김선엽(2019). 낙상예방운동 프로그램이 치매노인의 균형, 보행과 하지근력, 심리사회적 특성서에 미치는 영향. 대한물리의학회지, 14(10), 75-89.

최미자(2003). 난소절제 여성의 영양소 섭취 상태가 골밀도 및 골무기질 함량에 미치는 영향. 한국영양학회지, 36(2), 167-174.

최순영(2016). 노인의 배우자 사별스트레스와 우울의 관계: 사회적 지지와 탄력성의 조절효과. 부산대학교 석사학위논문.

최인희(2014). 손자녀 돌봄이 여성노인의 생활만족도에 미치는 영향: 돌봄에 대한 자발성과 주관적 평가를 중심으로. 가정과 문화, 26(4), 118-138.

최정현, 유인영(2007). 타이치 자조프로그램이 슬골관절염 여성노인환자의 관절기능상태, 피로, 낙상공포에 미치는 영향. 한국노년학회지, 27(4), 913-927.

최종환(2010). Sensory-motor 기능 훈련이 노인들의 낙상관련 근기능, 이동성, 평형성에 미치는 영향. 한국발육발달학회지, 18(3), 211-216.

최해경(2006). 조손가족에 대한 사회적 지지 실태와 조부모의 신체적 건강과 정신건강에 미치는 영향. 한국인구학, 29(2), 115-142.

최해경(2002). 저소득층 조손 가정 여성 노인의 우울감과 관련 요인 연구. 한국노년학, 22(3), 207-222.

최혜지(2004). 손자녀 양육형태가 노부모와 성인자녀의 세대관계에 미치는 영향. 한국노년학, 24(3), 31-49.

최혜지(2006). 손자녀 양육형태가 노부모와 성인자녀의 세대관계에 미치는 영향. 한림대학교 고령사회연구소(편). 한국노인의 삶(pp. 153-176). 춘천: 한림대학교 출판부.

최혜지(2006). 조손 가족에 대한 사회적 지지 실태와 조부모의 신체적 건강과 정신건강에 미치는 영향. 한국인구학, 29(2), 115-142.

최홍준, 김윤숙, 전 섭, 김종수, 최승도, 선우재근, 배동한

(2005). 폐경후 여성에서 저용량 성장호르몬 요법이 골밀도, 인슐린양 성장인자, 악력 및 체지방과 혈중 지질 성분에 미치는 영향에 대한 연구. 대한산부회지, 48(3), 742-749.

통계청(2007). 2005~2030 장래가구추계 결과.

통계청(2008a). 사망원인통계연보.

통계청(2008b). 2008 고령자통계. 통계청 보도자료(2008. 9.).

통계청(2010). 연령별 경제활동인구 총괄.

통계청(2014). 국민건강영양조사: 건강 식생활 실천율 추이: 성별, 만 6세 이상.

통계청(2016). 사망원인별 사망률.

통계청(2019). 장래인구추계.

통계청(2019). 사망원인통계.

통계청(2020). 경제활동인구조사.

하상훈(2000). 청소년의 자살생각과 심리사회적 요인과의 관계. 인하대학교 박사학위논문.

하상훈(2001). 청소년의 자살충동과 심리사회적 변인과의 관계. 학생생활연구, 21, 138-139.

한경혜, 윤순덕(2001). 자녀와의 동 · 별거가 농촌노인의 심리적 복지감에 미치는 영향. 한국노년학회 2001년 춘계학술대회 발표논문.

한국보건사회연구원(2009). 2008년도 환자조사. 정책보고서 09-44.

한국보건사회연구원(2019). 2017년 한국의료패널 기초분석보고서(II): 질병이환, 만성질환, 건강 행태와 건강 수준.

한국죽음학회(2010). 한국인의 웰다잉 가이드라인. 서울: 대화문화아카데미 대화출판사.

한삼성, 강성욱, 유왕근, 피영규(2009). 노인의 자살생각 결정요인에 관한 연구. 보건사회연구, 29(1), 192-212.

허문회(2019). 생애 말기 돌봄 활성화를 위한 호스피스 제도 발전방안 연구. 부산대학교 행정대학원 석사학위논문.

허준수, 유수현(2002). 노인의 우울에 영향을 미치는 요인에 관한 연구. 정신보건과 사회사업, 13, 7-35.

홍승연, 장혜정, 박수빈(2017). 치매노인과 가족부양자들을 대상으로 한 그룹 인지기능강화 프로그램이 인지지능, 우울 및 자아존중감에 미치는 영향: 사례연구. 한국노년학회 춘계학술대회, 265-267.

홍영습, 김병권, 정백근, 박용우, 박종태, 정갑열 외(2004). 일부 우리나라 성인의 대사성증후군의 유병률과 허리둘레 예측치. 예방의학회지, 37(1), 51-8.

황남희(2014). 한국 노년층의 여가활동 유형화 및 영향요인 분석. 보건사회연구, 34(2), 37-69.

황미진, 정혜정(2014). 조손가족 조모의 심리적 적응에 영향을 미치는 요인-Double ABCX 가족스트레스 모델을 기초로. 한국가정관리학회지, 32(4), 1-2.

Aartsen, M. J., Smits, C. H., van Tilburg, T., Knipscheer, K. C., & Deeg, D. J. (2002). Activity in older adults: Cause or consequence of cognitive functioning? A longitudinal study on everyday activities and cognitive performance in older adults. *Journals of Gerontology: Psychological Sciences, 57B*, P153-P162.

Aartsen, M. J., van Tilburg, T., Smits, C. H., Comijs, H. C., & Knipscheer, K. C. (2005). Does widowhood affect memory performance of older persons? *Psychological Medicine*, *35*, 217-226.

Abraham, J. D., & Hansson, R. O. (1995). Successful aging at work: An applied study of selection, optimization, and compensation through impression management. *Journal of Gerontology: Psychological Sciences*, *50B*, 94-103.

Abraham, A., Pieritz, K., Thybusch, K., et al. (2012). Creativity and the brain: Uncovering the neural signature of conceptual expansion. *Neuropsychologia, 50*(8), 1906-1917.

Abrams, R. C., & Horowitz, S. V. (1999). Personality disorders after age 50: A meta-analytic review of the literature. In E. Rosowsky, R. C. Abrams & R. A. Zweig (Eds.), *Personality disorders in older adults: Emerging issues in diagnosis and treatment* (pp. 55-68). Mahweh, NJ: Lawrence Erlbaum.

Achem, S. R., & Devault, K. R. (2005). Dysphagia in aging. *Journal of Clinical Gastroenterology*, *39*, 357–371.

Achenbaum, W. A. (1978). *Old age in the new land The American experience since 1970*. Baltimore: Johns Hopkins University Press.

Achenbaum, W., & Bengtson, V. (1994). Re–engaging the disengagement theory of aging: On the history and assessment of theory development in gerontology. *The Gerontologist*, *34*(6), 756–763.

Adams, R. G. (1989). Conceptual and methodological issues in studying friendships of older adults. In R. G. Adams & R. Blieszner (Eds.), *In older adult friendship* (pp.17–44). Newberry Park: Sage.

Adams, R. G., & Blieszner, R. (1994). An integrative conceptual framework for friendship research. *Journal of Social and Personal Relationships, 11*, 163–184.

Adams, R. G., & Blieszner, R. (1995). Midlife friendship patterns. In N. Vanzetti & S. Duck (Eds.), *A lifetime of relationships* (pp. 336–363). San Francisco: Brooks/Cole.

Adams–Price, C. (1998). Aging, writing, and creativity, In C. Adams–Price (Ed.), *Creativity and successful aging: Theoretical and empirical approaches* (pp. 289–310). New York: Springer.

Adler, N. E., Boyce, T., Chesney, M. A., Cohen, S., Folkman, S., Kahn, R. L., & Syme, S. L. (1994). Socioeconomic status and health: The challenge of the gradient. *American Psychologist, 49*, 15–24.

Agostino, D., & Paco, A. (2012). Analysis of the motivations, generativity and demographics of the food bank volunteer. *International Journal of Nonprofit and Voluntary Sector Marketing*, *17*, 249–261.

Ahluwalia, N. (2004). Aging, nutrition and immune function. *Journal of Nutrition, Health, and Aging*, *8*, 2–6.

Ai, A. L., Huang, B., Biork, J., et al. (2013). Religious attendance and major depression among Asian Americans from a national database: The mediation of social support. *Psychology of Religion and Spirituality*, *5*, 78–89.

Aldwin, C. M., & Gilmer, D. F. (1999). Health and optimal aging. In J. C. Cavanaugh & S. K. Whitbourne (Eds.), *Gerontology: Interdisciplinary perspectives* (pp. 123–154). New York: Oxford University Press.

Aldwin, C. M., Spiro, A., & Park, C. L. (2006). Health, Behavior, and optimal aging: A life–span developmental perspective. In J. E. Birren & Schaie, K. W. (Eds.), *Handbook of the psychology of aging* (6th ed., pp. 85–104). Burlington, MA: Elsevier Academic Press.

Alea, N., Diehl, M., & Bluck, S. (2004). Personality and enotion in late life. *Encyclopedia of Applied Psychology*, 1–10. San Diego, CA: Elsevier.

Alexopoulos, G. S., Reynolds, C. F., III, Bruce, M. L., et al. (2009). Reducing suicidal ideation and depression in older primary care patients: 24–month outcomes of the PROSPECT study. *American Journal of Psychiatry*, *166*, 882–890.

Allaire, J. C., & Marsiske, M. (2002). Well–and ill–defined measures of everyday cognition: Relationship to older adults' intellectual ability and functional status. *Psychology and Aging, 17*, 101–115.

Allen, K. R., Blieszner, R., & Roberto, K. A. (2000). Families in the middle and later years: A review and critique of research in the 1990s. *Journal of Marriage and the Family, 62*, 911–926.

Almeida, O. P., Calver, J., Jamrozik, K., Hankey, G. J., & Flicker, L. (2009). Obesity and metabolic syndrome increase the risk of incident depression in older men: The health in men study. *American*

Journal of Geriatric Psychiatry, *17*, 889–898.

Almeida, O. P., Waterreus, A., Spry, N., et al., (2004). One-year follow-up study of the association between chemical castration, sex hormones, beta-amyloid, memory, and depression in men. *Psychoneuroendocrinology, 29*, 1071–1081.

Alsop, S. (1973). *Stay of execution*. New York: Lippincott.

Amato, P. R. (2000). The consequences of divorce for adults and children. *Journal of Marriage and the Family, 62*, 511–521.

Amato, P. R., & Afifi, T. D. (2006). Feeling caught between parents: Adult children's relations with parents and subjective well-being. *Journal of Marriage and the family, 68*, 222–235.

American Psychiatric Association (2000). *DSM-IV: Diagnostic and Statistical Manual of Mental Disorders Text Revision*. Washington, DC: American Psychiatric Association.

American Psychiatric Association (2013). *DSM-5 Diagnostic and Statistical manual of mental disorders*. Washington DC: American Psychiatric Association.

American Psychological Association (2014). Guidelines for Psychological Practice with older adults. *American Psychologists, 69*(1), 34–65.

American Psychological Association Presidential Task Force on Evidence-Based Practice (2006). Evidence-based practice in psychology. *American Psychologist*, *61*, 271–285.

Amore, M., Tagariello, P., Laterza, C., & Savoia, E. M. (2007). Beyond nosography of depression in elderly. *Archives of Gerontology and Geriatrics*, *44 Suppl 1*, 13–22.

An, J. S., & Cooney, T. M. (2006). Psychological well-being in mid to late life: The role of generativity development and parent-child relationships across the lifespan. *International Journal of Behavioral Development*, *30*, 410–421.

Ancoli-Israel, S., & Cooke, J. R. (2005). Prevalence and comorbidity of insomnia and effect on functioning in elderly populations. *Journal of the American Geriatrics Society, 53*, S264–S271.

Andreoletti, C., Veratti, B. W., & Lachman, M. E. (2006). Age differences in the relationship between anxiety and recall. *Aging and Mental Health, 10*, 265–271.

Andrews-Hanna, J. R., Snyder, A. Z., Vincent, J. L., et al. (2007). Disruption of large-scale brain systems in advanced aging. *Neuron, 56*, 924–935.

Antonini, F. M., Magnolfi, S. U., Petruzzi, E., Pinzani, P., Malentacchi, F., Petruzzi, I., & Masotti, G. (2008). Physical performance and creative activities of centenarians. *Archives of Gerontology and Geriatrics*, *46*, 253–261.

Antonucci, T. C., Kristine, A., & Birditt, K. S. (2014). The convoy model: Explaining social relations from a multidisciplinary perspective. *Gerontologist, 54*(1), 82–92.

Arbuckle, T. Y., Maag, U., Pushkar, D., & Chaikelson, J. S. (1998). Individual differences in trajectory of intellectual development over 45 years of adulthood. *Psychology and Aging, 13*, 663–675.

Archer, N., Brown, R. G., Reeves, S., Boothby, H., Lovestone, S., & Nicholas, H. (2009). Midlife neuroticism and the age of onset of Alzheimer's disease. *Psychological Medicine*, *39*, 665–673.

Ardelt, M. (2000). Still stable after all these years? Personality stability theory revisited. *Social*

Psychology Quarterly, 63, 392–405.

Ardelt, M. (2004). Wisdom as expert knowledge system: A critical review of a contemporary operationalization of an ancient concept. *Human Development, 47*, 257–285.

Ardelt, M., & Koenig, C. S. (2006). The role of religion for hospice patients and relatively healthy older adults. *Research on Aging, 28*, 184–215.

Arean, P. A., & Ayalon, L. (2005). Assessment and treatment of depressed older adults in primary care. *Clinical Psychology: Science and Practice, 12*, 321–335.

Argue, A., Johnson, D. R., & White, L. K. (1999). Age and religiosity: Evidence from a three–wave panel analysis. *Journal of the Scientific Study of Religion, 38*, 423–435.

Armstrong, P. I., & Anthoney, S. F. (2009). Personality facets and RIASEC interests: An integrated model. *Journal of Vocational Behavior, 75*, 346–359.

Armstrong–Stassen, M., & Ursel, N. D. (2009). Perceived organizational support, career satisfaction, and the retention of older workers. *Journal of Occupational and Organizational Psychology, 82*, 201–220.

Arnett, J. J. (2000). Emerging adulthood: A theory of development from the late teens through the twenties. *American Psychologist, 55*, 469–480.

Arnold, J. T., Le, H., McFann, K. K., & Blackman, M. R. (2005). Comparative effects of DHEA vs. testosterone, dihydrotestosterone, and estradiol on proliferation and gene expression in human LNAaP prostate cancer cells. *American Journal of Physiology: Endocrinology and Metabolism, 288*, E573–E584.

Artistico, D., Cervone, D., & Pezzuti, L. (2003). Perceived self–efficacy and everyday problem solving among young and older adults. *Psychology and Aging, 18*, 68–79.

Atchley, R. C. (1989). A continuity theory of normal aging. *The Gerontologist, 29*, 183–190.

Attar–Schwartz, S., Tan, J.–P., Buchanan., et al. (2009). Grandparent and adolescent adjustment in two–parent biological, lone–parent, and step–families. *Journal of Family Psychology, 23*, 67–75.

Ayers, C. R., Sorrell, J. T., Thorp, S. R., & Wetherell, J. L. (2007). Evidence–based psychological treatments for late–life anxiety. *Psychology and Aging, 22*, 8–17.

Backhouse, J., & Graham, A. (2012). Grandparents raising grandchildren: negotiating the complexities of role–identity conflict. *Child and Family Social Work, 17*(3), 306–315.

Baddeley, A. (2003). Working memory: Looking back and looking forward. *Nature Reviews Neuroscience, 4*, 829–839.

Ball, K., Berch, D. B., Helmers, K. F., Jobe, J. B., Leveck, M. D., Marsiske, M., Morris, J. N., Rebok, G. W., Smith, D. M., Tennstedt, S. L., Unverzagt, F. W., & Willis, S. L. (2002). Effects of cognitive training interventions with older adults: A randomized controlled trial. *Journal of the American Medical Association, 288*, 2271–2281.

Baltes, J. S., & Goodsell, T. L. (2013). Male kin relationships: Grandfathers, grandsons, and generativity. *Marriage & Family Review, 49*(1), 26–50.

Baltes, M. M., & Carstensen, L. L. (2011). The process of successful aging: Selection, optimization, and compensation. In Understanding Human Development: Dialogues with Lifespan Psychology (pp. 81–104). Boston, MA: Springer.

Baltes, P. B. (1979). Life–span developmental psychology: Some converging observations on history and theory, In P. B. Baltes & O. G. Brim Jr. (Eds.), *Life–span development and behavior* (Vol. 2, pp. 255–279). New York: Academic Press.

Baltes, P. B., & Baltes, M. M. (1990). Psychological

perspectives on successful aging: A model of selective optimization with compensation, In P. B. Baltes & M. M. Baltes (Eds.), *Successful aging: Perspectives from the behavioral sciences* (pp. 1–34). New York: Cambridge University Press.

Baltes, P. B., & Dickson, M. (2001). Using life-span models in industrial-organizational psychology: The theory of selective optimization with compensation. *Applied Developmental Science*, *5*(1), 51–62.

Baltes, P. B., & Graf, P. (1996). Psychological aspects of aging: Facts and frontiers, In D. Magnusson (Ed.), *The lifespan development of individuals: Behavioral, neurobiological and psychosocial perspectives* (pp. 427–460). New York: Cambridge University Press.

Baltes, P. B., & Kliegl, R. (1992). Further testing of limits of cognitive plasticity: Negative age differences in a mnemonic skill are robust. *Developmental Psychology, 28*, 121–125.

Baltes, P. B., Kliegl, R., & Dittmann-Kohli, F. (1988). On the locus of training gains in research on the plasticity of fluid intelligence in old age. *Journal of Educational Psychology, 80*, 392–400.

Baltes, P. B., & Smith, J. (2008). The fascination of wisdom: Its nature, ontogeny, and function. *Perspectives on Psychological Science, 3*, 56–64.

Baltes, P. B., Sowarka, D., & Kliegl, R. (1989). Cognitive training research on fluid intelligence in old age: What can older adults achieve by themselves? *Psychology and Aging, 4*, 217–221.

Baltes, P. B., & Staudinger, U. M. (2000). Wisdom. A metaheuristic (pragmatic) to orchestrate mind and virtue toward excellence. *American Psychologist, 55*, 122–136.

Baltes, P. B., Staudinger, U., & Lindenberger, U. (1999). Life-span psychology: Theory and application to intellectual functioning. *Annual Review of Psychology, 50*, 471–507.

Baltes, P. B., Staudinger, U. M., Maercker, A., & Smith, J. (1995). People nominated as wise: A comparative study of wisdom-related knowledge. *Psychology and Aging, 10*, 155–166.

Baltes, P. B., & Willis, S. L. (1978). Life-span developmental psychology, cognition, and social policy. In M. W. Riley (Ed.), *Aging from birth to death*. Washington, DC: American Association for the Advancement of Science.

Baltes, P. B., & Willis, S. L. (1982). Enhancement (plasticity) of intellectual functioning: Penn State's Adult Development and Enrichment Project (ADEPT). In F. I. M. Craig & S. Trehub (Eds.), *Aging and cognitive processes*. New York: Plenum.

Baran, X. Y., & Young, R. C. (2006). Bipolar and depressive types of schizoaffective disorder in old age. *American Journal of Geriatric Psychiatry, 14*, 382–383.

Barbaste, M., Berke, B., Dumas, M., Soulet, S., Delaunay, J. C., Castagnino, C., Arnaudinaud, V., Cheze, C., & Vercauterer, J. (2002). Dietary antioxidants, peroxidation and cardiovascular risks. *Journal of Nutrition Health and Aging, 6*, 209–223.

Barefoot, J. C., Mortensen, E. L., Helms, M. J., Avlund, K., & Schroll, M. (2001). A longitudical study of gender differences in depressive symptoms from age 50 to 80. *Psychology and Aging, 16*, 342–345.

Barnard, K., & Colon-Emeric, C. (2010). Extraskeletal effects of vitamin D in older adults: Cardiovascular disease, Mortality, mood, and cognition. *American Journal of Geriatric Pharmacotherapy*, *8*, 4–33.

Bartzokis, G., Beckson, M., Lu, P. H., Nuechterlein, K. H., Edwards, N., & Mintz, J. (2001). Age-related changes in frontal and temporal lobe volumes in men: A magnetic resonance imaging study. *Archives of General Psychiatry, 58*, 461–465.

Basak, C., Boot, W. R., Voss, M. W., & Kramer, A. F. (2008). Can training in a real-time strategy videogame attenuate cognitive decline in older adults? *Psychology and Aging*, *23*(4), 765–777.

Bascom, P. B., & Tolle, S. W. (2002). Responding to requests for physician-assisted suicide: "These are uncharted waters for both of us." *Journal of the American Medical Association, 288*, 91–98.

Bauer, J. J. (2008). How the ego quiets as it grows: Ego development, growth stories, and eudaimonic personality development. In H. A. Wayment & J. J. Bauer (Eds.), *Transcending self-interest: Psychological explorations of the quiet ego*. (pp. 199–210). Washington, DC: American Psychological Association.

Baylor, A. M., & Spirduso, W. W. (1988). Systemic aerobic exercise and components of reaction time in older women. *Journal of Gerontology, 43*, 121–126.

Bazzano, L. A. (2006). The high cost ofnot consuming fruits and vegetables. *Journal of the American Dietetic Association, 106*, 1364–1368.

Beason-Held, L. L., Kraut, M. A., & Resnick, S. M. (2009). Stability of default-mode netqoek activity in the aging brain. *Brain Imaging and Behavior, 3*, 123–131.

Bechtold, M., Palmer. J., Valtos. J., lasiello, C., & Sowers, J. (2006). Metabolic syndrome in the elderly. *Current Diabetes Reports, 6*, 64–71.

Bedford, V. H., & Avioli, P. S. (1996). Affect and sibling relationship in adulthood. In C. Magai & S. H. McFadden (Eds.), *Handbook of emotion, adult development, and aging* (pp. 207–221). San Diego: Academic Press.

Bedford, V. H., Volling, B. L., & Avioli, P. S. (2000). Positive consequences of sibling conflict in childhood and adulthood. *International Journal of Aging & Human Development, 51*, 53–69.

Beehr, T. A., Glazer, S., Nielson, N. L., & Farmer, S. J. (2000). Work and nonwork predictors of employees; retirement ages. *Journal of Vocational Behavior*, *57*, 206–225.

Beekman, A. T., Geerlings, S. W., Deeg, D. J., Smit, J. H., Schoevers, R. S., de Beurs, E., Braam, A. W., Penninx, B. W., & van Tilburg, W. (2002). The natural history of late-life depression: A 6-year prospective study in the community. *Archives of General Psychiatry, 59*, 605–611.

Beers, M. H. (2004). *Merck manual of health and aging*. Whitehouse Station, NJ: Merck Research Labs.

Beghetto, R. A., & Kaufman, J. C. (2007). Toward a broader conception of creativity: A case for 'mini-c' creativity. *Psychology of Aesthetics, Creativity, and the Arts*, *1*, 73–79.

Beier, M. E., & Ackerman, P. L. (2001). Current-events knowledge in adults: An investigation of age, intelligence, and nonability determinants. *Psychology and Aging, 16*, 615–628.

Belleville, S., Gilbert, B., Fontaine, F., Gagnon, L., Menard, E., & Gauthier, S. (2006). Improvement of episodic memory in persons with mild cognitive impairment and healthy older adults: Evidence from a cognitive intervention program. *Dementia and Geriatric Cognitive Disorders, 22*, 486–499.

Bellipanni, G., Bianchi, P., Pierpaoli, W., Bulian, D., & Ilyia, E. (2001). Effects of melatonin in perimenopausal and menopausal women: A randomized and placebo controlled study. *Experimental Gerontology, 36*, 297–310.

Belsky, J. K. (1999). *The psychology of aging* (3rd ed.). Pacific Grove, CA: Brooks/Cole.

Ben-David, B. M., & Schneider, B. A. (2009). A sensory origin for color-word Stroop effects in aging: A meta-analysis. *Neuropsycholol Dev Cogn B Aging Neuropsychol Cogn, 16*, 505–534.

Ben-David, B. M., & Schneider, B. A. (2012). A sensory origin for color-word Stroop effects in aging:

Simulating age-related changes in color-vision mimics ages-related changes in Stroop. *Aging, Neuropsychology, and Cognition, 17*, 730-746.

Bengston, V. L. (2001). Beyond the nuclear family: The increasing importance of multigenerational bonds. *Journal of Marriage and the Family, 63*, 1-16.

Bengtson, V. L., Gans, D., Putney, N. M., & Silverstein, M. (Eds.) (2009). *Handbook of theories of aging*. New York: Springer.

Bengtson, V., Giarrusso, R., Mabry, J. B., & Silverstein, M. (2002). Solidarity, conflict, and ambivalence: Complementary or competing perspectives on intergenerational relationships? *Journal of Marriage and Family*, *64*, 568-576.

Bengtson, V. L., & Robertson, J. F. (1985). *Grandparenthood*. Beverly Hills, C.A.: Sage.

Bengtson, V. L., & Schrader, S. S. (1982). Parent-child relations, In D. J. Mangen & W. A. Peterson (Eds.), *Research instruments in social gerontology, Vol 2* (pp. 115-185). Minneapolis: University of Minnesota Press.

Benloucif, S., Green, K., L'Hermite-Baleriaux, M., Weintraub, S., Wolfe, L. F., & Zee, P. C. (2006). Responsiveness of the aging circadian clock to light. *Neurobiology of Aging, 27*, 1870-1879.

Bennett, D. A., Schneider, J. A., Tang, Y., Arnold, S. E., & Wilson, R. S. (2006). The effect of social networks on the relation between Alzheimer's disease pathology and level of cognitive function in old people: A longitudinal cohort study. *Lancet Neurology, 5*, 406-412.

Bennett, K. M. (2005). Psychological wellbeing in later life: The longitudinal effects of marriage, widowhood and marital status change. *International Journal of Geriatric Psychiatry*, *20*, 280-284.

Bennett, K. M. (2006). Does marital status and marital status change predict physical health in older adults? *Psychological Medicine*, *36*, 1313-1320.

Bennett, K. M., Smith, P, T., & Hughes, G. M. (2005). Coping, depressive feelings and gender differences in late life widowhood. *Aging and Mental Health*, *9*, 348-353.

Benson, L. A., McGinn, M. M., & Christensen, A. (2012). Common principles of couple therapy. *Behavior Therapy*, *43*, 25-35.

Berg, C., Hertzog, C., & Hunt, E. (1982). Age differences in the speed of mental rotation. *Developmental Psychology*, *18*, 95-107.

Bering, J. M. (2006). The folk psychology of souls. *Behavioral & Brain Sciences*, *29*, 453-498.

Bhar, S. S., & Brown, G. K. (2012). Treatment of depression and suicide in older adults. *Cognitive and Behavioral Practice*, *19*, 116-125.

Bharucha, A. E., & Camilleri, M. (2001). Functional abdominal pain in the elderly. *Gastroenterol Clin North Am*, *30*, 517-529.

Bhave, D. P., Kramer, A., & Glomb, T. M. (2010). Work-family conflict in work groups: Social information processing, support, and demographic dissimilarity. *Journal of Applied Psychology*, *95*, 145-158.

Bherer, L., Kramer, A. F., Peterson, M. S., Colcombe, S., Erickson, K., & Becic, E. (2006). Testing the limits of cognitive plasticity in older adults: Application to attentional control. *Acta Psychologica*, *123*, 261-278.

Birditt, K. S., Miller, L. M., Fingerman, K. L., & Lefkowitz, E. S. (2009). Tensions in the parent and adult child relationship: Links to solidarity and ambivalence. *Psychology and Aging*, *24*, 287-295.

Birditt, K. S., Rott, L. M., Fingerman, K. L., et al. (2009). "If you can't say something nice, don't say anything at all": Coping with interpersonal tensions in the parent-child relationship during adulthood. *Journal of Family Psychology, 23*(6), 769-778.

Birditt, K. S., Tighe, L. A., Fingerman, K. L., & Zarit, S. H. (2012). Intergenerational relationship quality across three generations. *The Journals of Gerontology: Series B: Psychological Sciences and Social Sciences*, *67B*, 627–638.

Birkhill, W. R., & Schaie, K. W. (1975). The effect of differential reinforcement of cautiousness in the intellectual performance of the elderly. *Journal of Genrontology, 30*, 578–583.

Bittman, M., England, P., Sayer, L., Folbre, N., & Matheson, G. (2003). When does gender trump money? Bargaining and time in household work. *American Journal of Sociology, 109*, 186–214.

Bjorklund, B. R. (2015). *Journey of adulthood* (8th ed.). Boston: Pearson Education.

Blackburn, J. A., Papalis–Finley, D., Foye, B. F., & Serlin, R. C. (1988). Modifiability of figural relations performance among elderly adults. *Journal of Gerontology: Psychological Sciences, 43*, P87–P89.

Blake, H., Mo, P., Malik, S., & Thomas, S. (2009). How effective are physical activity interventions for alleviating depressive symptoms in older people? A systematic review. *Clinical Rehabilitation*, *23*, 873–887.

Blanchet, S., Belleville, S., & Peretz, I. (2006). Episodic encoding in normal aging: Attentional resources hypothesis extended to musical material. *Aging, Neuropsychology, and Cognition, 13*, 490–502.

Blenkner, M. (1963). Social work and family relations in late rlife with some thoughts on filial maturity. In E. Shanas & G. F. Streib (Eds.), *Social structure and the family: Generational relations* (pp. 46–59). Englewood Cliffs, NJ: Prentice–Hall.

Blieszner, R. (2006). A lifetime of caring: Dimensions and dynamics in late–life close relationships. *Personal Relationships, 13*, 1–18.

Blieszner, R., Willis, S. L., & Baltes, P. B. (1981). Training research in aging on the fluid ability of inductive reasoning. *Journal of Applied Developmental Psychology, 2*, 247–265.

Blumenthal, J. A., & Gullette, E. C. (2001). Exercise interventions and aging. In K. W. Schaie, H. Leventhal, & S. L. Willis (Eds.), *Societal impact on health behaviors in the elderly*. New York: Springer.

Boling, M. C., Bolgla, L. A., Mattacola, C. G., Uhl, T. L., & Hosey, R. G. (2006). Outcomes of a weight–bearing rehabilitation program for patients diagnosed with patellofemoral pain syndrome. *Archives of Physical Medicine and Rehabilitation*, *87*, 1428–1435.

Boll, T., Ferring, D., & Filipp, S. H. (2003). Perceived parental differential treatment in middle adulthood: Curvilinear relations with individuals' experienced relationship quality to sibling and parents. *Journal of Family Psychology*, *17*, 472–487.

Bonanno, G. A., & Kaltman, S. (1999). Toward an integrative perspective on bereavement. *Psychological Bulletin*, *125*, 760–776.

Bonanno, G. A., Wortman, C. B., Lehman, D. R., Tweed, R, G., Haring, M., Sonnega, J., Carr, D., & Neese, R. M. et al. (2002). Resilience to loss and chronic grief: A prospective study from preloss to 18–months postloss. *Journal of Personality and Social Psychology*, *83*, 1150–1164.

Bonnefond, A., Harma, M., Hakola, T., Sallinen, M., Kandolin, I., & Virkkala, J. (2006). Interaction of age with shift–related sleep–wakefulness, sleepiness, performance, and social life. *Experimental Aging Research*, *32*, 185–208.

Bono, G., & McCullough, M. E. (2004). Religion, forgiveness, and adjustment in older adulthood. In K. W. Schaie, N. Krause, & A. Booth (Eds.), *Religious influences on health and well–being in the elderly* (pp. 163–186). New York: Springer.

Bortz, W. M. (2005). Biological basis of determinants of health. *American Journal of Public Health*, *95*, 389–392.

Bosch–Farre, C., Garre–Olmo, J., Bonmati–Tomas, A., Malagon–Aguilera, M. C. et al. (2018). Prevalence and related factors of active and healthy ageing in Europe according to two models: Results from the survey of Health, Ageing ande Retirement in Europe(SHARE). *PLoS ONE, 13*(10), 1–19.

Bosworth, H. B., Schaie, K. W., & Willis, S. L. (1999). Cognitive and sociodemographic risk factors for mortality in the Seattle Longitudinal Study. *Journal of Gerontology: Psychological Sciences, 54B*, P273–P282.

Bosworth, H. B., Schaie, K. W., Willis, S. L., & Siegler, J. C. (1999). Age and distance to death in the Seattle Longitudinal Study. *Research on Aging, 21*, 723–738.

Botwinick, J. (1977). Intellectual abilities. In J. E. Birren & K. W. Schaie (Eds.), *Handbook of the psychology of aging* (pp. 580–605). New York: Van Nostrand Reinhold.

Bouchard, T. J. J. (2004). Genetic influence on human psychological traits: A survey. *Current directions in Psychological Science, 13*, 148–151.

Bowers, B. F., & Myers, B. J. (1999). Grandmothers providing care for grandchildren: Consequences of various levels of caregiving. *Family Relations*, *48*(3), 303–311.

Bowlby, J. (1980). *Attachment and loss: Vol. 3. Loss; Sadness and depression*. London: Hogarth.

Bowman, T. S., Sesso, H. D., & Gaziano, J. M. (2006). Effect of age on blood pressure parameters and risk of cardiovascular death in men. *American Journal of Hypertension, 19*, 47–52.

Boyle, L. L., Porsteinsson, A. P., Cui, X., King, D. A., & Lyness, J. M. (2010). Depression predicts cognitive disorders in older primary care patients. *Journal of Clinical Psychiatry*, *71*, 74–79.

Bradbury, T. N., Fincham, F. D., & Beach, S. R. H. (2000). Research on the nature and determinants of marital satisfaction: A decade in review. *Journal of Marriage and the Family, 62*, 964–980.

Brandt, M., Deindl, C., & Hank, K. (2012). Tracing the origins of successful aging: The role of childhood conditions and social inequality in explaining later life health. *Social Science & Medicine*, *74*, 1418–1425.

Brenes, G. A., Ingram, C. W., & Danhauer, S. C. (2012). Telephone–delivered psychotherapy for late–life anxiety. *Psychological Services*, *9*, 219–220.

Brenes, G. A., Kritschesky, S. B., Mehta, K. M., Yaffe, K., Simonsick, E. M., Ayonayon, H. N., Rosano, C., Rubin, S. M., Satterfield, S., & Penninx, B. W. (2007). Scared to death: Results from the Health, Aging, and Body Composition Study. *American Journal of Geriatric Psychiatry, 15*, 262–265.

Brickman, A. M., Zimmerman, M. E., Paul, R. H., et al. (2006). Regional white matter and neuropsychological functioning across the adult lifespan. *Biological Psychiatry*, *60*, 444–453.

Briscoe, J. P., & Finkelstein, L. M. (2009). The "new career" and organizational commitment: Do boundaryless and protean attitudes make a difference? *Career Development International*, *14*, 242–260.

Briones, T. L. (2006). Environment, physical activity, and neurogenesis: Implications for prevention and treatment of Alzheimer's disease. *Current Alzheimer Research, 3*, 49–54.

Briscoe, J. P., Hall, D. T., & Frautschy DeMuth, R. L. (2006). Protean and boundaryless careers: An empirical exploration. *Journal of Vocational Behavior, 69*, 30–47.

Brody, G. H., Stoneman, Z., & McCoy, J. K. (1994). Forecasting sibling relationships in early adolescence from child temperaments and family processes in middle childhood. *Child Development, 65*, 771–784.

Brogaard, T., Neergaard, M. A., & Sokolowski, T. (2012). Congruence between preferred and actual place of care and death among Danish cancer patients. *Palliative Medicine*, *27*, 155–164.

Bromley, D. B. (1985). *The psychology of human aging*. New York: Penguin Books.

Bronfenbrenner, U. (1979). *The ecology of human development*. Cambridge MA: Harvard University Press.

Bronfenbrenner, U., & Ceci, S. J. (1994). Nature–nurture reconceptualized in developmental perspective: A bioecological model. *Psychological Review, 102*, 568–586.

Brooke, L., & Taylor, P. (2005). Older workers and employment: Managing age relations. *Ageing and Society, 25*, 415–429.

Brookmeyer, R., Corrada, M. M., Curriero, F. C., & Kawas, C. (2002). Survival following a diagnosis of Alzheimer disease. *Archives of Neurology, 59*, 1764–1767.

Brower, K. J., & Hall, J. M. (2001). Effects of age and alcoholism on sleep: A controlled study. *Journal of Studies on Alcohol, 62*, 335–343.

Brown, D. R., Carney, J. S., Parrish M. S., et al. (2013). Assessing spirituality: The relationship between spirituality and mental health. *Journal of Spirituality and Mental Health*, *15*, 107–122.

Brown, L. A., Gage, W. H., Polych, M. A., Sleik, R. J., & Winder, T. R. (2002). Central set influences on gait. Age–dependent effects of postural threat. *Experimental Brain Research, 145*, 286–296.

Brummett, B. H., Babyak, M. A., Williams, R. B., Barefoot, J. C., Costa, P. T., & Siegler, I. C. (2006). NEO personality domains and gender predict levels and trends in body mass index over 14 years during midlife. *Journal of Research in Personality, 40*, 222–236.

Buckner, R. L. (2004). Memory and executive function in aging and AD: Multiple factors that cause devline and reserve factors that compensate. *Neuron, 44*(1), 195–208.

Buckner, R. L., Andrews–Hanna, J. R., & Schacter, D. L. (2008). The brain's default network: anatomy, function, and relevance to disease. *Annals of the New York Academy of Science*, *1124*, 1–38.

Bugg, J. M., DeLosh, E. L., & Clegg, B. A. (2006). Physical activity moderates time–of–day differences in older adults' working memory performance. *Experimental Aging Research, 32*, 431–446.

Buja, A., Scafato, E., Sergi, G., et al. (2009). Alcohol consumption and metabolic syndrome in the elderly: Results from the Italian longitudinal study on aging. *European Journal of Clinical Nutrition*, doi: ejcn2009136 pii:10.1038/ejcn2009.136.

Burbank, P. M. (1992). An exploratory study: Assessing the meaning in life among older adult clients. *Journal of Gerontological Nursing, 18*(9), 19–28.

Bureau of Labor Statistics (2010). *Injuries, illnesses, and fatalities*. Retrieved from http://www.bls.gov/iif/#News.

Burton, C. L., Strauss, E., Hultsch, D. F., & Hunter, M. A. (2006). Cognitive functioning and everyday problem solving in older adults. *Clinical Neuropsychology, 20*, 432–452.

Butler, K. M., & Zacks, R. T. (2006). Age deficits in the control of prepotent responses: Evidence for an inhibitory decline. *Psychology and Aging*, *21*, 638–643.

Butler, R. N., Lewis, M., & Sunderland, T. (1991). *Aging and mental health: Positive psychosocial and biomedical approaches* (4th ed.). New York: MacMillan.

Butler, R. (1974). Successful aging and the role of life

review. *Journal of the American Geriatrics Society, 22*, 529–535.

Byberg, L., Melhus, H. K., Gedeborg, R., et al. (2009). Total mortality after changes in leisure time physical activity in 50 year old men: 35–year follow–up of population based cohort. *BMJ: British Medical Journal*, 338.

Byers, A. L., Covinsky, K. E., Barnes, D. E., & Yaffe, K. (2012). Dysthymia and depression increase risk of dementia and mortality among older veterans. *The American Journal of Geriatric Psychiatry*, *20*, 664–672.

Cabrera, E. F. (2009). Protean organizations: Reshaping work and careers to retain female talent. *Career Development International*, *14*, 186–201.

Callahan, C. M., Boustani, M. A., Unverzagt, F. W., et al. (2006). Effectiveness of collaborative care for older adults with Alzheimer disease in primary care: A randomized controlled trial. *Journal of the American Medical Association, 295*, 2148–2157.

Calle, E. E., Rodriguez, C., Walker–Thurmond, K., & Thun, M. J. (2003). Overweight, obesity, and mortality from cancer in a prospectively studied cohort of U. S. adults. *New England Journal of Medicine, 348*, 1625–1638.

Campayo, A., de Jonge, P., Roy, J. F., et al., (2010). Depressive disorder and incident diabetes millitus: The effect of characteristics of depression. *American Journal of Psychiatry*. doi: appi.ajp.2009.09010038 pii:10.1176/app.ajp.2009.09010038

Campbell, J. (1949/1990). *Hero with a thousand faces*. Princeton, NJ: Princeton University Press.

Campbell, L. D., Connidis, I. A., & Davis, L. (1999). Sibling ties in later life: A social network analysis. *Journal of Family Issues*, *20*, 114–148.

Cao, J. J., Wronski, T. J., Iwaniec, U., et al. (2005). Aging increases stromal/osteoblastic cell–induced osteoclastogenesis and alters the osteoclast precursor pool in the mouse. *Journal of Bone and Mineral Research, 20*, 1659–1668.

Caputo, R. K. (2002). Adult daughters as parental caregivers: Rational actors versus rational agents. *Journal of Family and Economic Issues, 23*, 27–50.

Carnelley, K. B., Wortman, C. B., Bolger, N., & Burke, C. T. (2006). The time course of grief reactions to spousal loss: Evidence from a national probability sample. *Journal of Personality and Social Psychology, 91*, 476–492.

Carr, D. (2003). A good death for whom? Quality of spouse's death and psychological distress among older widowed persons. *Journal of Health and Social Behavior*, *44*(2), 220–235.

Carroll, J. B. (1993). *Human cognitive abilities: A survey of factor–analytic studies*. New York: Cambridge University Press.

Carstensen, L. L., Graf, J., Levenson, R. W., & Gottman, J. M. (1996). Affect in intimate relationships: The developmental course of marriage. In C. Magai & S. H. McFadden (Eds.), *Handbook of emotion, adult development, and aging*. San Diege: Academic Press.

Carstensen, L. L., Isaacowitz, D. M., & Charles, S. T. (1999). Taking time seriously: A theory of socioemotional selectivity. *American Psychologist, 54*, 165–181.

Caruso, C., Candore, G., Colona Romano, G., Lio, D., Bonafe, M., Valensin, S., & Franceshi, C. (2000). HLA, aging, and longevity: A critical reappraisal. *Human Immunology, 61*, 942–949.

Caspi, A., Roberts, B. W., & Schiner, R. L. (2004). Personality development: Stability and change. *Annual Review of Psychology*, *56*, 453–484.

Cattell, R. B. (1963). Theory of fluid and crystallized intelligence: A critical experiment. *Journal of Educational Psychology, 54*, 1–22.

Cattell, R. B. (1971). *Abilities: Their structure, growth, and action*. Boston: Houghton Mifflin.

Cattell, R. B., Eber, H. W., & Tatsuoka, M. M. (1970). *Handbook for the Sixteen Personality Factor Questionnaire*. Champaign, IL: Institute for Personality and Ability Testing.

Cavan, R. S., Burgess, E. W., Havighurst, R. J., & Goldhamer, H. (1949). *Personal adjustment in old age*. Chicago: Science Research Associates.

Cavanaugh, J. C. (2001). *Adult development and aging*. (3rd ed.) Brooks/Cole.

Cavanaugh, C., Kramer, D. A., Sinnott, J. D., et al. (1985). On missing links and such: Interfaces between cognitive research and everyday problem-solving. *Human Development, 28*, 146–168.

Cerella, J., Poon, L. W., & Williams, D. M. (1980). Age and the complexity hypothesis. In L. W. Poon (Ed.), *Aging in the 1980s* (pp. 332–340). Washington, DC: American Psychological Association.

Chakravarthy, U., Augood, C., Bentham, G. C., et al. (2007). Cigarette smoking and age-related macular degeneration in the EUREYE Study. *Opthalmology, 114*, 1157–1163.

Chan, D., Cheadle, A. D., Reiber, G., Unutzer, J., & Chaney, E. F. (2009). Health care utilization and its costs for depressed veterans with and without comorbid PTSD symptoms. *Psychiatric Services, 60*, 1612–1617.

Chandra, R. K. (2004). Impact of nutritional status and nutrient supplements on immune responses and incidence of infection in older individuals. *Ageing Research Reviews, 3*, 91–104.

Chang, Y. K., & Etnier, J. L. (2009). Exploring the dose-response relationship between resistance exercise intensity and cognitive function. *Journal of Sports Exercise Psychology, 31*, 640–656.

Chapman, B. P., Shah, M., Friedman, B., Drayer, R., Duberstein, P. R., & Lynes, J. M. (2009). Personality traits predict emergency department utilization over 3 years in older patients. *American Journal of Geriatric Psychiatry, 17*, 526–535.

Charney, D. S., Reynolds, C. F., III, Lewis, L., et al. (2003). Depression and Bipolar Support Alliance consensus statement on the unmet needs in diagnosis and treatment of mood disorders in late life. *Archives of General Psychiatry, 60*, 664–672.

Chassin, L., Macy, J. T., Seo, D.-C., Presson, C. C., & Sherman, S. J. (2010). The association between membership in the sandwich generation and health behaviors: A longitudinal study. *Journal of Applied Developmental Psychology, 31*, 38–46.

Chen, J. S., Cameron, I. D., Cumming, R. G., et al. (2006). Effect of age-related chronic immobility on markers of bone turnover. *Journal of Bone and Mineral Research, 21*, 324–331.

Chen, L. Y., & Hardy, C. L. (2009). Alcohol consumption and health status in older adults: A longitudinal analysis. *Journal of Aging and Health, 21*, 824–847.

Cherkas et al. (2008). The association between physical activity in leisure time and leukocyte telomere length. *Archives of Internal Medicine, 168*, 154–158.

Cheung, N., & Wong, T. Y. (2007). Obesity and eye diseases. *Survey of Ophthalmology, 52*, 180–195.

Childa, Y., Steptoe, A., & Powell, L. H. (2009). Religiosity/spirituality and mortality. *Psychotherapy and Psychosomatics, 78*, 81–90.

Chiu, C. J., Milton, R. C., Gensler, G., & Taylor, A. (2006). Dietary carbohydrate intake and glycemic index in relation to cortical and nuclear lens opacities in the Age-Related Eye Disease Study. *American Journal of Clinical Nutrition, 83*, 1177–1184.

Chodosh, J., Kado, D. M., Seeman, T. E., &

Karlamangla, A. S. (2007). Depressive symptoms as a predictor of cognitive decline: MacArthur Studies of Successful Aging. *American Journal of Geriatric Psychiatry, 15*, 406-415.

Christensen, U., Stovring, N., Schultz-Larsen, K., Schroll, M., & Avlund, K. (2006). Functional ability at age 75: Is there an impact of physical inactivity from middle age to early old age? Scandinavian *Journal of Medicine and Science in Sports, 16*, 245-251.

Christiansen, S. L., & Palkovitz, R. (2001). Why the "goodprovider" role still matters: Providing as a form of paternal involvement. *Journal of Family Issues, 22*, 84-106.

Cicirelli, V. C. (1982). Sibling influence throughout the lifespan. In M. E. Lamb & B. Sutton-Smith (Eds.), *Sibling relationships: Their nature and significance across the lifespan* (pp. 267-284). Hillsdale, NJ: Erlbaum.

Cicirelli, V. G. (1988). A measure of filial anxiety regarding anticipated care of elderly parents. *The Gerontologist, 28*, 478-482.

Cicirelli, V. G. (1991). Attachment theory in old age: Protection of the attached figure. In K. Pillemer & K. McCartney (Eds.), *Parent-child relations throughout life* (pp. 2-42). Hillsdale, NJ: Erlbaum.

Clarke, S. (1995). *Advance report of final divorce statistics, 1989 and 1990* (Vol. 43, No. 9, Suppl.). Hyattsville, MD: National Center for Health Statistics.

Clarke, P., Marshall, V. W., & Weir, D. (2012). Unexpected reirement from full time work after age 62: Consequences for life satisfaction in older Americans. *European Journal of Ageing, 9*, 207-219.

Cluett, C., & Melzer, D. (2009). Human genetic variations: Beacons on the pathways to successful ageing. *Mechanisms of Ageing and Development, 130*, 553-563.

Cohen, J. (1957). The factorial structure of the WAIS between early adulthood and old age. *Journal of Consulting Psychology, 21*, 283-290.

Cohen, A., Houck, P. R., Szanto, K., et al. (2006). Social inequalities in response to antidepressant treatment in older adults. *Archives of General Psychiatry, 63*, 50-56.

Cohen, C. I., Abdallah, C. G., & Diwan, S. (2010). Suicide attempts and addociated factors in older adults with schizophrenia. *Schizophrenia Research*. doi:S0920-9964(10)01180-1 pii:10.1016/j.schres.2010.03.010

Cohen, G. (1998). The effects of aging on autobiographical memory. In P. Thompson & D. J. Hermann (Eds.), *Autobiographical memory: Theoretical and applied perspectives* (pp. 105-123). Mahwah, NJ: Lawrence Erlbaum.

Cohen-Mansfield, J., Shmotkin, D., Malkinson, R., Bartur, L., & Hazan, H. (2013). Parental bereavement increases mortality in older persons. *Psychological Trauma: Theory, Research, Practice, and Policy, 5*, 84-92.

Cohn, L. D., & Westenberg, P. M. (2004). Intelligence and maturity: Meta-analytic evidence for the incremental and discriminant validity of Loevinger's measure of ego development. *Journal of Personality and Social Psychology, 86*, 760-772.

Colby, A., Kohlberg, L., Gibbs, J., et al. (1983). A longitudinal study of moral judgment. *Monographs of the Society for Research in Child Development, 48*(1-2, Serial No. 200).

Coltrane, S. (2000). Research on household labor: Modeling and measuring the social embeddedness of routine family work. *Journal of Marriage and the Family, 62*, 1208-1233.

Commons, M., Sinnott, J. D., Richards, F., & Armon, C. (Eds.). (1989). Adult development: Vol. 1,

Comparisons and applications of adolescent and adult developmental models. New York: Praeger.

Connidis, I. A. (1992). Life transitions and the adult sibling tie: A qualitative study. *Journal of Marriage and the Family, 54*, 972–982.

Conwell, Y., Duberstein, P. R., & Caine, E. D. (2002). Risk factors for suicide in later life. *Biological Psychiatry, 52*, 193–204.

Cooney, T. M., Schaie, K. W., & Willis, S. L. (1988). The relationship between prior functioning on cognitive and personality variables and subject attrition in longitudinal research. *Journal of Gerontology: Psychological Sciences, 43*, P12–P17.

Cooke, L. P. (2006). "Doing" gender in context: Household bargaining and risk of divorce in Germany and the United States. *American Journal of Sociology, 112*, 442–472.

Cooney, C., Howard, R., & Lawler, B. (2006). Abuse of vulnerable people with dementia by their carers: Can we identify those most at risk? *International Journal of Geriatric Psychiatry, 21*(6), 564–571.

Cooper, J. K., Harris, Y., & McGready, J. (2002). Sadness predicts death in older people. *Journal of Aging and Health, 14*, 509–526.

Cornelius, S. W., & Caspi, A. (1987). Everyday problem solving in adulthood and old age. *Psychology and Aging, 2*, 144–153.

Cornwell, B. (2012). Spousal network overlap as a basis for spousal support. *Journal of Marriage and Family, 74*, 229–238.

Corr, C. A. (1993). Coping with dying: Lessons we should and should not learn from the work of Elisabeth Kubler-Ross. *Death Studies, 17*, 69–83.

Cosco, T. D., Prina, A. M., Perales, J., Stephan, B. C. M., & Brayne, C. (2014). Operational definitions of successful aging: A systematic review. *International Psychogeriatrics, 26*(3), 373–381.

Costa, P. T., & McCrae, R. R. (1987). On the need for longitudinal evidence and multiple measures in behavioral-genetic studies of adult personality. *Behavioral & Brain Sciences, 10*(1), 22–23.

Costa, P. T., Jr., & McCrae, R. R. (1992). *Revised NEO Personality Inventory (NEO-PI-R) and NEO Five-Factor Inventory (NEO-FFI) professional manual*. Odessa FL: Psychological Assessment Resources.

Costa, P. T. J., Herbst, J. H., McCrae, R. R., & Siegler, I. C. (2000). Personality at midlife: Stability, intrinsic maturation, and response to life events. *Assessment, 7*, 365–378.

Cowgill, D. O., & Holmes, L. D. (1972). *Aging and modernization*. New York: Appleton-Century-Crofts.

Craik, F. I. M. (1977). Age differences in human memory. In J. E. Birren & K. W. Schaie (Eds.), *Handbook of the psychology of aging* (pp. 384–420). New York: Van Nostrand Reinhood.

Craik, F. I. M., & Rose, N. S. (2012). Memory encoding and aging: A neurocognitive perspective. *Neuroscience and Biobehavioral Reviews, 36*, 1729–1739.

Cramer, P. (2003). Personality change in later adulthood is predicted by defense mechanism use in early adulthood. *Journal of Research in Personality, 37*, 76–104.

Cramer, P., & Jones, C. J. (2007). Defense mechanisms predict differential lifespan change in self-control and self-acceptance. *Journal of Research in Personality, 41*, 841–855.

Crawford, S., & Channon, S. (2002). Dissociation between performance on abstract tests of executive function and problem solving in real-life-type situations in normal aging. *Aging and Mental Health, 6*, 12–21.

Crosnoe, R., & Elder, G. H., Jr. (2002). Life course transitions, the generational stake, and grandparent-grandchild relationships. *Journal of*

Marriage and the Family, 64, 1089–1096.

Cross, S. E., & Markus, H. R. (1991). Possible selves across the life span. *Human Development, 34*, 230–260.

Crowther, M., Parker, M., Achenbaum, W., Larimore, W., & Koenig, H. (2002). Rowe and Kahn's model of successful aging revisited: Positive spirituality–The forgotten factor. *The Gerontologist, 42*(5), 613–620.

Cuddy, A. J. C., Norton, M. I., & Fiske, S. T. (2005). This old stereotype: The pervasiveness and persistence of the elderly stereotype. *Journal of Social Issues, 61*, 267–285.

Cumming, E., & Henry, W. E. (1961). *Growing old: The process of disengagement*. New York: Basic Books.

Cunningham, W. R., & Owens, W. A. (1983). The Iowa State Study of the adult development of intellectual abilities. In K. W. Schaie (Ed.), *Longitudinal studies of adult psychological development*. New York: Guilford Press.

Curlin, F. A., Lawrence, R. E., Chin, M. H., & Lantos, J. D. (2007). Religion, conscience, and controversial clinical practices. *New England Journal of Medicine, 356*, 593–600.

Curran, M., Hazen, N., Jacobvitz, D., & Sasaki, T. (2006). How representations of the parental marriage predict marital emotional attunement during the transition to parenthood. *Journal of Family Psychology, 20*, 477–484.

Dai, B., Ware, W. B., & Giuliani, C. A. (2012). A structural equation model relating physical function, pain, impaired mobility, and falls in older adults. *Archives of Gerontology and Geriatrics, 55*(3), 645–652.

Dahlin, E., Nyberg, L., Backman, L., & Neely, A. S. (2008). Plasticity of executive functioning in young and older adults: Immediate training gains, transfer, and long-term maintenance. *Psychology and Aging, 23*(4), 720–730.

Dahlin, E., Stigsdotter Neely, A., Larsson, A., Backman, L., & Nyberg, L. (2008). Transfer of learning after updating training mediated by the striatum. *Science, 320*(5882), 1510–1512.

Dalby, P. (2006). Is there a process of spiritual change or development associated with ageing? A critical review of research. *Aging and Mental Health, 10*, 4–12.

Daly, M. C., & Bound, J. (1996). Worker adaptation and employer accommodation following the onset of a health impairment. *Journal of Gerontology: Social Sciences, 51B*, S53–S60.

Damush, T. M., Stump, T. E., & Clark, D. O. (2002). Body-Mass Index and 4-year change in Health-Related Quality of Life. *Journal of Aging & Health, 14*(2), 195–210.

Dangour, A. D., Allen, E., Elbournem D., et al. (2009). Fish consumption and cognitive function among older people in the UK: Baseline data from the OPAL study. *Journal of Nutrition, Health, and Aging, 13*, 198–202.

Danner, D. D., Snowdon, D. A., & Friesen, W. V. (2001). Positive emotions in early life and longevity: Findings from the Nun study. *Journal of Personality and Social Psychology, 80*, 804–813.

Davidson, D. J., Zacks, R. T., & Williams, C. C. (2003). Stroop interference, practice, and aging. *Neuropsychol Dev Cogn B Aging Neuropsychol Cogn, 10*, 85–98.

Davidson, P. S. R., Cook, S. P., & Glisky, E. L. (2006). Flashbulb memories for September llth can be preserved in older adults. *Aging, Neuropsychology, and Cognition, 13*, 196–206.

Davignon, J., & Leiter, L. A. (2005). Ongoing clinical trials of the pleiotropic effects of statins. *Vascular Health and Risk Management, 1*, 29–40.

Davis, M. A. (2003). Factors related to bridge employment participation among private sector early retirees. *Journal of Vocational Behavior, 63*, 55–71.

Davis, S. D., Lebow, J. L., & Sprenkle, D. H. (2012). Common factors of change in couple therapy. *Behavior Therapy*, *43*, 36–48.

Deary, I. J., & Der, G. (2005). Reaction time, age, and cognitive ability: Longitudinal findings from age 16 to 63 years in representative population samples. *Aging, Neuropsychology, and Cognition, 12*, 187–215.

DeGroot, D. W., & Kenney, W. L. (2007). Impaired defense of core temperature in aged humans during mild cold stress. *American journal of Physiology: Regulatory, Integrative, and Comparative Physiology, 292*, R103–R108.

De Janasz, S., Sullivan, S., & Whiting, N. (2003). Mentor networks and career success: Lessons for turbulent times. *Academy of Management Executive*, *17*, 778–791.

de Jong, F. J., Masaki, K., Chen, H., et al. (2009). Thyroid function, the risk of dementia and neuropathologic changes: The Honolulu–Asia aging study. *Neurobiology of Aging*, *30*, 600–606.

de Jong, P. T. (2006). Age–related macular degeneration. *New England Journal of Medicine, 355*, 1474–1485.

Delano–Wood, L., & Abeles, N. (2005). Late–life depression: Detection, risk reduction, and somatic intervention. *Clinical Psychology: Science and Practice, 12*, 207–217.

Delbanco, N. (2011). *Lastingness: The art of old age.* New York: Grand Central Publishing.

Delgoulet, C., & Marquie, J. C. (2002). Age differences in learning maintenance skills: A field study. *Experimental Aging Research, 28*, 25–37.

Denney, N. W., & Heidrich, S. M. (1990). Training effects on Raven's Progressive Matrices in young, middle–aged, and elderly adults. *Psychology and Aging, 5*, 144–145.

Dennis, N. A., Daselaar, S., & Cabeza, R. (2007). Effects of aging on transient and sustained successful memory encoding activity. *Neurobiology of Aging*, *28*, 1749–1758.

Dennis, W. (1966). Creative productivity between the ages of 20 and 80 years. *Journal of Gerontology, 21*, 1–8.

Denollet, J., Martens, E. J., Nyklicek, I., et al. (2008). Clinical events in coronary patients who report low distress: Adverse effect of repressive coping. *Health Psychology, 27*(3), 302–308.

Depp, C. A., & Jeste, D. V. (2006). Definitions and predictors of successful aging: A comprehensive review of larger quantitative studies. *American Journal of Geriatric Psychiatry, 14*, 6–20.

De Raedt, R., Koster, E. H., & Ryckewaert, R. (2013). Aging and attentional bias for death–related and general threat–related informations: Less avoidance in older as compared with middle–aged adults. *Journals of Gerontology: Psychological and Social Sciences*, *68*, 41–48.

De Raedt, R., & Ponjaert–Kristoffersen, I. (2006). Self–serving appraisal as a cognitive coping strategy to deal with age–related limitations: An empirical study with elderly adults in a real–life stressful situation. *Aging and Mental Health, 10*, 195–203.

Derby, R. W., & Ayala, J. (2013). Am I my brother's keeper? Adult siblings raising younger siblings. *Journal of Human Behavior in the Social Environment*, *23*, 193–210.

Devore, E. E., Stampfer, M. J., Breteler, M. M., et al. (2009). Dietary fat intake and cognitive decline in women with type 2 diabetes. *Diabetes Care*, *32*, 635–640.

Di Bonito, P., Di Fraia, L., Di Gennaro, L., et al. (2007).

Impact of impaired fasting glucose and other metabolic factors on cognitive function in elderly people. *Nutrition, Metabolism, and Cardiovascular Diseases 17*, 203–208.

Dickin, D. C., Brown, L. A., & Doan, J. B. (2006). Age-dependent differences in the time course of postural control during sensory perturbations. *Aging Clinical and Experimental Research, 18*, 94–99.

Diefenbach, G. J., Hopko, D. R., Feigon, S., et al. (2003). 'Minor GAD': Characteristics of subsyndromal GAD in older adults. *Behaviour Research and Therapy, 41*, 481–487.

Diekelmann, S., Biggel, S., Rasch, B., & Born, J. (2012). Offline consolidation of memory varies with time in slow wave sleep and can be accelerated by cueing memory reactivations. *Neurobiology of Learning and Memory, 98*, 103–111.

Diener, E. (1999). Subjective well-being: Three decades of progress. *Psychological Bulletin, 125*, 276–302.

Diener, E., & Fujita, F. (1995). Resources, personal strivings, and subjective well-being: A nomothetic and idiographic approach. *Journal of Personality and Social Psychology, 68*, 926–935.

Diener, E., Lucas, R. E., & Scollon, C. N. (2006). Beyond the hedonic treadmill: Revising the adaptation theory of well-being. *American Psychologist, 61*, 305–314.

Diener, E., Oishi, S., & Lucas, R. E. (2003). Personality, culture, and subjective well-being: Emotional and cognitive evaluations of life. *Annual Review of Psychology, 54*, 403–425.

Diener, E., & Suh, E. (1998). Age and subjective well-being: An international analysis. In K. W. Schaie & M. P. Lawton (Eds.), *Annual review of gerontology and geriatrics. Vol. 17: Focus on emotion and adult development* (pp. 304–324). New York: Springer.

Dietrich, A. (2004). The cognitive neuroscience of creativity. *Psychonomic Bulletin and Review, 11*, 1011–1026.

Diez, J. J., & Iglesias, P. (2004). Spontaneous subclinical hypothyroidism in patients older than 55 years: An analysis of natural course and risk factors for the development of overt thyroid failure. *Journal of Clinical Endocrinology and Metabolism, 89*, 4890–4897.

Di Francesco, V., Fantin, F., Omizzolo, F., Residon, L., Bissoli, L., Bosello, L., & Zamboni, M. (2007). The anorexia of aging. *Digestive Diseases, 25*, 129–137.

Dillon, C. F., Gu, Q., Hoffman, H. J., & Ko, C. W. (2010). Vision, hearing, balance, and sensory impirment in Americans aged 70 years and over: United States 1999–2006, *NCHS Data Brief*, 1–8.

Di Nardo, P. A., & Barlow, D. H. (1988). *Anxiety Disorders Interview Schedule-Revised (ADIS-R)*. Albany, NY: Graywind Publications.

Ding, C., Cicuttini, F., Scott, F., Cooley, H., & Jones, G. (2005). Association between age and knee structural change: A cross sectional MRI based study. *Annals of the Rheumatic Diseases, 64*, 549–555.

Dionne, C. E., Dunn, K. M., & Croft, P. R. (2006). Does back pain prevalence really decrease with increasing age? A systematic review. *Age and Ageing, 35*, 229–234.

Dixon, R. A., & Hultsch, D. F. (1999). Intelligence and cognitive potential in late life. In J. C. Cavanaugh & S. K. Whitbourne (Eds.), *Gerontology: Interdisciplinary perspectives* (pp. 213–237). New York: Oxford University Press.

Djousse, L., Lee, I. M., Buring, J. E., & Gaziano, J. M. (2009), Alcohol consumption and risk of cardiovascular disease and death in women: Potential mediation mechanisms. *Circulations, 120*,

237–244.

Dodson, C. S., Bawa, S., & Slotnick, S. D. (2007). Aging, source memory, and misrecollections. *Journal of Experimental Psychology: Learning, Memory, and Cognition, 33*, 169–181.

Dolbin-MacNab, M. L. (2006). Just like raising your own? Grandmothers' perceptions of parenting a second time around. *Family Relations*, *55*, 564–575.

Dolcos, S. M., & Daley, D. (2009). Work pressure, workplace docial resources, and work-family conflict: The tale of two sectors. *International Journal of Stress Management*, *16*, 291–311.

Donnelly, E., & Hinterlong, J. E. (2010). Changes in social participation and volunteer activity among recently widowed older adults. *Gerontologist, 50*(2), 158–169.

Donnelly, R. (2009). Career behavior in the knowledge economy: Experiences and perceptions of career mobility among management and IT consultants in the UK and the USA. *Journal of Vocational Bejavior*, *75*, 319–328.

Donohue, R. (2006). Person-environment congruence in relation to career change and career persistence. *Journal of Vocational Behavior, 68,* 504–515.

Drentea, P. (2002). Retirement and mental health. *Journal of Aging and Health, 14,* 167–194.

Drew, L. M., & Smith, P. K. (2002). Implications for grandparents when they lose contact with their grandchildren: Divorce, family feud, and geographical separation. *Journal of Mental Health and Aging, 8*, 95–119.

Drozdowski, L., & Thomson, A. B. (2006). Aging and the intestine. *World Journal of Gastroenterology, 12*, 7578–7584.

Duay, D., & Bryan, V. (2006). Senior adults' perceptions of successful aging. *Educational Gerontology*, *32*(6), 423–445.

Duberstein, P. R., & Conwell, Y. (1997). Personality disorders and completed suicide: A methodological and conceptual review. *Clinical Psychology: Science and Practice, 4*, 359–376.

Duberstein, P. R., & Conwell, Y. (2000). Suicide, In S. K. Whitbourne (Ed.), *Psychopathology in later life* (pp. 245–276). New York: Wiley.

Dunlosky, J., Cavallini, E., Roth, H., et al. (2007). Do self-monitoring interventions improve older adult learning? *Journals of Gerontology Series B: Physical Sciences & Social Sciences, 62*, 70–76.

Eby, L. T., Maher, C. P., & Butts, M. M. (2010). The intersection of work and family life: The role of affect. *Annual Review of Psychology*, *61*, 599–622.

Edelstein, B., Martin, R. R., & McKee, D. R. (2000). Assessment of older adult psychopathology. In S. K. Whitbourne (Ed.), *Psychopathology in later life* (pp. 61–88). New York: Wiley.

Edwards, J. R., & Rothbard, N. P. (2000). Mechanisms linking work and family: Clarifying the relationship between work and family constructs. *The Academy of Management Review*, *25*, 178–199.

Ehrensaft, M., Moffitt, T. E., & Caspi, A. (2004). Clinically abusive relationships in an unselected birth cohort: Men's and women's participation and developmental antecedents. *Journal of Abnormal Psychology*, *113*, 258–270.

Einstein, G. O., & McDaniel, M. A. (1990). Normal aging and prospective memory. *Journal of Experimental Psychology: Learning, Memory, and Cognition, 16*, 717–726.

Einstein, G. O., McDaniel, M. A., Richardson, S. L. (1995). Aging and prospective memory: examining the influences of self-initiated retrieval processes. *Journal of Experimental Psychology: Learning, Memory & Cognition, 21*, 996–1007.

Ekerdt, D. J. (1987). Why the notion persists that retirement harms health. *Gerontologist, 27*, 454–457.

Ekstrom, R. K., French, J. W., & Harman, H. H. (1979). Cognitive factors: Their identification and replication. *Multivariate Behavioral Research Monographs, 79*(2).

Elias, M. F., Elias, P. K., Sullivan, L. M., Wolf, P. A., & D'Agostino, R. B. (2005). Obesity, diabetes and cognitive deficit: The Framingham Heart Study. *Neurobiology of Aging, 26* Suppl 1, 11–16.

Elias, M. F., Robbins, M. A., Elias, P. K., & Streeten, D. H. P. (1998). A longitudinal study of blood pressure in relation to performance on the Wechsler Adult Intelligence Scale. *Health Psychology, 17*, 486–493.

Emanuel, E. J., Fairclough, D. L., & Emanuel, L. L. (2000). Attitudes and desires related to euthanasia and physician–assisted suicide among terminally ill patients and their caregivers. *Journal of the American Medical Associations*, *284*, 2460–2468.

Emaus, N., Berntsen, G. K., Joakimsen, R., & Fonnebo, V. (2006). Longitudinal changes in forearm bone mineral density in women and men aged 45–84 years: The Tromso Study, a population–based study. *American Journal of Epidemiology, 163*, 441–449.

Engels, G. I., Duijsens, I. J., Haringsma, R., & van Putten, C. M. (2003). Personality disorders in the elderly compared to four younger age groups: A cross–sectional study of community residents and mental health patients. *Journal of Personality Disorders, 17*, 447–459.

Engvig, A., Fjell, A. M., Westlye, L. T., et al. (2012). Memory training impacts short–term changes in aging white matter: A longitudinal diffusion tensor imaging study. *Human Brain Mapping*, *33*, 2390–2406.

Erdem, N., & Chu, F. M. (2006). Management of overreactive bladder and urge urinary incontinence in the elderly patient. *American Journal of Medicine*, *119*, 29–36.

Erikson, E. H. (1959). Identity and the life cycle: Selected papers. *Psychological Issues Monograph*, *1*, 1–177.

Erikson, E. H. (1963). *Childhood and society* (2nd ed.). New York: Norton.

Erickson, K. I., Prakash, R. S., Voss, M. W., et al. (2009). Aerobic fitness is associated with hippocampal volume in elderly humans. *Hippocampus*, *19*, 1030–1039.

Eriksson, P. S., Perfilieva, E., Bjork–Eriksson, T., et al., (1998). Neurogenesis in the adult hippocampus. *Nature Medicine*, *4*, 1313–1317.

Evans, S., Patt, I., Giosan, C., Spielman, L., & Difede, J. (2009). Disability and posttraumatic stress disorder in disaster relief workers responding to September 11, 2001, World Trade Center disaster. *Journal of Clinical Psychology*, *65*, 684–694.

Eyler, L. T., Sherzai, A., Kaup, A. R., & Jeste, D. V. (2011). A review of functional brain imaging correlates of successful cognitive aging. *Biological Psychiatry*, *70*, 115–122.

Fallico, F., Siciliano, L., & Yip, F. (2005). Hypothermia–related deaths—United States, 2003–2004. *Morbidity and Mortality Weekly Report, 54*, 173–175.

Farrimond, S., Knight, R. G., & Titov, N. (2006). The effects of aging on remembering intentions: Performance on a simulated shopping task. *Applied Cognitive Psychology, 20*, 533–555.

Featherstone, M., & Hepworth, M. (1995). Images of positive ageing. In M. Featherstone & A. Wernick (Eds.), *Images of ageing* (pp. 29–47). London: Routledge.

Feifel, H. (1990). Psychology and death: Meaningful rediscovery. *American Psychologist*, *45*, 537–543.

Feist, G. J. (2006). How development and personality influence scientific thought, interest, and achievement. *Review of General Psychology, 10*, 163–182.

Feist, G. J., & Barron, F. X. (2003). Predicting creativity from early to late adulthood: intellect, potential, and personality. *Journal of Research in Personality, 37*, 62–88.

Feldman, D. C. (1994). The decision to retire early: A review and conceptualization. *Academy of Management Review, 19*, 285–311.

Feldman, H. A., Longcope, C., Derby, C. A., et al. (2002). Age trends in the level of serum testosterone and other hormones in middle-aged men: Longitudinal results from the Massachusetts male aging study. *Journal of Clinical Endocrinology and Metabolism*, *87*, 589–598.

Ferguson, R., & Brohaugh, B. (2010). The aging of Aquarius. *Journal of Consumer Marketing*, *27*, 76–81.

Ferri, C. P., Prince, M., Brayne, C., et al. (2005). Global prevalence of dementia: A Delphi consensus study. *The Lancet, 366*(9503), 2112–2117.

Ferrari, S. L., & Rizzoli, R. (2005). Gene variants for osteoporosis and their pleiotropic effects in aging. *Molecular Aspects of Medicine, 26*, 145–167.

Ferraro, K. F., & Farmer, M. M. (1996). Double jeopardy, aging as leveler, or persistent health inequality? A longitudinal analysis of white and black Americans. *Journal of Gerontology: Social Sciences, 51*, S319–S328.

Ferraro, K. F., Shippee, T. P., & Schafer, M. H. (2009). Cumulative inequality theory for research on aging and the life course. In V. L. Bengtson, D. Gans, N. M. Putney, & M. Silverstein (Eds.), *The theories of aging* (2nd ed., pp. 413–434). New York: Springer.

Field, A. E., Colditz, G. A., Willett, W. C., Longcope, C., & McKinlay, J. B. (1994). The relation of smoking, age, relative weight, and dietary intake to serum adrenal steroids, sex hormones, and sex hormone-binding globulin in middle-aged men. *Journal of Clinical Endocrinology and Metabolism*, *79*, 1310–1316. 4–12, 13–2.

Field, D., & Millsap, R. E. (1991). Personality in advance old age: Continuity of change? *Journals of Gerontology: Psychological and Social Sciences*, *46*, 299–308.

Field, M. J., Cassel, C. K., & Committee on Care at the End of Life (1997). *Approaching death: Improving care at the end of life*. Institute of Medicine, Division of Health Care Service. Washington DC: National Academy Press.

Field, N. P., Gal-Oz, E., & Bonanno, G. A. (2003). Continuing bonds and adjustment at 5 years after the death of a spouse. *Journal of Consulting and Clinical Psychology, 71,* 110–117.

Finch, C. E. (1998). Variations in senescence and longevity include the possibility of negligible senescence. *Journal of Gerontology: Biological Sciences, 53A*, P235–P239.

Fingerman, K. L. (1996). Sources of tension in the aging mother and adult daughter relationship. *Psychology and Aging, 11*, 591–606.

Fingerman, K. L. (2001). *Aging mothers and their adult daughters: A study in mixed emotions*. New York: Springer.

Fingerman, K. L., Cheng, Y. P., Wesselmann, E. D., Zarit, S., Furstenberg, F., & Birditt, K. S. (2012). Helicopter parents and landing pad kids: Intense parental support of grown children. *Journal of Marriage and Family*, *74*, 880–896.

Fingerman, K. L., & Griffiths, P. C. (1999). Seasons greetings: Adults' social contacts at the holiday season. *Psychology and Aging, 14*, 192–205.

Fingerman, K. L., Hay, E. L., & Birditt, K. S. (2004). The best of ties, the worst of ties: Close, Problematic, and ambivalent social relationships.

Journal of Marriage and the Family, 66, 792–808.

Fingerman, K. L., Pitzer, L. M., Chan, W., Birditt, K. S., Franks, M., & Zarit, S. H. (2010). Who gets what and why? Help middle-aged adults provide to parents and grown children. *Journal of Gerontology: Social Sciences*, *66B*, 87–98.

Fiocco, A. J., & Yaffe, K. (2010). Defining successful aging: The importance of including cognitive function over time. *Archives of Neurology*, *67*, 876–880.

Fitzpatrick, R., Burke, D., & Gandevia, S. C. (1996). Loop gain of reflexes controlling human standing measures with the use of postural and vestibular disturbances. *Journal of Neurophysiology, 76*(6), 3994–4008.

Flint, A. J. (2005). Generalised anxiety disorder in elderly patients: Epidemiology, diagnosis and treatment options. *Drugs and Aging*, *22*, 101–114.

Flora, C. (2013). *Friendfluence: The surprising ways of friends make us who we are*. New York: Random House.

Flyod, K., & Morman, M. T. (2005). Fathers' and sons' reports of fathers' affectionate communications: Implications of a naive theory of affection. *Journal of Social and Personal Relationships*, *22*, 99–109.

Floyd, F. J., & Wasner, G. H. (1994). Social exchange, equity, and commitment: Structural equation modeling of dating relationships. *Journal of Family Psychology, 8*, 55–73.

Forde, C. G., Cantau, B., Delahunty, C. M., & Elsner, R. J. (2002). Interactions between texture and trigeminal stimulus in a liquid food system: Effects on elderly consumers preferences. *Journal of Nutrition Health and Aging, 6*, 130–133.

Fors, S., Lennartsson, C., & Lundberg, O. (2011). Live long and prosper? Childhood living conditions, marital status, social class in adulthood and mortality during mid-life: A cohort study. *Scandinavian Journal of Public Health*, *39*, 179–186.

Forsno, S., Langhammer, A., Forsen, L., & Schei, B. (2005). Forearm bone mineral density in an unselected population of 2,779 men and women—the HUNT Study, Norway. *Osteoporosis International*, *16*, 562–567.

Fowler, J. (1981). *Stages of faith*. New York: Harper & Row.

Fowler, J. (1983). Stages of faith: PT conversation with James Fowler. *Psychology Today*, *17*, 55–62.

Fowler, J. (1987). *Faith development and pastoral care*. Philadelphia: Fortress Press.

Fowler, J. (1991). *Stages of faith and religious development*. New York: Crossroad.

Fowler, J. (1996). *Faithful change*. Nashville: Abingdon Press.

Fraley, R. C., & Shaver, P. R. (1999). Loss and bereavement: Attachment theory and recent controversies concerning "grief work" and the nature of detachment. In J. Cassidy & P. R. Shaver (Eds.), *Handbook of attachment: Theory, research, and clinical approaches* (pp. 239–260). New York: Guilford Press.

Frankl, V. E. (1984). *Man's search for meaning* (3rd ed.). New York: Simon & Schuster.

Frazier, L., Barreto, N., & Newman, F. (2012). Self-regulation and eudaimonic well-being across adulthood. *Experimental Aging Research*, *38*, 394–410.

Frazier, L. D., Johnson, P, M., Gonzalez, G. K., & Kafka, C. L. (2002). Psychosocial influences on possible selves: A comparison of three cohorts of older adults. *International Journal of Behavioral Development, 26*, 308–317.

Freund, A. M. (1997). Individual age salience: A psychological pespective on the salience of age in the life course. *Human Development, 40*, 287–293.

Friedman, H. S., & Martin, L. R. (2011). *The longevity project: Surprising discoveries for health and long life from the landmark eight–decade study*. New York: Hudson Street Press/Penguin Group USA.

Friedman, H. S., Tucker, J. S., Schwartz, J. E., Martin, L. R., Tomlinson–Keasey, C., Wingard, D. L., & Chqui, M. H. (1995). Childhood conscientiousness and longevity: Health behaviors and cause of death. *Journal of Personality and Social Psychology, 68*, 696–703.

Fromm, E. (1956). *The art of loving*. New York: Harper & Row.

Fry, P. S. (1997). Grandparent's reactions to the death of a grandchild: An exploratory factor analytic study. *Omega—Journal of Death and Dying, 35*, 119–140.

Fuiano, G., Sund, S., Mazza, G., et al. (2001). Renal hemodynamic response to maximal vasodilating stimulus in healthy older subjects. *Kidney International, 59*, 1052–1058.

Furnham, A., Miller, T., Batey, M., & Johnson, S. (2011). Demographic and individual correlates of self–rated competency. *Imagination, Cognition and Personality, 31*, 247–265.

Gagnon, M., Hersen, M., Kabacoff, R. L., & Van Hasselt, V. B. (1999). Interpersonal and psychological correlates of marital dissatisfaction in late life: A review. *Clinical Psychology Review, 19*, 359–378.

Gallaghe–Thompson, D., Futterman, A., Farberow, N., Thompson, L. W., & Peterson, J. (1993). The impact of spousal bereavement on older widows and widowers, In M. S. Stroebe, W. Stroebe & R. O. Hansson (Eds.), *Handbook of bereavement*. Cambridge: Cambridge University Press.

Gallo, W. T., Bradley, E. H., Dubin, J. A., et al. (2006). The persistence of depressive symptoms in older workers who experience involuntary job loss: Results from the health and retirement survey. *Journal of Gerontology: Social Sciences, 61B*, S221–S228.

Galper, D. I., Trivedi, M. H., Barlow, C. E., Dunn, A. L., & Kampert, J. B. (2006). Inverse association between physical inactivity and mental health in men and women. *Medicine and Science in Sports and Exercise, 38*, 173–178.

Galvan, V., Gorostiza, O. F., Banwait, S., et al. (2006). Reversal of Alzheimer's–like pathology and behavior in human APP transgenic mice by mutation of Asp664. *Proceedings of the National Academics of Sciences of the United States of America, 103*, 7130–7135.

Gans, D., & Silverstein, M. (2006). Norms of filial responsibility for aging parents across time and generations. *Journal of Marriage and the Family, 68*, 961–976.

Garcia–Fabela, L., Melano–Carranza, E., Aguilar–Navarro, S., et al. (2009). Hypertension as a risk factor for developing depressive symptoms among community–dwelling elders. *Revista de Investigacion Clinica, 61*, 274–280.

Garden, S. E., Phillips, L. H., & MacPherson, S. E. (2001). Midlife aging, open–ended planning, and laboratory measures of executive function. *Neuropsychology, 15*, 472–482.

Gardner, H. (1983). *Frames of mind: The theory of multiple intelligences*. New York: Basic Books.

Gardner, H. (1993). *Multiple intelligences: The theory in practice*. New York: Basic Books.

Gary, R. H., John, P. M., & Marcas, M. B. (2004). Effects of resistance training on older adults. *Sports Med, 34*(5), 329–348.

Gass, K. A. (1989). Appraisal, coping, and resources: Markers associated with the health of aged widows and widowers. In D. A. Lund (Ed.), *Older bereaved spouses: Research and practical applications* (pp. 79–94). New York: Hemisphere.

Gaunt, R. (2006). Couple similarity and marital satisfaction: Are similar spouses happier? *Journal of Personality, 74*, 1401–1420.

Gavrin, J., & Chapman, C. R. (1995). Clinical management of dying patients. *Western Journal of Medicine, 163*, 268–277.

Gazzaley, A., Clapp, W., Kelley, J., McEvoy, K., Knight, R. T., & A'Esposito, M. (2008). Age-related top-down suppression deficit in the early stages of cortical visual memory processing. *Proceedings of the National Academy of Sciences, 105*, 13122–13126.

Geary, D. C., Hamson, C. O., Chen, G. P., et al. (1997). Computational and reasoning abilities in arithmetic: Cross-generational change in China and the United States. *Psychonomics Bulletin and Review, 4*, 425–430.

Geda, Y. E., Roberts, R. O., Knopman, D. S., et al. (2010). Physical exercise, aging, and mild cognitive impairment: A population-based study. *Archives of Neurology, 67*, 80–86.

Gee, S., & Baillie, J. (1999). Happily ever after? An exploration of retirement expectations. *Educational Gerontology, 25*, 109–128.

Georges, J. J., Onwuteaka-Philipsen, B. D., Muller, M. T., et al. (2007). Relatives' perspective on the terminally ill patients who died after euthanasia or physician-assisted suicide: A retrospective cross-sectional interview study in the Netherlands. *Death Studies, 31*, 1–15.

Gergen, K. J., & Gergen, M. M. (2000). The new aging: Self construction and social values. In K. W. Schaie & J. Hendricks (Eds.), *Evolution of the aging self: Societal impacts* (pp. 281–306). New York: Springer.

Gerstorf, D., Ram, N., Hoppmman, C., Willis, S. L., & Schaie, K. W. (2011). Cohort differences in cognitive aging and terminal decline in the Seattle Longitudinal Study. *Developmental Psychology, 47*, 1026–1041.

Gerstorf, D., Ram, N., Lindenberger, U., & Smith, J. (2013). Age and time-to-death trajectories of change in indicators of cognitive, sensory, physical, health, social, and self-related functions. *Developmental Psychology*. doi: 10. 1037/a0031340.

Geserick, C., & Blasco, M. A. (2006). Novel roles for telomerase in aging. *Mechanisms of Ageing and Development, 127*, 579–583.

Ghisella, P., & Lindenberger, U. (2005). Exploring structural dynamics within and between sensory and intellectual functioning in old and very old age: Longitudinal data from the Berlin Aging Study. *Intelligence, 33*, 555–587.

Ghisletta, P., Rabbitt, P., Lunn, M., & Lindenberger, U. (2012). Two-thirds of the age-based changes in fluid and crystallized intelligence, perceptual speed, and memory in adulthood are shared. *Intelligence, 40*, 260–268.

Giannoulis, M. G., Sonksen, P. H., Umpleby, M., et al. (2006). The effects of growth hormone and/or testosterone in healthy elderly men: A randomized controlled trial. *Journal of Clinical Endocrinology and Metabolism, 91*, 477–484.

Gill, S. C., Butterworth, P., Rodgers, B., Anstey, K. J., Villamill, E., & Melzer, D. (2006). Mental health and the timing of mens's retirement. *Social Psychiatry and Psychiatric Epidemiology, 41*, 933–954.

Glaser, B. G., & Strauss, A. L. (1968). *Time for dying*. Chicago: Aldine.

Glaser, R. (2005). Stress-associated immune dysregulation and its importance for human health:

A personal history of psychoneuroimmunology. *Brain, Behavior, and Immunity, 19*, 3–11.

Gleason, M. E., Powers, A. D., & Oltmanns, T. F. (2012). The enduring impact of borderline personality pathology: Risk for threatening life events in later middle–age. *Journal of Abnormal Psychology, 121*, 447–457.

Glisky, E. L. (2007). Changes in cognitive function in human aging. *Brain aging: Models, methods, and mechanisms* (pp. 3–20). Boca Raton, FL: CRC Press.

Gluck, J., & Bluck, S. (2007). Looking back across the life span: A life story account of the reminiscence bump. *Memory and Cognition, 35*, 1928–1939.

Gold, D. T. (1989). Sibling relationships in old age: A typology. *International Journal of Aging and Human Development, 28*, 37–51.

Gold, D. T. (1996). Continuities and discontinuities in sibling relationships across the life span. In V. L. Bengtson (Ed.), *Adulthood and aging: Research on continuities and discontinuities*. New York: Springer.

Goodson, I. F. (2013). *Developing narrative theory: Life histories and personal representation*. New York: Routledge/Taylor & Francis Group.

Gottfredson, G. D. (2002). Interests, aspirations, self–estimates, and the Self–Directed Search. *Journal of Career Assessment, 10*, 200–208.

Gottman, J. M., & Driver, J. L. (2005). Dysfunctional marital conflict and everyday marital interaction. *Journal of Divorce and Remarriage, 43*, 63–78.

Gottman, J. M., & Levenson, R. W. (2000). The timing of divorce: Predicting when a couple will divorce over a 14–year period. *Journal of Marriage and the Family, 62*, 737–745.

Gottman, J. M., & Levenson, R. W. (2002). A two–factor model for predicting when a couple will divorce: Exploratory analyses using 14–year longitudinal data. *Family Process, 41*, 83–96.

Gottsdanker, R. (1982). Age and simple reaction time. *Journal of Gerontology, 37*, 342–348.

Gough, H. G. (1957/1987). *Manual for the California Psychological Inventory*. Palo Alto, CA: Consulting Psychologists Press.

Gournellis, R., Lykouras, L., Fortos, A., et al. (2001). Psychotic(delusional) major depression in late life: A clinical study. *International Journal of Geriatric Psychiatry, 16*(11), 1085–1091.

Graham, K., & Vidal–Zeballos, D. (1998). Analyses of use of tranquilizers and sleeping pills across five surveys of the same population (1985–1991): The relationship with gender, age and use of other substances. *Social Science and Medicine, 46*, 381–395.

Greenhaus, J. H., Collins, K. M., & Shaw, J. D. (2003). The relation between work–family balance and quality of life. *Journal of Vocational Behavior, 63*, 510–531.

Greenhaus, J. H., & Powell, G. N. (2006). When work and family are allies: A theory of work–family enrichment. *Academy of Management Review, 31*, 72–92.

Greenwood, P. M. (2007). Functional plasticity in cognitive aging: Review and hypothesis. *Neuropsychology, 21*, 657–673.

Greer, S. (1991). Psychological response to cancer and survival. *Psychological Medicine, 21*, 43–49.

Gregory, T., Nettelbeck, T., & Wilson, C. (2010). Openness to experience, intelligence, and successful aging. *Personality and Individual Differences, 48*, 895–899.

Grief, G. L., & Deal, K. H. (2012). Platonic couple love: How couples view their close couple friends. In M. A. Paludi (Ed.), *The psychology of love*, Vols 1–4 (pp. 19–33). Santa Barbara, CA: Praeger/ABC–CLIO.

Grodstein, F., Manson, J. E., & Stampfer, M. J. (2006). Hormone therapy and coronary heart disease: The role of time since menopause and age at hormone initiation. *Journal of Womens Health (Larchmont), 15*, 35–44.

Grossmann, I., Na, J., Varnum, M. E. W., Kitayama, S., & Nisbett, R. E. (2012). A route to well-being: Intelligence versus wise reasoning. *Journal of Experimental Psychology: General*, *142*, 944–953.

Grossmann, I., Na, J., Varnum, M. E. W., Park, D. C., Kitayama, S., & Nisbett, R. E. (2010). Reasoning about social conflicts improves into old age. *Proceedings of the National Academy of Sciences*, *107*, 7246–7250.

Grote, N. K., Clark, M. S., & Moore, A. (2004). Perceptions of injustice in family work: The role of psychological distress. *Journal of Family Psychology, 18*, 480–492.

Grote, N. K., Naylor, K. E., & Clark, M. S. (2002). Perceiving the division of family work to be unfair: Do social comparisons, enjoyment, and competence matter? *Journal of Family Psychology, 16*, 510–522.

Gruber-Baldini, A. L., Schaie, K. W., & Willis, S. L. (1995). Similarity in married couples: A longitudinal study of mental abilities and flexibility-rigidity. *Journal of Personality and Social Psychology: Personality Processes and Individual Differences, 69*, 191–203.

Gubin, D. G., Gubin, G. D., Waterhouse, J., & Weinert, D. (2006). The circadian body temperature rhythm in the elderly: Effect of single daily melatonin dosing. *Chronobiology International, 23*, 639–658.

Gurin, P., & Brim, O. G., Jr. (1984). Change in self in adulthood: The example of a sense of control. In P. B. Baltes & O. G. Brim, Jr. (Eds.), *Life-span development and behavior* (pp. 282–334). Orlandom FL: Academic Press.

Gurland, B. J., Cross, P. S., & Katz, S. (1996). Epidemiological perspectives on opportunities for treatment of depression. *American Journal of Geriatric Psychiatry, 4* (Suppl 1), S7–S13.

Gutmann, D. (1987). *Reclaimed powers: Toward a new psychology of men and women in later life*. New York: Basic Books.

Haase, C., Heckhausen, J., & Wrosch, C. (2013). Developmental regulation across the life span: Toward a new synthesis. *Developmental Psychology*, *49*(5), 964–972.

Hafkemeijer, A., van der Grond, J., & Rombouts, S. A. (2012). Imaging the default mode network in aging and dementia. *Biochimica et Biophysica Acta*, *1822*, 431–441.

Hagestad, G. O., & Neugarten, B. L. (1985). Age and the life course. In R. H. Bmstock & E. Shanas (Eds.), *Handbook of aging and the social sciences* (pp. 35–61). New York: Van Nostrand Reinhold.

Hall, D. T. (1993). *The new "career contract": Wrong on both counts*. Boston, MA: Boston University Executive Development Roundtable Report.

Hall, D. T., & Briscoe, J. (2004). Becoming protean: Individual and experiential factors in adapting the new career. Boston, MA: Working paper, Boston University Executive Development Roundtable Technical Report.

Hamilton, M. (1959). The assessment of anxiety states by rating. *British Journal of Medical Psychology, 32,* 50–55.

Hamilton, M. (1967). Development of a rating scale for primary depressive illness. *British Journal of Social and Clinical Psychology, 6*, 278–296.

Hanke, T. A., & Tiberio, D. (2006). Lateral rhythmic unipedal stepping in younger, middle-aged, and older adults. *Journal of Geriatric Physical Therapy, 29*, 22–27.

Hardy, M. A., & Quadagno, J. (1995). Satisfaction

with early retirement: Making choices in the auto industry. *Journal of Gerontology: Social Sciences, 50B*, S217–S228.

Hare, R. D., & Neumann, C. S. (2006). The PCL-R Assessment of Psychopathy: Development, structural properties, and new directions. In C. J. Patrick (Ed.), *Handbook of psychopathy* (pp. 58–88). New York: Guilford Press.

Harman, D. (2006). Alzheimer's disease pathogenesis: Role of aging. *Annals of the New York Academy of Sciences, 1067*, 454–460.

Harpur, T. J., Hart, S. D., & Hare, R. D. (2002). Personality of the psychopath. In P. T. Costa Jr., & T. A. Widiger (Eds.), *Personality disorders and the five-factor model of personality* (2nd ed.) (pp. 299–324). Washington, DC: American Psychological Association.

Harrison, T. M., Weintraub, S., Mesulam, M. M., & Rogalski, E. (2012). Superior memory and higher cortical volumes in unusually successful cognitive aging. *Journal of the International Neuropsychological Society*, *18*, 1081–1085.

Hart, C. L., Gruber, L., & Wart, G. C. M. (2011). Cause specific mortality, social position, and obesity among women who had never smoked: 28-year cohort study. *BMJ: British Medical Journal, 343*, 1–14.

Hartup, W. W., & Stevens, N. (1997). Friendships and adaptation in the life course. *Psychological Bulletin, 121*, 355–370.

Hartvigsen, J., Frederiksen, H., & Christensen, K. (2006). Back and neck pain in seniors—prevalence and impact. *European Spine Journal, 15*, 802–806.

Harvey, P. D., & Bowie, C. R. (2013). Schizophrenia spectrum conditions. In G, Stricker, T. A. Widiger & I. B. Weiner (Eds.), *Handbook of psychology, vol. 8: Clinical psychology* (2nd ed.). (pp. 240–261). Hoboken, NJ: John Wiley & Sons, Inc.

Harwood, D. G., Sultzer, D. L., & Wheatley, M. V. (2000). Impaired insight in Alzheimer disease: Association with cognitive deficits, psychiatric symptoms, and behavioral disturbances. *Neuropsychiatry, Neuropsychology, and Behavioral Neurology, 13*, 83–88.

Harwood, J., & Lin, M.-C. (2000). Affiliation, Pride, exchange, and distance in grandparents' accounts of relationships with their college-aged grandchildren. *Journal of Communication, 50*, 31–47.

Harwood, K., McLean, N., & Durkin, K. (2007). First-time mothers' expectations of parenthood: What happens when optimistic expectations are not matched by later experiences? *Developmental Psychology, 43*, 1–12.

Hastings, E. C., & West, R. L. (2009). The relative success of a self-help and an group-based memory training program for older adults. *Psychology and Aging*, *24*, 586–594.

Hatfield, E., & Rapson, R. L. (2012). Equity theory in close relationships. In P. A. M. Van Lange, A. W. Kruglanski & E. T. Higgins (Eds.), *Handbook of theories of social psychology*, Vol. 2 (pp. 200–217). Thousand Oaks, CA: Sage Publications Ltd.

Hatfield, E., Rapson, R. L., & Aumer-Ryan, K. (2008). Social justice in love relationships: Recent developments. *Social Justice Research*, *21*, 413–431.

Havighurst, R. J. (1961). Successful aging. *The Gerontologist*, *1*(1), 8–13.

Havighurst, R. J. (1976). The relative importance of social class and ethnicity in human development. *Human Development, 19*(1), 56–64.

Havighurst, R. J. (1982). The world of work. In B. B. Wolman (Ed.), *Handbook of developmental psychology* (pp. 771–787). Englewood Cliffs, NJ: Prentice Hall.

Hayes, L. D., Grace, F. M., Sculthorpe, N., et al. (2013). The effects of a formal exercise training programme on salivary hormone concentrations and body composition in previously sedentary aging men. *Springerplus, 2*(1), 18.

Hayflick, L. (1994). *How and why we age*. New York: Ballantine Books.

Hays, J., Ockene, J. K., Brunner, R. L., et al. (2003). Effects of estrogen plus progestin on health-related quality of life. *New England Journal of Medicine, 348*, 1839-1854.

Hays, J. C., Gold, D. T., & Peiper, C. F. (1997). Sibling bereavement in late life. *Omega—Journal of Death & Dying, 35*, 25-42.

Hayslip, B. Jr. (1989). Alternative mechanisms for improvements in fluid ability performance among older adults. *Psychology and Aging, 4*, 122-124.

He, W., Sangupta, M., Velkoff, V. A., & DeBarros, K. A. (2005). 65+ in the United States: 2005 Current Population Reports Special Studies. *U. S. Census Bureau, Current Population Reports*, P23-209. Washington, DC: U. S. Government Printing Office.

Heaton, J. P., & Morales, A. (2001). Andropause—A multisystem disease. *Canadian Journal of Urology, 8*, 1213-1222.

Hebblethwaite, S., & Norris, J. (2011). Expressions of generativity through family leisure: Experiences of grandparents and adult grandchildren. *Family Relations: An Interdisciplinary Journal of Applied Family Studies*, *60*, 121-133.

Heckhausen, J. (1997). Developmental regulation across adulthood: Primary and secondary control of age-related challenges. *Developmental Psychology*, *33*, 176-187.

Hedberg, K., Hopkins, D., & Kohn, M. (2003). Five years of legal physician-assisted suicide in Oregon. *New England Journal of Medicine*, *348*, 961-964.

Hedden, T., & Gabrieli, J. D. (2004). Insights into the ageing mind: A view from cognitive neuroscience. *Nature Review Neuroscience, 5*, 87-96.

Heffner, K. L., Loving, T. J., Kiecolt-Glaser, J. K., et al. (2006). Older spouses' cortisol responses to marital conflict: Associations with demand/withdraw communication patterns. *Journal of Behavioral Medicine, 29*, 317-325.

Heilman, S. G., Holt, D. T., & Rilovick, C. Y. (2008). Effects of career plateauing on turnover: A test of a model. *Journal of Leadership & Organizational Studies*, *15*, 59-68.

Heisel, M. J., Duberstein, P. R., Talbot, N. L., King, D. A., & Tu, X. M. (2009). Adapting interpersonal psychotherapy for older adults at risk for suicide: Preliminary findings. *Professional Psychology: Research and Practice*, *40*, 156-164.

Helsing, K. J., & Szklo, M. (1981). Mortality after bereavement. *American Journal of Epidemiology, 114*, 41-52.

Helson, R. (1967). Personality characteristics and developmental history of creative college women. *Genetic Psychology Monographs*, *76*, 205-256.

Helson, R., & Soto, C. J. (2005). Up and down in middle age: Monotonic and nonmonotonic changes in roles, status, and personality. *Journal of Personality and Social Psychology, 89*, 194-204.

Helson, R., & Srivastava, S. (2001). Three paths of adult development: Conservers, seekers, and achievers. *Journal of Personality and Social Psychology, 80*, 995-1010.

Helzner, E. P., Cauley, J. A., Pratt, S. R., et al. (2005). Race and sex differences in age-related hearing loss: The Health, Aging and Body Composition Study. *Journal of the American Geriatrics Society, 53*, 2119-2127.

Henderson, V. W. (2006). Estrogen-containing

hormone therapy and Alzheimer's disease risk: Understanding discrepant inferences from observational and experimental research. *Neuroscience, 138*, 1031-1039.

Hendin, H. (1999). Suicide, assisted suicide, and medical illness. *Journal of Clinical Psychiatry, 60*, 1.

Hendricks, J., & Hatch, L. R. (2009). Theorizing lifestyle: Exploring agency and structure in the life course. V. L. Bengtson, M. Silverstein, N. M. Putney, & D. gans (Eds.), *Handbook of theories of aging* (2nd ed., pp. 435-454). New York: Springer.

Henry, J. D., & Phillips, L. H. (2006). Covariates of production and perseveration on tests of phonemic, semantic and alternating fluency in normal aging. *Aging, Neuropsychology and Cognition, 13*, 529-551.

Henz, U. (2010). Parent care as unpaid family labor: How do spouses share? *Journal of Marriage and Family*, *72*, 148-164.

Heron, M., Hoyert, D. L., Murphy, S. L., Xu, J., Kochanek, K., & Tejeda-Vera, B. (2009). *Deaths: Final data for 2006 Volume 57 Number 14*. Hyattsville MD: National Center for Health Statistics.

Hertzog, C., Hultsch, D. F., & Dixon, R. A. (1989). Evidence for the convergent validity of two self-report metamemory questionnaires. *Developmental Psychology, 25*, 687-700.

Hertzog, C., Hultsch, D. F., & Dixon, R. A. (1999). On the problem of detecting effects of lifestyle on cognitive change in adulthood. *Psychology and Aging, 14*(3), 528-534.

Hertzog, C., Schaie, K. W., & Gribbin, K. (1978). Cardiovascular disease and changes in intellectual functioning from middle to old age. *Journal of Gerontology, 33*, 872-883.

Hess, T. M., Auman, C., Colcombe, S. J., & Rahhal, T. A. (2003). The impact of stereotype threat on age differences in memory performance. *Journal of Gerontology: Psychological Sciences, 58B*, P3-P11.

Hess, T. M., & Hinson, J. T. (2006). Age-related variation in the influences of aging stereotypes on memory in adulthood. *Psychology and Aging, 21*, 611-625.

Hess, B., & Solso, B. (1985). Husband and wife networks. In W. J. Sauer & R. T. Coward (Eds.), *Social support networks and the care of the elderly: Theory, research, and practice* (pp. 67-92). New York: Springer.

Hill, P. L., & Roberts, B. W. (2011). The role of adherence in the relationship between conscientiousness and perceived health. *Health Psychology, 30*(6), 797-804.

Hill, P. L., Turiano, N. A., Mroczek, D. K., & Roberts, B. W. (2012). Examining concurrent and longitudinal relations between personality traits and social well-being in adulthood. *Social Psychological and Personality Sciences*, *3*, 698-705.

Hill, P. L., Turiano, N. A., Hurd, M. D., et al. (2011). Conscientiousness and longevity: An examination of possible mediators. *Health Psychology*, *30*, 536-541.

Hinrichsen, G. A., & Dick-Siskin, L. P. (2000). Psychotherapy with older adults. In S. K. Whitbourne (Ed.), *Psychopathology in later life* (pp. 323-353). New York: Wiley.

Hoffman, B. J., & Woehr, D. J. (2006). A quantitative review of the relationship between person-organization fit and behavioral outcomes. *Journal of Vocational Behavior*, *68*, 389-399.

Hofland, B. F., Willis, S. L., & Baltes, P. B. (1980). Fluid performance in the elderly: Intraindividual variability and conditions of assessment. *Journal of Educational Psychology, 73*, 573-586.

Hogan, M. J., Staff, R. T., Bunting, B. P., Deary, I. J., & Whalley, L. J. (2012). Openness to experience and activity engagement facilitate the maintenance of verbal ability in older adults. *Psychology and Aging*, *27*, 849–854.

Holahan, C. J., Moos, R. H., Holahan, C. K., Brennan, P. L., & Schutte, K. K. (2005). Stress generation, avoidance coping, and depressive Symptoms: A l0–year model. *Journal of Consulting and Clinical Psychology, 73*, 658–666.

Holland, J. L. (1992). *Making vocational choice: A theory of personalities and work environments* (2nd ed.). Odessa, FL: Psychological Assessment Resources.

Holland, J. L. (1994) *The self–directed search*. Odessa, FL: Psychological Assessment Resources.

Holland, J. L. (1997). *Making vocational choices: A theory of vocational personalities and work environments* (3rd ed.). Odessa, FL: Psychological Assessment Resources.

Hollenberg, M., Yang, J., Haight, T. J., & Tager, I. B. (2006). Longitudinal changes in aerobic capacity: Implications for concepts of aging. *Journal of Gerontology: Biological Sciences and Medical Sciences, 61A*, 851–858.

Holley, C. K., & Mast, B. T. (2007). The effects of widowhood and vascular risk factors on late–life depression. *American Journal of Geriatric Psychiatry*, *15*, 690–698.

Holmes, T. H., & Rahe, R. H. (1967). The Social Readjustment Rating Scale. *Journal of Psychosomatic Research*, *11*, 213–218.

Holstein, M. B. (2000). The "New Aging": Imagining alternative futures. In K. W. Schaie & J. Hendricks (Eds.), *Evolution of the aging self: Societal impacts* (pp. 319–332). New York: Springer.

Holstein, M. B., & Minkler, M. (2003). Self, society, and the "new gerontology." The Gerontologist, 43, 787–796.

Hooker, K., & Kaus, C. R. (1994). Health–related possible selves in young and middle adulthood. *Psychology and Aging, 9*, 126–133.

Hooyman, N., & Kiyak, H. A. (2008). *Social gerontology* (8th ed.). Boston: Pearson Education.

Horn, J. L. (1970). Organization of data on life–span development of human abilities, In L. R. Goulet & P. B. Baltes (Eds.), *Life–span developmental psychology: theory and research*. New York: Academic Press.

Horn, J. L., & Cattell, R. B. (1966). Refinement and test of the theory of fluid and crystallized intelligence. *Journal of Educational Psychology, 57*, 253–270.

Horn, J. L., & Hofer, S. M. (1992). Major abiities and development in the adult period. In R. J. Sternberg & C. A. Berg (Eds.), *Intellectual development* (pp. 44–99). Cambridge, UK: Cambridge University Press.

Horstmann, T., Maschmann, J., Mayer, F., et al. (1999). The influence of age on isokinetic torque of the upper and lower leg musculature in sedentary men. *International Journal of Sports Medicine, 20*, 362–367.

House, J. S., Kessler, R. C., Herzog, A. R., & Mero, R. P. (1990). Age, socioeconomic status, and health. *Milbank Quarterly, 68*, 383–411.

House, J. S., Landis, K. R., & Umberson, D. (1988). Social relationships and health. *Science, 241*, 540–545.

Houston, D. K., Nicklas, B. J., & Zizza, C. A.(2009). Weighty concerns: the growing prevalence of obesity among older adults. *Journal of the American Dietetic Association, 109*(11), 1886–1895.

Hsu, Y. H., Venners, S. A., Terwedow, H. A., et al. (2006). Relation of body composition, fat mass, and serum lipids to osteoporotic fractures and bone mineral density in Chinese men and women. *American Journal of Clinical Nutrition, 83*, 146–154.

Hubert, H. B., Bloch, D. A., Oehlert, J. W., Fries, J. F. (2002). Lifestyle habits and compression of morbidity. *The Journals of Gerontology. Series A, Biological Sciences and Medical Sciences, 57*(6), 347–351.

Hugo, F. N., Hilgert, J. B., deSousa Mda, L., & Cury, J. A. (2009). Oral status and its association with general quality of life in older independent–living south–Brazilians. *Community Dentistry and Oral Epidemiology*, *37*, 231–240.

Huh, J. T., Weaver, C. M., Martin, J. L., Caskey, N. H., O'Riley, A., & Kramer, B. J. (2012). Efffects of a late–life suicide risk–assessment training on multidisciplinary healthcare providers. *Journal of the American Geriatrics Society*, *60*, 775–780.

Hultsch, D. F., Hammer, M., & Small, B. J. (1993). Age differences in cognitive performance in later life: Relationships to self–reported health and activity life style. *Journal of Gerontology: Psychological Sciences, 48*, P1–P11.

Hultsch, D. F., Hertzog, C., Dixon, R. A., & Small, B. J. (1992). *Memory changes in the aged*. New York: Cambridge University Press.

Hultsch, D. F., Hertzog, C., Small, B. J., McDonald–Miszlak, L., & Dixon, R. A. (1998). Short–term longitudinal changes in cognitive performance in later life. *Psychology and Aging*, *7*, 571–584.

Hummert, M. L., Garstka, T. A., Shaner, J. L., & Strahm, S. (1994). Stereotypes of the elderly held by young, middle–aged, and elderly adults. *Journal of Gerontology: Psychological Sciences, 49*, P240–P249.

Hunter, G. R., McCarthy, J. P., & Bamman, M. M. (2004). Effects of resistance training on older adults. *Sports Medicine, 34*, 329–348.

Hurd, Clarke L. (2006). Older women and sexuality: Experiences in marital relationships across the life course. *Canadian Journal of Aging, 25*, 129–140.

Huston, T. L. (2009). What's love got to do with it? Why some marriages succeed and others fail. *Personal Relationships*, *16*, 301–327.

Hy, L. X., & Loevinger, J. (1996). *Measuring ego development* (2nd ed.). Hillsdale, NJ: Erlbaum.

Hyer, L., Teager, C., Hyer, R., & Scott, C. (2010). Psychotherapy with older adults.: The importance of assessment. In P. A. Lichtenberg (Ed.), *Handbook of assessment in clinical gerontology* (2nd ed., pp. 61–100). San diego, CA: Elsevier Academic Press.

Iacono, D., Markesbery, W. R., Gross, M., Pletnikova, O., Rudow, G., Zandi, P., & Troncoso, J. C. (2009). The nun study: Clinically silent AD, neuronal hypertropy, and linguistic skills in early life. *Neurology*, *73*, 665–673.

Iaffaldano, M., & Muchinsky, P. M. (1985). Job satisfaction and job performance: A meta–analysis. *Psychological Bulletin, 97*, 251–273.

Idler, E. L., McLaughlin, J., & Kasl, S. (2009). Religion and the quality of life in the last year of life. *Journals of Gerontology Series B: Psychological Sciences and Social Sciences*, *64*, 528–537.

Imbimbo, B. P., Solfrizzi, V., & Panza, F. (2012). Are NSAIDs useful fo treat Alzheimer;s disease or mild cognitive impairment? *Frontiers in Aging Neuroscience*, 2.

Inkson, K., Gunz, H., Ganesh, S., & Roper, J. (2012). Boundaryless careers: Bringing back boundaries. *Organization Studies*, *33*, 323–340.

Ishida, K., Sato, Y., Katayama, K., & Miyamura, M. (2000). Initial ventilatory and circulatory responses to dynamic exercise are slowed in the elderly. *Journal of Applied Physiology, 89*, 1771–1777.

Ivcevic, Z., & Mayer, J. D. (2009). Mapping dimensions

of creativity in the life-space. *Creativity Research Journal, 21*, 152-165.

Jacobs, S. (1993). *Pathologic grief: Maladaptation to loss*. Washington, DC: American Psychiatric Press.

Jakes, R. W., Day, N. E., Patel, B., et al. (2002). Physical inactivity is associated with lower forced expiratory volume in 1 second. *American Journal of Epidemiology, 156*(2), 139-147.

James, W. (1902/1958). *The varieties of religious experience*. New York: Mentor.

Jang, S.-N., Choi, Y.-J., & Kim, D.-H. (2009). Association of socioeconomic status with successful ageing: Differences in the components of successful ageing. *Journal of Biosocial Science, 41*, 207-219.

Jang, Y. S., Hwang, C. H., Shin, J. Y., Bae, W. Y., & Kim, L. S. (2006). Age-related changes on the morphology of the otoconia. *Laryngoscope, 116*, 996-1001.

Jarvik, L. F., & Bank, L. (1983). Aging twins: Longitudinal aging data. In K. W. Schaie (Ed.), *Longitudinal studies of adult psychological development*. New York: Guilford Press.

Jeste, D. M., Savia, G. N., Thompson, W. K., Vahia, I. V., Golorioso, D. K., et al. (2012). Association between older age and more successful aging: Critical role of resilience and depression. *American Journal of Psychiatry, 170*(20), 188-196.

Jeste, D. V., Symonds, L. L., Harris, M. J., et al. (1997). Nondementia nonpraecox dementia praecox? Late onset schizophrenia. *American Journal of Geriatric Psychiatry, 5*, 302-317.

Jobe, T. H., & Harrow, M. (2010). Schzophrenia course, long-term outcome, recovery, and prognosis. *Current Directions in Psychological Science, 19*, 220-225.

Johannesen, M., & LoGiudice, D. (2013). Elder abuse: A systematic review of risk factors in community-dwelling elders. *Age and Ageing, 42*(3), 292-298.

Johansson, B., & Zarit, S. H. (1997). Early cognitive markers of the incidence of dementia and mortality: A longitudinal population-based study of the oldest old. *International Journal of Geriatric Psychiatry, 12*, 53-59.

John, A. F., Dear, K. B., & Burgess, N. M. (2005). Projections of future numbers of dementia cases in Australia with and without prevention. The Australian and New Zealand Journal of Psychiatry, Nov-Dec 2005.

Johnson, E. J., & Schaefer, E. J. (2006). Potential role of dietary n-3 fatty acids in the prevention of dementia and macular degeneration. *American Journal of Clinical Nutrition, 83*, 1494S-1498S.

Johnson, J., Stewart, W., Hall, E., Fredlund, P., & Theorell, T. (1996). Long-term psychosocial work environment and cardiovascular mortality among Swedish men. *American Journal of Public Health, 86*, 324-331.

Jonassaint, C. R., Boyle, S. H., Williams, R. B., Mark, D. B., Siegler, I. C., & Barefoot, J. C. (2007). Facets of openness predict mortality in patients with cardiac disease. *Psychosomatic Medicine, 69*, 319-322.

Jones, C. J., & Meredith, W. (1996). Patterns of personality changes across the life span. *Psychology and Aging, 11*, 57-65.

Jones, K. M., Whitbourne, S., Whitbourne, S. B., & Skultety, K. M. (2009). Identity processes and memory controllability in middle and later adulthood. *Journal of Applied Gerontology, 28*, 582-599.

Judge, T. A., Higgins, C. A., Thoreson, C. J., et al. (1999). The Big Five personality traits, general mental ability, and career success across the life span. *Personnel Psychology, 52*, 621-652.

Judge, T. A., Locke, E. A., Durham, C. C., & Kluger,

A. N. (1998). Dispositional effects on job and life satisfaction: The role of core evaluations. *Journal of Applied Psychology, 83*, 17–34.

Jung, C. G. (1933). *Modern man in search of a soul*. New York: Harcourt, Brace, & World.

Jung, C. G. (1964). *Man and his symbols*. New York: Laurel.

Kahn, R. L., & Antonucci, T. C. (1980). Convoys over the life course: Attachment, roles, and social support. In P. B. Baltes & O. G. Brim (Eds.), *Life span development and behavior* (Vol. 3, pp. 253–286). San Diego, CA: Academic Press.

Kalish, R. A. (1985). The social context of death and dying. In R. H. Binstock & E. Shanas (Eds.), *Handbook of aging and the social sciences* (pp. 149–170). New York: Vam Nostrand Reinhold.

Kalmijn, M. (2003). Shared friendship networks and the life course: An analysis of survey data on married and cohabiting couples. *Social Networks, 25*, 231–249.

Kalmijn, M., & De Graaf, P. M. (2012). Life course changes of children and well-being of parents. *Journal of Marriage and Family, 74*, 269–280.

Kamel, N. S., & Gammack, J. K. (2006). Insomnia in the elderly: Cause, approach, and treatment. *American Journal of Medicine, 119*, 463–469.

Kanfer, R., & Ackerman, P. L. (2004). Aging, adult development, and work motivation. *Academy of Management Review, 29*, 440–458.

Karakelides, H., & Sreekumaran Nair, K. (2005). Sarcopenia of aging and its metabolic impact. *Current Topics in Developmental Biology, 68*, 123–148.

Karney, B., & Bradbury, T. (1995). The longitudinal course of marital quality and stability: A review of theory, method, and research. *Psychological Bulletin, 118*, 3–34.

Karney, B., & Bradbury, T. (1997). Neuroticism, marital interaction, and the trajectory of marital satisfaction. *Journal of Personality and Sodcial Psychology, 72*, 1075–1092.

Karp, J. F., Skidmore, E., Lotz, M., Lenze, E., Dew, M. A., & Reynolds, C. F., III. (2009). Use of the late-life function and disability in major depression. *Journal of the American Geriatric Society, 57*, 1612–1619.

Karpansalo, M., Kauhanen, J., Lakka, T. A., Manninen, P., Kaplan, G. A., & Salonen, J. T. (2004). Depression and early retirement: Prospective population based study in middle aged men. *Journal of Epidemiology and Community Health, 59*, 70–74.

Katz, R. (2009). Intergenerational family relations and subjective well-being in old age: A cross-national study. *European Journal of Ageing, 6*, 79–90.

Keefe, J. M., & Fancey, P. J. (2002). Work and eldercare: Reciprocity between older mothers and their employed daughters. *Canadian Journal on Aging, 21*, 229–241.

Keefe, S. E., Padilla, A. M., & Carlos, M. L. (1979). The Mexican-American extended family as an emotional support system. *Human Organization, 38*, 144–152.

Keen, S. (1983). *The passionate life: Stages of loving*. New York: Harper & Row.

Kegan, R. (1980). There the dance is: Religious dimensions of developmental theory. in J. W. Fowler & A. Vergote (Eds.), *Toward moral and religious maturity* (pp. 403–440). Morristown, NJ: Silver Burdette.

Kegan, R. (1982). *The evolving self*. Cambridge, MA: Harvard University Press.

Kelly, B., Burnett, P., Pelusi, D., Badger, S., Varghese, F., & Robertson, M. (2002). Terminally ill cancer patients' wish to hasten death. *Palliative Medicine, 16*, 339–345.

Kelly, D. L., McMahon, R. P., Liu, F., et al. (2010). Cardiovascular disease mortality in patients with chronic schizophrenia treated with clozapine: A retrospective cohort study. *Journal of Clinical Psychiatry, 71*, 304–311.

Kemmler, W., von Stengel, S., Engelke, K., et al. (2010). Excercise, body composition, & functional ability: A randomized controlled trial. *American Journal of Preventive Medicine, 38*(3), 279–287.

Kendler, K. S., Myers, J., & Zisook, S. (2008). Does bereavement-related major depression differ from major depression associated with other stressful events? *American Journal of Psychiatry, 165*, 1449–1455.

Kerby, D. S., & Ragan, K. M. (2002). Activity interests and Holland's RIASEC system in older adults. *International Journal of Aging & Human Development, 55*, 117–139.

Kessel, D. S., Jorgensen, T., Glumer, C., & Larsen, M. (2006). Early lens aging is accelerated in subjects with a high risk of ischemic heart disease: An epidemiologic study. *BMC Opthalmology, 6*, 16.

Kessler, R, C., Stein, M. B., & Berglund, P. (1998). Social phobia subtypes in the National Comorbidity Survey. *American Journal of Psychiatry, 155*, 613–619.

Khosla, S., Melton, L. J. 3rd, Achenbach, S. J., Oberg, A. L., & Riggs, B. L. (2006). Hormonal and biochemical determinants of trabecular microstructure at the ultradistal radius in women and men. *Journal of Clinical Endocrinology and Metabolism, 91*, 885–891.

Kiecolt-Glaser, J. K., & Glaser, R. (2002). Depression and immune function: Central pathways to morbidity and mortality. *Journal of Psychosomatic Research, 53*, 873–876.

Kiecolt-Glaser, J. K., & Newton, T. L. (2001). Marriage and health: his and hers. *Psychological Bulletin, 127*, 472–503.

Kieffer, K. M., Schinka, J. A., & Curtiss, G. (2004). Person-environment congruence and personality domains in the prediction of job performance and work quality. *Journal of Counseling Psychology, 51*, 168–177.

King, A. C., Atienza, A., Castro, C., & Collins, R. (2002). Physiological and affective responses to family caregiving in the natural setting in wives versus daughters. *International Journal of Behavioral Medicine, 9*, 176–194.

King, D. A., & Markus, H. E. (2000). Mood disorders in older adults. In S. K. Whitbourne (Ed.), *Psychopathology in later life* (pp. 141–172). New York: Wiley.

King, P. M., & Kitchener, K. S. (1994). *Developing reflective judgment: Understanding and promoting intellectual growth and critical thinking in adolescents and adults*. San Francisco: Jossey-Bass.

Kinsella, K., & Veloff, V. A. (2001). *U. S. Census Bureau Series P95/01-1. An aging world: 2001.* Washington, DC: U. S. Department of Health and Human Services.

Kirkpatrick, L. A. (1999). Attachment and religious representations and behavior. In J. Cassidy & P. R. Shaver (Eds.), *Handbook of Attachment: Theory, Research, and Clinical Applications* (pp. 803–882). New York: Guilford.

Kissane, M., & McLaren, S. (2006). Sense of belonging as a predictor of reasons for living in older adults. *Death Studies, 30*, 243–258.

Klass, M., Baudry, S., & Duchateau, J. (2006). Voluntary activation during maximal contraction with advancing age: A brief review. *European Journal of Applied Physiology*.

Klempin, F., & Kempermann, G. (2007). Adult hippocampus neurogenesis and aging. *European*

Archives of Psychiatry and Clinical Neuroscience, *257*, 271–280.

Klerman, E. B., Duffy, J. F., Dijk, D. J., & Czeisler, C. A. (2001). Circadian phase resetting in older people by ocular bright light exposure. *Journal of Investigative Medicine, 49*, 30–40.

Kline, D. W., & Schieber, F. (1985). Vision and aging. In J. E. Birren and K. W. Schaie (Eds.), *Handbook of the psychology of aging* (2nd ed.). New York: Van Nostrand Reinhold.

Klysner, R., Bent–Hansen, I., Hansen, H. L., et al. (2002). Efficacy of citalopram in the prevention of recurrent depression in elderly patients: Placebo–controlled study of maintenance therapy. *British Journal of Psychiatry, 181*, 29–35.

Knight, S., Bermingham, M. A., & Mahajan, D. (1999). Regular non–vigorous physical activity and cholesterol levels in the elderly. *Gerontology, 45*, 213–219.

Knight, B. G., & Kellough, J. (2013). Psychotherapy with older adults within a family contexts. In G. Stricker, T. A. Widiger & I. B. Weiner (Eds.), *Handbook of psychology, vol. 8: Clinical psychology* (2nd ed., pp. 474–488). Hoboken, NJ: John Wiley & Sons, Inc.

Knoester, C., & Eggebeen, D. J. (2006). The effects of the transition to parenthood and subsequent children on men's well–being and social participation. *Journal of Family Issues, 27*, 1532–1560.

Kohlberg, L. (1973). Continuities in childhood and adult moral development revisited. In P. B. Baltes & K. W. Schaie (Eds.), *Life–span developmental psychology: Personality and socialization* (pp. 180–204). New York: Academic Press.

Kohlberg, L. (1981). *Essays on moral development: Vol. 1. The philosophy of moral development*. New York: Harper & Row.

Kohlberg, L. (1984). *Essays on moral development: Vol. 2. The philosophy of moral development*. San Francisco., CA: Harper & Row.

Kohlberg, L., Levine, C., & Hewer, A. (1983). *Moral stages: A current formulations and a response to critics*. New York: Karger.

Koropeckyj–Cox, T. (2002). Beyond parental status: Psychological well–being in middle and old age. *Journal of Marriage and the Family, 64*, 957–971.

Korte, J., Weserhof, G. J., & Bohlmeijer, E. T. (2012). Mediating processes in an effective life–review intervention. *Psychology and Aging*, *27*, 1172–1181.

Kosek, D. J., Kim, J.–S., Petrella, J. K., Cross, J. M., & Bamman, M. M. (2006). Efficacy of 3 days/wk resistance training on myofiber hypertrophy and myogenic mechanisms in young vs. older adults. *Journal of Applied Physiology, 101*, 531–544.

Koster, A., Bosma, H., Kempen, G. I., et al. (2006). Socioeconomic differences in incident depression in older adults: The role of psychosocial factors, physical health status, and behavioral factors. *Journal of Psychosomatic Research*, *61*, 619–627.

Kostka, T. (2005). Quadriceps maximal power and optimal shortening velocity in 335 men aged 23–88 years. *European Journal of Applied Physiology*, *95*, 140–145.

Kouvonen, A., Stafford, M., De Vogli, R., et al. (2011). Negative aspects of close relationships a predictor of increased body mass index and waist circumference: The Whitehall II Study. *American Journal of Public Health*, *101*, 1474–1480.

Kozbelt, A. (2007). A quantitative analysis of Beethoven as self–critic: Implications for psychological theories of musical creativity. *Psychology of Music, 35*, 144–168.

Kramer, A. F., Boot, W. R., McCarley, J. S., et al. (2006). Aging, memory and visual search. *Acta*

Psychologica, *122*, 288–304.

Kramer, A. F., Colcombe, S. J., McAuley, E., Scalf, P. E., & Erickson, K. I. (2005). Fitness, aging and neurocognitive function. *Neurobiology of Aging, 26 Suppl 1*, 124–127.

Kramer, A. F., & Madden, D. J. (2008). Attention. In F. I. M. Craik & T. A. Salthouse (Eds.), *The handbook of aging and cognition* (3rd ed., pp. 189–249). New York: Psychology Press.

Kripke, D. F., Garfinkel, L., Wingard, D. L., Klauber, M. R., & Marler, M. R. (2002). Mortality associated with sleep duration and insomnia. *Archives of General Psychiatry, 59*, 131–136.

Kroger, J., & Marcia, J. E. (2011). The identity statuses: Origins, meanings, and interpretations. In S. J. Schwartz, K. Luyckx & V. L. Vignoles (Eds.), *Handbook of identity theory and research*, Vols. *1* and *2* (pp. 31–53). New York: Springer Science + Buisiness Media.

Kubler–Ross, E. (1969). *On death and dying*. New York: MacMillan.

Kubo, N., Kato, A., & Nakamura, K. (2006). Deterioration of planning ability with age in japanese monkeys (Macaca fuscata). *Journal of Comparative Psychology, 120*, 449–455.

Kubzansky, L. D., Cole, S. R., Kawachi, I., Vokonas, P., & Sparrow, D. (2006). Shared and unique contributions of anger, anxiety, and depression to coronary heart disease: A prospective study in the Normative Aging Study. *Annals of Behavioral Medicine, 31*, 21–29.

Kubzansky, L. D., Joenen, K. C., Spiro, A., et al. (2007). Prospective study of posttraumatic stress disorder symptoms and coronary heart disease in the Normative Aging Study. *Archives of General Psychiatry, 64*, 109–116.

Kuerbis, A., & Saco, P. (2012). The impact of retirement on the drinking patterns of older adults: A review. *Addictive Behaviors*, *37*, 587–595.

Kukat, A., & Trifunovic, A. (2009). Somatic mtDNA mutations and aging–facts and fancies. *Experimental Gerontology, 44*, 101–105.

Kuo, W., Gallo, J. J., & Tien, A. Y. (2001). Incidence of suicide ideation and attempts in adults: The 13–year follow–up of a community samples in Baltimore. *Maryland Psychological Medicine, 31*, 1181–1191.

Kusy, K., Krol–Zielinska, M., Domaszewska, K., et al., (2012). Gas Exchange Threshold in Male Speed–Power versus Endurance Athletes Ages 20–90 Years. *Medicine & Science in Sports & Exercise, 44*(12), 2415–2422.

Kuzuya, M., Ando, F., Iguchi, A., & Shimokata, H. (2006). Effect of smoking habit on age–related changes in serum lipids: A cross–sectional and longitudinal analysis in a large Japanese cohort. *Atherosclerosis, 185*, 183–190.

Labouvie–Vief, G., & Medler, M. (2002). Affect optimization and affect complexity: Models and styles of regulation in adulthood. *Psychology and Aging*, *17*, 571–588.

Lachman, M. E. (2006). Perceived control over aging–related declines. *Current Directions in Psychological Science, 15*, 282–286.

Lachman, M. E., & Andreoletti, C. (2006). Strategy use mediates the relationship between control beliefs and memory performance for middle–aged and older adults. *Journal of Gerontology: Psychological Sciences, 61B*, P88–P94.

Lachman, M. E., Andreoletti, C., & Pearman, A. (2006). Memory control beliefs: How are they related to age, strategy use and memory improvement? *Social Cognition, 24*, 359–385.

Lachman, N. E., Neuport, S. D., Bertrand, R., & Jette, A. M. (2006). The effects of strength training on memory in older adults. *Journal of Aging and*

Physical Activity, *14*, 59–73.

Lachs, M. S., Williams, C. S., O'Brien, S., Pillemer, K. A., & Charlson, M. E. (1998). The mortality of elder mistreatment. *Journal of the American Medical Association, 280*, 428–432.

Lafferty, A., Tracey, M. P., Drennan, J., et al. (2009). *Public perceptions of elder abuse: A literature review*. Dublin, Ireland: National Centre for the Protection of Older People(NCPOP).

Lamme, S., Dykstra, P. A., & Broese Van Groenou, M. I. (1996). Rebuilding the network: New relationships in widowhood. *Personal Relationships, 3*, 337–349.

Lang, F. R., & Carstensen, L. L. (1994). Close emotional relationships in late life: Further support for proactive aging in the social domain. *Psychology and Aging, 9*, 315–324.

Lang, F. R., & Carstensen, L. L. (2002). Time counts: Future time perspective, goals, and social relationships. *Psychology and Aging, 17*, 125–139.

Langford, A., & Johnson, B. (2009). Social inequalities in adult female mortality by the National Statistics Socio–economic Classification, England and Wales, 2001–2003. *Health Statistics Quarterly*, 6–21.

Lantz, P. M., House, J. S., Lepkowski, J. M., Williams, D. R., Mero, R. P., & Chen, J. (1998). Socioeconomic factors, health behaviors, and mortality: Results from a nationally representative prospective study of U. S. adults. *Journal of the American Medical Association, 279*, 1703–1708.

Lapalme, M. E., Tremblay, M., & Simard, G. (2009). The relationship between career plateauing, employee commitment and psychological distress: The role of organizational and supervisor support. *The International Journal of Human Resource Management*, *20*, 1132–1145.

Larbi, A., Fulop, T., & Pawelec, G. (2008). Immune receptor signaling, aging and autoimmunity. *Advances in Experimental Medicine and Biology, 640*, 312–324.

Laub, J. H., & Vaillant, G. E. (2000). Delinquency and mortality: A 50–year follow–up study of 1,000 delinquent and nondelinquent boys. *American Journal of Psychiatry, 157*, 96–102.

Lavender, A. P., & Nosaka, K. (2007). Fluctuations of isometric force after eccentric exercise of the elbow flexors of young, middle–aged, and old men. *European Journal of Applied Physiology*, *100*, 161–167.

Lawlor, D. A., Martin, R. M., Gunnell, D., et al. (2006). Association of body mass index measured in childhood, adolescence, and young adulthood with risk of ischemic heart disease and stroke: findings from 3 historical cohort studies. *American Journal of Clinical Nutrition, 83*, 767–773.

Lazarus, R. S., & Folkman, S. (1984). *Stress, appraisal, and coping*. New York: Springer.

Le, A. H., & Pinto, P. (2016). The impact of Cattell–Horn–Carroll theory to the identification of learning disability. *The DiaLog*, *45*(2), 11–14.

Lease S. H. (1998). Annual review, 1993–1997: Work attitudes and outcomes. *Journal of Vocational Behavior, 53*, 154–183.

Lee, G. R., & Bulanda, J. R. (2005). Change and consistency in the relation of marital status to personal happiness. *Marriage and Family Review, 38*, 69–84.

Lee, S. Y., Granchetti, M. K., Imanbayev, A., et al. (2012). Non–pharmacological prevention of major depression among community–dwelling older adults. A systematic review of the efficacy of psychotherapy interventions. *Archives of Gerontology and Geriatrics, 55*, 522–529.

Lefevre, M., Redman, L. M., Heilbronn, L. K., et al. (2009). Caloric restriction alone and with exercise improves CVD risk in healthy non-obese individuals. *Atheroclerosis, 203*, 206-213.

Lehman, H. C. (1953). *Age and achievement*. Princeton, NJ: Princeton University Press.

Lentz, E., & Allen, T. D. (2009). The role of mentoring others in the career plateauing phenomenon. *Group and Organization Management*, *34*, 358-384.

Lenze, E. J., Munin, M. C., Skidmore, E. R., et al. (2007). Onset of depression in elderly persons after hip fracture: Implications for prevention and early intervention of late-life depression. *Journal of the American Geriatrics Society, 55*, 81-86.

Lenze, E., J., Munin, M. C., Skidmore, et al. (2009). Onset of depression in elderly persons after hip fracture: Implications for prevention and early intervention of late-life depression. *Journal of the American Geriatrics Society*, *55*, 81-86.

Lerner, R. M. (1995). Developing individuals within changing contexts: Implications of developmental contextualism for human development, research, policy, and programs. In T. J. Kindermann & J. Valsiner (Eds.), *Development of person-context relations* (pp. 13-37). Hillsdale, NJ: Lawrence Erlbaum.

Letenneur, L., Proust-Lima, C., Le George, A., Dartigues, J. F., & Barberger-Gateau, P. (2007). Flavonoid intake and cognitive decline over a 10-year period. *American Journal of Epidemiology, 165*, 1364-1371.

Levenson, R. W., Carstensen, L. L., & Gottman, J. M. (1993). Long-term marriage: Age, gender, and satisfaction. *Psychology and Aging, 8*, 301-313.

Levy, B. R., Slade, M. D., Kunkel, S. R., & Kasl, S. V. (2002). Longevity increased by positive self-perceptions of aging. *Journal of Personality and Social Psychology, 83*, 261-270.

Li, G., Cherrier, M. M., Tsuang, D. W., et al. (2006). Salivary cortisol and memory function in human aging. *Neurobiology of Aging, 27*, 1705-1714.

Licht-Strunk, E., van der Windt, D. A., van Marwijk, H. W., et al. (2007). The prognosis of depression in older patients in general practice and the community. A systematic review. *Family Practice, 24*, 168-180.

Lieberman, M. A. (1996). Perspective on adult life crises. In V. Bengtson (Ed.), *Aging and Adulthood*. (pp.146-167). New York: Springer.

Lin, F., Friedman, E., Quinn, J., Chen, D.-G., & Mapstone, M. (2012). Effect of leisure activities on inflammation and cognitive function in an aging sample. *Archives of Gerontology and Geriatrics*, *54*, e398-e404.

Lindau, S. T., & Gavrilova, N. (2010). Sex, health, and years of sexually active life gained due to good health: evidence from two U. S. population based cross sectional surveys of ageing. *BMJ: British Medical Journal*, 340.

Lindauer, M. S. (1998). Artists, art, and arts activities: What do they tell us about aging? In C. Adams-Price (Ed.), *Creativity and successful aging: Theoretical and empirical approaches* (pp. 237-250). New York: Springer.

Lindenberger, U., Scherer, H., & Baltes, P. B. (2001). The strong connection between sensory and cognitive performance in old age: Not due to sensory acuity reductions operating during cognitive assessment. *Psychology and Aging, 16*(2), 196-205.

Litwak, E. (1989). Forms of friendships among older people in an industrial society. In R. G. Adams & R. Blieszner (Eds.), *In older adult friendship* (pp. 65-88). Newbery Park: Sage.

Liu-Ambrose, T., Nagamatsu, L. S., Graf, P., et al. (2010). Resistance training and executive functions: A 12-month randomized controlled trial. *Archives of Internal Medicine*, *170*, 170–178.

Lockenhoff, C. E., Sutin, A. R., Ferrucci, L., et al. (2008). Personality traits and subjective health in the later years: The association between NEO–PI–R and SF–36 in advanced age is influenced by health status. *Journal of Research in Personality*, *42*, 1334–1346.

Lockhart, S. N., Mayda, A. B. V., Roach, A. E., et al. (2012). Episodic memory function is associated with multiple measures of white matter integrity in cognitive aging. *Frontiers in Human Neuroscience, 6*.

Lodi–Smith, J., Jackson, J., Bogg, T., et al. (2010). Mechanisms of health: Education and health–related behaviors partially mediate the relationship between conscientiousness and self–reported physical health. *Psychology & Health*, *25*, 305–319.

Loevinger, J. (1976). *Ego development: Conceptions and theories*. San Francisco: Jossey–Bass.

Lombardi, G., Tauchmanova, L., Di Somma, C., et al. (2005). Somatopause: Dismetabolic and bone effects. *Journal of Endocrinological Investigation, 28*, 36–42.

Longcope, C., Feldman, H. A., McKinlay, J. B., & Araujo, A. B. (2000). Diet and sex hormone–binding globulin. *Journal of Clinical Endocrinology and Metabolism, 85*, 293–296.

Lopez–Miranda, J., Perez–Jimenez, F., Ros, E., et al. (2009). Olive oil and health: Summary of the II international conference on olive oil and health consensus report (Spain) 2008. *Nutrition, Metabolism, and Cardiovascular Diseases*. doi:S0939–4753(09)00316–0 pii:10.1016/j.numecd. 2009.12.007.

Lovasi, G. S., Lemaitre, R. N., Siscovick, D. S., et al. (2007). Amount of leisure–time physical activity and risk of nonfatal myocardial infarction. *Annals of Epidemiology, 17*, 410–416.

Low, K. S. D., Yoon, M., Roberts, B. W., & Rounds, J. (2005). The stability of vocational interests from early adolescence to middle adulthood: A quantitative review of longitudinal studies. *Psychological Bulletin, 131*, 713–737.

Lubart, T. I., & Sternberg, R. J. (1998). Life span creativity: An investment theory approach, In C. Adams–Price (Ed.), *Creativity and successful aging: Theoretical and empirical approaches* (pp. 21–41). New York: Springer.

Luborsky, M. R. (1998). Creative challenges and the construction of meaningful life narratives, In C. Adams–Price (Ed.), *Creativity and successful aging: theoretical and empirical approaches* (pp. 311–337). New York: Springer.

Luborsky, M. R., & McMullen, C. K. (1999). Culture and aging, In J. C. Cavanaugh & S. K. Whitbourne (Eds.), *Gerontology: Interdisciplinary perspectives* (pp. 65–90). New York: Oxford University Press.

Lucas, R. E., Dark, A. E., Georgellis, Y., & Diener, E. (2003). Reexamining adaptation and the set point model of happiness: Reactions to changes in marital status. *Journal of Personality and Social Psychology*, *84*, 527–539.

Ludtke, O., Roberts, B. W., Trautwein, U., & Nagy, G. (2011). A random walk down university avenue: Life paths, life events, and personality trait change at the transition to university life. *Journal of Personality and Social Psychology*, *101*, 620–637.

Luoh, M. C., & Herzog, A. R. (2002). Individual consequences of volunteer and paid work in old age: Health and mortality. *Journal of Health and Social Behavior, 43*, 490–509.

Lupien, S., Lecours, A. R., Schwanz, G., et al. (1996). Longitudinal study of basal cortisol levels in healthy elderly subjects: Evidence for subgroups. *Neurobiology of Aging*, *17*, 95–105.

Luscher, K. (2002). Intergenerational ambivalence: Further steps in theory and research. *Journal of*

Marriage and Family, 64, 585–593.

MacDonald, S., Hultsch, D., & Dixon, R. (2011). Aging and the shape of cognitive change before death: Terminal decline or terminal drops? *Journals of Gerontology, Series B: Psychological Sciences and Social Sciences, 66*(3), 292–301.

Macintyre, S. (1997). The Black report and beyond: What are the issues? *Social Science and Medicine, 44*, 723–745.

Madden, D. J., & Blumenthal, J. A. (1998). Interaction of hypertension and age in visual selective attention performance. *Health Psychology, 17*, 76–83.

Madden, D. J., Pierce, T. W., & Allen, P. A. (1996). Adult age differences in the use of distractor homogeneity during visual search. *Psychology and Aging, 11*, 454–474.

Maddi, S. R. (2005). On hardiness and other pathways to resilience. *American Psychologists, 60*, 261–262.

Magnusson, D. (Ed.). (1996). *The lifespan development of individuals: Behavioral, neurobiological, and psychosocial perspectives: A synthesis*. New York: Cambridge University Press.

Magnusson Hanson, L. L., Theorell, T., Oxenstierra, G., Hyde, M., & Westerlund, H. (2008). Demand, control and social climate as predictors of emotional exhaustion symptoms in working Swedish men and women. *Scandinavian Journal of Public Health, 36*, 737–743.

Mahlberg, R., Tilmann, A., Salewski, L., & Kunz, D. (2006). Normative data on the daily profile of urinary 6–sulfatoxymelatonin in healthy subjects between the ages of 20 and 84. *Psychoneuroendocrinology, 31*, 634–641.

Majer, I. M., Nusselder, W. J., Mackenbach, J. P., & Kunst, A. E. (2011). Socioeconomic inequalities in life and health expentancies around official retirement age in 10 Western–European countries. *Journal of Epidemiology and Community Health, 65*, 972–979.

Manzoli, L., Villari, P., M Pirone, G., & Bocda, A. (2007). Marital status and mortality in the elderly: A systematic review and meta–analysis. *Social Science & Medicine, 64*, 77–94.

Marcia, J. E. (1966). Development and validation of ego–identity status. *Journal of Personality and Social Psychology, 3*, 551–558.

Marcus, B. H., Williams, D. M., Dubbert, P. M., et al. (2006). Physical activity intervention studies: What we know and what we need to know: A scientific statement from the American Heart Association Council on Nutrition, Physical Activity, and Metabolism; Council on Cardiovascular Disease in the Young; and the Interdisciplinary Working Group on Quality of Care and Outcomes Research. *Circulation, 114*, 2739–2752.

Margrett, J., Martin, P., Woodard, J. L., et al. (2010). Sepression among centenarians and the oldest old: Contributions of cognition and personality. *Gerontology, 56*, 93–99.

Markus, H., & Nurius, P. (1986). Possible selves. *American Psychologist, 41*, 954–969.

Marks, B. L., Katz, L. M., & Smith, J. K. (2009). Exercise and the aging mind: Buffing the baby boomer's body and brain. *Physical Sportsmedicine, 37*, 119–125.

Marmot, M. G., Shipley, M. J., Hemingway, H., Head, J., & Brunner, E. J. (2008). Biological and behavioural explanations of social inequalities in coronary heart disease: The Whitehall II study. *Diabetologia, 51*, 1980–1988.

Marshall, V. W. (1980). *Last chapters: A sociology of aging and dying*. Monterey, CA: Brooks–Cole.

Marsiske, M., Lang, F. R., Baltes, M. M., & Baltes, P. B. (1995). Selective optimization with compensation:

Life-span perspectives on successful human development. In R. A. Dixon and L. Backman (Eds.), *Compensation for psychological defects and declines: Managing losses and promoting gains* (pp. 35-79). Hillsdale, NJ: Erlbaum.

Marsiske, M., & Margrett, J. A. (2006). Everyday problem solving and decision making. In J. E. Binne & K. W. Schaire (Eds.), *Handbook of the psychology of aging* (pp. 315-342). Elsevier.

Martens, A., Greenberg, J., Schimel, J., & Landau, M. J. (2004). Ageism and death: Effects of mortality salience and perceived similarity to elders on reactions to elderly people. *Personality & Social Psychology Bulletin, 30*, 1524-1536.

Martin, A., Palmer, B., Rock, D., Gelston, C., & Jeste, D. (2015). Associations of self-perceived successful aging in young-old versus old-old adults. *International Psychogeriatrics, 27*(4), 601-609.

Martire, L. M., Schulz, R., Reynolds, C. F., III, et al. (2010). Treatment of late-life depression alleviates caregiver burden. *Journal of the American Geriatrics Society, 58,* 23-29.

Masuda, A. D., McNall, L. A., Allen, T. D., & Nicklin, J. M. (2012). Examining the constructs of work-to-family enrichment and positive spillover. *Journal of Vocational Behavior, 80*, 197-210.

Matsuba, M. K., Pratt, M. W., Norris, J. E., Mohle, E., Alisat, S., & McAdams, D. P. (2012). Environmentalism as a context for expressing identity and generativity: Patterns among activists and uninvolved youth and midlife adults. *Journal of Personality, 80*, 1091-1115.

Matthews, R. A., Bulger, C. A., & Barnes-Farrell, J. L. (2010). Work social supports, role stressors, and work-family conflict: The moderating effect of age. *Journal of Vocational Behavior, 76*, 78-90.

Matthews, S. H. (1986). *Friendships through the life course*. Beverly Hills, CA: Sage.

Maurer, T. J. (2001). Career-relevant lerning and development, worker age, and beliefs about self-efficacy for development. *Journal of Management, 27*, 123-140.

Mayhew, P. M., Thomas, C. D., Element, J. G., et al. (2005). Relation between age, femoral neck cortical stability, and hip fracture risk. *Lancet, 366*, 129-135.

McAdams, D. P. (2008). Generativity, the redemptive self, and the problem of a noisy ego in American life. In H. A. Wayment & J. J. Bauer (Eds.), *Transcending self-interests: Psychological explorations of the quiet ego* (pp. 235-242). Washington, DC: American Psychological Association.

McAdams, D. P. (2011). Life narratives. In K. L. Fingerman, C. A. Berg, J. Smith & T. C. Antonucci (Eds.), *Handbook of life-span development* (pp. 589-610). New York: Springer.

McAdams, K. K., Lucas, R. E., & Donnellan, M. B. (2012). The role of domain satisfaction in explaining the paradoxical association between life satisfaction and age. *Social Indicators Research, 109*, 295-303.

McArdle, J. J., & Hamagami, F. (2006). Longitudinal tests of dynamic hypotheses on intellectual abilities measured over sixty years, In C. S. Bergeman & S. M. Boker (Eds.), *Methodological issues in aging research* (pp. 43-98). Mahweh, NJ: Lawrence Erlbaum.

McAuley, E., Marquez, D. X., Jerome, G. J., Blissmer, B., & Katula, J. (2002). Physical activity and physique anxiety in older adults: Fitness, and efficacy influences. *Aging and Mental Health, 6*, 222-230.

McCarthy, L. H., Bigal., M. E., Katz, M., Derby, C., & Lipton, R. B. (2009). Chronic pain and obesity in elderly people: Results from the Einstein aging study. *Journal of the American Geriatric Society, 57*, 115–119.

McCoy, J. K., Brody, G. H., & Stoneman, Z. (1995). *A longitudinal analysis of sibling relationships as mediators and moderators of the link between individual temperament, family processes and youths' best friendships*. Paper presented at the biennial meeting of the Society for Research in Child Development, Indianapolis, IN.

McCrae, R. R., & Costa, P. T. (1997). Personality trait structure as a human universal. *American Psychologist, 52*, 509–516.

McCrae, R. R., & Costa, P. T. J. (2003). *Personality in adulthood: A five-factor theory perspective*. (2nd ed.) New York: Guilford.

McCullough, M. E., Friedman, H. S., Enders, C. K., & Martin, L. R. (2009). Does devoutness delay death? Psychological investment in religion and its association with longevity in the Terman sample. *Journal of Personality and Social Psychology, 97*, 866–882.

McCullough, M. E., Hoyt, W. T., Larson, D. B., Koenig, H. G., & Thoresen, C. (2000). Religious involvement and mortality: A meta-analytic review. *Health Psychology, 19*, 211–222.

McDaniel, M. A., & Einstein, G. O. (2011). The neuropsychology of prospective memory in normal aging: A componential approach. *Neuropsychologia, 49*, 2147–2155.

McDaniel, M. A., & Snell, A. F. (1999). Holland's theory and occupational information. *Journal of Vocational Behavior, 55*, 74–85.

McDonald, S., Hultsch, D., & Dixon, R. (2011). Aging and the shape of cognitive change before death: Terminal decline or terminal drops? *Journals of Gerontology, Series B: Psychological Sciences and Social Sciences, 66*(3), 292–301.

McDonald-Miszczak, L., Hertzog, C., & Hultsch, D. F. (1995). Stability and accuracy of metamemory in adulthood and aging: A longitudinal analysis. *Psychology and Aging, 10*, 553–564.

McFadden, S. H. (2000). Religion and meaning in late life. In G. T. Reker & K. Chamberlain (Eds.), *Exploring existential meaning: Optimizing human development across the life span* (pp. 171–183). Thousand Oaks, CA: Sage.

McGinnis, D. (2012). Susceptibility to distraction during reading in young, young-old, and old-old adults. *Experimental Aging Research, 38*, 370–393.

McGue, M., & Christensen, K. (2002). The heritability of level and rate-of-change in cognitive functioning in Danish twins aged 70 years and older. *Experimental Aging Research, 28*, 435–451.

McKhann, G., Drachman, D., Folstein, M., Katzman, R., Price, D., & Stadlan, E. M. (1984). Clinical diagnosis of Alzheimer's disease. *Neurology, 34*, 939–944.

McLaughlin, S. J., Connell, C. M., Heeringa, S. G., Li, L. W., & Roberts, J. S. (2010). Successful aging in the United States: Prevalence estimates from a national sample of older adults. *The Journals of gerontology: Series B: Psychological Sciences and Social Sciences, 65B*, 216–226.

McLaughlin, S. J., Jette, A. M., & Connell, C. K. (2012). An examination of healthy aging across a conceptual continuum: Prevalence estimates, demographic patterns, and validity. *J Gerontol A Biol Sci Med Sci, 67*(7), 783–789.

McLean, K. C. (2008). Stories of the young and the old: Personal continuity and narrative identity. *Developmental Psychology, 44*, 254–264.

McNall, L. A., Masuda, A. D., & Nicklin, J. M. (2010). Flexible work arrangements, job satisfaction, and turnover intentions: The mediating role of work-to-family enrichment. *Journal of Psychology, 144*, 61–81.

McNall, L. A., Nicklin, J. M., & Masuda, A. D. (2010). A meta-analytic view of the consequences associated with work-family enrichment. *Journal of Business and Psychology, 25*, 381-396.

Meeks, S. (2000). Schizophrenia and related disorders. In S. K. Whitbourne (Ed.), *Psychopathology in later life* (pp. 189-215). New York: Wiley.

Mehta, K. M., Yaffe, K., Brenes, G. A., et al. (2007). Anxiety symptoms and decline in physical function over 5 years in the health, aging and body composition study. *Journal of the American Geriatrics Society, 55*, 265-270.

Meijer, W. A., van Boxtel, M. P. J., Van Gerven, P. W. M., van Hooren, S. A. H., & Jolles, J. (2009). Interaction effects of education and health status on cognitive change: A 6-year follow-up of the Maastricht Aging Study. *Aging & Mental Health, 13*, 521-529.

Mhaolain, A. M. N., Gallagher, D., Connell, H. O., et al. (2012). Subjective well-being amongst community-dwelling elders: What determines satisfaction with life? Findings from the Dublin Healthy Aging Study. *International Psychogeriatrics, 24*, 316-323.

Milevsky, A. (2005). Compensatory patterns of sibling support in emerging adulthood: Variations in loneliness, self-esteem, depression, and life satisfaction. *Journal of Social and Personal Relationships, 22*, 743-755.

Miller, M. D., & Reynolds, C. F., III. (2012). Using interpersonal psychotherapy with older individuals. In J. C. Markowitz & M. M. Weissman (Eds.), *Casebook of interpersonal psychotherapy* (pp. 243-266). New York: Oxford University Press.

Miller, S. C., Papandonatos, G., Fennell, M., & Mor, V. (2006). Facility and county effects on racial differences in nursing home quality indicators. *Social Science and Medicine, 63*, 3046-3059.

Miller, T. Q., Smith, T. W., Turner, C. W., et al. (1996). A meta-analytic review of research on hostility and physical health. *Psychological Bulletin, 119*, 322-348.

Mitchell, B. A., & Lovegreen, L. D. (2009). The empty nest syndrome in midlife families: A multimethod explorations of parental gender differences and cultural dynamics. *Journal of Family Issues, 30*, 1651-1670.

Mitchell, S. L., Teno, J. M., Kiely, D. K., et al. (2009). The clinical course of advanced dementia. *New England Journal of Medicine, 361*, 1529-1538.

Milton, R. C., Sperduto, R. D., Clemons, T. E., & Ferris, F. L. (2006). Centrum use and progression of age-related cataract in the Age-Related Eye Disease Study: A propensity score approach. AREDS report No. 21. *Ophthalmology, 113*, 1264-1270.

Min, H., Montecmo-Rodriguez, E., & Dorshkind, K. (2005). Effects of aging on early B-and T-cell development. *Immunological Reviews, 205*, 7-17.

Miner-Rubino, K., Winter, D. G., & Stewart, A. J. (2004). Gender, social class, and the subjective experience of aging: Self-perceived personality change from early adulthood to late midlife. *Personality and Social Psychology Bulltin, 30*, 1599-1610.

Mireles, D. E., & Charness, N. (2002). Computational explorations of the influence of structured knowledge on age-related cognitive decline. *Psychology and Aging, 17*, 245-259.

Moen, P., Kim, J. E., & Hofmeister, H. (2001). Couples' work/retirement transitions, gender, and marital quality. *Social Psychology Quarterly, 64*, 55-71.

Moffat, S. D., Elkins, W., & Resnick, S. M. (2006). Age differences in the neural systems supporting human allocentric spatial navigation. *Neurobiology of Aging, 27*, 965-972.

Mohlman, J., & Price, R. (2006). Recognizing and

treating late-life generalized anxiety disorder: Distinguishing features and psychosocial treatment. *Expert Reviews in Neurotherapy*, *6*, 1439-1445.

Moody, H. R. (2006). *Aging: Concepts and controversies*. Thousand Oaks: Pine Forge Press.

Moore, D. E., & Hayward, M. D. (1990). Occupational careers and mortality of elderly men. *Demography, 27*, 31-53.

Moore, P. J., Adler, N. E., Williams, D. R., & Jackson, J. S. (2002). Socioeconomic status and health: The role of sleep. *Psychosomatic Medicine, 64*, 337-344.

Moorman, S. M., Booth, A., & Fingerman, K. L. (2006). Women's romantic relationships after widowhood. *Journal of Family Issues, 27*, 1281-1304.

Moos, R. H., Schutte, K., Brennan, P., & Moos, B. S. (2004). Ten-year patterns of alcohol consumption and drinking problems among older women and men. *Addiction, 99*, 829-838.

Morais, J. A., Chevalier, S., & Gougeon, R. (2006). Protein turnover and requirements in the healthy and frail elderly. *Journal of Nutrition, Health and Aging, 10*, 272-283.

Morgan, W, K., & Reger, R. B. (2000). Rise and fall of the FEV(l). *Chest*, *118*, 1639-1644.

Morone, N. E., Rollman, B. L., Moore, C. G., Li, Q., & Weiner, D. K. (2009). A mind-body program for older adults with chronic low back pain: Results of a pilot study. *Pain Medicine, 10*, 1395-1407.

Morris, M. C., Evans, D. A., Tangney, C. C., Bienias, J. L., & Wilson, R. S. (2005). Fish consumption and cognitive decline with age in a large community study. *Archives of Neurology, 62*, 1849-1853.

Morrow, D., Leirer, V., Altieri, P., & Fitzsimons, C. (1994). When expertise reduces age differences in performance. *Psychology and Aging*, *9*, 134-148.

Morrow, D. G., Menard, W. E., Stine-Morrow, E. A., et al. (2001). The influence of expertise and task factors on age differences in pilot communication. *Psychology and Aging, 16*, 31-46.

Moss, M. S., Resch, N., & Moss, S. Z. (1997). The role of gender in middle-age children's responses to parent death. *Omega—Journal of Death & Dying, 35*, 43-65.

Motta, M., Bennati, E., Ferlito, L., Malaguarnera, M., & Motta, L. (2005). Successful aging in centenarians: Myths and reality. *Archives of Gerontology and Geriatrics, 40*, 241-251.

Mottram, P. G., Wilson, K. C., Ashworth, L., & Abou-Saleh, M. (2002). The clinical profile of older patients' response to antidepressants an open trial of sertraline. *International Journal of Geriatric Psychiatry, 17*, 574-578.

Mount, M. K., Barrick, M. R., Scullen, S. M., & Rounds, J. (2005). Higher-order dimensions of the big five personality traits and the big six vocational interest types. *Personnel Psychology, 58*, 447-478.

Mroczek, D. K., & Kolarz, C. M. (1998). The effect of age on positive and negative affect: A developmental perspective on happiness. *Journal of Personality and Social Psychology, 75*, 1333-1349.

Mroczek, D. K., & Spiro, A. (2003). Personality sturucture, process, variance between and within: Integration by means of a developmental framework. *Journals of Gerontology: Psychological and Social Sciences, 58*, 305-306.

Muchinsky, P. (1999). Application of Holland's theory in industrial and organizational settings. *Journal of Vocational Behavior, 55*, 127-135.

Mueller, M. M., Wilhelm, B., & Elder, G. H. Jr. (2002). Variations in grandparenting. *Research on Aging, 24*, 360-388.

Mukesh, B. N., Le, A., Dimitrov, P. N., Ahmed, S., Taylor, H. R., & McCany, C. A. (2006). Development of cataract and associated risk factors. The Visual Impairment Project. *Archives of Ophthalmology, 124*, 79–85.

Murase, T., Haramizu, S., Ota, N., & Hase, T. (2009). Suppression of the aging-associated decline in physical performance by a combination of resveratrol intake and habitual exercise in senescence-accelerated mice. *Biogerontology, 10*, 423–434.

Murphy, D. R., Daneman, M., & Schneider, B. A. (2006). Why do older adults have difficulty following conversations? *Psychology and Aging, 21*, 49–61.

Murphy, E., Kapur, N., Webb, R., et al. (2012). Risk factors for repetition and suicide following self-harm in older adults: Multicentre cohort study. *The British Journal of Psychiatry*, *200*, 399–404.

Nadien, M. B. (2006). Factors that influence abusive interactions between aging women and their caregivers. *Annals of the New York Academy of Sciences, 1087*, 158–169.

Nair, K. S. (2005). Aging muscle. *The American Journal of Clinical Nutrition, 81*, 953–963.

Nakanishi, N., Suzuki, K., & Tatara, K. (2003). Alcohol consumption and risk for development of impaired fasting glucose or Type 2 diabetes in middle-aged Japanese men. *Diabetes Care, 26*, 48–54.

Narici, M. V., & Maganaris, C. N. (2006). Adaptability of elderly human muscles and tendons to increased loading. *Journal of Anatomy, 208*, 433–443.

National Health Interview Survey (2009). Early release of selected estimates based on data from the January-March 2009 National Health Interview Survey.

National Institute of Aging (2009). Caring for a person with Alzheimer's disease. NIH Publication Number 09-6173.

National Institute on Alcohol Abuse and Alcoholism (1998). Alcohol and aging. *Alcohol Alert*, 40.

National Institute on Alcohol Abuse and Alcoholism (2013). Older adults. Retrieved from http://www.niaaa.nih.gov/alcohol-health/special-populations-co-occurring-disorders/older-adults

Naveh-Benjamin, M., Craik, F. I. M. Guez, J., & Kreuger, S. (2005). Divided attention in younger and older adults: Effects of strategy and relatedness on memory performance and secondary task costs. *Journal of Experimental Psychology. Learning, Memory & Cognition, 31*(3), 520–537.

Negash, S., Smith, G. E., Pankratz, S., et al. (2011). Successful aging: Definitions and prediction of longevity and conversion to mild cognitive impairment. *The American Journal of Geriatric Psychiatry*, *19*, 581–588.

Neider, M. B., Boot, W. R., & Kramer, A. F. (2010). Visual search for real world targets under conditions of high target-background similarity: Exploring training and transfer in younger and older adults. *Acta Psychologica, 134*, 29–39.

Neider, M. B., & Kramer, A. F. (2011). Older adults capitalize on contextual information to guide search. *Experimental Aging Research*, *37*, 539–571.

Nelson, E. A., & Dannefer, D. (1992). Aged heterogeneity Fact or fiction? The fate of diversity in gerontological research. *Gerontologist, 32*, 17–23.

Ness, J., Aronow, W. S., & Beck, G. (2006). Menopausal symptoms after cessation of hormone replacement therapy. *Maturitas*, *53*, 356–361.

Neugarten, B. L., & Weinstein, K. K. (1964). The changing American grandparents. *Journal of Marriage and the Family*, *26*, 199–204.

Neugarten, B., Havighurst, R., & Tobin, S. (1968). Personality and patterns of aging. In B. Neugarten (Ed.), *Middle age and aging*. Chicago: University of Chicago Press.

Neupert, S. D., Almeida, D. M., Mroczek, D. K., &

Spiro, A. (2006). Daily stressors and memory failures in a naturalistic setting: Findings from the VA Normative Aging Study. *Psychology and Aging, 21*, 424–429.

Newson, R. S., & Kemps, E. B. (2006). Cardiorespiratory fitness as a predictor of successful cognitive ageing. *Journal of Clinical and Experimental Neuropsychology: Section A, Neuropsychology, Development, and Cognition*, *28*, 949–967.

Ng, T. W. H., & Feldman, D. C. (2010). The relationships of age with job attitudes: A meta-analysis. *Personnel Psychology*, *63*, 677–718.

Ng, T. W. H., & Feldman, D. C. (2012). Evaluating six common stereotypes about older workers with meta-analytical data. *Personnel Psychology*, *65*, 821–858.

Nikitin, N. P., Loh, P. H., de Silva, R., et al. (2006). Left ventricular morphology, global and longitudinal function in normal older individuals: A cardiac magnetic resonance study. *International Journal of Cardiology, 108*, 76–83.

Nisan, M., & Kohlberg, L. (1982). Universality and variation in moral judgment: A longitudinal and cross-sectional study in Turkey. *Child Development, 53*, 865–876.

Noone, J. H., Stephens, C., & Alpass, F. M. (2009). Preretirement planning and well-being in later life: A prospective study. *Research on Aging*, *31*, 295–317.

Nunes, A., & Kramer, A. F. (2009). Experience-based mitigation of age-related performance declines: Evidence from air traffic control. *Journal of Experimental Psychology: Applied*, *15*, 12–24.

O'Brien, L. T., & Hummert, M. L. (2006). Memory performance of late middle-aged adults: Contrasting self-stereotyping and stereotype threat accounts of assimilation to age stereotypes. *Social Cognition, 24*, 338–358.

O'Connor, D. W., Gardner, B., Presnell, I., et al. (2010). The effectiveness of continuation-maintenance ECT in reducing depressed older patients; hospital re-admissions. *Journal of Affective Disorders*, *120*, 62–66.

Odle-Dusseau, H. N., Britt, T. W., & Greene-Shortridge, T. M. (2012). Organizational work-family resources as predictors of job performance and attitudes: The process of work-family conflict and enrichment. *Journal of Occupational Health Psychology, 17*(1), 28–40.

Oh, J., Kim, H. S., Martins, D., & Kim, H. (2006). A study of elder abuse in Korea. *International Journal of Nursing Studies, 43*(2), 203–214.

O'Hanlon, L., Kemper, S., & Wilcox, K. A. (2005). Aging, encoding, and word retrieval: Distinguishing phonological and memory processes. *Experimental Aging Research, 31*, 149–171.

Oken, B. S., Zajdel, D., Kishiyama, S., et al. (2006). Randomized, controlled, six-month trial of yoga in healthy seniors: Effects on cognition and quality of life. *Alternative Therapies in Health and Medicine, 12*, 40–47.

Okereke, O., Kang, J. H., Ma, J., et al. (2007). Plasma IGF-I levels and cognitive performance in older women. *Neurobiology of Aging, 28*, 135–142.

Okura, T., Plassman, B. L., Steffens, D. C., et al. (2010). Prevalence of neuropsychiatric symptoms and their association with functional limitations in older adults in the United States: The aging, demographics, and memory study. *Journal of the American Geriatrics Society*, *58*, 330–337.

Old, S. R., & Naveh-Benjamin, M. (2008a). Differential effects of age on item and associative measures of memory: A meta-analysis. *Psychology and Aging*, *23*, 104–118.

Old, S. R., & Naveh-Benjamin, M. (2008b). Age-related changes in memory: Experimental approaches.

In S. Hofer & D. F. Alwin (Eds.), *Handbook of cognitive aging: Interdisciplinary perspectives* (pp. 151–167). Thousand Oaks, CA: Sage.

O'Leary, A. (1990). Stress, emotion, and human immune function. *Psychological Bulletin, 108*, 363–382.

Oltmanns, T. F., & Balsis, S. (2011). Personality disorders in later life: Questions about the measurement, course, and impact of disorders. *Annual Review of Clinical Psychology*, *7*, 321–349.

O'Neill, C., Jamison, J., McCulloch, D., & Smith, D. (2001). Age-related macular degeneration: Cost-of-illness issues. *Drugs and Aging, 18*, 233–241.

O'Reilly, R. C., & Frank, M. J. (2006). Making working memory work: A computational model of learning in the prefrontal cortex and basal ganglia. *Neural Computation, 18*(2), 283–328.

Onrust, S. A., & Cuijpers, P. (2006). Mood and anxiety disorders in widowhood: A systematic review. *Aging and Mental Health, 10*, 327–334.

Optale, G., Urgesi, C., Busato, V., et al. (2010). Controlling memory impairment in elderly adults using virtual reality memory training: A randomized controlled pilot study. *Neurorehabilitation and Neural Repair*, *24*, 348–357.

Otsuki, T., Maeda, S., Kesen, Y., et al. (2006). Age-related reduction of systemic arterial compliance induces excessive myocardial oxygen consumption during sub-maximal exercise. *Hypertension Research, 29*, 65–73.

Ott, C. H., & Lueger, R. J. (2002). Patterns of change in mental health status during the first two years of spousal bereavement. *Death Studies, 26*, 387–411.

Ouwehand, C., de Ridder, D., & Bensing, J. (2007). A review of successful aging models: Proposing proactive coping as an important additional strategy. *Clinical Psychology Review*, *27*(8), 873–884.

Owens, W. A. (1966). Age and mental abilities: A second adult follow-up. *Journal of Educational Psychology, 57*, 311–325.

Pacheco, J., Hershberger, P. J., Markert, R. J., & Kumar, G. (2003). A longitudinal study of attitudes toward physician-assisted suicide and euthanasia among patients with noncurable malignancy. *American Journal of Hospital Palliative Care, 20*, 99–104.

Packer, D. J., & Chasteen, A. L. (2006). Looking to the future: How possible aged selves influence prejudice toward older adults. *Social Cognition, 24*, 218–247.

Paley, B., Cox, M. J., Kanoy, K. W., et al. (2005). Adult attachment and marital interaction as predictors of whole family interactions during the transition to parenthood. *Journal of Family Psychology, 19*, 420–429.

Pamuk, E., Makuc, D., Heck, K., Reuben, C., & Lochner, K. (1998). *Socioeconomic status and health chartbook. Health, United States. 1998.* Hyattsville, MD: National Center for Health Statistics.

Park, Y. H. (2004). Fall risk assessment in the community-dwelling elderly. *Journal of Korean Gerontology and Nursing, 6*(2), 171–178.

Park, D. C., & Reuter-Lorenz, P. (2009). The adaptive brain: Aging and neurocognitive scaffolding. *Annual Review of Psychology*, *60*, 173–196.

Park, S. K., Tedesco, P. M., & Johnson, T. E. (2009). Oxidative stress and longevity in Caenorhabditis elegans as mediated by SKN-1. *Aging Cell, 8*, 258–269.

Pasupathi, M., Carstensen, L. L., & Tsai, J. L. (1995). Ageism in interpersonal settings. In B. Lott and D. Maluso (Eds.), *The social psychology of interpersonal discrimination* (pp. 160–182). New York: Guilford.

Patterson, T. L., McKibbin, C., Taylor, M., et al. (2003).

Functional Adaptation Skills Training (FAST): A pilot psychosocial intervention study in middle-aged and older patients with chronic psychotic disorders. *American Journal of Geriatric Psychiatry, 11*, 17–23.

Pavalko, E. K., Elder, G. H., & Clipp, E. C. (1993). Work lives and longevity: Insights from a life course perspective. *Journal of Health and Social Behavior, 34*, 363–380.

Pearlman, R. A., & Starks, H. (2004). Why do people seek physician-assisted death? In T. E. Quill & M. P. Battin (Eds.), *Physician-assisted dying: The case for palliative care and patient choice* (pp. 91–101). Johns Hopkins University Press.

Pearson, J. L., Hunter, A. G., Ensminger, M. E., & & Kellan, S. (1990). Black grandmothers in multigenerational households: Diversity in family structure and parenting involvement in the Woodlawn Community. *Child Development, 61*, 434–442.

Pearson, K. J., Baur, J. A., Lewis, K. N., et al., (2008). Resveratrol delays age-related deterioration and mimics transcriptional aspects of dietary restriction without extending life span. *Cell Metabolism, 8*, 157–168.

Peel, N., Bartlett, H., & McClure, R. (2004). Healthy ageing: How is it defined and measured? *Australian Journal of Ageing, 23*(3), 115–119.

Pegula, S., Marsh, S. M., & Jackson, L. L. (2007). Fatal occupational injuries-United States, 2005. *Morbidity and Mortality Weekly Report, 56*, No. 13, 297–301.

Pepin, R., Segal, D. L., & Coolidge, F. L. (2009). Intrinsic and extrinsic barriers to mental health care among community-dwelling younger and older adults. *Aging and Mental Health, 13*, 769–777.

Perlmutter, M., & Nyquist, L. (1990). Relationships between self-reported physical and mental health and intelligence performance across adulthood. *Journals of Gerontology: Psychological Science, 45*, P145–P155.

Perls, T. T., Reisman, N. R., & Olshansky, S. J. (2005). Provision or distribution of growth hormone for "antiaging": Clinical and legal issues. *Journal of the American Medical Association, 294*, 2086–2090.

Perren, S., Von Wyl, A., Burgin, D., Simoni, H., & Von Klitzing, K. (2005). Intergenerational transmission of marital quality across the transition to parenthood. *Family Process, 44*, 441–459.

Perrig-Chiello, P., & Hopflinger, F. (2005). Aging parents and their middle-aged children: Demographic and psychosocial challenges. *European Journal of Ageing, 2*, 183–191.

Perruccio, A. V., Badley, E. M., & Trope, G. E. (2007). Self-reported glaucoma in Canada: Findings from population-based surveys, 1994–2003. *Canadian Journal of Opthalmology, 42*, 219–226.

Perry, W. I. (1970). *Forms of intellectual and ethical development in the college years*. New York: Holt, Rinehart & Winston.

Peters, R., Peters, J., Warner, J., Beckett, N., & Bulpitt, C. (2008). Alcohol, dementia and cognitive decline in the elderly: A systematic review. *Age and Ageing, 37*, 505–512.

Peterson, B. E. (2006). Generativity and successful parenting: An analysis of young adult outcomes. *Journal of Personality, 74*, 847–869.

Pettingale, K. W., Morris, T., Greer, S., et al. (1985). Mental attitudes to cancer: An additional prognostic factor. *Lancet, 1*, 750.

Pew Research Center (2009). Growing old in America: Expectations vs. reality. Retrived from http://pewresearch.org/pubs/1269/aging-survey-expectations-versus-reality

Pfaffenberger, A. (2007). Different conceptualizations of optimal development. *Journal of Humanistic*

Psychology, *47*, 501–523.

Pfaffenberger, A. H. (2011). Assessing postconventional personality: How valid and reliable is the Sentence Completion Test? In A. H. Pfaffenberger, P. W. Marko & A. Combs (Eds.), *The postconventional personality: Assessing, researching, and theorizing higher development* (pp. 9–22). Albany: State University of New York Press.

Pfirmann, C. W., Metzdorf, A., Elfering, A., Hodler, J., & Boos, N. (2006). Effect of aging and degeneration on disc volume and shape: A quantitative study in asymptomatic volunteers. *Journal of Orthopedics Research*, *24*, 1086–1094.

Pfisterer, M. H., Griffiths, D. J., Schaefer, W., & Resnick, N. M. (2006). The effect of age on lower urinary tract function: A study in women. *Journal of the American Geriatric Society, 54*, 405–412.

Piccinin, A., Muniz, G., Matthews, F., & Johansson, B. (2011). Terminal decline from within and between-person perspectives, accounting for incident dementia. *Journals of Gerontology: Psychological and Social Sciences, 66*(4), 391–401.

Pienta, A. M. (2003). Partners in marriage: An analysis of husbands' and wives' retirement behavior. *Journal of Applied Gerontology, 22*, 340–358.

Piolino, P., Desgranges, B., Benali, K., & Eustache, F. (2002). Episodic and semantic remote autobiographical memory in ageing. *Memory, 10*, 239–257.

Piolino, P., Desgranges, B., Clarys, D., et al. (2006). Autobiographical memory, autonoetic consciousness, and self-perspective in aging. *Psychology and Aging, 21*, 510–525.

Plude, D. J., & Doussard-Roosevelt, J. A. (1990). Aging and attention: Selectivity, capacity, and arousal. In E. A. Lovelace (Ed.), *Aging and cognition: Mental processes, self-awareness, and interventions* (pp. 97–133). Amsterdam: North-Holland.

Plude, D. J., & Hoyer, W. J. (1981). Adult age differences in visual search as a function of stimulus mapping and processing level. *Journal of Gerontology, 36*, 598–604.

Pollet, T. V., Nelissen, M., & Nettle, D. (2009). Lineage based differences in grandparental investment: Evidence from a large British cohort study. *Journal of Biosocial Science*, *41*, 355–379.

Pongchaiyakul, C., Nguyen, T. V., Kosulwat, V., et al. (2005). Effect of urbanization on bone mineral density: A Thai epidemiological study. *BMC Musculoskeletal Disorders*, *6*, 5.

Poon, L. W., & Fozard, J. L. (1978). Speed of retrieval from long term memory in relation to age, familiarity and datedness of information. *Journal of Gerontology*, *33*, 711–717.

Porter, R. S. (2009). *Home health handbook. Hoboken*, NJ: Wiley.

Portin, R., Saahjaervi, S., Joukamaa, M., & Salokangas, R. K. R. (1995). Education, gender, and cognitive performance in a 62-year-old normal population: Results from the Turva Project. *Psychological Medicine, 25*, 1295–1298.

Powers, A. D., & Oltmanns, T. F. (2012). Personality disorders and physical health: A longitudinal examination of physical functioning, healthcare utilization, and health-related behaviors in middle-aged adults. *Journal of Personality Disorders*, *26*, 524–538.

Pratt, L. A. (2009). Serious psychological distress, as measured by the K6, and mortality. *Annals of Epidemiology*, *19*, 202–209.

Previti, D., & Amato, P. R. (2003). Why stay married? Rewards, barriers, and marital stability. *Journal of Marriage and Family, 65*, 561–573.

Previti, D., & Amato, P. R. (2004). Is infidelity a cause or a consequence of poor marital quality? *Journal of Social and Person Relationships, 21*, 217–230.

Priem, J. S., Solomon, D. H., & Steuber, K. R. (2009). Accuracy and bias in perceptions of emotionally supportive communication in marriage. *Personal Relationships*, *16*, 531–551.

Prinz, P. N., Bailey, S. L., & Woods, D. L. (2000). Sleep impairments in healthy seniors: Roles of stress, cortisol, and interleukin–1 beta. *Chronobiology International, 17*, 391–404.

Protopopova, D., Masopust, J., Maly, R., Valis, M., & Bazant, J. (2012). The prevalence of cardiometabolic risk factors and the ten–year risk of fatal cardiovascular events in patients with schizophrenia and related psychotic disorders. *Psychiatria Danubina*, *24*, 307–313.

Pulkki–Raback, L., Elovainio, M., Kivimaki, M., et al. (2005). Temperament in childhood predicts body mass in adulthood: The Cardiovascular Risk in Young Finns Study. *Health Psychology, 24*, 307–315.

Quin, R. C., Clare, L., Ryan, P., & Jackson, M. (2009). "Not of this world": The subjective experience of late–onset psychosis. *Aging and Mental Health*, *13*, 779–787.

Raabe, B., Frese, M., & Beehr, T. A. (2007). Action regulation theory and career self–management. *Journal of Vocational Behavior, 70*, 297–311.

Rabbit, P. (1993). Does it all go together when it goes? *Quarterly Journal of Experimental Psychology: Human Experimental Psychology, 46A*, 385–434.

Raguso, C. A., Kyle, U., Kossovsky, M., et al. (2006). A 3–year longitudinal study on body composition changes in the elderly: Role of physical exercise. *Clinical Nutrition, 25,* 573–580.

Rahhal, T. A., Colcombe, S. J., & Hasher, L. (2001). Instructional manipulations and age differences in memory: Now you see them, now you don't. *Psychology and Aging, 16*, 697–706.

Ram, N., Rabbit, P., Stollery, B., Nesselroade, J. R. (2005). Cognitive performance inconsistency: Intraindividual change and variability. *Psychology and Aging, 20*, 623–633.

Rando, T. A. (1993). *Treatment of complicated mourning.* Champaign, IL: Research Press.

Rasmussen, C. H., & Johnson, M. E. (1994). Spirituality and religiosity: Relative relationships to death anxiety. *Omega: Journal of Death and Dying*, *29*, 313–318.

Ravaglia, G., Forti, P., Maioli, F., et al., (2001). Regular moderate intensity physical activity and bold concentrations of endogenous anabolic hormones and thyroid hormones in aging men. *Mechanisms of Aging and Development, 122*(2), 191–203.

Ray, W. A., Fought, R. L., & Decker, M. D. (1992). Psychoactive drugs and the risk of injurious motor vehicle crashes in elderly drivers. *American Journal of Epidemiology*, *136*, 873–883.

Reed, G. M., Kemeny, M. E., Taylor, S. E., et al. (1994). Realistic acceptance as a predictor of decreased survival time in gay men with AIDS. *Health Psychology, 13*, 299–307.

Reeves, N. D., Narici, M. V., & Maganaris, C. N. (2006). Myotendinous plasticity to ageing and resistance exercise in humans. *Experimental Physiology, 91*, 483–498.

Reitz, C., Honig, L., Vonsattel, J. P., Tang, M. X., & Nayeux, R. (2009). Memory performance is related to amyloid and tau pathology in the hippocampus. *Journal of Neurology Neurosurgery and Psychiatry*, *80*, 715–721.

Reitzes, D. C., & Mutran, E. J. (2004). Grandparent identity, intergenerational family identity, and well–being. *Journals of Gerontology Series B: Psychological Sciences and Social Sciences*, *59B*, S213–S219.

Rest, J. R., & Thoma, S. J. (1985). Relation of moral judgment development to formal education.

Developmental Psychology, 21, 709–714.

Rexbye, H., Petersen, I., Johansens, M., et al. (2006). Influence of environmental factors on facial ageing. *Age and Ageing, 35*, 110–115.

Reynolds, C. A., Finkel, D., Gatz, M., & Pedersen, N. L. (2002). Sources of influence on rate of cognitive changeover time in Swedish twins: An application of latent growth models. *Experimental Aging Research, 28*, 407–433.

Richardson, J. L., Zarnegar, Z., Bisno, B., et al. (1990). Psycho-social status at initiation of cancer treatment and survival. *Journal of Psychosomatic Research, 34*, 189–201.

Rick, S. I., Small, D. A., & Finkel, E. J. (2011). Fatal (fiscal) attraction: Spendthrifts and tightwads in marriage. *Journal of Marketing Research, 48*, 228–237.

Riegel, K. F. (1973). Dialectic operations: The final period of cognitive development. *Human Development, 16*, 346–370.

Riegel, K. F. (1976). The dialectics of human development. *American Psychologist, 31*(100), 689–700.

Riegel, K. F., & Riegel, R. M. (1972). Development, drop, and death. *Developmental Psychology, 6*, 306–319.

Riggs, K. M., Lachman, M. E., & Wingfield, A. (1997). Taking charge of remembering: Locus of control and older adults' memory for speech. *Experimental Aging Research, 23*, 237–256.

Riordan, C. M., Griffith, R. W., & Weatherly, E. W. (2003). Age and work-related outcomes: The moderating effects of status characteristics. *Journal of Applied Socal Psychology, 33*, 37–57.

Ritchie, R. A., Meca, A., Madrazo, V. L., et al. (2013). Identity dimensions and related processes in emerging adulthood: Helpful or harmful? *Journal of Clinical Psychology*. doi:10.1002/jclp.21960

Rizzuto, D., Orsini, N., Qiu, C., Wang, H.-X., & Fratiglioni, L. (2012). Lifestyle, social factors, and survival after age 75: Population based study. *BMJ: British Medical Journal, 345*, 1–10.

Roberto, K. A. (1989). Exchange and equity in friendships. In R. G. Adams & R. Blieszner (Eds.), *In older adult friendship* (pp.147–165). Newberry Park: Sage.

Roberto, K. A. (1990). Grandparent and grandchild relationships. In T. H. Brubaker (Ed.), *Family relationships in later life* (2nd ed., pp. 100–112). Newbury Park, CA: Sage.

Roberto, K. A., & Kimboko, P. J. (1989). Friendships in later life: Definitions and maintenance patterns. *International Journal of Aging and Human Development, 28*, 9–19.

Roberto, K. A., & Stanis, P. I. (1994). Reactions of older women to the death of their close friends. *Omega—Journal of Death and Dying, 29*, 17–27.

Roberts, B. W., & DelVecchio, W. F. (2000). The rank-order consistency of personality traits from childhood to old age: A quantitative review of longitudinal studies. *Psychological Bulletin, 126*, 3–25.

Roberts, B. W., Donnellan, M. B., & Hill, P. L. (2013). Personality trait development in adulthood. In H. Tennen, J. Suls & I. B. Weiner (Eds.), *Handbook of osychology, Vol. 5: Personality and social psychology* (2nd ed., pp. 183–196). Hoboken, NJ: John Wiley & Sons, Inc.

Roberts, B. W., & Mroczek, D. (2008). Personality trait change in adulthood. *Current Directions in Psychological Science, 17*, 31–35.

Roberts, B. W., Smith, J., Jackson, J. J., et al. (2009). Compensatory conscientiousness and health in older couples. *Psychological Science, 5*, 553–559.

Roberts, B. W., Walton, K. E., & Bogg, T. (2005). Conscientiousness and health across the life course. *Review of General Psychology, 9*, 156–168.

Roberts, B. W., Walton, K. E., & Viechtbauer W. (2006). Patterns of mean–level change in personality traits across the life course: A meta–analysis of longitudinal studies. *Psychological Bulletin, 132*, 1–25.

Robins, R. W., & Trzesniewski, K. H. (2005). Self–esteem development across the lifespan. *Current Directions in Psychological Science, 14*, 158–162.

Rogers, C. (1961/1995). *On becoming a person: A therapist's view of psychotherapy*. New York: Houghton Mifflin.

Rogers, C. H., Floyd, F. J., Seltzer, M. M., Greenberg, J., & Hong, J. (2008). Long–term effects of the death of a child on parents' adjustment in midlife. *Journal of Family Psychology, 22*, 203–211.

Rogers, W. A., Bertus, E. L., & Gilbert, D. K. (1994). Dual–task assessment of age dfferences in automatic process development. *Psychology and Aging, 9*, 398–413.

Ronnlund, M., & Nilsson, L.–G. (2006). Adult life–span patterns in WAIS–R Block Design performance: Cross–sectional versus longitudinal age gradients longitudinal age gradients and relations to demographic factors. *Intelligence, 34*, 63–78.

Rook, K. S. (1989). Strains in older adults' friendship. In R. G. Adams & Blieszner (Eds.), *In older adult friendship* (pp. 166–196). Newberry Park: Sage.

Rosenberg, D., Depp, C. A., Vahia, I. V., et al. (2010). Exergames for subsyndromal depression in older adults: A pilot study of a novel intervention. *The American Journal of Geriatric Psychiatry, 18*, 221–226.

Rossow, J. E., Anderson, G. L., Prentice, R. L., et al. (2002). Risks and benefits of estrogen plus progestin in healthy postmenopausal women: Principal results from the Women's Health Initiative randomized controlled trial. *Journal of the American Medical Association, 288*, 321–333.

Rostad, B., Deeg, D. J. H., & Schei, B. (2009). Socioeconomic inequalities in health in older women. *European Journal of Ageing, 6*, 39–47.

Rostila, M., Saarela, J., & Kawachi, I. (2012). Mortality in parents following the death of a child: A nationwide follow–up study from Sweden. *Journal of Epidemiology and Community Health, 66*, 927–933.

Rott, C. (1993). Intellignezentwickungim Alter [Development of intelligence in old age]. *Zeitschrift fur Gerontologie, 23*, 252–261.

Rottinghaus, P. J., Coon, K. L., Gaffey, A. R., & Zytowski, D. G. (2007). Thirty–year stability and predictive validity of vocational interests. *Journal of Career Assessment, 15*, 5–22.

Rowe, G., Valderrama, S., Hasher, L., & Lenanowicz A. (2006). Attentional disregulation: A benefit for implicit memory. *Psychology and Aging, 21*, 826–830.

Rowe, J. W., & Kahn, R. L. (1997). Successful aging. *Gerontologist, 37*(4), 433–440.

Rowe, J. W., & Kahn, R. L. (1998). *Successful aging*. New York: Pantheon Books.

Rubin, D. C., Rahhal, T. A., & Poon, L. W. (1998). Things learned in early adulthood are remembered best. *Memory and Cognition, 26*, 3–19.

Rupp, D. E., Vodanovich, S. J., & Crede, M. (2006). Age bias in the workplace: The impact of ageism and causal attributions. *Journal of Applied Social Psychology, 36*, 1337–1364.

Russell–Aulet, M., Dimaraki, E. V., Jaffe, C, A., DeMott–Friberg, R., & Barkan, A. L. (2001). Agingrelated growth hormone (GH) decrease is a selective hypothalamic GH–releasing hormone pulse amplitude mediated phenomenon. *Journal of Gerontology: Medical Sciences, 56A*, M124–M129.

Sabia, S., Kivimaki, M., Shipley, M. J., Marmot, M. G., & Singh-Manoux, A. (2009). Body mass index over the adult life course and cognition in late midlife: The Whitehall II Cohort Study. *American Journal of Clinical Nutrition*, *89*, 601-607.

Sabia, S., Navi, H., Kivimaki, M., et al. (2009). Health behaviors from early to late midlife as predictors of cognitive function: The Whitehall II study. *American Journal of Epidemiology*, *170,* 428-437.

Saczynski, J. S., Willis, S. L., & Schaie, K. W. (2002). Strategy use in reasoning training with older adults. *Aging, Neuropsychology, & Cognition, 9*, 48-60.

Sala-Llonch, R., Arenaza-Urquijo, E. M., Valls-Pedret, C., et al. (2012). Dynamic functional reorganizations and relationship with working memory performance in healthy aging. *Frontiers in Human Neuroscience, 6*. doi:10.3389/fnhum.2012.00152.

Salloway, S. (2008). Taking the next steps in the treatment of Alzheimer's disease: Disease-modifying agents. *CNS Spectrum, 13*, 11-14.

Salmela-Aro, K., Nurmi, J.-E., Saisto, T., & Halmesmaeki, E. (2001). Goal reconstruction and depressive symptoms during the transition to motherhood: Evidence from two cross-lagged longitudinal studies. *Journal of Personality & Social Psychology, 81*, 1144-1159.

Salthouse, T. A. (1996). The processing-speed theory of adult age differences in cognition. *Psychological Review, 103*, 403-428.

Salthouse, T. A. (1997). Psychological issues relevant to competence. In S. L. Willis, K. W. Schaie and M. Hayward (Eds.), *Societal mechanisms for maintaining competence in old age* (pp. 50-93). New York: Springer.

Salthouse, T. A. (2000). Aging and measures of processing speed. *Biological Psychology, 54*, 35-54.

Salthouse, T. A. (2001). Structural models of the relations between age and measures of cognitive functioning. *Intelligence, 29*, 93-115.

Salthouse, T. A., & Ferrer-Caja, E. (2003). What needs to be explained to account for age-related effects on multiple cognitive variables? *Psychology and Aging, 18*, 91-110.

Salthouse, T. A., Fristoe, N. M., Lineweaver, T. T., & Coon, V. E. (1995). Aging of attention: Does the ability to divide decline? *Memory & Cognition, 23*(1), 59-71.

Salthouse, T. A., Hambrick, D. Z., & McGuthrie, K. E. (1998). Shared age-related influences on cognitive and non-cognitive variables. *Psychology and Aging, 13*, 486-500.

Salthouse, T. A., & Somberg, B. L. (1982). Isolating the age deficit in speeded performance. *Journal of Gerontology, 37*, 59-63.

Samad, Z., Brealey, S., & Gilbody, S. (2011). The effectiveness of behavioral therapy for the treatment of depression in older adults: A meta-analysis. *International Journal of Geriatric Psychiatry*, *26*, 1211-1220.

Samper-Ternent, R., Reyes-Ortiz, C., Ottenbacher, K. J., & Cano, C. A. (2016). Frailty and sarcopenia in Bogota: results from the SABE Bogota Study. *Aging Clinical and Experimental Research, 29*(2), 265-272.

Sands, L. P., & Meredith, W. (1992). Blood pressure and intellectual functioning in late midlife. *Journals of Gerontology: Psychological Sciences*, *47*, P81-P84.

Sands, L. P., Terry, H., & Meredith, W. (1989). Change and stability in adult intellectual functioning assessed by Wechsler item responses. *Psychology and Aging, 4*, 79-87.

Sands, R. G., & Goldberg-Glen, R. S. (2000). Factors associated with stress among grandparents raising their grandchildren. *Family Relations*, *49*(1), 97–105.

Santos, M., Kovari, E., Hof, P. R., Gold, G., Bouras, C., & Giannakopoulos, P. (2009). The impact of vascular burden on late-life depression. *Brain Res Rev*, *62*, 19–32.

Sareen, J., Cox, B. J., Clara, I., & Asmundson, G. J. (2005). The relationship between anxiety disorders and physical disorders in the U. S. National Comorbidity Survey. *Depression and Anxiety*, *21*, 193–202.

Satre, D. D., Knight, B. G., & David, S. (2006). Cognitive-behavioral interventions with older adults: Integrating clinical and gerontological research. *Professional Psychology: Research and Practice*, *37*, 489–498.

Sawyer, K. (2011). The cognitive neuroscience of creativity: A critical review. *Creativity Research Journal*, *23*, 137–154.

Scarr, S., & McCartney, K. (1983). How people make their own environments: A theory of genotype-environment effects. *Child Development*, *54*, 424–435.

Schaie, K. W. (1965). A general model for the study of developmental change. *Psychological Bulletin*, *64*, 92–107.

Schaie, K. W. (1984). Midlife influences upon intellectual functioning in old age. *International Journal of Behavioral Development*, *7*, 463–478.

Schaie, K. W. (1988a). Ageism in psychological research. *American Psychologist*, *43*, 179–183.

Schaie, K. W. (1988b). Variability in cognitive function in the elderly: Implications for societal participation. In A. Woodhead, M. Bender, and R. Leonard (Eds.), *Phenotypic variation in population: Relevance to risk management* (pp. 191–212). New York: Plenum.

Schaie, K. W. (1990). Intellectual development in adulthood. In J. E. Birren & K. W. Schaie (Eds.), *Handbook of the psychology of aging* (3rd ed., pp. 291–309). San Diego: Academic Press.

Schaie, K. W. (1993). Ageist language in psychological research. *American Psychologist*, *48*, 49–51.

Schaie, K. W. (1994). The course of adult intellectual development. *American Psychologist*, *49*, 304–313.

Schaie, K. W. (1996a). Intellectual development in adulthood. In J. E. Birren, K. W. Schaie, R. P. Abeles, M. Gatz & T. A. Salthouse (Eds.), *Handbook of the psychology of aging* (4th ed., pp. 266–286). San Diego, CA: Academic Press.

Schaie, K. W. (1996b). *Intellectual development in adulthood: the Seattle longitudinal study*. New York: Cambridge University Press.

Schaie, K. W. (1998). Advances in longitudinal research methodology. *Australian Journal on Ageing*, *17*(1, Suppl.), 78–81.

Schaie, K. W. (2005). *Development at influences on adult intelligence: The Seattle Longitudinal Study*. New York: Oxford University Press.

Schaie, K. W., Nguyen, H. T., Willis, S. L., Dutta, R., & Yue, G. A. (2001). Environmental factors as a conceptual framework for examining cognitive performance in Chinese adults. *International Journal of Behavioral Development*, *25*, 193–202.

Schaie, K. W., & Willis, S. L. (1986). Can intellectual decline in the elderly be reversed? *Developmental Psychology*, *22*, 223–232.

Schaie, K. W., & Willis, S. L. (Eds.) (2002). *Adult development and aging*. Upper Saddle River, NJ: Prentice Hall.

Schaie, K. W., Willis, S. L., & Caskie, G. I. (2004). The Seattle Longitudinal Study: Relationship between personality and cognition. *Aging, Neuropsychology and Cognition*, *11*, 304–324.

Schaie, K. W., & Zanjani, F. A. K. (2006). Intellectual

development across adulthood. In C. Hoare (Ed.), *Handbook of adult development and learning*. (pp. 99–122). New York: Oxford University Press.

Scheffer, A. C., Schuurmans, M. J., van Dijk, N., van der Hooft., T., & de Rooij, S. E. (2008). Fear of falling: Measurement strategy, prevalence, risk factors and consequences among older persons. *Age and Ageing, 37*(1), 19–24.

Schmidt, P. J., Murphy, J. H., Haq, N., Rubinow, D. R., & Danaceau, M. A. (2004). Stressful life events, Personal losses, and perimenopause–related depression. *Archives of Womens Mental Health, 7*, 19–26.

Schnitzspahn, K. M., & Kliegel, M. (2009). Age effects in prospective memory performance within older adults: The paradoxical impact of implementation intentions. *European Journal of Ageing*, *6*, 147–155.

Schoenfeld, E. A., Bredow, C. A., & Huston, T. L. (2012). Do men and women show love differently in marriage? *Personality and Social Psychology Bulletin*, *38*, 1396–1409.

Schoenemann, P. T., Sheehan, M. J., & Glotzer, L. D. (2005). Prefrontal white matter volume is disproportionately larger in humans than in other primates. *Nature Neuroscience, 8*, 242–252.

Schoenhofen, E. A., Wyszynski, D. F., Andersen, S., et al. (2006). Characteristics of 32 supercentenarians. *Journal of the American Geriatrics Society, 54*, 1237–1240.

Schoevers, R. A., Smit, F., Deeg, D. J., et al. (2006). Prevention of late–life depression in primary care: Do we know where to begin? *American Journal of Psychiatry, 163*, 1611–1621.

Schooler, C., & Caplan, L. J. (2009). How those who have, thrive: Mechanisms underlying the well–being of the advantaged in later life. In H. Bosworth & C. Hertzog (Eds.), *Aging and cognition: Research methodologies and empirical advances* (pp.121–141). American Psychological Association.

Schooler, C., Kaplan, L., & Oates, G. (1998). Aging and work: An overview. In K. W. Schaie and C. Schooler (Eds.), *Impact of work on older adults* (pp. 1–10). New York: Springer.

Schroots, J. (1996). Theoretical developments in the psychology of aging. *The Gerontologist*, *36*(6), 742–748.

Schulberg, H. C., Post, E. P., Raue, P. J., et al. (2007). Treating late–life depression with interpersonal psychotherapy in the primary care sector. *International Journal of Geriatric Psychiatry, 22*, 106–114.

Schulman, C., & Lunenfeld, B. (2002). The ageing male. *World Journal of Urology, 20*, 4–10.

Schulte, T., Muller–Oehring, E. M., Chanraud, S., et al. (2009). Age–related reorganization of functional networks for successful conflict resolution: A combined functional and structural MRI study. *Neurobiology of Aging*, *32*, 2075–2090.

Schultz, N. R., Elias, M. F., Robbins, M. A., & Streeten, D. H. (1989). A longitudinal study of the performance of hypertensive and normotensive subjects on the Wechsler Adult Intelligence Scale. *Psychology and Aging, 4*, 496–499.

Schuurmans, J., Comijs, H., Emmelkamp, P. M., et al. (2009). Long–term effectiveness and prediction of treatment outcome in cognitive behavioral therapy and sertraline for late–life anxiety disorders. *International Psychogeriatrics*, *21*, 1148–1159.

Schwartz, R. (1992). Is Holland's theory worthy of so much attention, or should vocational psychology move on? *Journal of Vocational Behavior, 40*, 170–187.

Schwartz, S. J., Beyers, W., Luyckx, K., et al. (2011). Examining the light and dark sides of emerging adults' identity: A study of identity status differences in positive and negative psychosocial functioning. *Journal of Youth and Adolescence*, *40*, 839–859.

Schwarz, B., Trommsdorff, G., Albert, I., & Mayer, B. (2005). Adult parent–child relationships: Relationship quality, support, and reciprocity. *Applied Psychology: An International Review, 54*, 396–417.

Scogin, F., Floyd, M., & Forde, J. (2000). Anxiety in older adults, In S. K. Whitbourne (Ed.), *Psychopathology in later life* (pp. 117–140). New York: Wiley.

Scullin, M. K. (2012). Sleep, memory, and aging: The link between slow–wave sleep and episodic memory changes from younger to older adults. *Psychology and Aging*, *28*, 105–114.

Seale, C. (2009). Hastening death in end–of–life care: A survey of doctors. *Social Science & Medicine*, *69*, 1659–1666.

Seeman, E., & Delmas, P. D. (2006). Bone quality–The material and structural basis of bone strength and fragility. *New England Journal of Medicine, 354*, 2250–2261.

Seeman, T. E., Dubin, L., & Seeman, M. (2003). Religiosity/spirituality and health: A critical review of the evidence for biological pathways. *American Psychologist, 58*, 53–63.

Segal, D. L., Coolidge, F. L., & Rosowsky, E. (2006). *Personality disorders and older adults: Diagnosis, assessment, and treatment*. Hoboken, NJ: Wiley.

Segal, D. L., Hook, J. N., & Coolidge, F. L. (2001). Personality dysfunction, coping styles, and clinical symptoms in younger and older adults. *Journal of Clinical Geropsychology, 7*, 201–212.

Segerstrom, S. C., & Miller, G. E. (2004). Psychological stress and the human immune system: A meta–analytic study of 30 years of inquiry. *Psychological Bulletin, 130*, 601–630.

Seidman, S. N. (2006). Normative hypogonadism and depression: Does "andropause" exist? *International Journal of Impotence Research, 18*, 415–422.

Seligman, M. E., & Csikszentmihalyi, M. (2000). Positive psychology: An introduction. *American Psychologist, 55*, 5–14.

Seligman, M., Ernst, R., Gillham, J., Reivich, K., & Linkins, M. (2009). Positive education: Positive psychology and classroom. *Oxford Review of Education, 35*(3), 293–311.

Serfaty, M. A., Haworth, D., Blanchard, M., et al. (2009). Clinical effectiveness of individual cognitive behavioral therapy for depressed older people in primary care: A randomized controlled trial. *Archives of General Psychiatry*, *66*, 1332–1340.

Serra–Majem, L., Roman, B., & Estruch, R. (2006). Scientific evidence of interventions using the Mediterranean diet: A systematic review. *Nutrition Reviews, 64*, S27–S47.

Settersten, R. A., Jr. (2006). Aging and the life course. In R. H. Binstock & L. K. George (Eds.), *Handbook of aging and the social sciences*, 6th ed(pp. 3–19). Amsterdam: Elsvier.

Settersten, R. A., & Trauten, M. E. (2009). The new terrain of old age: Hallmarks, freedoms, and risks. In V. L. Bengtson, D. Gans, N. M. Putney, & M. Silverstein (Eds.), *Handbook of theories of aging* (2nd ed., pp. 455–470). New York: Springer.

Shackelford, T. K., Schmitt, D. P., & Buss, D. M. (2005). Mate preferences of married persons in the newlywed year and three years later. *Cognition and Emotion, 19*, 1262–1270.

Shafto, M. A., Burke, D. M., Stamatakis, E. A., Tam, P. P., & Tyler, L. K. (2007). On the tip–of–the–tongue: Neural correlates of increased word–finding failures in normal aging. *Journal of Cognitive Neuroscience,*

19, 2060–2070.

Shafto, M. A., Stamatakis, E. A., Tam, P. P., & Tyler, L. K. (2009). Word retrieval failures in old age: The relationship between structure and function. *Journal of Cognitive Neuroscience*, *22*, 1530–1540.

Sherin, J. E., & Bartzokis, G. (2011). Human brain myelination trajectories across the life span: Implications for CNC function and dysfunction. In E. J. Masoro & S. N. Austad (Eds.), *Handbook of the biology of aging* (pp. 333–346). San Diego, CA: Academic Press.

Sherwin, B. B. (2006). Estrogen and cognitive aging in women. *Neuroscience, 138*, 1021–1026.

Shin, J. S., Hong, A., Solomon, M. J., & Lee, C. S. (2006). The role of telomeres and telomerase in the pathology of human cancer and aging. *Pathology, 38*, 103–113.

Shumway-Cook, A., Guralnik, J. M., Phillips, C. L., et al. (2007). Age-associated declines in complex walking task performance: The Walking InCHIANTI toolkit. *Journal of the American Geriatrics Society, 55*, 58–65.

Siebert, D. C., Mutran, E. J., & Reitzes, D. C. (2002). Friendship and social support: The importance of role identity to aging adults. *Social Work, 44*, 522–533.

Siegler, I. C. (1983). Psychological aspects of the Duke longitudinal studies. In K. W. Schaie (Ed.), *Longitudinal studies of adult psychological development*. New York: Guilford Press.

Siegler, I. C., Bastian, L. A., Steffens, D. C., Bosworth, H. B., & Costa, P. T. (2002). Behavioral medicine and aging. *Journal of Consulting and Clinical Psychology, 70*, 843–851.

Siegler, I. C., & Botwinick, J. (1979). A long-term longitudinal study of intellectual ability of older adults: The matter of selective attrition. *Journal of Gerontology, 34*, 242–245.

Siegler, I. C., Costa, P. T., Brummett, B. H., et al. (2003). Patterns of change in hostility from college to midlife in the UNC Alumni Heart Study predict high-risk status. *Psychosomatic Medicine, 65*, 738–745.

Siegler, I. C., McCarthy, S. M., & Logue, P. E. (1982). Wechsler Memory Scale scores, selective attrition and distance from death. *Journal of Gerontology, 37*, 176–181.

Silverman, J. M., Schmeidler, J., Beeri, M. S., et al. (2012). C-creative protein and familial risk for dementia: A phenotype for successful cognitive aging. *Neurology*, *79*, 1116–1123.

Silverman, P. R. (1987). Widowhood as the next stage in the life course. In H. Z. Lopata (Ed.), *Widows: North America* (pp. 171–190). Durham, NC: Duke University Press.

Silverstein, M., & Bengtson, V. L. (1997). Intergenerational solidarity and the structure of adult child-parent relation-ships in American families. *American Journal of Sociology, 103*, 429–460.

Silverstein, M., Conroy, S. J., Wang, H., Giarrusso, R., & Bengtson, V. L. (2002). Reciprocity in parent-child relations over the adult life course. *Journal of Gerontology: Social Sciences*, *57B*, S3–S13.

Silverstein, M., Gans, D., & Yang, F. M. (2006). Intergenerational support to aging parents: The role of norms and needs. *Journal of family Issues*, *27*, 1068–1084.

Silverstein, M., & Parker, M. G. (2002). Leisure activities and quality of life among the oldest old in Sweden. *Research on Aging*, *24*, 528–547.

Simonton, D. K. (1989). The swan-song phenomenon: Last-works effects for 172 classical composers. *Psychology and Aging, 4*, 42–47.

Simonton, D. K. (1997). Creative productivity: A predictive and explanatory model of career trajectories and landmarks. *Psychological Review, 104*, 66–89.

Simonton, D. K. (1998b). Career paths and creative lives: A theoretical perspective on late-life potential, In C. Adams–Price (Ed.), *Creativity and successful aging: Theoretical and empirical approaches* (pp. 3–18). New York: Springer.

Simonton, D. K. (2012). Creative productivity and aging: An age development or not? In A. K. Whitbourne & M. J. Sliwinski (Eds.), *Handbook of adult development and aging* (pp. 477–496). Oxford, UK: Wiley–Blackwell.

Simpson, J. A., & Rholes, W. S. (2002). Attachment orientations, marriage, and the transition to parenthood. *Journal of Research in Personality, 36*, 622–628.

Singley, S., & Hynes, K. (2005). Transitions to parenthood: Work–family policies, gender, and the couple context. *Gender and Society, 19*, 376–397.

Sinnott, J. D. (1986). Sex roles and aging: Theory and research from a systems perspective. *Contributions to human development* (Vol. 15). New York: Karger.

Sinnott, J. D. (1994). Development and yearning: Cognitive aspects of spiritual development. *Journal of Adult Development, 1*, 91–99.

Sirkin, A. J., & Rosner, N. G. (2009). Hypertensive management in the elderly patient at risk for falls. *J Am Acad Nurse Pract, 21*, 402–408.

Siu, O.–I., Lu, J.–f., Brough, P., et al. (2010). Role resources and work–family enrichment: The role of work engagement. *Journal of Vocational Behavior, 77*, 470–480.

Skelton, D. A., & Beyer, N. (2003). Excercise and injury prevention inn older people. *Scandinavian Journal of Medicine & Science in Sports, 13*, 77–85.

Skinner, B. F., & Vaughan, M. E. (1983). *Enjoy old age: A practical guide*. New York: W. W. Norton.

Skultety, K. M., & Whitbourne, S. K. (2004). Gender differences in identity processes and self–esteem in middle and later adulthood. *Journal of Women and Aging, 16*, 175–188.

Sliwinski, M. J., & Hall, C. B. (1998). Constraints on general slowing: A meta–analysis using hierarchical linear models with random coefficients. *Psychology and Aging, 13*, 164–175.

Sliwinski, M. J., Stawski, R. S., Hall, C. B., Katz, M., Verghese, J., & Lipton, R. (2006). Distinguishing preterminal and terminal cognitive decline. *European Psychologist, 11*, 172–181.

Sluiter, J. K. (2006). High–demand jobs: Age–related diversity in work ability? *Applied Ergonomics, 37*, 429–440.

Sluiter, J. K., & Frings–Dresen, M. H. (2007). What do we jnow about ageing at work? Evidence–based fitness for duty and health in fire fighters. *Ergonomics, 50*, 1897–1913.

Small, G. W. (2009). Differential diagnoses and assessment of depression in elderly patients. *Journal of Clinical Psychiatry, 70*, e47.

Smith, J., & Freund, A. M. (2002). The dynamics of possible selves in old age. *Journal of Gerontology: Psychological Sciences, 57B*, P492–P500.

Smith, A. D., & Refsum, H. (2009). Vitamin B–12 and cognition in the elderly. *American Journal of Clinical Nutrition, 89*, 707S–711S.

Smith, C. D., Walton, A., Loveland, A. D., Umberger, G. H., Kryscio, R. J., & Gash, D. M. (2005). Memories that last in old age: Motor skill learning and memory preservation. *Neurobiology of Aging, 26*, 883–890.

Smith–Ruig, T. (2009). Exploring career plateau as a multi faceted phenomenon: Understanding the types of career plateaux experienced by accounting professionals. *British Journal of Management, 20*, 610–622.

Snarey, J. R., Reimer, J., & Kohlberg, L. (1985). Development of social-moral reasoning among kibbutz adolescence: A longitudinal cross-sectional study. *Developmental Psychology, 21*, 3-17.

Sneed, J. R., Kasen, S., & Cohen, P. (2007). Early-life risk factors for late-onset depression. *International Journal of Geriatric Psychiatry, 22*, 663-667.

Sneed, J. R., & Whitbourne, S. K. (2003). Identity processing and self-consciousness in middle and later adulthood. *Journal of Gerontology: Psychological Sciences, 58B*, P313-P319.

Sneed, J. R., Whitbourne, S. K., Schwartz, S. J., & Huang, S. (2012). The relationship between identity, intimacy, and midlife well-being: Findings from the Rochester Adult Longitudinal Study. *Psychology and Aging, 27*, 318-323.

Snitz, B. E., O'Meara, E. S., Carlson, M. C., et al. (2009). Ginko biloba for preventing cognitive decline in older adults: A randomized trial. *Journal of the American Medical Association, 302*, 2663-2670.

Snowdon, D. A. (2001). *Aging with grace: What the Nun Study teaches us about leading longer, healthier, and more meaningful lives*. New York: Bantam Books.

Sohal, R. S. (2002). Role of oxidative stress and protein oxidation in the aging process. *Free Radical Biology and Medicine, 33*, 37-44.

Solano, L., Costa, M., Salvati, S., et al. (1993). Psychosocial factors and clinical evolution in HIV-1 infection: A longitudinal study. *Journal of Psychosomatic Research, 37*, 39-51.

Solano, N. H., & Whitbourne, S. K. (2001). Coping with schizophrenia: Patterns in later adulthood. *International Journal of Aging and Human Development, 53*, 1-10.

Soldz, S., & Vaillant, G. E. (1999). The Big Five personality traits and the life course: A 45-year longitudinal study. *Journal of Research in Personality, 33*, 208-232.

Spearman, C. (1904). "General intelligence": Objectively determined and measured. *American Journal of Psychology, 15*, 201-292.

Spearman, C. (1927). *The abilities of man*. New York: Macmillan.

Spindler, H., & Pedersen, S. S. (2005). Posttraumatic stress disorder m the wake of heart disease: Prevalence, risk factors, and future research directions. *Psychosomatic Medicine, 67*, 715-723.

Sprecher, S. (1988). Investment model, equity, and social support determinants of relationship commitment. *Social Psychology Quarterly, 51*, 318-328.

Sprung, J., Gajic, O., & Warner, D. O. (2006). Review article: Age related alterations in respiratory functions-anesthetic considerations. *Canadian Journal of Anaesthesiology, 53*, 1244-1257.

Squire, L. R. (1989). On the course of forgetting in very long term memory. *Journal of Experimental Psychology: Learning, Memory, and Cognition, 15*, 241-245.

Starr, J. M., Deary, I. J., Fox, H. C., & Whalley, L. J. (2007). Smoking and cognitive change from age 11 to 66 years: A confirmatory investigation. *Addictive Behaviors, 32*, 63-68.

Staudinger, U. M., & Kunzmann, U. (2005). Positive adult personality development: Adjustment and/or growth? *European Psychologist, 10*, 320-329.

Staudinger, U. M., Marsiske, M., & Baltes, P. B. (1995). Resilience and reserve capacity in later adulthood: Potentials and limits of development across the life span. In D. Cicchetti & D. J. Cohen (Eds.), *Developmental psychopathology* (Vol. 2: Risk, disorder, and adaptation, pp. 801-847). New York: Wiley.

Steele, C. M., Spencer, S. J., Aronson, J., & Zanna, M. P. (2002). Contending with group image: The psychology of stereotype and social identity threat. In M. P. Zaima (Ed.), *Advances in experimental social psychology* (Vol. 34, pp. 379–440). San Diego, CA: Academic Press.

Steindl-Rast, B. D. (1977). Learning to die. *Parabola, 2*, 22–31.

Stelmach, G. E., Goggin, N. L., & Garcia-Colera, A. (1987). Movement specification time with age. *Experimental Aging Research, 13*, 39–46.

Stengel, B., Couchoud, C., Cenee, S., & Hemon, D. (2000). Age, blood pressure and smoking effects on chronic renal failure in primary glomerular nephropathies. *Kidney International*, *57*, 2519–2526.

Sternberg, R. J. (1985). *Beyond JQ; A triarchic theory of human intelligence*. New York: Cambridge University Press.

Sternberg, R. J. (1998). A balance theory of wisdom. *Review of General Psychology, 3*, 347–365.

Sternberg, R. J. (1999). The theory of successful intelligence. *Review of General Psychology, 3*, 292–316.

Sterns, H. L., & Gray, J. H. (1999). Work, leisure, and retirement. In J. C. Cavanaugh & S. K. Whitbourne (Eds.), *Gerontology: Interdisciplinary perspectives* (pp. 355–390). New York: Oxford University Press.

Steunenberg, B., Beekman, A. T., Deeg, D. J., Bremmer, M. A., & Kerkhof, A. J. (2007). Mastery and neuroticism predict recovery of depression in later life. *American Journal of Geriatric Psychiatry, 15*, 234–242.

Stevens, J. A., Ryan, G., & Kresnow, M. (2006). Fatalities and injuries from falls among older adults—United States, 1993–2004 and 2001–2005. *Morbidity and Mortality Weekly Report, 55*(45), 1221–1224.

St John, P. D., & Montgomery, P. R. (2009). Do depressive symptoms predict mortality in older people? *Aging and Mental Health, 13*, 674–681.

Story, T. N., Berg, C. A., Smith, T. W., et al. (2007). Age, marital satisfaction, and optimism as predictors of positive sentiment override in middle-aged and older married couples. *Psychology and Aging*, *22*, 719–727.

Strasser, A., Skalicky, M., & Viidik, A. (2006). Impact of moderate physical exercise-in comparison with dietary restrictions-on age-associate decline in cell-mediated immunity of Sprague-Dawley rats. *Aging Clinical and Experimental Research, 18*, 179–186.

Strayer, D. L., Wickens, C. D., & Braune, R. (1987). Adult age differences in the speed and capacity of information processing: 2. An electrophysiological approach. *Psychology and Aging, 2*, 99–110.

Strenk, S. A., Strenk, L. M., & Koretz, J. F. (2005). The mechanism of presbyopia. *Progress in Retinal and Eye Research, 24*, 379–393.

Stroebe, M., & Schut, H. (1999). The dual process model of coping with bereavement: Rationale and description. *Death Studies, 23*, 197–224.

Stroebe, M., Schut, H., & Boerner, K. (2010). Continuing bonds in adaptation to bereavement: Toward theoretical integration. *Clinical Psychology Review*, *30*, 259–268.

Stroebe, M. S., & Stroebe, W. (1983). Who suffers More? Sex differences in health risks of the widowed. *Psychological Bulletin, 93*, 279–301.

Stroebe, M. S., Stroebe, W., & Schut, H. (2001). Gender differences in adjustment to bereavement: An empirical and theoretical review. *Review of General Psychology, 5*(1), 62–83.

Stroebe, W., Schut, H., & Stroebe, M. S. (2005). Grief work, disclosure and counseling: Do they help the bereaved? *Clinical Psychology Review, 25*, 395–414.

Stroebe, W., Stroebe, M. S., & Abakoumkin, G. (1999). Does differential social support cause sex differences in bereavement outcome? *Journal of Community and Applied Social Psychology, 9*, 1–12.

Stroebe, W., Stroebe, M., Abakoumkin, G., & Schut, H. (1996). The role of loneliness and social support in adjustment to loss: A test of attachment vs. stress theory. *Journal of Personality and Social Psychology, 7*(6), 1241–1249.

Styczynska, M., Strosznajder, J. B., Religa, D., et al. (2008). Association between genetic and environmental factors and the risk of Alzheimer's disease. *Folia Neuropathologica*, *46*, 249–254.

Subak, L. L., Quesenberry, C. P., Posner, S. F., Cattolica, E., & Soghikian, K. (2002). The effect of behavioral therapy on urinary incontinence: A randomized controlled trial. *Obstetrics and Gynecology, 100*, 72–78.

Subramaniam, H., Dennis, M. S., & Byrne, E. J. (2006). The role of vascular risk factors in late onset bipolar disorder. *International Journal of Geriatric Psychiatry*.

Sullivan, S. E., Martin, D. F., Carden, W. A., & Mainiero, L. A. (2003). The road less traveled: How to manage the recycling career stage. *Journal of Leadership & Organizational Studies*, *10*, 34–42.

Super, D. E. (1957). *The psychology of careers*. New York: Harper.

Super, D. E. (1990). A life span, life-space approach to career development. In D. Brown & L. Brooks (Eds.), *Career choice and development* (2nd ed.). San Francisco: Jossey-Bass.

Super, D. E., Savickas, M. L., & Super, C. M. (1996). The life-span, life-space approach to careers. In D. Brown & L. Brooks (Eds.), Career choice and development: Applying contemporary theories to practice (3rd ed., pp. 121–178). San Francisco, CA: Jossey-Bass.

Sutin, A. R., Terracciano, A., Deiana, B., et al. (2009). High neuroticism and low conscientiousness are associated with interleukin-6. *Psychological Medicine*, 1–9.

Sutin, A. R., Terracciano, A., Deiana, B., et al. (2010). Cholesterol, triglycerides, and the Five-Factor Model of personality. *Biological Psychology*, *84*, 186–191.

Sweeney, M. M., & Cancian, M. (2004). The changing importance of white women's economic prospects for assortative mating. *Journal of Marriage and the Family, 66*, 1015–1028.

Sweeper, S., & Halford, K. (2006). Assessing adult adjust-merit to relationship separation: The Psychological Adjustment to Separation Test (PAST). *Journal of Family Psychology, 20*, 632–640.

Szanto, K., Mulsant, B. H., Houck, P. R., et al. (2007). Emergence, persistence, and resolution of suicidal ideation during treatment of depression in old age. *Journal of Affective Disorders, 98*, 153–161.

Takahashi, K., Takahashi, H. E., Nakadaira, H., & Yamamoto, M. (2006). Different changes of quantity due to aging in the psoas major and quadriceps femoris muscles in women. *Journal of Musculoskeletal and Neuronal Interactions*, *6*, 201–205.

Tanaka, H., & Seals, D. R. (2003). Invited review: Dynamic exercise performance in Masters athletes: Insight into the effects of primary human aging on physiological functional capacity. *Journal of Applied Physiology, 95*, 2152–2162.

Tanzi, R. E., & Bertram, L. (2008). Alzheimer's disease: The latest suspect. *Nature*, *454*, 706–708.

Tartaro, J., Luecken, L. J., & Gunn, H. E. (2005). Exploring heart and soul: Effects of religiosity/

spirituality and gender on blood pressure and cortisol stress response. *Journal of Health Psychology, 10*, 753–766.

Taylor–Piliae, R, E., Haskell, W. L., Stotts, N. A., & Froelicher, E. S. (2006). Improvement in balance, strength, and flexibility after 12 weeks of Tai chi exercise in ethnic Chinese adults with cardiovascular disease risk factors. *Alternative Therapies in Health and Medicine, 12*, 50–58.

Teixeira, C. V. L., Gobbi, L. T. B., Corazza, D. I., et al. (2012). Non–pharmacological interventions on cognitive functions in older people with mild cognitive impairment (MCI). *Archives of Gerontology and Geriatrics*, *54*, 175–180.

Teno, J., Clarridge, B., Casey, V., et al. (2004). Family perspectives on end–of–life care at the last place of care. *Journal of the American Medical Association*, *291*(1), 88–93.

Teno, J. M., Weitzen, S., Fennell, M. L., & Mor, V. (2001). Dying trajectory in the last year of life: Does cancer trajectory fit other diseases? *Journal of Palliative Medicine, 4*, 457–464.

Tenover, J. L. (2000). Experience with testosterone replacement in the elderly. *Mayo Clinics Proceedings, 75 Supplement*, S77–S81.

Teresa of Avila, St. (1562/1960). *Interior Castle*. Garden City, NJ: Image Books.

Teri, L. (1994). Behavioral treatment of depression in patients with dementia. *Alzheimer's Disease and Associated Disorders, 8*, 66–74.

Terracciano, A., & Costa, P. T. Jr. (2004). Smoking and the five–factor model of personality. *Addiction, 99*, 472–481.

Terraciano, A., Lockenhoff, C. E., Crum, R. M., et al. (2008). Five–Factor Model personality profiles of drug users. *BMC Psychiatry*, *8*, 22.

Terraciano, A., Lockenhoff, C. E., Zonderman, A. B., et al. (2008). Personality predictors of longevity: Activity, emotional stability, and conscientiousness. *Psychosomatic Medicine*, *70*, 621–627.

Thanvi, B., & Treadwell, S. (2009). Drug induced parkinsonism: A common cause of parkinsonism in older people. *Postgrad Med J*, *85*, 322–326.

Thomas, A. K., & Bulevich, J. B. (2006). Effective cue utilization reduces memory errors in older adults. *Psychology and Aging, 21*, 379–389.

Thompson, P. (1993). 'I don't feel old': The significance of the search for meaning in later life. *International Journal of Geriatric Psychiatry, 8*(8), 685–692.

Thornton, W. J. L., & Dumke, H. A. (2005). Age differences in everyday problem–solving and decision–making effectiveness: A meta–analytic review. *Psychology and Aging, 20*, 85–99.

Thorson, J. A., & Powell, F. C. (1992). Meanings of death and intrinsic religiosity. *Journal of Clinical Psychology, 46*, 379–391.

Thurstone, L. L. (1938). *Primary mental abilities*. Chicago: University of Chicago Press.

Tomer, A., & Eliason, G. (2005). Life regrets and death attitudes in college students. *Omega: Journal of Death and Dying, 51*, 173–195.

Torpy, J. M., Burke, A., & Golub, R. M. (2012). Elements of hospice care. *Journal of the American Medical Associations, 308*, 200.

Trail–Ross, M. E., & Aday, L. A. (2006). Stress and coping in African American grandparents who are raising their grandchildren. *Journal of Family Issues*, *27*(7), 912–932.

Troll, L. E. (1985). The contingencies of grand parenting. In V. L. Bengston & J. F. Robertson (Eds.), *Grandparenthood* (pp. 135–149). Beverly Hills, CA: Sage.

Tsai, S. P., Wendt, J. K., Donnelly, R. P., et al. (2005). Age at retirement and long–term survival of an industrial population: Prospective cohort study. *British Medical Journal, 331*(7523), 995–997.

Tucker, P., Pfefferbaum, B., Nelson, S. J., & Foy, D. W. (1999). Trauma and recovery among adults highly exposed to a community disaster. *Psychiatric Annals, 29*, 78–83.

Turgeon, J. L., Carr, M. C., Maki, P. M., Mendelsohn, M. E., & Wise, P. M. (2006). Complex actions of sex steroids in adipose tissue, the cardiovascular system, and brain: Insights from basic science and clinical studies. *Endocrine Review, 27*, 575–605.

Turiano, N. A., Mroczek, D. K., Moynihan, J., & Chapman, B. P. (2013). Big 5 personality traits and interleukin-6: Evidence for "healthy neuroticism" in a U.S. population sample. *Brain, Behavior, and Immunity, 28*, 83–89.

Turiano, N. A., Spiro, A., III, & Mroczek, D. K. (2012). Openness to experience and mortality in men: Analysis of trait and facets. *Journal of Aging and Health, 24*, 654–672.

Turvey, C. L., Conwell, Y., Jones, M. P., et al. (2002). Risk factors for late-life suicide: A prospective, community-based study. *American Journal of Geriatric Psychiatry, 10*, 398–406.

Tyagi, S., Thomas, C. A., Hayashi, Y., & Chancellor, M. B. (2006). The overactive bladder: Epidemiology and morbidity. *Urological Clinics of North America, 33*, 433–438.

Umberson, D., & Chen, M. D. (1994). Effects of a parent's death on adult children: Relationship salience and reaction to loss. *American Sociological Review, 59*, 152–168.

Underhill, E. (1911/1961). *Mysticism*. New York: Dutton.

Utz, R., Carr, D., & Nesse, R. (2002). The effect of widowhood on older adults' social participation: An evaluation of activity, disengagement, and continuity theories. *Gerontologist, 42*(4), 522–533.

Vahia, I. V., Thompson, W. K., Depp, C. A., Allison, M., & Jeste, D. V. (2012). Developing a dimensional model for successful cognitive and emotional aging. *International Psychogeriatrics, 24*, 515–523.

Vail, K. E., III., Juhl, J., Arndt, J., Vess, M., Routledge, C., & Rutjens, B. T. (2012). When death is good for life: Considering the positive trajectories of terror management. *Personality and Social Psychology Review, 16*, 303–329.

Vaillant, G. E. (1993). *The wisdom of the ego*. Cambridge MA: Harvard University Press.

Vaillant, G. E. (2000). Adaptive mental mechanisms: Their role in a positive psychology. *American Psychologist, 55*, 89–98.

Vaillant, G. E. (2002). *Aging well: Surprising guideposts to a happier life from the landmark Harvard study of adult development*. Boston: Little, Brown.

Vaillant, G. E., DiRago, A. C., & Mukamal, K. (2006). Natural history of male psychological health, XV: Retirement satisfaction. *American Journal of Psychiatry, 163*, 682–688.

Valentijn, S. A. M., Hill, R. D., Van Hooren, S. A. H., et al. (2006). Memory self-efficacy predicts memory performance: Results from a 6-year follow-up study. *Psychology and Aging, 21*, 165–172.

Van Assche, L., Luyten, P., Bruffaerts, R., et al. (2013). Attachment in old age: Theoretical assumptions, empirical findings and implications for clinical practice. *Clinical Psychology Review, 33*, 67–81.

Vance, D. E., Roenker, D. L., Cissell, G. M., et al. (2006). Predictors of driving exposure and avoidance in a field study of older drivers from the state of Maryland. *Accident Analysis and Prevention, 38*, 823–831.

van den Beld, A. W., Bots, M. L., Janssen, J. A., Pols, H. A., Lamberts, S. W., & Grobbee, D. E. (2003). Endogenous hormones and carotid atherosclerosis in elderly men. *American Journal of Epidemiology, 157*, 25–31.

van den Kommer, T. N., Dik, M. G., Comijs, H. C., et al. (2008). Homocysteine and inflammations: Predictors of cognitive decline in older persons? *Neurobiology of Aging, 31*, 1700–1709.

Van der Elst, W., Van Boxtel, M. P. J., & Jolles, J. (2012). Occupational activity and cognitive aging: A case–control study based on the Maastricht Aging Study. *Experimental Aging Research, 38*, 315–329.

Vandewater, E. A., Ostrove, J. M., & Stewart, A. J. (1997). Predicting women's well–being in midlife: The importance of personality development and social role involvement. *Journal of Personality and Social Psychology, 72*, 1147–1160.

Van Egeren, L. A. (2004). The development of the coparenting relationship over the transition to parenthood. *Infant Mental Health Journal, 25*, 453–477.

Van Gaalen, R. I., & Dykstra, P. A. (2006). Solidarity and conflict between adult children and parents: A latent class analysis. *Journal of Marriage and the Family, 68*, 947–960.

van Hooff, M. L., Geurts, S, A., Taris, T. W., et al. (2005). Disentangling the causal relationships between work–home interference and employee health. *Scandinavian Journal of Work and Environmental Health, 31*, 15–29.

Van Manen, K.–J., & Whitbourne, S. K. (1997). Psychosocial development and life experiences in adulthood: A 22–year sequential study. *Psychology and Aging, 12*, 239–246.

Van Ness, P. H., & Larson, D. B. (2002). Religion, senescence, and mental health: The end of life is not the end of hope. *American Journal of Geriatric Psychiatry, 10*, 386–397.

Van Someren, E. J., Lijzenga, C., Mirmiran, M., & Swaab, D. F. (1997). Long–term fitness training improves the circadian rest–activity rhythm in healthy elderly males. *Journal of Biological Rhythms, 12*, 146–156.

Van Volkom, M. (2006). Sibling relationships in middle and older adulthood: A review of the literature. *Marriage and Family Review, 40*, 151–170.

Vartanian, O. (2012), Dissociable neural systems for analogy and metaphor: Implications for the neuroscience of creativity. *British Journal of Psychology, 103*, 302–316.

Velkoff, V. A., & Lawson, V. A. (1998). *Gender and aging: Caregiving* (No. IB/ 98–3). Washington, DC: U. S. Department of Commerce.

Verghese, J., Wang, C., Katz, M. J., Sanders, A., & Lipton, R. B. (2009). Leisure activities and risk of vascular cognitive impairment in older adults. *Journal of Geriatric Psychiatry and Neurology, 22*, 110–118.

Vermeulen, A., Goemaere, S., & Kaufman, J. M. (1999). Testosterone, body composition and aging. *Journal of Endocrinological Investigation, 22*, 110–116.

Vitale, S., Cotch, M. F., & Sperduto, R. D. (2006). Prevalence of visual impairment in the United States. *Journal of the American Medical Association, 295*, 2158–2163.

Vitaliano, P. P., Zhang, J., & Scanlan, J. M. (2003). Is caregiving hazardous to one's physical health? A meta–analysis. *Psychological Bulletin, 129*, 946–972.

Vitiello, M. V., Rybarczyk, B., Von Korff, M., & Stepanski, E. J. (2009). Cognitive behavioral therapy for insomnia improves sleep and decreases pain in older adults with co–morbid insomnia and osteoarthritis. *Journal of Clinical Sleep Medicine, 5*, 355–362.

von Muhlen, D., Laughlin, G. A., Kritz–Silverstein, D., & Barrett–Connor, E. (2007). The Dehydroepiandrosterone and WellNess (DAWN) study: Research design and methods. *Contemporary Clinical Trials, 28*, 153–168.

Wagg, A., Wyndaele, J. J., & Sieber, P. (2006). Efficacy and tolerability of solifenacin in elderly subjects with overactive bladder syndrome: A pooled analysis. *American Journal of Geriatric Pharmacotherapy*, *4*, 14–24.

Wahl, H. W. (1998). Age–related visual impairment as life crisis and challenge for compensating resources. *Zeitschrift fur Klinische Psychologie, 27*, 111–117.

Walford, R. L., Mock, D., Verdery, R., & MacCallum, T. (2002). Calorie restriction in biosphere 2: Alterations in physiologic, hematologic, hormonal, and biochemical parameters in humans restricted for a 2–year period. *Journal of Gerontology: Biological Sciences, 57A*, B211–B224.

Walster, E., Walster, G. W., & Berscheid, E. (1978). *Equity: Theory and research*. Boston: Allyn & Bacon.

Walton, A., Scheib, J. L., McLean, S., Zhang, Z., & Grondin, R. (2008). Motor memory preservation in aged monkeys mirrors that of aged humans on a similar task. *Neurobiol Aging*, *29*, 1556–1562.

Wang, J. J., Lin, M. F., Tseng, H. F., & Chang, W. Y. (2009). Caregiver factors contributing to psychological elder abuse behavior in long–term care facilities: a structural equation model approach. *International Psychogeriatrics, 21*(2), 314–320.

Wang, M. (2007). Profiling retirees in the retirement transition and adjustment process: Examining the longitudinal change patterns of retirees' psychological well–being. *Journal of Applied Psychology, 92*, 455–474.

Wang, M., Henkens, K., & van Solinge, H. (2011). Retirement adjustment: A review of theoretical and empirical advancements. *American Psychologists*, *66*, 204–213.

Wang, M. S., Kang, S. W., & Schiamberg, L. B. (2015). Ecological factors associated with elder abuse in Taiwan: a systematic review. *Asia Pacific Journal of Social Work and Development, 25*(1), 13–28.

Wang, N., & Shultz, K. S. (2010). Employee retirement: A review and recommendations for future investigation. *Journal of Management*, *36*, 172–206.

Wang, Q. S., Tian, L., Huang, Y. L., Qin, S., He, L. Q., & Zhou, J. N. (2002). Olfactory identification and apolipoprotein E epsilon 4 allele in mild cognitive impair–merit. *Brain Research, 951*, 77–81.

Wannamethee, S. G., Shaper, A. G., & Whincup, P. H. (2005). Body fat distribution, body composition, and respiratory function in elderly men. *American Journal of Clinical Nutrition, 82*, 996–1003.

Warr, P. (1994). Age and employment. In H. C. Triandis, M. D. Dunnette & L. M. Hough (Eds.), *Handbook of industrial and organizational psychology* (pp. 485–550). Palo Alto, CA: Consulting Psychologists Press.

Warr, P., Butcher, V., Robertson, I., & Callinan, M. (2004). Older people's well–being as a function of employment, retirement, environmental characteristics and role preference. *British Journal of Psychology, 95*, 297–324.

Watson, J. B. (1930). *Behaviorism*(Revised ed.). Chicago, IL: University of Chicago.

Wayne, J. H., Randel, A. E., & Stevens, J. (2006). The role of identity and work–family support in work–family enrichment and its work–related consequences. *Journal of Vocational Behavior, 69*, 445–461.

Weinberger, M. I., & Whitbourne, S. K. (2010). Depressive symptoms, self–reported physical functioning, and identity in community–dwelling older adults. *Ageing International*, *35*, 276–285.

Weiner, D. K., Rudy, T. E., Morrow, L., Slaboda, J., & Lieber, S. (2006). The relationship between pain, neuropsychological performance, and physical function in community-dwelling older adults with chronic low back pain. *Pain Medicine, 7*, 60-70.

Weissel, M. (2006). Disturbances of thyroid function in the elderly. *Weiner Klinisch Wochenschrift: The Middle European Journal of Medicine, 118*, 16-20.

Weiss, A., & Costa, P. T., Jr. (2005). Domain and facet personality predictors of all-cause mortality among Medicare patients age 65 tp 100. *Psychosomatic Medicine*, *67*, 724-733.

Weiss, R. S. (1986). Continuities and transformation in social relationships from childhood to adulthood. In W. W. Hartup & Z. Rubin (Eds.), On relationships and development (pp. 95-110). Hillsdale, NJ: Erlbaum.

Weltman, A., Weltman, J. Y., Roy, C. P., et al. (2006). Growth hormone response to graded exercise intensities is attenuated and the gender difference abolished in older adults. *Journal of Applied Physiology, 100*, 1623-1629.

Werner, P., Buchbinder, E., Lowenstein, A., & Livni, T. (2005). Mediation across generations: A tri-generational perspective. *Journal of Aging Studies, 19*, 489-502.

West, R. L., Bagwell, D. K., & Dark-Freudeman, A. (2008). Self-efficacy and memory aging: The impact of a memory intervention based on self-efficacy. *Neuropsychol Dev Cogn B Aging Neuropsychol Cogn, 15*, 302-329.

West, R., & Schwarb, H. (2006). The influence of aging and frontal function on the neural correlates of regulative and evaluative aspects of cognitive control. *Neuropsychology, 20*, 468-481.

West, R. L., Thorn, R. M., & Bagwell, D. K. (2003). Memory performance and beliefs as a function of goal setting and aging. *Psychol Aging*, *18*, 111-125.

Westerhof, G. J., Whitbourne, S. K., & Freeman, G. P. (2012). The aging self in a cultural context: The relation of conceptions of aging to identity processes and self-esteem in the United States and the Netherlands. *The Journals of Gerontology: Series B: Psychological Sciences and Social Sciences*, *67B*, 52-60.

Wetherell, J. L., Reynolds, C. A., Gatz, M. P., & Nancy, L. (2002). Anxiety, cognitive performance, and cognitive decline in normal aging. *Journal of Gerontology: Psychological Sciences, 57B*, P246-P255.

Wheeler, I. (2001). Parental bereavement: The crisis of meaning. *Death Studies, 25*, 51-66.

Whisman, M. A., Uebelacker, L. A., Tolejko, N., Chatav, Y., & McKelvie, M. (2006). Marital discord and well-being in older adults: Is the association confounded by personality? *Psychology and Aging, 21*, 626-631.

Whitbourne, S. K. (1985). The life-span construct as a model of adaptation in adulthood. In J. E. Birren & K. W. Schaie (Eds.), *Handbook of the psychology of aging* (2nd ed., pp. 594-618). New York: Van Nostrand Reinhold.

Whitbourne, S. K. (1986). *The me I know: A study of adult identity*. New York: Springer-Verlag.

Whitbourne, S. K. (2002). *The aging individual: Physical and psychological perspectives* (2nd ed.). New York: Springer.

Whitbourne, S. K. (2008). *Adult development and aging: Biopsychosocial perspectives*. River Street, NJ: Wiley.

Whitbourne, S. K. (2010). *The search for fulfillment*. New York: Ballantine.

Whitbourne, S. K., & Collins, K. C. (1998). Identity and physical changes in later adulthood: Theoretical and clinical implications. *Psychotherapy, 35*, 519-530.

Whitbourne, S. K., & Connolly, L. A. (1999). The developing self in midlife. In J. D. Reid & S. L.

Willis (Eds.), *Life in the middle: Psychological and social development in middle age* (pp. 25–45). San Diego: Academic Press.

Whitbourne, S. K., & Halgin, R. P. (2013). *Abnormal psychology: Clinical perspectives on psychological disorders*, 7th ed. New York: McGraw–Hill.

Whitbourne, S. K., & Meeks, S. (2010). Psychopathology, bereavement, and aging. In K. W. Schaie & S. L. Willis (Eds.), *Handbook of the psychology of aging*. New York: Cambridge University Press.

Whitbourne, S. K., & Sneed, J. R. (2002). The paradox of well–being, identity processes, and stereotype threat: Ageism and its potential relationships to the self in later life. In T. D. Nelson (Ed.), *Ageism: Stereotyping and prejudice against older persons* (pp. 247–273). MIT Press.

Whitbourne, S. K., Sneed, J. R., & Sayer, A. (2009). Psychosocial development from college through midlife: A 34–year sequential study. *Developmental Psychology*, *45*, 1328–1340.

Whitbourne, S. K., Sneed, J. R., & Skultety, K. M. (2002). Identity processes in adulthood: Theoretical and methodological challenges. *Identity, 2*, 29–45.

Whitbourne, S. K., & Waterman, A. S. (1979). Psychosocial development in young adulthood: Age and cohort comparisons. *Developmental Psychology, 15*, 373–378.

Whitbourne, S. K., & Whitbourne, S. B. (2014). *Adult development and aging: Biopsychosocial perspectives*. River Street, NJ: Wiley.

Whitbourne, S. K., Zuschlag, M. K., Elliot, L. B., & Waterman, A. S. (1992). Psychosocial development in adulthood: A 22–year sequential study. *Journal of Personality and Social Psychology, 63*, 260–271.

Whiting, W. L., Madden, D. J., Pierce, T. W., & Allen, P. A. (2005). Searching from the top down: Ageing and attentional guidance during singleton detection. *Quarterly Journal of Experimental Psychology: Section A*, *58*, 72–97.

Whitlock, G., Lewington, S., Sherliker, P., et al. (2009). Body–mass index and cause–specific mortality in 900,000 adults: Collaborative analyses of 57 prospective studies. *Lancet*, *373*, 1083–1096.

Wickremaratchi, M. M., & Llewelyn, J. G. (2006). Effects of ageing on touch. *Postgraduate Medical Journal, 82*, 301–304.

Wiggs, C. L., Weisberg, J., & Martin, A. (2006). Repetition priming across the adult lifespan–The long and short of it. *Aging, Neuropsychology and Cognition, 13*, 308–325.

Wijngaards–deMeij, L., Stroebe, M., Schut, H., et al. (2008). Parents grieving the loss of their child: Interdependence in coping. *British Journal of Clinical Psychology*, *47*, 31–42.

Wilcox, S., Evenson, K. R., Aragaki, A., et al. (2003). The effects of widowhood on physical and mental health, health behaviors, and health outcomes: The Women's Health Initiative. *Health Psychology, 22*, 513–522.

Wilkins, C. H., Matthews, J., & Sheline, Y. I. (2009). Late life depression with cognitive impairment: Evaluation and treatment. *Clinical Interventions and Aging*, *4*, 51–57.

Wilkins, C. H., Sheline, Y. I., Roe, C. M., Birge, S. J., & Morris, J. C. (2006). Vitamin D deficiency is associated with low mood and worse cognitive performance in older adults. *American Journal of Geriatric Psychiatry, 14*, 1032–1040.

Williams, K., & Dunne–Bryant, A. (2006). Divorce and adult psychological well–being: Clarifying the role of gender and child age. *Journal of Marriage and the Family, 68*, 1178–1196.

Williams, P. G., Rau, H. K., Cribbet, M. R., & Gunn, H. E. (2009). Openness to experience and stress regulation. *Journal of Research in Personality*, *43*, 777–784.

Willis, S. L. (1987). Cognitive training and everyday competence. In K. W. Schaie (Ed.), *Annual review of gerontology and geriatrics* (Vol. 7, pp. 159–188). New York: Springer.

Willis, S. L. (1989). Cohort differences in cognitive aging: A sample case. In K. W. Schaie & C. Schooler (Eds.), *Social structure & aging: Psychological processes* (pp. 95–112). New York: Erlbaum.

Willis, S. L. (1990). Current in cognitive training research. In E. A. Lovelace (Ed.), *Aging and cognition: Mental processes, self-awareness, and interventions* (pp. 263–280). Amsterdam: North-Holland.

Willis, S. L., Blieszner, R., Baltes, P. B. (1981). Intellectual training research in aging: Modification of performance on the fluid ability of figural relations. *Journal of Educational Psychology, 73*, 41–50.

Willis, S. L., & Nesselroade, C. S. (1990). Long term effects of fluid ability training in old-old age. *Developmental Psychology*, *26*, 905–910.

Willis, S. L., & Schaie, K. W. (1986). Training the elderly on ability factors of spatial orientation and inductive reasoning. *Psychology and Aging, 1*, 239–247.

Willis, S. L., & Schaie, K. W. (1988). Gender differences in spatial ability in old age: Longitudinal and intervention findings. *Sex Roles, 18*, 189–203.

Willis, S. L., & Schaie, K. W. (1994). Cognitive training in the normal elderly. In F. Forette, Y. Christen & F. Boller (Eds.), *Cerebral plasticity and cognitive stimulation* (pp. 91–113). Paris, France: Fodation Nationale de Gerontologie.

Willis, S. L., & Schaie, K. W. (2009). Cognitive training and plasticity: Theoretical perspective and methodological consequences. *Restorative Neurology and Neuroscience*, *27*, 375–389.

Willis, S. L., & Schaie, K. W., Martin, M., et al. (2009). Cognitive plasticity. *Handbook of theories of aging* (2nd ed.). (pp. 295–322). New York: Springer Publishing Co.

Willis, S. L., Tennstedt, S. L., Marsiske, M., et al. (2006). Long-term effects of cognitive training on everyday functional outcomes in older adults. *Journal of the American Medical Association, 296*, 2805–2814.

Wilson, M. N. (1986). The black extended family: An analytical consideration. *Developmental Psychology, 22*, 246–258.

Wilson, R. S., Arnold, S. E., Tang, Y., & Bennett, D. A. (2006). Odor identification and decline in different cognitive domains in old age. *Neuroepidemiology, 26*, 61–67.

Wilson, R. S., Schneider, J. A., Arnold, S. E., Bienias, J. L., & Bennett, D. A. (2007). Conscientiousness and the incidence of Alzheimer's disease and mild cognitive impairment. *Archives of General Psychiatry*, *64*, 1204–1212.

Winch, R. F. (1958). *Mate selection: A study of complementary needs*. New York: Harper & Row.

Wink, P., & Dillon, M. (2002). Spiritual development across the adult life course: Findings from a longitudinal study. *Journal of Adult Development, 9*, 79–94.

Wink, P., & Scott, J. (2005). Does religiousness buffer against the fear of death and dying in late adulthood? Findings from a longitudinal study. *Journals of Gerontology: Psychological and Social Sciences, 60*, 207–214.

Wood, R. G., Goesling, B., & Avellar, S. (2007). The effects of marriage on health ASPE Research Brief.

Woodruff-Pak, D. S. (1997). *Neuropsychology of aging*. Malden, MA: Blackwell.

Woolcott, J. C., Richardson, K. J., Wiens, M. O., et al. (2009). Meta-analysis of the impact of 9 medication classes on falls in elderly persons. *Archives of*

Internal Medicine, *169*, 1952–1960.

World Health Organization (2002). *Active ageing: A policy framework*. Geneva, Switzerland: World Health Organization.

World Health Organization (2013). Epidemiology. Retrieved from http://www.who.int/topics/epidemiology/en/

Worthington, E. L. (2004). Unforgiveness, forgiveness, religion, and health during aging. In K. W. Schaie, N. Krause, & A. Booth (Eds.), *Religious influences on health and well–being in the elderly* (pp. 187–201). New York: Springer.

Wyatt, C. M., Kim, M. C., & Winston, J. A. (2006). Therapy insight: How changes in renal function with increasing age affect cardiovascular drug prescribing. *Nature Clinical Practice: Cardiovascular Medicine, 3*, 102–109.

Xiangkui, Z., Juan, G., & Lumei, T. (2005). Can self–esteem buffer death anxiety? The effect of self–esteem on death anxiety caused by mortality salience. *Psychological Science, 28*, 602–605.

Xiong, K. L., Yang, Q. W., Gong, S. G., & Zhanng, W. G. (2010). The role of positron emission tomography imaging of beta–amyloid in patients with Alzheimer's disease. *Nuclear Medicine Communications*, *31*, 4–11.

Yan, E., & So–Kum, T. C. (2001). Prevalence and psychological impact of Chinese elder abuse. *Journal of Interpersonal Violence, 16*, 1158–1174.

Yeung, S. E., Fischer, A. L., & Dixon, R. A. (2009). Exploring effects of type 2 diabetes on cognitive functioning in older adults. *Neuropsychology*, *23*, 1–9.

Yin, H., Lin, S.–J., Kong, S. X., et al. (2011). The association between physical functioning and self–rated general health in later life: The implications of social comparison. *Applied Research in Quality of Life*, *6*, 1–19.

Yong, H. H. (2006). Can attitudes of stoicism and cautiousness explain observed age–related variation in levels of self–rated pain, mood disturbance and functional interference in chronic pain patients? *European Journal of Pain, 10*, 399–407.

Yung, L. M., Laher, I., Yao, X., Chen, Z. Y., Huang, Y., & Leung, F. P. (2009). Exercise, vascular wall and cardiovascular diseases: An update (part 2). *Sports Medicine*, *39*, 45–63.

Zanetti, M. V., Cordeiro, Q., & Busatto, G. F. (2007). Late onset bipolar disorder associated with white matter hyperintensities: A pathophysiological hypothesis. *Progress in Neuropsychopharmacology and Biological Psychiatry*, *31*, 551–556.

Zarit, S. H., Reever, K. E., & Bach–Peterson, J. (1980). Relatives of the impaired elderly: Correlates of feelings of burden. *The Gerontologist, 20*, 649–655.

Zarit, S. H., & Zarit, J. M. (2007). *Mental disorders in older adults: Fundamentals of assessment and treatment* (2nd ed.). New York: Guilford Press.

Zelinski, E. M., Gilewski, M. J., & Schaie, K. W. (1993). Individual differences in cross–sectional and 3–year longitudinal memory performance across the adult life span. *Psychology and Aging, 8*, 176–186.

Zhang, C., Wu, B., Beglopoulos, V., Wines–Samuelson, M., et al. (2009). Presenilins are essential for regulating neurotransmitter release. *Nature*, *460*, 632–636.

Zhang, S. M., Manson, J. E., Rexrode, K. M., Cook, N. R., Buring, J. E., & Lee, I. M. (2006). Use of oral conjugated estrogen alone and risk of breast cancer. *American Journal of Epidemiology, 165*, 524–529.

Zijlstra, G. A., van Haastregt, J. C., Ambergen, T., et al. (2009). Effects of a multicomponent cognitive behavioral group intervention on fear of falling and activity avoidance in community–dwelling older adults: Results of a randomized controlled trial. *Journal of the American Geriatrics Society*, *57*, 2020–2028.

Zimprich, D., & Martin, M. (2002). Can longitudinal changes in processing speed explain longitudinal age changes in fluid intelligence? *Psychology and Aging, 17*, 690–695.

Zisook, S., Paulus, M., Shuchter, S. R., et al. (1997). The many faces of depression following spousal bereavement. *Journal of Affective Disorders, 45*, 85–94.

Zisook, S., Corruble, E., Duan, N., et al. (2012). The bereavement exclusion and DSM–5. *Depression and Anxiety*, *29*, 425–443.

Zmuda, J. M., Cauley, J. A., Khska, A., et al. (1997). Longitudinal relation between endogenous testosterone and cardiovascular disease risk factors in middle–aged men. A 13–year follow–up of former Multiple Risk Factor Intervention Trial participants. *American Journal of Epidemiology, 146*, 609–617.

찾아보기

인명

내용

저자 소개

정명숙(Myung-Sook Chung)

이화여자대학교 영어영문학과 학사

이화여자대학교 교육심리학과 석사

호주 Monash University 심리학과 박사

현) 꽃동네대학교 상담심리학과 교수

저서 및 역서

발달심리학(공저, 학지사, 2019)

성인발달과 노화(저, 꽃동네대학교출판부, 2011)

인간발달: 문화적 접근(공역, 2판, 시그마프레스, 2018)

인지발달: 전통적 관점에서 신경과학적 관점까지(공역, 4판, 시그마프레스, 2010)

재미있는 심리학 이야기(공역, 시그마프레스, 2012)

아동 · 청소년 정신병리학(공역, 3판, 시그마프레스, 2017)

아동 · 청소년 이상심리학(공역, 8판, 시그마프레스, 2012)

자폐인의 세상 이해하기(공역, 시그마프레스, 2014) 외 다수

노화심리학

Psychology of Aging

2021년 3월 15일 1판 1쇄 인쇄
2021년 3월 20일 1판 1쇄 발행

지은이 • 정명숙
펴낸이 • 김진환
펴낸곳 • (주) 학지사
04031 서울특별시 마포구 양화로 15길 20 마인드월드빌딩
대표전화 • 02)330-5114 팩스 • 02)324-2345
등록번호 • 제313-2006-000265호

홈페이지 • http://www.hakjisa.co.kr
페이스북 • https://www.facebook.com/hakjisa

ISBN 978-89-997-2388-9 93180

정가 25,000원

저자와의 협약으로 인지는 생략합니다.
파본은 구입처에서 교환해 드립니다.